国家重点档案专项资金资助项目

抗日战争档案汇编

伪南京市自治委员会档案汇编

1

南京市档案馆 编

中華書局

图书在版编目（CIP）数据

伪南京市自治委员会档案汇编 / 南京市档案馆编 . – 北京 : 中华书局 , 2022.1
（抗日战争档案汇编）
ISBN 978-7-101-15539-6

Ⅰ . 伪… Ⅱ . 南… Ⅲ . 抗日战争 – 历史档案 – 汇编 – 南京 Ⅳ . K265.063

中国版本图书馆 CIP 数据核字 (2021) 第 273230 号

书　　名	伪南京市自治委员会档案汇编（全二册）
丛 书 名	抗日战争档案汇编
编　　者	南京市档案馆
策划编辑	许旭虹
责任编辑	李晓燕
装帧设计	许丽娟
出版发行	中华书局 （北京市丰台区太平桥西里38号 100073） http://www.zhbc.com.cn E-mail:zhbc@zhbc.com.cn
图文制版	北京禾风雅艺文化发展有限公司
印　　刷	天津艺嘉印刷科技有限公司
版　　次	2022年2月北京第1版 2022年2月第1次印刷
规　　格	开本889×1194毫米 1/16 印张57¾
国际书号	ISBN 978-7-101-15539-6
定　　价	1000.00元

抗日战争档案汇编编委会

江苏省抗日战争档案汇编编委会

编纂出版工作领导小组

组　长　陈向阳

副组长　赵　深　陈万田　孙　敏　邹　华　于晓庆

成　员（按姓氏笔画为序排列）

孔爱萍　叶荣强　张士林　张玉辉　张贵强　金云江

金德海　段　东　钱　斌　钱中益　徐　策　曹　斌

蔡　浩

编纂委员会

主　任　陈向阳

副主任　孙　敏

成　员（按姓氏笔画为序排列）

马新文　王明友　刘兢兢　闫　海　许建华　李华东

吴红平　沈慧瑛　张步东　俞宝庆　姚　震　钱耀明

徐　杰　葛新成　蔡宜军　熊孝和　薛春刚　戴志勇

编纂出版工作领导小组办公室

主　任　薛春刚

副主任　秦　岭

成　员（按姓氏笔画为序排列）

朱芳芳　苏海霞　胡卫国

伪南京市自治委员会档案汇编编委会

总序

为深入贯彻落实习近平总书记「让历史说话，用史实发言，深入开展中国人民抗日战争研究」的重要指示精神，国家档案局根据《全国档案事业发展「十三五」规划纲要》和《「十三五」时期国家重点档案保护与开发工作总体规划》的有关安排，决定全面系统地整理全国各级综合档案馆馆藏抗战档案，编纂出版《抗日战争档案汇编》（以下简称《汇编》）。

中国人民抗日战争是近代以来中国反抗外敌入侵第一次取得完全胜利的民族解放战争，开辟了中华民族伟大复兴的光明前景。这一伟大胜利，也是中国人民为世界反法西斯战争胜利、维护世界和平作出的重大贡献。加强中国人民抗日战争研究，具有重要的历史意义和现实意义。

全国各级档案馆保存的抗战档案，数量众多，内容丰富，全面记录了中国人民抗日战争的艰辛历程，是研究抗战历史的珍贵史料。一直以来，全国各级档案馆十分重视抗战档案的开发利用，陆续出版公布了一大批抗战档案，对揭露日本帝国主义侵华罪行，讴歌中华儿女勠力同心、不屈不挠抗击侵略的伟大壮举，弘扬伟大的抗战精神，引导正确的历史认知，发挥了积极作用。特别是国家档案局组织有关方面共同努力和积极推动，「南京大屠杀档案」被联合国教科文组织评选为「世界记忆遗产」，列入《世界记忆名录》，捍卫了历史真相，在国际上产生了广泛而深远的影响。

全国各级档案馆馆藏抗战档案开发利用工作虽然取得了一定的成果，但是，在档案信息资源开发的系统性和深入性方面仍显不足。正如习近平总书记所指出的：「同中国人民抗日战争的历史地位和历史意义相比，同这场战争对中华民族和世界的影响相比，我们的抗战研究还远远不够，要继续进行深入系统的研究。」「抗战研究要深入，就要更多通过档案、资料、事实、当事人证词等各种人证、物证来说话。要加强资料收集和整理这一基础性工作，全面整理我国各地抗战档案、照片、资料、实物等……」

国家档案局组织编纂《汇编》，对全国各级档案馆馆藏抗战档案进行深入系统地开发，是档案部门贯彻落实习近平总书记重要指示精神，推动深入开展中国人民抗日战争研究的一项重要举措。本书的编纂力图准确把握中国人民抗日战争的历史进程、主流和本质，用详实的档案全面反映一九三一年九一八事变后十四年抗战的全过程，反映中国共产党在抗日战争中的中流砥柱作用以及中国人民抗日战争在世界反法西斯战争中的重要地位，反映国共两党「兄弟阋于墙，外御其侮」进行合作抗战、共同捍卫民族尊严的历史，反映各民族、各阶层及海外华侨共同参与抗战的壮举，展现中国人民抗日战争的伟大意义，以历史档案揭露日本侵华暴行，揭示日本军国主义反人类、反和平的实质。

编纂《汇编》是一项浩繁而艰巨的系统工程。为保证这项工作的有序推进，国家档案局制订了总体规划和详细的实施方案，明确了指导思想、工作步骤和编纂要求。为保证编纂成果的科学性、准确性和严肃性，国家档案局组织专家对选题进行全面论证，对编纂成果进行严格审核。

各级档案馆高度重视并积极参与到《汇编》工作之中，通过全面清理馆藏抗战档案，将政治、军事、外交、经济、文化、宣传、教育等多个领域涉及抗战的内容列入选材范围。入选档案包括公文、电报、传单、文告、日记、照片、图表等多种类型。在编纂过程中，坚持实事求是的原则和科学严谨的态度，对所收录的每一件档案都仔细鉴定、甄别与考证，维护档案文献的真实性，彰显档案文献的权威性。同时，以《汇编》编纂工作为契机，以项目谋发展，用实干育人才，带动国家重点档案保护与开发，夯实档案馆基础业务，提高档案人员的业务水平，促进档案馆各项事业的发展。

守护历史，传承文明，是档案部门的重要责任。我们相信，编纂出版《汇编》，对于记录抗战历史，弘扬抗战精神，发挥档案留史存鉴、资政育人的作用，更好地服务于新时代中国特色社会主义文化建设，都具有极其重要的意义。

抗日战争档案汇编编纂委员会

编辑说明

一九三七年十二月十三日，侵华日军攻占中华民国首都南京，随即在南京城乡内外实施灭绝人性的烧杀奸淫暴行，三十万同胞罹难。一九三八年一月一日，在日本上海派遣军、日本南京警备司令部、日本南京总领事馆的扶植下，伪南京市自治委员会（简称「自治委员会」）成立。

自治委员会成立之时及其存续的大部分时间，正是日军南京大屠杀惨案发生及其延续期间，因此自治委员会成立之际，只是占领军的日方祝贺，就表明了侵华日军就是该组织的扶植者。自治委员会成立之初曾仓促制定了一个简章，但屡经讨论修改，就连组织名称的确定，从维持会、地方自治会到正式名称伪南京市自治委员会，亦不顺利。从简章的草稿、修改稿等可知，自治委员会简章从未正式形成及公布。简章第六条「本会设顾问若干员，得延聘中日人士充之，赞助本会一切进行」规定了日本顾问是实权控制，而且控制一切。会长陶锡三从被推出任职之初，因社会复杂，日方主宰，傀儡难当，就不断提出辞职，不准辞职就称病，拖至最后以年老病重坚决向日方辞去会长职务，方得同意。这都能说明自治委员会就是一个傀儡组织，是一个拼凑而成的帮助日本侵略者、维护日本利益的汉奸集团。

自治委员会「由南京市民共同组织，以维持治安，促进自治为主旨」。其宗旨是「（一）解除人民困难；（二）回复地方秩序；（三）劝导工商复业；（四）恢复地方交通」，但从设立下辖的总务、财务、救济、工商、交通五课，到筹设城乡区公所、自治分会等事，都需要报告或转呈日方同意，可以看出自治委员会实现上述主要职能时受到很大限制，所谓自治就是一句空话。选辑出的自治委员会一共三十一次常务会议记录，基本上包括了自治委员会从成立到被伪督办南京市政公署取代这一时段的全部活动及主要工作。其中有例会、临会及专门的卫生防疫会，由于会议记录要上报特务机关、日本大使馆等多个日方部门，全部需誊抄油印正式件，所以补充选辑有少数会议记录底稿，可与油印件正式记录对照。其中特别是处理阴阳营发现双手捆扎无名老妇尸体、讨论自治委员会简章、聘请自治委员会日本顾问、讨论难民回家办法等项，以及记录日方顾问、日方代表出席常务会议及其在会上的讲话、完全主导会议等现象，对了解自治委员会日常的组织运行运作，非常有帮助。关于工作报告事项，日本南京特务机关、日本南京大使馆、日本南京宣抚班等严格要求每五日一报，不仅自治委员会要报，各区公所、警察厅也要报告，还包括收支情况也需报告，并且自治委员会若要办理各种事项亦须先与日本南京特务机关接洽承认后方可进行。这些档案再次表明了自治委员会只能是一个完全听命于日本侵略军旨意，完全服务于日本占领当局利益，由日本方面扶植的汉奸傀儡组织，根本无权亦无法能够自治。

《伪南京市自治委员会档案汇编》共两册。选稿起自一九三八年一月，迄至一九三八年四月。第一册主要涉及自治委员会的筹设工作，以及成立后的主要活动和工作情况，分为「日方祝辞」、「组织成立」、「常会记录」、「工作报告」等四个部分。第二册主要涉及自治委员会为整饬城市、恢复社会秩序展开的具体工作，分为「维持治安」、「市政整修」、「索赔保护」、「恢复工商」、「难民安置」、「公盐统治」等六个部分。每个部分按照「专题—时间」体例编排并排序。

选用档案均为本馆馆藏原件全文影印，未做删节；如有缺页，为档案自身缺页。档案中原标题完整或基本符合要求的使用原标题；对原标题有明显缺陷的进行了修改或重拟；无标题的加拟标题。标题中机构名称使用机构全称或规范简称，历史地名沿用当时地名。档案所载时间不完整或不准确的，作了补充或订正。只有年份、月份而没有日期的档案，排在本年或本月末。

本书使用规范的简化字。对标题中人名、历史地名、机构名称中出现的繁体字、错别字、不规范异体字等，予以径改。限于篇幅，本书不作注释。

由于时间紧，档案公布量大，编者水平有限，在编辑过程中可能存在疏漏之处，考订难免有误，欢迎方家斧正。

编 者

二〇一九年十月

目录

总序
编辑说明

第一册

一、日方祝辞

自治委员会成立之际日方祝辞 …… ○○三

南京警备司令官陆军少将佐佐木到一祝辞草稿、日文及中文翻译（一九三八年一月一日） …… ○○三

日本南京总领事代表福井淳祝辞草稿、日文及中文翻译（一九三八年一月一日） …… ○○八

上海派遣军参谋长饭沼守祝词日文及中文翻译（一九三八年一月一日） …… ○一五

南京驻在海军武官海军大佐中原三郎祝辞日文及中文翻译（一九三八年一月一日） …… ○二二

二、组织成立

自治委员会陶锡三会长因病由孙叔荣代行主席主持常会记录（一九三八年一月十一日） …… ○二九

自治委员会关于检送本会简章及办事细则致各委员、顾问等的函（一九三八年一月十九日） …… ○三一

附（一）伪南京市自治委员会简章 …… ○三二

附（二）伪南京市自治委员会办事细则 …… ○四二

自治委员会修正南京市区公所办事细则（一九三八年一月二十五日）……………〇五四
自治委员会暂定处理公文办法（一九三八年一月二十六日）……………〇五六
自治委员会关于修正本会各课办事细则致各课的训令（一九三八年一月二十九日）……………〇五七
附（一）总务课办事细则……………〇五九
附（二）财务课办事细则……………〇六六
附（三）救济课办事细则……………〇七〇
附（四）工商课办事细则……………〇七五
附（五）交通课办事细则……………〇八四
自治委员会一九三八年一月份人员薪金支出情况（一九三八年一月三十日）……………〇九二
自治委员会关于月度报告事宜致财务课的训令（一九三八年一月三十日） 附：自治委员会财务课工作报告……………〇九四
自治委员会关于招聘日语通译的布告（一九三八年一月三十一日）……………〇九七
自治委员会简章（一九三八年一月）……………〇九八
自治委员会关于限期填报职员履历致财务课的训令（一九三八年二月二日）
附：自治委员会财务课职员姓名、履历、职务、薪给清册……………一〇〇
自治委员会、陶锡三关于陶锡三会长因病送慰劳金的往来函件……………一〇四
自治委员会致陶锡三函（一九三八年二月十日）……………一〇四
陶锡三致自治委员会函（一九三八年二月十一日）……………一〇六
栖霞山难民收容所主任寂然等为成立栖霞山自治分会致自治委员会呈文（一九三八年二月十一日）……………一〇八
滨江乡乡长、自治委员会关于请加委朱少卿为区长等事的往来文件……………一一〇
滨江乡乡长致自治委员会呈文（一九三八年二月十二日）……………一一〇
自治委员会批文（一九三八年二月十九日）……………一一二
江宁县属各区代表为组织自治团体致自治委员会呈文（一九三八年二月十四日）……………一一五

第一、二、三、四区公所和自治委员会关于伪南京市区公所办事细则内保甲与警察权限划分的往来文件 …… 一二〇
第一、二、三、四区公所致自治委员会呈文（一九三八年二月十四日）…… 一二〇
自治委员会指令（一九三八年二月十九日）…… 一二四
江宁县李兆兴等要求组织县镇自治分会致自治委员会呈文（一九三八年二月二十一日收） …… 一二七
东山镇民众关于筹设镇自治委员会请发各项章则簿证致自治委员会的呈文（一九三八年二月二十一日） …… 一二八
自治委员会关于召开会议筹设南京市乡区公所致各乡区代表笺函（一九三八年二月二十四日） …… 一三三
汤山难民代表请选派干员主持区政致自治委员会呈文（一九三八年三月一日） …… 一三五
江浦县代表、自治委员会关于江浦县筹备自治维持地方的往来文件 …… 一三九
江浦县代表致自治委员会呈文（一九三八年三月四日收）…… 一三九
自治委员会致江浦县代表批文及致特务机关的公函（一九三八年三月七日）…… 一四四
自治委员会转送陶锡三会长坚决辞职书致日本特务机关和田中领事笺函（一九三八年三月十一日） …… 一四四
附：陶锡三会长辞职书 …… 一四八
自治委员会请求设立新政府致日本特务机关公函（一九三八年三月十二日） …… 一五四
自治委员会关于陶吴镇组织成立区公所公文一组 …… 一五八
自治委员会关于陶吴镇组织成立区公所殊属不慎合之指令（一九三八年三月十六日）…… 一五八
陶吴镇吴宝和关于筹备区公所请警察前往协同致自治委员会函（一九三八年三月十八日）…… 一六〇
陶吴镇区长吴宝和请派宪兵警察协助筹备区公所致警察厅呈文（一九三八年三月十九日）…… 一六一
自治委员会关于陶吴镇筹备区公所请宪兵协助事致宪兵分队函稿（一九三八年三月十九日）…… 一六二
自治委员会关于陶吴镇筹组区公所民从不得招摇生事致陶吴镇吴区长布告（一九三八年三月二十一日）…… 一六四
摄三镇自治会、自治委员会关于未便准许成立摄三镇自治会的往来文件 …… 一六六
摄三镇自治会致自治委员会呈文（一九三八年三月十七日）…… 一六六
自治委员会批文（一九三八年三月二十八日）…… 一六八

浦口工商代表何燮等、自治委员会关于暂缓成立浦口自治区公所的往来文件……一七〇
浦口工商代表何燮等致自治委员会呈文（一九三八年三月二十一日）……一七〇
自治委员会批文（一九三八年三月三十日）……一七六
自治委员会关于新政府成立庆祝典礼的布告（一九三八年三月二十七日）……一七九
自治委员会关于参加维新政府成立典礼事致财务课笺函（一九三八年三月二十七日）……一八三
萧大铸、自治委员会关于成立江宁县属区公所须归宣抚班办理的往来文件……一八五
萧大铸致自治委员会呈文（一九三八年四月七日）……一八五
自治委员会批文（一九三八年四月十日）……一九一
浦口工商代表、自治委员会关于设立浦口区公所的一组文件……一九四
浦口工商代表致自治委员会呈文（一九三八年四月十一日）……一九四
自治委员会关于设立浦口区公所已报南京宣抚班允许等事公函（一九三八年四月十八日）……一九八
江宁县自治委员会关于本会业经江宁宣抚班许可成立致自治委员会公函（一九三八年四月十二日）……一九九
自治委员会关于江宁县自治委员会成立饬一体知照致财务课训令（一九三八年四月十九日）……二〇二

三、常会记录

自治委员会第一次委员会议记录（一九三八年一月四日）……二〇五
自治委员会第二次常会记录（一九三八年一月七日）……二〇六
自治委员会第三次常会记录（一九三八年一月九日）……二〇七
自治委员会第四次常会记录（一九三八年一月十一日）……二〇八
自治委员会第五次常会议事录（一九三八年一月十五日）……二〇九
自治委员会第六次常会议事录（一九三八年一月十八日）……二一〇
自治委员会第七次常会会议记录（一九三八年一月二十一日）……二一一

附（一）阴阳营尸体报告……二一三
附（二）玄武湖报告……二一四
附（三）第一次常会议事及日方参会人员记录便笺稿……二一五
附（四）第一次常会会议通知……二一七
附（五）一九三七年十二月二十八日会议决议各事项……二一九
附（六）一九三八年一月五日讨论组织食用品管理处办法……二二一
附（七）一月五日讨论组织食用品委员会……二二三
附（八）一月四日会议关于难民回家问题决议……二二七
附（九）第七次常会会议记录稿……二三五
附（十）十二月二十八日委员会会议记录……二三七
自治委员会第八次常会议事录（一九三八年一月二十五日）……二四一
自治委员会第九次常会议事录（一九三八年一月二十八日）……二四五
自治委员会第十次常会议事录（一九三八年二月一日）……二四九
自治委员会第十一次常会议事录（一九三八年二月四日）……二五二
自治委员会第十二次常会议事录（一九三八年二月八日）……二五七
自治委员会第十三次常会议事录（一九三八年二月十一日）……二六一
自治委员会第十四次常会议事录（一九三八年二月十五日）……二六四
自治委员会第十五次常会议事录（一九三八年二月十八日）……二六九
自治委员会第十六次会议录（一九三八年二月二十二日）……二七三
自治委员会第十七次会议记录（一九三八年二月二十五日）……二七九
自治委员会第十八次临时会议记录（一九三八年二月二十八日）……二八二
自治委员会第十九次会议记录（一九三八年三月四日）……二八四

自治委员会第二十次临时会议记录（一九三八年三月八日）……一八八
自治委员会第二十一次常会会议记录（一九三八年三月十一日）……一九一
自治委员会第二十二次临时会议记录（一九三八年三月十四日）……一九四
自治委员会第二十三次常会议事录（一九三八年三月十八日）……一九五
自治委员会第二十四次常会议事录（一九三八年三月二十五日）……一九八
自治委员会第二十五次会议记录（一九三八年四月一日）……二〇二
自治委员会第二十六次临时会议记录（一九三八年四月四日）……二〇三
自治委员会第二十七次常会记录（一九三八年四月八日）……二〇四
自治委员会第二十八次临时会议记录（一九三八年四月九日）……二〇九
自治委员会第二十九次卫生防疫会议记录（一九三八年四月十三日）……二一〇
自治委员会第三十一次会议记录（一九三八年四月二十二日）……二一二
附：孙叔荣代会长准渡部关于嗣后举办各种事亦须与特务机关接洽承认后办理给秘书处各课课长批文……二一三

四、工作报告

自治委员会救济课转呈日本大使馆特务机关关于一九三八年一月份工作周报（一九三八年一月二十八日）……二一七
交通课一九三八年一月份工作报告（一九三八年二月四日）……二二三
救济课一九三八年一月份工作月报表（一九三八年二月五日）……二二七
警务课一九三八年一月份工作报告（一九三八年二月五日）……二三二
财务课一九三八年一月份工作报告（一九三八年二月七日）……二四〇
财务课关于南京市公产概略等事致自治委员会呈文（一九三八年二月八日）……二四五
工商课一九三八年一月份工作报告（一九三八年二月十七日）……二五一
自治委员会检送财务课收支简则等致松冈笺函（一九三八年二月二十六日）……二五八

自治委员会奉特务机关规定每五日工作状况列表报告一次事致财务课训令（一九三八年三月四日）
附：伪南京市自治委员会工作报告表表式……三六二
警务课一九三八年二月份工作报告（一九三八年三月五日）……三六五
交通课一九三八年二月份工作报告（一九三八年三月五日）……三七〇
自治委员会关于一九三八年三月一日至五日本会暨各区公所警察厅工作报告表致特务机关公函（一九三八年三月七日）……三七二
自治委员会关于一九三八年三月一日至五日本会暨各区公所警察厅工作报告表致日本大使馆公函（一九三八年三月七日）……三七五
自治委员会关于一九三八年三月一日至五日本会暨各区公所警察厅工作报告表致宪兵队特高班公函（一九三八年三月九日）……三七八
自治委员会关于一九三八年三月一日至五日本会工作报告表致宪兵南分部公函（一九三八年三月十日）……三八二
自治委员会关于本会暨各区公所及警察厅一九三八年三月六日至十日工作报告表致特务机关等公函（一九三八年三月十四日）……三八五
自治委员会关于本会一九三八年三月六日至十日工作报告表致宪兵南分部公函（一九三八年三月十四日）……三八八
自治委员会关于本会暨各区公所及警察厅一九三八年三月十一日至十六日工作报告表致特务机关等公函（一九三八年三月十七日）……三九一
自治委员会关于本会暨各区公所及警察厅一九三八年三月十六日至二十日工作报告表致特务机关等公函（一九三八年三月二十四日）……三九五
自治委员会关于本会暨各区公所及警察厅一九三八年三月二十一日至二十五日工作报告表致特务机关等公函（一九三八年三月二十七日）……三九九

第一区区公所关于报送一九三八年三月份下半月收支报告表致自治委员会的呈文 …… 四〇三
第一区区公所报送一九三八年三月十六日至二十五日收支报告表致自治委员会的呈文（一九三八年三月二十九日） …… 四〇三
第一区区公所报送一九三八年三月二十六日至三十一日收支报告表致自治委员会的呈文（一九三八年四月三日） …… 四一一
第二区区公所报送一九三八年三月份收支报告表致自治委员会呈文（一九三八年四月四日） …… 四一五
自治委员会关于本会暨各区公所及警察厅一九三八年三月二十六日至三十一日工作报告表致特务机关等公函（一九三八年四月四日） …… 四三九
警务课关于呈送一九三八年三月份工作报告致自治委员会呈文（一九三八年四月五日） …… 四四三
附：自治委员会警务课一九三八年三月份工作报告 …… 四四三
交通课一九三八年三月份工作报告（一九三八年四月五日） …… 四四七
自治委员会关于本会暨各区公所及警察厅一九三八年四月一日至五日工作报告表致特务机关等公函（一九三八年四月八日） …… 四五〇
第一区公所报送一九三八年四月份上半月收支报告表致自治委员会呈文 …… 四五四
第一区区公所呈送四月一日至五日收支各款五日报告表致自治委员会呈文（一九三八年四月十日） …… 四五四
第一区区公所呈送四月六日至十日收支各款五日报告表致自治委员会呈文（一九三八年四月十四日） …… 四五八
第一区区公所呈送四月十一日至十五日收支各款五日报告表致自治委员会的呈文（一九三八年四月十九日） …… 四六二
自治委员会关于本会暨各区公所及警察厅一九三八年四月十一日至十五日工作报告表致特务机关等公函（一九三八年四月十九日） …… 四六六
自治委员会关于本会暨各区公所及警察厅一九三八年四月十一日至十五日工作报告表致南京宣抚班公函（一九三八年四月十九日） …… 四七〇
自治委员会关于本会暨各区公所及警察厅一九三八年四月十六日至二十日工作报告表致特务机关等公函（一九三八年四月二十三日） …… 四七三

第二册

五、维持治安

自治委员会招用通晓日本语文人才通告（一九三七年十二月三十一日）…… 四七九
橘光三关于查问委员会宣传使及登记地点等事致陶锡三日方查问委员函（一九三八年一月二日）…… 四八〇
自治委员会关于登记增区一事等与日军部切实商定后再行办理的布告（一九三八年一月三日）…… 四八一
自治委员会、查问委员会关于汽油短缺无以外借事的往来函件 …… 四八四
自治委员会致查问委员会的便函（一九三八年一月三日）…… 四八四
查问委员会致自治委员会函（一九三八年一月三日）…… 四八五
自治委员会关于南京城内以新街口为中心专驻日军外划分四区的布告（一九三八年一月五日）…… 四八六
南京特务机关部等向自治委员会发放米面凭条（一九三八年一月十一日）…… 四八八
自治委员会拨发申请燃煤的凭条笺函（一九三八年一月十二日至二十五日）…… 四九一
自治委员会秘书室关于商请日军宪兵协助以保各区难民回家安全致警察厅函（一九三八年一月十九日）…… 四九四
自治委员会秘书室为拨发民办救火会救济米转救济课办理致救济课函（一九三八年一月二十日）…… 四九六
自治委员会拟定遣送外来难民回籍办法（一九三八年一月二十四日）…… 四九七
交通课关于派员赴上海办理邮政事务申请军用护照及通行证事致特务机关函稿（一九三八年一月二十四日）…… 四九九
自治委员会关于保护上新河红卍字会办事处的布告（一九三八年一月二十八日）…… 五〇〇
自治委员会关于补行登记请领安居证事致特务机关函（一九三八年二月四日）
附：南京市民未经查问登记请领安居证姓名清册 …… 五〇二
自治委员会关于华兴煤号等处存煤甚多请予保护致特务机关公函（一九三八年二月十二日）…… 五〇四
附：华兴煤号等处存煤数量地点及军用煤应如何办法致自治委员会工商课呈文 …… 五〇八

自治委员会关于上新河商家等处存煤和豆油等物资甚多管理困难请设法保护并调剂市面致特务机关函（一九三八年二月十五日）…… 五一二

南京特务机关通告人民通过城门须对日本士兵行礼致自治委员会公函（一九三八年二月二十三日）…… 五一六

自治委员会、警察厅关于没收赃物应招商拍卖的往来文件 …… 五一七

警察厅致自治委员会呈文（一九三八年三月二日）…… 五一七

自治委员会指令（一九三八年三月八日）…… 五一九

财务课关于筹备征收粮食税以裕收入案报告（一九三八年三月四日）…… 五二二

财务课关于金库存款无多请特务机关先行借给致松冈函（一九三八年三月四日）…… 五二四

自治委员会关于金陵女子大学收容所病女谢芳悬予免费收治致鼓楼医院笺函（一九三八年三月二十二日）…… 五二五

自治委员会、元兴煤业公司等关于煤炭被封转呈请求特务机关及海军碇泊场司令部准予启封并加保护的往来文件 …… 五二七

元兴煤业公司等致自治委员会呈文（一九三八年三月二十二日）…… 五二七

自治委员会批示（一九三八年三月二十六日）…… 五三四

财务课、工商课关于各课与米业代表商洽芜湖米出售办法及组织售米委员会函（一九三八年三月二十七日）…… 五三七

自治委员会呈送南京市日需品运销统制处宣言请予核准致特务机关和南京日本总领事馆公函（一九三八年三月二十八日）

附：南京市日需品运销统制处宣言 …… 五三九

救济课关于赈米损耗应予核销等情的签呈（一九三八年三月二十九日）…… 五四七

总务课关于派员出席赃物拍卖办法会议事致财务课函（一九三八年四月十六日）…… 五四九

自治委员会赃物拍卖会议记录（一九三八年四月二十日）…… 五五〇

自治委员会关于在各区设立种痘处所并令市民前往施种的布告（一九三八年四月二十三日）…… 五五七

六、市政整修

自治委员会关于召集电灯电话自来水各项匠人来会登记的布告（一九三八年一月二十五日）…… 五六五

交通课准特务机关面嘱将清洁总队移交警察厅致秘书长呈（一九三八年一月二十八日）……五六七
黄锡九关于筹备设立劳动股管理伕役所致自治委员会呈文（一九三八年二月五日）……五六八
自治委员会关于市民未领安居证补行登记事宜的布告（一九三八年二月九日）……五七〇
自治委员会关于招募各项工匠伕役来会登记的布告（一九三八年二月九日）……五七三
附：自治委员会关于日方每日需要工匠伕役人等特组织临时伕役管理所招募签呈……五七六
救济课关于清洁队拨归警厅管理等事致自治委员会呈（一九三八年二月二十一日）……五七八
自治委员会关于电杆电线系日军正在使用不得破坏的布告（一九三八年二月二十七日）……五八〇
德国大使馆、自治委员会关于山西路八十一号房屋系德国侨民租住勿予动用的往来函件……五八一
德国大使馆致自治委员会会函（一九三八年三月三日）……五八一
自治委员会致德国大使馆公函（一九三八年三月九日）……五八二
交通课关于车辆登记事致财务课函（一九三八年三月十五日）……五八五
附（一）南京市手车板车马车管理暂行简则……五八六
附（二）南京市人力车管理暂行简则……五八八
附（三）南京市汽车管理简则……五九〇
自治委员会关于寿康里十八号内男尸已饬警厅遵办笺函（一九三八年三月二十一日）……五九二
旧货业代表鲁玉芳等、自治委员会关于代收废钢铁保障工商农请转南京特务机关免予没收的往来文件……五九四
旧货业代表鲁玉芳等致自治委员会呈文（一九三八年三月二十七日）……五九四
自治委员会的令批（一九三八年四月五日）……五九九
救济课拟具请求开放秦淮河西水关及后湖水闸计划书并附请特务机关核定签注（一九三八年四月九日）……六〇三
自治委员会开放秦淮河水闸检查尸体及武器计划致特务机关公函（一九三八年四月十日）……六〇六
附：马锡侯拟抄开放秦淮河水闸检查尸体及武器等实施方案……六〇九

废铁收聚处、自治委员会关于旧货业代表呈请完征收铜铁事的往来文件……六一一
废铁收聚处致自治委员会签呈（一九三八年四月十二日）……六一一
废铁收聚处致自治委员会呈文（一九三八年四月十五日）……六一四
自治委员会指令（一九三八年四月十九日）……六二〇
自治委员会关于发现传染病即报警察厅等转日本军医部布告（一九三八年四月十六日）……六二三
自治委员会李佑新关于条陈市政工作七项措施致任援道呈文（一九三八年四月二十一日）……六二七
交通课关于千田兵站司令部会商修补南京市政道路事宜致自治委员会签呈（一九三八年四月二十二日）……六四四

七、索赔保护

陶锡三、自治委员会等关于陶锡三会长住宅物品遗失事的往来公文……六四九
陶锡三关于住宅物品遗失事的报告（一九三八年二月十三日）……六四九
自治委员会致特务机关、日本大使馆公函（一九三八年二月二十二日）……六五二
自治委员会再次致特务机关、日本大使馆公函（一九三八年三月一日）……六五六
自治委员会致特务机关催询公函（一九三八年三月一日）……六五九
自治委员会致陶锡三会长公函（一九三八年三月九日）……六六二
自治委员会保护万泉酒坊、华丰裕酒厂的布告（一九三八年二月十八日）……六六五
自治委员会、特务机关等关于福昌饭店复业审批事的往来公文……六七〇
德商斯派林为申请重新营业致自治委员会函（一九三八年三月三日）……六七〇
工商课为发给福昌饭店临时营业执照致自治委员会签呈（一九三八年三月三日）……六七二
自治委员会关于德商福昌饭店恢复营业发给临时执照致特务机关等公函（一九三八年三月十一日）……六七五
自治委员会准特务机关通知暂缓开业致福昌饭店、斯派林先生笺公函（一九三八年三月十七日）……六七八
自治委员会为调回德商福昌饭店营业执照致特务机关公函（一九三八年三月二十七日）……六八一

自治委员会关于福昌饭店由徐玉山自行开办致特务机关公函及签批（一九三八年三月二十九日）……六八六

斛业代表、自治委员会关于恢复斛业备案并给予保护等事的往来文件……六九一

斛业代表致自治委员会呈文（一九三八年三月十一日）……六九一

自治委员会批文（一九三八年三月十八日）……六九五

自治委员会严禁进入成记酱园堆栈私掠搬取货物的布告（一九三八年三月十三日）……六九八

商民何伯陶等为货物毫无保障无法恢复营业请转特务机关给予保护致自治委员会呈文（一九三八年三月十八日）……七〇一

八、恢复工商

杜汉东拟具恢复商业运输等项急务方案致自治委员会呈文（一九三八年一月十一日）……七一一

自治委员会请发护照以便商人前往六合采购日需品致特务机关公函（一九三八年一月二十九日）

附：伪南京市自治委员会工商课派员前往六合采购或调查请发通行证名单……七一三

自治委员会关于日本军用手票一律通用的布告（一九三八年二月二十三日）　附：商店货品价格表……七一七

日需品销售统制处关于明定收受钞票辅币标准事致财务课函（一九三八年三月九日）……七二一

正丰厚木号、自治委员会关于保护正丰厚木号营业的往来文件……七二四

正丰厚木号致自治委员会呈文（一九三八年四月四日）……七二四

自治委员会的批示及布告（一九三八年四月二十三日）……七二七

九、难民安置

陶锡三关于协助日方办理登记证给自治委员会相关人员的通告（一九三八年一月二日）……七三三

陶锡三为居民食品缺乏组织食用品管理处致日本田中领事等函（一九三八年一月四日）……七三七

自治委员会关于难民回家问题会议决议（一九三八年一月四日）……七三八

自治委员会派员协助查问委员会办理登记事宜致日本领事田中笺函（一九三八年一月四日）……七四一

自治委员会关于南京城内划分四区办理居民迁回安居的布告（一九三八年一月五日）……七四二

自治委员会关于难民迁回问题须先由区公所着手筹办致特务机关渡部函（一九三八年一月七日）……七四四

自治委员会关于赈济难民食米事宜与国际委员会往来函稿（一九三八年一月八日至十二日）……七四五

金陵大学第三难民收容所请予设法制止难民私贩物品并给示布告致自治委员会函（一九三八年一月十四日）……七四七

自治委员会关于第二区迁回居民登记并居住的布告（一九三八年一月十四日）……七四九

自治委员会关于第一区和第二区迁回居民登记并居住的布告（一九三八年一月十四日）……七五一

自治委员会关于证明未及登记城内居民确系良民补发安居证事致特务机关函（一九三八年一月十八日）……七五三

秘书室为各区难民回家请规划办法并请日军宪兵协助致警察厅长函（一九三八年一月十九日）……七五四

自治委员会号召难民回家居住的布告（一九三八年一月二十七日）……七五五

自治委员会为组织难民回家及治安由日本宪兵队协助管理等事致丹麦公使馆函（一九三八年一月二十七日）……七五七

自治委员会为难民回家后治安由日本宪兵队协助管理事致捷克公使馆函（一九三八年一月二十七日）……七五九

自治委员会为难民回家并感谢英美德法等大使馆维护安全事致各使馆函（一九三八年一月二十七日）……七六一

自治委员会委员关于日本特务机关长处理难民和治安之训示记录致代会长张叔荣呈文（一九三八年一月二十八日）……七六三

汉口路小学难民所、自治委员会关于难民杨金海等请补发安居证的往来文件……七六五

汉口路小学难民所致自治委员会呈文（一九三八年一月三十一日收）……七六五

自治委员会批文（一九三八年二月一日）……七六六

张亚人等、自治委员会关于补行登记核发安居证的往来文件……七六九

张亚人等致自治委员会的呈请书（一九三八年一月三十一日收）……七六九

自治委员会批文（一九三八年二月三日）……七七二

自治委员会为请日本军部发给食米以资救济致特务机关函（一九三八年一月）……七七五

自治委员会关于市民补领安居证事宜致特务机关公函（一九三八年二月七日）……七八二

自治委员会为遣送外地难民回乡致各区公所训令及布告（一九三八年二月八日）……七八七

自治委员会关于补发市民安居证的布告（一九三八年二月九日）……七九一
自治委员会关于民众从二月二十五日起进出城门均得自由通过的布告（一九三八年二月二十四日）……七九四
救济课奉特务机关通知遣送难民回原籍报告（一九三八年二月二十八日）……七九五
第四区区公所、自治委员会关于发给外来留京难民回籍通行证等事的往来文件……七九七
第四区区公所致自治委员会呈文（一九三八年三月五日）……七九七
自治委员会给第四区区公所的指令（一九三八年三月八日）……八〇一
第一区区公所、自治委员会关于办理乡民登记安居证事的往来文件……八〇四
第一区区公所致自治委员会的呈文（一九三八年三月七日）……八〇四
自治委员会给第一区区公所指令（一九三八年三月十二日）……八〇八
自治委员会关于发给运柩通行证事致财务课训令（一九三八年三月十七日）
附：南京市警察厅发给运柩通行证规则……八一一
第一区区公所关于安居证被扣人民出入城补救办法致自治委员会呈（一九三八年三月十八日）……八一六
自治委员会为补办安居证以免市民被扣留事给第一区区公所指令（一九三八年三月二十三日）……八二〇
第一区区公所、自治委员会关于呈缴安居证登记存根报备事的往来文件……八二三
第一区区公所致自治委员会呈文（一九三八年三月二十四日）……八二三
自治委员会给第一区区公所指令（一九三八年三月二十九日）……八二七
自治委员会、上海国际救济委员会关于准予发给通行臂章的往来文件……八三〇
自治委员会致上海国际救济委员会函（一九三八年三月二十九日）……八三〇
上海自治委员会致王仲青等的函（一九三八年三月二十九日）……八三二
救济课遣送句容难民二十九人签呈（一九三八年四月五日）……八三六
第一区区公所为补发六千三百九十三张安居证事致自治委员会呈文（一九三八年四月十三日）……八三八
自治委员会关于安居证及登记表收悉备查给第一区区公所指令（一九三八年四月十九日）……八四一

十、公盐统治

自治委员会转请日本军部允许搬运存盐发售致特务机关公函（一九三八年二月二十一日）……八四七

自治委员会关于委派赵威叔委员综理南京公盐栈并从事筹备公函（一九三八年二月二十八日）……八五〇

自治委员会设立公盐栈禁售私盐的布告（一九三八年三月十一日）……八五三

委员赵威叔、自治委员会关于成立公盐栈办事处等事的往来文件……八五七

委员赵威叔致自治委员会的呈文（一九三八年三月十七日）……八五七

委员赵威叔致自治委员会的呈文（一九三八年三月十七日）……八六九

自治委员会给赵威叔的批答（一九三八年三月二十一日）……八七五

自治委员会关于赵威叔任公盐栈办事处主任公函（一九三八年三月二十一日）……八七八

伪南京市公盐栈办事处主任赵威叔、自治委员会等关于聘松冈为公盐栈基金监的一组文件……八八一

伪南京市公盐栈办事处主任赵威叔致自治委员会的呈文（一九三八年四月四日）……八八一

自治委员会致松冈公函（一九三八年四月七日）……八八三

自治委员会聘任特务机关佐藤为公盐栈基金监聘函（一九三八年四月十一日）……八八六

公盐办事处主任赵威叔、自治委员会等关于撤销公盐处的一组文件……八八九

公盐办事处主任赵威叔致自治委员会的呈文（一九三八年四月二十三日）……八八九

自治委员会致宣抚班公函（一九三八年四月二十三日）……八九二

后记

一、日方祝辞

自治委员会成立之际日方祝辞

南京警备司令官陆军少将佐佐木到一祝辞草稿、日文及中文翻译（一九三八年一月一日）

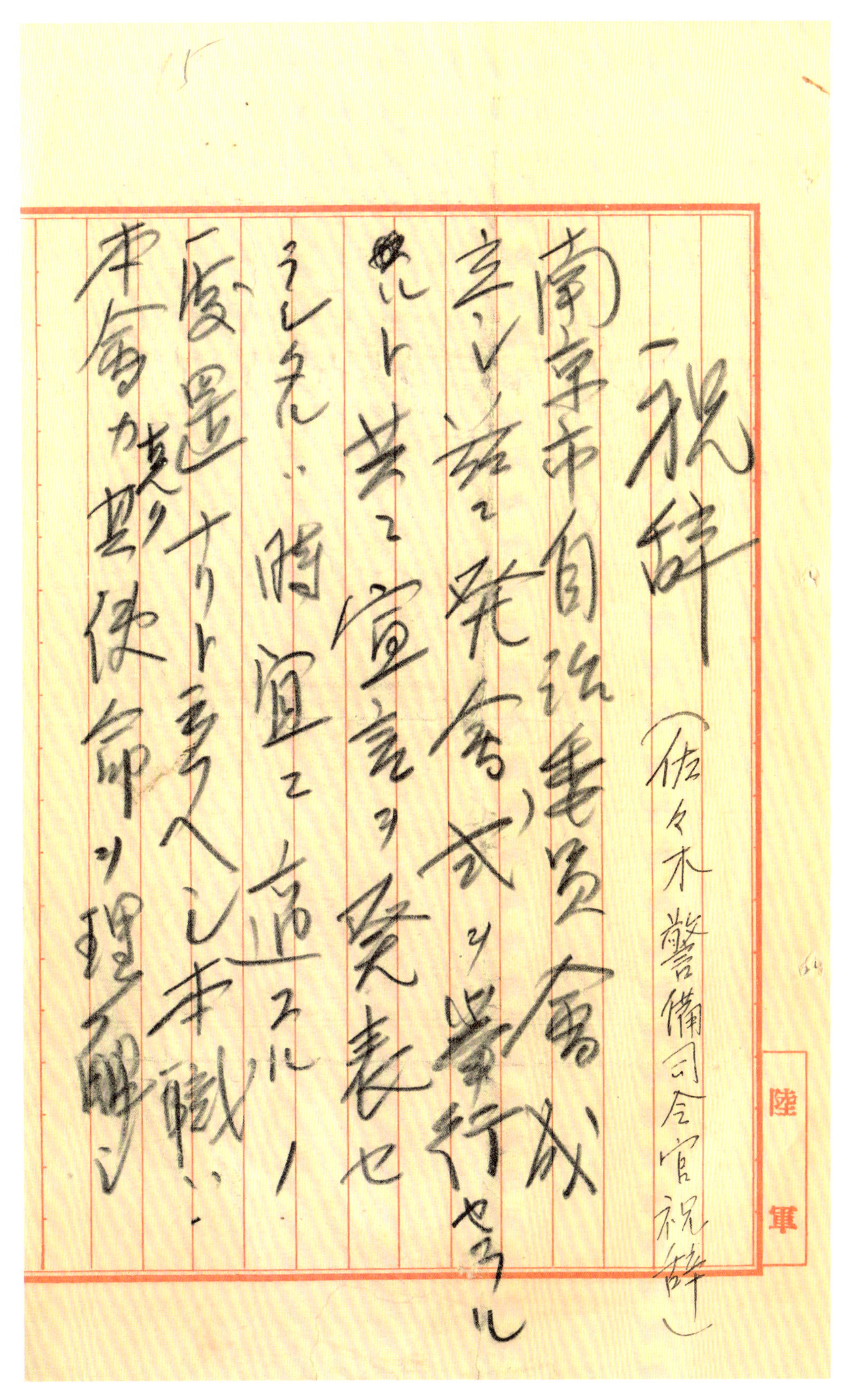

一 祝辞 （佐々木警備司令官祝辞）

南京市自治委員会成立シ茲ニ発会式ヲ挙行セラルルト共ニ宣言ヲ発表セラレタルハ時宜ニ適スルノ措置ナリト云フヘシ本職ハ本会カ其使命ヲ理解シ

16

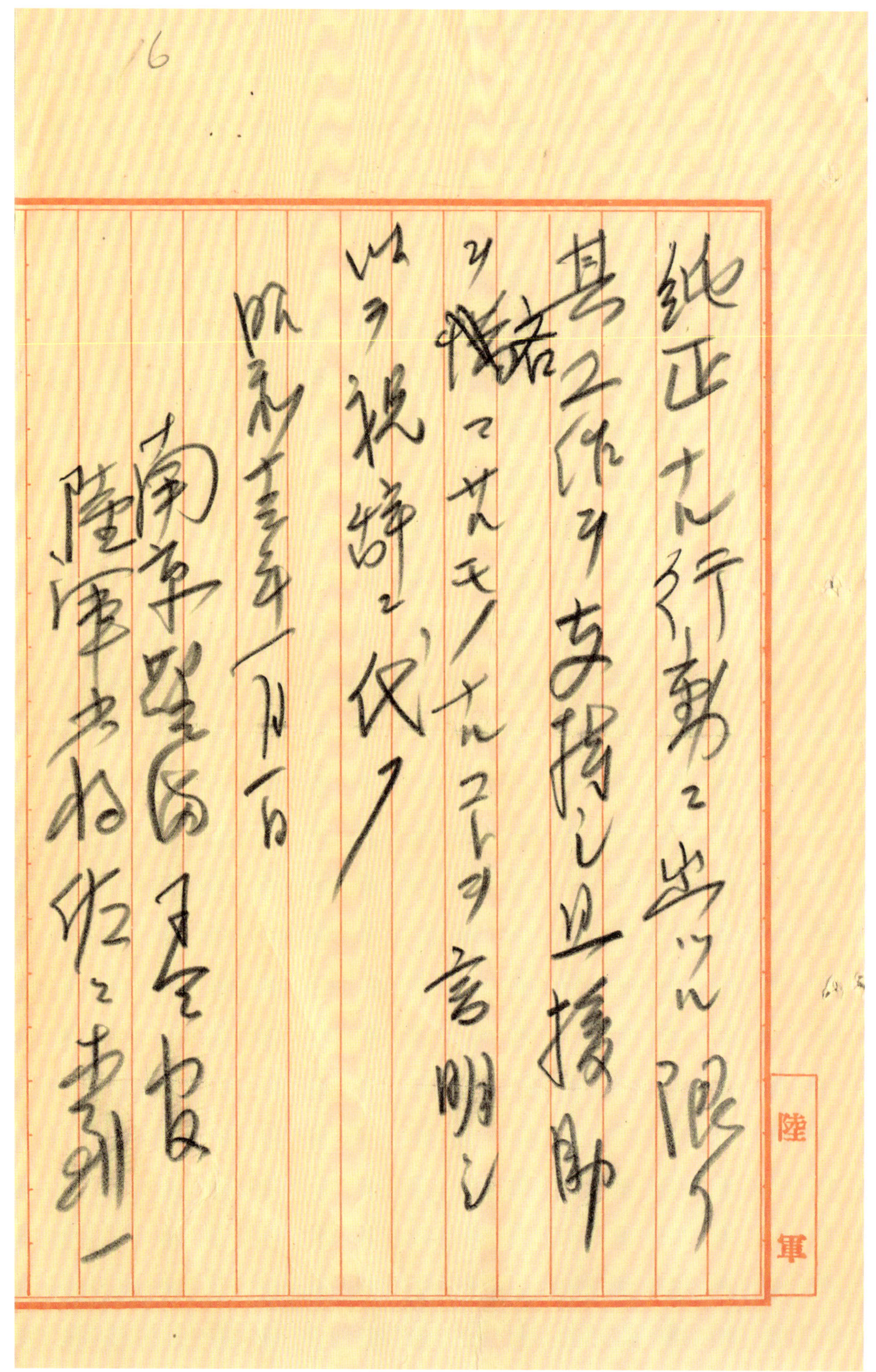
純正ナル行動ニ出ヅル限リ
其ノ工作ヲ支持シ且援助
スルニ吝マザルモノナルコトヲ言明シ
以テ祝辞ニ代フ
昭和十三年一月一日
南京駐留司令官
陸軍少将佐々木到一

祝辭

南京市自治委員會成立シ茲ニ發會式ヲ擧行セラルルト共ニ宣言ヲ發表セラレタルハ時宜ニ適スルノ處置ナリト云フヘシ本職ハ本會カ克ク其使命ヲ理解シ純正ナル

行動ニ出ツル限リ其工作ヲ支持シ且援助ヲ吝マサルモノナルコトヲ言明シ以テ祝辞ニ代フ

昭和十三年一月一日

南京警備司令官

陸軍少将 佐々木到一

18

祝辭（佐佐木警備司令官）

南京市自治委員會成立本日舉行開會式並發表宣言可謂適宜之處置本職對于自治會能理解其使命在出于純正之行動範圍内明言不吝支持其工作且援助之以代祝辭

昭和十三年一月一日

南京警備司令官

陸軍少將佐佐木到一

日本南京总领事代表福井淳祝辞草稿、日文及中文翻译（一九三八年一月一日）

12

公信案

總領事代理祝辭

本日新年ノ佳辰ニ當リ南京市自治委員會成立シ發會式ノ盛典ニ列スルノ光榮ヲ得タルハ誠ニ欣快トスル所ナリ惟フニ南京ノ地ハ古來旧都トシテ其名ヲ知ラレタルカ民國十五年國民革命軍此地ニ占據シ政府ヲ樹立シテヨリ以來諸般ノ施設見ルヘキモノアリ人口亦逐年激増

在外公館

FII

シ殷賑ヲ極メタリト雖モ為政者ノ失政ハ遂ニ此地ヲモ悲シムヘキ兵禍ノ災害ヲ蒙ラシメ市民ヲシテ全ク據ルトコロヲ失ハシムルニ至レリ圖ラスモ今次南京市ノ復興ト民衆ノ福祉増進ヲ企圖シ進ンテ日支親善ト防共政策ニ徹底ヲ期スル事委員會ノ成立ヲ見ルニ至リタルハ獨リ日支両國民幸福タ

公信案　在外公館

124

公信案

ルノミナラス東亜百年ノ為ニモ誠ニ慶
賀ニ堪ヘサル所ナリ
希クハ本會カラ今後益々発展セ
ラレ所期ノ目的達成ニ邁進セラレンコ
トヲ切望スル旁々茲ニ謹テ蕪辞ヲ賦シ祝辞
トス

昭和十三年一月一日
在南京日本總領事館
總領事代理 福井淳

在外公館

FII

祝辭

本日新年ノ佳辰ニ當リ南京市自治委員會正式成立シ發會式ノ盛典ニ列スルノ光榮ヲ得タルハ誠ニ欣快トスル所ナリ　惟フニ南京ノ地ハ古来旧都トシテ其ノ名ヲ知ラレタルガ　民國十六年國民革命軍此ノ地ニ占據シ政府ヲ樹立シテヨリ以來諸般ノ施設見ルヘキモノアリ　人口亦逐年激增シ殷賑ヲ極メタリト雖モ　為政者ノ失政ハ遂ニ此ノ地ヲモ悲シムヘキ兵禍ノ災害ヲ蒙ラシメ　市民ヲシテ

全ク拠ル處ヲ失ハシムルニ至レリ圖ラスモ今ヤ次南
京市ノ復興ト民衆ノ福祉増進ヲ企圖シ進ンテ
日支親善ト防共政策ノ徹底ヲ期スル本委員会
ノ成立ヲ見ルニ至リタルハ獨リ日支両國民ノ幸福
タルノミナラズ東亜百年ノ為ニモ誠ニ慶賀ニ堪ヘサ
ル所ナリ希クハ本會ヲシテ今後益々發展セシメ所
期ノ目的達成ニ邁進セラレンコトヲ切望ス
茲ニ謹ミテ蕪辞ヲ賦シ祝辞トス

昭和十三年一月一日

在南京

總領事代理　福井淳

總領事代表祝辭

本日適值新年良辰南京市自治委員會成立得列席開會式之盛典引為榮幸甚為欣快惟南京自古即為有名舊都民國十六年國民革命軍占據此地樹立政府以來諸般施設頗有可觀人口亦遂激增極其繁盛然當局者失政遂使此地慘蒙兵禍市民全失依據幸今次自治委員會成立企圖南京市之復興與民衆福祉之增進並期待澈底日支親善與實行防共政策是不

18

獨日支兩國民之幸福抑亦東亞百年之大計誠堪慶賀之至
願今後本會益益發展達成所期之目的並切望其邁進謹貢蕪辭以為慶祝

昭和十三年一月一日

在南京日本總領事館

總領事代表福井淳

祝詞

茲ニ一月一日ノ佳辰ヲトシ南京市自
治委員會ノ結成ヲ見ルニ至リシハ誠ニ
慶賀ニ堪ヘサルナリ
顧レハ昨年八月日支ノ不幸ナル衝突以
來各位民衆ノ辛苦ハ眞ニ想像ニ難カラス

來各位民衆ノ辛苦ハ眞ニ想像ニ難カラス
我等ノ又齊シク同情セシ所ナリ
今ヤ南京モ我軍ノ占領スル所トナリ秩序
モ日ニ恢復シツヽアル時ニ當リ當市ノ恢復
ヲ企圖シテ自發的ニ本會ハ結成セラレ逐次
其ノ緒ニ就キツヽアルヲ見大ニ各位ノ勞ヲ多ト

其ノ緒ニ就キツヽアルヲ見大ニ各位ノ勞ヲ多トス、然リト雖モ本事業タルヤ一尋常事ニ非ス形而上下ニ於テ幾多ノ難關ニ遭遇スルヲ豫期セサルヘカラス
我亦全幅ノ力ヲ以テ之ニ協力セン
希クハ各位各々其ノ職責ノ重大ナルヲ自

覺シ不屈ノ意氣ヲ以テ萬關ヲ突破シ自
己ヲ虚シクシテ一意公事ニ盡粹シ以テ友邦
日本ト共ニ興亜ノ聖業ニ邁進セラレンコトヲ
一言蕪辭ヲ述ヘテ祝詞トナス

昭和十三年一月一日

上海派遣軍参謀長 飯沼守

一

祝詞

茲卜一月一日之良辰、組織南京市自治委員會

見之誠堪慶賀

回顧去年八月日支不幸衝突以來、各位民衆

之痛苦、魯賓屬不難想像、我等一齊同情、

今也南京亦為我軍占領、秩序日漸恢復、並

且企圖本市之復興、自發的（自己發動）組織本會、

逐次就緒、可見各位多勞、雖然、此種事業

21

二

非一寻常事业、于形而上或形而下、遭遇几多之难关、势所必然、我亦以全副之力协助之、希望各位自觉其职责之重大、以不屈之精神、突破万重难关、牺牲自己、一意尽粹公事、以与友邦日本共同迈进、复兴东亚之圣业、聊述芜辞、以为庆祝、

20

三

昭和十三年一月一日

上海派遣軍參謀長　飯沼守

南京驻在海军武官海军大佐中原三郎祝辞日文及中文翻译（一九三八年一月一日）

祝辞

今回南京市民共同ノ名ニ於テ治安維持及ビ自治促進ヲ主旨トシ人民ノ困難解除地方秩序ノ恢復商工業ノ復活勧導地方交通ノ復活ヲ圖ル為メ南京市自治委員會ヲ組織シ本日茲ニ正式成立ノ發會式ヲ擧行セラル支那國内ノ情勢並ニ南京今日ノ現状ニ鑑ミ其ノ擧ハ機宜ニ適シ其ノ目的ハ正シ誠ニ同慶ノ至リニ堪ヘズ

殊ニ只今宣示セラレタル其ノ抱負ハ吾人ノ最モ欣快トスル所ナリ本官ハ本日此ノ記念スベキ發會式ニ参列シ満腔ノ熱誠ヲ以テ本會ノ成立ニ對シ祝意ヲ表スルト共ニ本會將來ノ發展ト所期ノ目的達成トヲ祈願シテ已マズ茲ニ聊カ蕪辭ヲ述ベ祝辭ト為ス

昭和十三年一月一日

南京駐在海軍武官

海軍大佐 中原三郎

祝詞

今回在南京市民共同名義之下，以治安維持及自治促進爲主旨，以圖解除人民困難，恢復地方秩序，勸導工商復業及回復地方交通，因此成立南京市自治委員會。本日在此舉行正式成立大會。鑒於中國々內情勢，並南京現狀，此會正適其機，其目的之純正實屬可慶。尤以現在所宣示之宗旨，吾人歡覺欣快。本官本日得參加此成立大會，以滿腔熱誠，對此成立會表一種祝意，盼望將來能達所期望之發展，並能完成其目的，藉以爲祝。

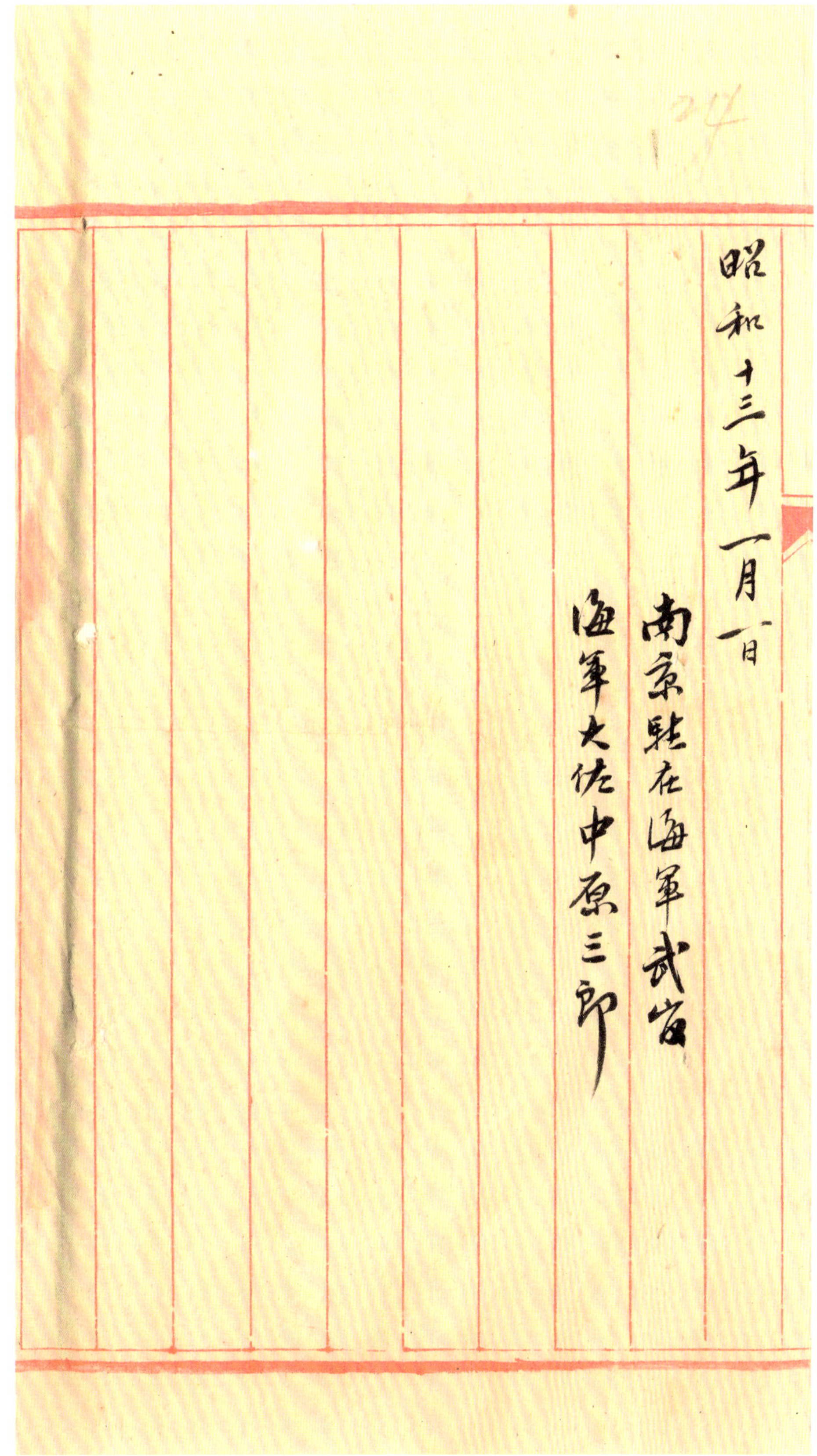

124

昭和十三年一月一日

南京駐在海軍武官

海軍大佐中原三郎

二、组织成立

自治委员会陶锡三会长因病由孙叔荣代行主席主持常会记录（一九三八年一月十一日）

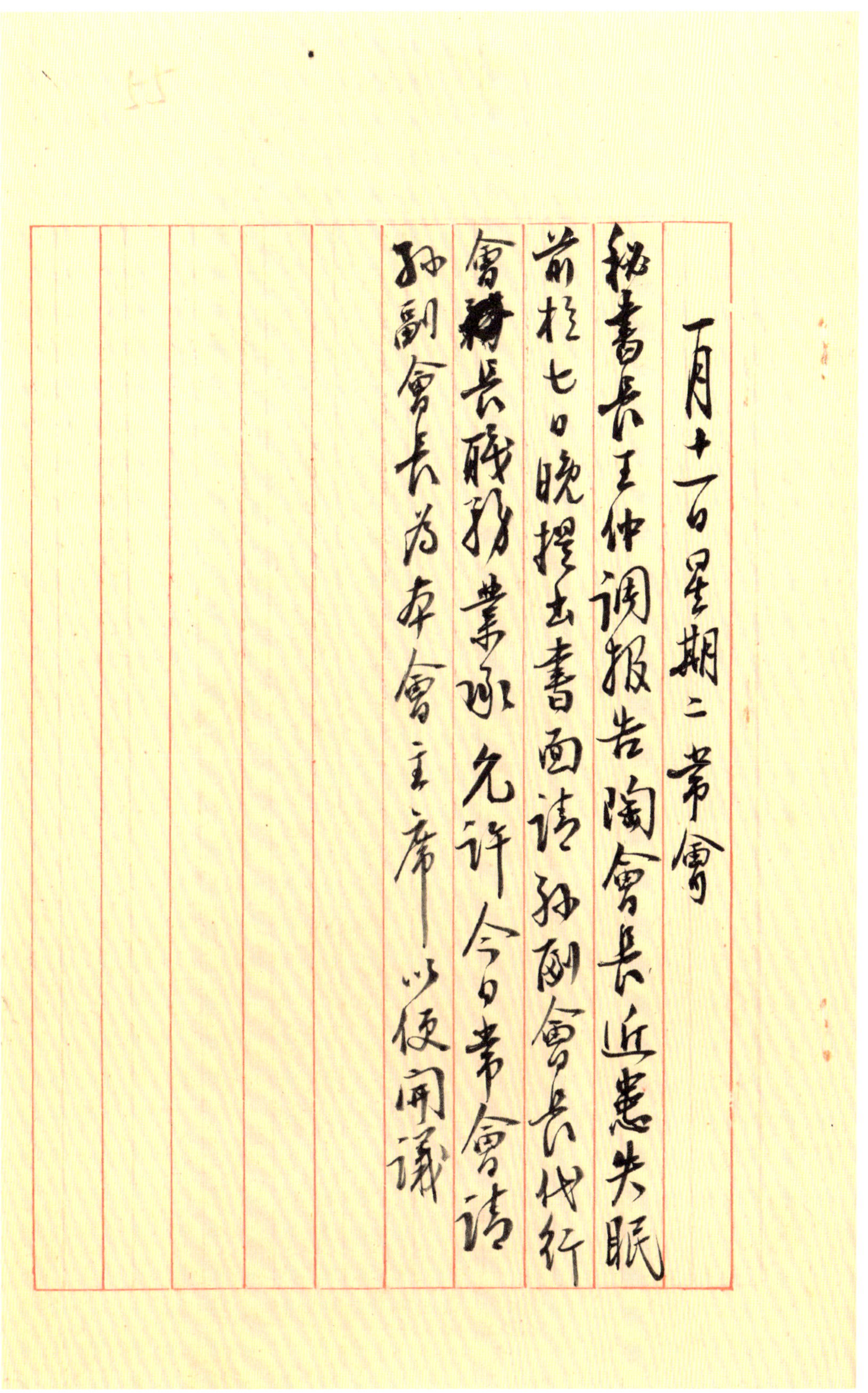

一月十一日星期二常會

秘書長王仲调報告陶會長近患失眠前於七日晚提出書面請孫副會長代行會長職務業經允許今日常會請孫副會長為本會主席以便開議

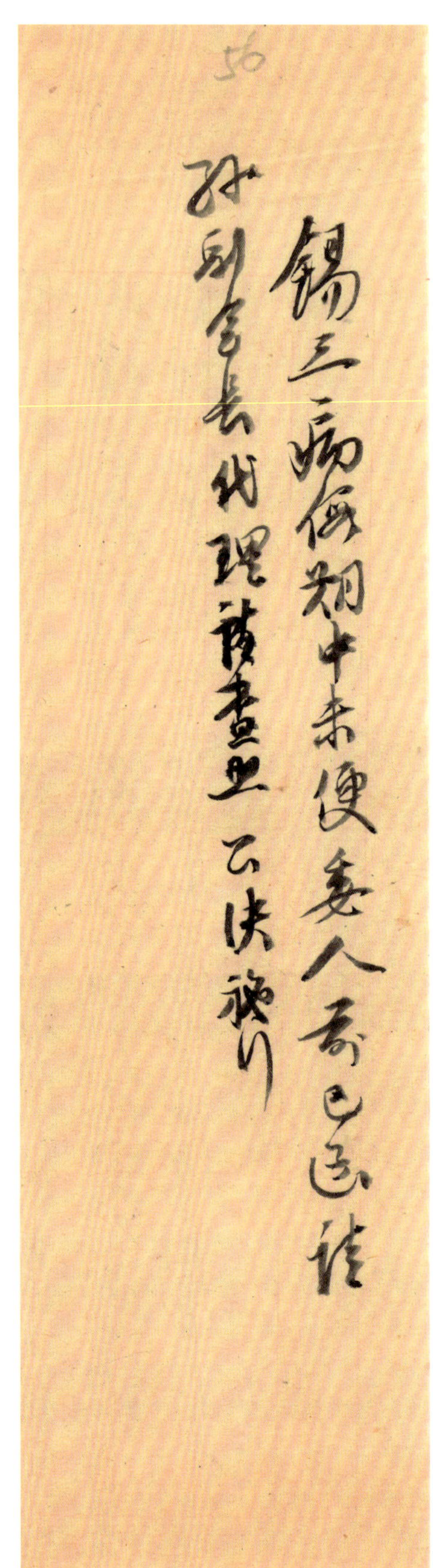

50

錫三病假，翔中來，便委人寄。已函請孫副市長代理，請查照示決。祈行

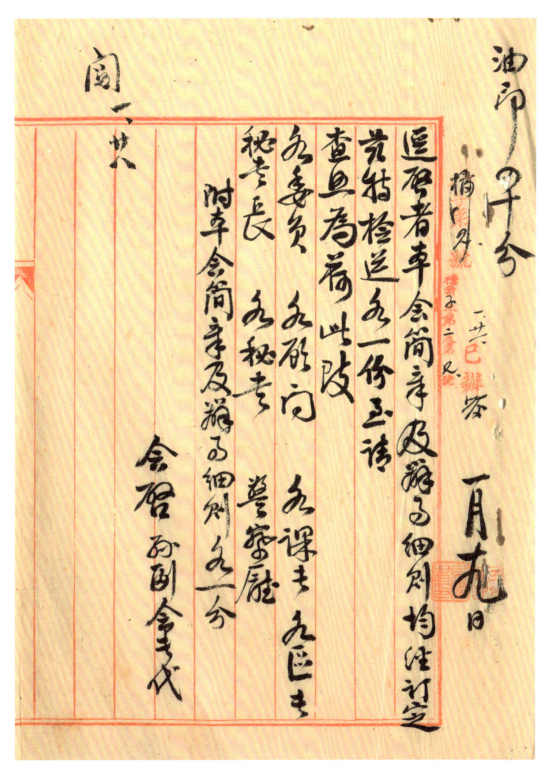

自治委员会关于检送本会简章及办事细则致各委员、顾问等的函（一九三八年一月十九日）

油印四十分

逕启者：本会简章及办事细则均经订定，兹特检送各一份，至请查照为荷。此致

各委员　各顾问　各课长　各区长

秘书长　各秘书　警察厅

附本会简章及办事细则各一分

会启　郭副会长代

一月九日

已办答　一·廿六

阅　一·廿八

附（一）伪南京市自治委员会简章

南京市自治委員會簡章

第一條　本会由南京市居民共同組織以維持治安促進自治為主旨

第二條　本會會所設南京總商會暫設臨時辦事處於鼓樓新村一号

第三條　本會事務進行之目的如左

（一）解除人民困難

（二）回復地方秩序

（三）劝導工商復業

（四）恢復地方交通

第四條　本會以現在南京居民推舉地方有声望者五人至十一人組織

委員會办理前條各項事務

第五條　本會設會長一人副會長二人由委員中互推之

第六條　本會設顧問若干員延聘中日人士充之贊助本會一切進行

第七條　本會設秘書長一人秘書若干人秉承會長綜核一切机要文件及翻譯事宜

第八條　本會進行事務得設各課办理之其組織如左

（一）總務課　办理文書人事統計庶務會計及其他不屬各課事務

（二）財務課　關於清理本市款產事宜

（三）救濟課　關於救濟衛生事宜

（四）警務課　關於警務事宜

（五）工商課　關於工商各業之恢復及勸導事宜

（六）交通課　關於地方交通事宜

以上各課辦事細則另訂之

第九條　本會定每星期二五開常會兩次遇有緊急事件由會長隨時召集

第十條　本会開會時以會長為主席會長有障碍時由副會長代理　特務機關

第十一條　本簡章如俟呈報現在日本軍事機關備案事以保護後有未盡事宜得隨時修改呈報備案

第十一條　本會俟地方各正式機關成立後撤銷之

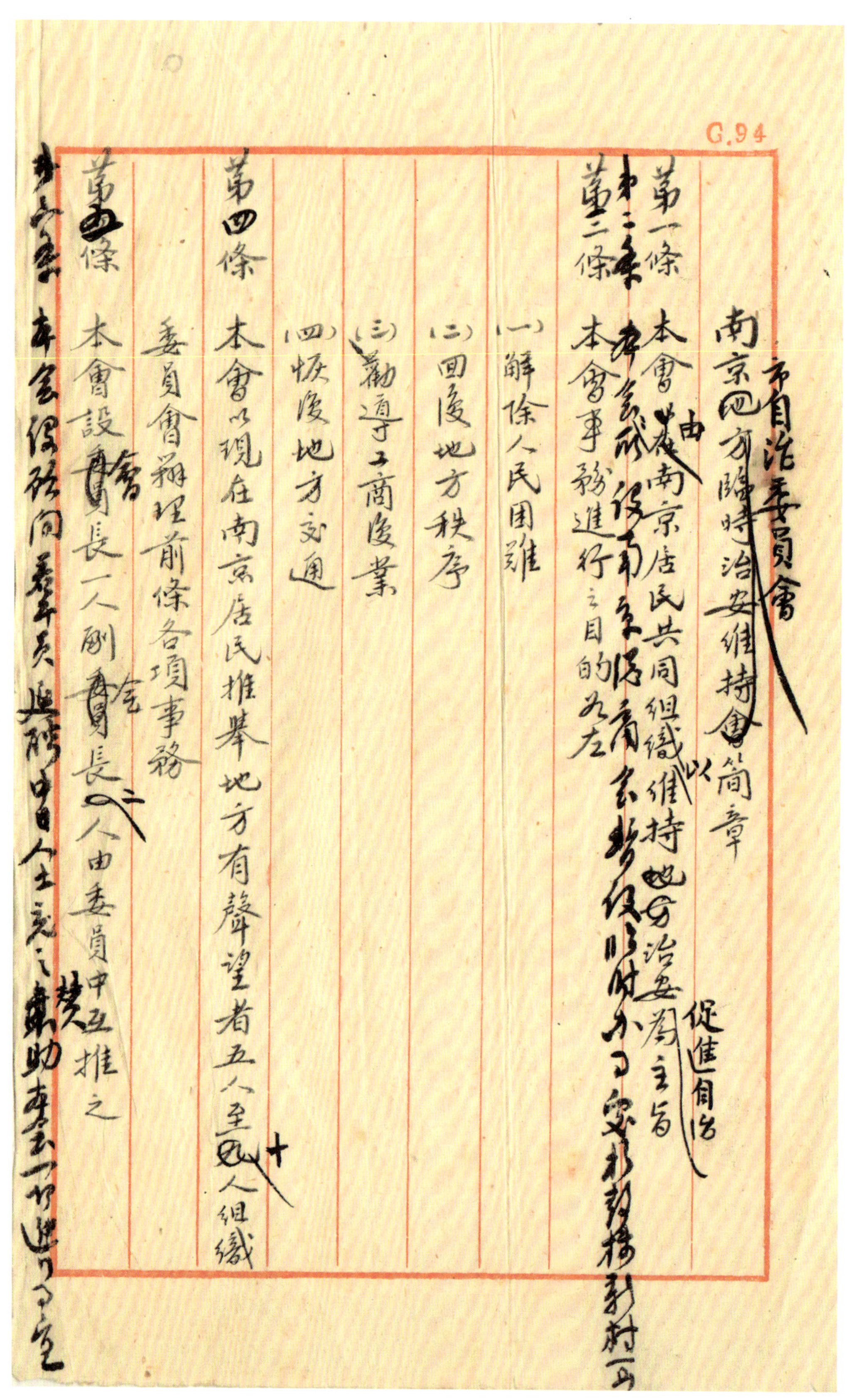

G.94

南京市自治委員會簡章

第一條 本會由南京居民共同組織以促進自治維持地方治安為主旨

第二條 本會俟南京治安恢復時即[illegible]移交新機構一切

第三條 本會事務進行之目的如左

（一）解除人民困難

（二）回復地方秩序

（三）勸導工商復業

（四）恢復地方交通

第四條 本會以現在南京居民推舉地方有聲望者五人至十人組織委員會辦理前條各項事務

第五條 本會設會長一人副會長二人由委員中互推之

第六條 本會得聘顧問若干員延聘中日人士充之襄助本會一切進行事宜

本會設秘書長一人秘書若干人秉承會長綜核一切机要文件辦理之

第七條　本會進行事務得設各課辦理之其組織如左

（一）總務課　辦理文書統計庶務會計人事及不屬其他各課事務

（二）財務課　關于清理本市款產事宜

（三）救濟課　關於救濟衛生居民安居樂業之事一切事宜

（四）警務課　關於警務工商各業之恢復及維持勸導事宜

（五）工商課　關於工商各業之恢復及助募一切事宜

（六）交通課　關于地方交通一切事宜

（七）聯絡課　關於各國進行聯絡事宜有須調查者

（六）交際課　關於各國進行交涉事宜

以上各課辦事細則得另訂之

第八條　本會每星期開常會兩次星期一星期四舉行如有緊急事件得隨時召集之

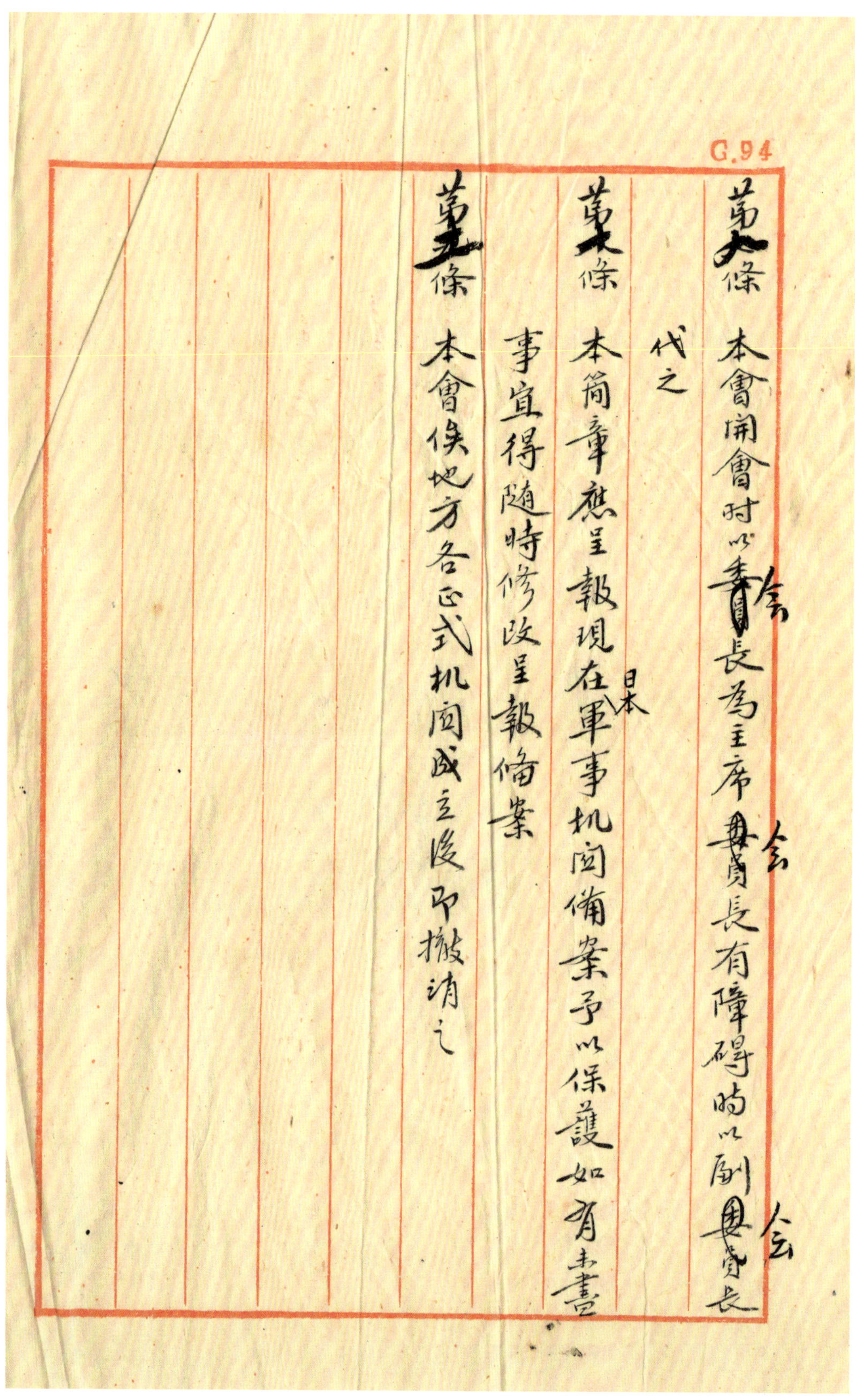

G.94

第六條　本會開會時以委員長為主席委員長有障礙時以副委員長代之

第七條　本簡章應呈報現在日本軍事机関備案予以保護如有未盡事宜得隨時修改呈報備案

第八條　本會俟地方各正式机関成立後即撤消之

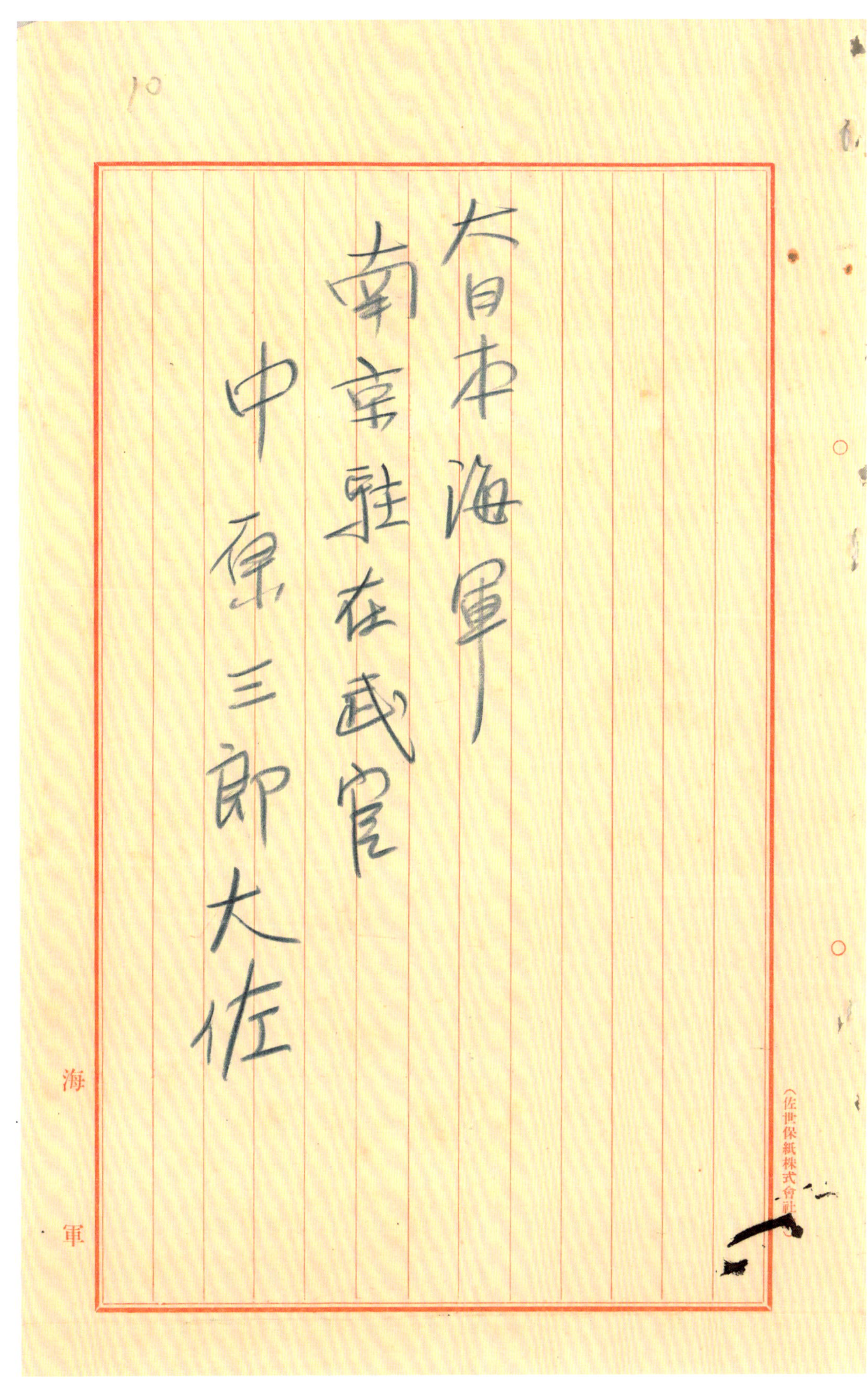

10

大日本海軍
南京駐在武官
中原三郎大佐

海軍

（佐世保紙株式會社）

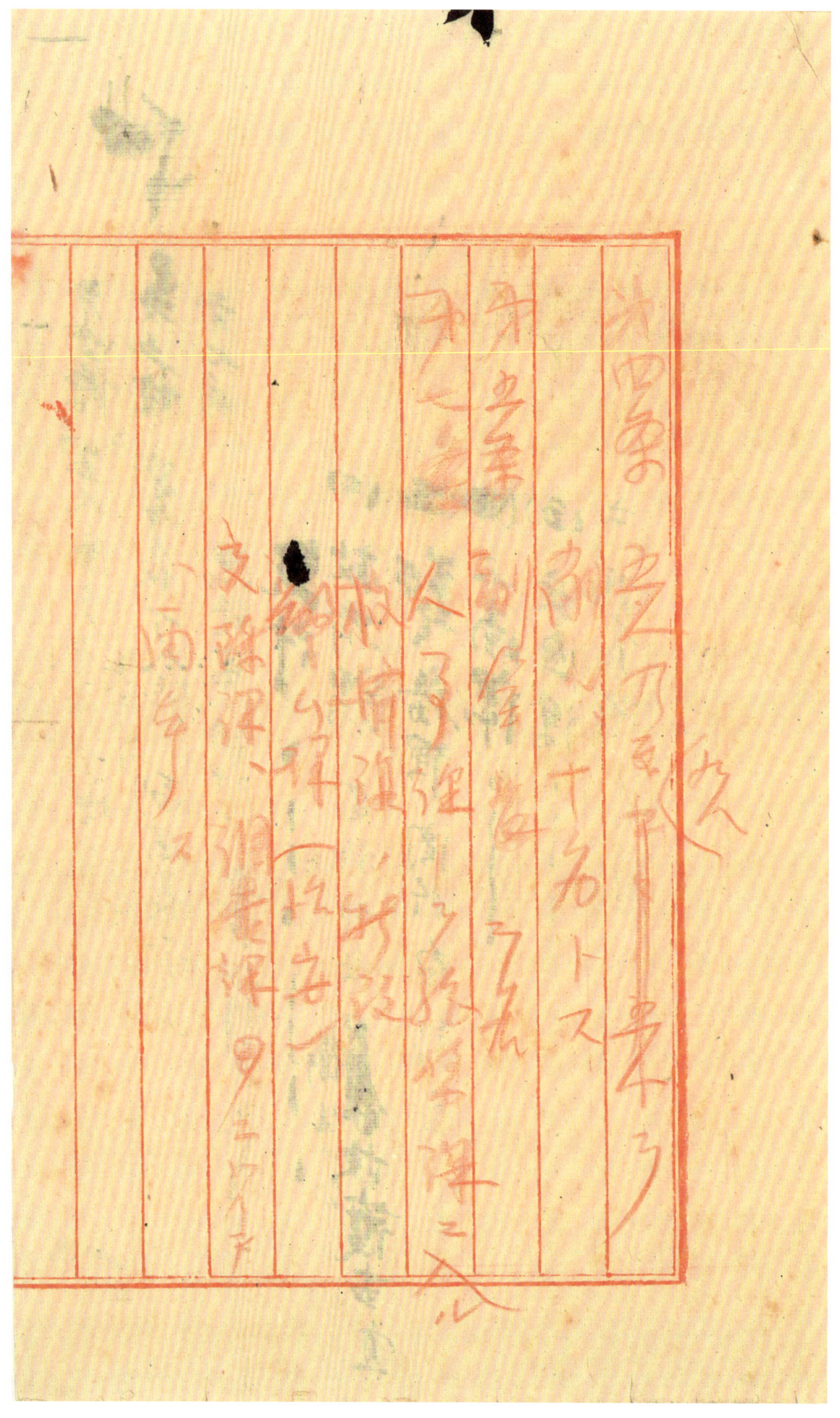

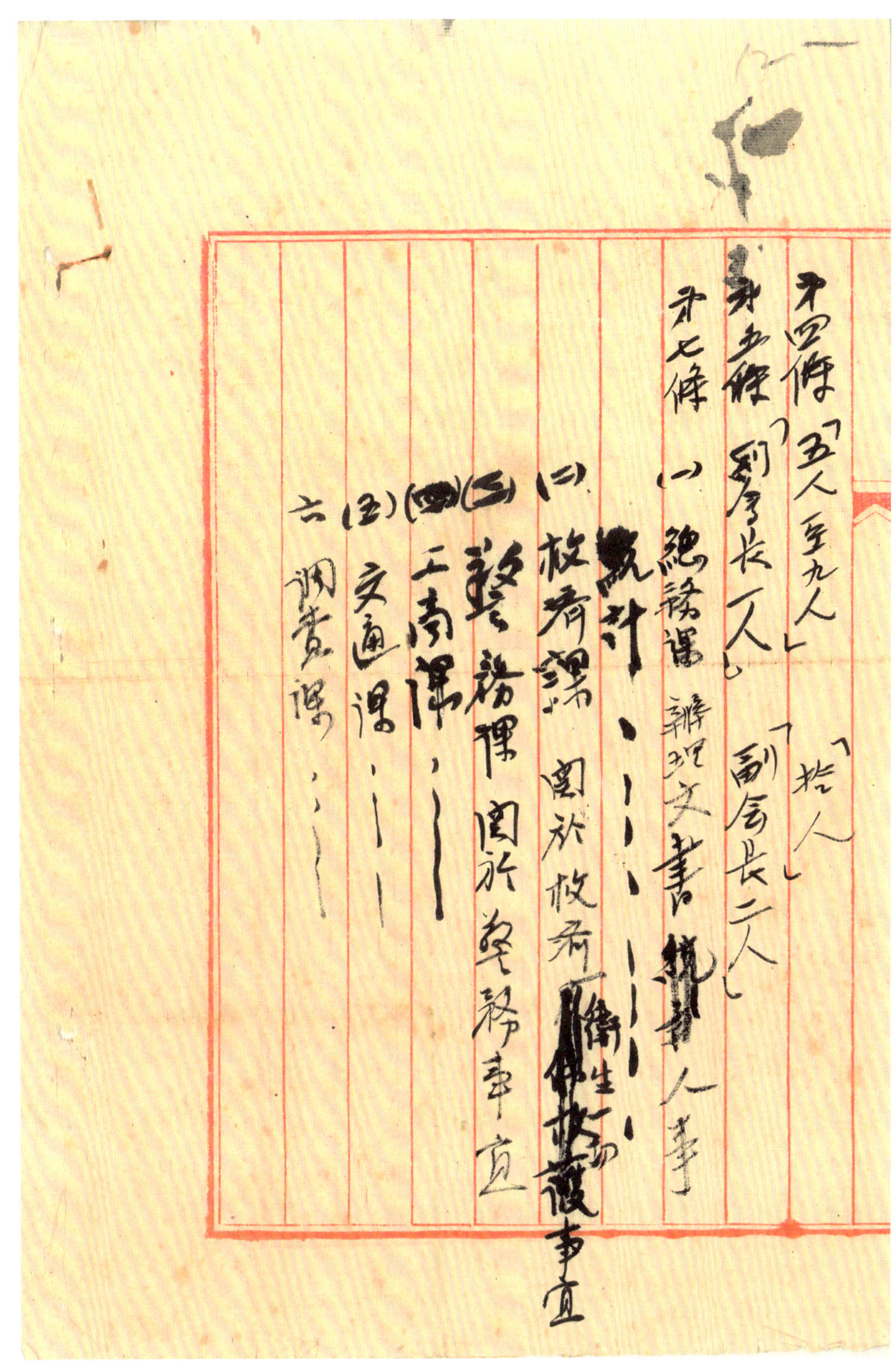

第四條「五人至九人」「拾人」

第五條「副會長一人」「副會長二人」

第七條 （一）總務課 辦理文書、統計、人事

統計、、、

（二）救濟課 關於救濟、衛生、救護事宜

（三）教務課 關於教務事宜

（四）工商課、、、

（五）交通課、、、

六 調查課、、、

附（二）伪南京市自治委员会办事细则

油印书写

秘书室

照印九、八

南京市自治委员会办事细则

第一条　本细则依据本会简章订定之

第二条　本会会长代表本会对外负其责任，但遇有重大事务应由委员会议决通过

第三条　委员会之议决采用多数制，如意见相同时由会长决之，顾问、秘书长、秘书及有关系之课长得列席委员会

第四条　秘书长秉承会长稽核各课稿件，并综理本会内部一切事宜

第五条　秘书核拟机要稿件，并掌理下列各项事宜

一、收发文件　二、保管案卷　三、典守印信　四、缮校及翻译

第六條　各課々長督同課員秉承會長主辦課內一切事務

第七條　各課々員以五人至七人爲原則但事務較繁之課得增加至十二人

各課得設辦事員二人至四人並得酌用雇員

第八條　本會各職員應按照規定時間到會辦公

第九條　總務課掌理左列事項

一、關於人事及宣傳事項

二、關於編製統計事項

三、關於庶務及會計事項

四、其他不屬各課事項

第十條　財務課掌理左列事項

一、關於清理本市款產之項

二、關於徵收捐税之項

三、關於周轉金融及出納審核之項

四、其他關於地方財務之項

第十一條 救濟課掌理左列之項

一、關於社會救濟及慈善之項

二、關於清潔衛生之項

三、關於醫藥行政之項

四 其他關於救濟之項

第十二條 警務課掌理左列之項

一、關於警務規劃事項

二、關於外勤配置事項

三、關於員警考核事項

四、關於連警服備事項

五、其他關於警務事項

第十三條 工商課掌理左列事項

一、關於勸導各業復業事項

二、關於工商各業之登記及評價事項

三、關於公用事業之恢復事項

四、其他關於工商事項

10

第十四條　交通課掌理左列各項
一、關於道路之修復各項
二、關於車輛船舶之規劃各項
三、關於日用品之運輸各項
四、其他關於交通各項
第十五條　各課各務有關聯性質者應會同處理如意見不同時應請會長核奪或提付會議決定之
第十六條　各課應將經辦之重要各務於會議時提出報告
第十七條　本細則自公布之日施行如有未盡各宜得隨時修改之

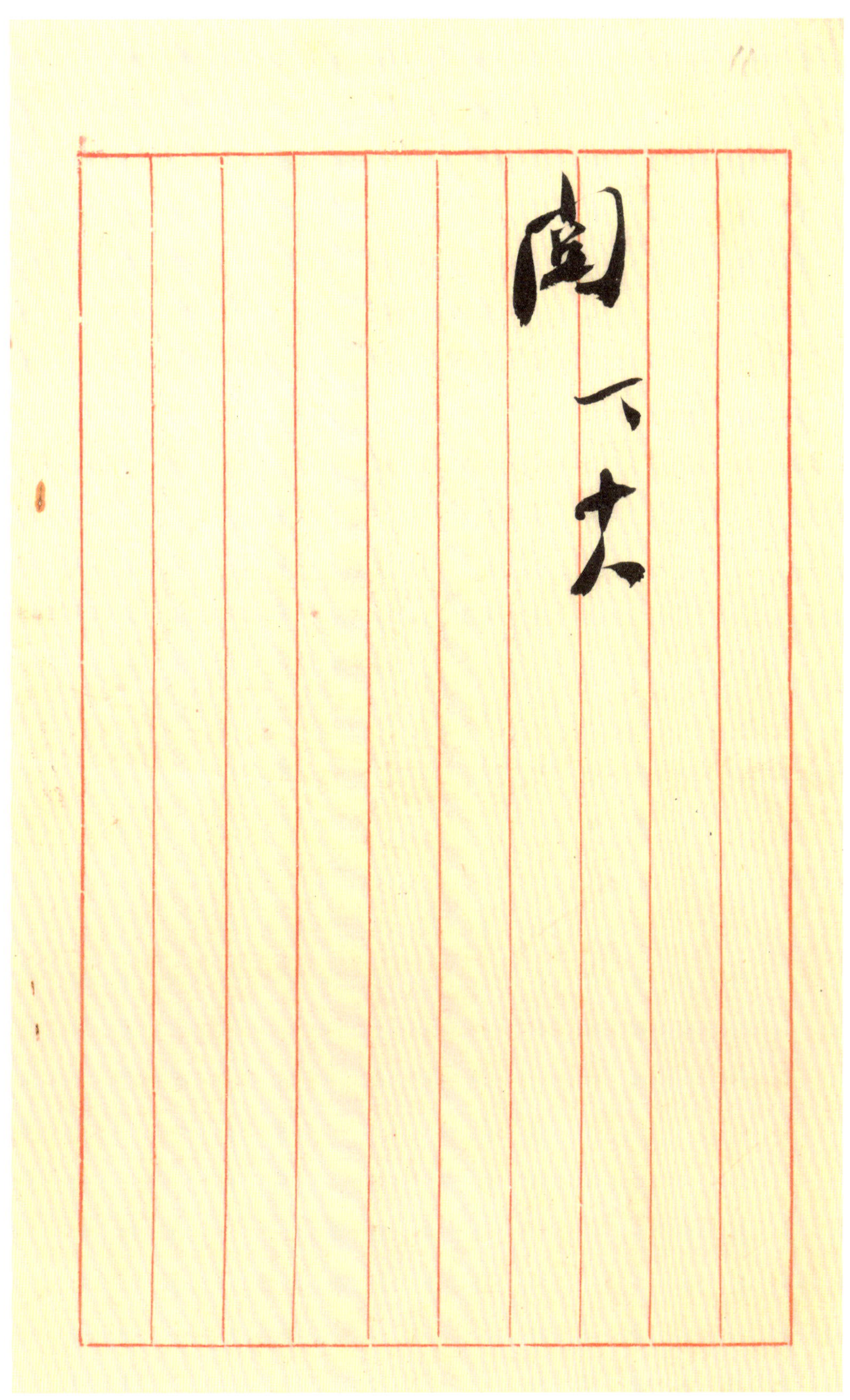

閣下大

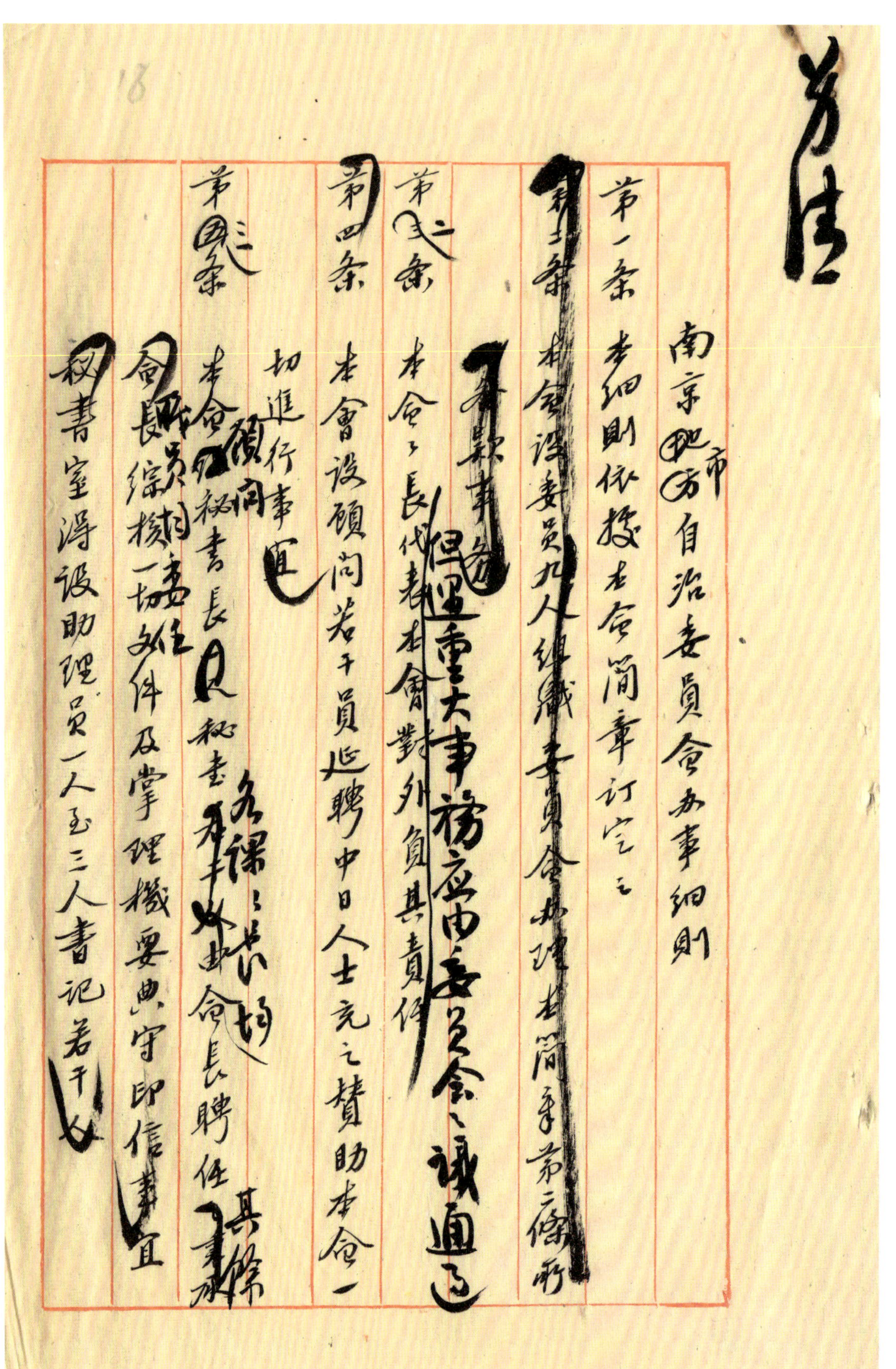

另注

南京市自治委員會辦事細則

第一條 本細則依據本會簡章訂定之

第二條 本會設委員九人組織委員會辦理本簡章第二條所列各款事務 但遇重大事務應由委員會議通過之

第二條 本會會長代表本會對外負其責任

第四條 本會設顧問若干員延聘中日人士充之贊助本會一切進行事宜

第三條 本會設顧問 秘書長 一人 秘書若干人 各課課長均由會長聘任 其職務

會長綜核一切文件及掌理機要典守印信事宜

秘書室得設助理員一人至三人書記若干人

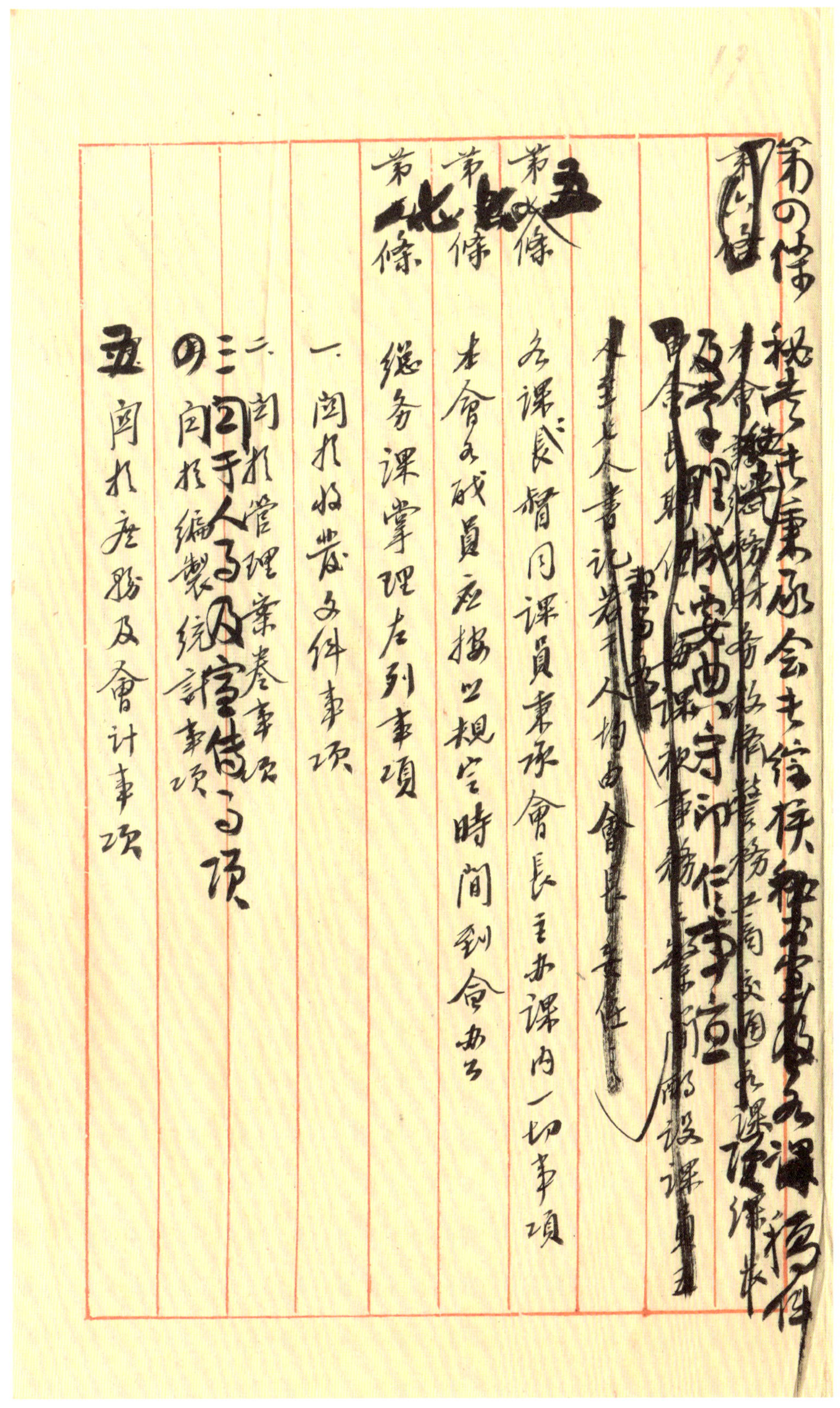

第四條　秘書長秉承會長綜核本會各課稿件

~~本會設總務、財務、收容、救濟、工商、交通六課，設課長~~

及掌理機要、守印信事宜

~~本會各課職員應按課設事務員若干~~

~~本會置書記若干人，均由會長委任~~　書記室

第五條　各課長督同課員秉承會長主辦課內一切事項

第六條　本會各職員應按照規定時間到會辦公

第七條　總務課掌理左列事項

一、關於收發文件事項

二、關於管理案卷事項

三、關於人事及宣傳事項

四、關於編製統計事項

五、關於庶務及會計事項

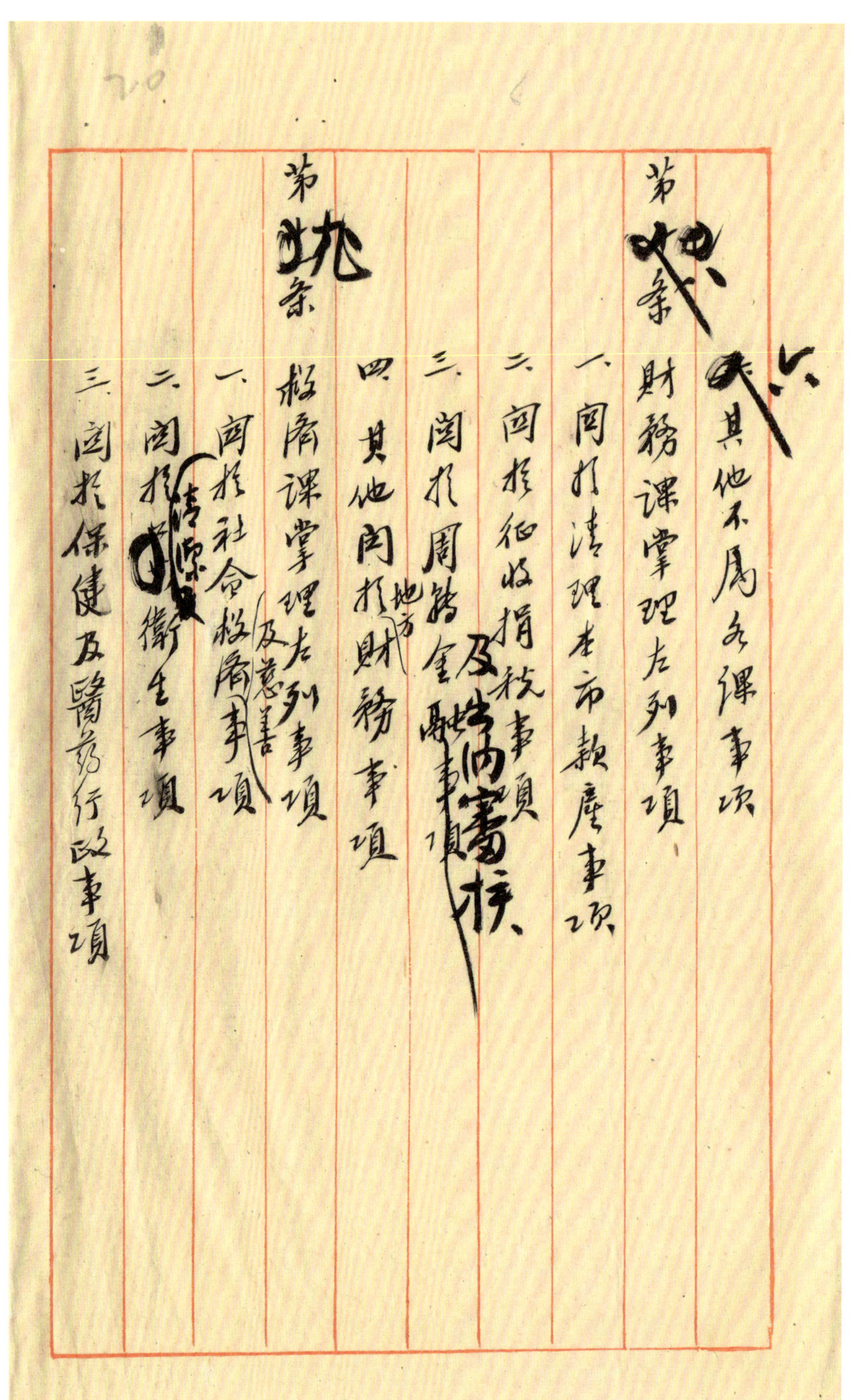

六、其他不屬各課事項

第八條 財務課掌理左列事項

一、關於清理本市款產事項

二、關於征收捐稅事項

三、關於周轉金及收回審核事項

四、其他關於地方財務事項

第九條 救濟課掌理左列事項

一、關於社會救濟及慈善事項

二、關於清潔衛生事項

三、關於保健及醫藥行政事項

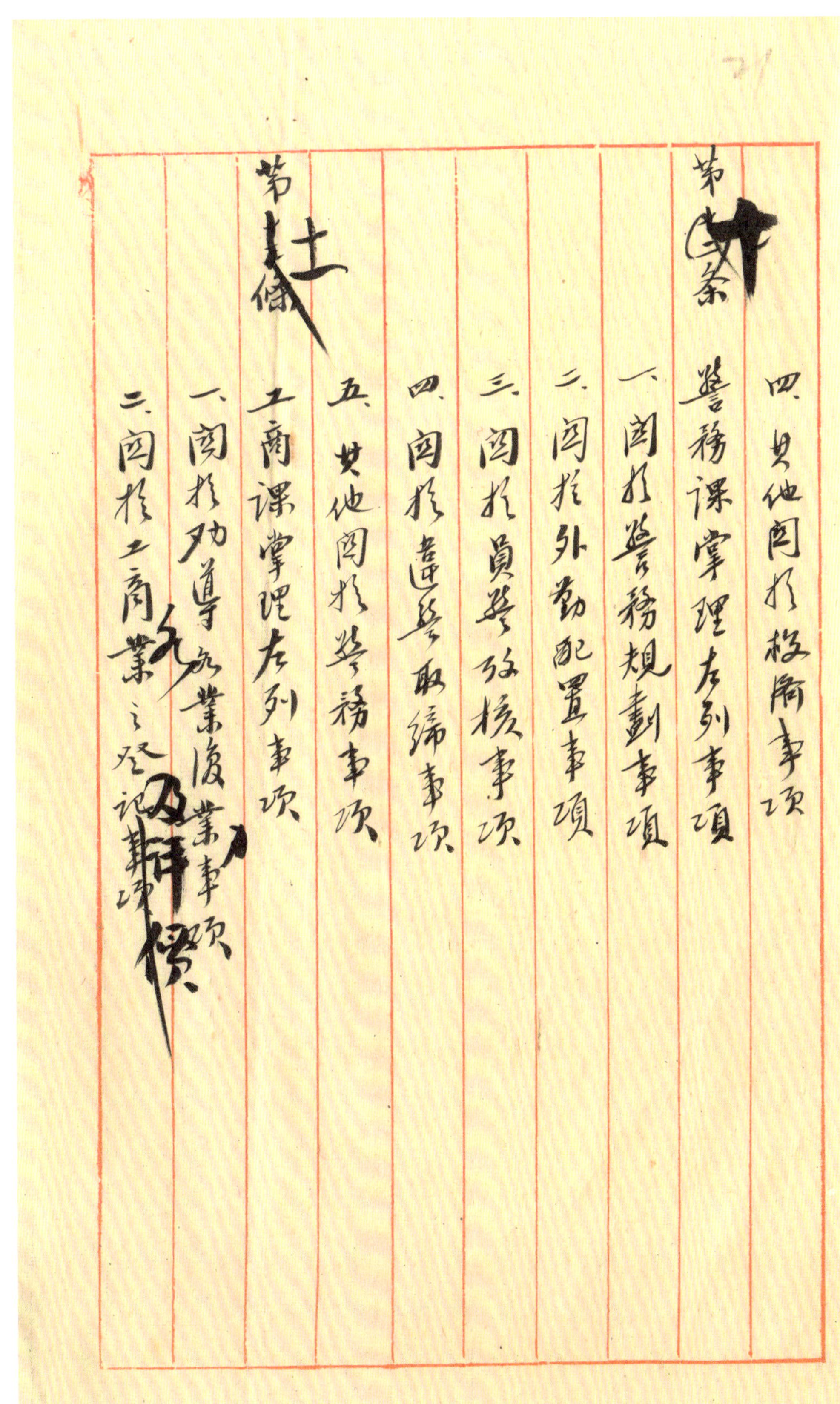

四、其他關於校舍事項

第十條 警務課掌理左列事項

一、關於警務規劃事項

二、關於外勤配置事項

三、關於員警考核事項

四、關於違警取締事項

五、其他關於警務事項

第十一條 工商課掌理左列事項

一、關於勸導失業復業事項

二、關於工商業之登記及許可事項

三、關於公用事業之恢復事項

四、其他關於工商事項

第十二条 交通課掌理左列事項

一、關於道路之修復事項

二、關於車輛船舶之規劃事項

三、關於日用品之運輸事項

四、其他關於交通事項

第十三条 各課事務有關聯性質者應會同處理，如意見不同時應請會長核奪或提付會議決定之

第十四条 各課應將經办之重要事務於會議時提出報告

23

第十五條 本會為繕寫文件等得酌用僱員

第十六條 本細則自核定之日施行，如有未盡事宜得隨時修改之

自治委员会修正南京市区公所办事细则（一九三八年一月二十五日）

124

南京市區公所辦事細則 二十七年一月二十五日第八次常會修正

第一條 本細則依據區公所組織大綱第六條訂定之

第二條 區長督率各組組員辦理全區事務對自治委員會負其責任

副區長專管一組於區長有障礙時代行區長職務

第三條 總務組掌管左列事項

一、收發並撰擬文件

二、典守印信

三、收支款項

四、調查房屋及支配遷徙

五、其他不屬各組事務

第四條 保甲組掌管左列事項

一、調查户口

二、編訂門牌

三、繕寫冊籍

四、其他關於保甲事宜

第五條　宣傳組掌管左列事項

一、文字宣傳

二、口頭講演

三、其他關於宣傳事宜

第六條　救濟組掌管左列事項

一、調查災民狀況

二、籌議救濟辦法

三、清潔街道

四、其他關於衛生事宜

第七條　本區內關於治安事項應隨時協同警察所辦理

第八條　各組職員應按照規定時間到所辦公

第九條　本細則由自治委員會頒布施行，如有未盡事宜得隨時修改之

自治委员会暂定处理公文办法（一九三八年一月二十六日）

南京市自治委員會暫定處理公文辦法

第一條 本會各項公文均依本辦法處理之

第二條 來文由收發室加蓋到戳標明日時摘由編號登簿依照文件性質用送文簿先送秘書處閱後分送各課

第三條 各課收發負收到來文編號登簿送交主辦人員抄稿送秘書處核轉會長判行由秘書處送行繕校用印

第四條 總收發室收到前項用印文件按照課別編號登列總發文簿標目封發仍將原稿送主管課歸卷

第五條 本會議決案由秘書處油印分送各課及所屬機關如有屬於各該課職掌者即由課叙稿遞送核判仍依各前條手續辦理

第六條 本辦法由會長核准施行

自治委员会关于修正本会各课办事细则致各课的训令（一九三八年一月二十九日）

南京市自治委員會

文別：令

秘字第11號 廿七 一月廿六日

事由：茲擬定本會各課辦事細則已加修正隨令頒發仰即遵辦由

送達機關：本會各課

類別：檔字第三第八號

附件：各課辦事細則

會長：閱 一、廿九

秘書長　秘書　課長　課員　辦事員

王仲調印

中華民國廿七年

收文	文辦	擬稿	核簽	繕寫	判行	校對	蓋印	封發	收文發文相距
月 日 時	月 日 時	一月廿九日 時	月 日 時	月 日 時	月 日 時	月 日 時	一月廿六日 時	月 日 時	日 時

收文 字第 號

發文 字第 號

檔案 字第 號

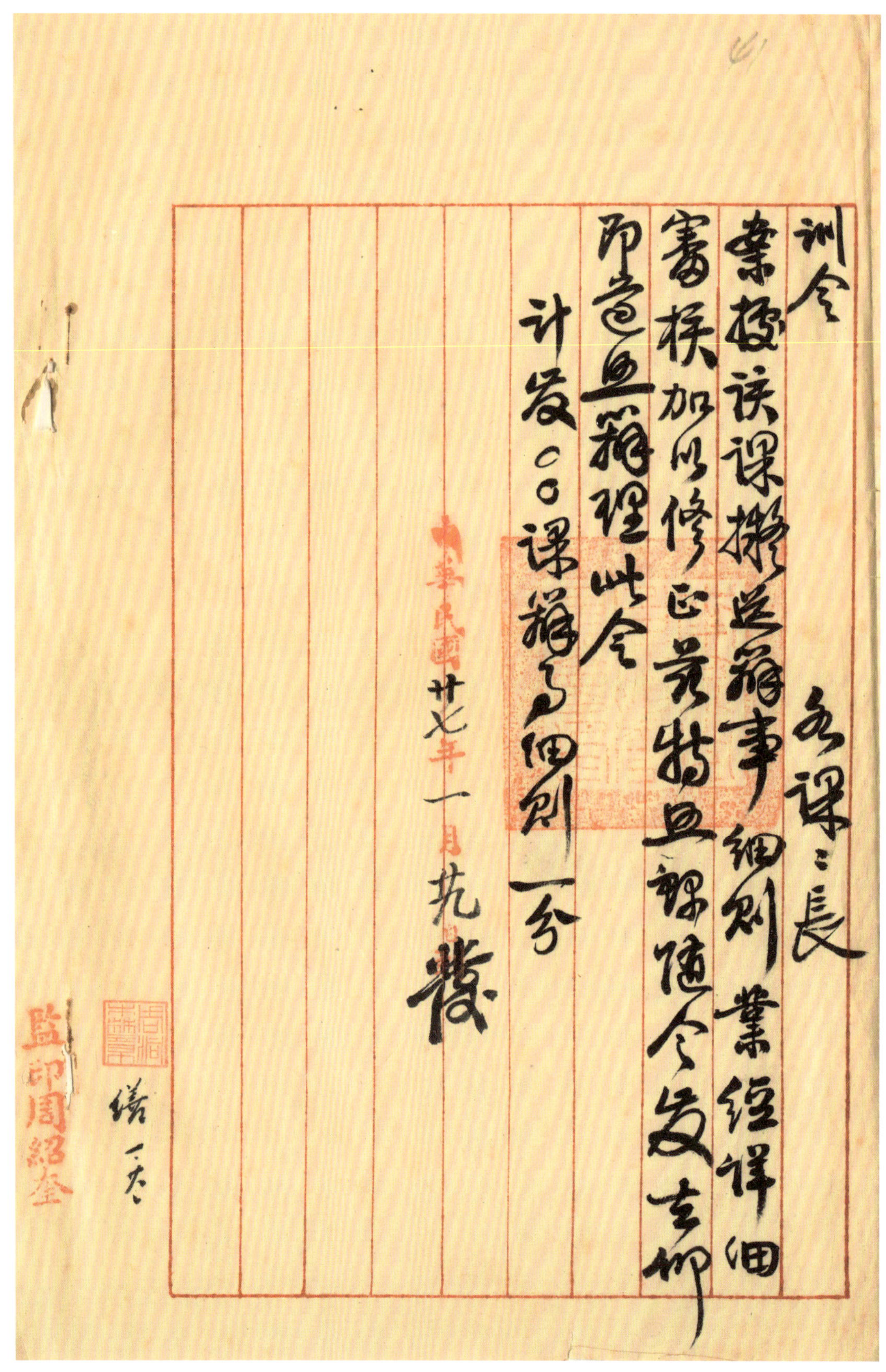
訓令　　各課課長

案據該課擬送辦事細則業經詳細
審核加以修正茲特並課隨令發去仰
即遵照辦理此令

計發○○課辦事細則一分

中華民國廿七年一月廿九日

發

監印周紹奎

繕

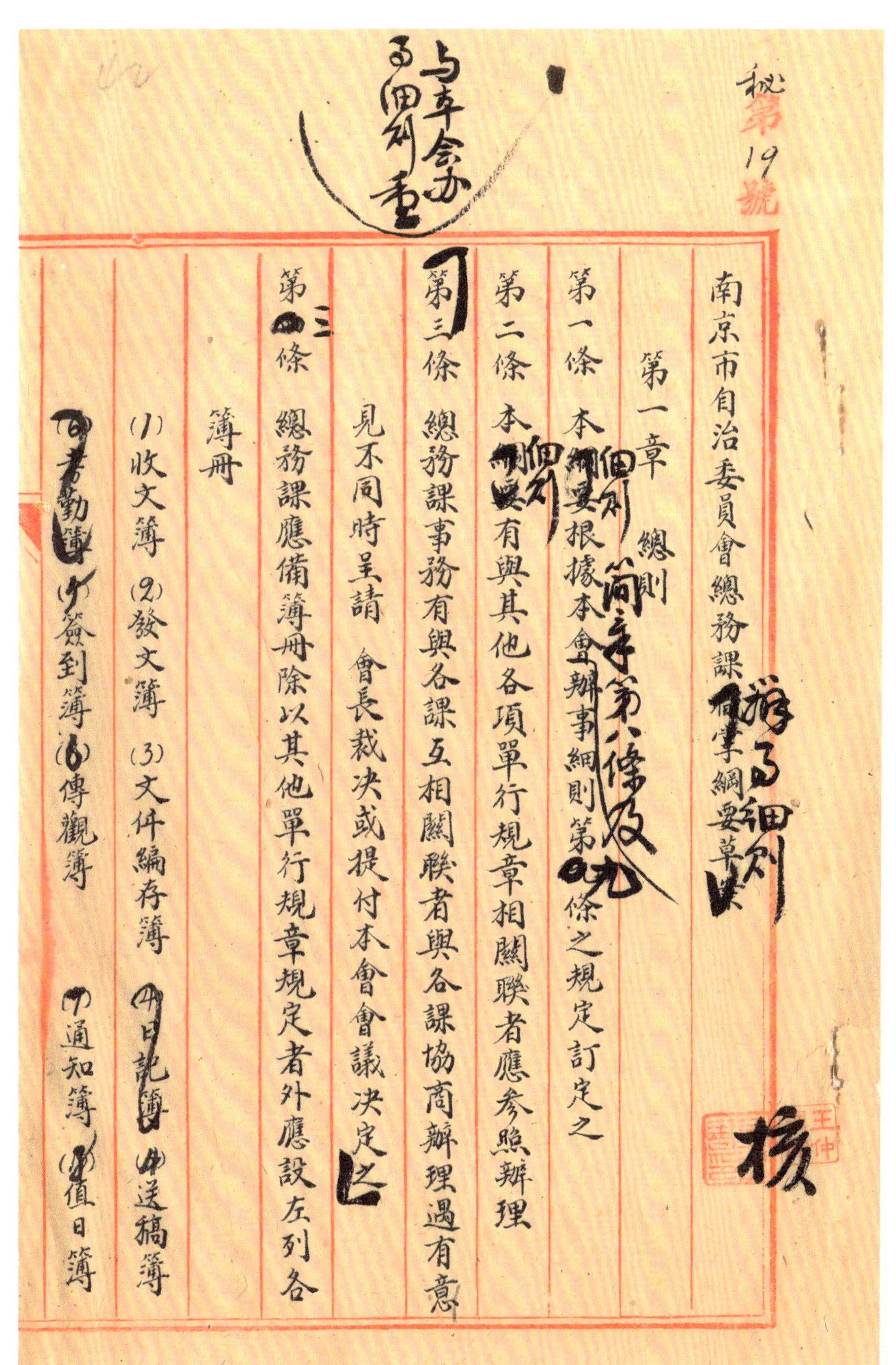

秘第19號

南京市自治委員會總務課辦事細則

第一章 總則

第一條 本細則根據本會簡章第八條及辦事細則第九條之規定訂定之

第二條 本細則有與其他各項單行規章相關聯者應參照辦理

第三條 總務課事務有與各課互相關聯者與各課協商辦理遇有意見不同時呈請會長裁決或提付本會會議決定之

第四條 總務課應備簿冊除以其他單行規章規定者外應設左列各簿冊

(1)收文簿 (2)發文簿 (3)文件編存簿 (4)日記簿 (5)送稿簿

(6)考勤簿 (7)簽到簿 (8)傳觀簿 (9)通知簿 (10)值日簿

核

第二章 職掌

第四條 總務課職掌如左

(1)關於人事：對内本會各課暨直轄各機關職員任免調遷升降功過奬懲考績登記各事項對外協助日方辦理良民登記招募伕役各事項

(2)關於宣傳：組織宣傳隊宣傳方式分為演講書面圖畫影片四種以宣揚中日親善提携排除抗日思想為要旨並發行報紙

(3)關於統計：本會各課暨直轄各機關一切工作隨時登記分期彙編統計本市社會教育交通衛生警務戶口

等項搜集統計分期編製圖表

(4)關於庶務：本會內外各部應需文具器具等項購置支配以及修繕建築工程採辦一切及其他雜務

(5)關於會計：本會經費出納暨發放薪餉並造報歲入歲出預算及計算

(6)關於其他不屬各課事項負責處理

第三章　權限及責任

第五條　課長秉承會長之命掌管本課一切事宜並得依各項規則及成章裁決本課事宜課員辦事員承課長之監督指揮辦理主管分事務雇員協同課員辦事員分任主管事

務

第六條 凡職員承辦事件自交辦之日起至遲不得逾二日其緊要事件應隨交隨辦但有特別情形者不在此限

第八條 本課辦理文稿及關於一切文件之處理手續另定辦法辦理之

第七條 本課每日應將所辦事件摘要彙編業務報告呈報 會長鑒核

第四章 會議

第八條 本課每星期舉行課務會議一次遇有特別事故得舉行臨時會議

應另定值日規則各課一律適用仍由總務課擬送

40

第九條　課務會議課員辦事員以上組織之由課長主席決議事項由課長發呈　會長核准後督率主管部份分別辦理

第五章　辦公時間

第十二條　本課除例假外每日辦公時間暫以六小時為限其有特別事件及事務不能中止者雖過辦公時間仍須繼續辦理

第六章　值日

第十三條　本課規定值日官二員以課員或辦事員一人及雇員一人定表輪充

第十四條　值日時間以每日上午九時起至次日捌時止

第十五條　輪值人員均應日夜從公不得離開

第十六條 輪值人員如遇例假次日得休息一日

第十七條 值日人員應辦之事項

(1) 本課收到文件摘由登登録於收文簿

(2) 登録日記簿

(3) 本課職員退公後遇有緊要事件須即擬辦送稿繕發

(4) 抄送本課本日值日人員報告於總值日官

(5) 其他奉命應辦事項

第十八條 夜間有重大事件不能解决時應報明總值日官核示辦理

第十九條 輪值人員如有不得之事故應指派相當人員替代並呈准假後方可離職如未經准假擅自離職者作曠職論予以懲戒

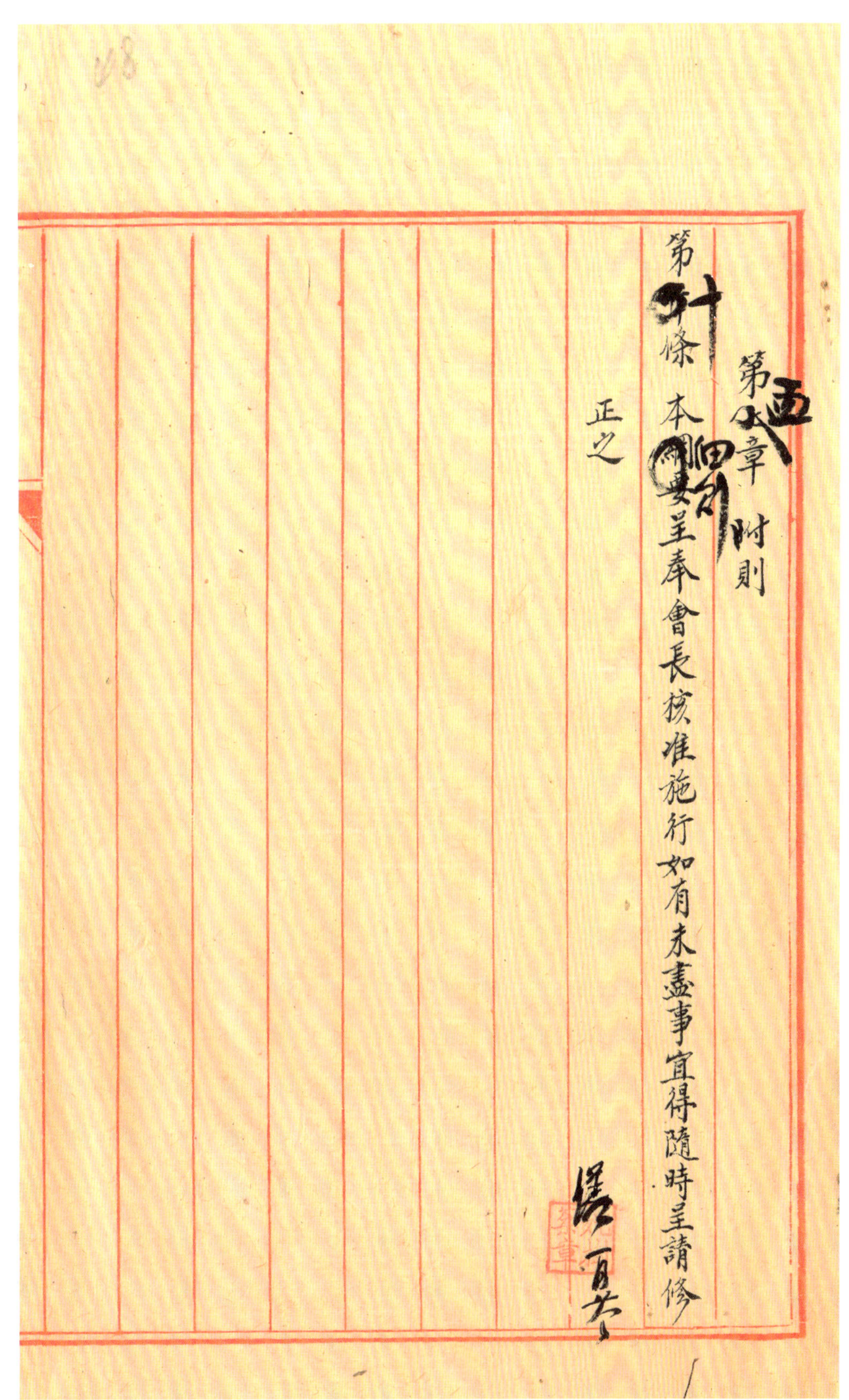

第五章 附則

第卅條 本細則呈奉會長核准施行如有未盡事宜得隨時呈請修正之

[illegible] 一月廿六

附（二）财务课办事细则

会秘书核

秘第22號

財務課辦事細則

第一條 本課課長督同課員秉承會長主辦本課一切事宜

第二條 本課分左列四組

（一）款産組

（二）審核組

（三）捐税組

（四）出納組

第三條 每組指派課員一人負責主管處理該組一切事務

第四條 款産組掌理本市所有公款公産田賦地畝清

文各項事務

第五條　審核組掌理本會所屬各機關及本會各室課一切臨時經常等費審核事務

第六條　捐稅組掌理本市烟酒車輛等捐及屠宰物品各稅之稅率考核督察等事務

第七條　出納組掌理本會所有一切之收入支出及現金保管簿記整理等事務

第八條　本課課員及辦事員除指派專責外其餘各員均應隨時協助辦理各組事務

第九條　本課指派課員一人辦理本課文件收發及保管

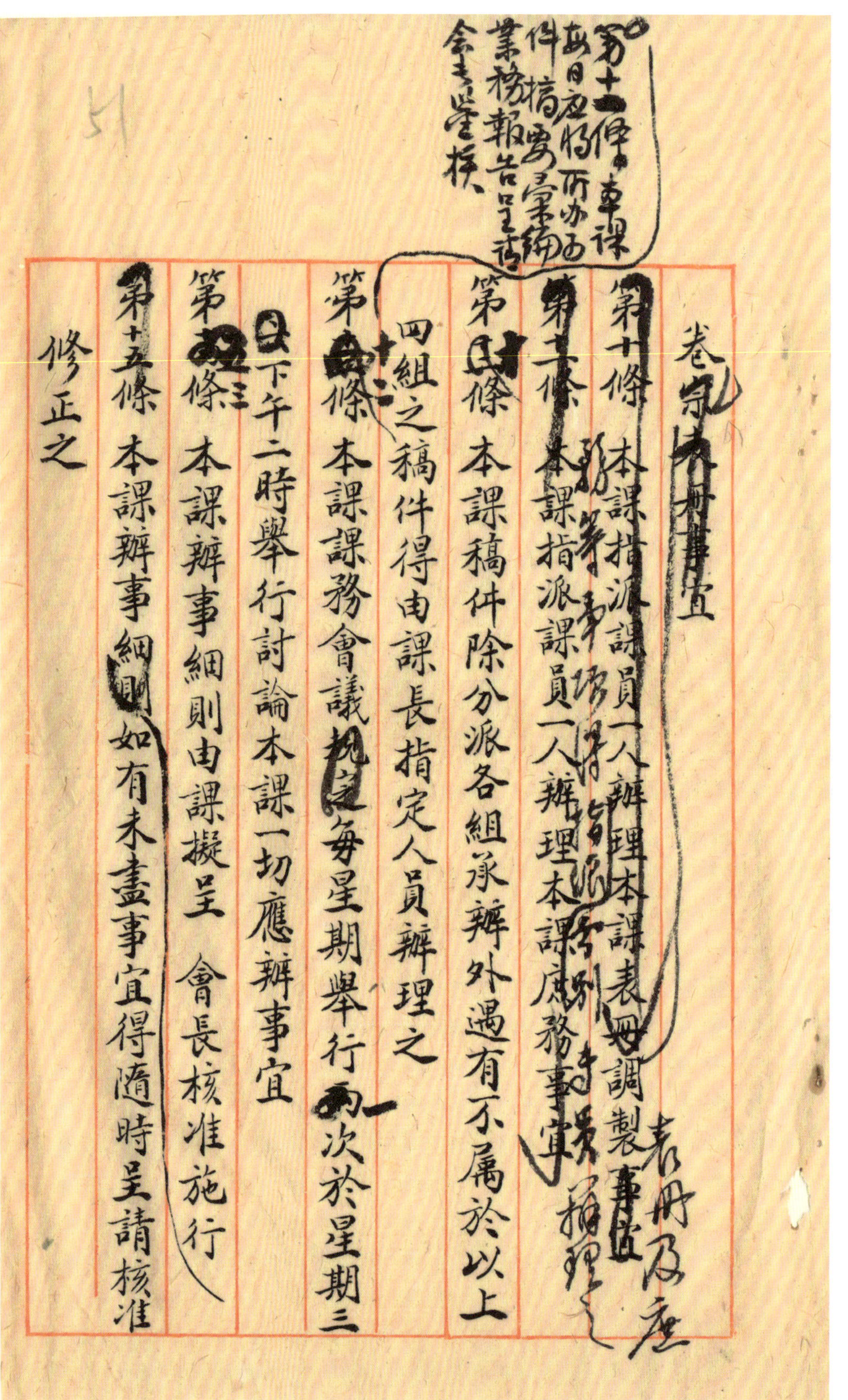
51

第十七條 本課每日應將所辦各件摘要彙編業務報告呈請會長鑒核

卷宗表冊事宜

第十條 本課指派課員一人辦理本課表冊調製事宜 表冊及卷宗

第十一條 本課指派課員一人辦理本課庶務事宜 務等事項得指派辦理之

第十二條 本課稿件除分派各組承辦外遇有不屬於以上四組之稿件得由課長指定人員辦理之

第十三條 本課課務會議規定每星期舉行兩一次於星期三日下午二時舉行討論本課一切應辦事宜

第十四條 本課辦事細則由課擬呈 會長核准施行

第十五條 本課辦事細則如有未盡事宜得隨時呈請核准修正之

財務課
謹擬 一、廿五、
一、廿六

附（三）救济课办事细则

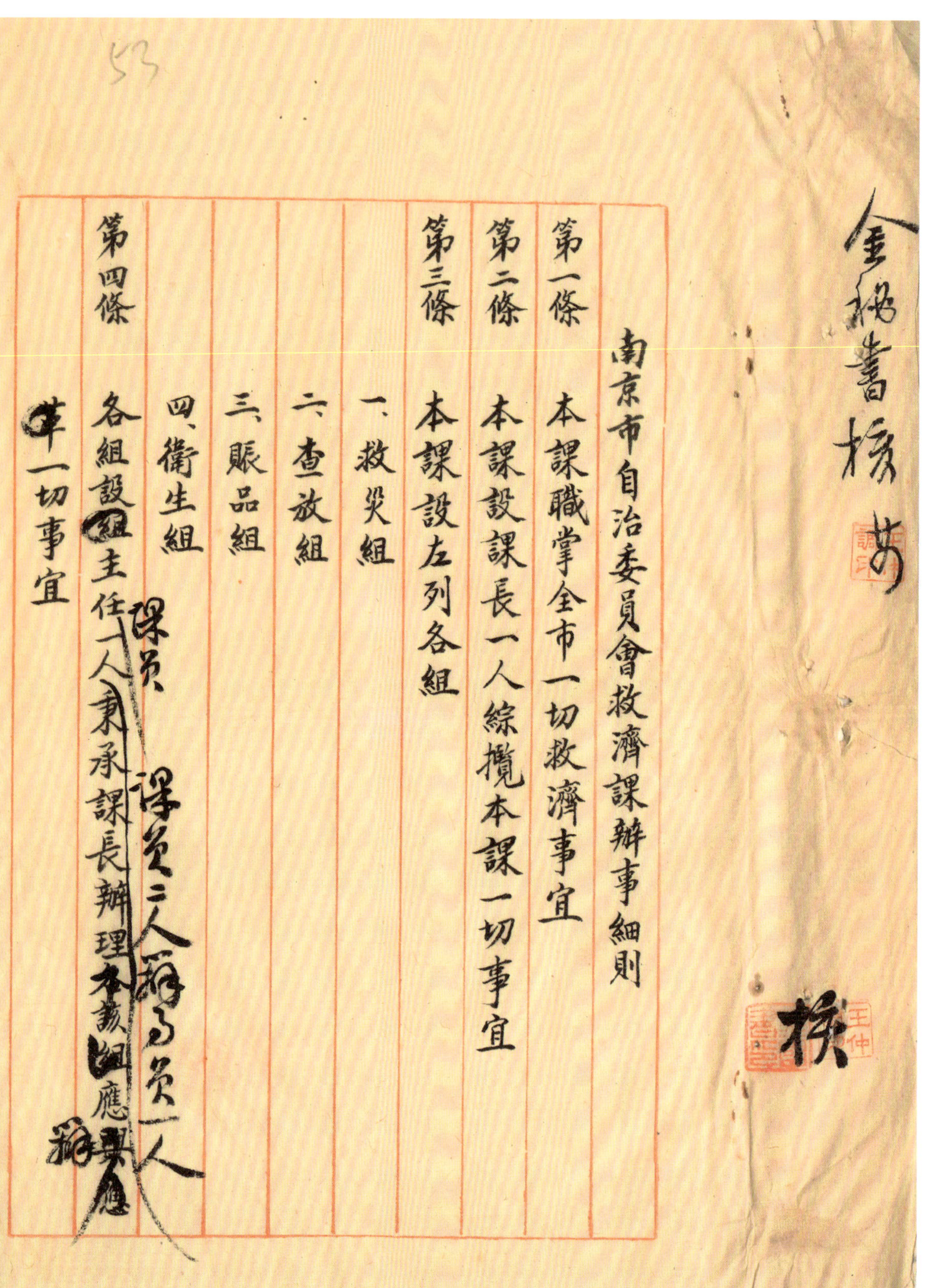
金秘書核

核

南京市自治委員會救濟課辦事細則

第一條　本課職掌全市一切救濟事宜

第二條　本課設課長一人綜攬本課一切事宜

第三條　本課設左列各組

一、救災組

二、查放組

三、賑品組

四、衛生組

第四條　各組設組主任一人秉承課長辦理本組應辦一切事宜

課員

課員二人辦事員一人

辦事

第五條 各組設課員二人辦事員一人辦理交辦各該組一切事宜

第五條 救災組職掌左列各項事宜

一、計劃及辦理救濟上一切事宜

二、應受救濟之難民統計

三、收容遣置難民各項事宜

四、監督指導各慈善團體應興應革事宜

第六條 查放組職掌左列各項事宜

一、調查難民之生活狀況及應受救濟之程度

二、調查受救濟難民之確數及有無冒領并舞弊情形

三、根據災況切實散放賑品并辦理粥厰一切事宜

第七條 賑品組職掌左列各項事宜

一、賑品之徵集

二、賑品之保管

三、賑品之配備

第八條 衛生組職掌左列各項事宜

一、貧病診療之醫藥事宜

二、清潔本市之垃圾糞便事宜

三、檢查本市飲料水源及衛生上一切之行政事宜

四、掩埋全市遺屍各項事宜

第九條　各組主任秉承課長意旨負責撰擬稿件督率課員

辦事員辦理各該組一切事宜辦事員對於交

辦事件應簽註意見呈請主任課長轉呈

會長核准施行關於調查事件應用書面報告

第十條　本課各職員每日上午九時到課十二時散值下午

時到課五時散值不得遲到早退上下午并須簽

到以資考勤

第十二條　星期日休假本課應由課員辦事員挨次輪值

第十一條　本課對於應興應革各項事宜各組職員得儘量

陳述意見於每星期視事實需要得召集課務

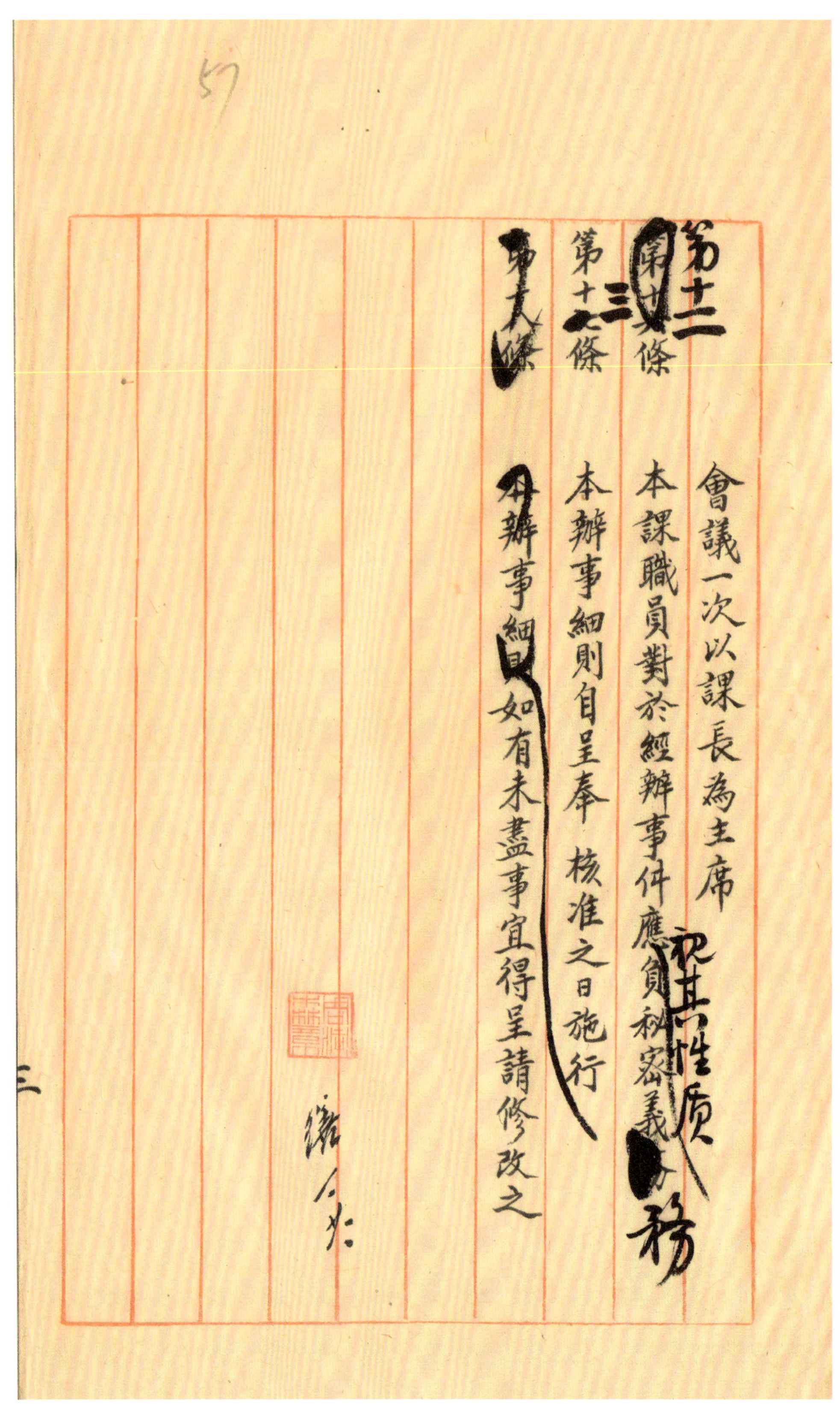

會議一次以課長為主席

第十二條 本課職員對於經辦事件應負秘密義務

第十三條 本辦事細則自呈奉 核准之日施行

第十四條 本辦事細則如有未盡事宜得呈請修改之

秘第23號

金秘書核

南京市自治委員會工商課辦事細則

第一條　本細則依據本會簡章第八條及辦事細則第十三條訂定之

第二條　本工商課課長綜理本課事務監督所屬職員及職閒

第三條　本課設秘書一人（暫以管理組主任兼理之）秉承課長綜核本課文稿及掌理機要事務

第四條　本課設左列各組

（一）管理組

（二）商業組

（三）工業組

59

第四條 （四）農業組 管理組掌理左列事項

一、關於公營業之經營及管理事項

二、關於民營公用事業之監督事項

三、關於糧食及其他日用品之儲備調節事項

四、關於調節物價及產銷調查事項

五、關於合作社及互助事業之組織及指導事項

六、關於農工商各業登記之稽核管理事項

七、其他不屬於各組之事項

第五條 商業組掌理左列事項

60

一、關於勸導商人從業事項

二、關於商業之獎勵保護監督改良及推廣事項

三、關於商號商標之登記及廣告之審核取締事項

四、關於各種營業之核准登記及監督事項

五、關於商業團體之登記及監督事項

六、關於公共娛樂場所之設置及取締事項

七、關於屠宰場菜市之設置及取締事項

八、關於商業調查及統計事項

九、其他關於商業事項

第六條 工業組掌理左列事項

一、關於勸導工人復業事項

二、關於工業之獎勵保護監督改良及推廣事項

三、關於工廠工業技師之登記及考核事項

四、關於工人福利事項

五、關於工業調查及統計事項

六、其他關於工業事項

第七條 農業組掌理左列事項

一、關於勸導農民耕作事項

二、關於農業改良及保護事項

三、關於農產物種子之分布事項

四、關於造林墾牧漁獵之保護及取締事項

五、關於市内之有農場之整理事項

六、關於農民經濟之改善事項

七、關於農業調查及統計事項

八、關於其他農業事項

第八條 本課因事務上之必要設置官督商辦日用品運銷經理處及物價評斷委員會其組

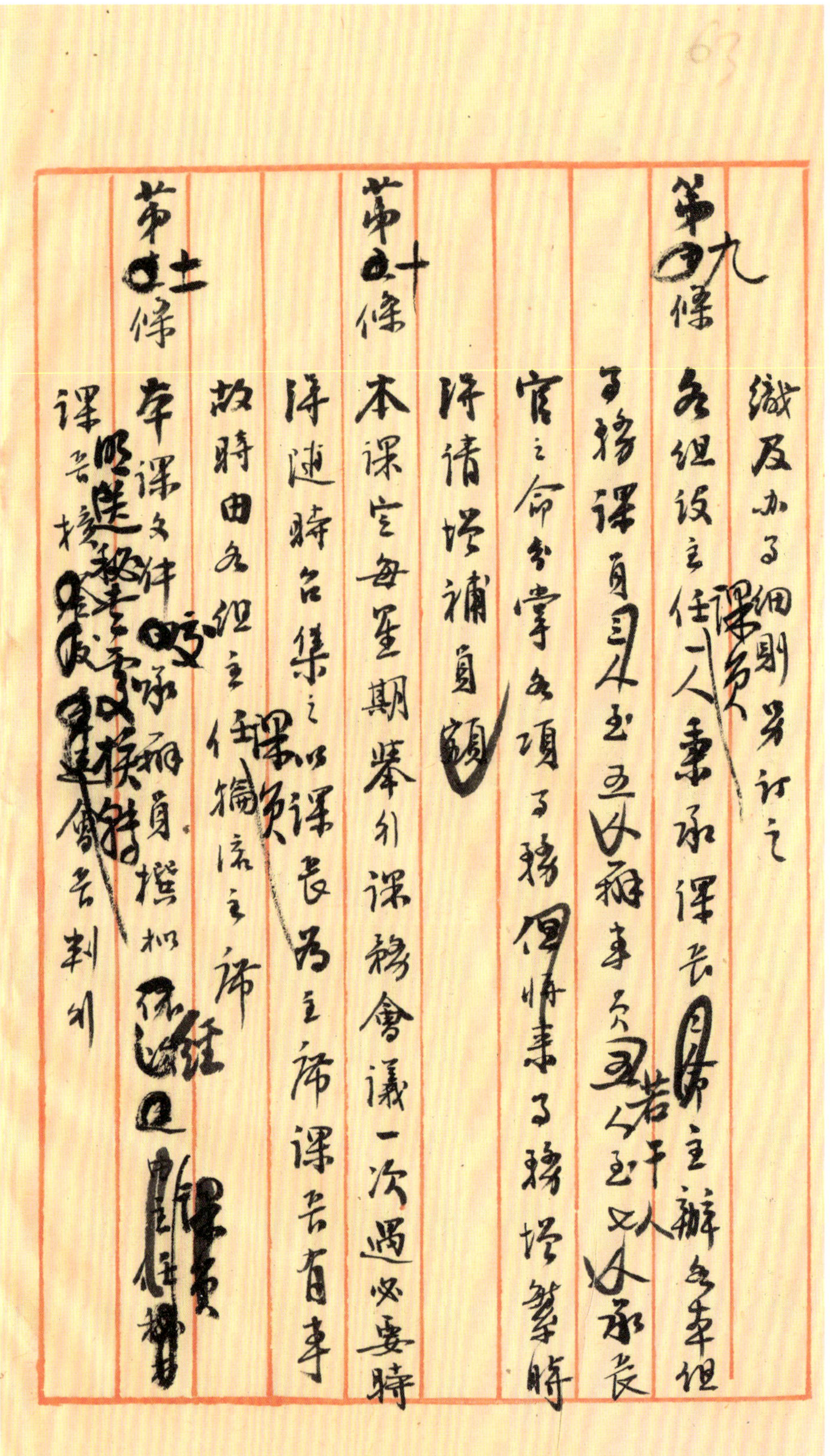

織及办事細則另訂之

第九條　各組設主任一人課員秉承課長主辦各本組事務課員若干人以承長官之命分掌各項事務但遇事務增繁時得請增補員額

第十條　本課定每星期舉行課務會議一次遇必要時得隨時召集之以課長為主席課長有事故時由各組主任輪流主席

第十一條　本課文件[illegible]撰擬[illegible]課長核[illegible]會呈判行

64

第十二條　本課各職員對於課務興革有意見時應簽請課長核奪，對於經辦及奉派外勤事務均須隨時將辦理情形用書面報告

第十三條　本課每日應將所辦事件摘要彙編業務報告呈送會主席鑒核

第十四條　本課各職員按照辦公時間至會辦公，非經長官許可不得將公文攜歸寓所辦理

第十五條　本課各職員對於承辦事務應視其性質保守秘密

第十六條　本細則自核准之日施行，如有未盡事宜得隨時呈請修正之

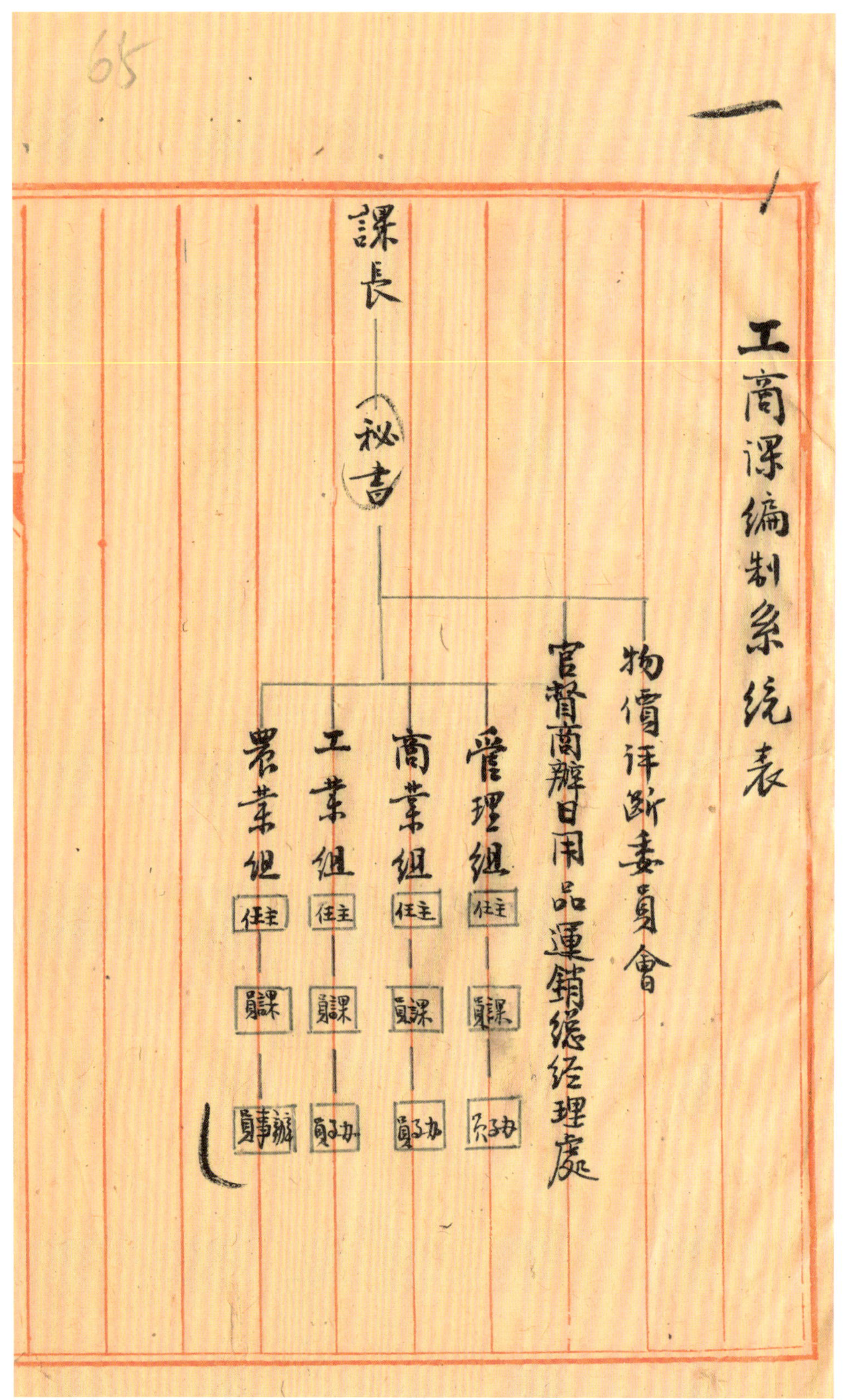
工商課編制系統表
課長
秘書
物價評斷委員會
官督商辦日用品運銷總經理處
管理組
商業組
工業組
農業組
主任
主任
主任
主任
課員
課員
課員
課員
辦事員

陳希曾緘

附（五）交通课办事细则

南京市自治委員會交通課辦事細則

第一條　本細則依據本會簡章第八條訂定之

第二條　交通課課長總管本課事務監督所屬職員及附屬機關

第三條　本課設左列各組

一、路工組

二、運輸組

三、車務組

四、航業組

五、郵電組

第四條　路工組掌理左列事項

一、關於工程師聘請事項

二、關於工人招募事項

三、關於工人指揮督促事項

四、關於市内各路人行道快慢車道分劃暨植木保護事項

五、關於公路之修補建築事項

六、關於市内鐵道之管理及修補事項

~~七、關於市鐵道修補鋪設事項~~

七、其他關於路工事項

70

第五條　運輸組掌理左列事項

一、關於運輸工具之徵集及管理事項

二、關於運輸夫役之雇用事項

三、關於運輸器具之購置事項

四、關於日用物品運送事項

五、關於運輸隊指揮事項

六、關於水陸舟車联運事項

七、其他關於運輸事項

第六條　車務組掌理左列事項

一、關於各種車輛勸導復業事項

二、關於各種車輛籌備事項

三、關於汽車籌備事項

四、關於人力車籌備事項

五、關於手車板車馬車及其他一切車輛籌備事項

三、關於各種車輛登記及收費取締事項

四、關於各種車輛營業管理事項

五、其他關於車務事項

第七條 航業組掌理左列事項

一、關於汽船帆船復業事項

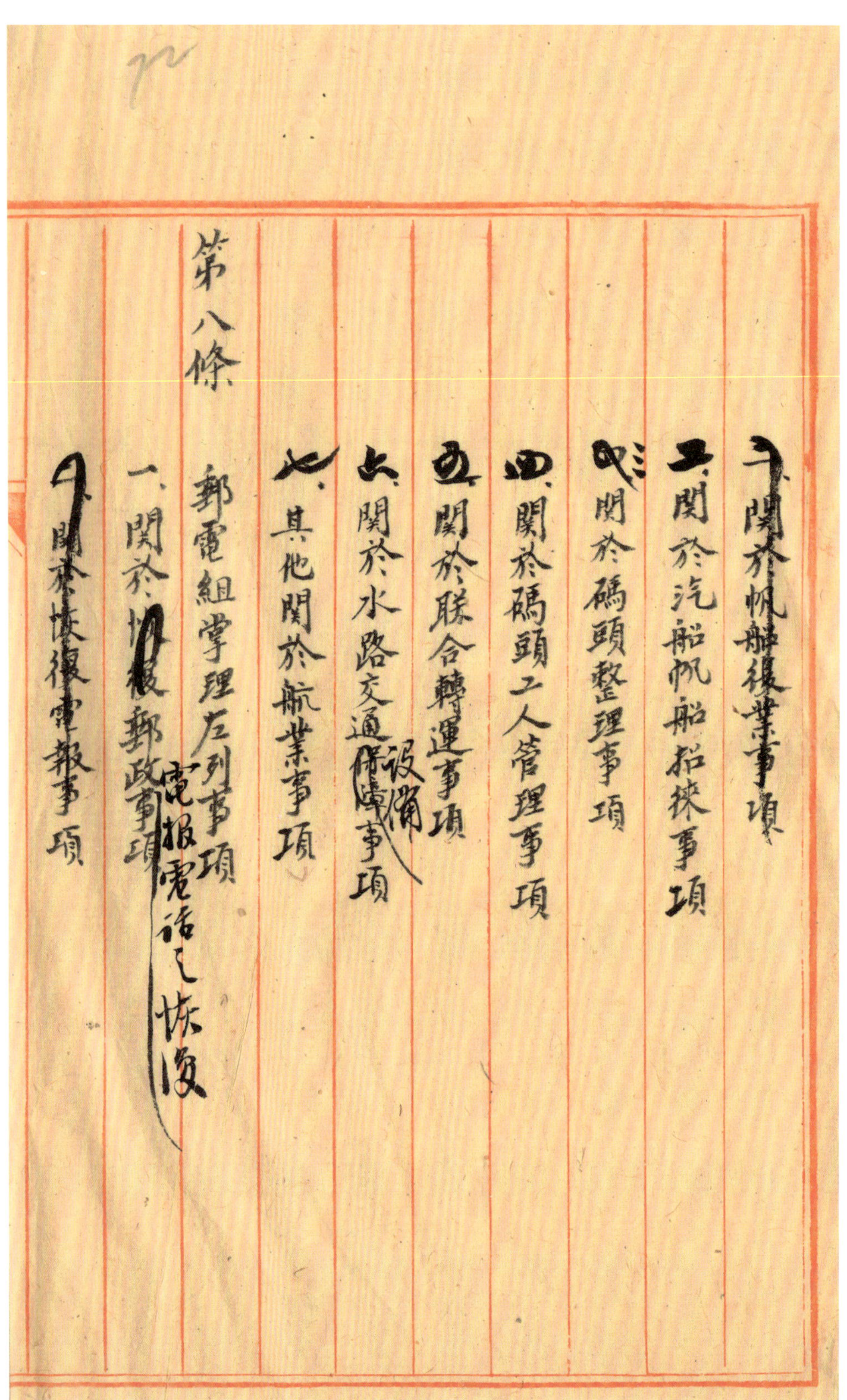

十、关于帆船复业事项
二、关于汽船帆船船舶事项
三、关于码头整理事项
四、关于码头工人管理事项
五、关于联合转运事项
六、关于水路交通设备事项
七、其他关于航业事项

第八条 邮电组掌理左列事项
一、关于恢复邮政事项
电报电话之恢复
十、关于恢复电报事项

一 關於恢復電話事項

二 關於郵電辦事員徵求事項

三 關於郵電工人登記事項

四 關於郵電處所布置事項

五 關於郵電接洽溝通事項

六 關於郵票購買事項

七 關於市內電線修理事項

七 其他關於郵電事項

第九條 每組設主任一人承課長之命主辦各本組一切事務課員一人至四人辦事員一人至九人書記五人至十人及雇員若干人協助各主任

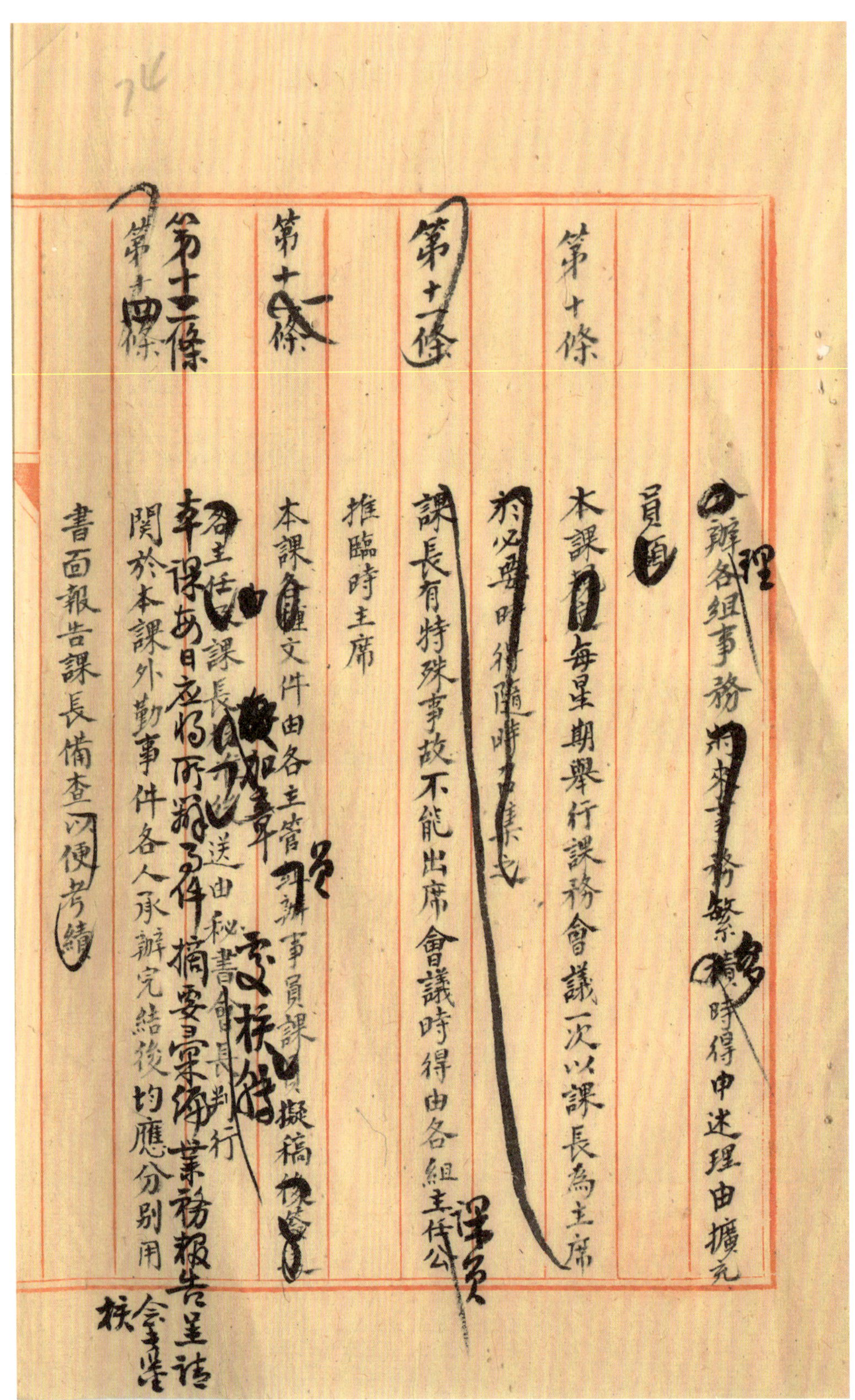

分辦各組事務，將來事務繁多時得申述理由擴充
員額

第十條　本課每星期舉行課務會議一次，以課長為主席
將必要時得隨時召集之

第十一條　課長有特殊事故不能出席會議時，得由各組主任公
推臨時主席

第十二條　本課各種文件由各主管辦事員課員擬稿核簽
各主任課長加章送由秘書長判行

第十三條　本課每日應將所辦各件摘要呈業務報告呈請
閱，於本課外勤事件各人承辦完結後均應分別用

第十四條　書面報告課長備查，以便考績

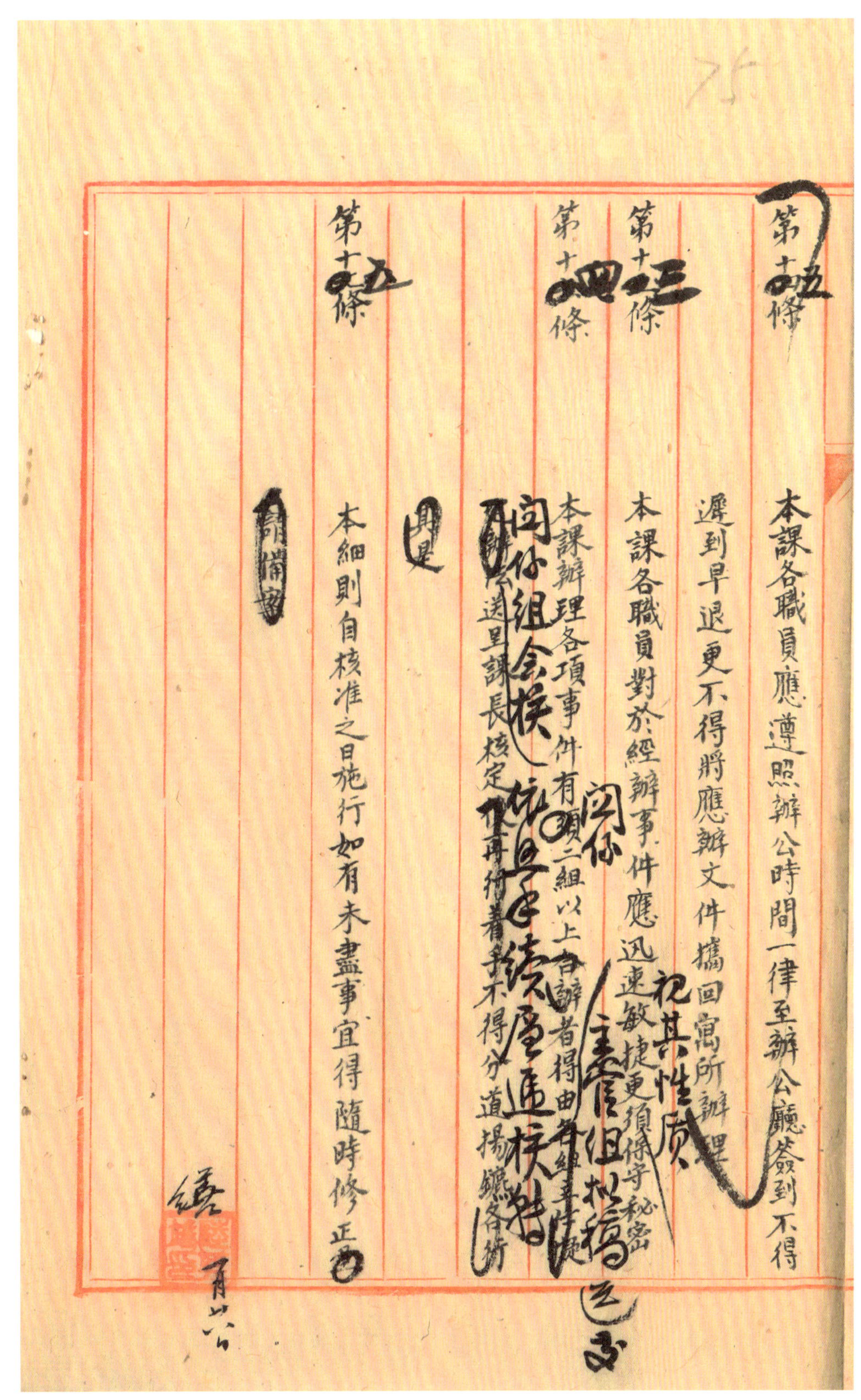

第十五條　本課各職員應遵照辦公時間一律至辦公廳簽到不得遲到早退更不得將應辦文件攜回寓所辦理

第十三條　本課各職員對於經辦事件應迅速敏捷更須保守秘密

第十四條　本課辦理各項事件有關二組以上者得由各組商洽辦理呈課長核定不得分道揚鑣各行

第十五條　本細則自核准之日施行如有未盡事宜得隨時修正之

自治委员会一九三八年一月份人员薪金支出情况（一九三八年一月三十日）

茲將本會正副會長顧問委員公費及各處課室職員薪金公役工食開列於後 二十七年壹月份

計開

一、正會長孫代會長顧問公費 洋壹仟叁百元

二、程副會長及委員薪金 洋弍仟弍百元

三、秘書處職員薪金 洋弍仟叁百玖拾伍元伍角捌分

四、總務課職員薪金 洋壹仟叁百捌拾捌元伍角叁分

五、財務課職員薪金 洋玖百肆拾捌元弍角陸分

六、救濟課職員薪金 洋捌百肆拾肆元伍角玖分

七、警務課職員薪金 洋伍百肆拾叁元叁角

八、工商課職員薪金 洋壹仟弍百肆拾玖元肆角弍分

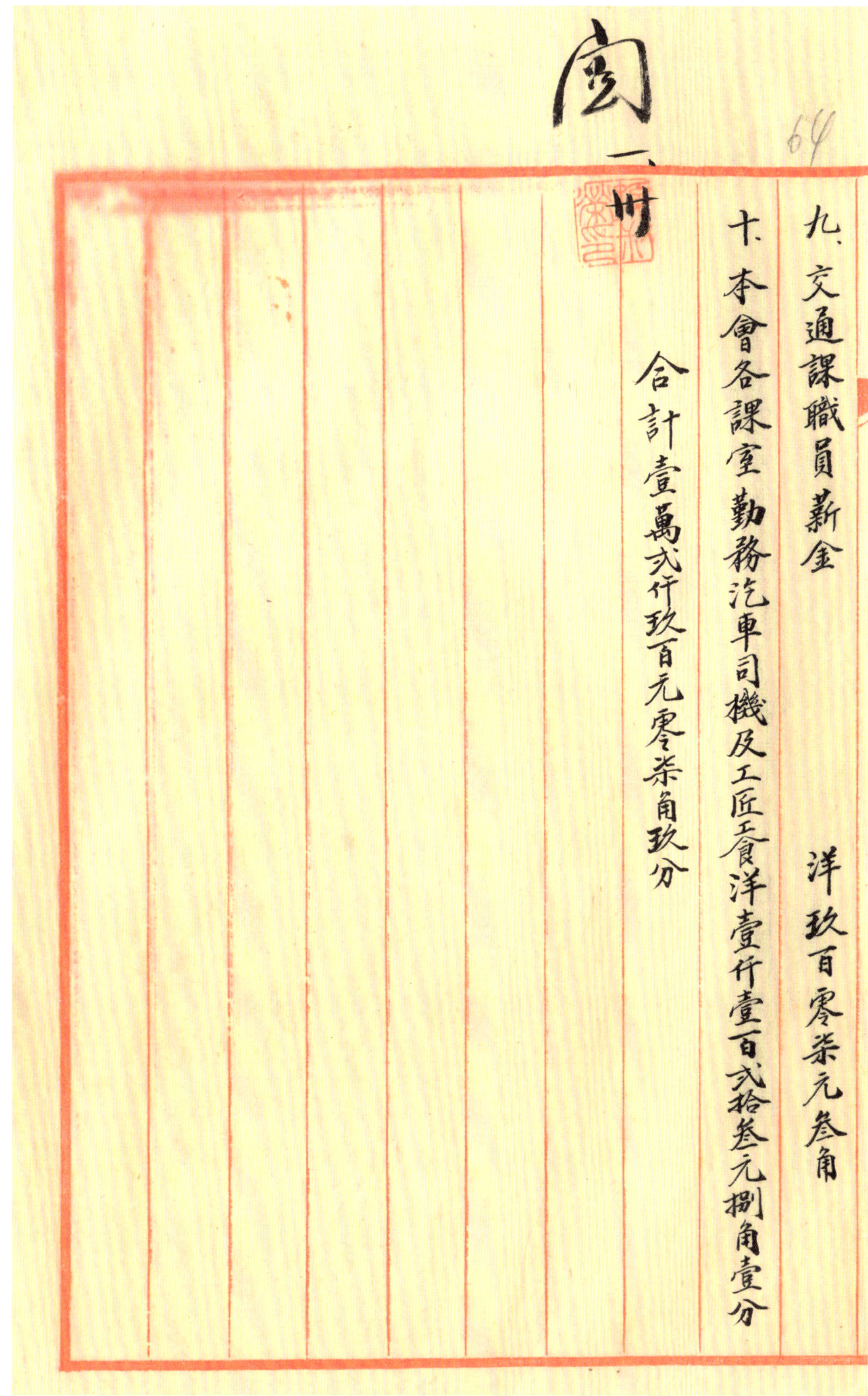

九、交通課職員薪金　洋玖百零柒元叁角

十、本會各課室勤務汽車司機及工匠工食洋壹仟壹百弍拾叁元捌角壹分

合計壹萬弍仟玖百元零柒角玖分

自治委员会关于月度报告事宜致财务课的训令（一九三八年一月三十日）

附：自治委员会财务课工作报告

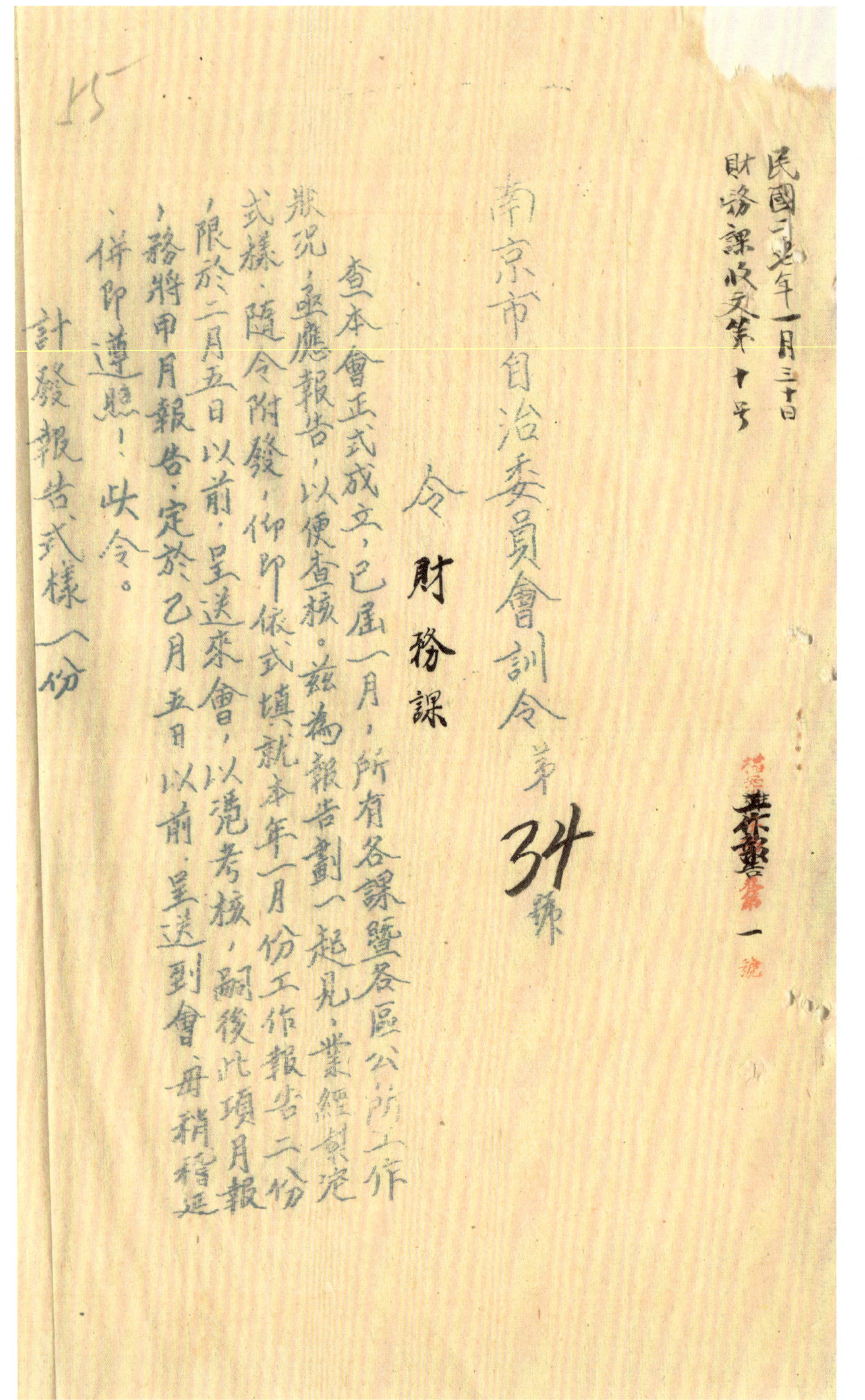
民國廿七年一月三十日
財務課收文第十号

南京市自治委員會訓令第34號

令財務課

查本會正式成立，已屆一月，所有各課暨各區公所工作狀況，亟應報告，以便查核。茲為報告劃一起見，業經製定式樣，隨令附發，仰即依式填，就本年一月份工作報告二份，限於二月五日以前，呈送來會，以憑考核，嗣後此項月報，務將甲月報告，定於乙月五日以前，呈送到會，毋稍稽延，併仰遵照！此令。

計發報告式樣一份

中華民國二十七年一月卅日
副會長代理會長孫叔榮
校對李仁德
監印周紹奎

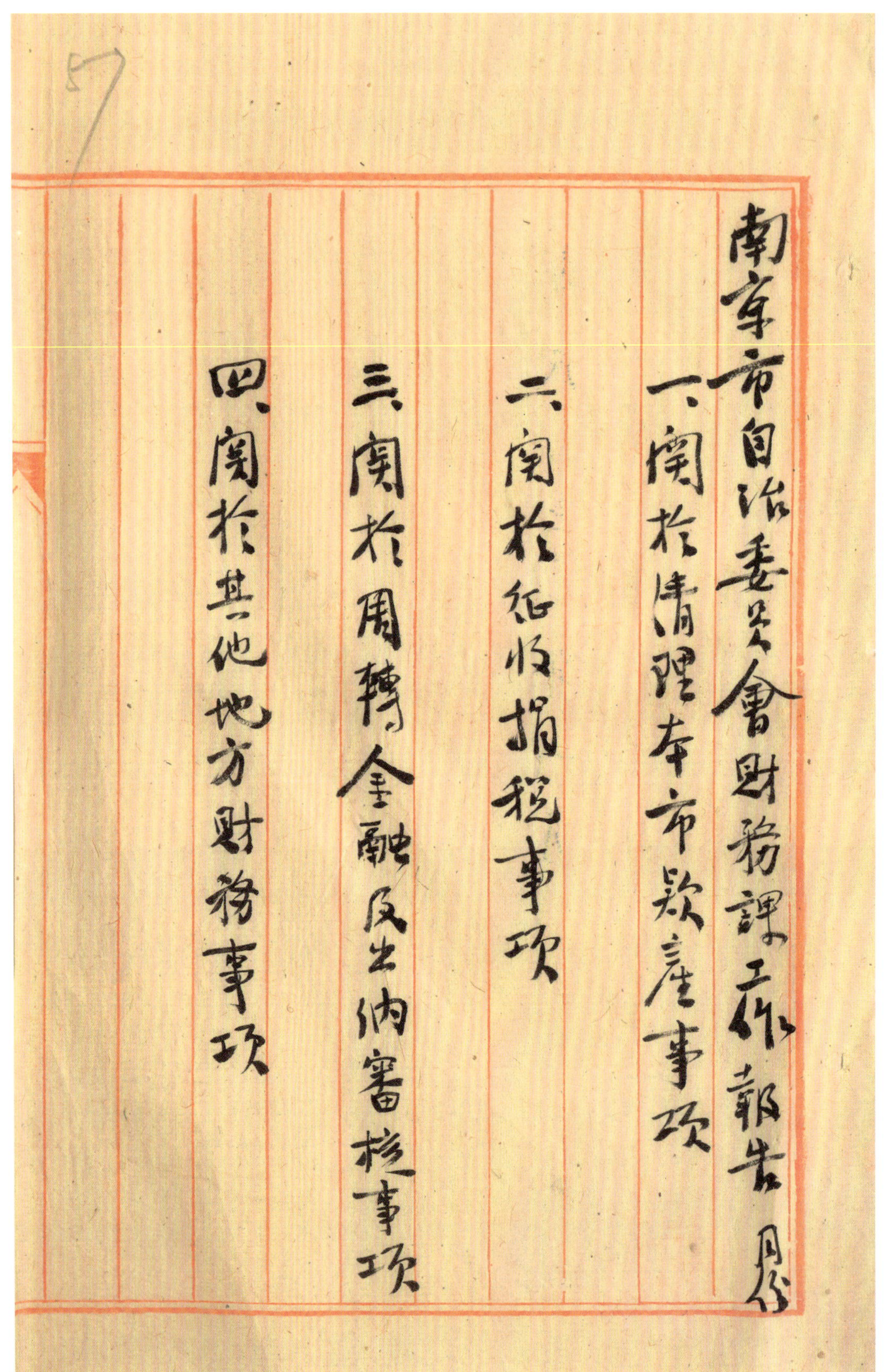

57

南京市自治委員會財務課工作報告　月份

一、關於清理本市款產事項

二、關於征收捐稅事項

三、關於周轉金融及出納審核事項

四、關於其他地方財務事項

自治委员会关于招聘日语通译的布告（一九三八年一月三十一日）

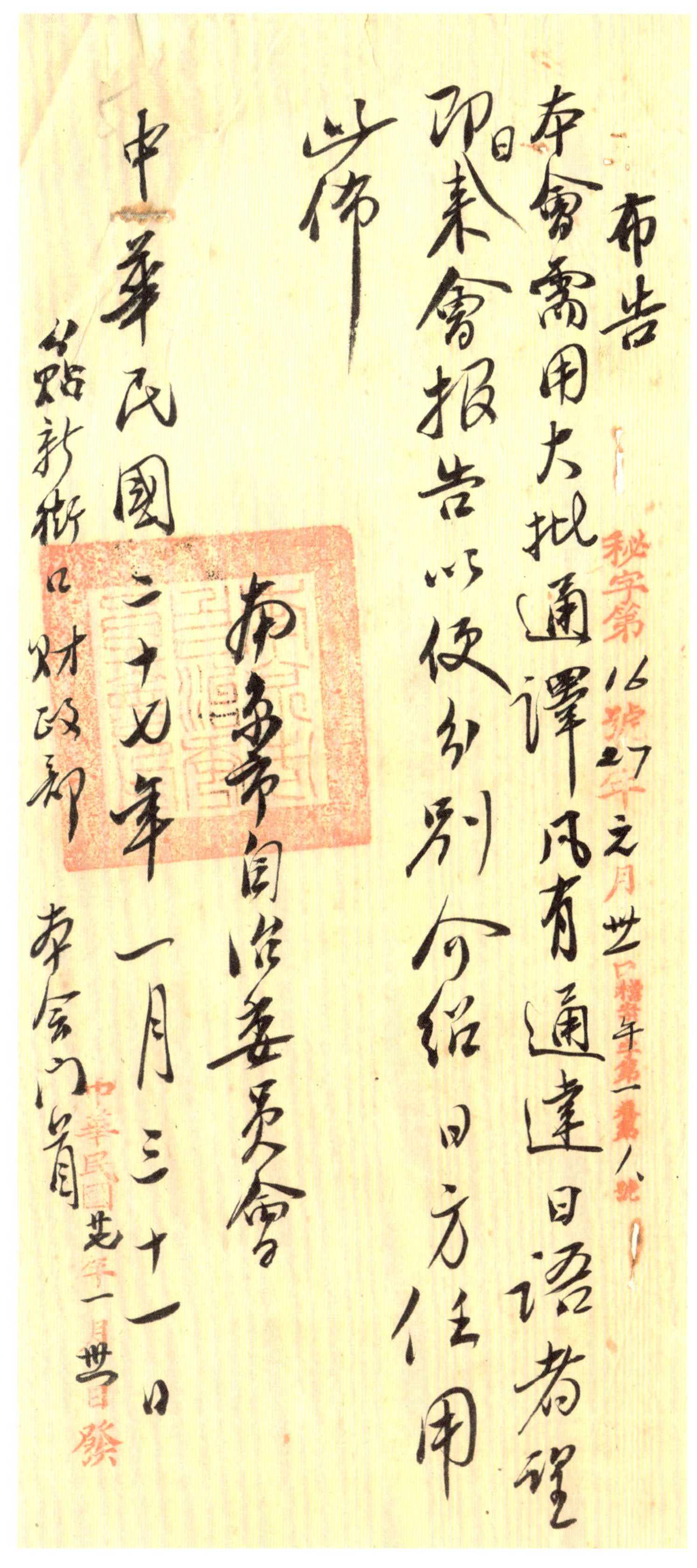

布告

本會需用大批通譯凡有通達日語者望即日來會報告以便分別介紹日方任用

此佈

南京市自治委員會

中華民國二十七年一月三十一日

貼新街口財政部本會門首

自治委员会简章（一九三八年一月）

南京市自治委員會簡章

第一條　本會由南京市民共同組織以維持治安促進自治為主旨

第二條　本會々所設南京總商會暫設臨時辦事處於鼓樓新村一號

第三條　本會事務進行之目的如左

(一)、解除人民困難

(二)回復地方秩序

(三)勸導工商復業

(四)恢復地方交通

第四條　本會以現在南京居民推舉地方有声望者五人至十一人組織委員辦理前條各項事務

第五條　本會設會長一人副會長二名由委員中互推之

第六條　本會設顧問若干員延聘中日人士充之贊助本會一切進行

第七條　本會設秘書長一人秘書若干人秉承會長綜核一切机要文件及翻譯事宜

第八條　本會進行事務得設各課辦理之其組織如左

（一）總務課　办理文書人事統計庶務會計及其他不屬各課事務

（二）財務課　関於清理本市款産事宜

（三）救濟課　関於救濟衛生事宜

（四）警務課　関於警務事宜

（五）工商課　関於工商各事業之恢復及勸導事宜

（六）交通課　関於地方交通事宜

以上各課办事細則別訂之

第九條　本會定每星期二、五開常會兩次遇有緊急事件由會長隨時召集

第十條　本會開會時以會長為主席會長有障碍時由副會長代理

第十一條　本簡章如有改訂須豫受南京特務机関之承認

以上

自治委员会关于限期填报职员履历致财务课的训令（一九三八年二月二日）

附：自治委员会财务课职员姓名、履历、职务、薪给清册

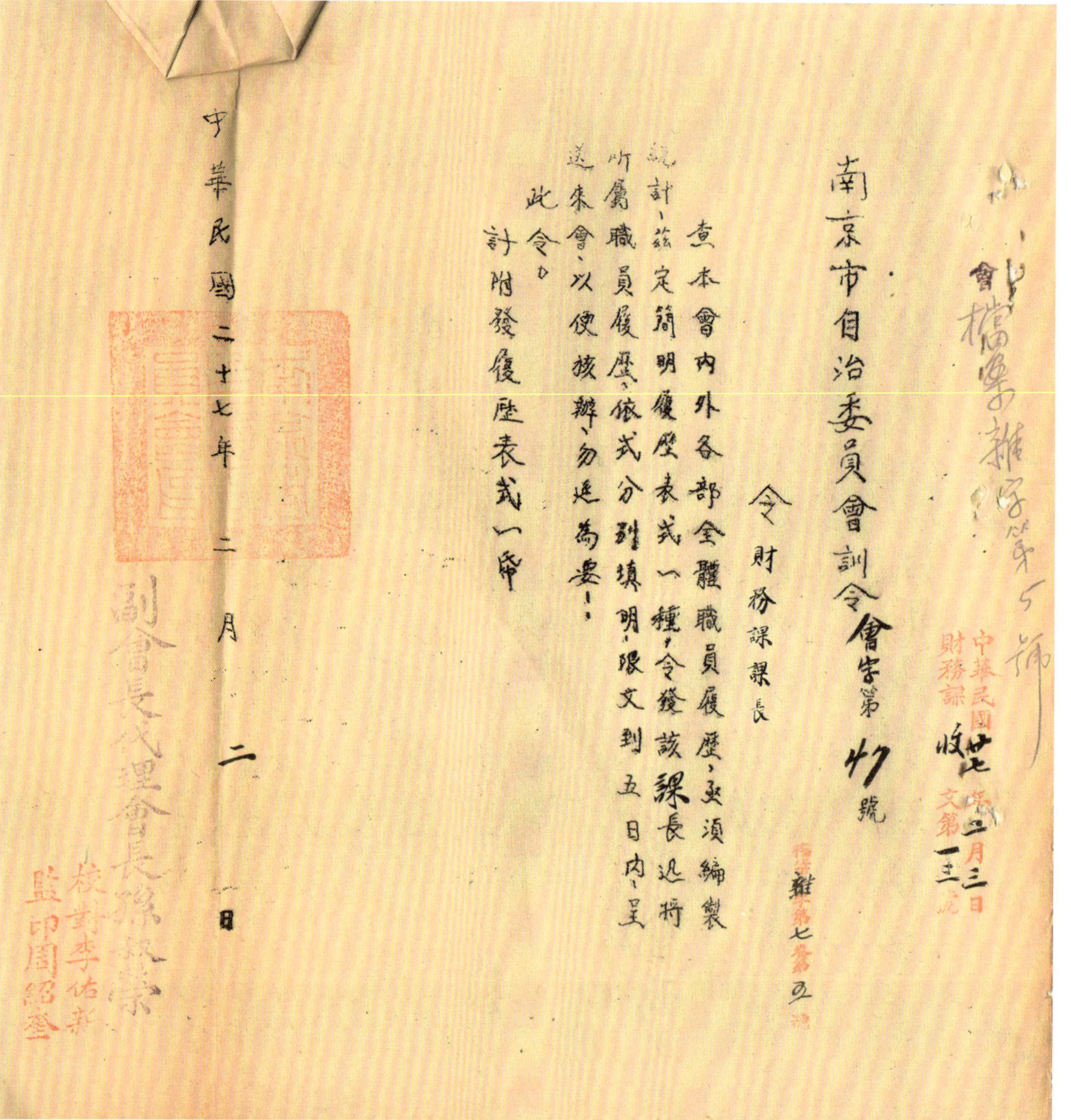

南京市自治委員會訓令　會字第47號

令財務課課長

查本會內外各部全體職員履歷，亟須編製統計，茲定簡明履歷表式一種，令發該課長迅將所屬職員履歷，依式分別填明，限文到五日內呈送來會，以便核辦，勿延為要！

此令。

計附發履歷表式一紙

中華民國二十七年二月二日

副會長代理會長孫叔榮

校對李佑新

監印周紹荃

南京市自治委員會財政局職員姓名履歷職務薪給清冊

職別	姓名	履歷	辦理何事	每月薪給	備攷
兼課長	程朗波	江蘇財政廳會計主任國華銀行副行長	[illegible]		兼課改不兼薪
課員	黃佾熙	歷充山東省公署秘書科長等職	[illegible]	一五〇.〇〇	
	孫瑞流	歷充吳縣會計主任審核科長等職	[illegible]	一一〇.〇〇	
	趙雲谷	歷充鳳陽關稽核科科員科長等職	[illegible]	一三〇.〇〇	
	石少卿	江靖營業稅局局長江陰縣政府第二科長	[illegible]	一一〇.〇〇	
	劉嘉楨	歷充湖北厘稅局稽核江蘇沙田官產事務局鎮江官產主任	辦理調製本縣表格及調查官產事宜	一一〇.〇〇	
	王浩然	歷充小學教員郵局職員青島市港務局办事員科員	[illegible]	一一〇.〇〇	
專員	吳寶和	[illegible]	[illegible]	一〇〇.〇〇	

職別	姓名	履歷	職務	薪額		備考
辦事員	王仲聿	[illegible]	[illegible]理登記繕寫事宜	八〇、	〇〇	
	趙管叟	[illegible]	辦理繕寫事宜	六〇、	〇〇	
	蔡明經	[illegible]	辦理登記股及[illegible]事宜	六〇、	〇〇	
	高少卿	歷充南京烟酒税局會計、鎮江[illegible]税局会計主任	辦理[illegible]事宜	六〇、	〇〇	
調查員	貝炳宸	歷充南京市政府財政局辦事員	辦理調查[illegible]産事宜	四〇、	〇〇	
僱員	王叔蕃	杭州市政府會計科會計員	辦理統計事宜	四〇、	〇〇	

姜建生

吳寶和 年廿六歲 江蘇省上海人

蘇州商學院畢業

原住中昌巷24號

現住湖南路516號

歷充江蘇水稅局局長 上海海關稅務科主任 湖北特稅檢查

總所所長 日本軍磯田駐營警備隊本部秘書 郡司部隊本部書記官

自治委员会、陶锡三关于陶锡三会长因病送慰劳金的往来函件

自治委员会致陶锡三函（一九三八年二月十日）

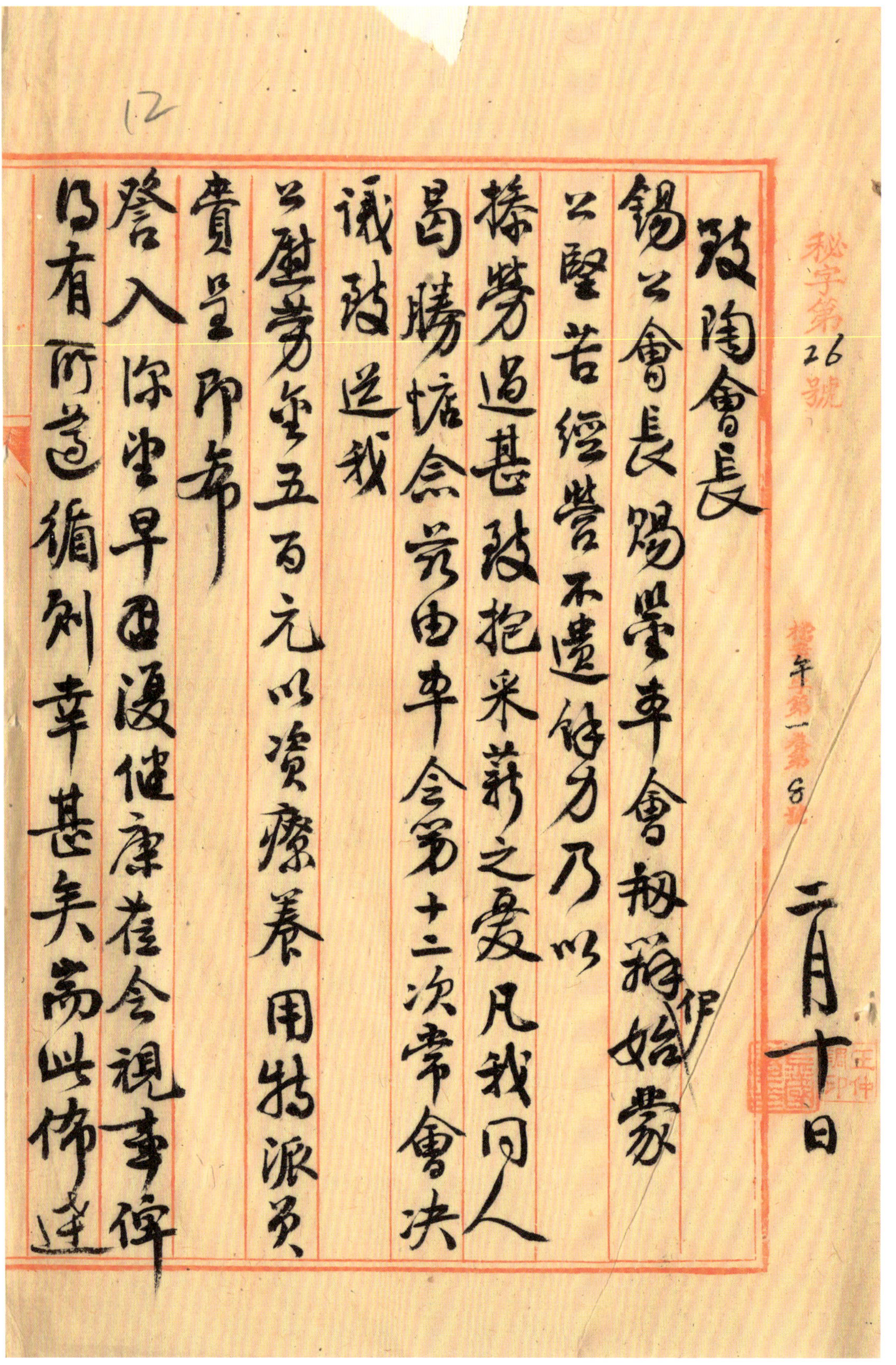

致陶會長

錫三會長賜鑒：本會籌辦伊始，蒙
公堅苦經營，不遺餘力，乃以
積勞過甚，致抱采薪之憂，凡我同人
罔勝惦念。茲由本會第十二次常會決
議，致送我
公慰勞金五百元，以資療養，用特派員
賚呈，即希
察入，深望早日恢復健康，蒞會視事，俾
得有所遵循，幸甚矣。尚此佈達。

二月十日

秘字第26號

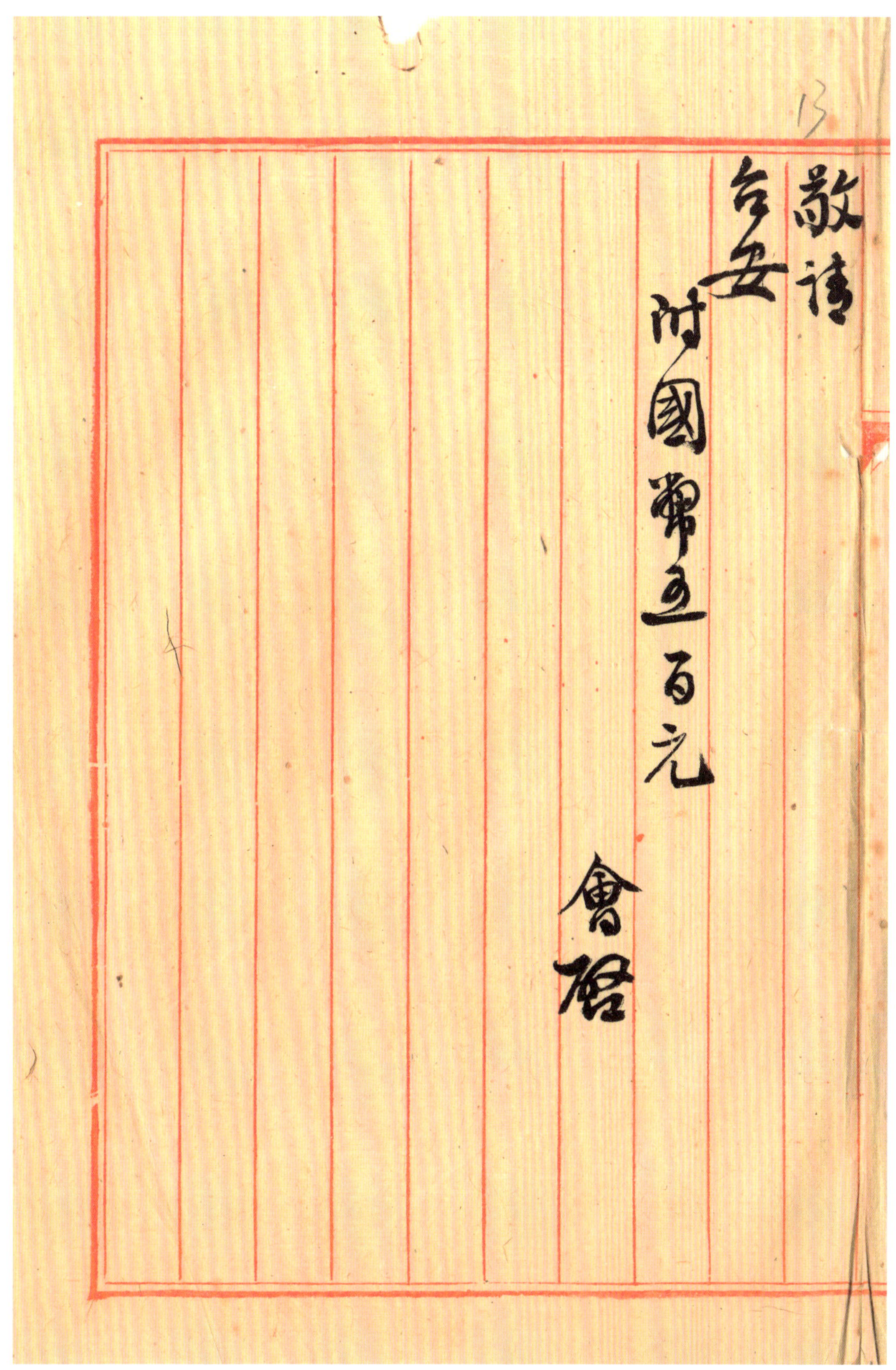

敬請

台安

附國幣五百元

會啓

陶锡三致自治委员会函（一九三八年二月十一日）

敬復者：奉
公函並承
賜慰勞金伍百元，以資療養，具見
同仁愛護情殷，良深感謝。惟錫三現在因病辭職，自不
應塡給公費收據。所有會長公費，自應由代理會長領
受，以符名實。承
贈送慰勞金伍百元，另給收據一紙，即祈
察收爲荷。此致

總務
秘字第87號
年二月十一日到

10

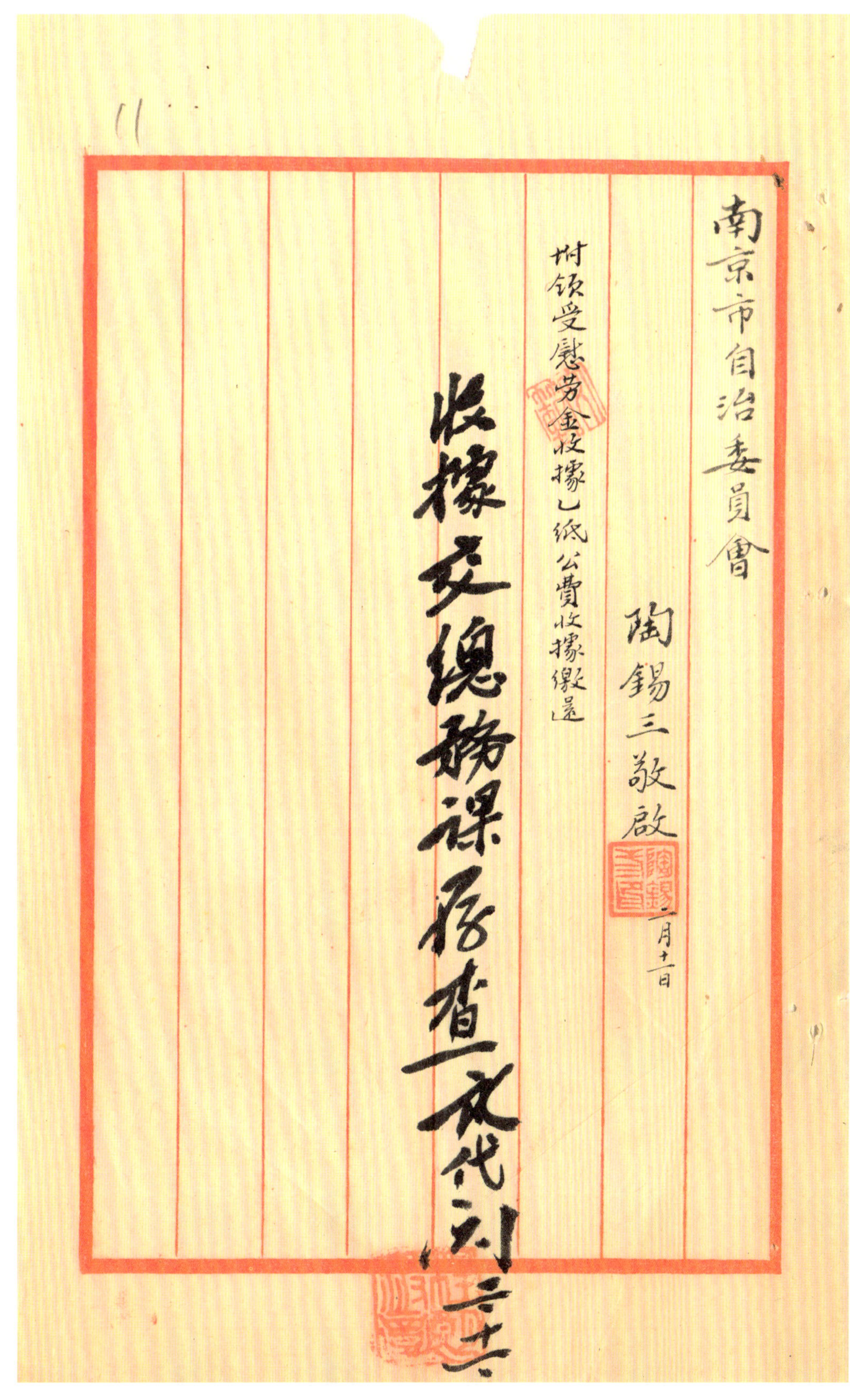

南京市自治委員會

陶錫三敬啟

一月十一日

附領受慰勞金收據乙紙 公費收據繳還

收據交總務課孫查收代洵

二十六

栖霞山难民收容所主任寂然等为成立栖霞山自治分会致自治委员会呈文（一九三八年二月十一日）

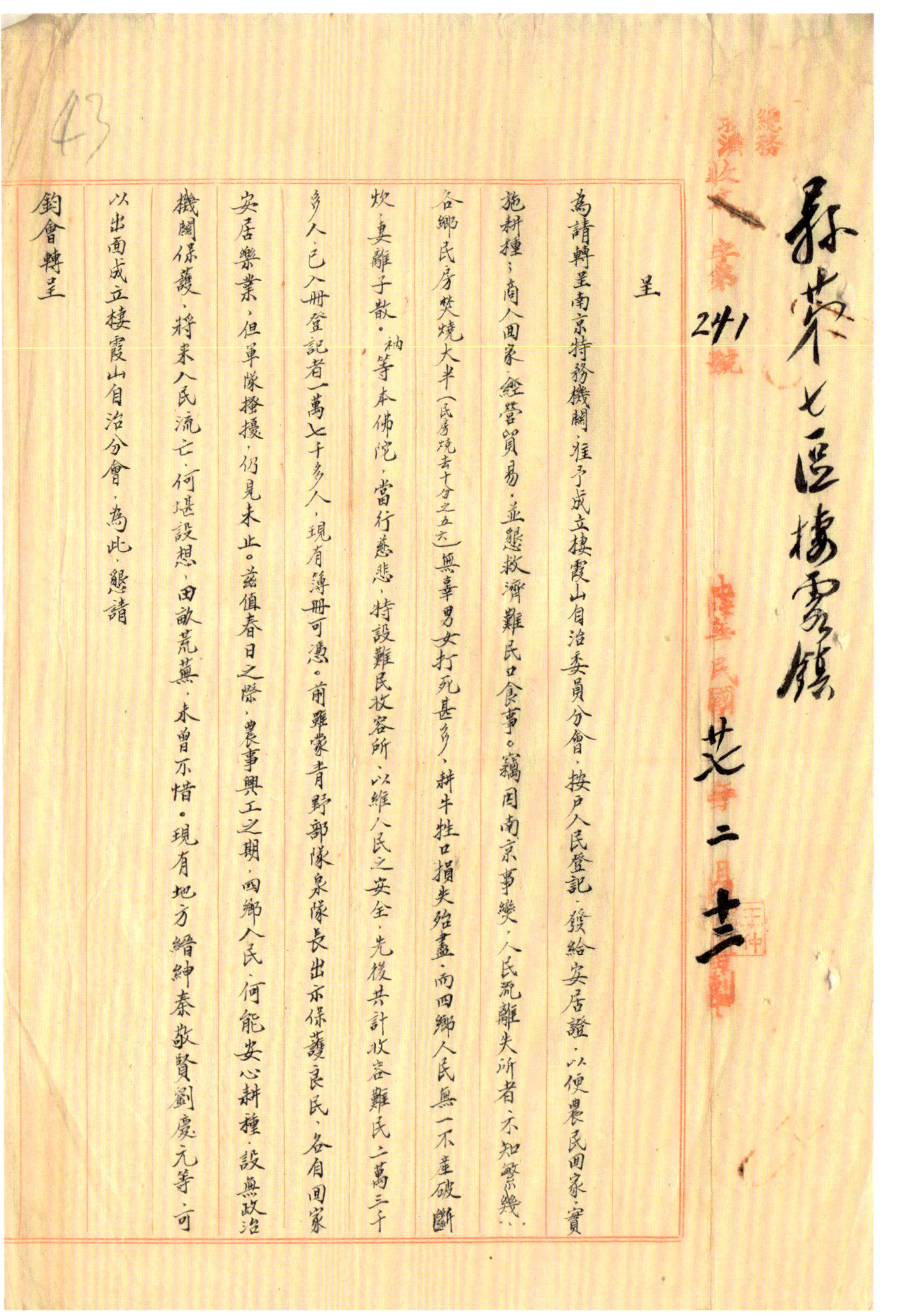

呈

為請轉呈南京特務機關、准予成立棲霞山自治委員分會、按戶人民登記、發給安居證、以便農民回家、實施耕種、商人回家、經營貿易、並懇救濟難民口食事。竊因南京事變、人民流離失所者、不知繁幾、各鄉民房焚燒大半（民房燒去十分之五六）無辜男女打死甚多、耕牛牲口損失殆盡、而四鄉人民無一不產破斷炊、妻離子散。衲等本佛陀、當行慈悲、特設難民收容所、以維人民之安全、先後共計收容難民二萬三千多人、已入冊登記者一萬七千多人、現有簿冊可憑。前雖蒙青野部隊泉隊長出示保護良民、各自回家安居樂業、但軍隊擾攘、仍見未止。茲值春日之際、農事興工之期、四鄉人民、何能安心耕種、設無政治機關保護、將來人民流亡、何堪設想、田畝荒蕪、未曾不惜。現有地方縉紳秦敬賢、劉慶元等、可以出面成立棲霞山自治分會、為此、懇請

鈞會轉呈

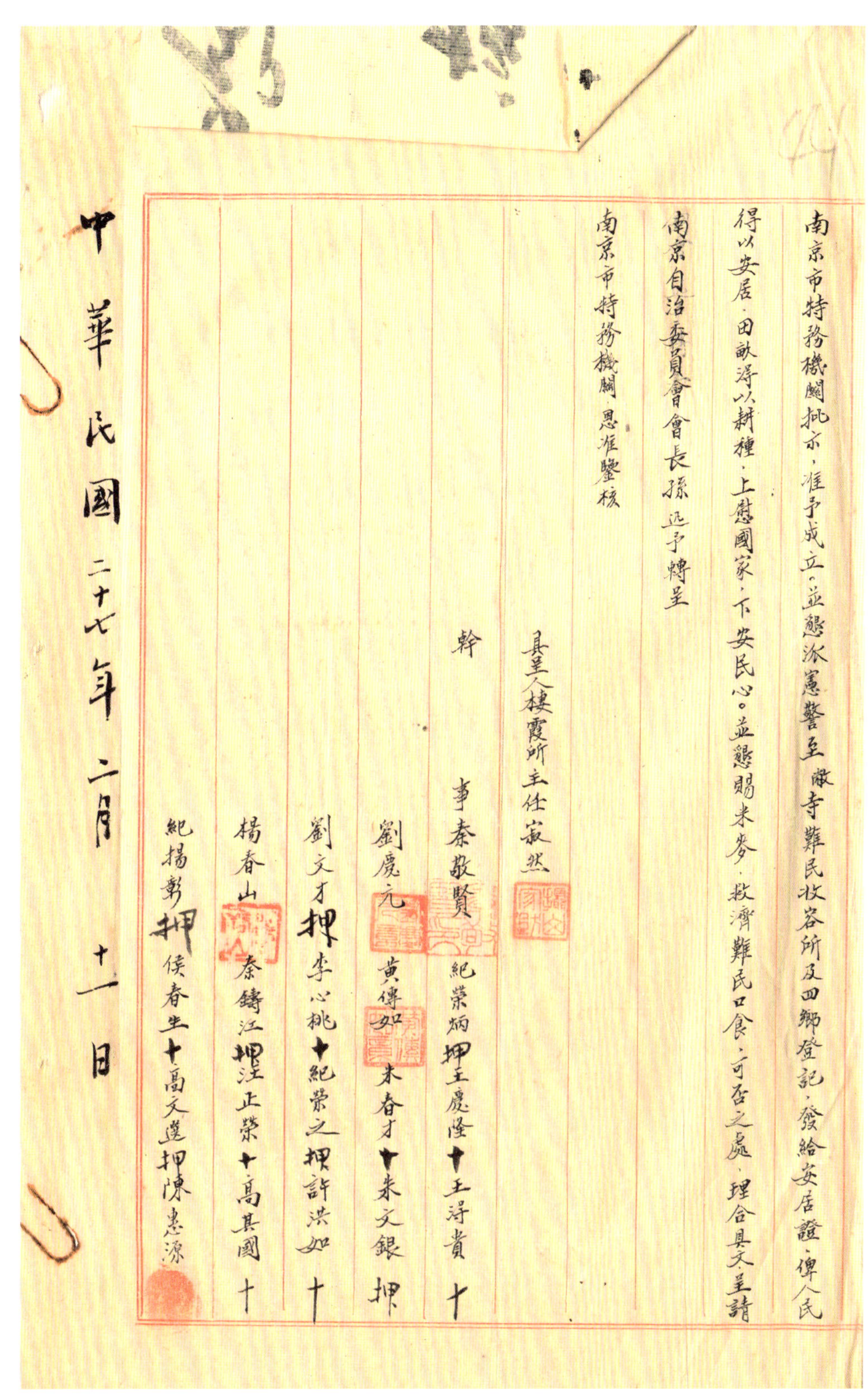
南京市特務機關批示，准予成立。並懇派憲警至敝寺難民收容所及四鄉登記，發給安居證，俾人民得以安居，田畝得以耕種，上慰國家，下安民心。並懇賜米麥，救濟難民口食，可否之處，理合具文呈請

南京自治委員會會長孫 迅予轉呈

南京市特務機關 恩准鑒核

具呈人棲霞所主任寂然

幹事秦敬賢 紀榮炳押 王慶隆十 王得貴十
劉慶元 黃傳如 朱春才十 朱文銀押
劉文才押 李心桃十 紀榮之押 許洪如十
楊春山 秦鑄江押 汪正榮十 高其國十
紀揚彰押 侯春生十 高文選押 陳惠源

中華民國二十七年二月十一日

滨江乡乡长、自治委员会关于请加委朱少卿为区长等事的往来文件

滨江乡乡长致自治委员会呈文（一九三八年二月十二日）

仰该区长等来说 二十七

60

具请愿书人王履鑑等年岁不一均住句容县第五区

为请愿事窃自事变以来本区区长逃亡在外不知所向现春耕在即农事将兴农田水利地方行政自治无人负责长此以往各事紊乱不堪查本区公正士绅朱少卿徐越洲二人为地方服务多年向来热心公益刻苦耐劳素得家乡信仰现由各乡公议决定公推朱少卿为本区区长徐越洲为副区长办理地方一切事宜为此具文呈请仰祈钧会准予加委朱少卿为句容县第五区区长徐越洲为副区长若蒙允则感德无涯矣谨呈

南京市自治委员会会长

滨江乡乡长王履鑑 押

收文 字第247号 秘字第94号 二十七年二月十二日

会议纪录簿

下蜀鎮鎮長華武烈 押

甪里鄉鄉長徐兆濵 押

東陽鄉鄉長徐越洲

駱墅鄉鄉長夏竹虛

鳳壇鄉鄉長韓自忠

龍潭鎮鎮長任錫山 押

銅冶鄉鄉長劉德生 押

橋頭鎮鎮長蘇芳芝

中華民國二十七年二月十二日

自治委员会批文（一九三八年二月十九日）

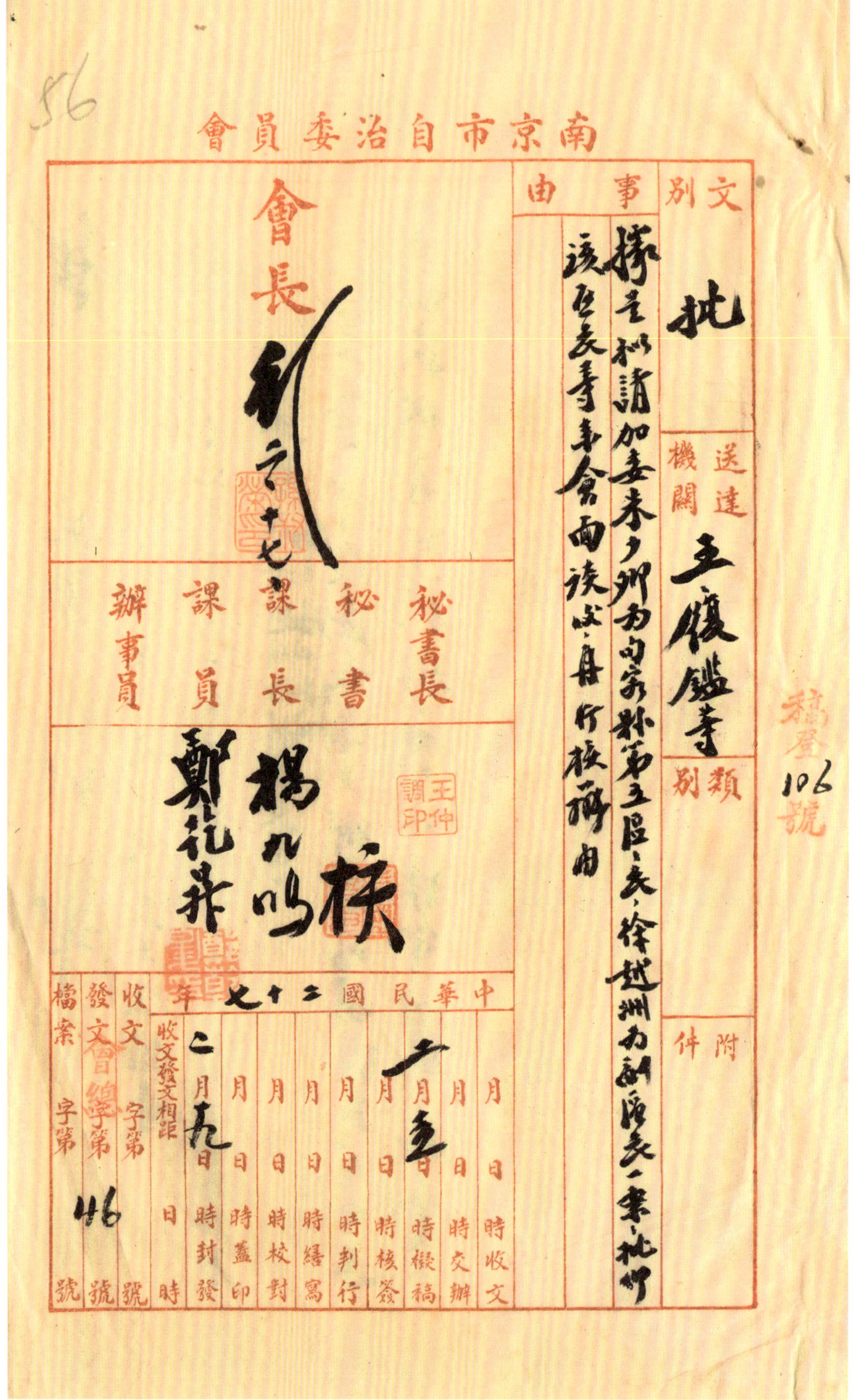

南京市自治委員會

文別	批
送達機關	王復鑑等
類別	
事由	據呈擬請加委朱少卿為南京縣第五區區長、徐越洲為副區長一案，批仰該區長等來會面談，以憑核辦由
附件	

會長　二、十七

秘書長　秘書　課長　課員　辦事員

楊九鳴　鄭紀非　核

中華民國二十七年二月十九日

收文　字第　號
發文　會總字第46號
檔案　字第　號

稿簽106號

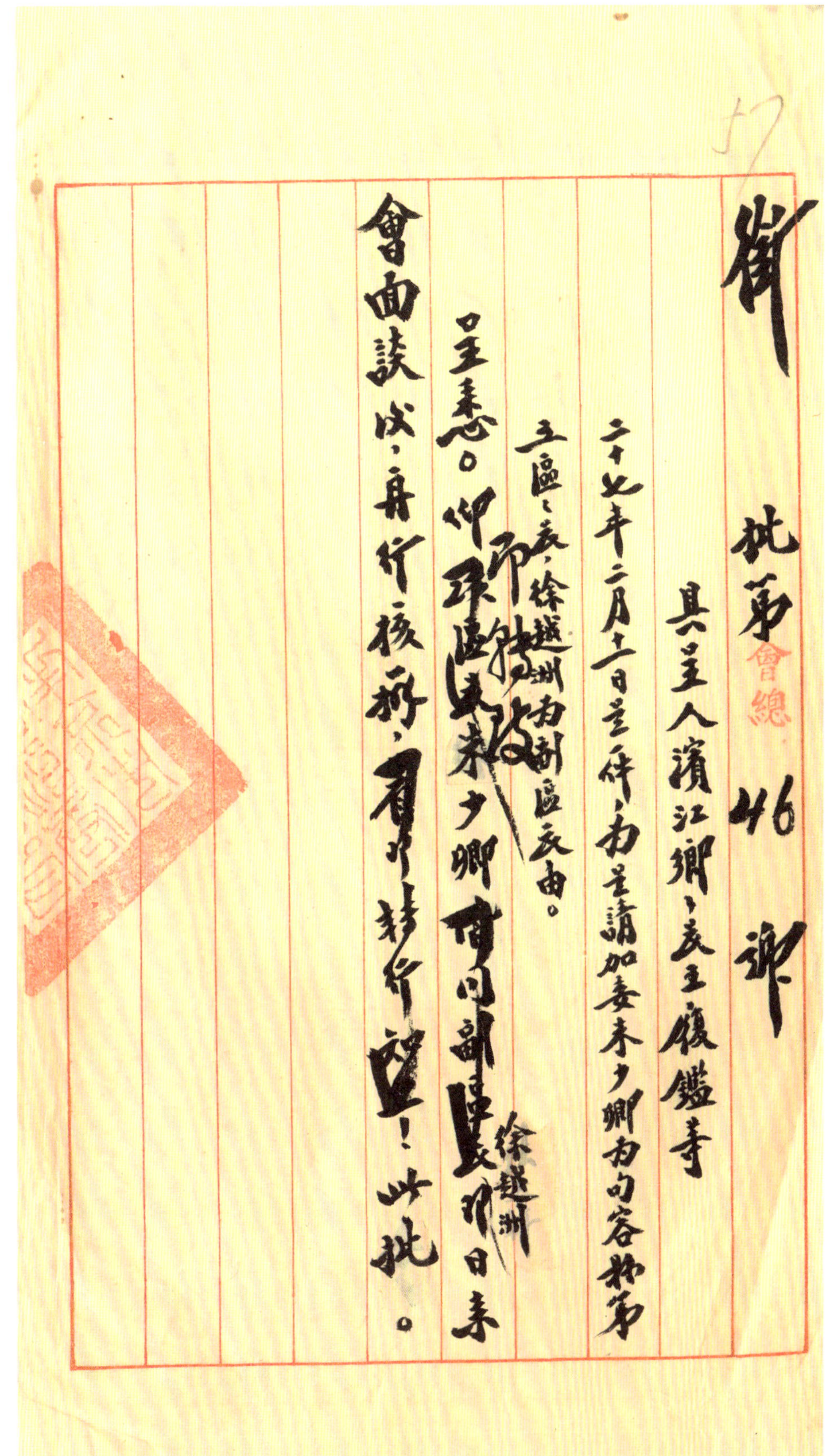

57

衔

批第46號

總會

具呈人濱江鄉鄉長王復鑑等

二十七年二月十一日呈一件，為呈請加委朱少卿為句容縣第五區區長，徐越洲為副區長由。

呈悉。仰該區區長朱少卿會同副區長徐越洲即日來會面談，以再行核辦，勿得稽延[illegible]！此批。

54

中華民國廿七年二月　日

陸丕瑞繕

二八

江宁县属各区代表为组织自治团体致自治委员会呈文（一九三八年二月十四日）

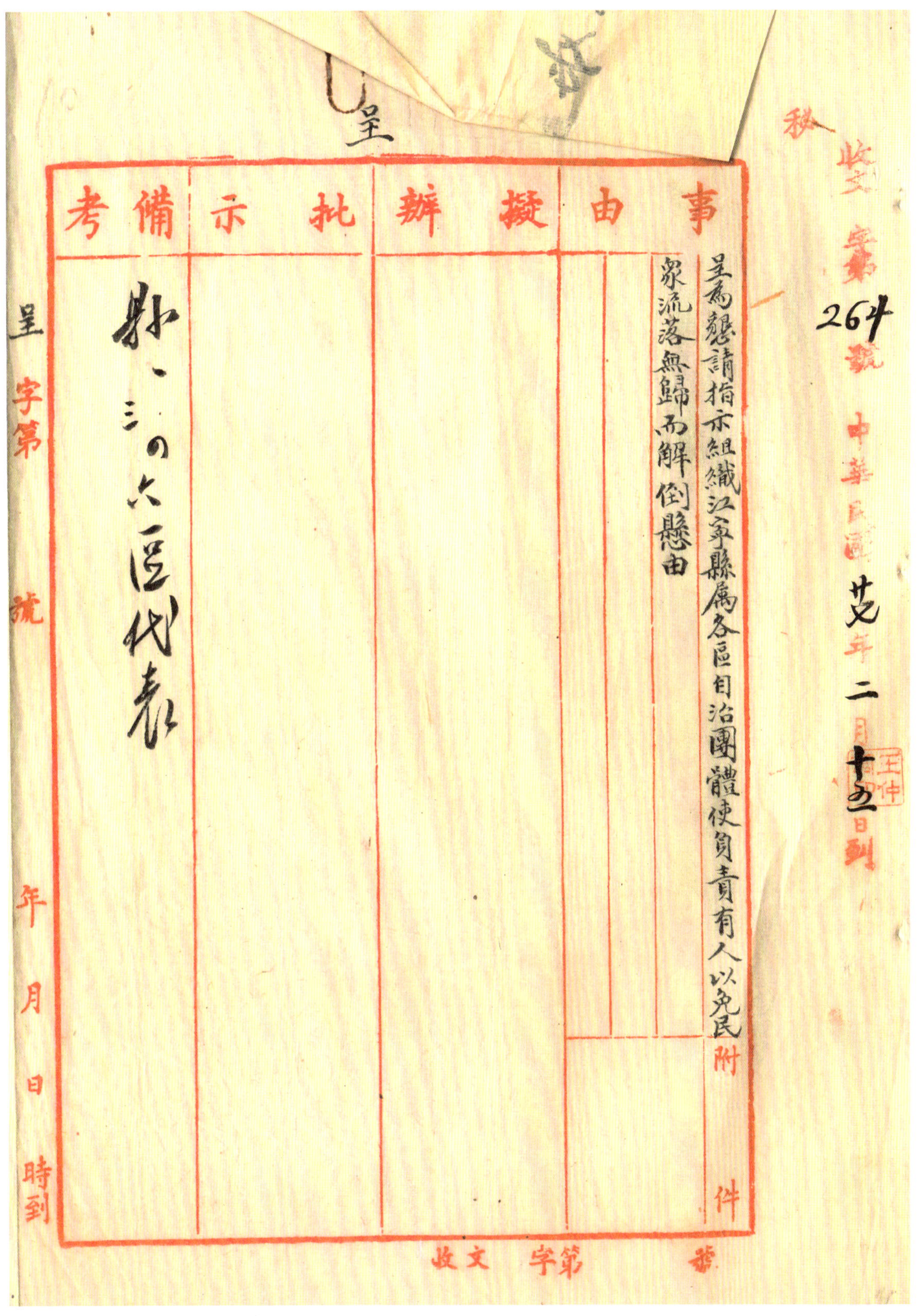

呈

事由	擬辦	批示	備考
呈為懇請指示組織江寧縣屬各區自治團體使負責有人以免民衆流落無歸而解倒懸由			縣、三、四、六區代表

附件

收文 字第 號

秘 收文 字第264號 中華民國廿七年二月十五日到

呈 字第 號 年 月 日 時到

4

呈為懇請指示組織江寧縣屬各區自治團體使負責有人以免民衆流落無歸而解倒懸由：

查江寧在民十七以前原為城鄉合治自國民政府改設南京市後始分而為二以城垣為界民國二十二年江寧改設自治實驗縣又將附城各區劃歸市屬即為現在市縣劃分區域此次軍興城鄉所遭刼數均等市區因有自治組織秩序已漸上軌道鄉區因於民二十三年取消區長制度改設指導員各區負責人員均由縣署另委客籍人士刻已不知所往公安各局警察亦復紛散地方民衆無人管領大多流落異鄉如再延時日地方無負責機關則秩序無法恢復現在春耕在即倘不

能安居則農時有悞關係尤重不但鄉區為難而城區
民食所需及商業流通上不堪設想代表等在鄉常與
多數民衆接談均以此為莫大恐懼但四鄉境地隔絕無
法進行現經各方推派代表来京晉謁
鈞會懇請指示縣屬各區自治機關辦法以期負責有
人使地方秩序早日恢復以免民衆長此流落有廢農時
代表等竊思江寧各區與京市原屬一體關係密切
在此非常時期
鈞會定不以市縣分界為特懇請
鈞會指導迅乞

13 秘

鑒核示遵謹呈

南京市自治委員會

江寧縣屬第一三四六區民衆代表奚續卿 押

孫大洲 押

馮仲時 押

龐家駿 押

郝錫山 押

孫　第 押

通訊處暫假本市門東小西湖拾號寓宅

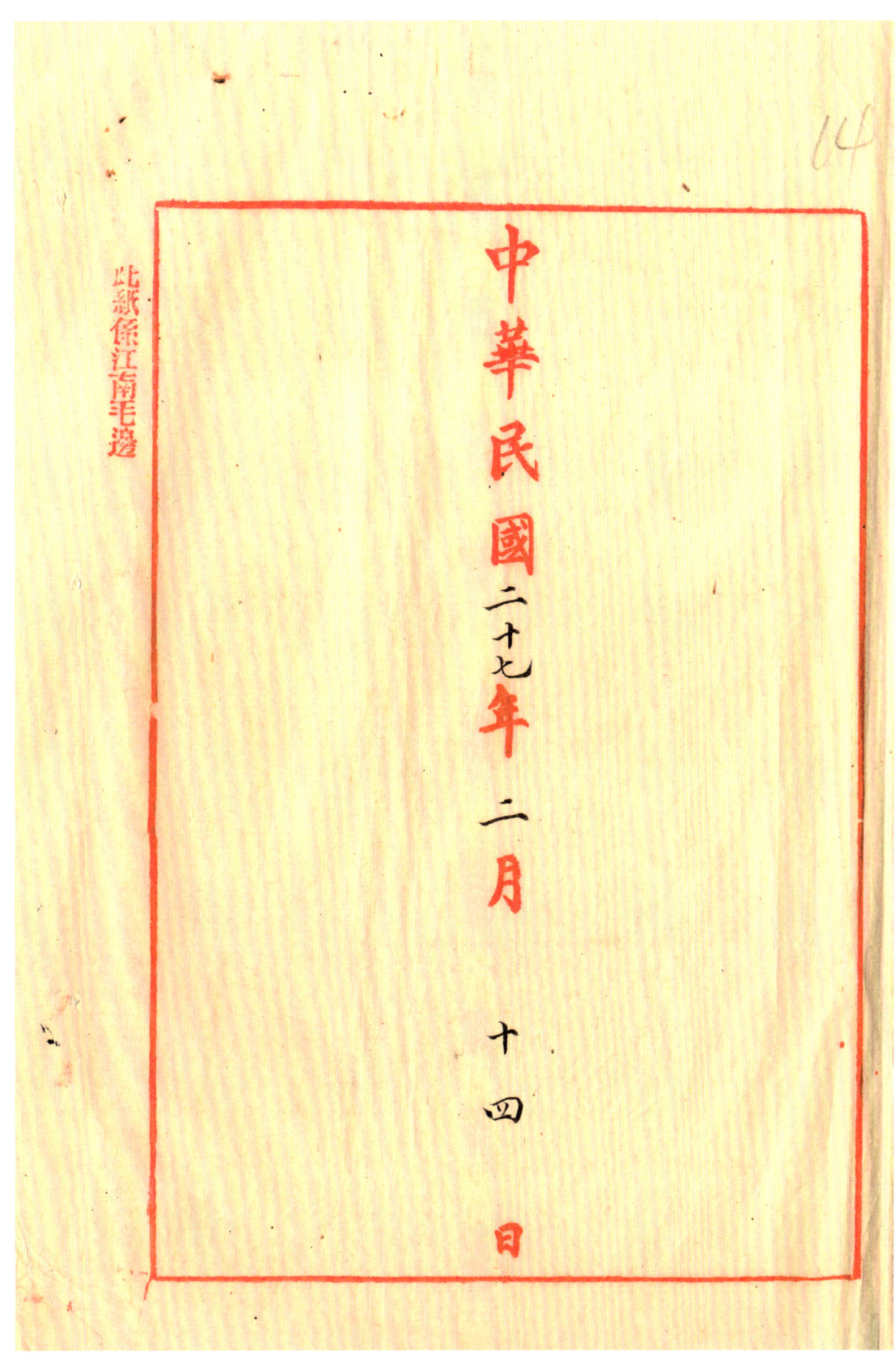
此紙係江南毛邊
中華民國二十七年二月十四日
64

第一、二、三、四区公所和自治委员会关于伪南京市区公所办事细则内保甲与警察权限划分的往来文件

第一、二、三、四区公所致自治委员会呈文（一九三八年二月十四日）

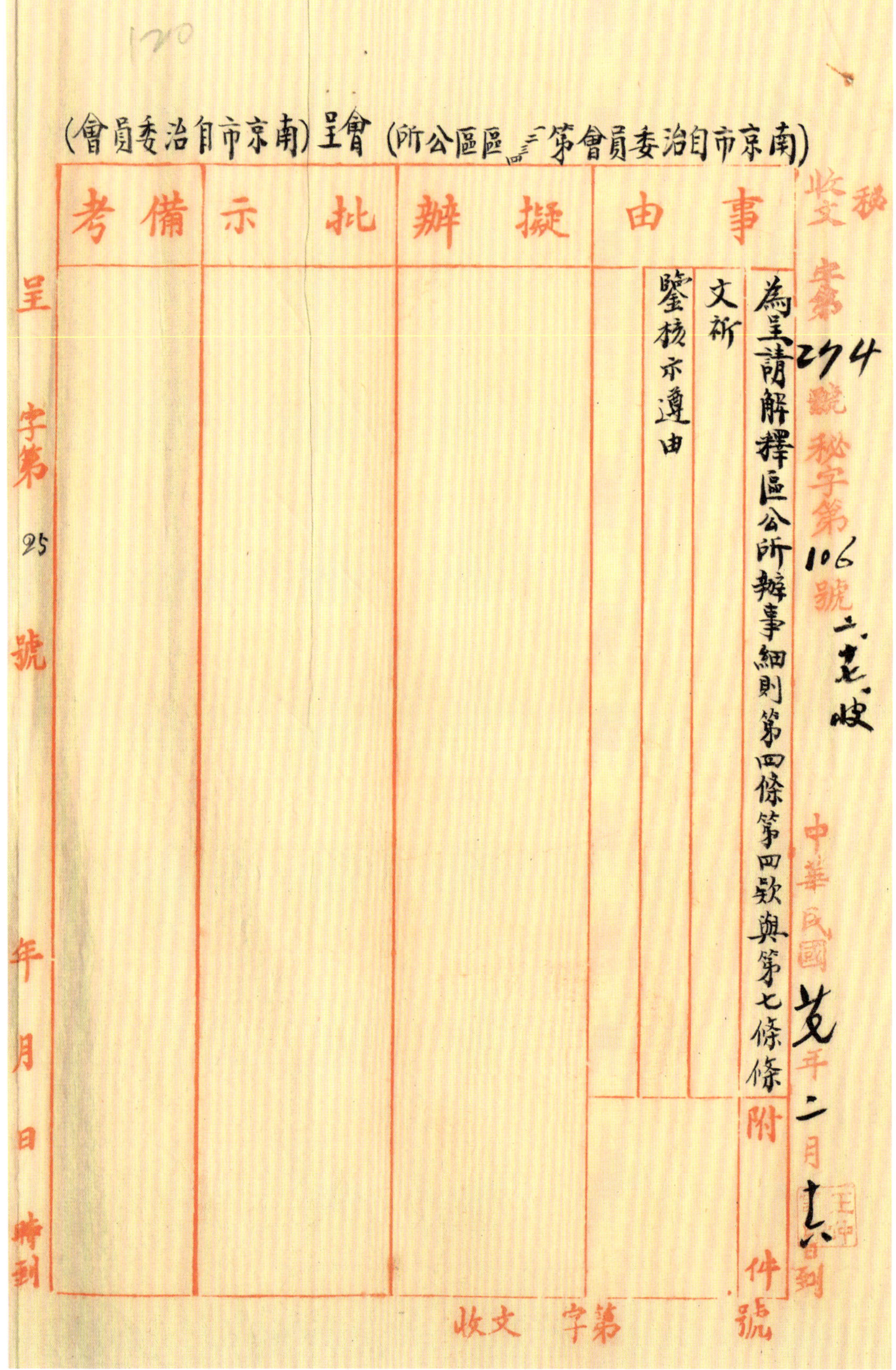

（南京市自治委員會第一二三四區區公所）呈（南京市自治委員會）

收文 秘字第274號 秘字第106號 二、十五、收

中華民國廿七年二月十四日到

事由：為呈請解釋區公所辦事細則第四條第四款與第七條條文所鑒核示遵由

附件

擬辦

批示

備考

呈 字第25號 年 月 日 時到

收文 字第 號

查本月十三日職區等舉行第二次聯席會議，對於

鈞會令發修正各區公所辦事細則第四條第四款所載「其他關於保甲事宜」與第七條所載「本區內關於治安事項應隨時協同警察所辦理」兩點，似有含混，蓋辦理保甲係屬地方治安，對於治安事項之緝捕等事，究由警察局主管，協同區公所辦理，抑或由區公所主管，會同警察局辦理，未盡瞭解，殊有疑問，設使治安當屬警察辦理，則各局現有警察之力量殊感不足，似須相當之增加，始克維持治安，理合將未盡瞭解之處

會呈

鑒核解釋示遵。謹呈

122

南京市自治委員會

第一區公所區長何緝之（印）代

第二區公所區長鄧邦粲（印）

第三區公所區長胡雨蒸（印）

第四區公所區長方　灝（印）

中華民國二十七年二月十四日

監印 余灼華

自治委员会指令（一九三八年二月十九日）

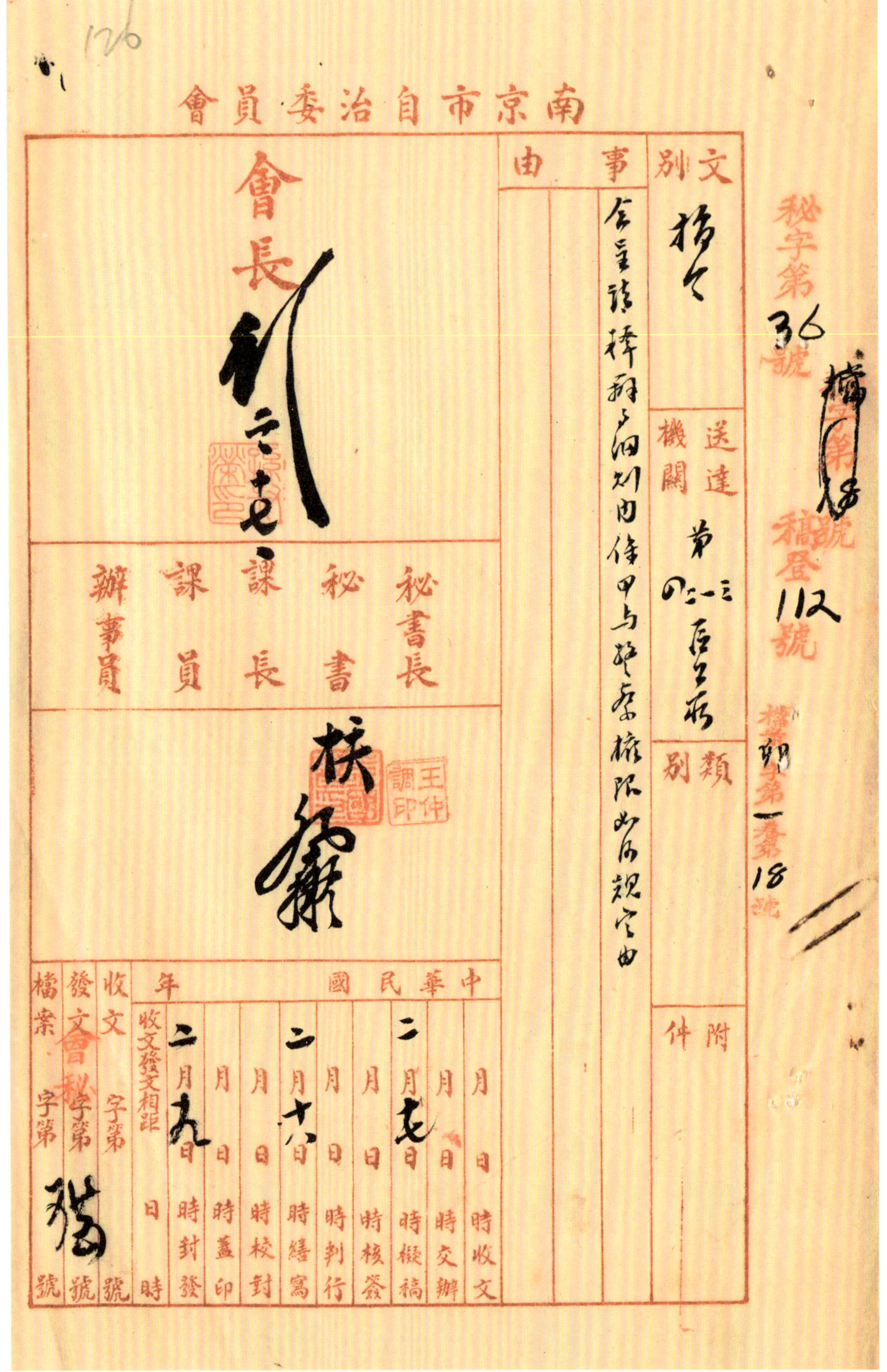

南京市自治委員會

文別	指令
事由	令呈請釋放高淳縣田保甲長 … 由
送達機關	第二區公所
類別	
附件	

秘字第36號

稿登112號

檔字第一類18號

會長 … 二、十七

秘書長　秘書　課長　課員　辦事員

中華民國 年 二月十七日 擬稿　二月十八日 繕寫　二月十九日 封發

指令第　　號

第〇二一三區工所

呈悉。查該區保甲現在方謀着手，關于緝捕盜案，不遺餘力，以資進行，凡巡警長士應須增加與否，尚由該廳參酌辦理，并呈前情，仰即知照。此令。

129

中華民國廿七年二月[illegible]日

江宁县李兆兴等要求组织县镇自治分会致自治委员会呈文（一九三八年二月二十一日收）

呈為呈請事竊查江寧縣所轄各鄉鎮（即湖熟龍都淳化等鎮）在兩軍進出之際秩序淆亂營業停頓幸值皇軍保護之下鄉民得慶更生惟該鄉鎮難民移動離居人數突增食品日減對于交通商業極待恢復且春耕在即農民應有遺田原居安業以資生産之必要民等籍隸該鄉擬邀集素有名望之紳董組織縣鎮自治分會謹遵鈞會指導配備辦理一切急務是否有當理合先行具呈仰祈鈞長鑒核伏乞訓示祗遵謹呈

南京市自治委員會

具呈人 李兆興 年三十五歲江寧龍都人住上海路三十四號

吴伯衡 年六十歲江寧人住建康路五百十號

李鴻軒 年五十九歲江寧淳化人住莫菜橋景星里

中華民國廿七年二月廿一日

收文 字第349號 秘字第129號

擬第五三號

东山镇民众关于筹设镇自治委员会请发各项章则簿证致自治委员会的呈文（一九三八年二月二十一日）

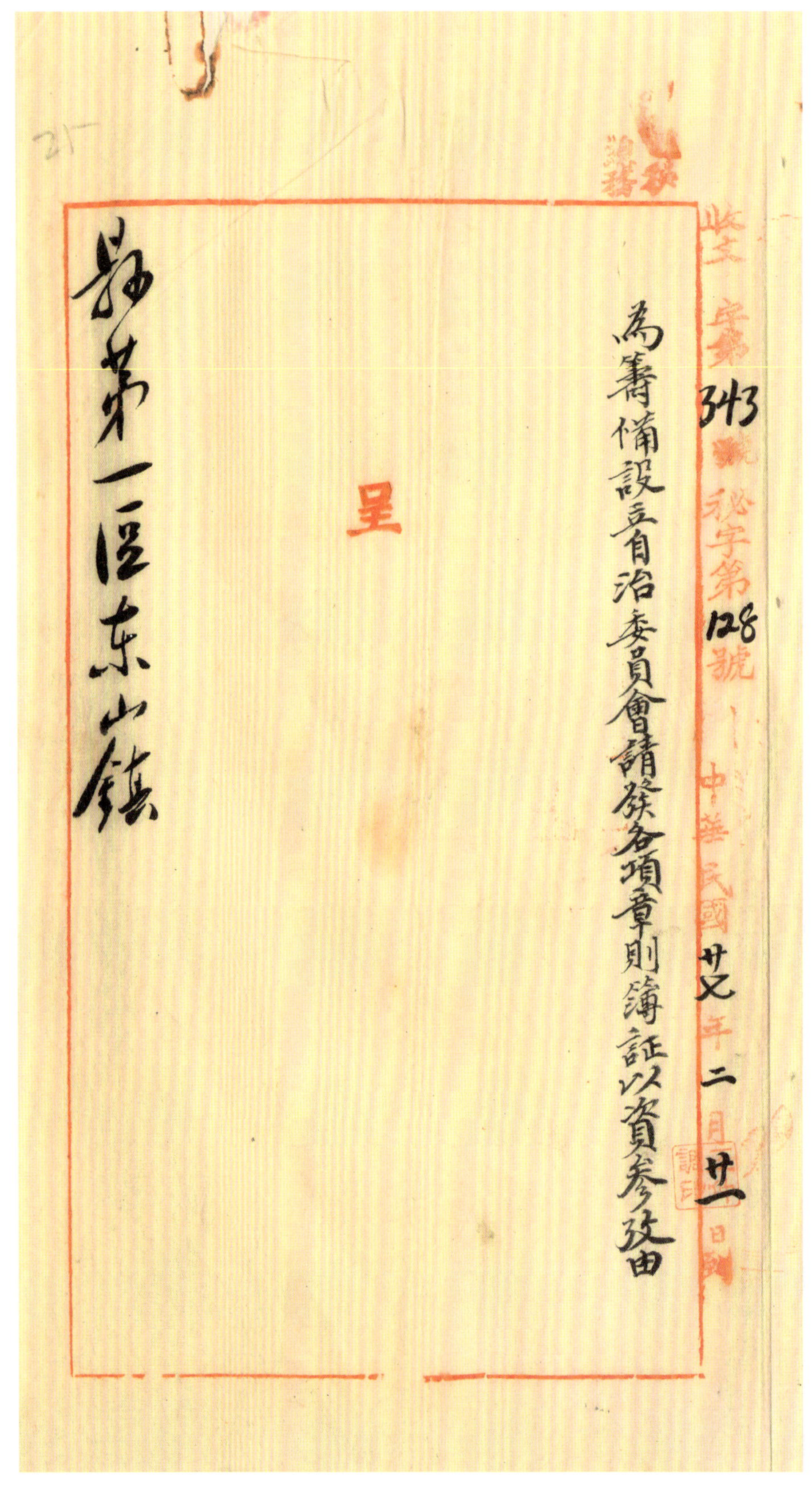
收文 字第343号
秘字第128號
中華民國廿七年二月廿一日
呈
為籌備設立自治委員會請發各項章則簿證以資參攷由
縣第一區東山鎮

案於本年二月三日，本鎮民人鮑瀛洲等，因前戰事發生，居民四散，地方寥落，市面蕭條，又以不良份子，乘機拆毀公私房屋，以致凋憊愈甚等情，呈請

鈞會出示制止，併使各民衆回歸安居，業于本月九日奉　批准發第二十三號布告在案；近又奉

26

日本軍特務部宣撫班來鎮，召集公民等會議，有先催設本鎮自治委員會之必要，公民等為維持地方起見，似有義所難辭，不得不勉任其責；惟以才識淺薄，所有一切組織章則及各項登記簿証式樣，未便擅行妄擬，尚祈

鈞會俯視同仁，迅將各項章則簿証等件檢發一份，以資仿照而便參考；

容俟籌備就緒，另訂成立日期，呈請

鑒核備案，指令祇遵。

謹呈

南京市自治委員會

江寧縣東山鎮公民　聶奇峰　押　前東山鎮鎮長

張鳳山　前東山鎮副鎮長

楊國斌　十

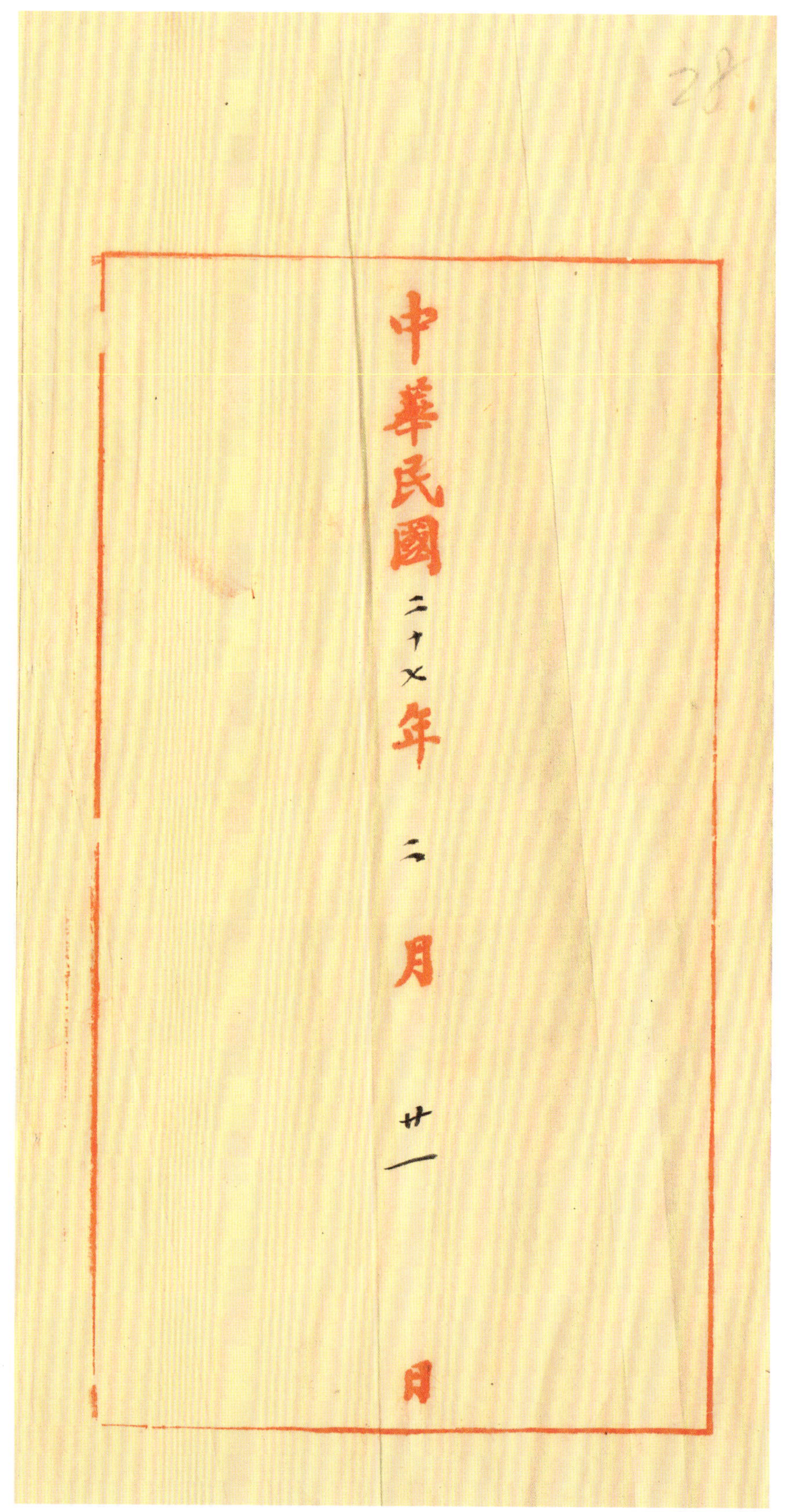

28.

中華民國二十七年二月廿一日

自治委员会关于召开会议筹设南京市乡区公所致各乡区代表笺函（一九三八年二月二十四日）

南京市自治委員會

速件

秘字第43號

稿屋167號

檔字第 號

文別：箋函

事由：定于廿五日下午一时开谈话会共同筹备乡区公所成立由

送達機關：各鄉區代表

類別：

附件：

會長 任援道

秘書長

秘書

課長

課員

辦事員

中華民國廿七年

收文 月 日 時
交辦 月 日 時
擬稿 月 日 時
核簽 二月廿日 時
判行 月 日 時
繕寫 月 日 時
校對 月 日 時
蓋印 月 日 時
封發 二月廿四日 時

收文發文相距 日 時

收文 字第 號

發文 字第八號

檔案 字第 號

2

箋函 會秘 八号

逕啟者前據 來函請設鄉區公所洵爲切要之圖茲經本会開会審查擬先設立十区計原有市区三区 一、孝陵衛 二、上新河 三、燕子磯 江寧縣屬七區 一、東山鎮 二、江寧鎮 三、陶吴鎮 四、禄口鎮 五、湖熟鎮 六、湯山鎮 七、棲霞鎮 其就近地方即附屬前列各区現訂於本月二十八日上午九時在本会開談話会共籌進行務希推舉代表一二人屆期準时

蒞臨毋任注盼此致

○○市民○及○○

某鎮代表○及○○等

某鄉代表○及○○等

会啓

汤山难民代表请选派干员主持区政致自治委员会呈文（一九三八年三月一日）

縣第六區湯山鎮

秘 收文 字第 452 號

秘字第 165 號

中華民國 廿七年 三月 一 日到

（ ）

事由	擬辦	批示	備考
呈為事變慘劇逃亡一空請派幹員主持區務以便召集歸農而蘇遺孑事			
附件			

收文 字第 號

（ ）字第 號 年 月 日 時到

竊緣湯山一帶本屬江寧第六區轄境事變時適當京杭要衝兵燹劇烈村落為墟居民逃亡在外三月以還固已備遭流離凍餒之苦現屆春耕急迫若不亟請設法召集歸農則數十里土地荒蕪所有大難餘生勢必更遭慘痛不堪設想雲階等欣

聞

鈞會救民水火造福地方為此聯名具訴哀懇准予遴派幹員主持區政并念湯山遭難慘重更予格外施仁從寬接濟以便召集逃亡而蘇遺黎不勝屏營待

命之至謹呈

南京市自治委員會

41

具呈人湯山難民代表唐雲堦
呂冠穆十
程則周簽
唐舜臣簽
戴錫華押
鄒幼庭簽

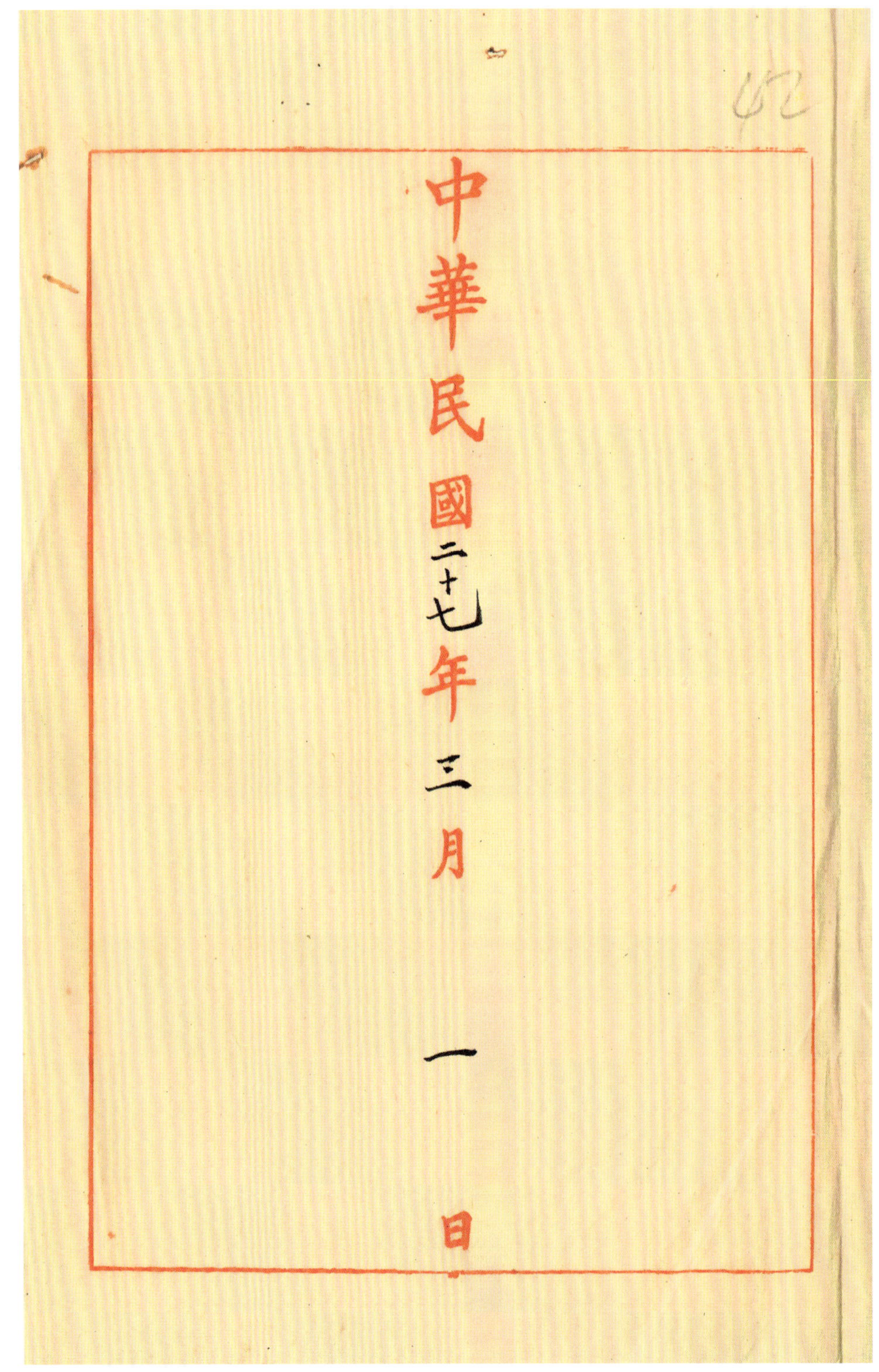

中華民國二十七年三月一日

江浦县代表、自治委员会关于江浦县筹备自治维持地方的往来文件

江浦县代表致自治委员会呈文（一九三八年三月四日收）

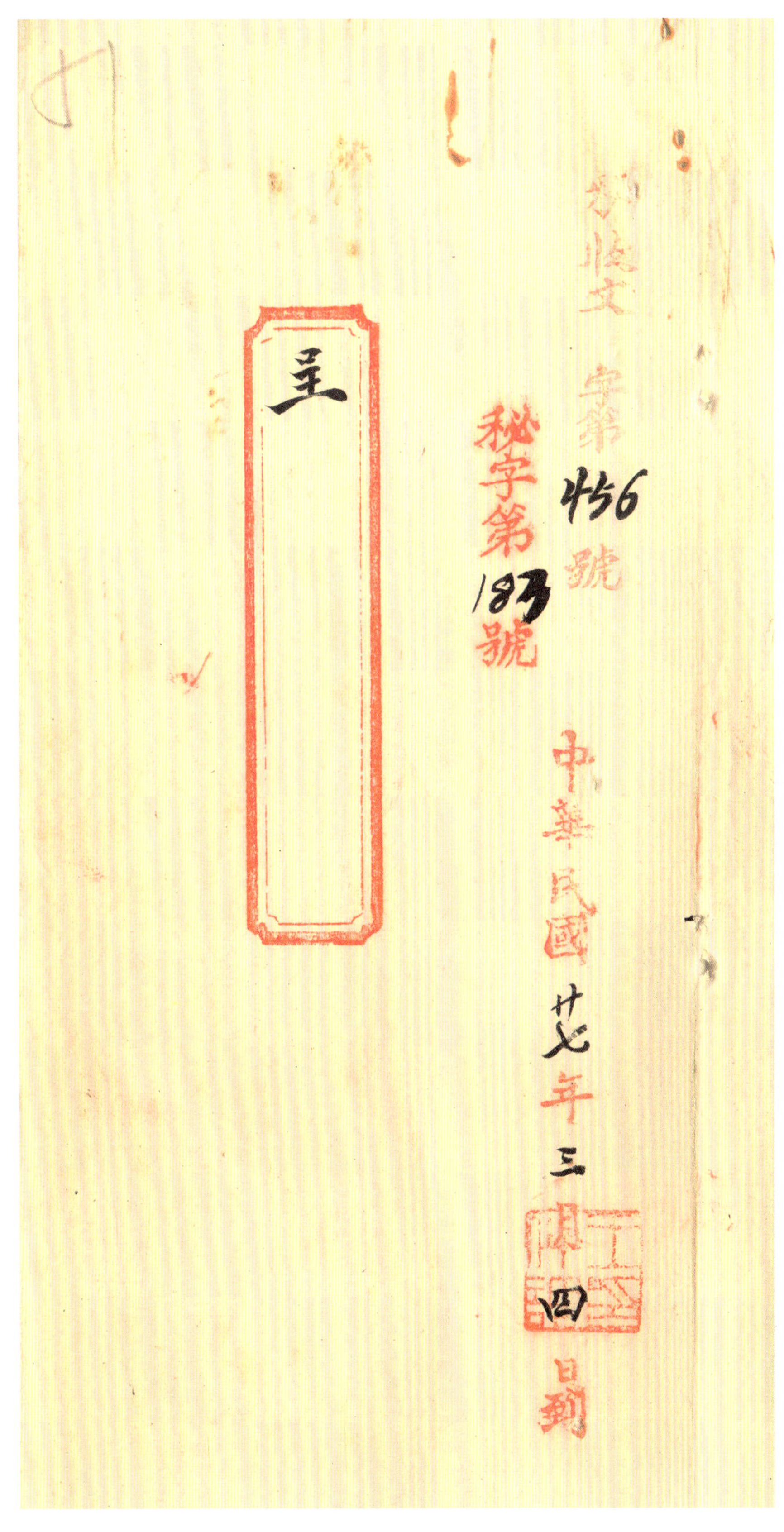

52

謹呈者竊江浦縣自中國軍敗退之後迄今兩月
有餘地方無人負責維持以致盜匪蠭起會堂林
立查會堂分爲紅旗黄旗紅旗又名紅槍會黄旗
又名大刀會皆因防匪而設會中份子均係鄉閭
愚農受人鼓惑奉行邪教每一嘯聚動逾千人自
以護身有術横行無忌是以鄉閭良民不爲會之脅

廹即遭匪之刼殺其痛苦深於水火且此等無知莠民無識愚農最易受人利用一旦合而為一豈獨後方良民受害而已吾浦與安慶所屬之烏江全椒和州滁州等處相毗連聞該處一帶盜匪之多會勢之盛尤過於吾浦吾浦為津浦路之起點入皖之門戶籌備自治實為當今刻不容緩之圖竊以吾浦自治首以

54

肅清盜匪剷除會堂爲第一務盜匪清則地方靖會堂除則人心安浦民逃於外者則不招自回京民避於浦者則不送自歸然後商能復業農乃歸田遇有軍隊過境對於征發供給等事亦屬較易措辦況當春耕在即農民望治尤殷警民久居鄉閭深知地方情形故敢不避斧鉞來京上瀆擬懇

俯准江浦縣仿照南京市自治辦法籌備自治以維地方而安良善是否有當爲此呈請核轉特務機關鑒核採納施行地方幸甚謹呈

南京市自治委員會

江浦縣代表高譽民謹呈

自治委员会致江浦县代表批文及致特务机关的公函（一九三八年三月七日）

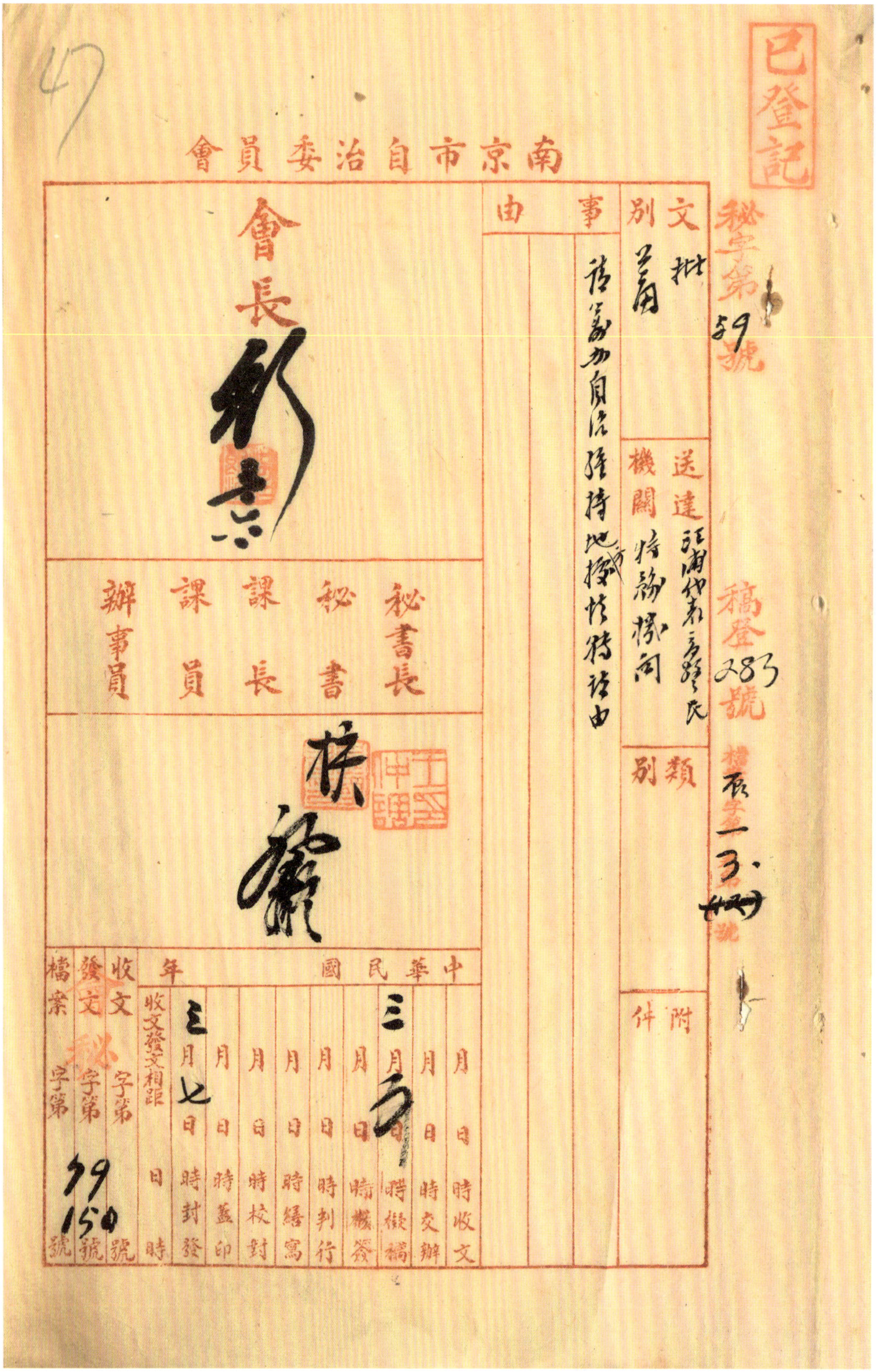

批示　　　　　　　　　　　　　　　第79號

江浦縣代表高雅代

呈一件為會匪林立盜匪蜂起請籌辦自治請轉函特務機關由

據呈已悉。大兵之後，莠民勾結悍民為害鄉里，自是[illegible]勢所必有。該代表請籌辦自治以維地方，洵屬正本清源之計，仰候轉函特務機關參辦。此批。

四月　第150號

徑啟者：茲據江浦縣代表高雅代呈，以該縣地方無人負責，盜匪蜂起，會匪林立，擬籌辦自治，維持地方

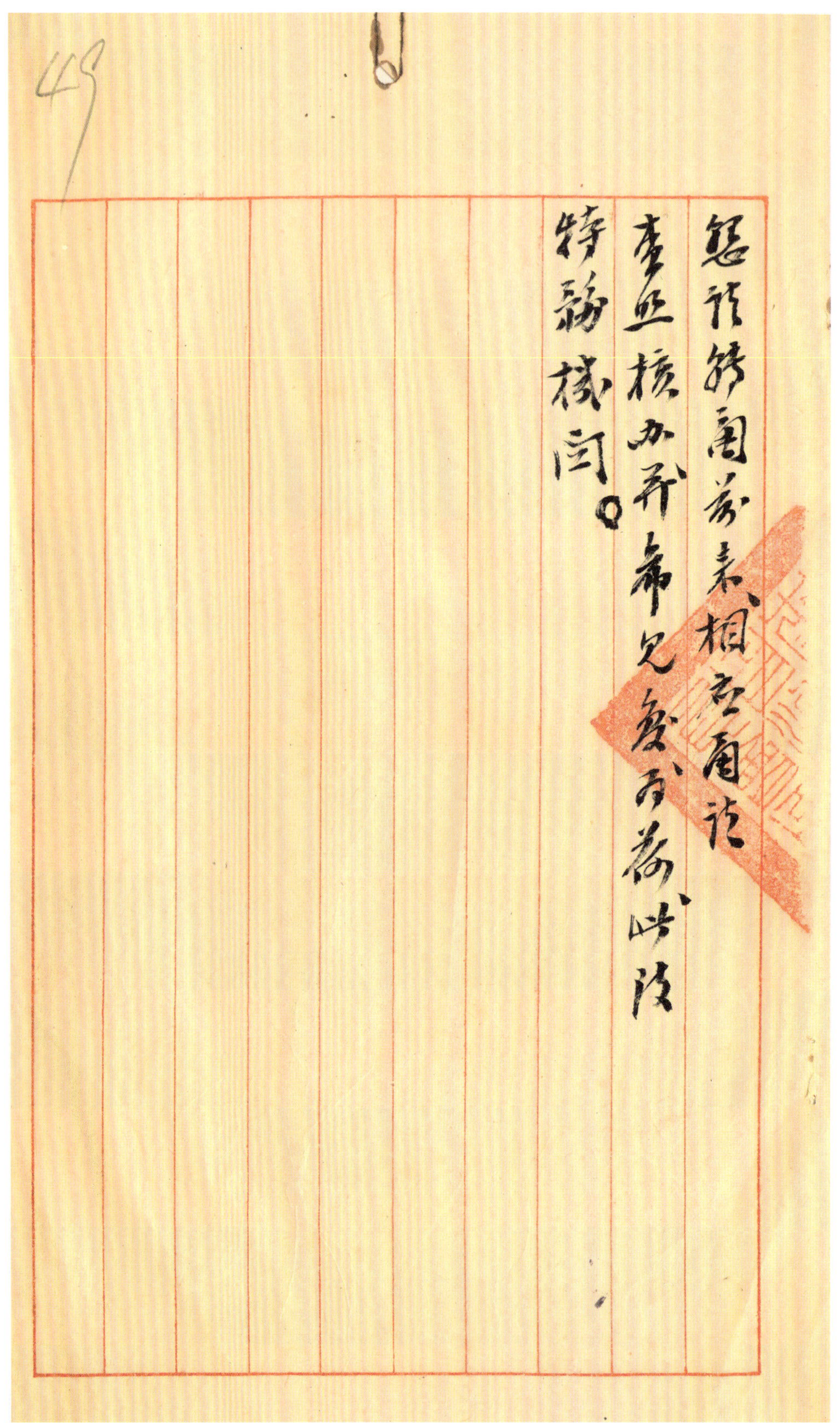

懇祈轉函前來，相應函請

查照核辦並希見復爲荷，此致

特務機關。

中華民國廿七年三月廿一日

善

自治委员会转送陶锡三会长坚决辞职书致日本特务机关和田中领事笺函（一九三八年三月十一日）

附：陶锡三会长辞职书

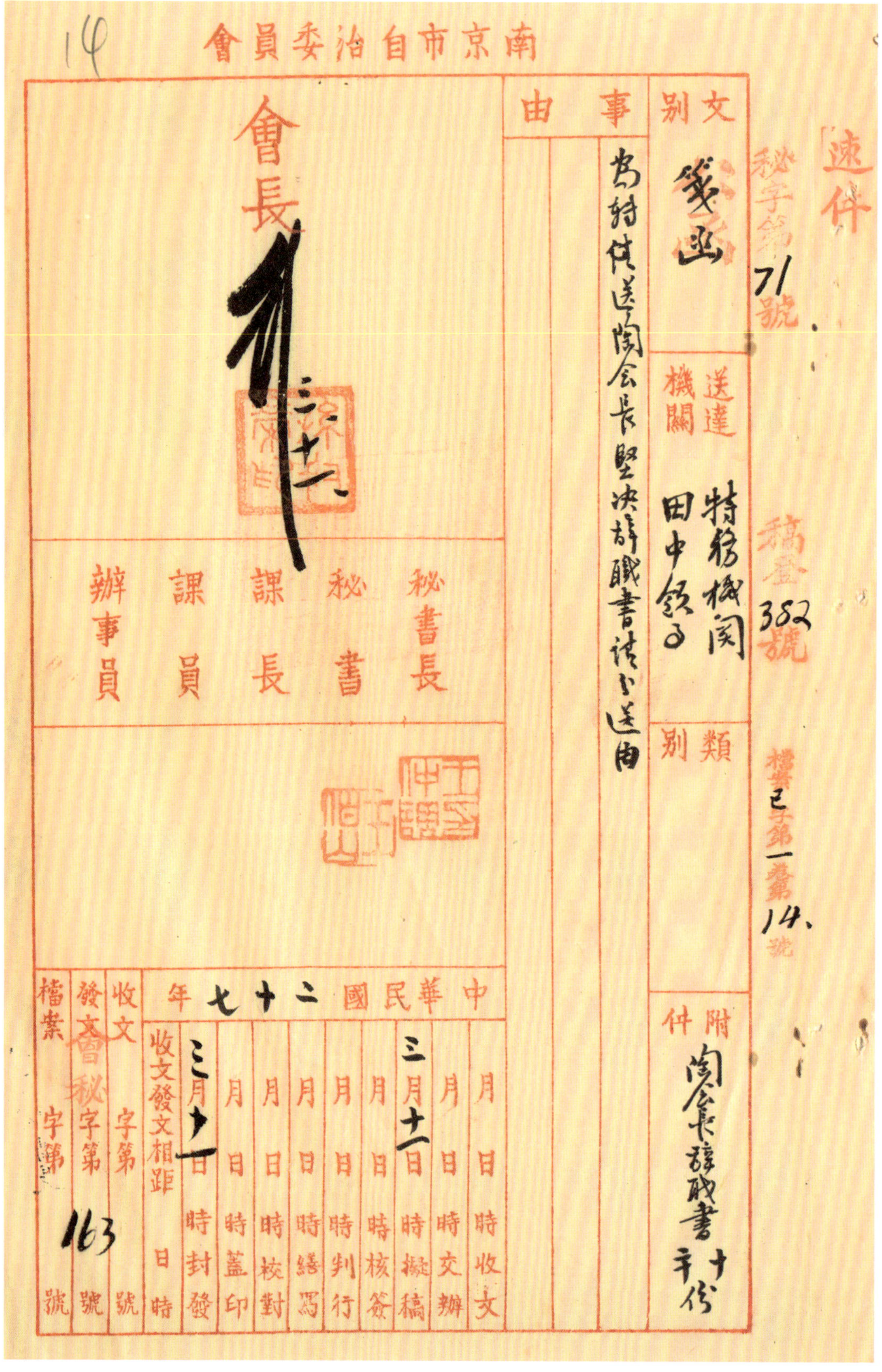

15

嘆函第163号

案據准

陶会長錫三来函因堅請辞職并附佛訓此会除將

原函油印分送外合行检送二十份請煩特此

軍警各機関

総領事及職員　為荷　此致

特務機関

田中領事

附繳回陶会長聘書一枚　油印廿份

陶会長辞職公

会啓

繳還原領聘書

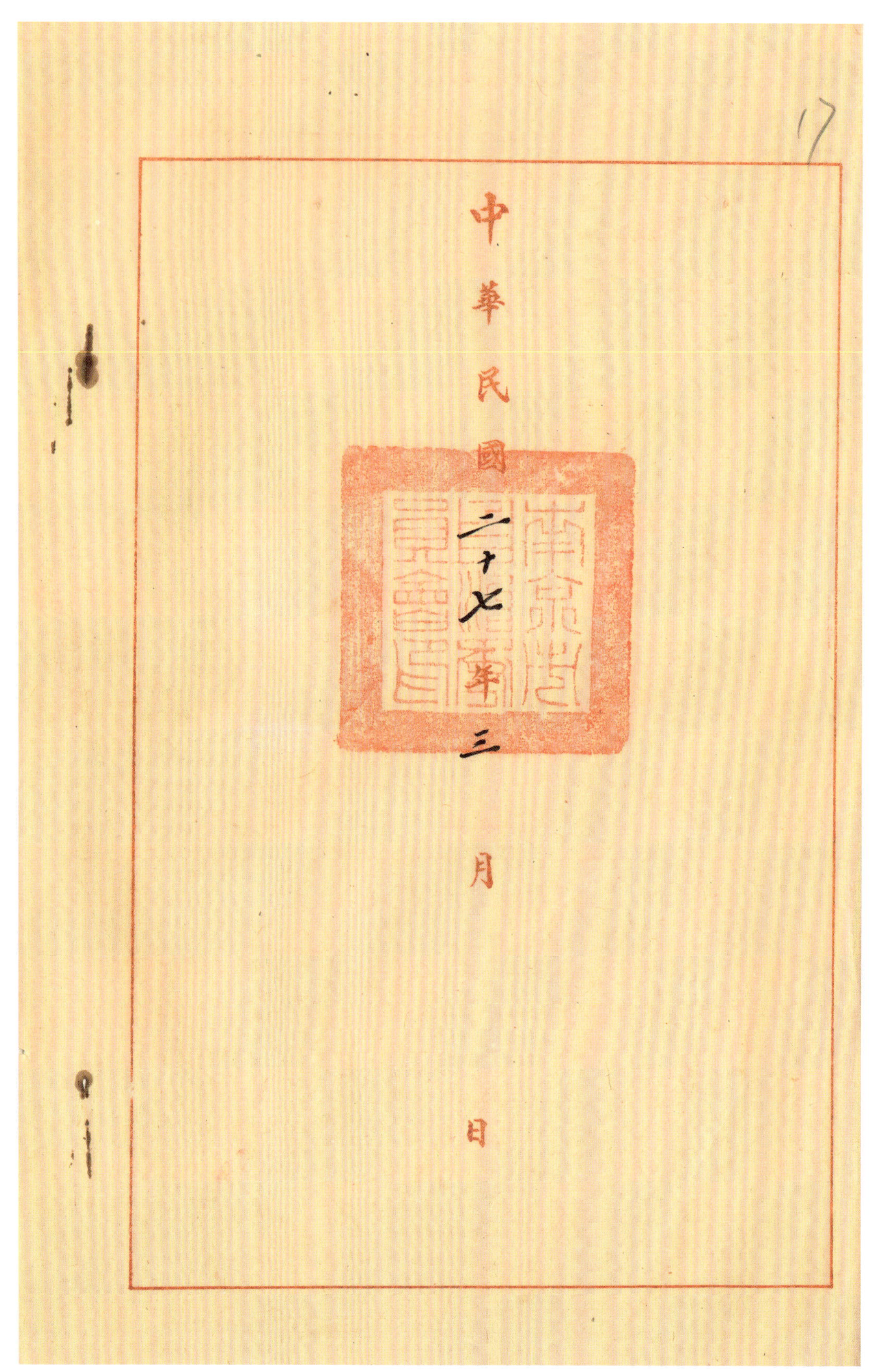

中華民國二十七年三月　日

敬啟者錫三因病辭職業於一月二十四日函達不能任事理
由當經委員會於一月二十五日提出會議經田中領事陳述
意見内有請陶靜養由孫代理等語決議慰留在案是會長職
務先於一月十一日錫三請病假時即由胡委員啟閣提議公
認孫叔榮副會長代理會長職務在案兩月以來負責有人錫三
並無若何責任亦無經手事件正在專心療養腦病尚未痊愈
忽市府路家宅又被劫一空其中佛堂一間供奉經像及祖宗
神位全行遺失神經益加激刺病益加重曾經一再報告委員
會據轉領事府特務機關查詢在案茲接公函准特務機關小
島先生來會面述詢據天野鄉三供稱不知無從查詢等語函
復前來傾聞之下非常傷感病體益不能支徹夜失眠精神衰
弱形容消瘦據醫生診斷非長期休養不能回復健康實屬不
能再行出來抑尤有聲明者錫三篤信神權辦理道院紅卍字
會歷十有六年向守會章不問政治此次爲維持治安追隨同
人之後本已推舉正副會長有人乃在領事府集會時忽被前
機關長佐方先生臨時變更推重錫三田中領事等從而贊助
雖聲明卍字會職員不能參與政治固辭不獲勉暫擔任以讓
賢能曾經當衆聲明孰知冥冥之中已受譴責午夜焦思百感
交集因憶錫三於民國十一年創辦南京道院紅卍字會是年

十二月間北京南京道院迭奉　先嚴菊溪公臨壇訓示內有汝益當誓身許道等諭故十餘年以來絕未參加任何政治此次被推加入當時未便堅決拒絕者誠恐引起誤會影響道慈之進行乃一時委曲求全竟背嚴君之訓戒以致業力發動受此疾苦之重懲事雖神祕不敢不宣足見天目昭昭萬不敢出而問世為此重言聲明所有會長虛名及任何名義一概辭謝否認慰留俾資靜養而遂初衷即請查照第八次會議紀錄據轉領事府特務機關查照備案附繳臂章一枚即希查收繳銷為荷此致

南京市自治委員會

陶錫三拜啟　三月十日

附南京道院癸甲二周合刊訓文及卍會宗旨計抄錄一件又臂章一枚

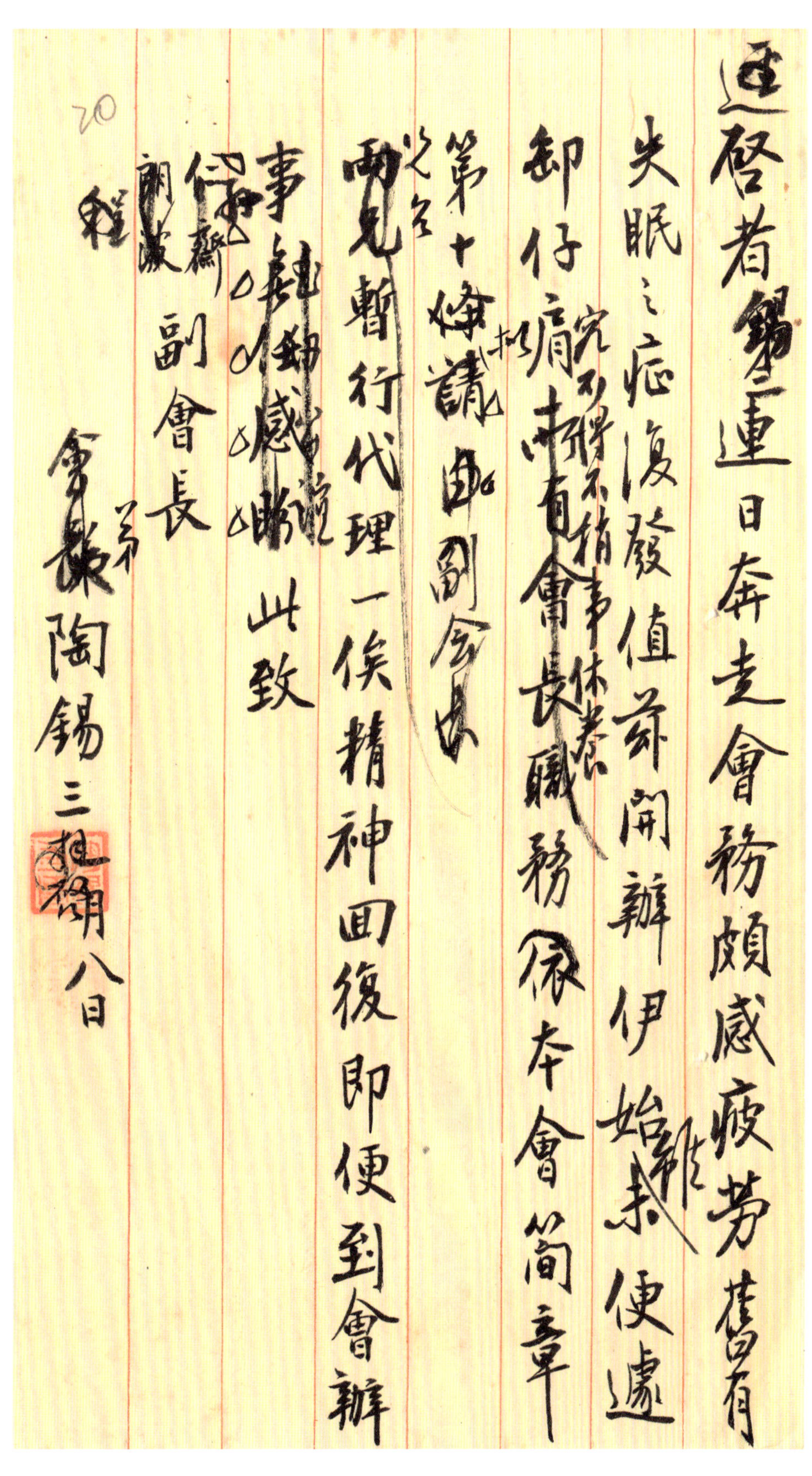

逕啓者：錫三連日奔走會務，頗感疲勞，舊有失眠之症復發，值茲開辦伊始，縱未便遽卸仔肩，究不得不稍事休養，所有會長職務，依本會簡章第十條規定，擬請由副會長之名兩兄暫行代理，一俟精神回復，即便到會辦事。統希鑒照為盼。此致

仲孚、朗溪副會長

會長陶錫三　三月八日

程

自治委员会请求设立新政府致日本特务机关公函（一九三八年三月十二日）

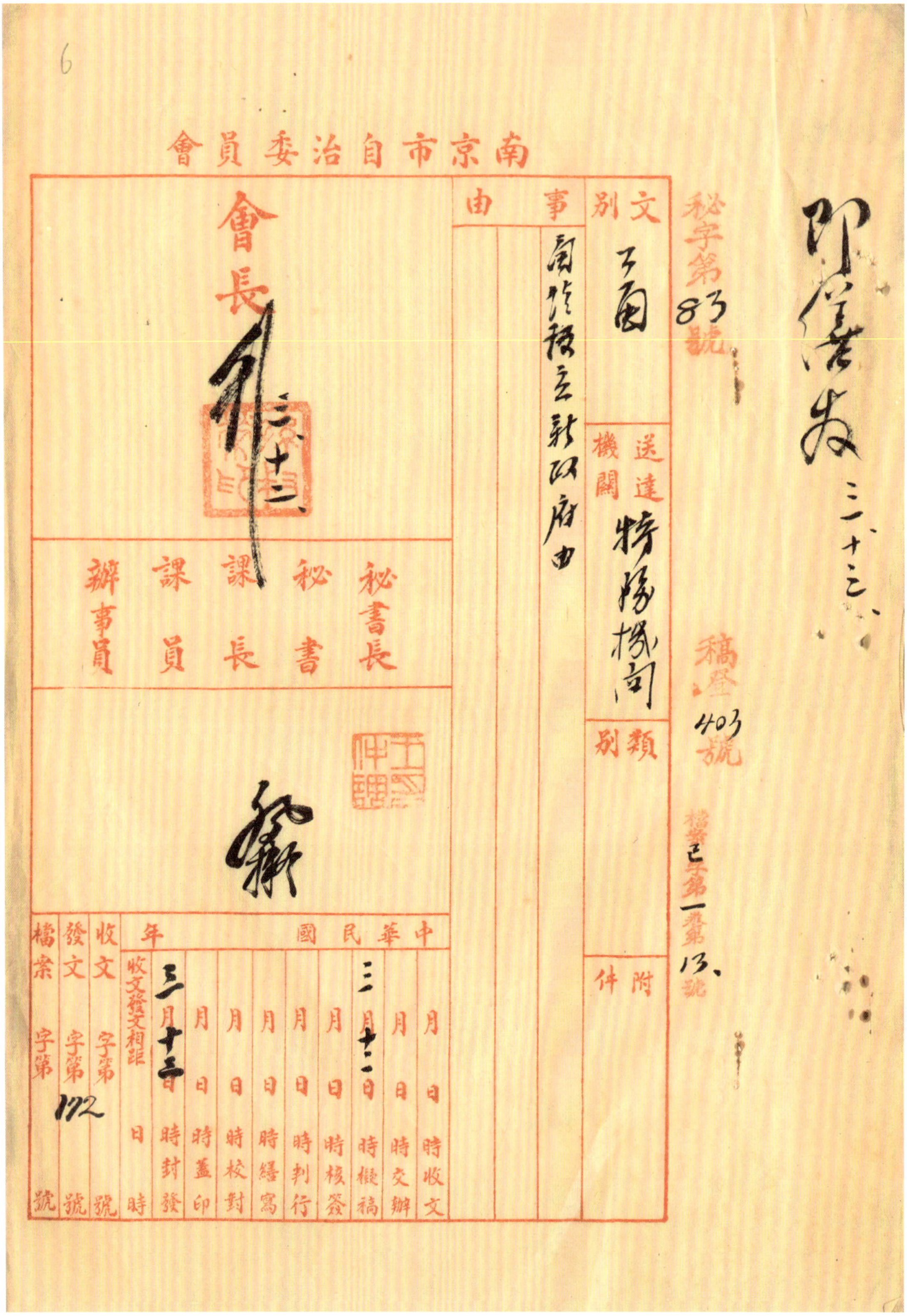

部長　張　鈞鑒

敬啟者：竊維我南京自國民政府定作首都以來，經營
建設，徒飾外觀，比戰禍發開，征輸告竭，年來之棄
人民於不顧，令工商失業，農村破產，閭閻凋殘，
誰實生厲階，幸賴
皇軍東來底定，俾得免流離顛沛之苦，而數
十萬窮黎望治之心更切於一般，則是從茲興來，
自慶勝於新政權之樹立，敢代表民意，用特
具函申述，務祈
貴部將此情形轉達，俾我南京市民咸獲蘇甦

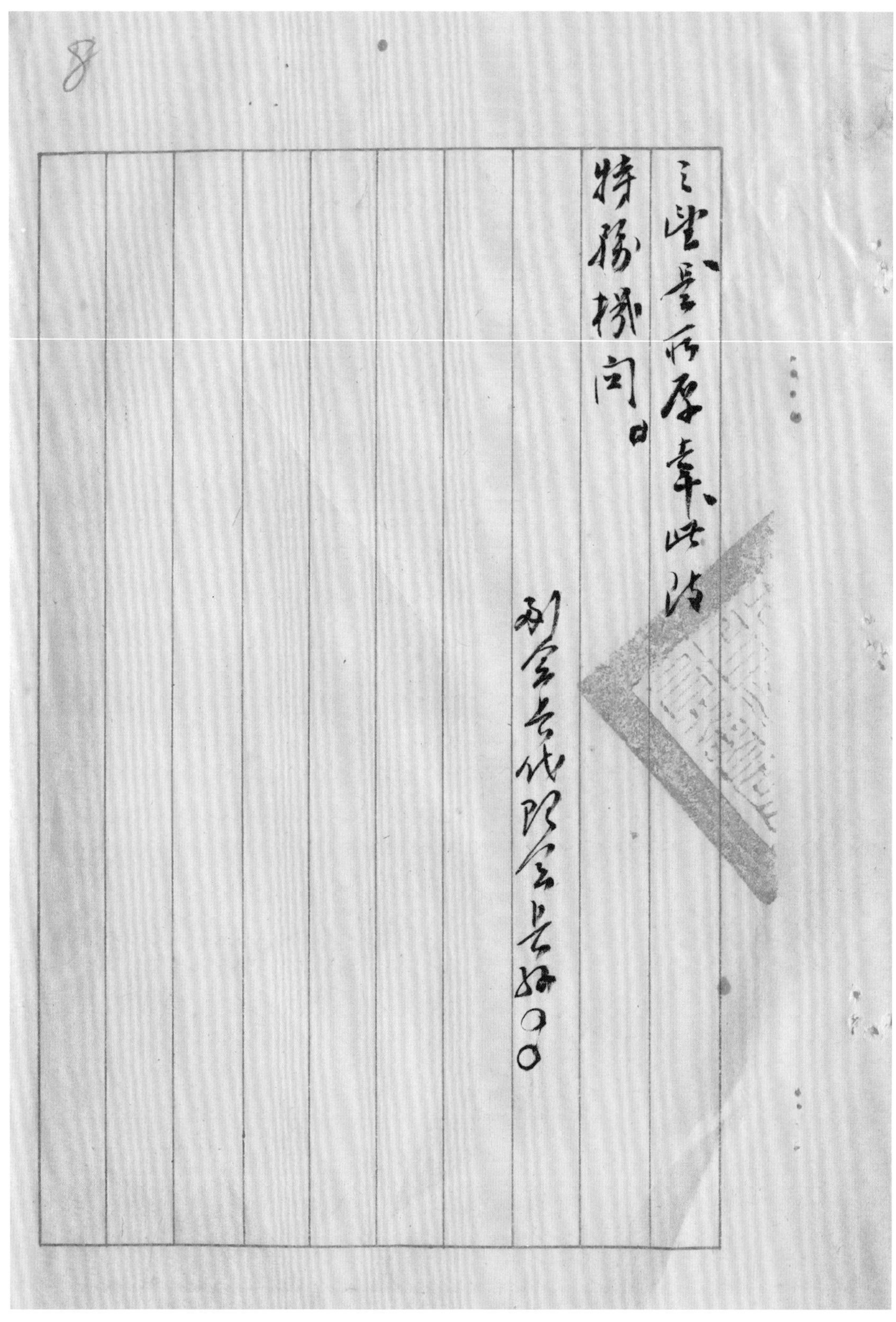

8

〻鑒、是所厚幸、此請

特務機關。

副會長代理會長孫○○

中華民國元年三月十二日

自治委员会关于陶吴镇组织成立区公所公文一组

自治委员会关于陶吴镇组织成立区公所殊属不慎合之指令（一九三八年三月十六日）

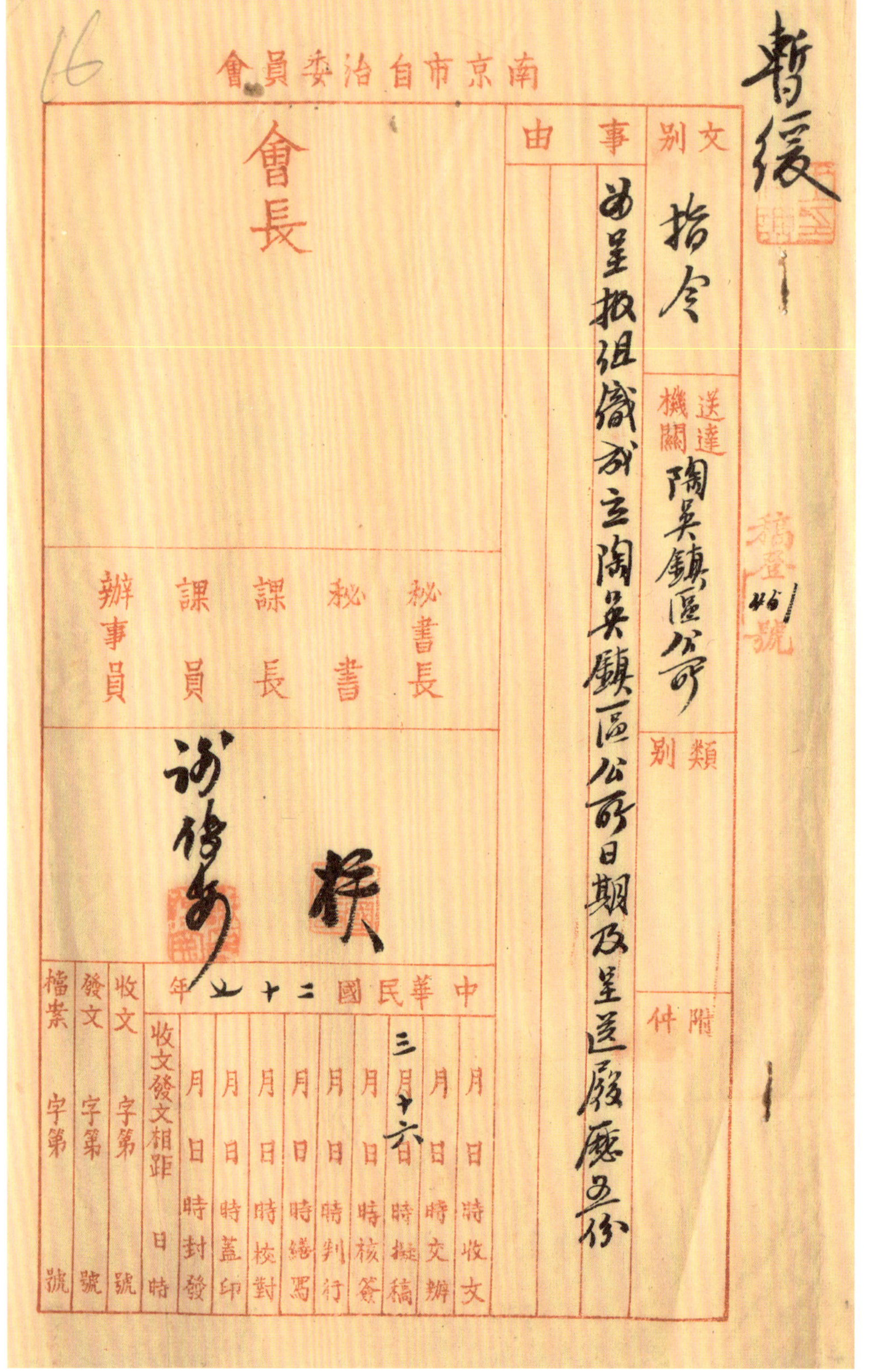

暫緩

南京市自治委員會

稿發461號

文别	指令
事由	為呈報組織成立陶吳鎮區公所日期及呈送履歷五份
送達機關	陶吳鎮區公所
類别	
附件	

會長

秘書長　秘書　課長　課員　辦事員

中華民國二十七年

收文　月　日　時
文辦　月　日　時
擬稿　三月十六日　時
核簽　月　日　時
判行　月　日　時
繕寫　月　日　時
校對　月　日　時
蓋印　月　日　時
封發　月　日　時
收文發文相距　日　時

收文　字第　號
發文　字第　號
檔案　字第　號

衔指令第　號

令陶吴鎮區公所區長吴寶和

呈一件　爲呈報組織成立陶吴鎮區公所日期并履歷五份由

呈悉。據呈送履歷五份，候分别存轉。惟據稱該區長派員先行成立區公所，殊不慎重。仰即親往任事，毋稍延遲，切切。此次呈及履歷已悉，此項履歷應造表五份，尅日送會以便存轉。至區公所成立伊始，職務重要，該區長應親往視事，來呈稱派員先行成立，殊屬不合。并仰遵照。此令

陶吴镇吴宝和关于筹备区公所请警察前往协同致自治委员会函（一九三八年三月十八日）

由秘书处函请宪兵队派兵（护送）前往，务于本日送出。三、十九

窃由奉
谕派职前往陶吴镇筹备自治区区公所，职业已派员前往组织，嗣因该员回京报称，地方诸多不便，查有假冒本会名誉在镇招摇，以致地方不明双方真伪，究竟何方为实，敬恳请
钧座函请宪兵分队部派宪兵四名，警厅警察四名，并请交通课拨用卡车一辆，木板七块，该板系架搭桥梁之用，该宪兵及警察等随职前往该镇组织，以免地方不明误会，并请饬本会派办人员提前办理，是为公感，并请再发本会布告十张，以便该镇张贴之用，谨呈

会长 程

青吴兼陶吴镇区长 吴宝和 呈

三、十八

陶吴镇区长吴宝和请派宪兵警察协助筹备区公所致警察厅呈文（一九三八年三月十九日）

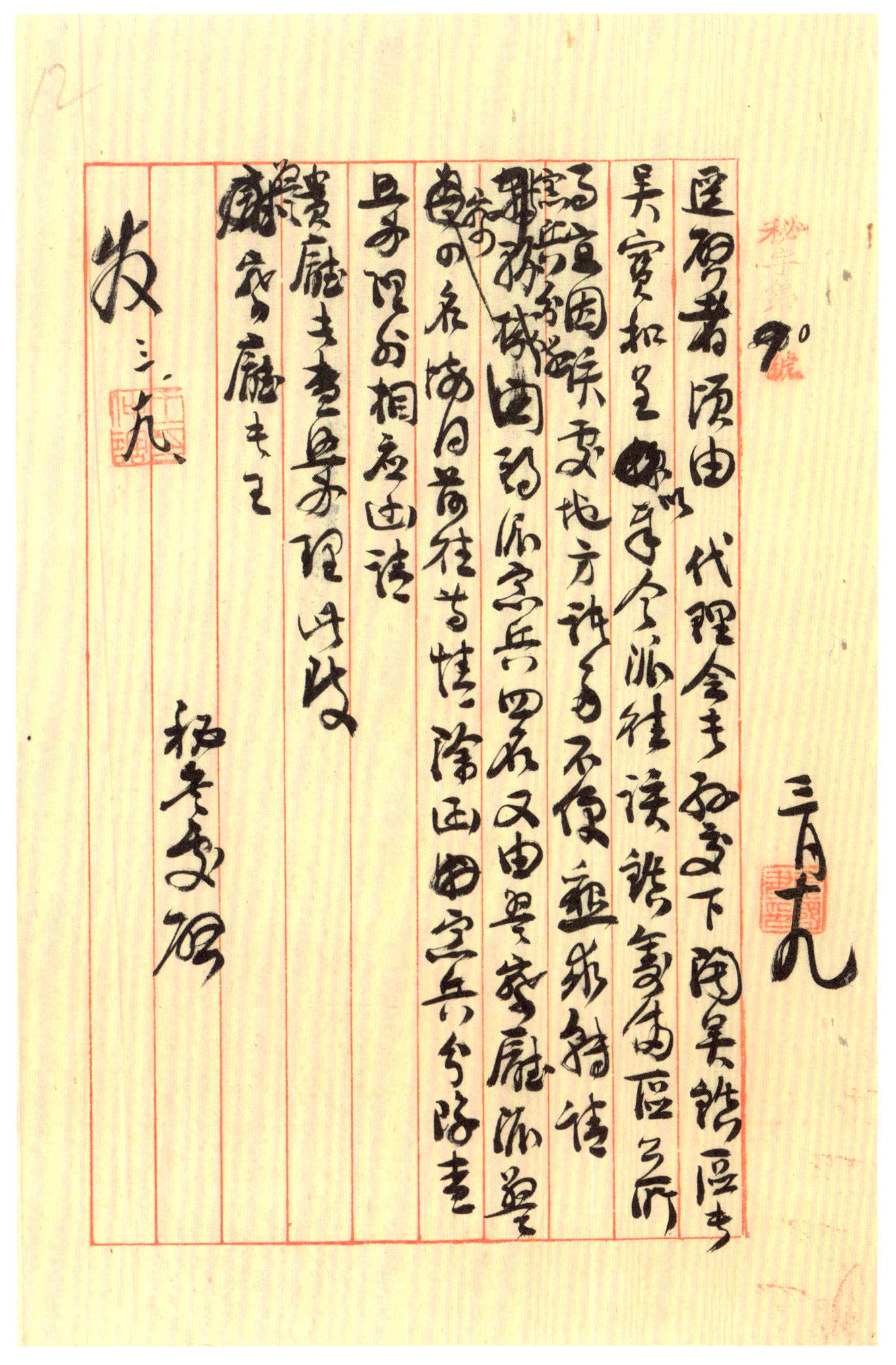

自治委员会关于陶吴镇筹备区公所请宪兵协助事致宪兵分队函稿（一九三八年三月十九日）

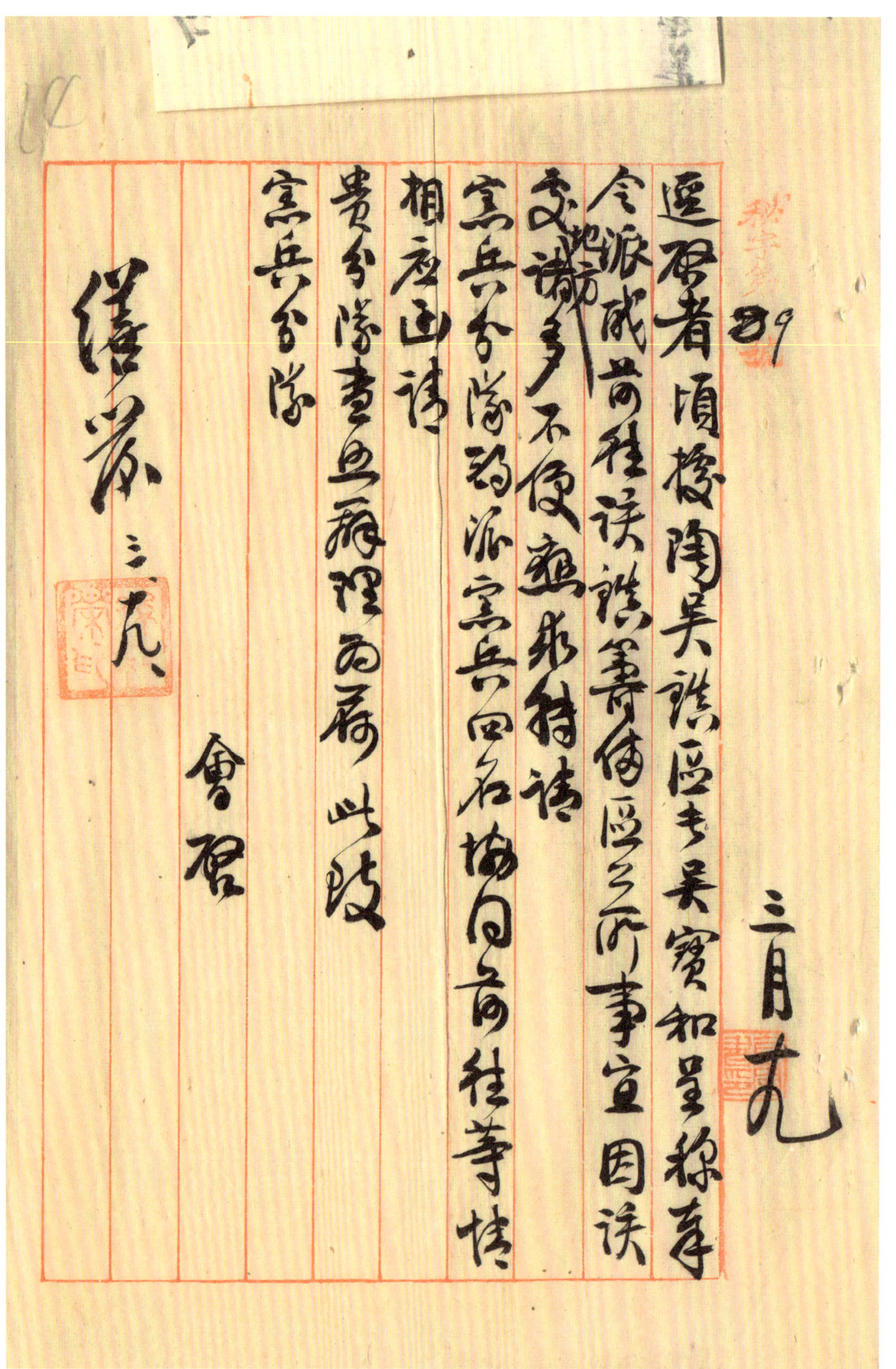

逕啟者：頃據陶吴鎮區主任吴寶和呈稱：奉令派赴前往該鎮籌備區公所事宜，因該處地方秩序不便維持，特請憲兵分隊酌派憲兵四名協同前往等情，相應函請貴分隊查照辦理為荷。此致

憲兵分隊

會啟

三月十九

任筱蘭緒三、九、

自治委员会关于陶吴镇筹组区公所民从不得招摇生事致陶吴镇吴区长布告（一九三八年三月二十一日）

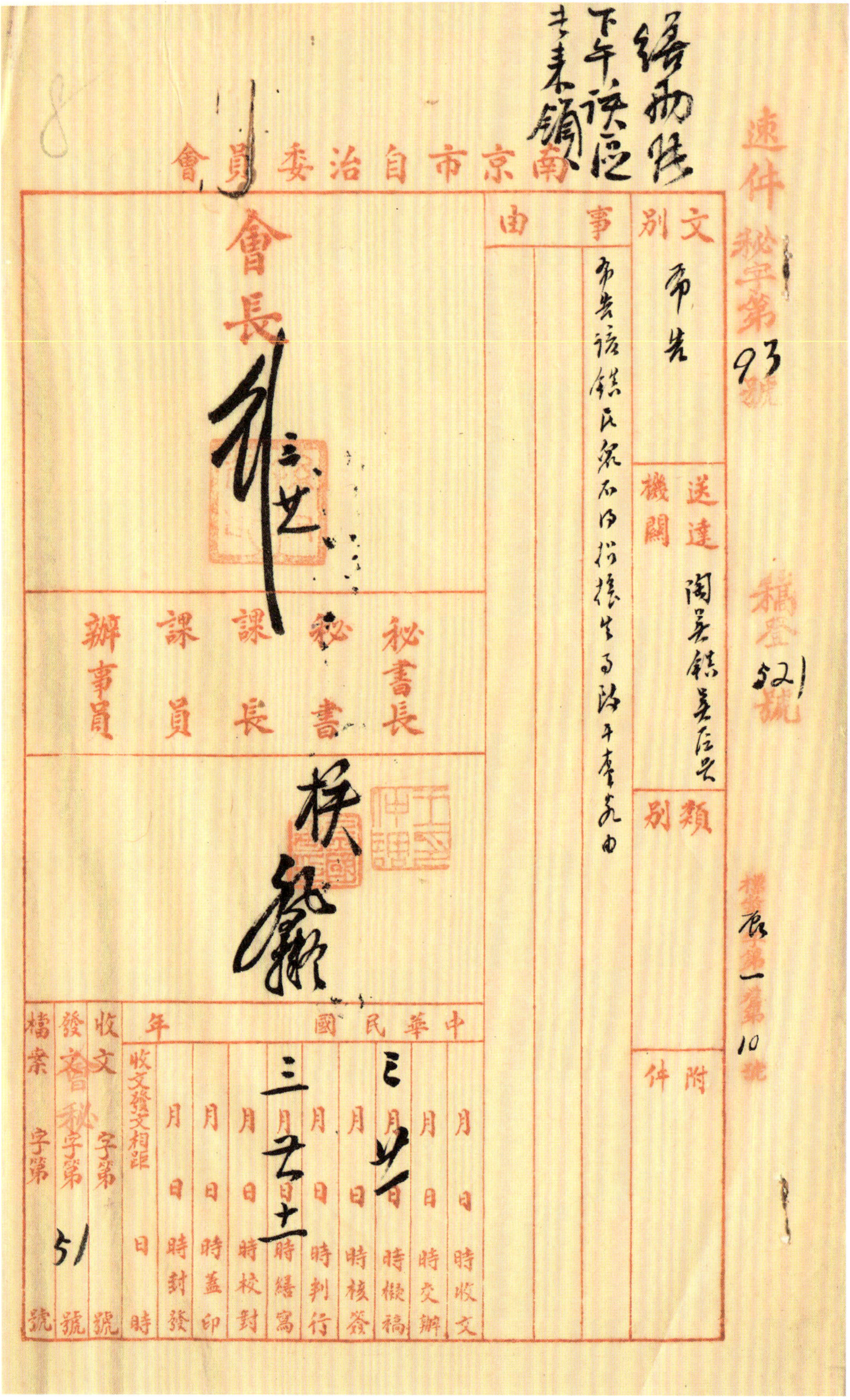

南京市自治委員會

速件 秘字第93號

稿登521號

檔案 卷第一卷第10號

文別	布告
事由	布告該鎮民衆不得招搖生事由
送達機關	陶吳鎮吳區長
類別	
附件	

會長 （簽押）

秘書長　秘書　課長　課員　辦事員

中華民國　年　三月二十一日

收文字第　號　發文秘字第51號　檔案字第　號

佈告第　　號

爲布告事、照得各鄉區公所前經本會決議函江省轉府、仍商請第七區所有陶吳鎮區長并經委汪雲寶和充任在案、誠恐該區有不法之徒假冒本會名義在鎮招搖情事、合亟布告、仰該區民衆一體知悉、毋得妄人愚弄、更不得藉事生風、致干查究、切切此布。

副會長代理會長[illegible]

摄三镇自治会、自治委员会关于未便准许成立摄三镇自治会的往来文件

摄三镇自治会致自治委员会呈文（一九三八年三月十七日）

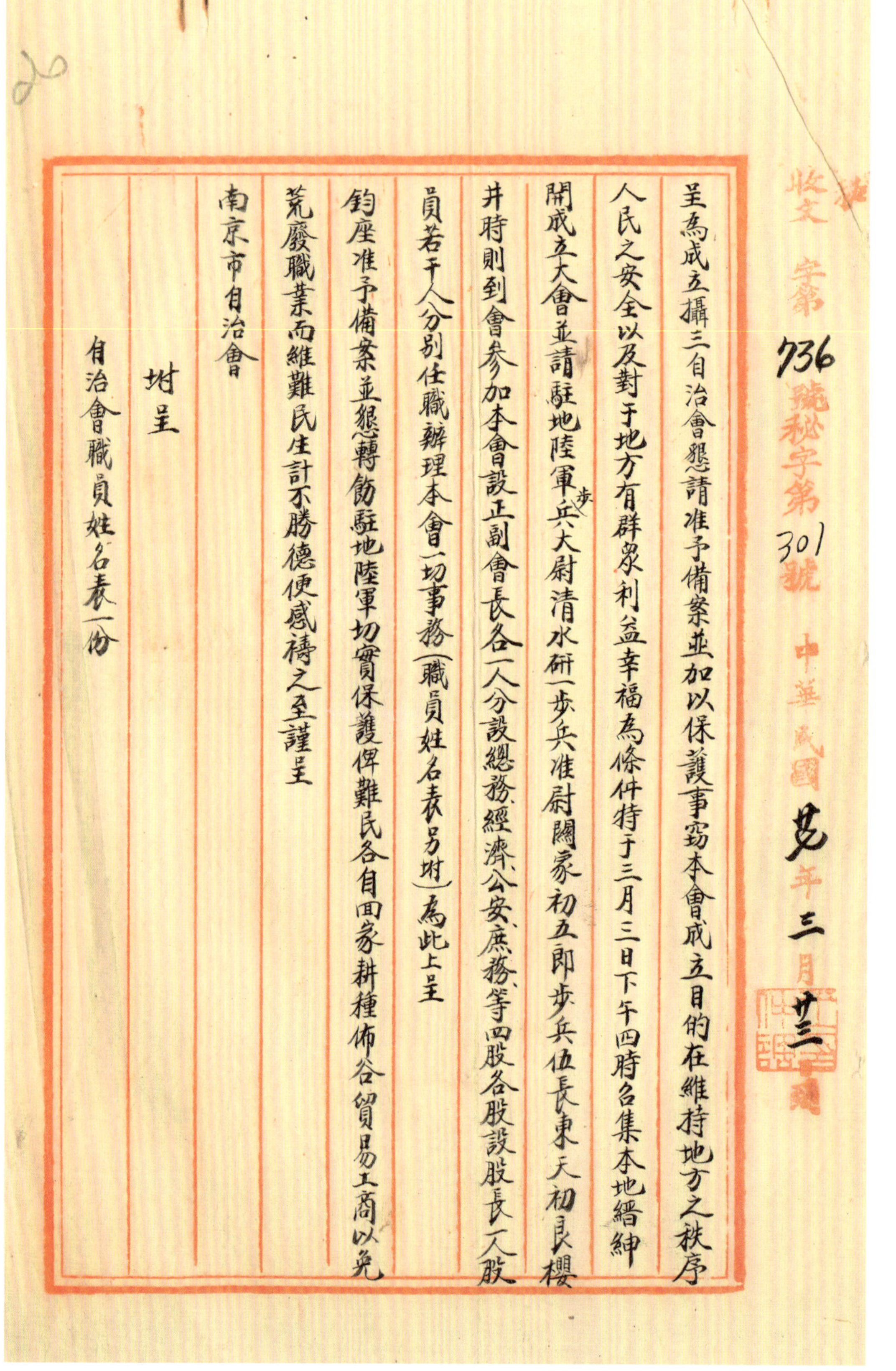

呈为成立攝三自治會懇請准予備案並加以保護事竊本會成立目的在維持地方之秩序人民之安全以及對于地方有群衆利益幸福爲條件特于三月三日下午四時召集本地縉紳開成立大會並請駐地陸軍步兵大尉清水研一步兵准尉關家初五郎步兵伍長東天初良樱井時則到會參加本會設正副會長各一人分設總務、經濟、公安、庶務等四股各股設股長一人股員若干人分别任職辦理本會一切事務（職員姓名表另附）爲此上呈鈞座准予備案並懇轉飭駐地陸軍切實保護俾難民各自田家耕種佈谷貿易工商以免荒廢職業而維難民生計不勝德便感禱之至謹呈

南京市自治會

附呈

自治會職員姓名表一份

收文 字第736號

秘字第301號

中華民國廿七年三月廿三日

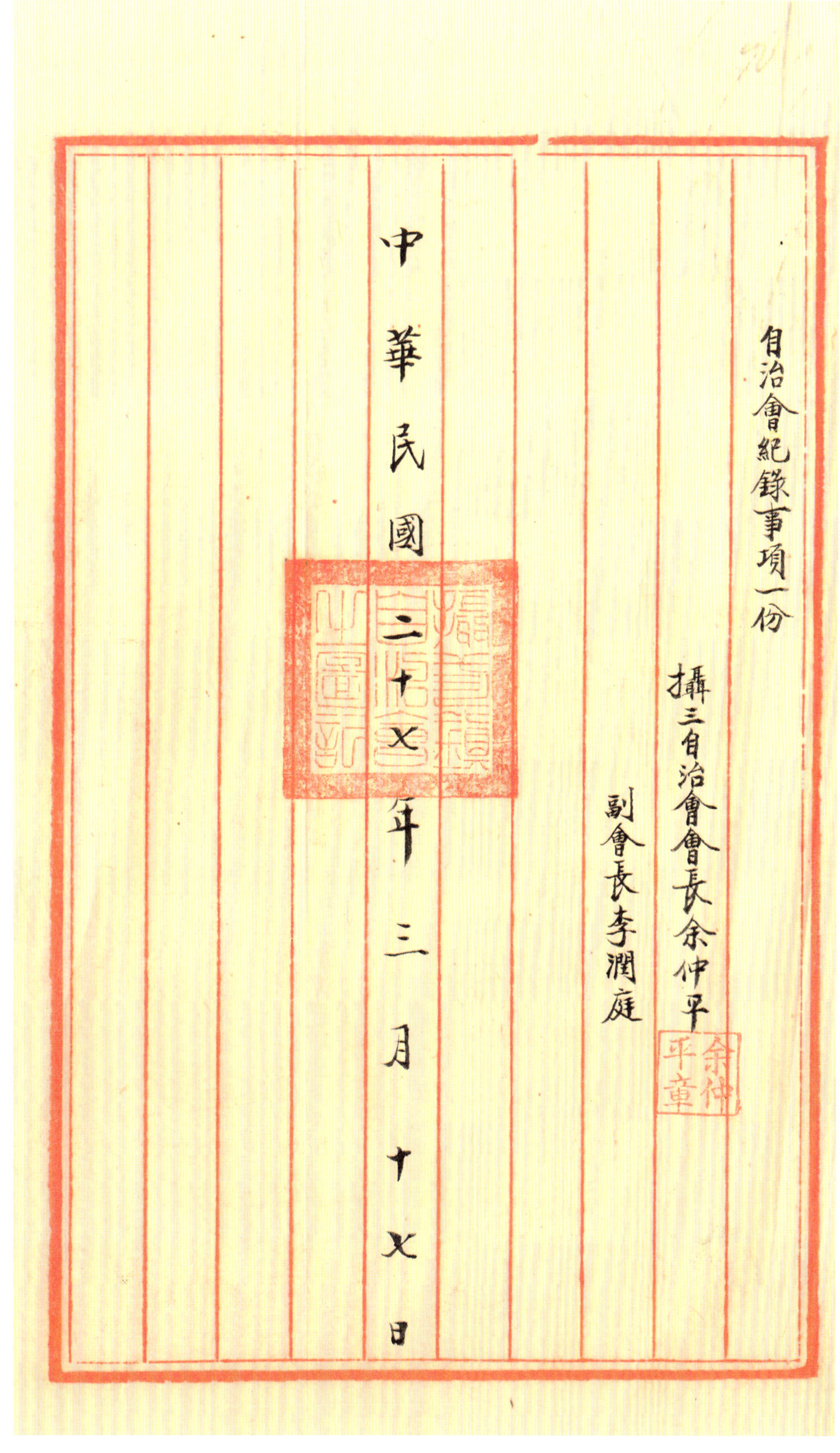
自治會紀錄事項一份

攝三自治會會長余仲平

副會長李潤庭

中華民國二十七年三月十七日

自治委员会批文（一九三八年三月二十八日）

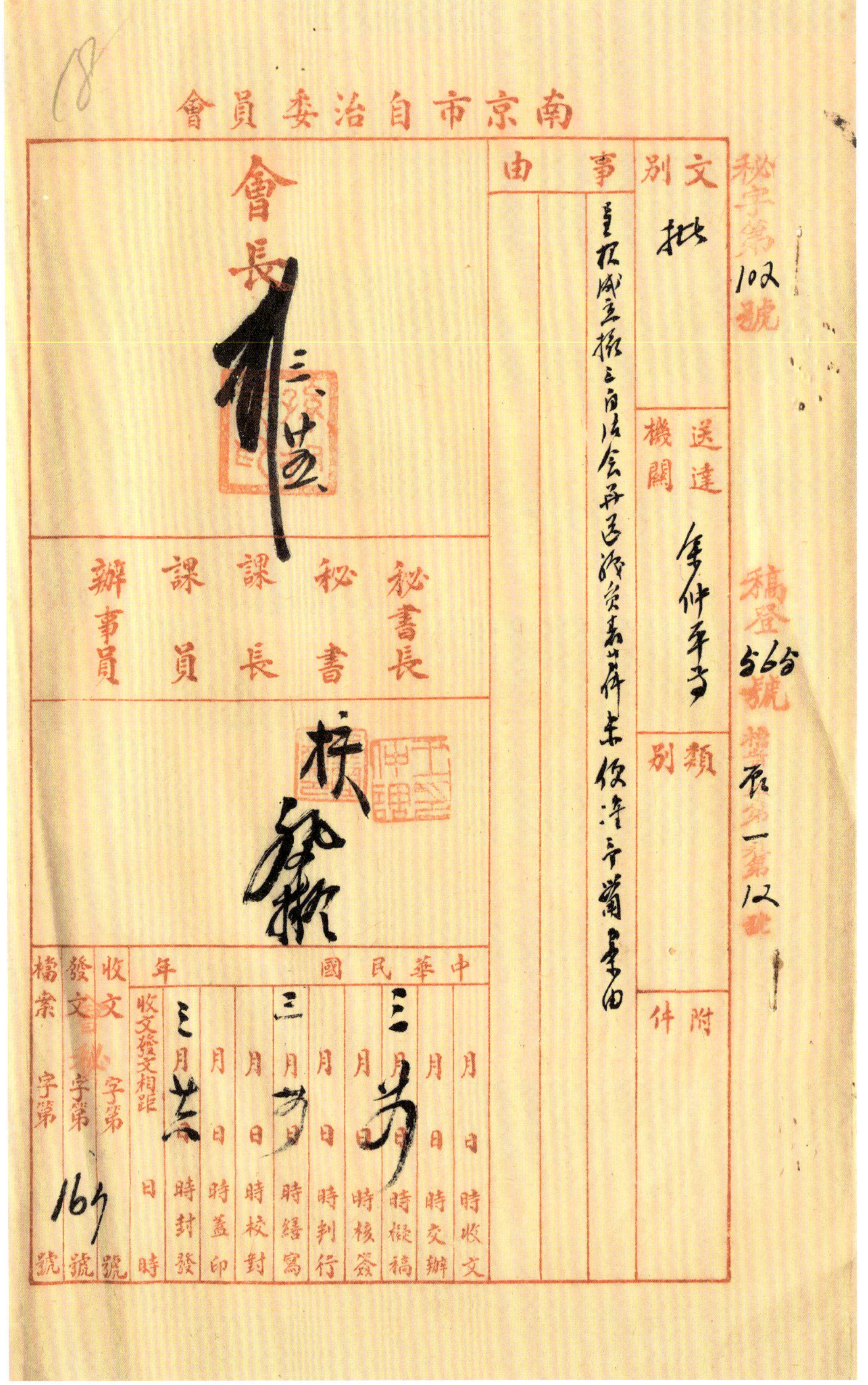

南京市自治委員會

文別：批

事由：呈報成立摄山自治会并区职员姓名，未便准予备案由

送達機關：朱仲平等

會長

秘書長 秘書 課長 課員 辦事員

秘字第102號

稿登566號

批第167號

具呈人余仲平等

呈一件呈報成立振三鎮自治會並送會議錄職員表請備案由

據呈送會議錄職員表等件已悉。查江寧縣各

鄉區市所現由官推選[illegible]等組織，該呈稱鎮成立自治會，請

准備案一節，本會未便率准，所送各件應予發還，

仰即前來具領，切切。此批。

浦口工商代表何爕等、自治委员会关于暂缓成立浦口自治区公所的往来文件

浦口工商代表何爕等致自治委员会呈文（一九三八年三月二十一日）

呈
民缓
秘收文 字第703號 秘字第285號 中華民國廿七年三月廿一日

具呈人浦口工商代表何燮等

呈為請求准予成立浦口自治區公所，以便人民安居，而維工商生計事。竊查浦口一帶，向在南京市範圍以内，地方廣廓，人口衆多，工商兩業尤其繁盛，所以前市政府曾設立第八區公所，自上年受戰事影響，本區人民逃避一空，值此百廢將興之際，陸續歸來者甚夥，工商兩業急待整理，無如未得安撫，多存觀望之心，窮困者缺乏救濟，時有難安之象。代表等從地方人士之敦促，不忍坐視，祇得出而維持現狀，若日久則非綿薄所能及，在衡情察勢

之下、本

鈞會勵精圖治之意旨、須成立自治區公所、使民衆得有保障、庶可商復於業、工復於事、民安其居、兒童就其學、不但繁榮市面、即如工人登記一項、則將來對於一切勞働事宜、以及軍隊需用伕役時、實不感乏人之患、然猶有進者、從前燕子磯上新河以及其他各鄉區、皆在浦口之次、現在各該區已經成立自治區公所、而本區為公益計、豈敢後人、故此不揣冒昧、請求

鈞會俯順輿情、恩准成立自治區公所、以便人民安居、而維工商

54

生計，寔為公德兩便，謹呈、

南京市自治委員會

浦口工商代表等謹呈

何燮

洪彩臣

馬樹庭

張金彩

徐仲

徐炳

趙得源

張悟源

曹志春

王魯泉

徐耀

程伯嚴

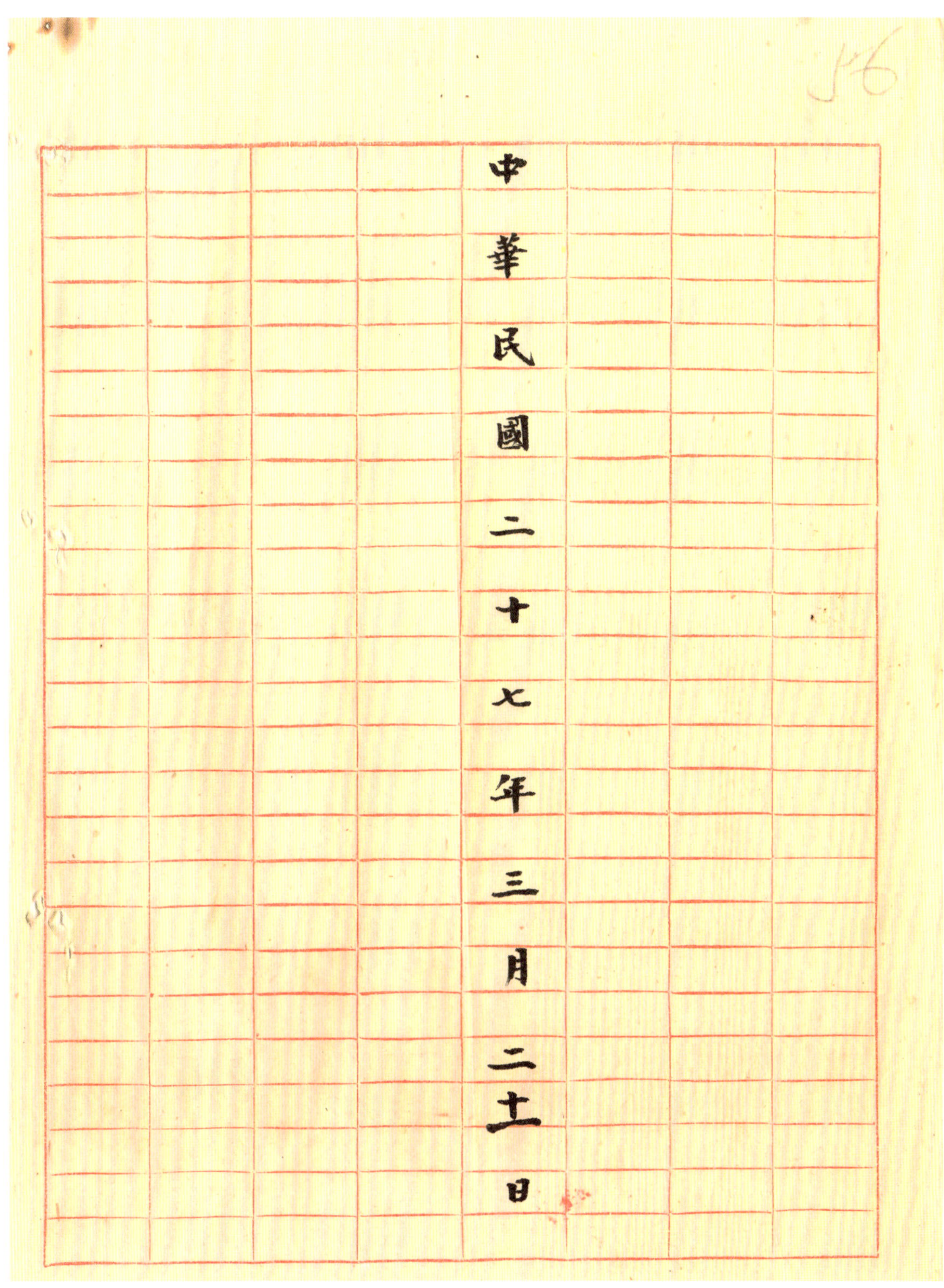

中華民國二十七年三月二十日

自治委员会批文（一九三八年三月三十日）

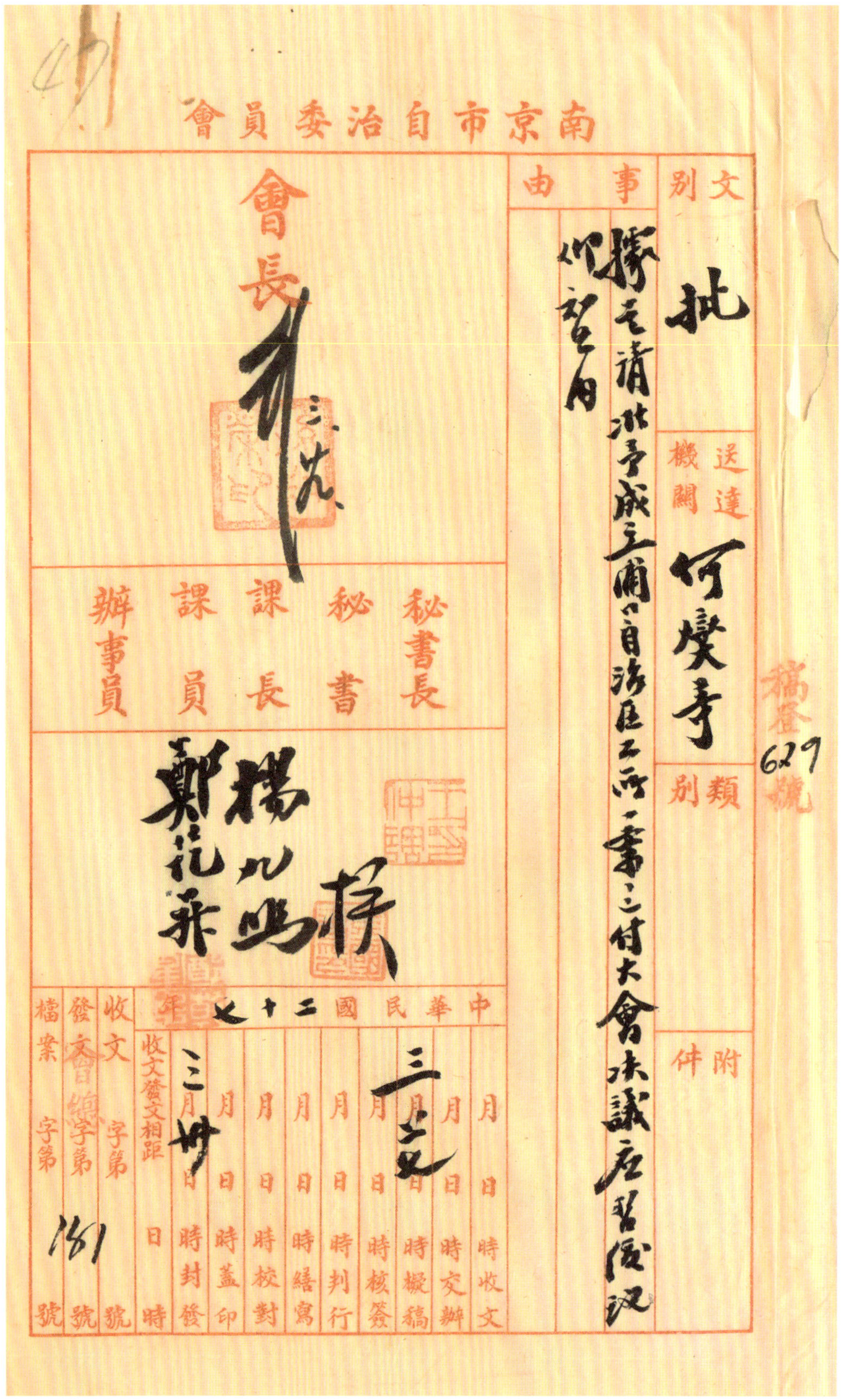

南京市自治委員會

文別：批

送達機關：何燮奎

事由：據呈請派員成立浦口自治區公所一案，已付大會决議應暫從緩，仰知照由

會長：孫叔榮（三、卅）

秘書長　秘書　課長　課員　辦事員：楊九鳴　鄭乾弄　样

中華民國二十七年　三月卅日

收文　字第　號
發文　會總字第　號
檔案　字第 181 號

稿登 629 號

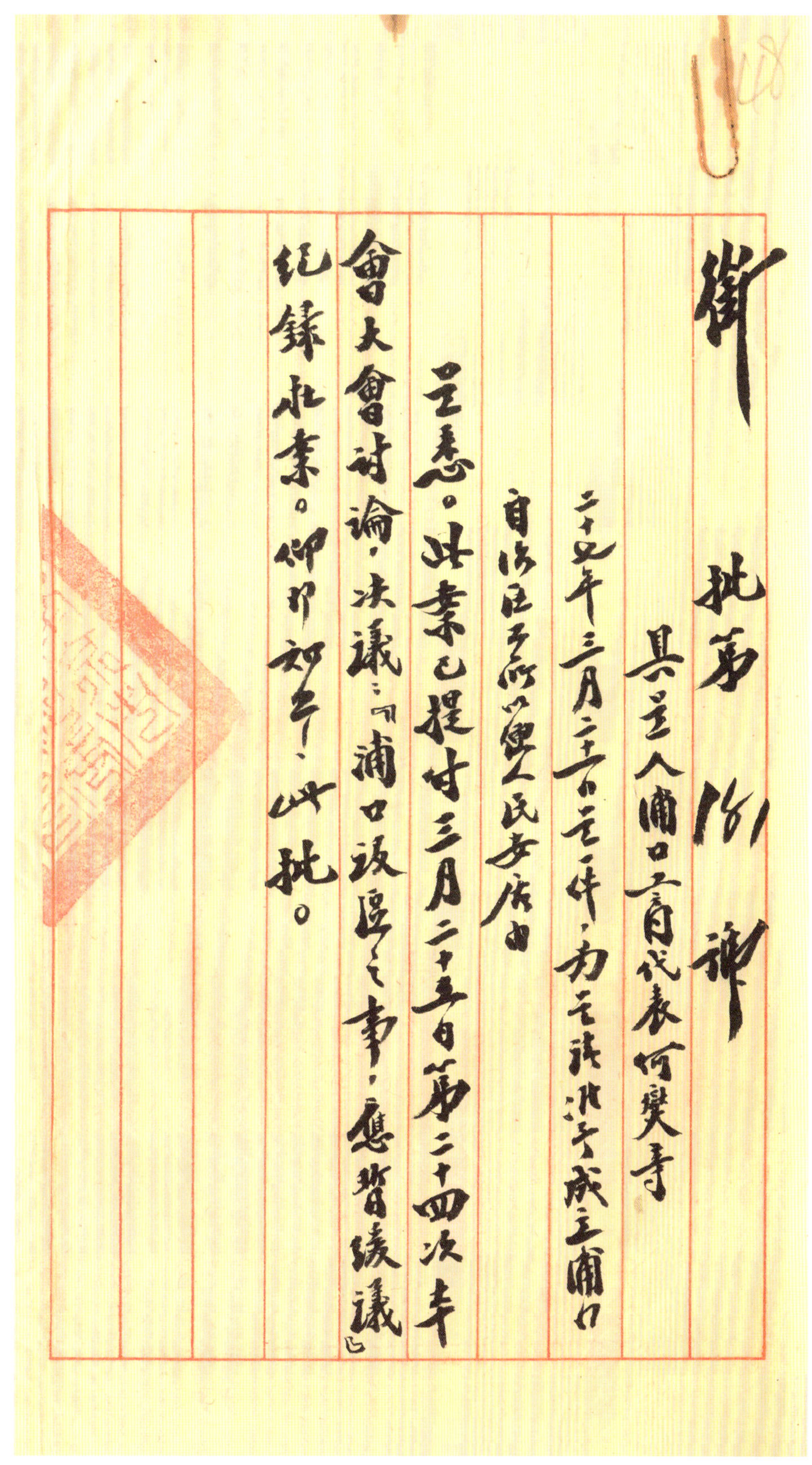

銜

批第181號

具呈人浦口商會代表何樊等

二十九年三月二十六日呈一件，為呈請准予成立浦口自治區公所以便人民安居由

呈悉。此案已提付三月二十五日第二十四次市會大會討論，決議「浦口設區之事，應暫緩議」紀錄在案。仰即知照。此批。

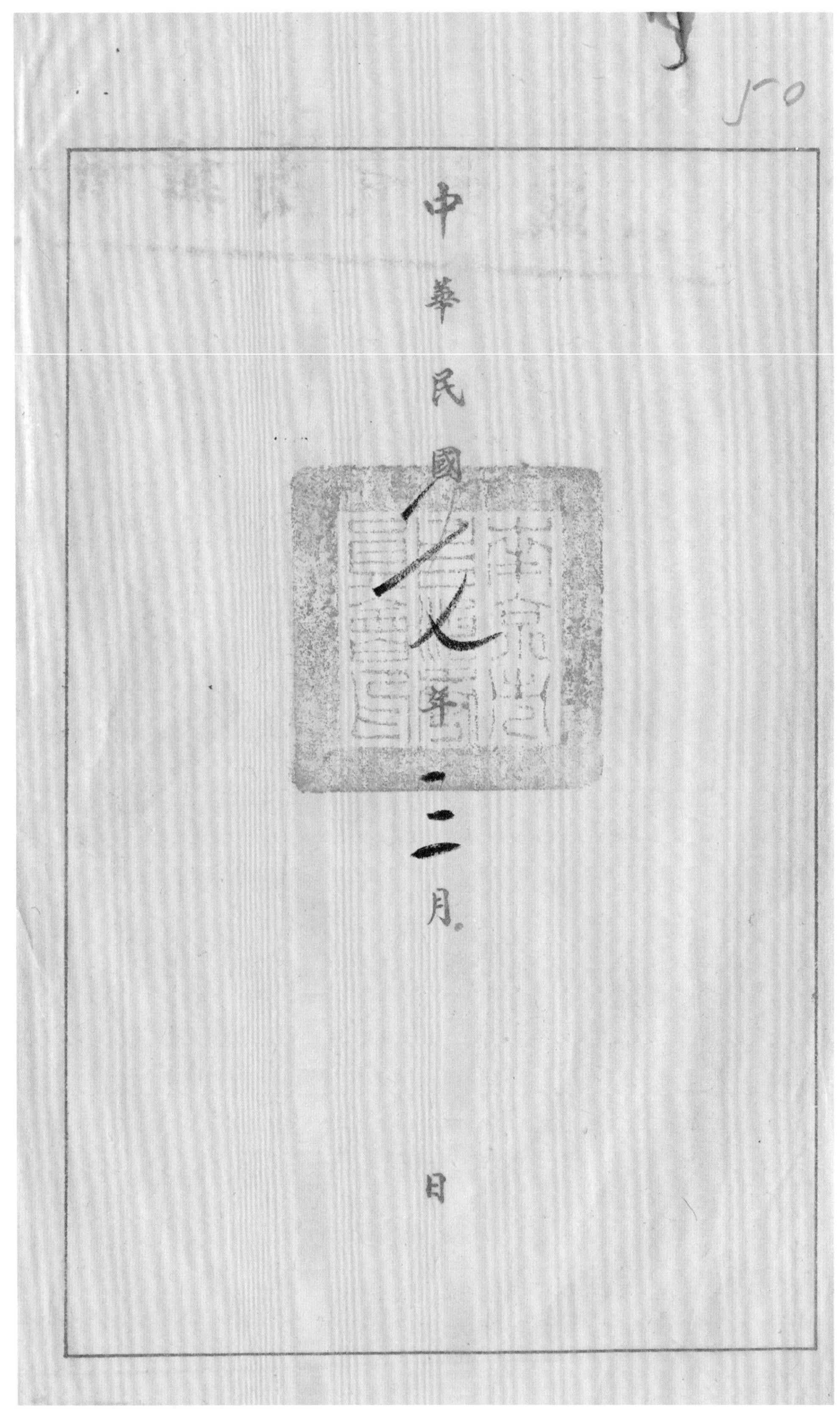
中華民國二十七年一月　日

自治委员会关于新政府成立庆祝典礼的布告（一九三八年三月二十七日）

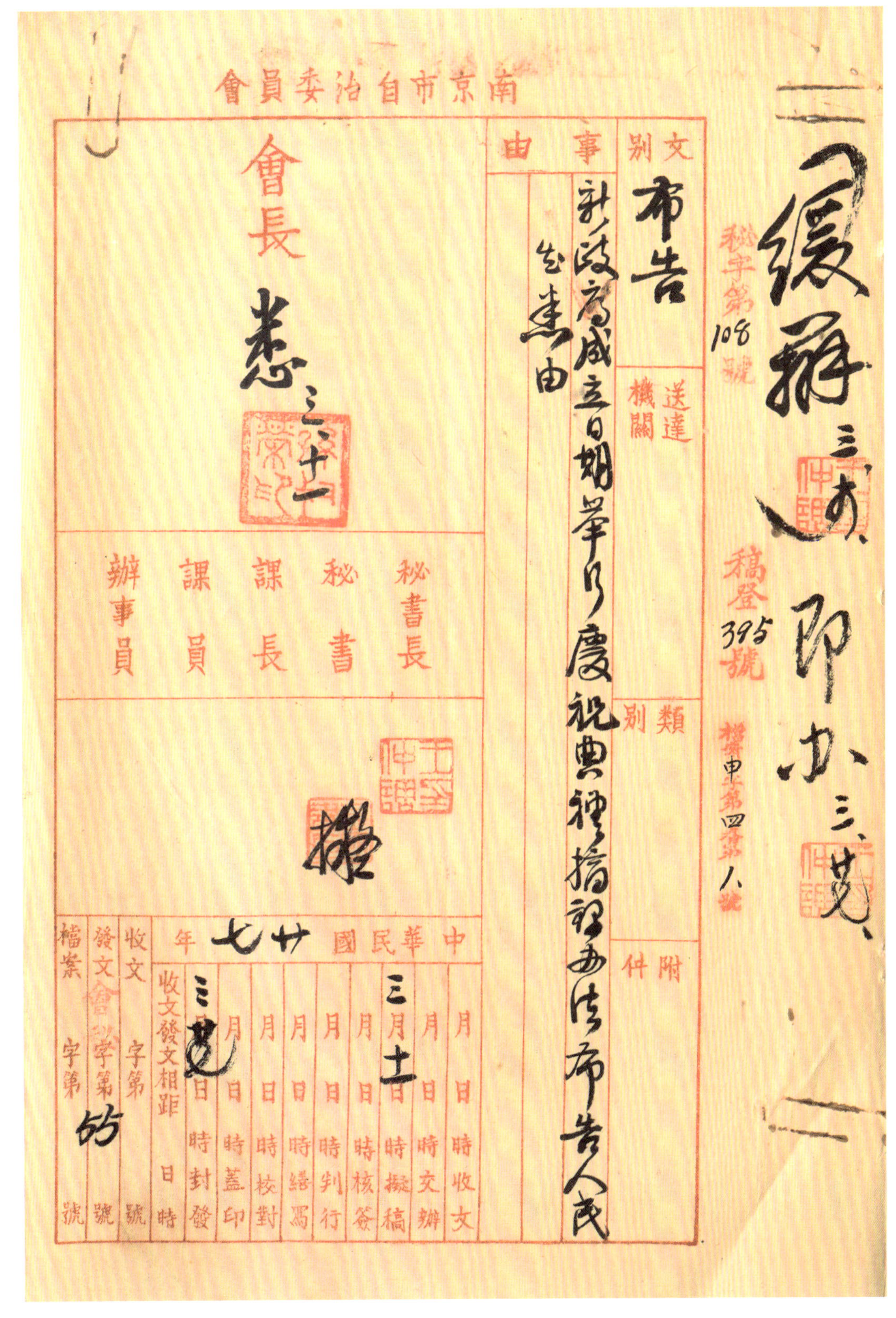

南京市自治委員會

文別	布告
送達機關	
類別	
附件	

事由：新政府成立日期舉行慶祝典禮擬函布告人民周知由

會長 熹 三、廿一

秘書長　秘書　課長　課員　辦事員

擬

中華民國廿七年

收文　月　日　時
交辦　月　日　時
擬稿　三月廿一日　時
核簽　月　日　時
判行　月　日　時
繕寫　月　日　時
校對　月　日　時
蓋印　月　日　時
封發　三、廿七　日　時
收文發文相距　日　時

收文　字第　號
發文　會秘字第　號
檔案　字第　605　號

緩辦　三、廿一

秘字第108號

稿登395號

即辦　三、廿七

繕字第四八號

布告第會秘五十五號

軍興以來一般民衆備嘗兵革之苦其企望新組織之建樹正如大旱之望雲霓無不新政府應期成立此後統治之權既有所屬循此途徑得以確立和平之基自應共申慶祝以昭盛典凡本會所屬各機關及民衆人等均須一律參加合行將慶祝辦法摘録于下令仰布告該民人等知悉此布

一、日期　三月　日午　時

二、地點　在國民政府

三、慶祝人至中正街總商會集合

四、民眾參加慶祝典禮應向該管區公所領取旗幟並由區公所派員領導

五、參加慶祝務須整齊嚴肅遵守秩序

南京市自治委員會代理會長孫○○

4
中華民國廿七年三月十二日

自治委员会关于参加维新政府成立典礼事致财务课笺函（一九三八年三月二十七日）

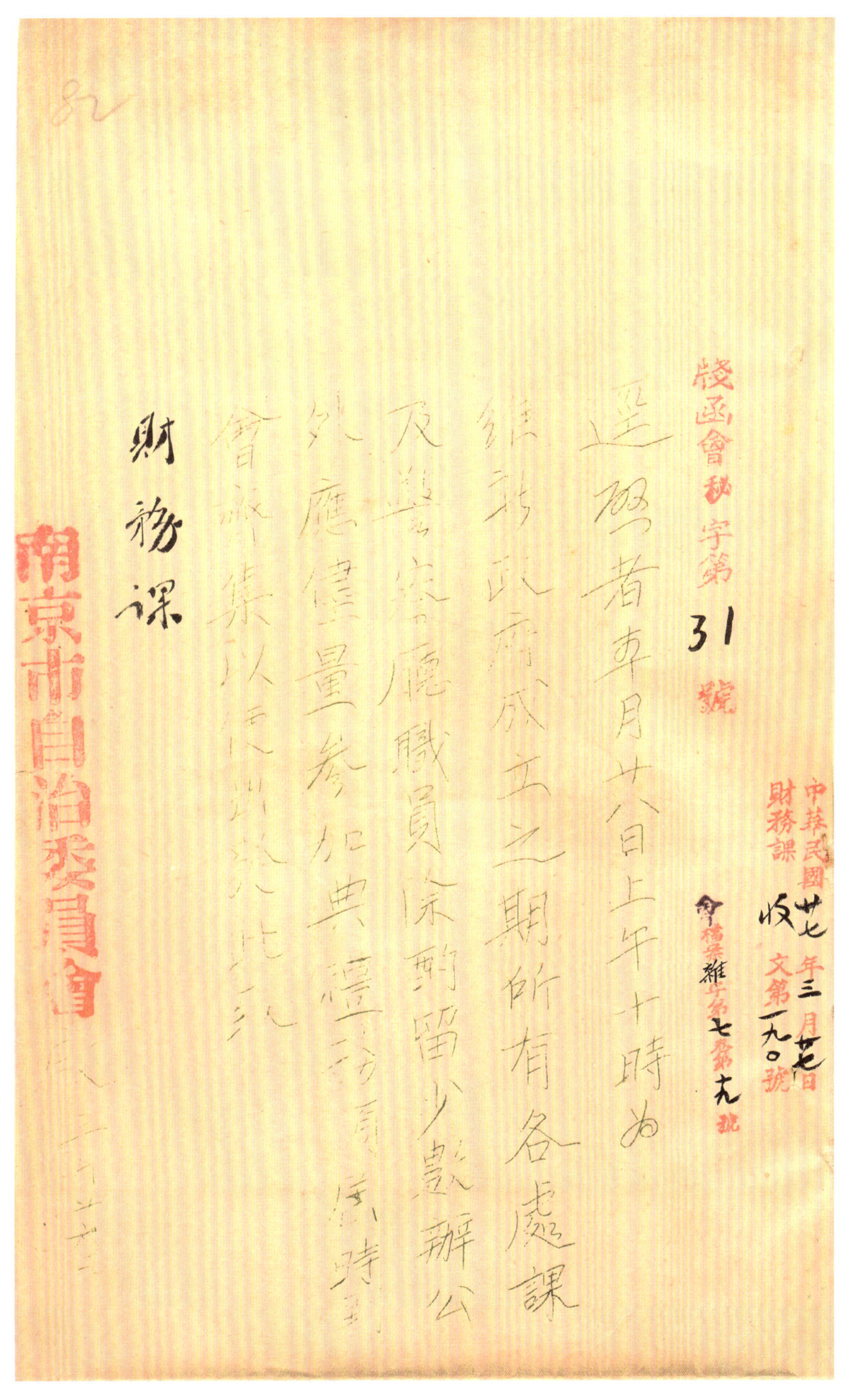

牋函會秘字第31號

中華民國廿七年三月廿七日
財務課收文第一九〇號

會檔案雜字第七叢第九號

逕啟者本月廿八日上午十時為維新政府成立之期所有各處課及直屬各廳職員除酌留少數辦公外應儘量參加典禮務須屆時到會齊集以示慶祝 此致

財務課

南京市自治委員會

三月廿七日

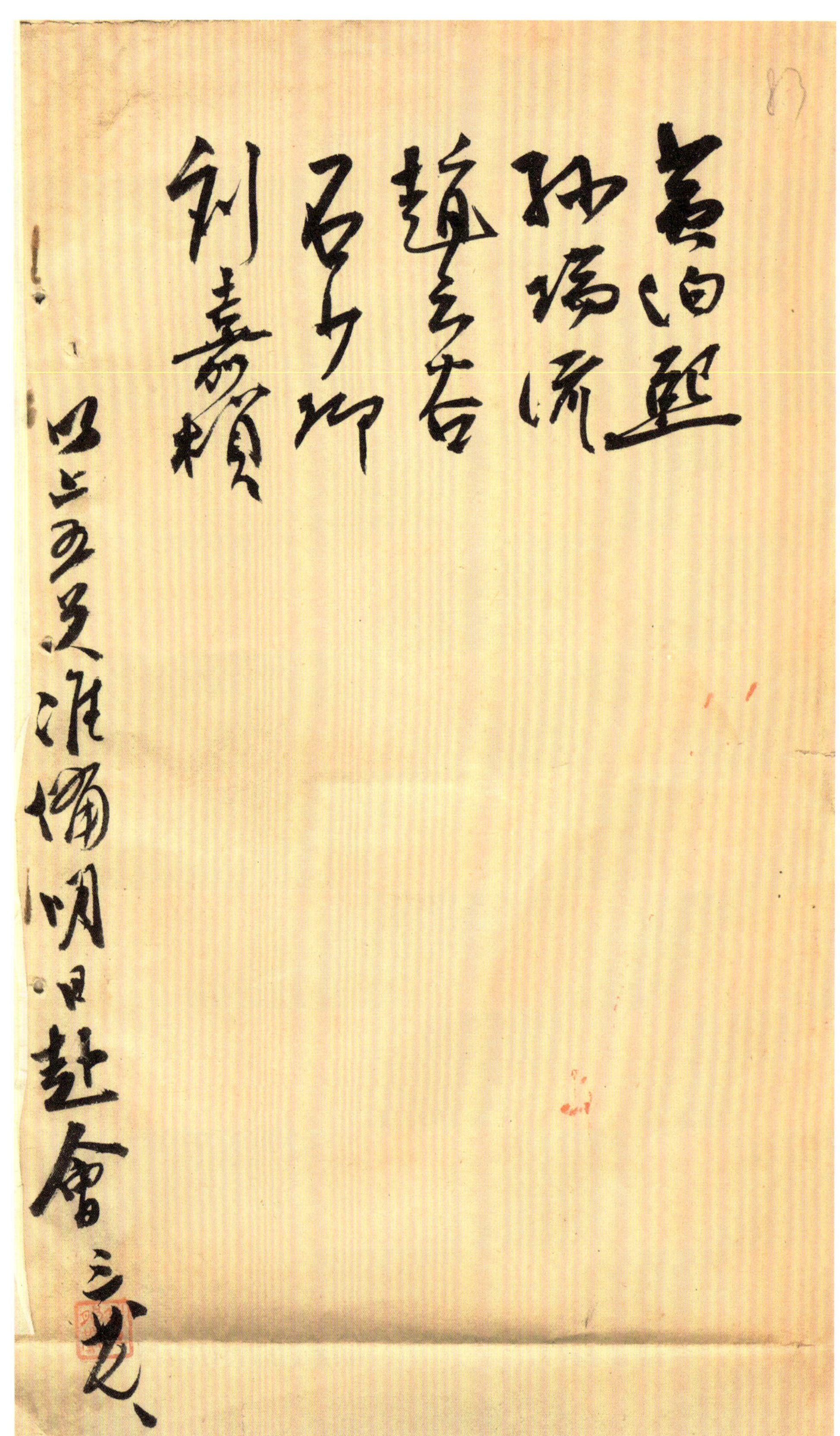
黃伯延
孫瑞流
趙雲谷
石少卿
劉嘉積

以上五員准備明日赴會 三光

萧大铸、自治委员会关于成立江宁县属区公所须归宣抚班办理的往来文件

萧大铸致自治委员会呈文（一九三八年四月七日）

秘 收文 字第958號

秘字第386號

中華民國廿七年四月七日

呈

閲 の七、

意見書

竊查江寧地方自兵燹以後瘡痍滿目民生憔悴市面蕭條農村荒蕪學校停辦凡百事業均告荒廢亟望當軸諸公從事建設俾刼後災黎得以休養生息漸臻舊觀在南京市區內自鈞會成立以來力謀秩序之安定市面乃日趨繁榮全市居民均有來蘇之望足徵

鈞會造福桑梓之盛德將使我全市居民永感不忘也惟查江寧縣屬各鄉鎮迄今未見有領導民衆之行政機關以致鄉民有如失慈母之孩提流亡於外者雖欲返鄉從事農耕或以盗匪之横行或以流言之恐嚇乃終日傍徨無知適從值兹春耕時期任令坐廢農民將更感艱窘大鑄原住本京南鄉祿口鎮不忍坐視乃勸告親鄰及早回来佈置田廬恢復舊業徒以人微言輕收效極小大鑄認為目前各鄉區似有成立區公所或鄉鎮之必要

36

領導民衆徐圖建設災民必相率来歸農村将日趨復興否則游民漸多田疇将成

荒墟市廛冷落司農有仰屋之嗟前途將不堪設想大鑄就管見所知敢獻一得之愚

想

鈞會定能體察下情俯允所請遴選地方賢能給以相當名義使一般流亡良民得有

依歸定感

37

鈞會再生之大德也區區愚忱伏希

鑒察謹呈

南京市自治委員會

蕭大鑄謹呈

現住昇州路第二區公所

中華民國二十七年四月七日

自治委员会批文（一九三八年四月十日）

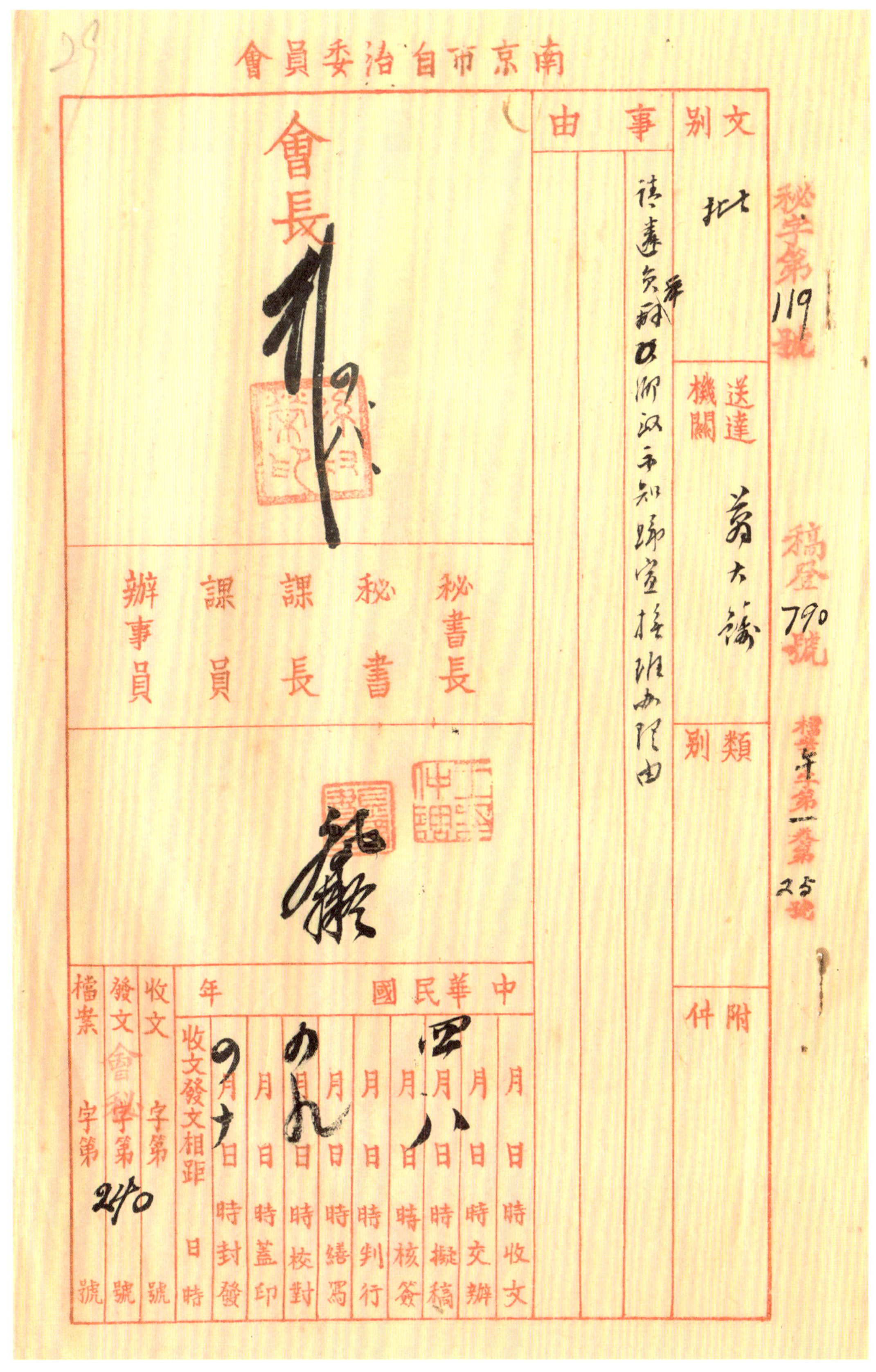

南京市自治委員會

文別：批

事由：請遴員前往江浦政府知縣宣揚組織由

送達機關：翁大鏞

秘字第119號

稿字790號

檔案年第一卷第25號

會長（孫叔榮 印）

秘書長　秘書　課長　課員　辦事員

中華民國　年　四月八日　月九日　月十日

收文　字第　號

發文　會秘字第240號

檔案　字第　號

30

批第會秘譯號

具呈人 蔣大濂

呈一件請選舉成立鄉區公所由

呈悉。查鄉區公所，前經本會決議，照舊江寧縣原定所成立七區，復以鎮，即在其中，並經遴委姜溪卿充任該區之區長，嗣以日方謂縣屬各區，須歸宣撫班辦理，未經本會[illegible]通商知照各在案。據呈前情，仰即知照。此批。

代會長 姚〇〇

32

中華民國十七年四月八日

浦口工商代表、自治委员会关于设立浦口区公所的一组文件

浦口工商代表致自治委员会呈文（一九三八年四月十一日）

具呈人浦口工商代表何爕等

呈為再請設立自治區公所事竊代表等前于三月二十一日具文呈請

鈞會迅賜設立浦口自治區公所一案迄今未奉

批示不勝惶惑伏查浦口一帶扼水陸之交通為工商之重鎮地方寥廓工商繁盛自經戰事發生人民逃避一空今雖時局安定人民歸來日衆然因地方無人主持自治無人領導以致工商復業多存觀望之心哀鴻遍野實乏救濟之術代表等辱承父老敦促出任艱鉅自顧棉薄僅足維持現狀于事無濟于公無補此則應請

鈞會迅賜設立浦口自治區公所者一也又查浦口一帶向在南京市範圍以内輪軌相御舟車相接即以地位而言亦遠在湖墅鎮上新

河燕子磯各鄉區以上近聞各該鄉區業經
鈞會設立自治區公所則浦口豈同化外何可後人此則應請
鈞會迅賜設立浦口自治區公所者二也況查軍隊駐防採辦物品
苟無自治機關則何以勸導工商復其業又如軍隊運輸需用伕役
苟無自治機關又何以召集工人任其勞也如綏靖地方維持秩序
苟無自治機關又何以昭示人民安其居此則應請
鈞會迅賜設立浦口自治區公所者三也代表等服務桑梓見聞較
確深知設立自治機關大有刻不容緩之勢伏乞
鈞會俯順輿情准如所請迅賜設立浦口自治區公所以維地方而慰
民望是否有當用再呈請

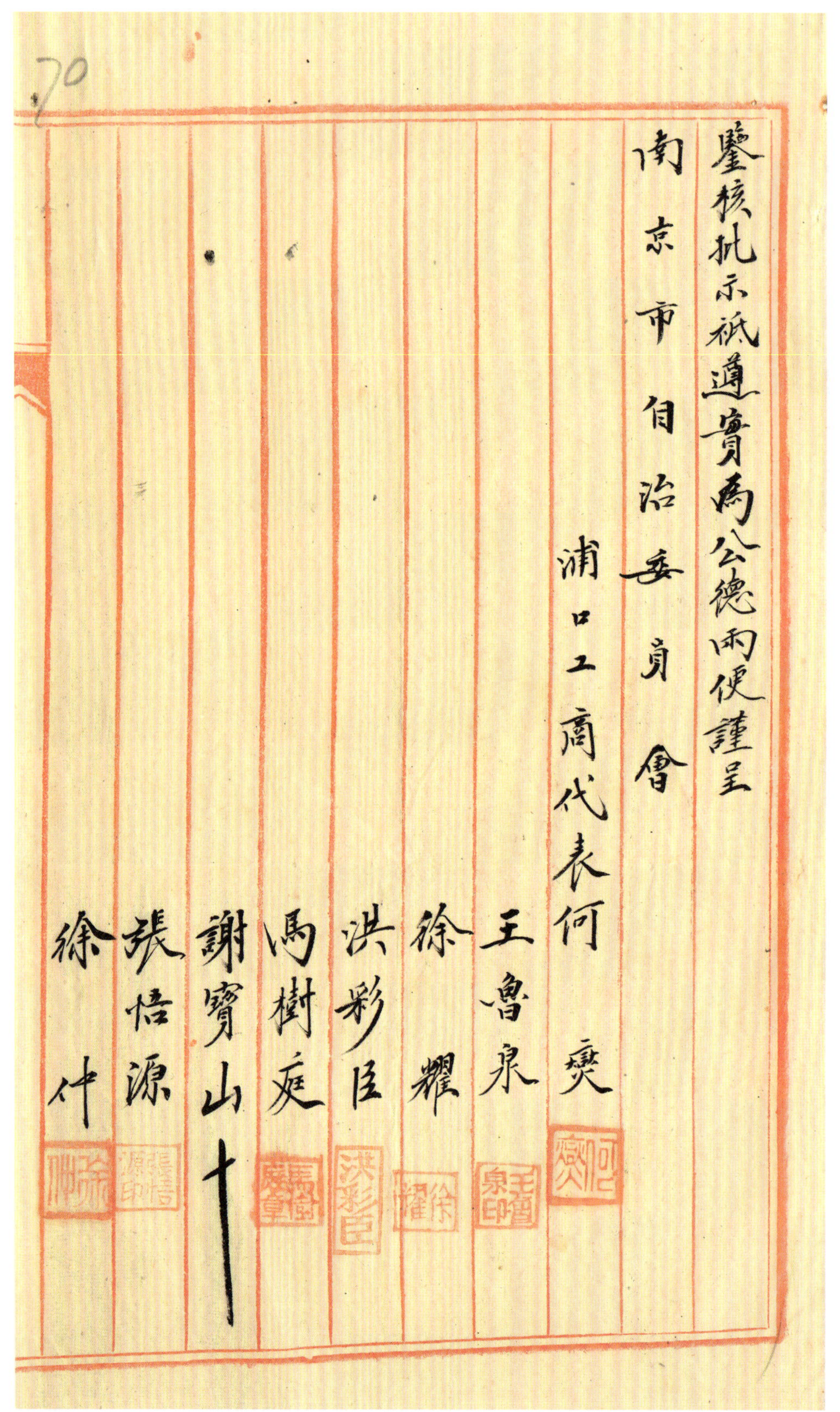
鑒核批示祗遵，實爲公德兩便。謹呈
南京市自治委員會
浦口工商代表何　爕
王魯泉
徐　耀
洪彩臣
馮樹庭
謝寶山
張悟源
徐　什

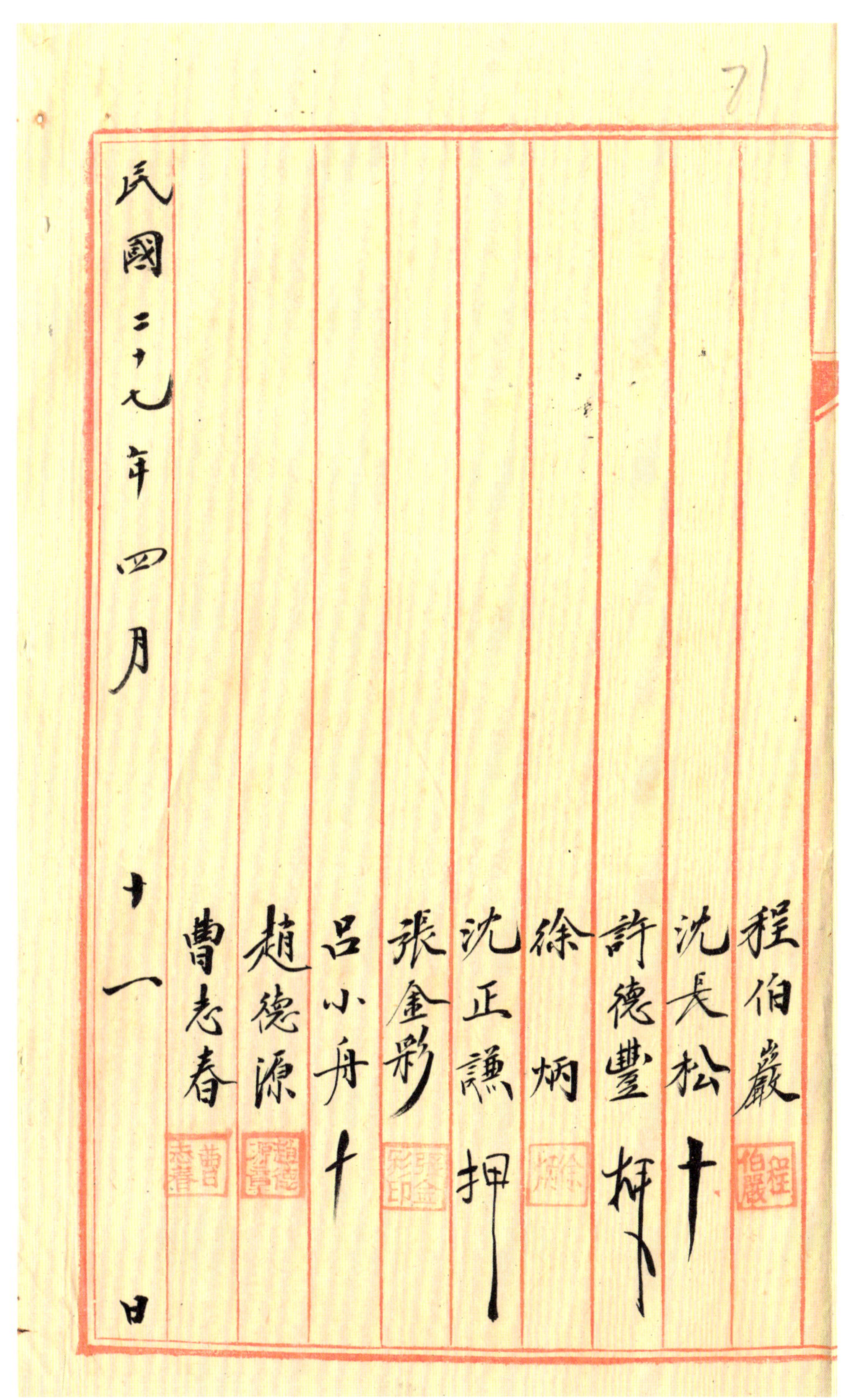

71

程伯嚴

沈長松 十

許德豐 押

徐炳

沈正讓 押

張金彩

呂小舟 十

趙德源

曹志春

民國二十九年四月十一日

自治委员会关于设立浦口区公所已报南京宣抚班允许等事公函（一九三八年四月十八日）

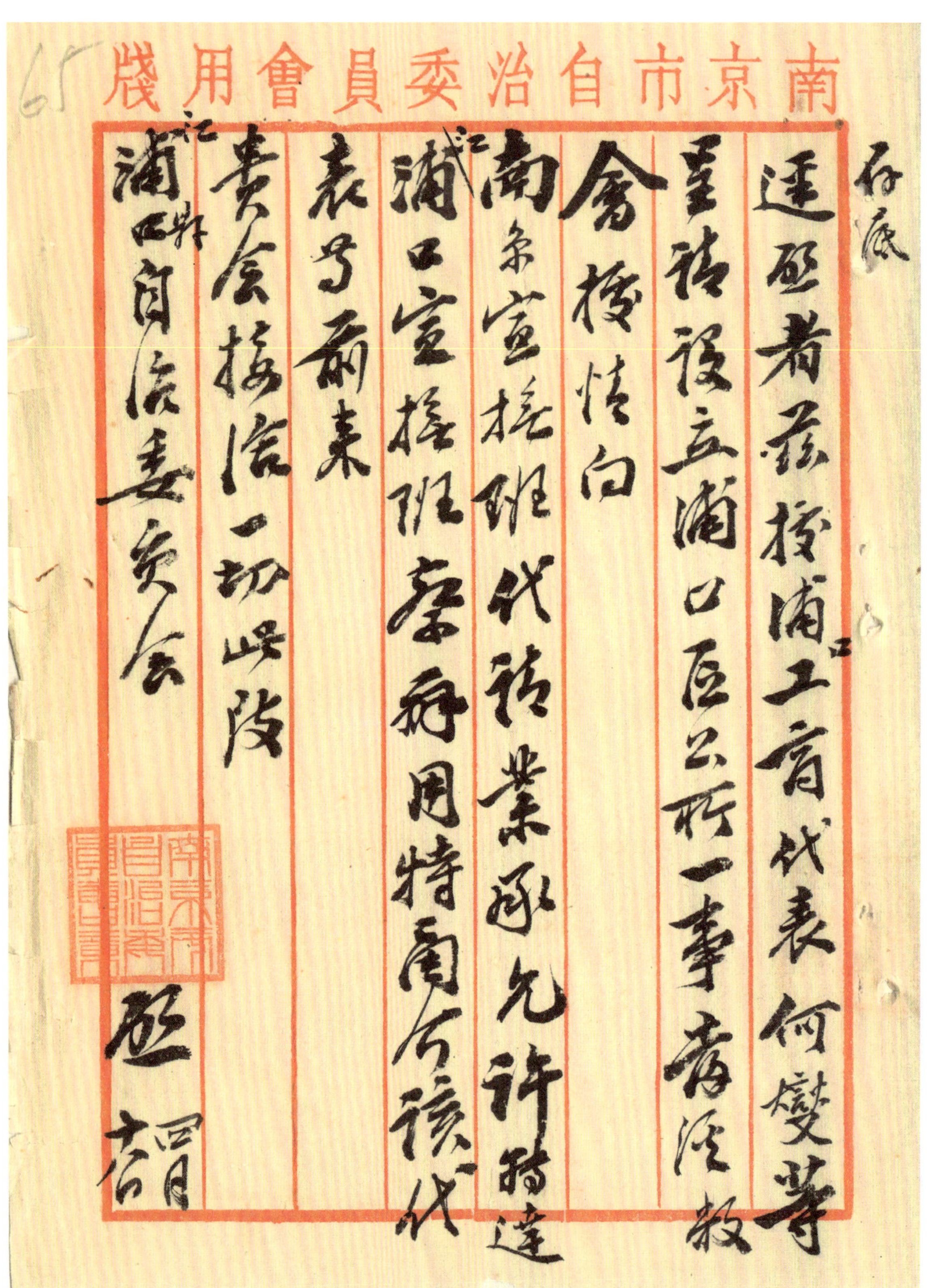

南京市自治委員會用箋

存底

逕啓者：茲據浦口工商代表何燮等呈請設立浦口區公所一事，當經敝會據情白南京宣撫班代請，業承允許，特達浦口宣撫班察存，用特函請代表等希轉貴會接洽一切。此致

浦口自治委員會

南京市自治委員會

啓　四月十八日

江宁县自治委员会关于本会业经江宁宣抚班许可成立致自治委员会公函（一九三八年四月十二日）

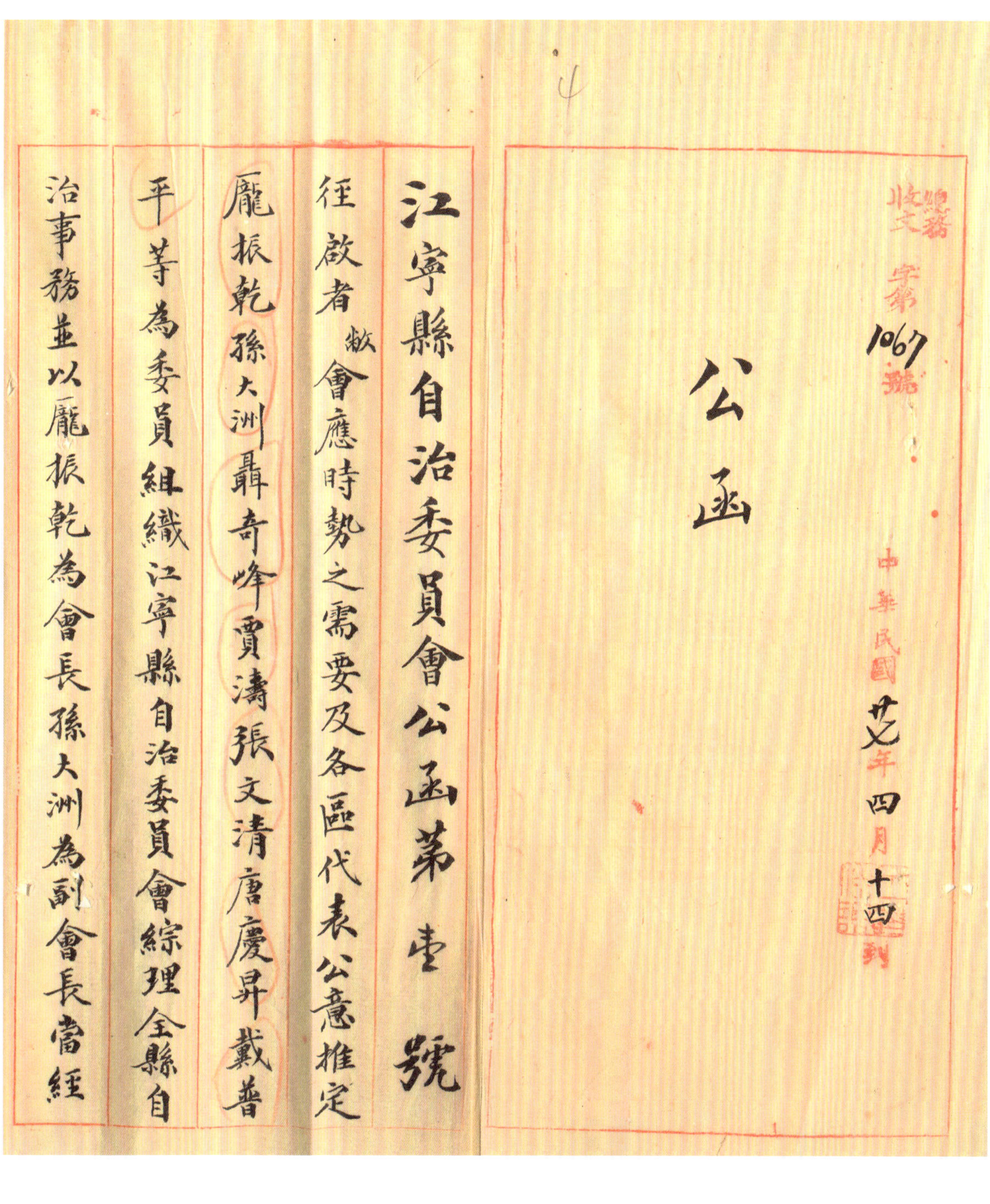

公函

總務收文 字第1067號

中華民國廿七年四月十四到

江寧縣自治委員會公函第壹號

逕啟者：敝會應時勢之需要及各區代表公意，推定龐振乾、孫大洲、聶奇峰、賈濤、張文清、唐慶昇、戴普平等爲委員，組織江寧縣自治委員會，綜理全縣自治事務，並以龐振乾爲會長，孫大洲爲副會長，當經

江寧宣撫班許可轉請 軍特務部備案即於四月一日到會啟印視事除分別呈報行知外相應函達

即希

查照並請飭屬一體知照為荷此致

南京市自治委員會

會　長　龐振乾

副會長　孫大洲

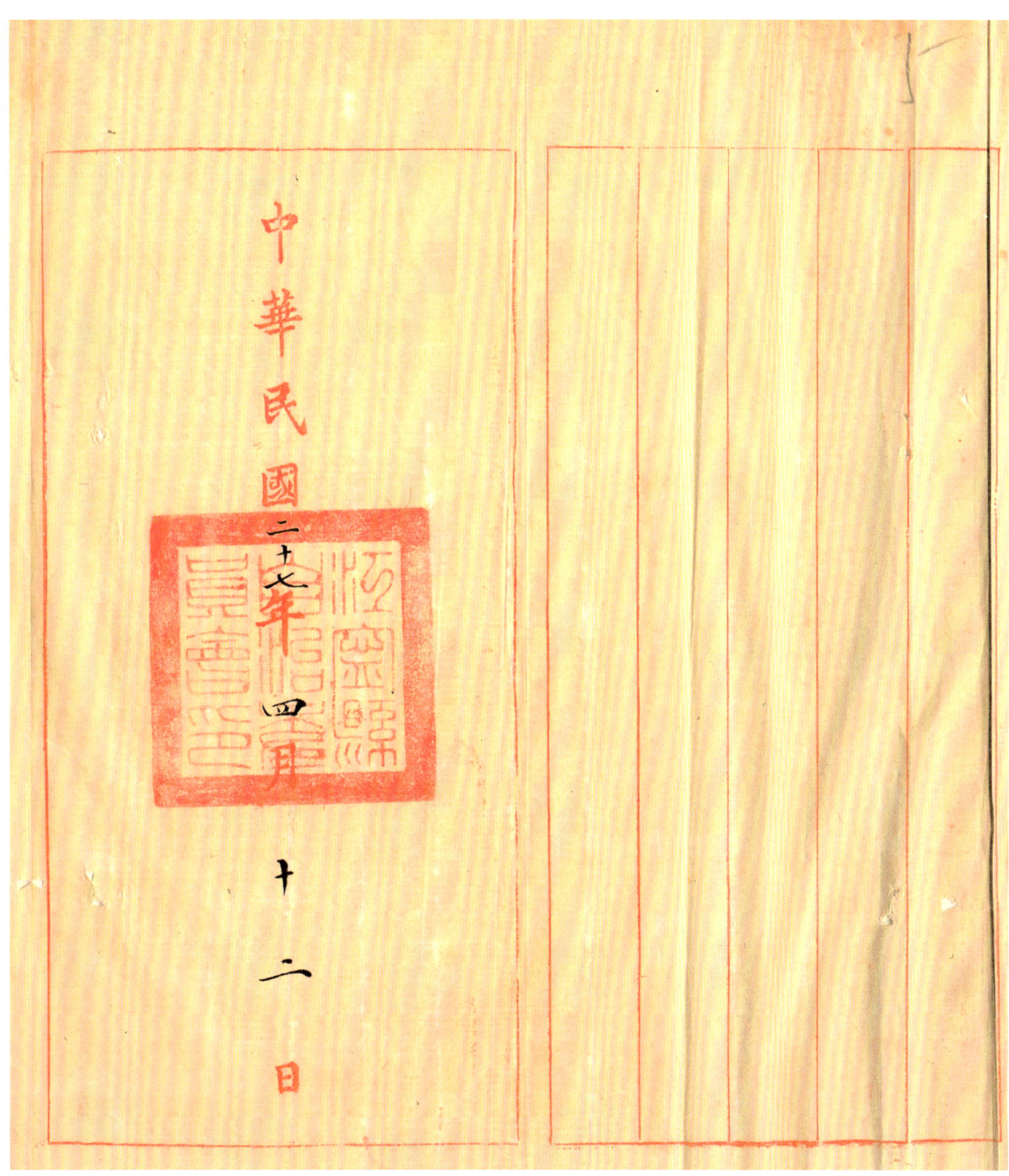

中華民國二十七年四月十二日

自治委员会关于江宁县自治委员会成立饬一体知照致财务课训令（一九三八年四月十九日）

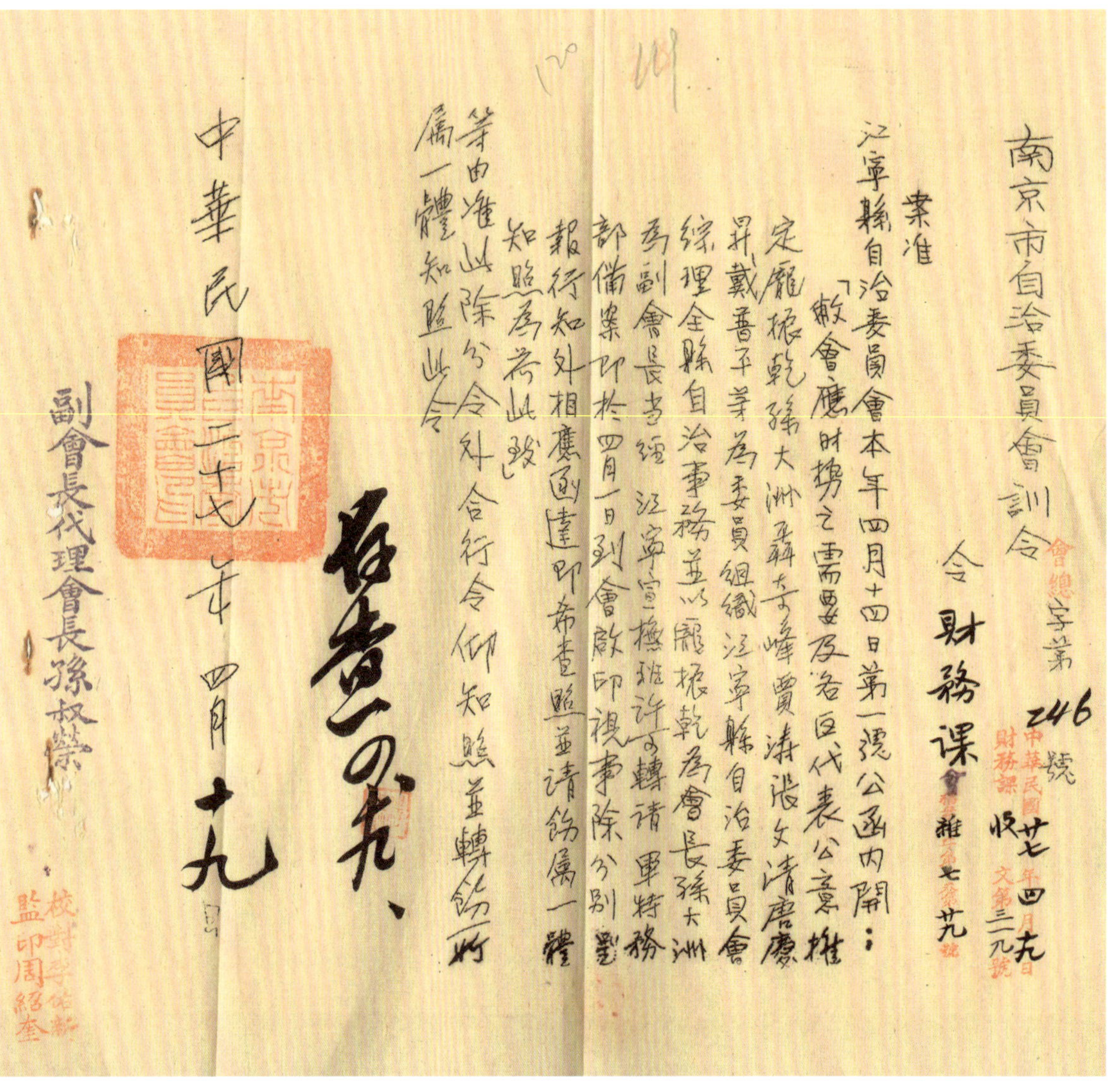

南京市自治委員會訓令 會總字第246號

令 財務課

案准

江寧縣自治委員會本年四月十四日第一號公函內開：「敝會應時勢之需要及各區代表公意推定龐振乾、孫大洲、蔣大峰、賈濤、張文清、唐慶昇、戴晉平等為委員，組織江寧縣自治委員會，綜理全縣自治事務，並以龐振乾為會長、孫大洲為副會長，業經江寧宣撫班許可，轉請軍特務部備案，即於四月一日到會啟印視事。除分別呈報行知外，相應函達，即希查照，並請飭屬一體知照為荷」等由，准此。除分令外，合行令仰知照，並轉飭所屬一體知照。此令。

中華民國二十七年四月十九日

副會長代理會長孫叔榮

中華民國財務課收 廿七年四月十九日 文第三九號

監印周紹奎

三、常会记录

一月四日下午二時第一次委員會議紀錄

出席者 陶錫三 孫叔榮 程朗波 王春生 趙威叔 趙公謹 胡啟閎 馬錫侯 黃月軒 王承典

討論事項：

一、議決關於難民公區回家辦法（另錄）

二、添請詹榮光為本會顧問

自治委员会第二次常会记录（一九三八年一月七日）

一月七日（星期五）下午二時第二次常會記錄

出席者 胡啟閥 趙公謹 王春生 黃月軒 馬錫侯 陶錫三 趙威叔 程朗波
孫叔榮

討論事項：

一、議決將區公所組織大綱函送特務機關渡部查照

二、報告南京市日需品管理處組織大綱

三、由王委員承典、同孫程兩副會長至大使館與福田同往經理部接洽米麫販

賣事宜

四、趙委員公謹報告前承包本市屠宰稅之 擬請每月暫繳稅壹千元以充

自治經費，其辦法由該商擬呈後再行核定

五、對於難民回家問題

1、各種車輛應要求特務機關准許通行，並禁止普通軍人徵用

2、難民運送物品回家所僱夫役不得在半途遭拉去

3、難民既領安居證回家後軍隊人等不得隨意入人家宅

以上三條應與西中領事商辦

4、日方提議所有鐵路電燈電話自來水各項工人職員由日方指定地點居住，給

與工食，應用[illegible]時不必他徙。此條交區公所於登記時酌量辦理

一月九日上午十時第三次常會紀錄

一、討論各區區長人選胡委員提出鄧邦案充第二區區長並將本會原派籌備員王光奇劉嘉楨王良貴王積之等四人加入連同各委員推薦之張家馴與通譯何宗賢等前往該處限日成立其餘各區人選下次再行提議

二、對於本會辦事細則修正通過

三、黄委員月軒提議恢復人力車交通事宜交交通課籌劃辦理

四、秘書室草擬區公所辦事細則由孫副會長叔榮帶往特務機關商榷

自治委员会第四次常会记录（一九三八年一月十一日）

一月十一日（星期二）下午二時第四次常會紀錄

報告陶會長因病請假請孫會長主席

一、胡委員提議在陶會長病假期間公認由孫副會長代行會長職務

議決 通過

二、遷移會址問題

議決 為辦事便利起見遷往舊警廳原址辦公并定星期五常會即在該處

開會

三、第一區公所區長人選假定以何緝之為正盧東林副之

四、王秘書長提議請規定本會預算經費及會長以下各職員俸給

議決 公推總務財務兩課長起草後交會討論星期五以前交會以便付會公決

五、程副會長提議對於售米售煤辦法案

議決：由工商課組織售賣處另訂章程交會核議原提案存此案連同原提

案交工商課長

六、警察廳廳長王委員提議警廳開辦伊始請暫借經費壹千元俟月終發

飭時照如案

議決 先借五百元由王廳長具領

七、趙委員公謹臨時提議各課必要用款可否向會先行借支以資應付案

議決 由課長負責借用但須由會長批准

一月十五日星期六第五次常會議事錄

出席者 王承典 王春生 馬錫侯 陶覺三 胡啟聞 程朋波 趙公謹 孫[illegible]棠

列席者 王仲調 金國書 王伯山 楊九鳴

報告事項：

孫副會長報告軍部撥米壹千包麵粉壹千包鹽四百包充作本會經費並須造具以前之壹千弍百包食米收支表

王顧問報告工商課組織辦法准十七日送會又今日撥到鹽三千六百零七包擬以每斤八分平價銷售糶米折耗之款歸公家支給

又孫副會長報告本會會長副會長應給夫馬費或辦公費自秘書長以下則用薪給

討論事項：

一、秘書長提議每課課員五人至七人最多不得過十二人辦事員二人至四人案

決議 照辦

二、總務課長提議日方要雇工役請警察廳辦理一案

決議 由警廳負責辦理

自治委员会第六次常会议事录（一九三八年一月十八日）

一月十八日（星期二）下午二時第六次常會議事録

出席者 孫叔榮 程朗波 王承典 馬錫侯 胡啟閥 王春舫 黄月軒 趙威叔

列席者 王仲調 金國書 王伯山 楊九鳴

討論事項：

一、組織第三四兩區區長人選

胡王兩委提出方灝 林炳廷 白芷潭 胡雨蓀 胡貴達 孫副會長未張以

胡雨蓀爲三區區長 方灝爲四區區長

下關區區長由劉連祥擔任

二、提議本會員額及每月薪給問題

略

三、提議暫訂財務課收支簡則 又總務課會計室暫行收支簡則

決議 通過

四、救濟課長馬錫侯提議南京民衆救火會代表萬錫源等請求救濟等情

決議 該會人數二百二十四名應造名册到會每人給米四合以三個月爲限

五、趙委員威叔提議各區難民回家非先組織警察崗位不可擬請王廳長規劃辦法由全體委員列名函請 日軍憲兵協助以保安全

六、王顧問承典提議每次常會應通知各區長列席

七、秘書長提議以後星期二五常會不再通知

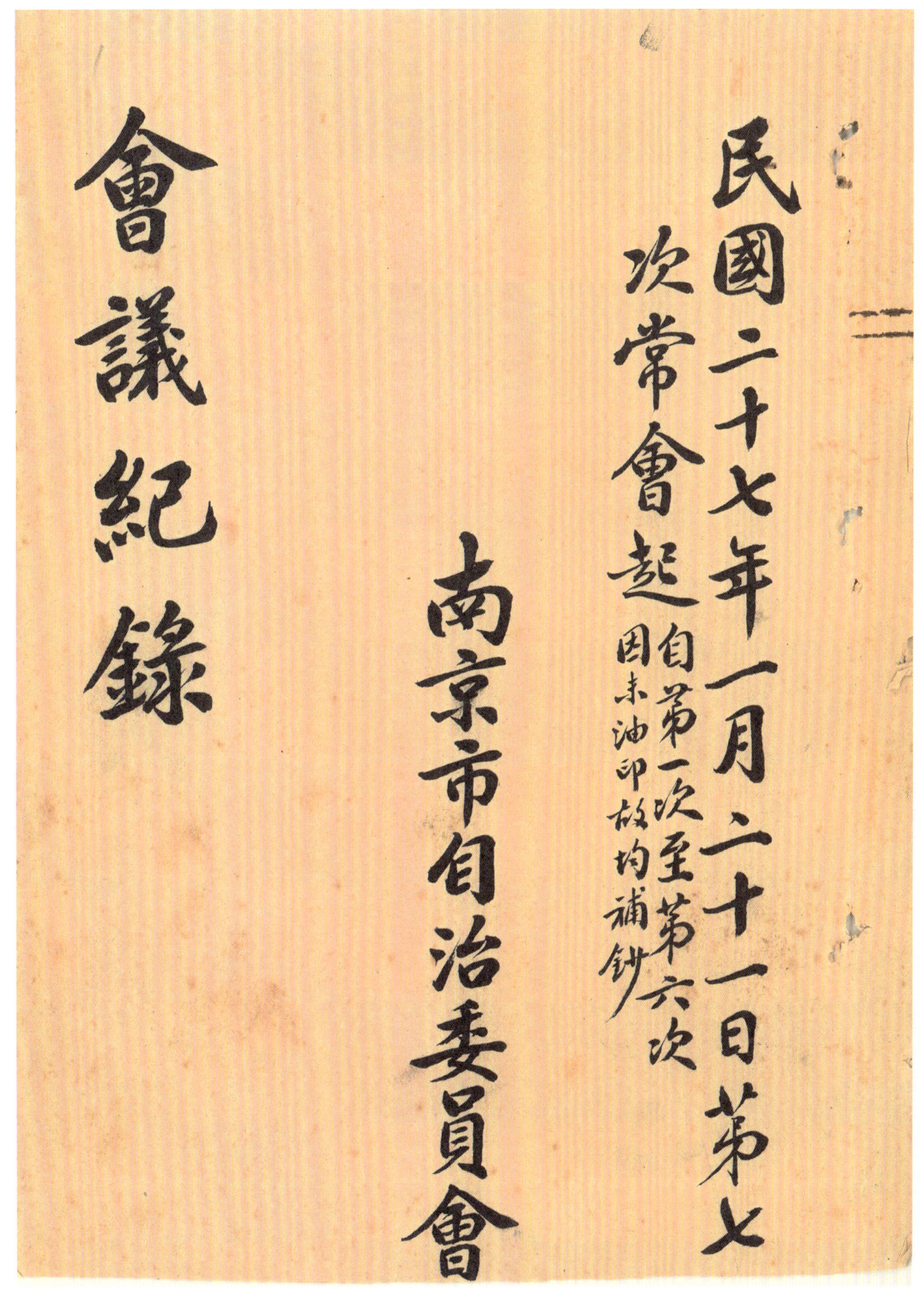

民國二十七年一月二十一日第七次常會起

自第一次至第六次因未油印故均補鈔

南京市自治委員會

會議紀錄

一月二十一日星期五第七次常會會議紀錄

一、佈告商民豁免一切捐税赶速復業俟市面恢復後再行核减分别徵收案

決議 通過 由工商課辦

一、組織臨時工人收容所由會每月給米十袋案（原案另録）

決議 通過 由工商、総務两課會同辦理

一、請撥米两千袋先在難民區内設售米處两處並請再撥錢米以便各處散放及赶辦賑衣案

決議 將三四區公所赶速成立即由各區長設法辦理

一、各區公所應將每日工作向會報告並由會派員隨時前往視察案

一、本會職員應按照規定辦公時間到會工作不得遲到早退案

一、購辦汽車以資代步而利辦公案

一、凡自治會所屬各職員佩有臂章者函請特務機關轉呈軍部飭屬放行案（由秘書處辦）

以上各案均決議照辦

附録 本會譯員兼特務機關聯絡員孫景和提議：

特務機關近内民計劃將来對於工人調度辦法請討論公決案

查現在日軍各部隊所用之夫役多係城外百姓，一時不能回家且亦無處可歸，為暫時保全各工人生計起見，拟由自治委員會組織臨時工人收容所，以備將来各部隊或工場需要時調度之便利。此項工人以三百名計算，每月約有二十天工作，足以自給外，其餘十天休息期内每天給米一袋，每月總計十袋，應由會發給，是否可行，請公決。

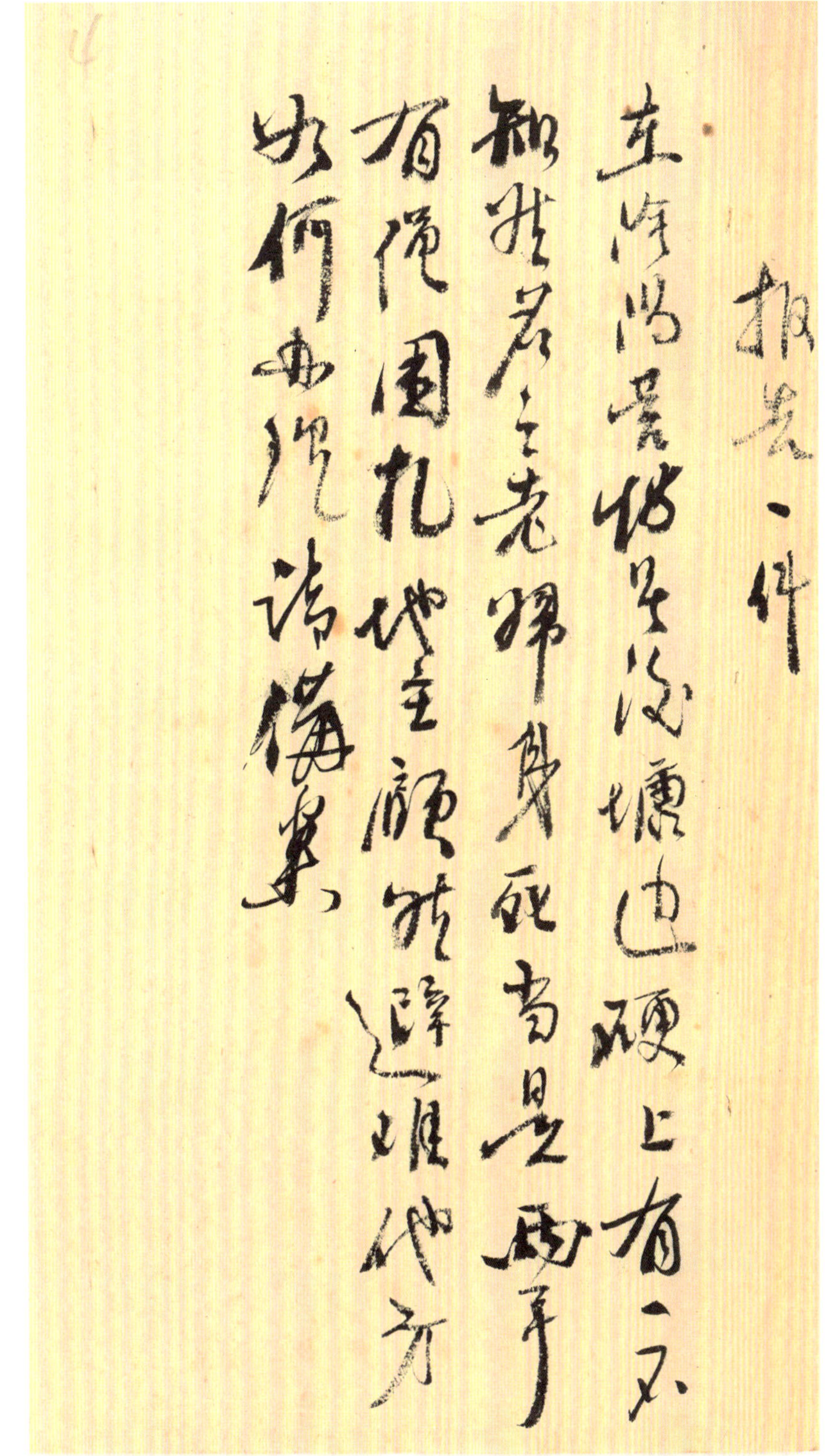

報告一件

本陰陽營北首池塘邊堤上有一不知姓名之老婦身死當是兩年前偽國九地主顧姓避難地代為如何安埋請備案

附（二）玄武湖报告

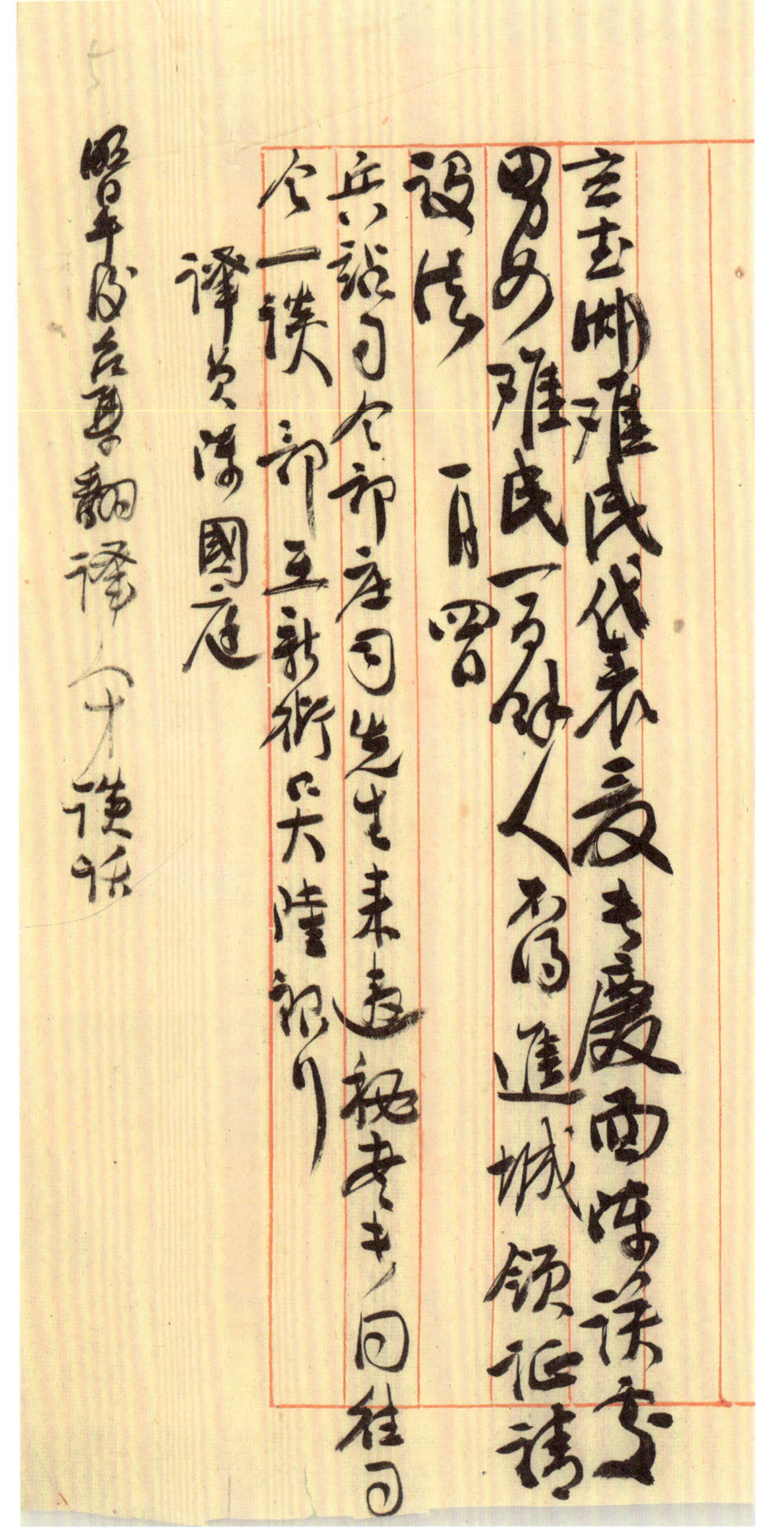

玄武湖難民代表夏長慶面陳請予
男女難民一萬餘人希進城領證請
設法　一月[illegible]
兵站司令部廣田先生來送秘書長同往司
令一談　部至新街口大陸銀行
譯員陳國庭

[illegible]翻譯（十）[illegible]

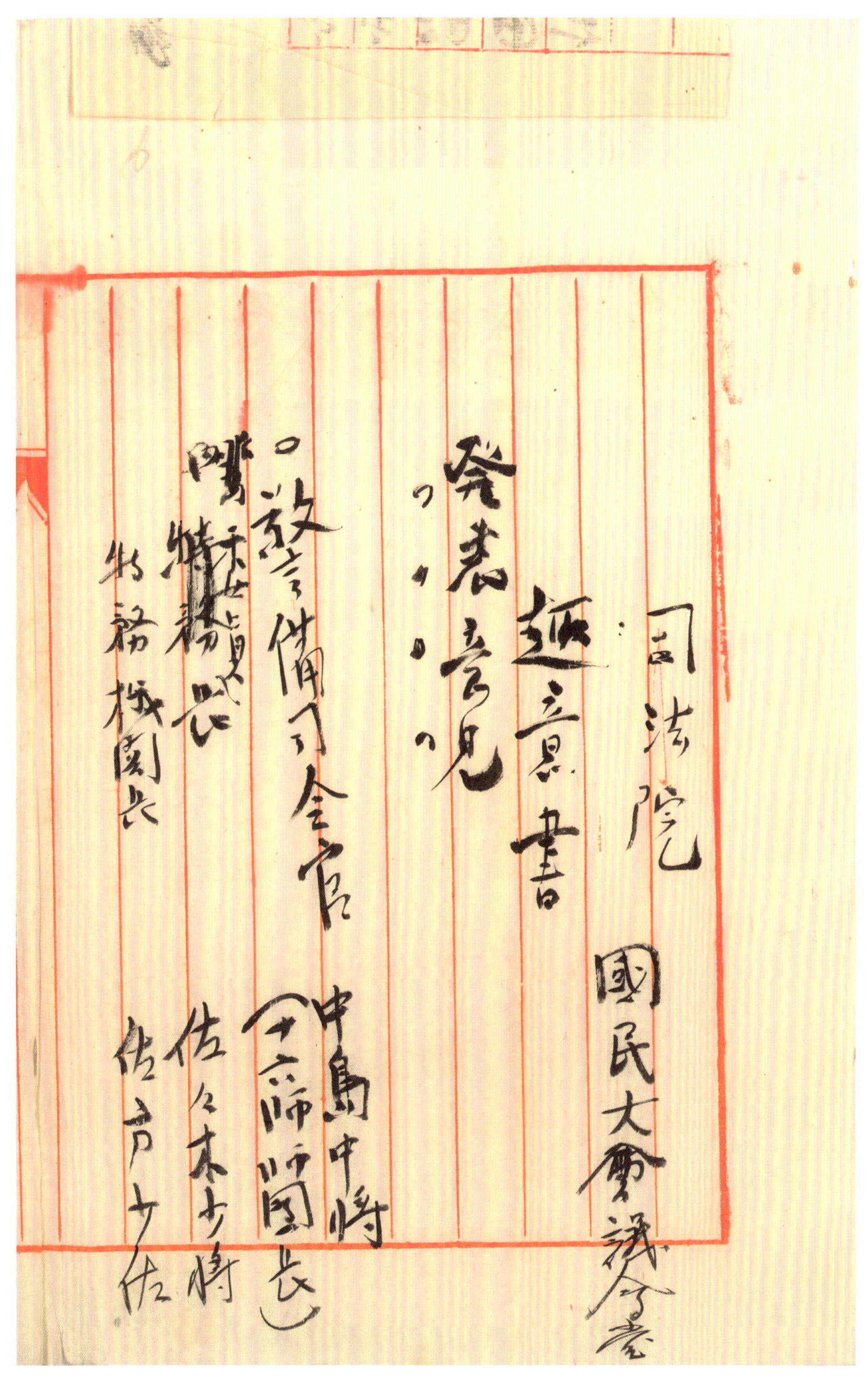

司法院　國民大會議會堂

趣意書

発表意見

〃　〃　〃

〇警備司令官　中島中将（十六師団長）

陸軍特務部長　佐々木少将

特務機関長　佐方少佐

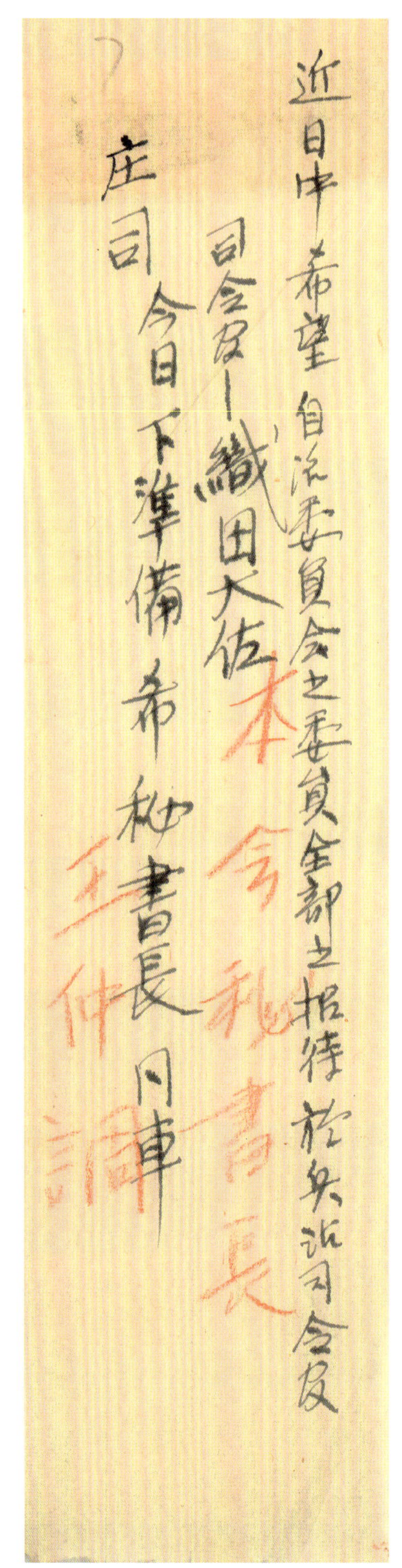

近日中希望自治委員會之委員全部之招待於兵站司令部

司令官織田大佐

本會秘書長

庄司今日下準備希秘書長同車

王仲謙

启者：

会长谕本日为星期二委员常会日期兹定午后二时在莫干路二号集会等语特此通知即希准时到会为荷此致

孙委员叔荣　遵　江苏学会

程委员朗波　知　[illegible][illegible]新村十八号

赵委员威叔　知

赵委员公谨　知　宁海路廿三号

胡委员启闿　知　[illegible]路[illegible]湖六号

黄委员月轩　知　[illegible]琴社廿四号

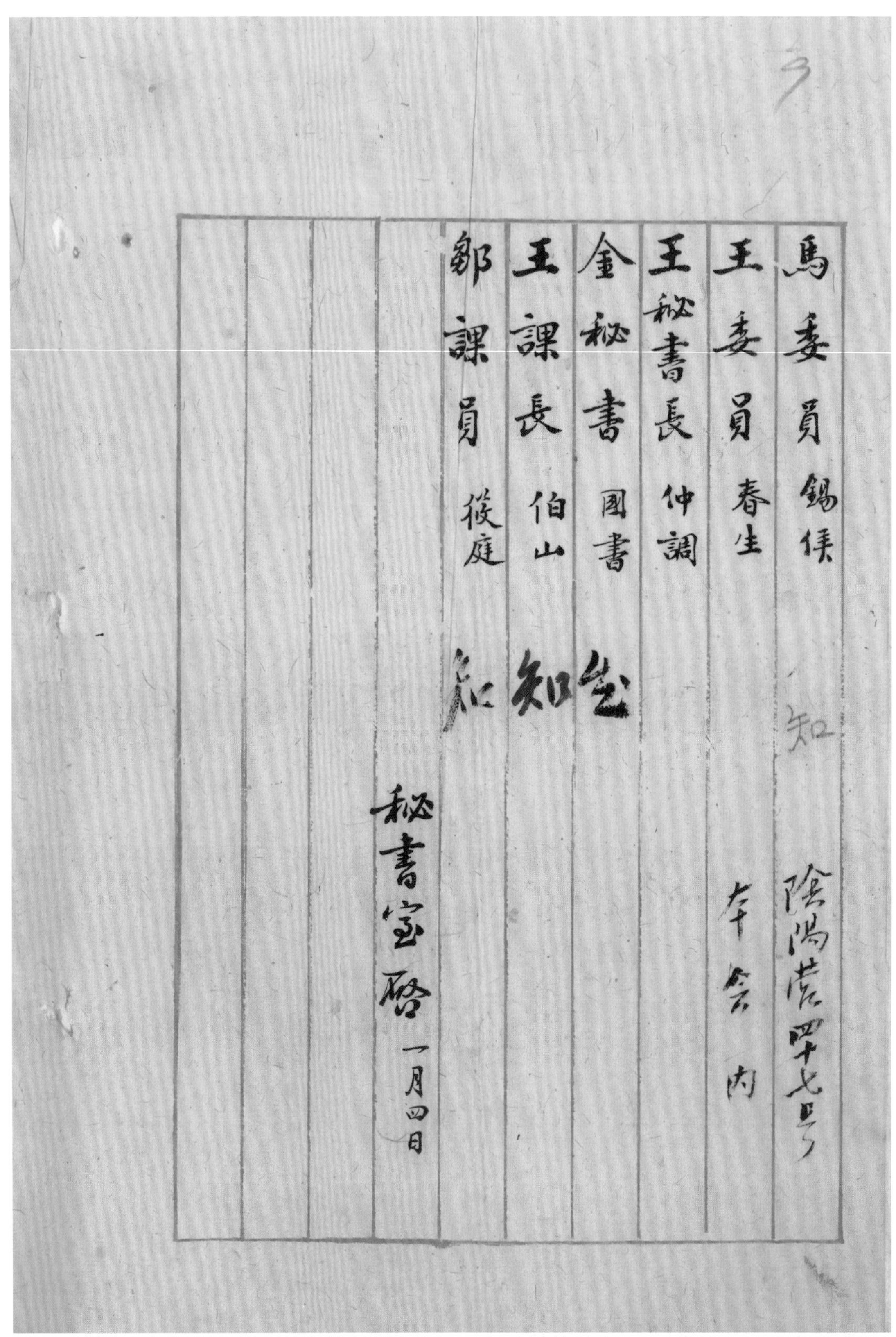

馬委員錫侯 知 陰陽巷四十七號

王委員春生 本會內

王秘書長仲調

金秘書國書 知

王課長伯山 知

鄒課員筱庭 知

秘書室啓 一月四日

十二月廿八日会议决议各项

一、迴後自治委员会拟将所订简章送请阅览其内容分总务、财务、工务、商务、农务五课，如有其他意见再行参酌办理

二、对于国人问题应由极力去破除情面负责，审换事务人才为目的

三、所用人选拟先聘请松冈先生担任，俟请田中领事介绍

四、本会所需经费请程副会长与贾证函先生商酌办理

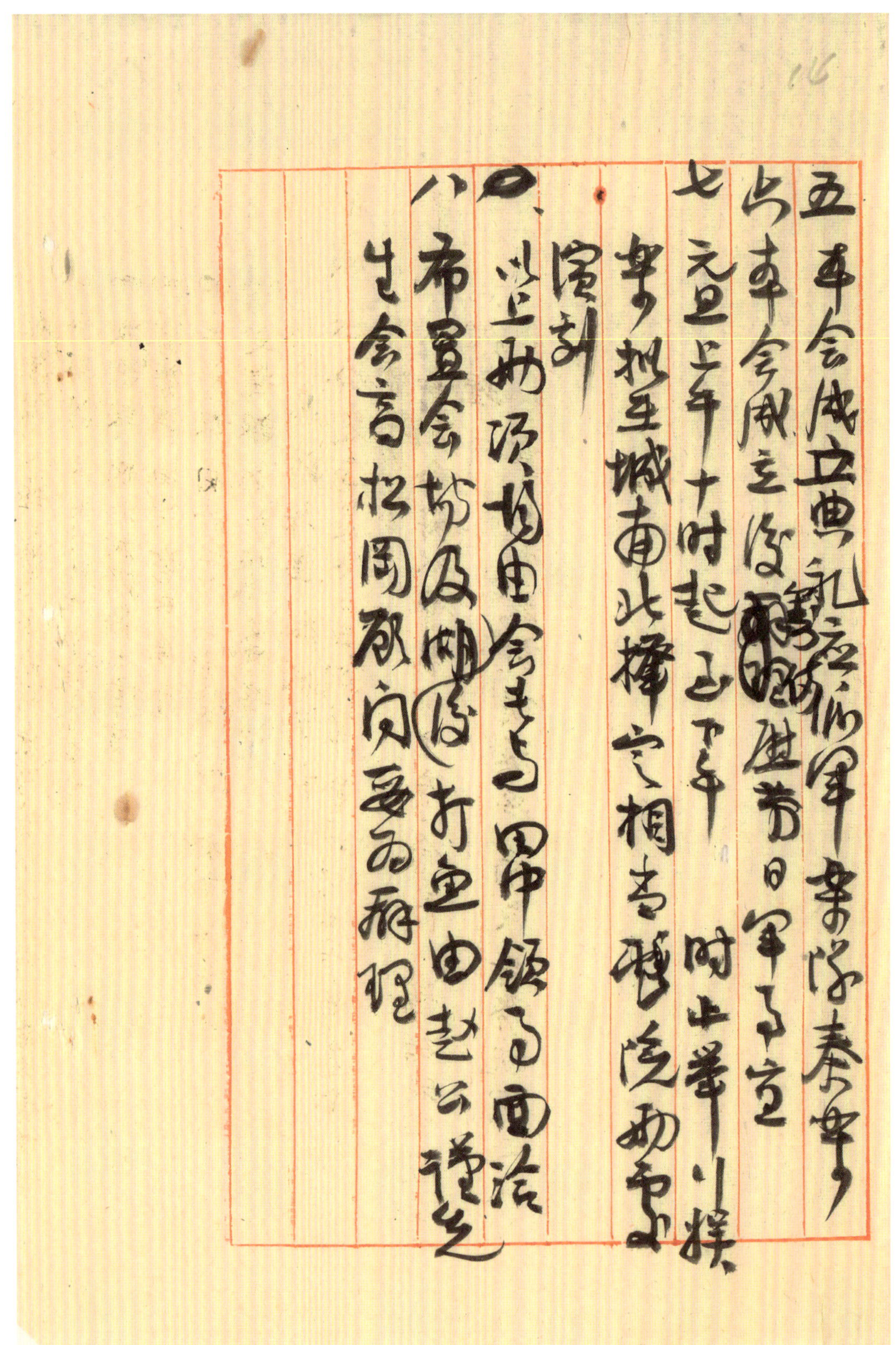

五、本会成立典礼[illegible]日军[illegible]
六、本会成立之后[illegible]日军予定
七、元旦上午十时起至下午一时止，举小旗举行提灯，至城南北择定相当路线游行演剧
〇、以上各项均由会长召甲长领导办法
八、布置会场及[illegible]打鱼由赵公谨先生会商松冈顾问妥为办理

同署討論組織食用品管理處辦法如下

一、關于登記手續可以照辦但須嚴密審查如係私人貨物一經登記不能再行徵用倘係公物不得認爲私有冒請登記

六、關于商人往外販運物品至本市者應由輸館理發給通行証并保障安全

其由本市運出物品至外埠行銷

者亦照此辦理

三、關于按户領證手續費應由自治委員會刊印三聯單發交管理委員按月按旬呈報

四、各項登記收費數額由自治委員會參照前市政府征收價從辦理

五、現因商業尚未恢復所有商人所存由本會上列各項保辦理以資救濟俟市面恢復仍歸自由貿易

六、關于米鹽煤糧各項均歸管理委員會辦

謹將集中食品辦法擬陳

米鹽油醬柴煤糖六項

一、在商人未能自動買賣上項貨品時

均由本局集中舊存貨和規定價

目隨時發賣

三、所有賣出之錢仍歸商人領回

二、各商人應照本會規定價目自由

販賣如有私自重積及高抬價目

情事一經查明屬實按照情節輕

重勒令停閉並將貨物充公以儆尤

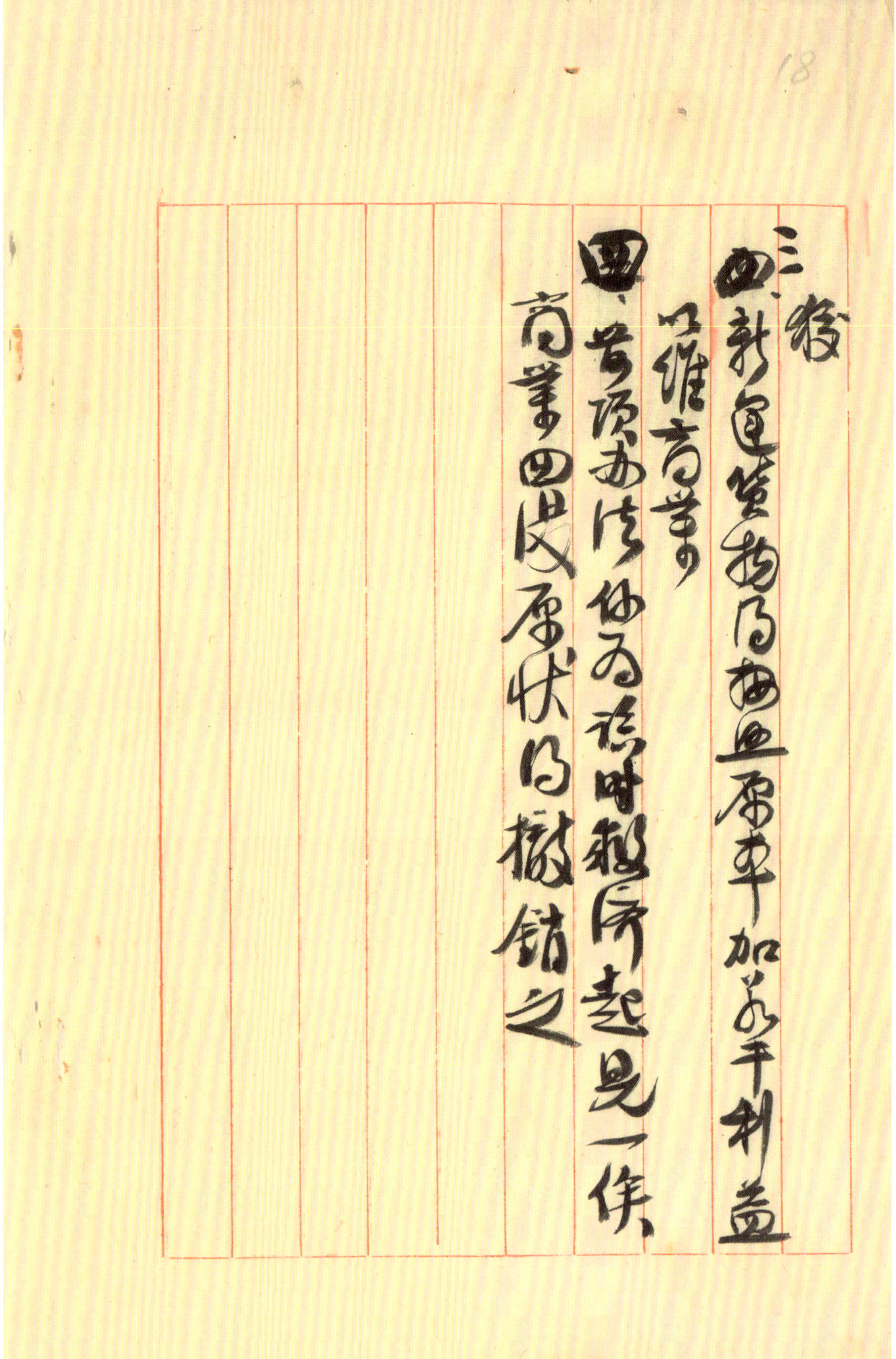

三、後

如新運貨物乃按照原本加增利益

以維商業

四、前項辦法係為戰時救濟起見一時、

商業回復原狀乃撤銷之

五、現因商業尚未恢復，所有食用品暫照上列各條辦理，以資救濟，可保市面無虞。准自由貿易。

六、關于米、鹽、煤、糖、菜、蔬六項，均歸管理處設法

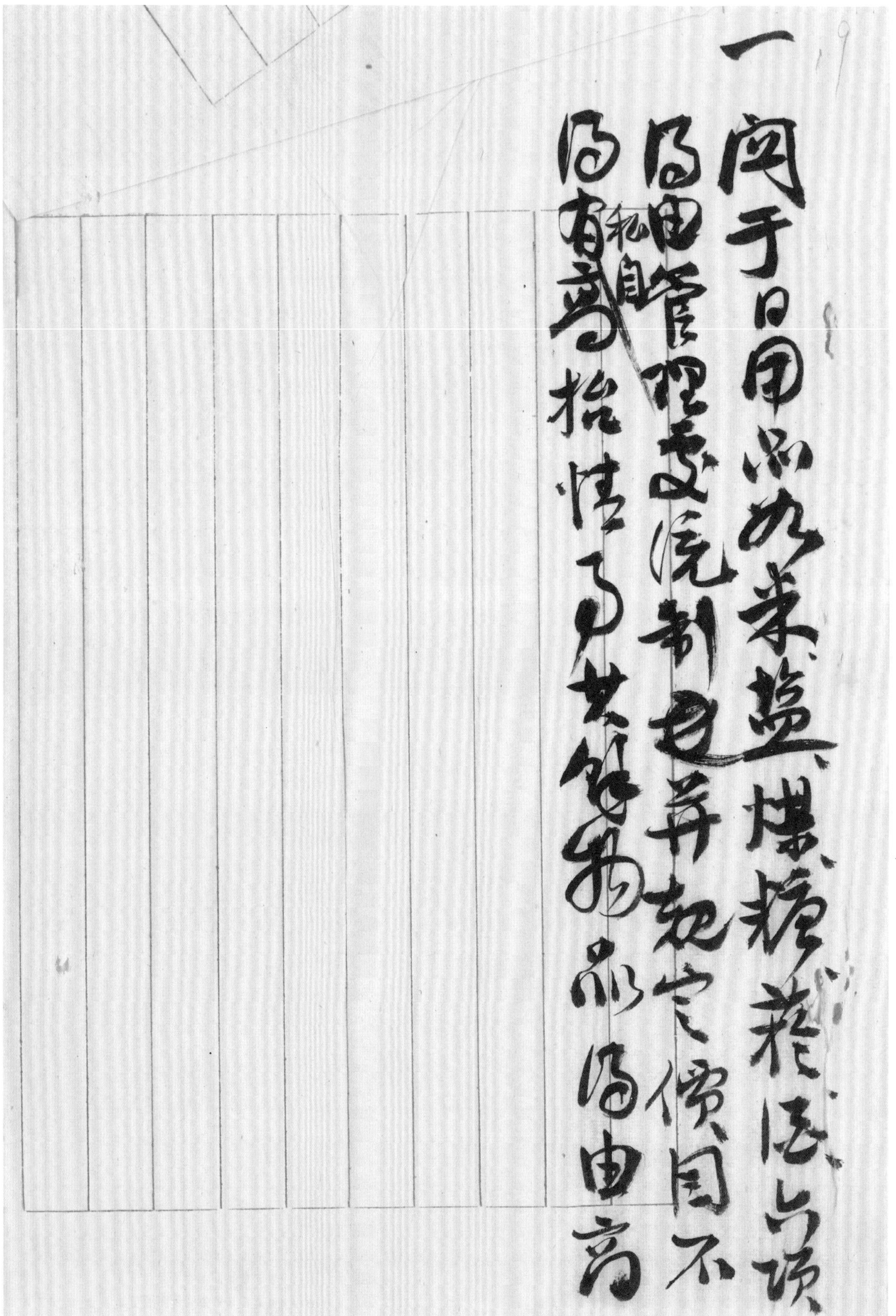

一

関于日用品如米、盐、煤、糖、柴、油等项，

应由管理委员制定并规定价目，不

应有私自高抬情事，其价格以应由商

首都會議關於難民回家問題議決本市以難民區為中心避難區以兵區以外四面為四區茲分列于下

（一）以中華路東為界南至中華門北至白下路又沿小鐵路直至中山門再沿南[illegible]城墻經光華通濟等之各門至中華門止為第一區

（二）以中華路西為界南至中華門北至中正路新街口廣場迄西沿漢中路至漢西

門又沿城牆經水西門至中華門路為

第二區

（三）以國府路之北為界，西沿中山路至挹江

門為止，北至挹江門沿城根經和平門、玄武

門、太平門至中山門路，此為第三區

（四）以新街口中山路以西、漢中路以北為界，沿

城牆至漢西門、挹江門至和平門以西為四

區

以上除指定軍區外，係定為四區，先從

第一區著手辦理，次及其他各區，手續

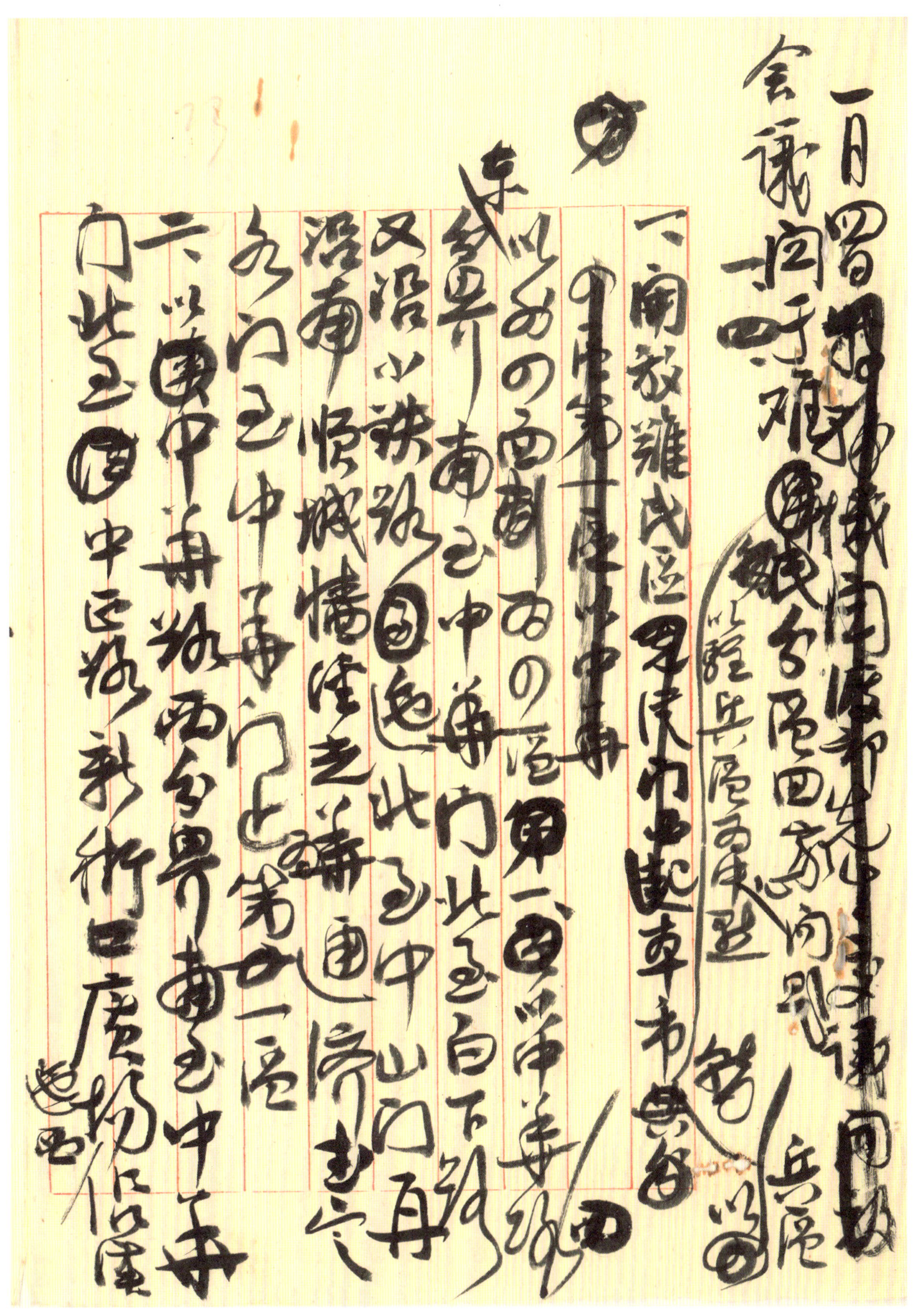

以各の西側の區第一四以中華路
東界南之中華門北至白下路
又沿小鐵路回通至中山門再
沿南城墻達通濟門
各門之中華門上第一區
六以東中華路西至界南至中華
門北至中正路新街口廣場

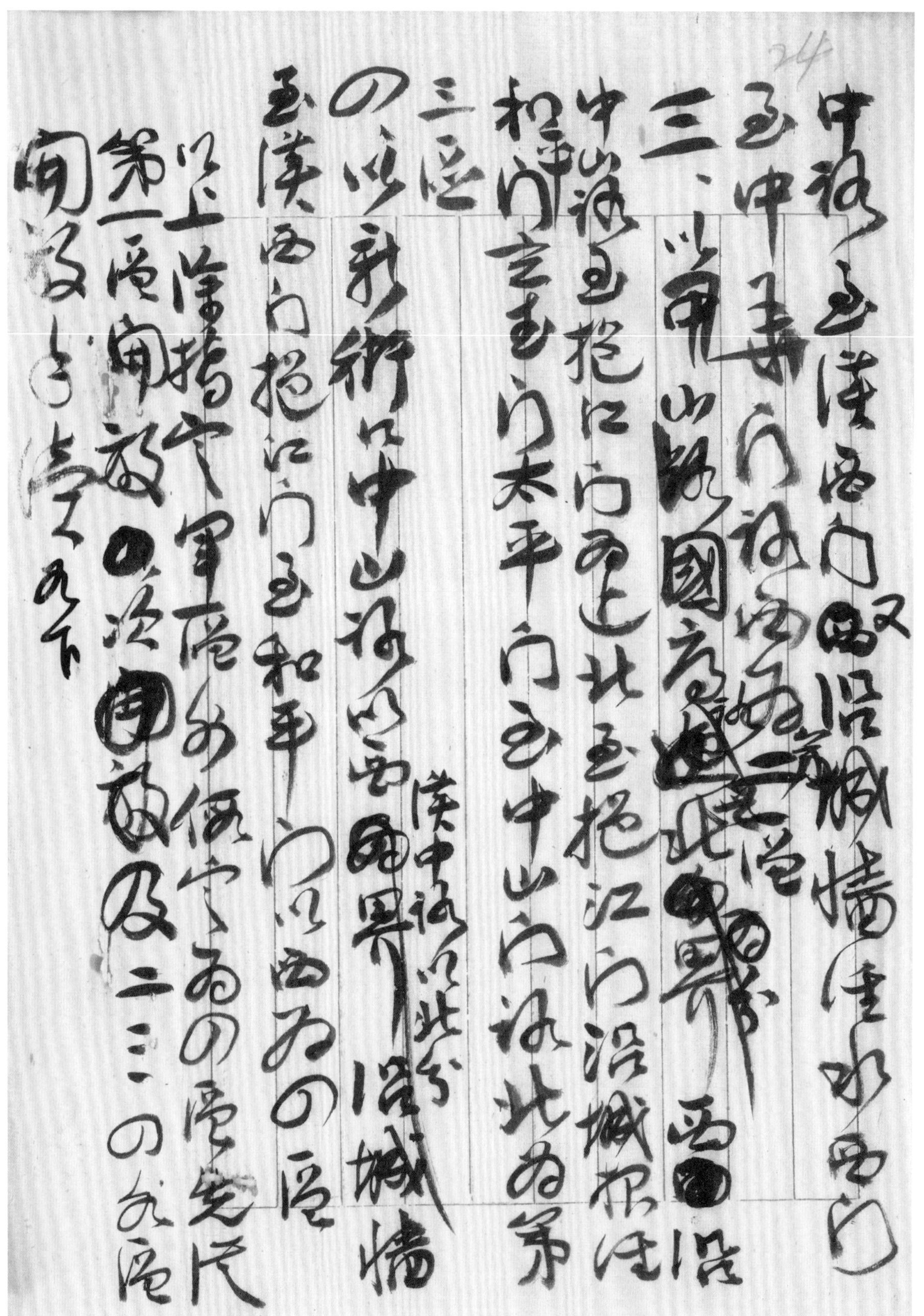

如下

一、先請軍部將該區難民遷出收容以便民衆回歸安居

二、由自治委員會籌設該區區公所

三、設警察所維持地方秩序并請憲兵協助

四、區內先從辦理清潔以重衛生如有屍体應由慈善機關查明掩埋

五、區內原有住民如有家可歸者先至區公所登記遷回日期

6、難民家口無依者應由該區公所就公共房屋設法安置

7、如無人居住之空屋應由區公所查明會同業主協商保證或量予難民家口俾其暫住

8、區内應設食用物品販賣所接濟民間食用

以上各條舉其大概其餘各區再行逐漸仿辦

稽字第　　號

办理新化田家事項　先办二区及三四区　然後办一区

一、要人夫一百名，五日令集合，六日派往第二区中華街以西打掃全区街道（每名付五角代價之食）擔由王頭向負責一切辦理，限三天办完

二、掩埋屍体由紅萬字会協办，人員人夫共廿四名由萬字会自備

三、自治委員会分設四區區公所，内分各課

一、庶務組

二、会計組

三、户口登記組

户籍分三種：一、現已在新化區領有安居證者[illegible]；二、未領安居證者報告本組，申請區公所登記；三、新化以外回者申請本組補領

四、家屋組

五、救濟組

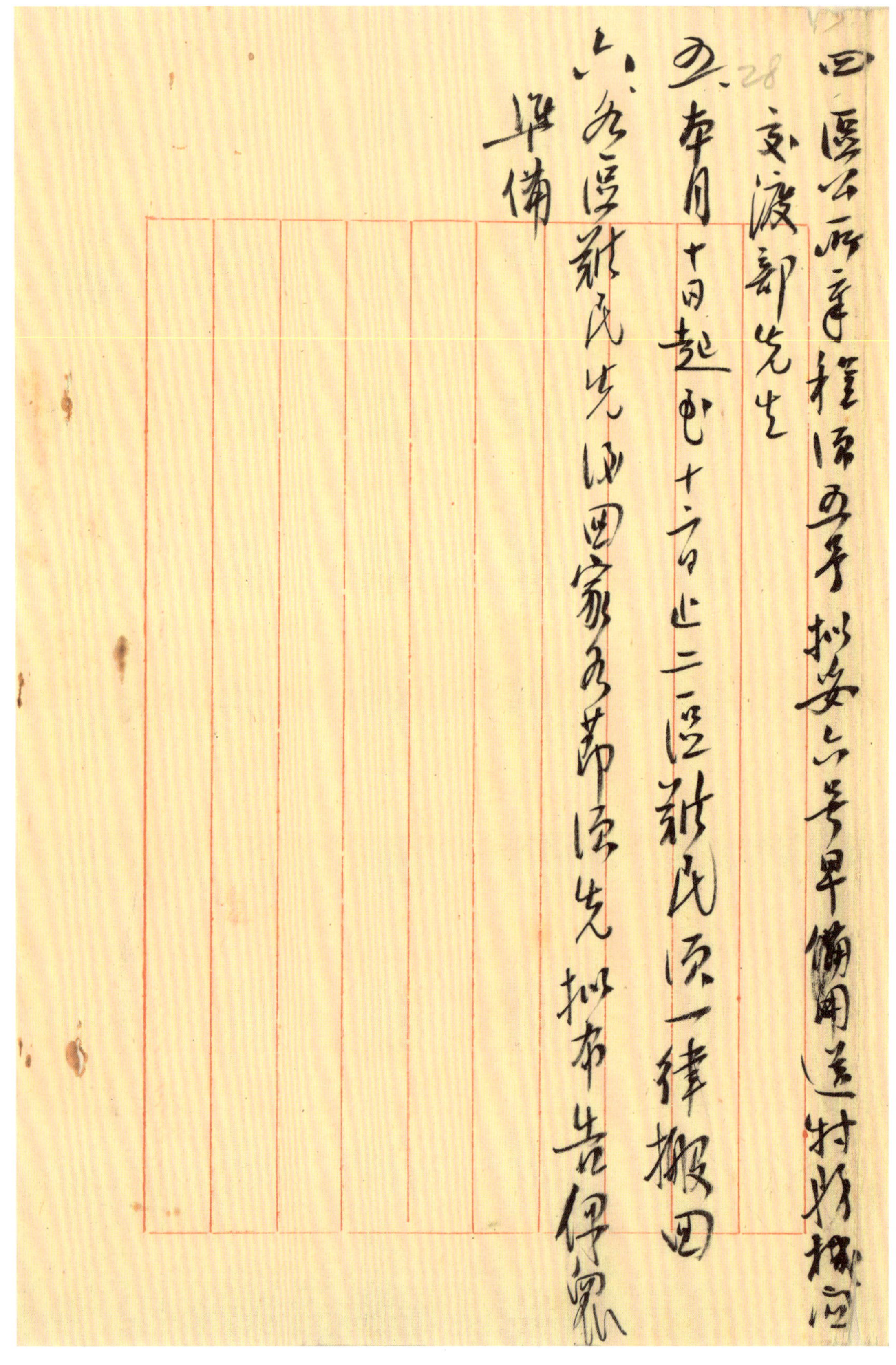

四、區公所章程係五條擬妥六號早備函送特務機關

交涉部先生

五、本月十日起至十六日止二區難民須一律搬回

六、各區難民先須回家各節須先擬布告俾眾

準備

32

1、先请用哪种英语驱兵逼生以
使陈通四为居

2、榨生活の由生会因为改善

①陸之所

又设真办所维持地方秩序并施

宁兵协助

为免天沱由军省住戊办省家

办师共为陸之所记拟专庫

回另

06.办年家子居井底由陸之所

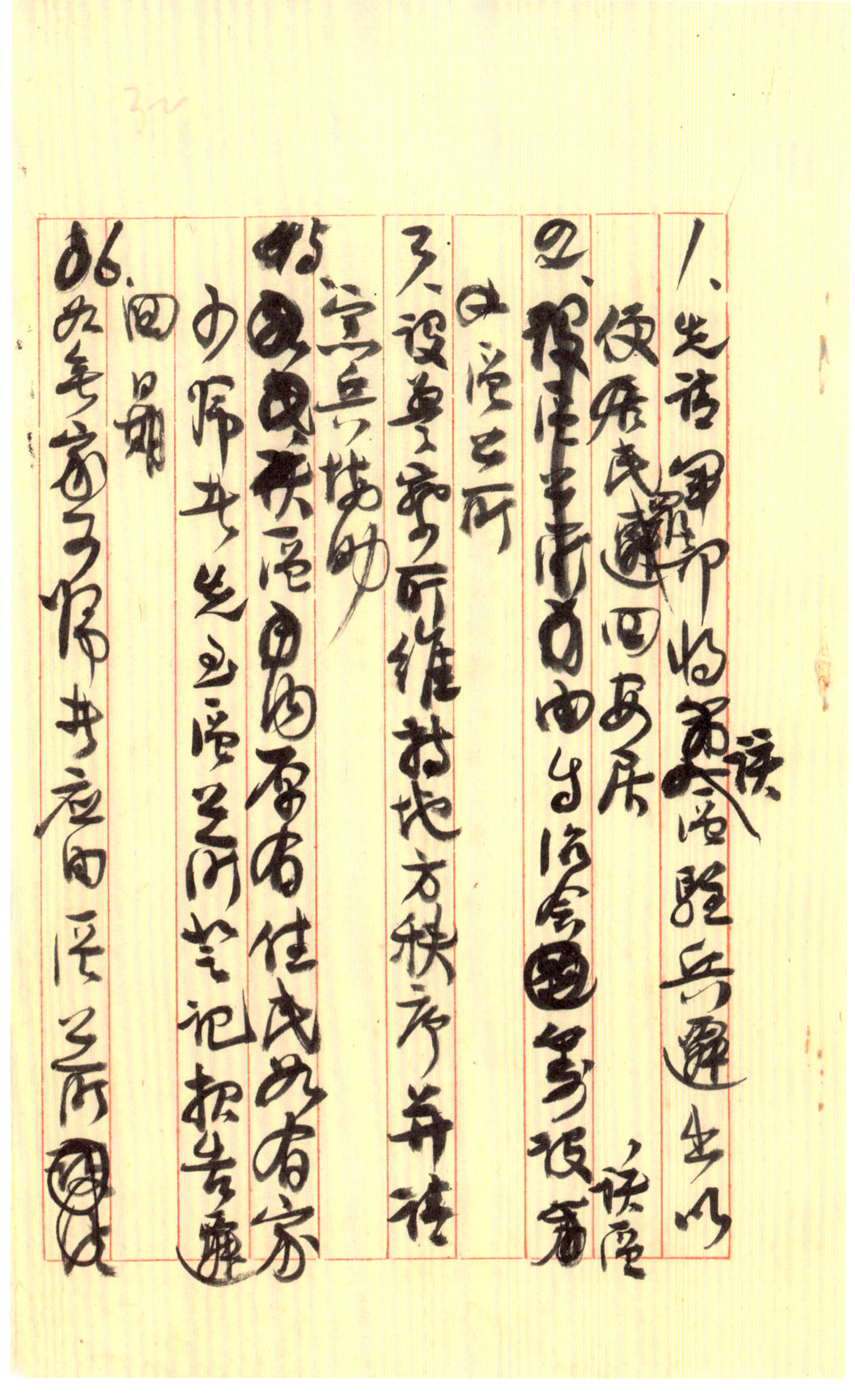

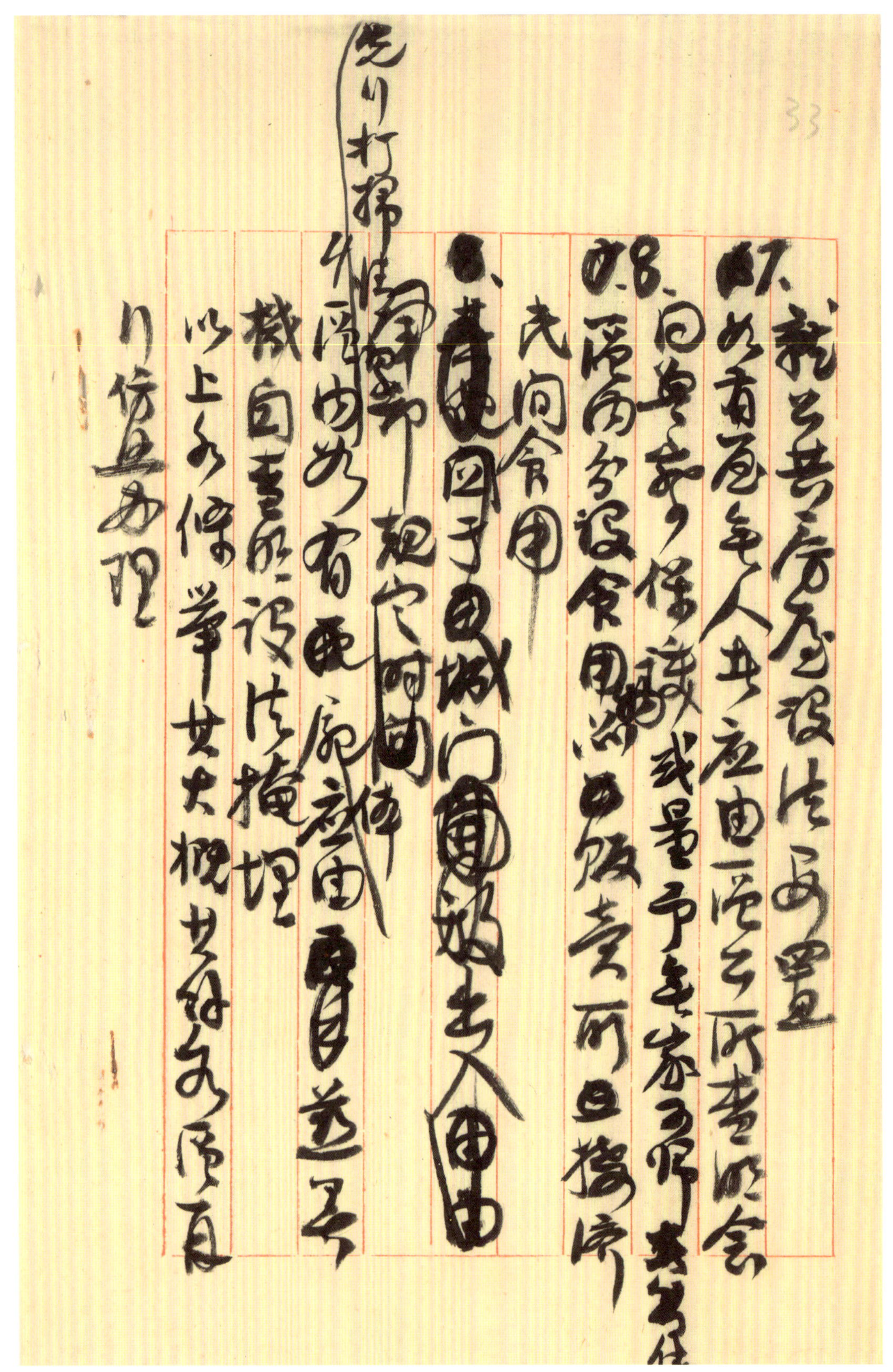

7、就各寺庙设法安置

如有老年人，并应由区公所查明会

8、同乡家属保护，或量予安家之费，其生

9、区内分设食用粥，由贩卖所且担保

民间食用

10、其因事出城门需领出入证由

先行打扫街巷，规定时间倾倒

街内如有尸骸，应由善堂送县

就回善所设法掩埋

以上各条，举其大概，其余尚有

请仿照办理

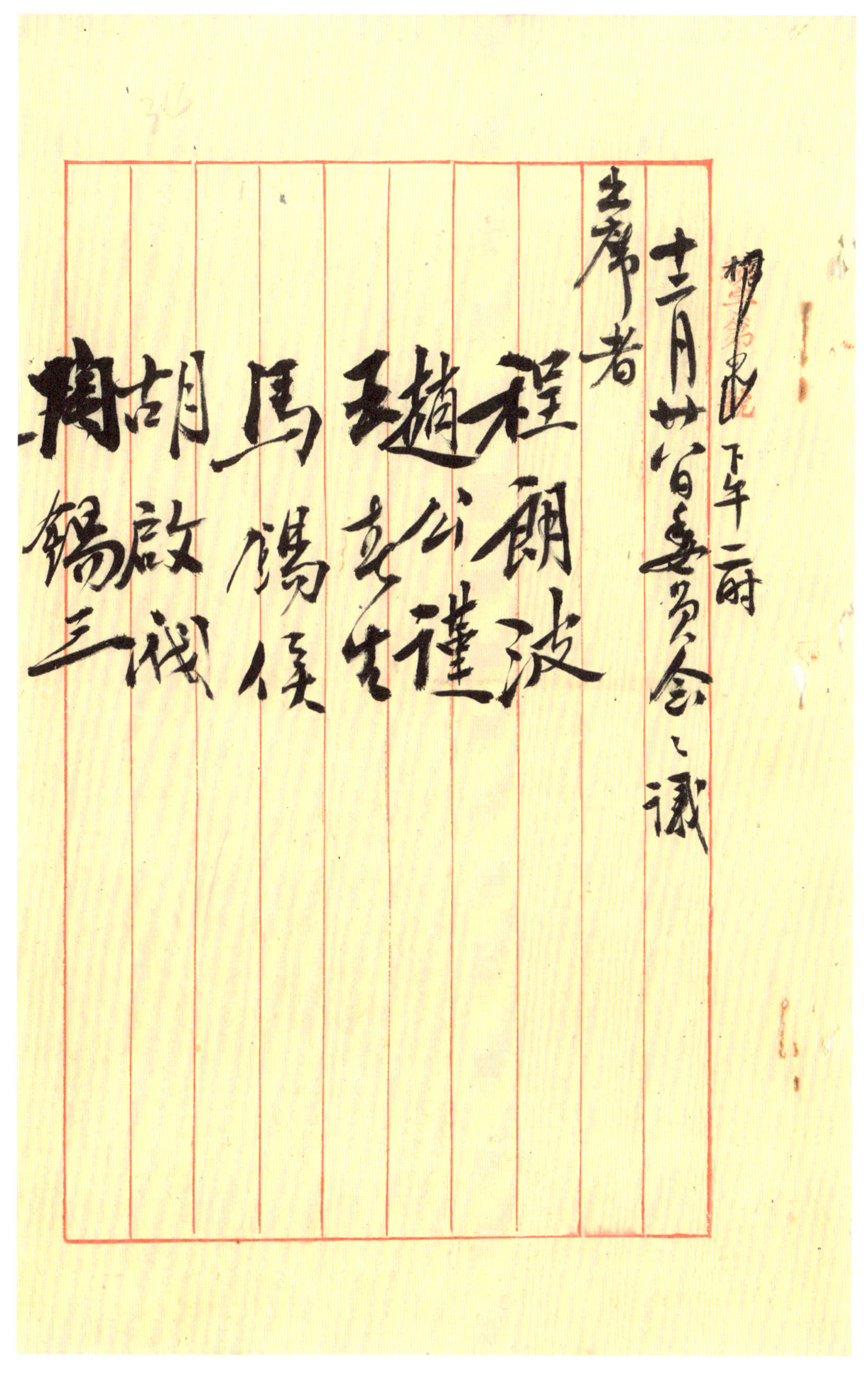

十二月廿八日委員會會議　下午二時

出席者

程朗波

趙公謹

王者生

馬鶴侯

胡啟儀

陶錫三

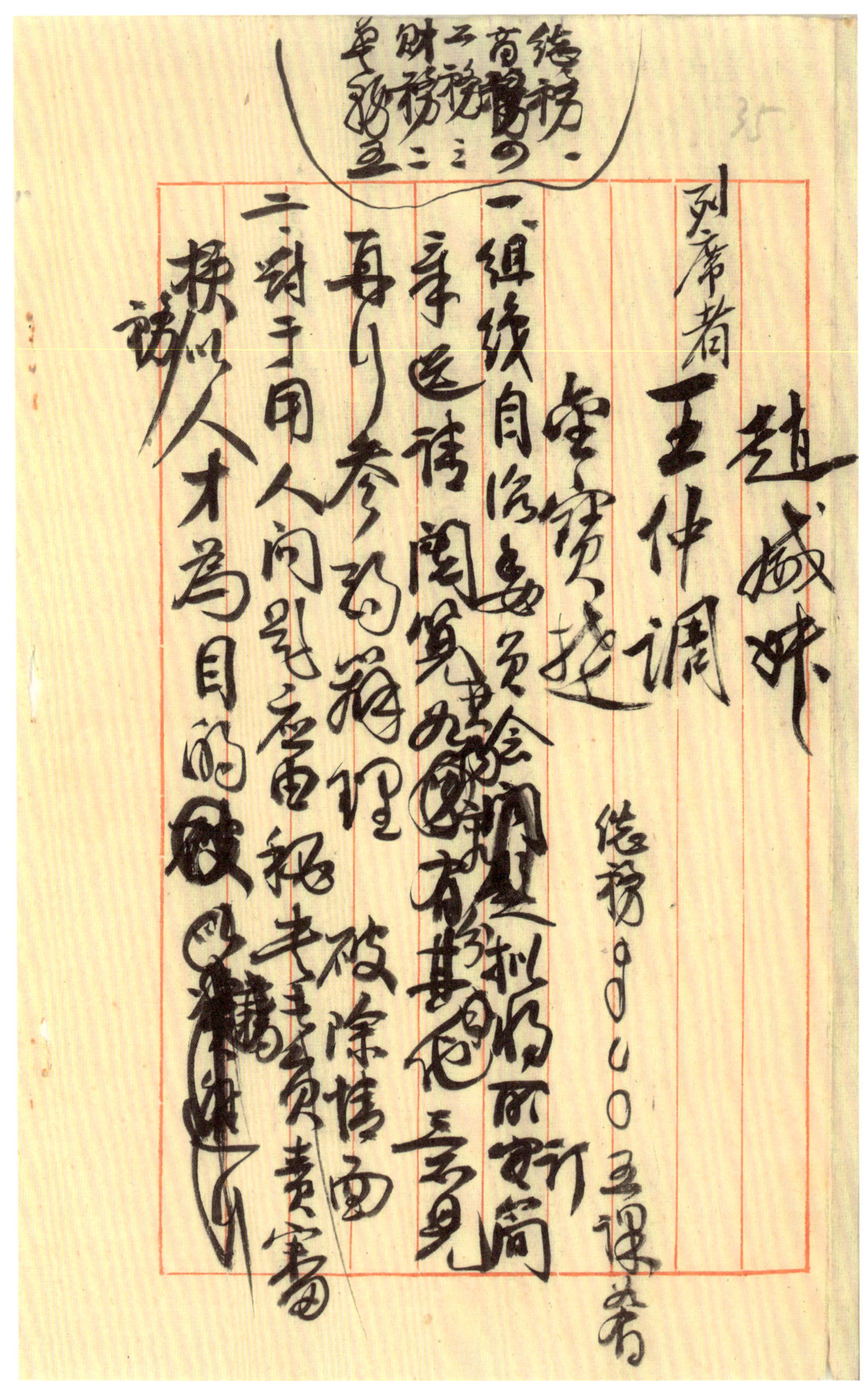

總務一、
[illegible]警務の二、
[illegible]務三、
財務[illegible]、
[illegible]務五

列席者
趙、臧、姚
王、仲、調
金、寶、捷
總務[illegible]八〇〇至課者

一、組織自治委員會，擬將所有[illegible]
[illegible]選請閣員及有關[illegible]有其他[illegible]
再行參酌辦理，破除情面。

二、對于用人問題，應由秘書長負責審[illegible]，
採以人才為目的，破除以[illegible]
[illegible]

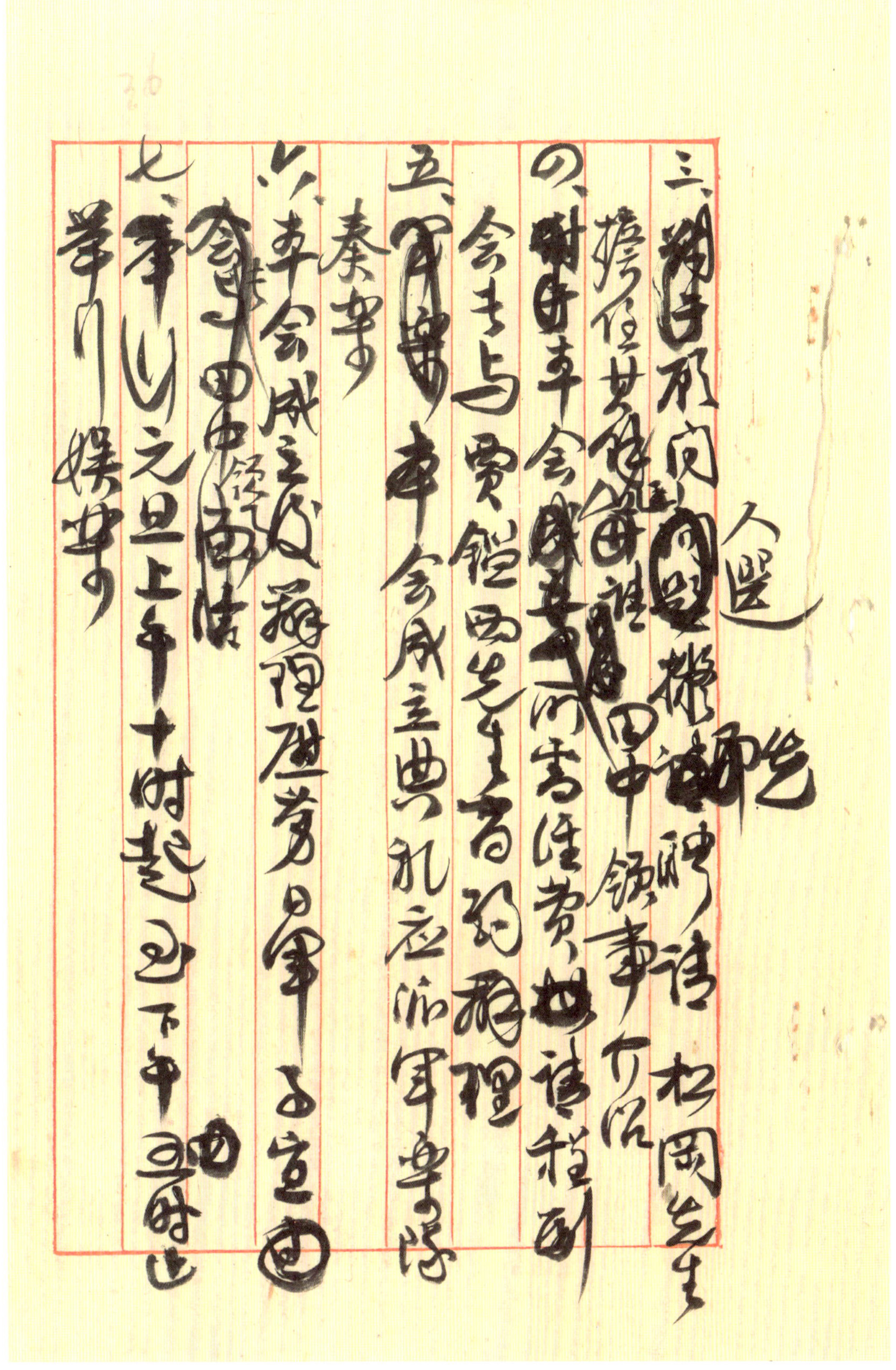

三、關於聘問顧問人選，聘請松岡先生擔任其總顧問，請田中鐵事宜
四、關於本會成立之前應有籌備，請程副會長與貴鑑西先生商酌辦理
五、關於本會成立典禮，應派軍樂隊奏樂
六、本會成立後辦理慶賀典禮事宜，會同田中鐵商洽
七、本月之旦上午十時起至下午五時止舉行典禮

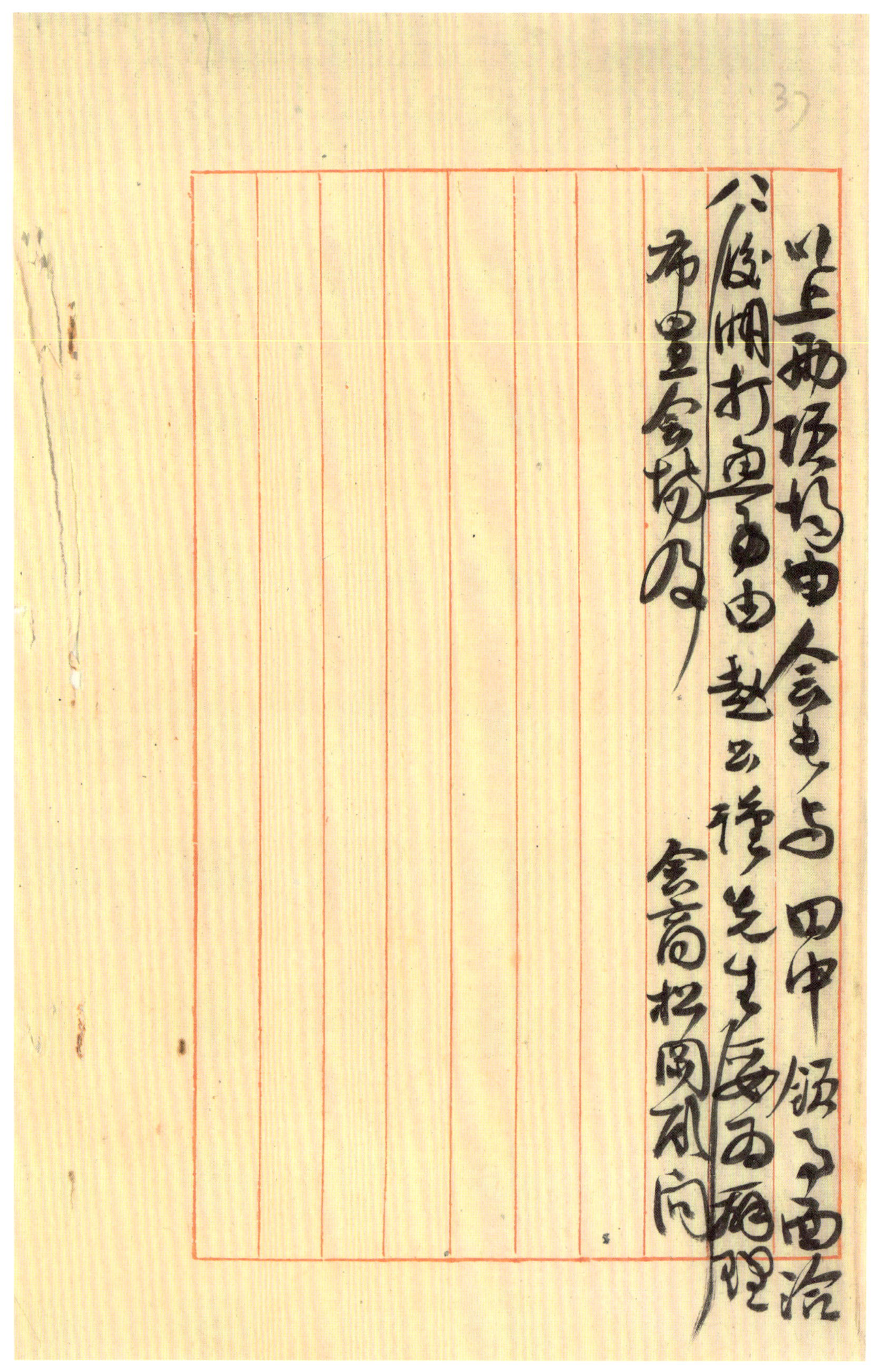

以上两项均由会长与田中领事面洽

公馆门前道路由赵公谨先生负责办理

布置会场及会商松冈顾问

第八次常會議事錄

一月二十五日下午二時

出席者　孫叔榮　胡啟閣　程朗波　趙成叔　趙公瑾　馬錫侯
黃月軒　王春生　王承興

列席者　田中領事　陶覺三　錢念慈　王仲調　金國書　王伯山
楊九鳴　劉連祥　楊欣甫　何纘之　方灝

提議事項：

一、陶會長提議因病辭職請以孫代會長繼任請公

決案

領事意見：本人今日列席適值提議重大案件即是
陶會長辭職問題此事雖已有所聞今日
特務機關長佐方回來亦略加討論希望
陶會長早日病愈銷假視事今日各位請
陶靜養由孫代理本人意思望各位幫忙
至於會長職務萬一將來陶會長仍不能
出來當再考慮屆時亦可轉達日方此時

暫不必輕易更張經衆贊成

決議：慰留

二、陶會長提議委員程調之羅逸民失蹤多日杳無音信遺缺未便久懸擬推錢念慈王仲調賈治邦為候補委員案

領事意見：對程羅兩委失蹤表示惋惜深望早日發見踪跡安然回來現在員責有人對於會務似不致發生影響本案保留經衆討論

決議：保留

三、陶會長提議第七次常會所提請就日方捐助之錢米酌撥若干趕辦冬賑一案繼續討論案

領事意見：對於粮食認為重要應由各委員將各處急切待賑實際情形及需要之米粮煤鹽等作成詳細報告以便轉請特務機關多多發給所有前捐萬元内之款未便再動

決議：照此意見通過

四、秘書長提議各區公所經費概數及職員額數應如何規定請公決案

決議：各區經費及員額應由各區長編成草案於星期五送會核奪至於區公所設立保甲組(附戶籍)救濟組(附家屋)副區長兼領組務均應分別修正

五、孫代會長提議各委員應每日輪流視察各區工作狀況報會考核案

決議：通過

六、二區區長鄧邦寀提議難民回家人數增多各區僅設售米處二處尚覺不敷應否酌添售米處以利民食案

決議：食米無多未便再添售米處

七、鄧區長提議本區境內居民多係中等人士因顧體面不願赴廠食粥可否由會加撥賑米案

75

決議：交救濟課核辦

（十二）臨時動議：副會長程朗波等提議

（一）安徽徐州浙江等鈔幣市面上不能通用擬請本會佈告凡以前市面通用之紙幣應一律通用不得拒絕違則以擾亂金融論罪請公決案

決議：凡向來市面流通各票均應照用即由會布告商民一體周知

（二）本區內莠民私取他人物件之事層見迭出應速令警察廳及各區公所嚴厲制止案

決議：應令警察廳區公所從嚴禁止違則查拿究辦一面轉請特務機關及憲兵隊協助

一月二十八日下午二時第九次常會議事錄

出席者　孫叔榮　馬錫侯　胡啟閣　趙盛叔　趙公瑾　黄月軒　王春生

程朗波

列席者　松岡　陶覺三　王承典　王仲調　金國書　錢念慈　王伯山

何緝文　王松亭　胡雨孫　楊欣甫　楊九鳴

提議事項：

一、救濟課馬課長提議救濟課賑米一千二百袋除發出約二百袋外尚餘一千袋至今尚未撥還應請剋日撥還以利工作案

松岡意見：從後天（三十日）起開始還（送）米粥食堂前已售出之米一千二百袋可作會費此後售賣之款應以方顧全關於救濟米由會派員會同各區辦理售米之事由工商課負責要辦至米之需要若干大家計劃並由各區即速報告自治會由救濟課核對所有以前賣出之款要詳細用

書面報告　經眾討論

決議：照辦

二、馬課長提議清潔隊依系統應歸救濟課辦理，刻限於經費，擬請將交通課現有之清潔夫撥給十名，以便輔助掩埋遺屍，清潔本會附近街道案

決議：清潔隊現已劃歸警察廳，即由馬課長與警察廳接洽辦理

三、秘書長提出嗣後大會議決急要案經秘書處油印通知後，各主管課應即查照主辦，以期迅速案

決議：通過

四、秘書長提議陰歷年關將屆，本會各員役等應否發給公費新工或先酌發維持費案

決議：由工商課將售米之賬款於明日（二十九）報告，以便在此款內動用發給

五、財務課程課長提議市有八卦洲及大小黃洲擬請招商承種，以裕收入案

决議　本案保留俟下次提出討論

六、馬課長提議據確報第一區售米處發生包庇售與風潮事應否嚴查請公决案

决議：嗣後對於售米事宜應格外審慎以免流弊

七、馬課長提議國民大會堂售米處發生出售萬足批、袋米情事以致難期普及應否糾正案

决議：由本會派員會同警察廳妥為糾正

八、馬課長提議各區公所已經籌備施粥救米本課既無存米又無汽車更無煤炭將來定有中斷情事應否預先設法籌備案

决議　與第八案合併辦理

報告事項：

松岡報告要各區難民趕即回去所有食住及治安問題必為竭力解决日用品

86

販賣准本會派人至外埠去運由工商課擇人辦理運輸事宜由交通課
辦護照明日可發特務機關必用十分力量來幫助
此外各區要勘定地點設商店及菜場勘定後通知自治會與警察廳先
行掃除
難民回家要整個的勸導目前需發佈告不許軍人進去已與收容所言過
限二月四日辦妥此後查有無家可歸的向救濟課報告由各區籌劃安置
特務機關長說要大家出去宣傳並嚴格的去做大家抱為公之心做事是
好現象南京市自治委員會為世界注目應負責方可表現成績要從正
路上走特務機關必為幫助完了

自治委员会第十次常会议事录（一九三八年二月一日）

二月一日（星期二）下午二時第十次常會議事錄

出席者 程朗波 胡啟閥 趙咸叔 趙公謹 馬錫侯 黃月軒 王春生

列席者 陶覺三 王承典 錢念慈 王仲調 全國書 王伯山 楊九鳴 劉連祥

鄧邦宋 方 灝 何偉之 胡雨掾

副會長孫叔榮請病假

主 席 程朗波

討論事項：

一、上次財務課長提議八卦洲及大小黃洲擬招商承墾一案繼續討論案

二、旗民代表蒼雨城等請求收回八卦洲地產以復滿清舊制案

三、普育堂堂長曹雪堂請將本堂國有財產恢復舊制專作慈善事業案

以上三案併案討論

特務機關長意見：將蘆柴等物由財務、工商兩課派人採取應用，至於此產究竟誰屬，俟

略再行討論

決議 照此意見通過

四、秘書處提議本會救濟課擬訂辦事細則列有衛生組，而警務課亦列有衛生組，究

應歸何課辦理，請公決案

決議：行政衛生歸警務課辦理，救濟衛生歸救濟課辦理

情近經各方報告回去者固不少然在上海路看不回者亦尚多雖由習慣使然恐非帶點强硬手段不能收效此事須將兩旁攤子解散不許買賣才好解散方法一在促令遷移一要將棚子拆除大家恐發生治安問題現已竭力設法以後關於不規則舉動必能減少治安既有保障會中應切實宣傳希望共同努力明日松岡來請派人同往此種苦心勸導若再不悟只好用特種手段了

現在許多人到特務機關去領安居證最好由會發給字條或一星期或逢五逢十派員帶同前去領證爲妥並請警察方面嚴重檢查勿使拿人物件

二、秘書處報告一月二十五日第八次常會第三案陶會長提議舉辦冬賑一案決議應由各委員將各處急切待賑實際情形及需要之米粮煤塩等作成詳細報告特請特務機關發給等語紀錄在卷現尚未照辦請推人着手辦理當經公決由工商救濟兩課會同胡委員啟閣迅速擬具報告以便函致特務機關撥給

五、財務課提議關於人力車捐營業車與自用車捐額交通課與財務課意見不同應如何決定案

決議：照交通課原案營業車每月捐壹元自用車每月弍元原案通過

六、財務課提議一案關係兩課職掌每致發生誤會擬每星期舉行各課聯席會議以便解決案

決議：照辦並定每十日開聯席會議一次

七、第三區胡區長提議商民逃難他方應如何使其從速返里安居恢復商業案

決議：本案工商課擬有辦法應由工商課從速進行

八、救濟課馬課長提議本會各課各有系統現在時有越權情事應否設法糾正案

決議：由聯席會議解決

九、救濟課提議本課工作緊張外勤事務較繁均非汽車不辦應否購置汽車一輛以應需要案

決議：所有本會汽車一律歸總務課統制各職員因公需用時應事先通知總務課發給銅牌方可使用

報告事項：

一、特務機關長報告在會議時本人參加說話請原諒對於難民回家諸位亦表同

自治委员会第十一次常会议事录（一九三八年二月四日）

（二月四日星期五）下午二时第十一次常会议事录

出席者 程朗波 胡启阀 黄月轩 赵威叔 赵公瑾 马锡侯 王春生 孙叔荣

列席者 钱念慈 王仲调 金国书 王伯山 胡雨荪（宣讲所代） 刘连祥 杨九鸣 方灏 何绎之 王承典

主席 孙叔荣

讨论事项：

一、赵委员威叔提议整肃议场秩序案

（说明）本常会为议决要案推进会务之枢纽，并应节留时间听取各区课长之报告工作及特务人员之发表意见，不容任意发言致碍会议进行。其应注意之点如下：

（一）席次 出席与列席者各递坐自成一组，以便表决，不应杂坐无序；

（二）发言 列席者系备谘询，除与其职责有关者应陈述意见外，其無關事項不應隨意「補充」「貢獻」意見，蓋「補充」「貢獻」即係修正原案，修正應得原提案人同意，否則須撤回整理後重行提出，均有搖動本案之危險也。

三、不公開會議　凡有彈劾性之提案無庸列席者說明，似無公開必要

決議：照案通過

二、救濟課馬課長提議旗民代表王藍齋等造冊請賑一案，擬酌給食米，勸令五日內回家，否則即以一次為限，請公決案

決議：每人每日給米四合，小口折半，限令五日內一律回家

三、財務課程兼課長提議本市屠宰稅已有商人呈請承辦，是否採用包辦制或承辦制，請公決案

決議：照承辦制試辦一個月，再屬整理，并由胡委員啟關監督，以期涓滴歸公

92

四、財務課提議各區公所經費及員額各區長尚未遵議將預算書提出擬請訓令各區限期呈報案

決議：照辦限三日內呈復

五、第三區胡區長提議特務機關所發賑米究應如何散放以維難民生計案

決議：大口給米四合小口減半由區公所負責確查以老弱赤貧者為限本案之救濟課與各區長接洽辦理

六、第三區胡區長提議難民區兩旁蓬屋如逾限不讓應如何處理案

決議：限本月八日一律拆除遷讓與警廳查封

七、王委員春生提議請將前江寧縣所管轄區域劃歸本市範圍以便統治並裕財源案

（說明）查民國元年南京府範圍係包括前清之上元江寧兩縣地未幾改南京府為江寧縣其轄地仍以元寧兩縣為限後國民政府在南京設

特別市旋以縣市畫限問題發生糾紛結果移江寧縣治於上山轄

舊江寧縣六鎮市九十鄉之區域今南京市既經成立自治會亟宜

畫定界限鄙見以為除原有之南京市所轄地完全收歸市有外

應根據民元設府案將元寧兩縣地收歸其內茲請明白規定首

將江寧縣之六鎮市九十鄉之地一律劃歸本市範圍以便統治免使

該縣境人民受流落無歸之苦且將來市地既廣藉可充裕財源進

行市内各項要政俾臻從榮盛。

決議：照原案通過並由會函致特務機關核准施行

八、王顧問承典提議本會所聘日方顧問應請補發聘書並於每次開

會時請其列席案

決議：由孫代會長先行接洽辦理

九、王顧問承典提議本會對於日方行文應否並用日文並

決議：現在精通日文人才很少此事緩辦。

十、程委員朗波馬委員錫侯胡委員啟閥提議第三區副區長葉菲本區之人亦未經委員會委員同意殊屬非是茲介紹李壽江君請加委任案

決議：本案保留下次討論

十一、王顧問承典提議據商民王紹陳等呈請組織日用品統制處以貫其意見擬請核准早日成立案

決議：原則通過其辦法由工商課就所呈意見審核進行

十二、王委員春生動議各業公會代表聲請早日成立商會以興商業案

決議：公推王顧問承典程副會長朗波胡委員啟閥妥速籌備定下星期一召集各業代表討論進行

二月八日（星期二）下午二時第十二次常會議事錄

出席者 胡啟閥 王春生 馬錫侯 孫叔榮 程朗波 趙威叔 黄月軒

列席者 徐 籐 王仲調 金國書 錢念慈 許傳英 胡雨孫 楊九鳴

劉連祥 王伯山 方 灝 王承典 何繼之

主 席 孫叔榮

討論事項：

一、秘書處提議上新河八卦洲江寧鎮等處應否設立區公所抑設立某區公所辦事處案

決議：可在南京市範圍内各鎮設立辦公處，應由各區區長將地點分配後，下次提出再行討論

二、趙委員威叔臨時提議籌設南京公鹽棧方案請公決案

（説明）鹽關民食，又爲國家最良税，就封存公鹽設棧批銷，並陸續購進，以維民食而增收益，誠一舉兩得也

(一)組織

甲、棧務　因關外債祇能以商業性設置而由會指定委員一人督理之其配置如下：

設「總棧」於城中區、「分銷處」於城四區以及下關四鄉各若干區「代銷處」則酌量配置以「請負法」招商經理之(免稽核之煩、關支之濫而又含有獎勵性且鹽有固定包量法定價格尤易統計最合請負法也)

乙、員司　總經理一員(選任或暫由督理委員兼任)總理棧務經理二人(由總經理選任)一管內勤(收發貨及內部管理)一管外勤(進貨及運輸等)其他文書賬務以及各員司均由總經理量事負責選用

丙、基金　保留現存貨價及第三期餘利之一半數為維持購進新

貸之基金應設基金監（二）人由會長及特務機關（一）人任之

（二）預算

甲、分配 除基金外以二成補助會費以一成為棧員薪工（一）成為存棧生財租費及伙食等一切雜支（一）成為設備費（擴充銷路後如卡車小輪之購置）

乙、銷數 此係大量上觀察可分三時期

(1)本城月以千包計月可得價萬元（以市價一角一斤計）

(2)四鄉月以二千包計月得價二萬元

(3)江寧府舊引岸（七縣）月以六七千包計月可得價六七萬元

（說明）照上列初期除留半數基金所得雖微然二期即可補助四之一能推廣至三期則本會經常費有着矣

按條意見：所提辦法甚是須由趙委員細心研究早日辦成經衆討論

101

決議：原則通過仍由趙委員細心研究以期早日辦成

三、第三區胡區長提議各區設立小本借貸處接濟商民恢復營業案

決議：本案暫時保留俟有的欵即行舉辦惟利息似嫌太重不應在八釐以上歸還時期亦須規定

四、馮委員錫侯提議羅委員逸民在職失踪擬請發給一月份薪金由其妻劉氏具領請公決案

決議：暫由本會給予維持費弍百元將來得其實在下落再行酌辦

五、孫代會長臨時動議陶會長公費應否照送案

決議：陶會長創辦會務因勞致病應由本會致送慰勞金五百元以資療養

二月十一日（星期五）下午二時常會議事錄（第十三次）

出席者 程朗波 趙威叔 胡啟鵬 黄月軒 馬錫侯 王春生

列席者 佐籐鶴人 王仲調 錢念慈 王伯山 金國書 許傳英 陶錫光 鄧邦寀 方灝 劉連祥 胡雨蓀 王承典 楊九暘

主　席 程朗波

討論事項：

一、馬兼課長錫侯提議軍事區市民紛紛來課請求補救如何能可回家因在區公所無法登記請公決案

決議：可在就近區公所登記關於支配房屋及食糧問題即由該區妥為辦理

二、馬兼課長提議本市度量衡管理所現已為特務機關封存應由會請求接收案

決議：由財務工商兩課會同辦理，但須先向特務機關商洽

三、馬兼課長提議擬救濟課衛生組依照該組組織大綱辦事細則第八條第二項第三項規定，掌理本市垃圾糞便及衛生上一切行政事宜，現在本市清潔隊已撥歸警察廳管理，實與該條文二三兩項抵觸，應否將該條予以修正，請公決案

決議：所有關於衛生清潔事宜既已撥歸警察廳管理，應由該課將原條文二三兩項刪除

四、王顧問承典提議近查四鄉返里者甚夥，因未領良民證無法進城，應如何辦理，請公決案

決議：凡由四鄉進城之人應請 佐籐先生向特務機關領取安居證由各區公所填給，至於遣送難民回家之事應如何派員分批護送，并由救濟課擬具妥善辦法以利進行

五、總務課楊課長臨時提議本課宣傳組有發行刊物之規定，前擬辦報

亟須實行所需經費每月約四千餘元應如何辦理請公決案

程副會長發表意見可列入經常費内開支由本課負責籌措

決議：照意見通過。

自治委员会第十四次常会议事录（一九三八年二月十五日）

二月十五日（星期二）下午二時第十四次常會議事録

出席者 趙威叔 胡啟閥 黄月軒 王春生 趙公謹 馬錫侯

列席者 田中領事 松岡 丸山進 小島友予 渡部 陶覺三 王仲詷
金國書 王伯山 錢念慈 王承典 楊九鳴 何緝之 鄧邦棐
胡雨蓀 方 灝 劉迪祥 黄伯熙（財務課代表）

主 席 孫代會長程副會長因公外出秘書長王仲詷主席

討論事項：

一、胡區長雨蓀提議大會議决城外各鄉設立辦事處應否規定如何組織以便遵循案

二、上新河代表孫桂臣等呈請設立區公所案

三、棲霞山寂然等呈請設立自治分會案

以上三案合併討論

決議：本案應組織審查委員會公推財務課程兼課長王廳長陶顧問

黄委員胡區長為審查委員由王廳長召集儘星期一將審查意見報告

四、馬委員錫侯提議前擬定各委員輪流視察各區公所因車輛不敷迄未實行應如何設法補救案

王顧問意見在第一區公所有汽車一輛又五五一號汽車一輛王顧問自備亦有一輛又班禪出售汽車一輛均可支配公用至班禪汽車售價尚可減少一半由王顧問與楊課長會同辦理

決議　照辦

五、馬委員錫侯提議羅委員失踪已由本會給其家屬維持費弍百元在案但同時失踪之汽車夫劉姓其家屬來會請求維持應否酌予救濟案

決議　由會給予二十元以資救濟

108

六、楊課長提議據吳喬洪等呈請開公娼案

決議 交警察廳審查核辦

七、小島友平提議小難民區小販應如何禁止案

決議 應由警察廳負責辦理

(2)鄉下農民借貸應如何辦理案

決議：現下正擬籌設各鄉區公所，應歸各鄉區妥速籌辦

八、楊課長臨時提議沿京滬綫回來難民約有三千餘人車輛如何辦法案

決議：由松岡先生負責與軍隊交涉，分批遣回，每次去弍百人

九、王顧問兼工商課長提議（一）擬具日用品銷售統制處招股簡則請

公決案

「附錄」 日用品銷售統制處招股簡則

一、統制處為商辦股份有限公司，資本總額定為拾萬元，分為壹千股

每股拾元，須在一個月內一次繳足，並不得以金錢外之財產作抵

二、股票概為有記名式

三、營業盈餘以四成為紅利，一成為公積金，二成捐助南京市自治委員會經費，一成為發起人特別利益，一成為同人獎勵金，一成為本統制處所統制之物品失業者救濟金

上項原則如蒙通過，再行擬訂章程，依據法定手續進行

決議：原則通過，由王[illegible]會同課長積極進行

（二）市內公有日需品及應用品擬由本會分別接收，交統制處出售，藉以調劑市面，其所得代價全部充作本市商販借貸基金，以濟商困案

「附錄」原提案理由

查市內積存之公有日需品及應用品等數量當不在少，惟因無人管理或管理困難，以致日漸散失，際此市上各項物品缺乏，民生凋敝，擬將此類物品由本會工商課搜集，交統制處出售，藉以調劑市面，其所

得代價全部充作本會工商課救濟商販借貸基金是否可行提請
公決
決議：原則通過
報告事項：
秘書處報告陶會長來函以市府路二十七號住宅內有佛室一間供奉老祖
此筆畫像及神聖佛像等遺失甚為可惜前在該宅中查得住軍遺下
鄭片上書中島本部部隊野田之隊天野隊長天野鄉三樣字樣請求日
方軍隊長官代為查詢等語結果 松岡先生允予代為調查即由會去函查
照
王顧問報告近日本會委員因執行公務見忌者迭有所聞處此混亂時
代必須查明有據方可依法處分否則負責者未免寒心於公實有不利
等語結果請大家注意
王顧問報告日前松岡先生為本會經費太巨囑本席以顧問立場提出
再請審核速造預算逕送特務機關備考等語結果交財務課速即會
同總務課核辦

二月十八日（星期五）下午二时第十五次常會議事録

出席者 孫叔榮 程朗波 趙威叔 胡啟閥 王承典 黄月軒 王春生

馬錫侯 趙公謹

列席者 田中領事松 岡 佐藤小 島 丸山進 陶覺三 許傳英

王仲調 金國書 王伯山 錢念慈 何緝之 鄧邦棨 胡雨孫

方 灝 劉連祥 楊九鳴 黄伯熙

主 席 孫叔榮

討論事項：

一 王委員春生提議請調查本市範圍内昔日公家及私人之農場收歸市有從事耕植以增進生産案

（說明）昔日南京城内外公家如中央大學農事試驗場等，私人如實業社等所置之田地暨桑園爲數不下數千畝，自戰事發生後各處經管人多有逃亡

103

近來歸來佔大土地聽其荒廢殊為可惜應亟由本會派員調查凡屬無人管理之公家及私人之農場悉收歸市有僱用農民從事種植既免日久土地之荒蕪又可增進市內生產庶於國計民生兩有裨益[illegible]

決議：此案先從調查入手惟關於私人產業無人管理者暫時代為管理

二、王委員提議春耕期屆各農村及農場耕牛應請極力保護嚴禁宰殺以維農作業案

（說明）近來城鄉內外所有耕牛被宰殺者固多而各鄉村之農場既無[illegible]存之牛亦被掠殺殆盡若再不加保護春耕之期農夫無以為耕[illegible]田之曠廢影響所及必至年荒歲歉極為堪虞嗣後當嚴禁私宰[illegible]牛犯者處罰藉以維持農作業俾助農村之復興

決議：通過並函請特務機關無論軍民人等一體嚴禁私自宰殺並設法採購耕牛以補不足

三、第三區胡區長提議請領經費應如何規定以昭公允案

決議：此案既由財務課簽請會長核示應俟批示後照發

四、王顧問承典提議擬設小本借貸處以扶助工商復業案

（說明）為擬設立小本借貸處以扶助工商復業並擬由承典親赴上海向銀行團商借基金以便籌辦。查本市遭兵燹以後商店貨物及房屋損失甚鉅資金枯竭欲謀復業殊非易易近來商民來會請求救助者日必數起本課既負有扶助工商發展之責擬即籌設小本借貸處遇有無力恢復營業之小本商店酌予借貸款額以資救濟並擬由承典即日前往上海先行向銀行團磋商借款一十萬元以作基金至其詳細辦法俟款項磋商就緒即當擬訂計劃呈送核奪

決議：通過由財務課長與工商課長同往上海接洽辦理

五、王顧問提議擬請派員接收公有農林案

105

（說明）（一）中華門外中央農場自安德門石子崗起至鐵心橋止週圍數十里改良農田甚多原有農田現植小麥亦復不少如牧場之雞猪牛均屬外國種因負責人避匿此種牧畜任人竊取應予派員接收管理

（二）中華門外安德門附近市府林場牛首山林場中山門外湯山林場教育林中山林及其他林場均可繼續接收不但免人損壞尤見本會注重農林之至意。

決議　照辦

報告事項

特務機關允山先生報告（1）本市耕牛原有若干春耕時尚必若干應由會務[illegible]管課詳細調查報告（2）各區每月經費應交財務課開預算會議詳細討論規定何區應用若干不得超過

小島先生報告明日起向日本商店購買物品須用軍用票由會出示布告

二月二十二日（星期二）下午二時第十六次會議錄

出席者　程朗波　趙公謹　趙威叔　王春生　馬錫侯　陶覺三　胡啟閥

列席者　松岡　小島　王仲調　金國書　錢念慈　王伯山　許傳英　何絹之

鄧邦宋　胡雨蓀　方灝　劉連祥　楊允鳴　黃伯熙

主　席　程朗波

討論事項：

一、第十四次大會擬設市鄉區公所交付審查一案審查委員會提出意見請公決案

決議：照審查意見通過惟區長須由會遴選以昭慎重並限三月一日成立

二、第四區方區長灝提議請設立江寧特別區公署推行自治案

本案與第一案合并討論

決議：照第一案審查意見通過本案否決

三、胡委員啟閥提議兵燹後市街門面形成孤立倒塌堪虞電桿電線燬損頗涉危險請轉飭各區相機拆除修理案

决議：關於電桿電線之事應函請特務機關查照辦理，至沿街門面並由警察廳會同各區公所出示限期各業户自拆，過期由警察廳派消防隊代為拆除

四、第四區方區長灝提議迅設臨時審判機關，促成秩序，早日恢復案

决議：保留

五、第三區胡區長雨蓀提議本會收支各欵應否列表報告，以示大公而免擇縱案

决議：依照本會前訂總務課會計室暫行收支簡則及財務課收支簡則辦理

六、總幹事提議以後常會擬改為每星期五下午二時舉行一次，必須準時到會，請公决案

决議：照辦，自三月一日起實行

八、馬委員錫侯提議第二區區公所鄧區長及楊副區長業經違法瀆職，已經獲

副會長 且實應一撤懲案

決議：將鄧邦案楊欣甫停職交警察廳傳案訊辦所遺二區區長職務由

胡委員啟閣暫行代理

八馬委員錫侯提議各區公所及警察廳所沒收之籌民衣物貨財迄未報繳

殊屬非是應否責令呈報案

決議：責令各區公所每星期呈報一次

報告事項：

松岡先生報告

(1)趙委員前次所提慈棧案本應由中央政府辦理照現在情形暫由自治

委員會依前次方案辦理俟將來新政府成立另定辦法

(2)城內房屋破壞什物堆積不成樣子且到處汙穢實屬有礙衛生須由會

查明整理並由警察廳會同區公所擬具辦法送特務機關查照至於破

八管理之磚瓦木頭鐵器亦應分別保留備用

(3)米[illegible]米因軍部存米無多今日副機關長至滬設法兩三日後必有辦法

(4)京滬路沿綫難民急應送回昨與鐵道隊商量已經答應遣送至何日可以開車應候鐵道隊通知特務機關再行轉知自治委員會

(5)南京總商會已決定成立須速速進行

(6)關於調查各種事宜很多擬託自治委員會在總務課設調查一組須選通曉本京歷史地理及熟悉地方情形之人爲組員

(7)現在難民還回的已甚多很爲可憐要全有正當職業事可做才好特務機關已設苦力收容所軍部需用苦力多由收容所派去工飯均有發給各區亦應設苦力收容所米飯可由軍部給與

小島先生報告請將南京城内廢鐵收集以備應用並須由會擬具辦法

116

（附録）市鄉區公所審查委員會審查意見

(1)區域劃分

原有市區三區

1. 孝陵衛　2. 上新河　3. 燕子磯

江寧縣七區

1. 東山鎮　2. 江寧鎮　3. 陶吳鎮　4. 祿口鎮　5. 湖熟鎮　6. 湯山鎮　7. 棲霞鎮

以上列十區爲原則

(2)組織範圍

仍以原有組織辦法查案施行

(3)經費問題

各鄉市警察局區公所開辦費及經常費均由自治委員會籌發之將來在籌

有江寧縣田賦收入項下歸還

(17)

(四)治安辦法

各鄉市應設之警察官警及自衛隊員隊士由警察廳任免之

(五)區長人選

各鄉市區長應採選當地素有聲望公正士紳由本會委任之

(六)田賦問題

各鄉田賦自二十七年上忙開始征收之二十六年以前豁免其征收數目當以前市政府

每畝征收數目征收之但不得逾分加征

二月二十五日（星期五）下午二時第十七次會議紀錄

出席者 孫叔榮 程朗波 胡啟閱 趙威叔 馬錫侯 黄月軒 趙公謹

王春生

列席者 松岡小島丸山進山口芦沢大浦王仲調

金國書 王伯山 錢老慈 陶覺三 楊九鳴 王松亭 黄伯熙

胡雨蒸 何緝之

主席 孫叔榮

討論事項：

一、馬委員錫侯提議本市米麵油糖鹽等食用品應由各該商人承辦不應由工商課專賣倘長此以往恐本市商人永無復業之方亦不能繁榮市面應否招商承辦請公决案

决議：工商課處於指導地位不得自行營業所有食用品應聽商人自由販賣前次提議統制處名義不甚妥當應改為運銷處

二、馬委員錫侯提議各處所接收之賍物現已陸續交會，可否組織保管委員會逐件列表存查以昭慎重，於整理後公開標售，得價存儲以便專作提倡工人生產之用，是否有當，請公決案

決議：此項賍物交總務課派員負責保管，將來發售時酌提百分之五作為查獲人之獎勵

三、財務課程兼課長臨時提議各處公所經費應如何支配，請公決案

決議：應組織審查委員會，依據財務課所簽請會長核定之數為標準，公推黃委員月軒、馬委員錫侯、胡委員啟閣、趙委員威叔、程委員兼財務課長七人為審查委員，由會長召集

四、孫副會長叔榮提議：城西一帶居民被劫於近日甚多，擬即函請特務機關及憲兵隊飭派軍隊協同警察切實巡查案

決議：函請特務機關、憲兵隊轉飭派軍隊協同警察切實巡查，並令警察廳遵照

(2)本人身體羸弱不能長期代理擬請准予告退或擔任閒散職務案

決議 仍請勉為其難一致慰留

報告事項：

1.松岡先生謂關清潔街道收集廢鐵二事現在已否着手

此事應由警察廳會同各區妥速辦理

2.王委員兼警察廳長報告本月二十五日上午十一時本席會同日本領事府派來警官鶴澤先生暨同本廳司法科長李幼生審訊第二區正副區長鄧邦棻楊欣甫對於協濟典當竊物失火一案會商之下該區長等身任要職於前項物件當時既不點明確數呈繳自治委員會又不報告警察廳手續固多錯誤且亦涉有重大嫌疑應請撤職訊究至於賑米及收支賬款部分應由自治委員會詳查核辦現據該區長等請求交保結准保外聽候傳訊

此案已由警廳呈報應俟呈到察奪

自治委员会第十八次临时会议记录（一九三八年二月二十八日）

二月二十八日下午二時第十八次臨時會議紀録

出席者 孫叔榮 程朗波 胡啟閥 黄月軒 王春生
馬錫侯 趙公謹 趙威叔

列席者 松岡 王承典 王仲調 錢念慈 金國書
楊九鳴

主席 孫叔榮

報告事項、

松岡先生報告人遣送難民回滬之事暫時停辦又關于第二區區長之事須速辦結可由委員會委員擬具意見函特務機關查照關於該區辦理救濟米事由伊親自調查又綠荳粉應如何支配應由救濟課速擬辦法又清潔事應令各人家自己掃除總務課亦應督促之又近又向軍部請米二千包俟二區救濟米查明解決後再發又兑換日幣事可于逢五逢十至特務機關接洽

討論事項、

一、王顧問承典臨時提議對於本會及所屬機關支出款項每月共需若干應定一確實數目以便籌措案

決議 公推財務總務工商各課長及趙威叔趙公謹兩委員組織委員會辦理由財務課長召集

六、程萃財務課長提議審查各區公所經費請公決案

議 原則通過

三、程副會長朗波提議擬設寧屬農村救濟辦事處請公決案

(說明)南京兵燹後各業荒廢亟應力謀恢復現在春耕之期農事尤為急要應設農村救濟辦事處其經費請慈善家擔任籌措

決議 全體贊成規定辦法如下

一、定名、為南京市自治委員會寧屬農村救濟辦事處

二、組織、以農學專家及熱心農業並熟悉地方情形之人員組織之

三、區域、以舊江寧府屬六縣為範圍

四、經費、由上海等地慈善家擔任籌措

五、事業、救濟農村經濟及耕牛農具種子等類

自治委员会第十九次会议记录（一九三八年三月四日）

三月四日星期五第十九次會議紀錄

出席者 程朗波 趙威叔 胡啟閎 馬錫侯 王春生
黃月軒 趙公謹
松 闕 佐藤 小島 滝部 陶覺三

列席者 王承典 何緝之（王作榛代） 胡雨蓀 方灝
劉連祥 王仲調 金國書 錢念慈 王伯山
楊允鳴 黃伯熙

討論事項：

一、王委員春生提議第一區區公所呈請添設保衛團及義勇團丁一案似與警察職權抵觸且服裝器械及日常伙食仍屬需款究竟應否設立請公決案

決議 保留

二、第一區區長何緝之等提議警察廳與區公所職責應明白規定以免互相爭議案

決議 本案交付審查公推王顧問承典趙委員威叔王廳長春生何區長緝之胡區長雨蓀為審查委員由王廳長召集於下星期二提出報告後函請特務機關查核

三、趙委員兼交通課長公謹提議本市航運交通亟待恢復查揚州現存有火輪三艘業經派本課航運辦事員彭樂海前往接洽就緒可供行駛本市與揚州六合間來往運輸之用

惟該項小輪服務員工請求先行發給維持費一千元擬即
派彭學海偕同本課課員王玉山辦事員張文翔携款前往
揚州將該項小輪三艘開駛來京備用惟事變以來秩序紊
亂目下航運恢復伊始如經商辦恐有不法情事流弊孔多
擬先由本課派員辦理俟辦有成效再行招商承辦是否有
當請公決案

決議　由自治委員會暫墊一千元試辦一月後再定辦法

(四)趙委員秉交通課課長公謹提議本課奉命積極恢復本市
交通計先後設立車輛登記處郵政籌備處電話籌備處航
運辦事處檢查警衛在在需警察維持而本會警廳警力有
限難以分配擬撥總務課勤務警例設置交通警三十名該
項警士即由警廳預備警内調用編制餉章依照警廳章程
辦理所需餉項薪給暫由車輛登記處車輛登記費項下撥
給是否有當請公決案

決議　照辦惟此項交通警仍應受警察廳之指揮監督

報告事項：

佐藤先生報告

(1)近來發見竊案頗多如軍隊運送特務機関未免小題大做可
由警察廳酌辦以昭簡捷

此事由警察廳擬一臨時處理方法歸司法科酌辦

166

(2)救濟米二千包明日起可以開運

(3)警廳經費原是清黄但現在自治委員會經費亦很困難惟有忍耐一時再行設法

(4)遣送難民方法尚未辦好最好登記後即留住一處以便同時運送

此事由救濟課擬具辦法在大方巷十號集中以免散亂

財務課程兼課長報告昨奉松岡先生面示由本會財務交通工商三課派員於每月五日十五二十五辦理兑換所事惟本會存款無多可否請特務機關先借給壹萬元以資周轉即以每日兑換收入之欵陸續歸還請松岡先生指示

此事議定可由財務課先交三千元去換餘由松岡先生與經理部商量

三 總課趙兼課長報告本課服務員邢文亮田得發二名於上上旬派往特務機關充任電話交換手惟松岡先生以該項電話純係供本會各機關之用該二員薪金仍須由本會發給擬由總務課將該二員月薪每人四十元補發

此款共計八十元準在本會經常費内支給

兼財務課程課長報告籌備徵收本市粮食税以裕收入案

附錄 竊查本課財政支絀必須開源以實金庫茲因中華門外鄉農出售米糧兵亂交易價值貴賤毫無標準亟宜恢復米行以便民食而利稅收業由本課遴派劉炎丞籌備本市糧食稅事宜並擬定稅率交由該員籌備開徵一俟籌備就緒再行呈請委任俾裕稅收而要計政理合將辦理情形報告 大會鑒核備案

附暫訂稅率

糧食類別	正稅	本會救濟費
米	六角	四角
稻	三角	二角
麥豆	三角六分	二角四分
雜糧	三角六分	二角四分

說明 以米稅六角為定額稻折半征收應納三角麥豆雜糧統按六折應納三角六分救濟費同例

偷運繞越者除補征正稅附稅外應處以三倍以上之罰金

此案可由課先行籌備在兩三日後由王顧問承典與各商人接洽再辦

兼交通課趙課長報告電話事宜應否收回辦理

此事應即收回惟收費須低廉為是

自治委员会第二十次临时会议记录（一九三八年三月八日）

三月八日（星期二）第二十次臨時會議紀錄

出席者 孫叔榮 程朗波 王春生 趙公謹 趙威叔 馬錫侯 胡啟閣

列席者 佐藤 小島 陶覺三 王承典 王仲調 金國書 王伯山

錢念慈 楊九鳴 黃伯熙

主席 孫叔榮

討論事項：

一 陶顧問覺三提議鄉區公所經費概算請公決案

（概算書另印附發）

決議：通過交總務財務兩課查照

二 孫代會長提議各鄉區公所區長人選請公同討論決定案

決議：各區長人選如下：

東山鎮 招原具呈人聶奇峰等來會談話再定

孝陵衛 陳公衡

上新河 陳良知

燕子磯 高梓推

江寧鎮 蔣樹庭

陶吳鎮 吳寶和

祿口鎮 吳續卿

湖熟鎮　張[illegible]卿
湯山鎮　呂冠穆
棲霞鎮　秦敬賢

三、兼財務課課長提議據韓湘林朱劍嶸等呈請在五台山山西路兩處開辦小學兩所每校每月請發經費一百四十元應否照准請公決案

決議　通過先以辦理此兩校為限其他各處俟本會籌有的款再行設立

四、王兼廳長提議鄉區設立警察局籌辦情形請公決案

決議：各鄉區警察局編制薪餉兩項照案通過其名稱應定為南京市警察廳某某區警察局例如孝陵衛則稱南京市警察廳孝陵衛區警察局餘類推至該局辦公費暫以經費三成為限實報實銷

報告事項：（略）

南京市自治委員會鄉區區公所月支經費概算

科目					金額	備考
第一款				區公所經費	三九六．〇〇	
	第一項			薪工費	二四六．〇〇	
		第一目		薪俸	二一〇．〇〇	
			第一節	區長俸	八〇．〇〇	
			第二節	助理俸	五〇．〇〇	
			第三節	事務員薪	六〇．〇〇	事務員二人每人月支三十元合如上數
			第四節	書記薪	二〇．〇〇	
		第二目		工食	三六．〇〇	公役三名每名月支十二元合如上數
	第二項			辦公費	八〇．〇〇	
	第三項			特別費	四〇．〇〇	聘用通譯一人月支如上數
	第四項			預備費	三〇．〇〇	

說明：查鄉區區公所之下，尚有鄉鎮公所暨保甲長等，為地方自治直接人員，故區公所不必多設員額，茲特參酌舊制，并按目前實際情形，擬訂概算如上。

三月十一日（星期五）第二十一次常會會議紀錄

出席者 程朗波 趙公謹 趙威叔 馬錫侯 王春生 黄月軒 胡啟閥

列席者 佐藤九山 陶覺三 許傳英 王仲調 金國書 王伯山

錢念慈 楊九鳴 黄伯熙 何緝之 胡雨蓀 王松亭 劉連祥

主席 程朗波

討論事項：

一、黄委員月軒提議本京米市紊亂擬有救濟之法二種一由工商課招商開設米行一由交通課開通河道請公决案

决議：關於招商開設米行及稅收等事交工商財務兩課妥籌辦理至開通河道一節由交通課與特務機關商請發給通行證以便着手工作

（原案附録）

近日中華門外米市紊亂已極五天之中自八元已漲至十一元皆因鄉户來米稀少供不應求而米業中人加價收買你爭我奪紊亂不堪若不設法救濟定以影響治安救濟之法有二

一為由工商課招米業人開設米行以謀統制法

查向來糧食買賣皆由行家經手所以市價不致紊亂現在米業無行人人皆可買賣互相爭奪非但市價紊亂且而將來稅收無處着根茲擬即日招米業人領帖開行即屬於工商課統制處與之訂立章程必使市價由統一而平穩其稅

收亦即在此着根由財務課設卡嚴密稽查

一、為由交通課即日開通河道阻碍（必速向特務機關領開通河道許可證不然被沿途兵隊阻止）領到許可證火速進行越快越好

從東南鄉產米最多數向來河運便利自秦淮上游經叉路由秣陵關祿口鎮分途有至橫溪橋者有至三星橋者沿河道無數村鄉產米廣博現今此河道中經鄙人實際探查自橫溪橋三星橋至祿口鎮令橋為止尚通行無阻能行大船可載米穀一二百石而令橋自兵事以來將橋身毀壞填滿土石作為行軍公路此處不易開通必須在旁先造木橋然後方能掘去所填之土石再自令橋以下沿河一路有數處小橋倒蹋土石於水中尚不難於把除每處約有數十工可以竣事（非經兵士許可不能動手）至雨花門外之鐵路橋因橋洞口有木排橫阻船不能行非起載搬運不能到中華門凡運米穀至令橋即要盤載過塤換小船僅能運載三十石至小橋阻碍處必須盤塤則搭船搬費至武定門外鐵路橋則非起載不可所以沿途運費及撥歡竟過於糧價之半數且而商人裹足不前胆小者不敢嘗試查各鄉稻穀實係堆積甚多甚多倘如路途無阻不愁無來源

二、第一區何區長緯之提議本會宜與北京新政府及各地自治會聯絡以資借鏡而利進行案

決議：俟新政府成立後再行酌辦

報告事項

〡秘書處報告陶會長函請辭職並附錄南京道院訓文及卍會宗旨又交回贊章一枚

〢財務警務兩課簽請警察廳補領一月份辦公費六百三十六元是否補發若干抑按照三月八日第二十次常會決議案鄉區警察辦公費按三成核發之例准予補發等情

此案公同決定照鄉區警局例實報實銷仍以三成為限

〣財務課報告擬籌設南京地方銀行情形

此案公決先由財務課將基金籌妥後再行呈請核奪

〤財務課報告籌辦本市菸酒牌照稅情形

此案應由該課擬具詳細辦法呈候核奪

〥財務課報告據陸翰卿聲請設立葉烟局等情

此案應向上海蘇州等處調查辦理情形如無流弊再行援照辦理

自治委员会第二十二次临时会议记录（一九三八年三月十四日）

三月十四日第二十二次臨時會議紀錄

出席者 孫代會長 程副會長 黄委員月軒 馬委員錫侯 趙委員威叔 趙委員公謹 王委員春生 胡委員啟閎 陶顧問覺三 王秘書長仲調 楊課長九鳴

列席

主席 孫代會長

討論事項：

一、程副會長兼財務課長朗波提議近由蕪湖運來米十萬石應如何支配請公決案

決議：此米以三萬石專辦救濟以一萬石作爲開支及折耗餘六萬石以三萬石爲本會四個月經常費三萬石爲南京地方銀行發行小票基金

充作本會經費之三萬石應歸本會發賣每石作價九元（市斗）招商承辦每石准扣佣金五角該商在市售賣每石不得超過九元五角

二、秘書處提議據報告中華門外鄉民運米入城已實行徵税等情現在徵税手續尚未完備且税額亦未明定公布應如何補救請公決案

決議：現在復興南京在在需款不得已開徵米捐以資彌補暫定正税兩角附税四角但須先用正當手續佈告由會發給正式印收第十九次會議之暫訂税率現未實行應即撤銷

三月十八日第二十三次常會議事錄

出席者　孫叔榮　程朗波　趙公謹　趙威秋　馬錫侯　王春生　黃月軒　胡啟爵

列席者　佐籐　丸山進　馬源　王承典　許傳英　陶覺三　王仲調　金國書

王伯山　錢念慈　楊九鴻　黃伯熙　何緝之　胡雨蓀　方灝　劉惠祥

討論事項：

一、秘書處提議據第四區方區長灝呈擬訂家屋及土地登記章則並佈告一案擬請組織審查會核議案

決議：組織審查委員會公推黃委員月軒胡委員啟爵馬委員錫侯王秘書伯山胡區長雨蓀為委員歸王秘書召集

二、馬委員錫侯提議恢復城北送診給藥所由本會酌予補助是否可行請公決案

（原案附錄）

案據本課衛生組主任許傳英呈稱竊查本市估衣廊北城送診給藥所向係慈善團體所創立專為貧民疾病無力就醫者而設平時祇取號金銅元十枚并免費給藥創辦以來成效非常卓著于茲大亂之後該診所雖已停辦所幸給藥用具尚全而全部職員亦未星散惟原有藥料已散失無餘本會若稍能因陋就簡酌予補助購藥費式百元收買極廉價之藥品當可實得四百元之藥材每日以百號計當可敷用三个月在開辦以後准該診所每號酌收號金一角不取診金藥費即以是項

號金充作醫生職員工役薪金似可維持本會即無須按月補助經常費用但於恢復之初應再津貼二十元以充該診所購辦筆墨紙張鍋碗等用具之費并給米一袋即認為一種開辦費用倘能照辦是以極少數一次之式百式十元米一袋之經費能活數萬貧病之災民是否有當用特簽請 鑒核等情據此查所稱各節尚有見地理合簽請 鑒核示遵。

決議：通過

三、秘書處提議第一區何區長緯之呈請設立各區小學辦法及概算擬請組織審查會核議案

決議：公推許顧問傅英王委員春生胡區長雨蒜何區長緯之黄課員伯熙為審查委員會委員歸何區長召集

四、兼工商課王課長承典提議嗣後本會事務應分函日大使館查照以免隔閡案

決議：照辦

五、兼工商課王課長承典提議辦事困難請辭去本會顧問及工商課長兼職案

決議：慰留

六、馮源先生臨時提議全市消毒衛生事宜應速興辦案

決議：由本會總務警務兩課將辦理情形及紅卍字會計劃書函致特務機關查照

六、佐麻先生臨時提議城内外所有廢鐵應迅速收集將來可作本會經費案

決議：由本會選派趙公謹黄月軒兩委員爲專員會同各處廉價收買由王顧問承典在售品項下先籌撥二萬元作爲基金以便收買至買價及廢鐵處分辦法由黄趙二專員協商呈會核辦

報告事項：

一、趙委員咸叔報告籌辦公鹽情形結果由趙委員與王顧問承典妥商辦理

自治委员会第二十四次常会议事录（一九三八年三月二十五日）

三月二十五日第二十四次常會議事錄

出席者 程朗波 趙公謹 趙威叔 王春生 黄月軒 胡啟闕

列席者 尤山進 小島 陶覺三 許傳英 王仲謀 金國書 楊九鳴

黄伯熙 何緝之 胡雨蘇 方瀨 劉連祥 高梓樵 陳公衡

主席 程朗波

討論事項：

一、審查委員會馬委員錫侯等報告關於第四區方區長提議土地及家屋登記規則請公決案

決議：照審查意見通過，原案發交總務課

二、農工商課長王顧問承典提議日方撥交本會施粥卷存儲款額不符情形應如何處理請公決案

決議：由總務財務兩課長趙委員威叔趙委員公謹王顧問兆典會同松岡先生前往查勘辦理

三、第一區何區長緝之提議請開放秦淮河水以重衛生兼可檢查河內遺屍及武器案

四、第一區何區長緝之提議各區組織臨時清潔隊清除城內穢物及糞便案

決議：以上兩案交警察廳王廳長救濟課馬課長第一區何區長妥擬具體實施方案呈會核奪

五、第一區何區長緝之提議本市通用紙幣殘缺不整發生爭執

請妥籌維持辦法案
六、王顧問承典提議本市破舊鈔票擬由商會代收兌換新票案
以上兩案合併討論
決議：關於此事新政府已有計劃，俟稍緩再議
七、王廳長提議據司法科科長李幼生、督察科科長楊治城呈遞
竊案迭出皆由警力單薄防範難周所致擬具充實警力辦
法四項請予提會討論案
決議：交黃委員月軒、王廳長春生、何區長繼之、胡區長丙蓀、黃
課員伯熙組織審查委員會詳擬辦法報告到會再行核
八、兼財務課程課長提議籌備菸酒公賣稅一案擬具公賣及牌
照徵收辦法請公決案
決議：交財務課程課長、工商課王課長、胡委員啟聯、陶顧問、樊
三、劉區長連祥組織審查委員會詳細審查報告再由會
函送特務機關核奪歸財務課召集原案交財務課
九、兼工商課長王顧問承典臨時提議關於蕪湖米出售辦法
與米業代表商洽並請公決案
決議：由秘書處召集各課各派一員組織售米委員會妥為辦理
原案交王秘書伯山
十、王顧問承典提議為督促辦理春耕及籌發擬請日方借款購

買耕牛及撥發種案

決議：此事已由特務機關與江寧縣宣撫班商量辦法，應暫保留再議。至屬於本市之上新河、燕子磯、孝陵衛三區應需耕牛、籽種若干，先由各該區長查明具報，以便并辦。原案交工商課

十一、王顧問承典提議擬請設立八卦洲管理處，掌理該洲行政事宜，並砍割該洲柴薪，請討論公決案

決議：由工商、財務兩課會同籌商辦理。原案交工商課

十二、秘書處提議據孝陵衛區長陳公衡臨時請求核示三案：(1)請求救濟難民食住問題；(2)請發鄉鎮保長圖記及辦公費；(3)鄉民本領安居證者請轉函特務機關赴鄉驗發

決議：關于第1案食的問題，應由會援例函請特務機關酌撥米糧，住宅由該管區公所設法安插；第2案鄉鎮保長應令暫盡義務，所請刊發圖記及辦公費均從緩議；第3案應函請特務機關核辦

十三、第一區何區長等審查關於各區設立小學辦法作成報告，請公決案

決議：在一、二、三區內先設一校，將來再圖擴充

四、馬委員錫侯提議漢口路小學校房屋現由警察廳封存保管

請公援照山西路五台山小學例就該校辦小學一所請公決

案

決議：照辦原案交總務課

五、馬委員錫侯提議現在封存警廳之贓物如茶葉小菜及衣物

等件日久恐致霉爛應否定期標賣請公決案

決議：應將警察廳及各區查獲贓物一并定期迅速估價拍賣

報告事項：

1、秘書處報告關於財務課米税問題已否停徵案

決議：應速出示暫行停徵並將税票限即日繳會一面擬定嚴

密計劃書送特務機關察核辦理

2、交通課趙秉課長口頭報告前辦車捐為提倡車業起見收數

甚少現在自用車與各機關公用車有尚未登記者營業車有

違未繳捐者應如何辦法請討論案

決議：由交通課詳擬辦法呈請會長核奪

3、總務課楊課長簽呈據夏永慶等呈請設立玄武湖區分所及

浦口工商代表何燮等請求設立區公所應如何辦理案

決議：關於玄武湖自治事宜應令遷向第三區報告辦理浦口

設區之事應暫從緩

自治委员会第二十五次会议记录（一九三八年四月一日）

四月一日星期五第二十五次會議紀錄

出席者 孫叔榮 趙威叔 王春生 馬錫侯 黃月軒 胡啟閥

列席者 小島鵜澤 丸山進 許傳英 陶覺三 王承典 王仲詞

金國書 王伯山 錢念慈 楊九鳴 趙雲谷 徐仲仁 何靜之

胡雨蓀 王松亭 劉連祥 陳良知 高標推 陳公衡

主席 孫叔榮

討論事項：

一、兼救濟課馬課長提議救濟米現存無多擬向華僑招待所存蕪湖來米借撥五百袋以應急需案

決議：先借給三百袋又借給紅卍字會一百袋藉資救濟

二、兼第二區胡區長提議二區人口漸增請速撥賑米擬各區長以各區情事相同面請一并撥給案

決議：應借撥五百袋由救濟課查明各區需要情形酌量支配

三、王顧問兼工商課長提議關於售賣蕪湖來米一案當經會見請公決案

決議：此項米糧作為本會基金應由秘書處與各課各派人特務機關派員一人由會妥商辦法定價發賣所得利益涓滴歸公以充會費售罄再行陸續運來發賣所有原當意見應毋庸議

報告事項：

一、秘書處報告據圖書館主任楊復明報稱今日午後一時有日井義三郎用卡車來館取去書庫書籍二十餘箱運至珠江路地質調查所等語

此事經小島先生說此書運往資源委員會舊址保存俟新政府成立再行交還

四月四日第二十六次臨時會議紀錄

出席者 孫叔榮 趙威叔 馬錫侯 黃月軒 胡啟閥 錢念慈 王伯山

列席者 小島 佐藤 荻野萬吉 王仲謌 金國書

王承典 谷少卿（財務課代表） 潘楚飛（總務課代表） 李鈺堂（米糧業代表）

主席 孫叔榮

討論事項：

一、秘書長提議蕪米價貴，是否繼續購運，米商在本會購去之二百袋要求減價，請公決案

米糧業代表李鈺堂陳述，已運米弍百袋，已拆一百袋，內有霉米佔百分之八，現在南京米價頂好之米市價不過六元三角，較之本會所定售價每石八元，相懸太遠，商人為復興米市投資，亦銷不能吃虧云云

決議：請黃委員月軒、馬委員錫侯及財務課分別實地調查市價，除米商已拆一百袋仍照原議定價每石八元外，再行按照市情規定價格，至京市目前米價下落，係特殊原因，不能作準，蕪米仍應照購

報告事項：

一、特務機關佐藤先生報告，嗣後各城鄉區公所關於接洽事項及書面呈請，必須經過自治委員會據情函轉核辦，如直接到特務機關，概不受理

一、佐藤先生報告，本會應組織食堂，或招人承辦，或自行舉辦，每日午飯（中國時間自十二時至下午一時），由各人開條令廚役在總務課收款，每屆月終發薪時由總務課分別扣算

自治委员会第二十七次常会记录（一九三八年四月八日）

四月八日星期五第二十七次常會紀錄

出席者 孫叔榮 程朗波 趙公謹 趙威叔 王春生 馬錫侯 黃月軒 胡啟闕

列席者 佐藤 馬淵 丸山 鵜澤 范忠常 悴田仁 陶覺三 王承典 許傅英 詹榮光 王仲調 金國書 王伯山 錢念慈 楊九鳴 黃伯熙 何緝之 胡雨豫 方 灝 劉連祥 高梓推 陳良知 陳公衡

主　席 孫叔榮

討論事項：

一、兼財務課程課長提議紅卍字會函請撥米五百包購買泡油款五百元一案本會經費支絀實難撥給究應如何辦理請公決案

決議：由總務課在本會經費項下借撥二百元並給米五十袋另由

本會向日方商請撥給汽油若干補助紅卍字會供掩埋之用

交總務課辦

二、兼財務課程課長提議茶酒牌照兩稅上海蘇州等處均由自治會或維持會臨時征收前審查會認為係國稅省稅性質未就原案審查究應如何辦理請公決案

決議：由會擬具嚴密計畫交由丸山先生轉請特務機關核奪 交財務課辦

三、警察廳王廳長提議此次三月份所領薪餉裸色鈔票居多外間頗難行使應如何設法維持請公決案

決議：此案已由程兼財務課長與上海銀錢兩業公會商議兑換辦法應由本會設立兑換處並出示一律通用 交財務課辦

報告事項：

一、馬淵先生報告本月十一日日方軍部出來大掃除應由警察廳及各區合力掃除一面由區公所督促人民各自清潔 交警察廳各區公所照辦

又商民復業者已多非有稽考不可一般普通商業固無問題若有關風化之特別營業須由警察廳加以取締並報告特務機關 交警察廳照辦

乙、丸山進先生報告關於小學校辦理情形及教材究屬如何應分送特務機關查核 交總務課照辦

又、鄉區要耕牛二千頭應轉報特務機關核辦 交工商課辦

3、宣撫班范忠常先生報告關於掃除之事因積存垃圾太多而經費車輛均感困難是以不易辦理若運至河邊無船運出恐碍衛生最好由警察廳或區公所設法在城内空地開洞裝入垃圾用土蓋上將來仍可變為肥料之用至各處公共防空壕已無用處亦可利用堆積垃圾所有各家門内清潔之事應督率各家自己掃除必須清潔爲止不是一日的事尤須請財務課多籌經費以便擴充清道夫 交警察廳會同主管課辦

〧、總務課楊課長報告宣撫班交辦各事

一、土產物品市場之開設 附屠獸場之設置

二、塵埃燒却場之設施

三、糞便處置機關之設立

四、死亡與疾病之人數與種類應由警察廳查明轉報宣撫班

五、攤販區域之决定

以上各項對於糞便之處置歸救濟課衛生組擬一辦法會同警察廳妥速籌辦餘由警察廳會同主管課體察地方情形酌辦

〨、秘書長報告馬委員錫侯等審查何區長提議關於秦淮水閘檢查屍體及武器及「本京偏僻街巷穢物及糞便處理」兩案擬具實施方案開放水閘事速即函請特務機關核定指定日期實行處理糞便事交救濟課參照審查意見妥為籌辦

〩、秘書長報告警察廳長王春生等審查何區長提議各區設立小學辦法

及概算情形案

此案照審查意見通過

7、趙委員公謹報告廢鐵收聚處成立兩星期已得廢鐵一百萬斤即六百噸前定經費二萬元僅收到八千元如不繼續撥款勢將停頓應否先將收存廢鐵變賣（六百噸約可賣六萬元）以充經費案

此案候王顧問承典將籌撥二萬元之款查明付過若干再定辦法

四月九日星期六第二十八次臨時會議紀録

出席者　孫叔榮　程朗波　趙公謹　趙敘叔　王春生　馬錫侯　黄月軒

列席者　小　島　丸　山　將田仁　石川勇　王承典　黄伯熙　王仲謀

金國書　王伯山　錢念慈　李鈺堂米糧業代表

主　席　孫叔榮

討論事項：

一、秘書長提議近來米價低落，已由黄委員月軒等調查上等米六元四角七分，最高市價亦在七元以内，原定蕪米每石八元過巨，所有已運到蕪湖四千六百袋應如何減價發售，請公決案

小島先生報告昨日到蕪湖接洽，云上海軍特務部定價蕪商之米每袋不得超過五元，惟公家之米不收款

決議：米商已領之米内六百袋仍照原價每石八元，又一百袋作價每石六元三角，現在所存華僑招待所之蕪米三千餘袋定價每石六元三角（運力等商人自理），不問市價漲跌，全數由米商承包照繳現款，除霉米照退外，高次米不論，至麻袋扣四斤繳還本會，此次所得米價悉數仍購蕪米，不得絲毫挪用，由財務課負責保管

自治委员会第二十九次卫生防疫会议记录（一九三八年四月十三日）

四月十三日下午三時衛生防疫會議紀録（第二十九次）

出席者 孫叔榮 程朗波 趙公謹 王春生 胡啟閥

列席者 小島粹田丸山荻野鶴澤 王承典 潘敦徽代 詹榮光 楊九鳴 黃伯熙 胡雨蓀 王松亭 劉連祥 王仲調 金國書 王伯山 錢念慈

主席 孫叔榮

主席孫代會長報告昨日第三師團開防疫會議對於南京清潔事宜有所討論本會於十一日在軍部領導之下舉行大掃除軍部大佐宮城說大體辦理尚好其有不能盡善者實因財政困難之故深為諒解茲將應辦各事報告如下

一、以後每月十一日為全市大掃除之期

二、不用罩之食物要加以取締違則禁止售賣

以上兩事由警察廳與各區公所會同辦理

三、清除道上積水

歸各區公所查明辦理

四、處置糞便垃圾查建築多數廁所一時尚無的欵可在區內適中地點妥覓

空地及無主空屋兩三處以便堆積

五、食物小販不能隨意擺攤應令聚集規定之小菜場內所有小菜場費用及管

理員均應取消祇須派清道夫若干名每日勤加掃除

以上兩事應由各區勘定地點繪具圖說報告到會以便與宣撫班接洽辦理

六、如有發生傳染病時須即刻報告軍醫部以便派醫前往施診一面設法隔離

並研究病之由來如已死則須檢查並須令家屬速葬

此事警察廳各區均應專派人員責辦理並由秘書處佈告週知

第三區胡區長雨蓀報告近日太平和平中山各門駐守憲兵對於中島部隊

所發安居證有不適用之說恐滋糾紛仍請繼續有效等語

此事已由北憲兵分隊悴田報告隊本部轉報警備司令可望仍舊有效

自治委员会第三十一次会议记录（一九三八年四月二十二日）

四月二十二日星期五第三十一次會議紀錄

出席者 孫叔榮 程朗波 趙公謹 趙威叔 馬錫侯 王春生 黄月軒 胡啟閥
丸山進 萩野 小島 鵜澤 悴田仁 石渕勇 王承典 陶覺三

列席者 許傳英 詹榮光 王仲調 金國書 王伯山 錢念慈 楊九鳴 黄伯熙
何緝之 胡雨蓀 方灝 劉連祥 高梓推 陳良知 陳公衡

討論事項：

一、兼救濟課馬委員錫侯提議上新河孝陵衛燕子磯三區催請撥給賑米究應如何辦理請公決案

決議：應予撥米九十包（上新河四十包孝陵衛二十包燕子磯三十包）由救濟課照辦

二、兼救濟課馬委員錫侯提議處理糞便一事除下關外擬在水西門內設糞便管理所置主任一人文書兼會計一人管理一人推銷員二人班長二人挑糞夫四十人工役一人即以售糞之資抵作員役薪工等開支先行試辦一月是否可行請公決案

決議：准予試辦一月

附：孙叔荣代会长准渡部关于嗣后举办各种事亦须与特务机关接洽承认后办理给秘书处各课课长批文

准渡部面称，嗣後舉办各事即例會議決案亦宜與特務机関接洽承認後着手等情，務望各部分遵守以免歧誤。此致

秘書處

各課々長

代會長 叔榮

二、十

四、工作报告

自治委员会救济课转呈日本大使馆特务机关关于一九三八年一月份工作周报（一九三八年一月二十八日）

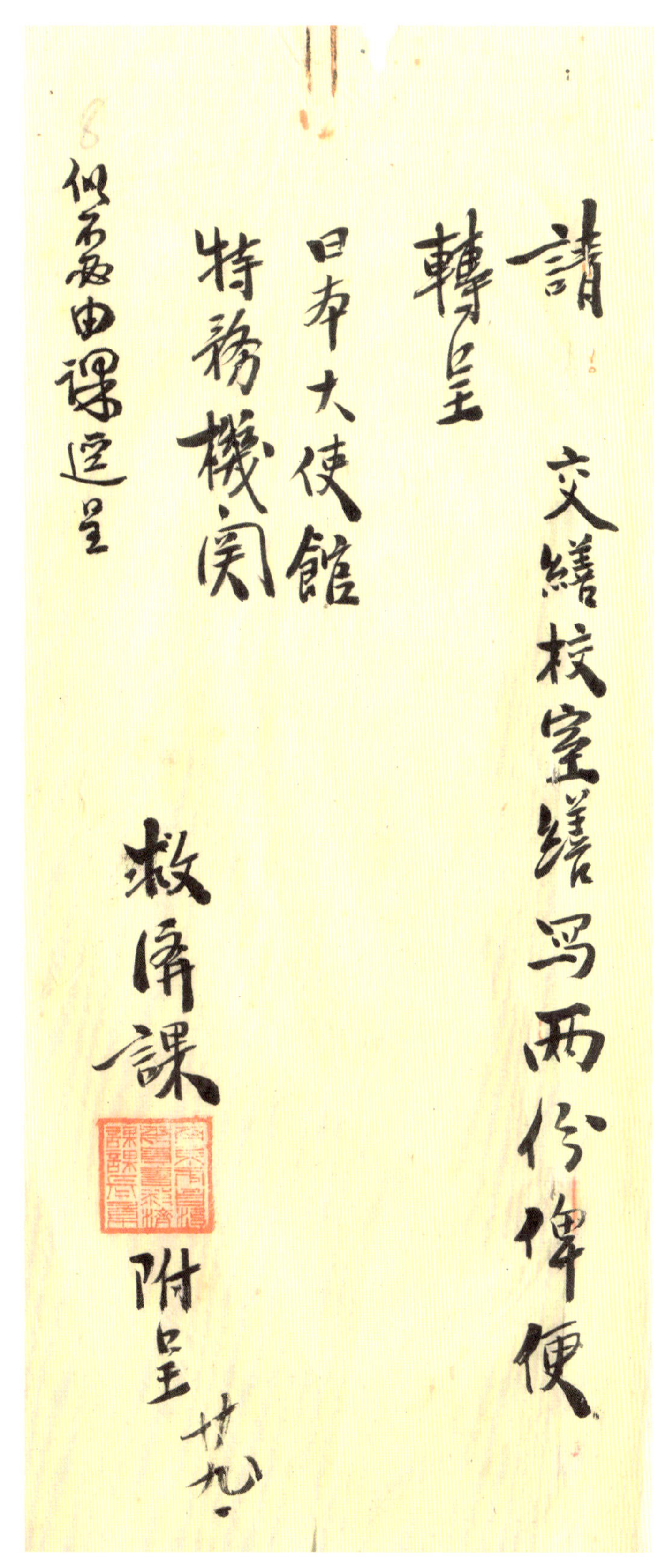
請
轉呈
文繕校室繕寫兩份俾便
日本大使館
特務機關
救濟課
附呈
廿九
似可由課逕呈

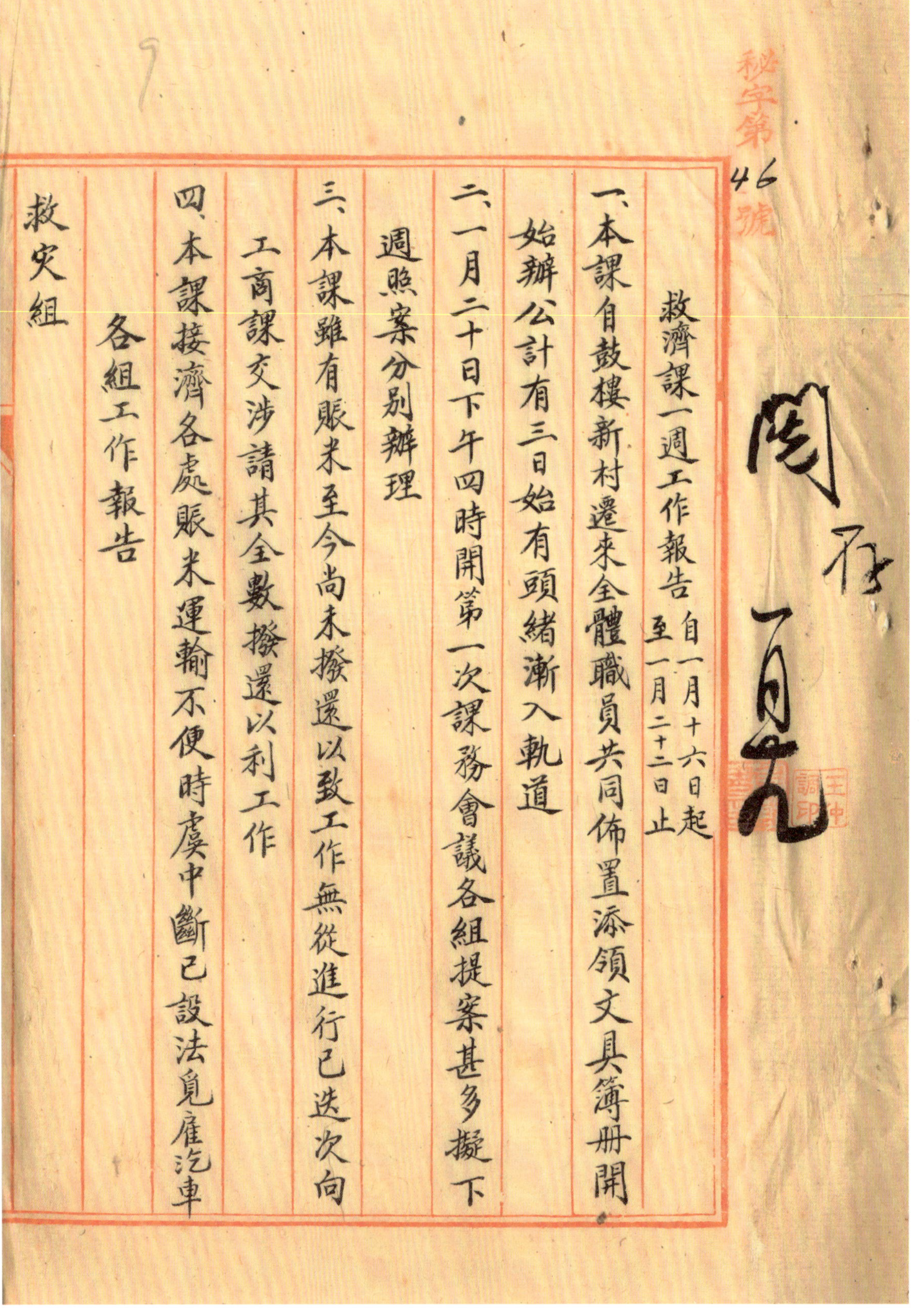

秘字第46號

閱 孫 夏元

救濟課一週工作報告 自一月十六日起至一月二十二日止

一、本課自鼓樓新村遷來全體職員共同佈置添領文具簿册開始辦公計有三日始有頭緒漸入軌道

二、一月二十日下午四時開第一次課務會議各組提案甚多擬下週照案分别辦理

三、本課雖有賑米至今尚未撥還以致工作無從進行已迭次向工商課交涉請其全數撥還以利工作

四、本課接濟各處賑米運輸不便時虞中斷已設法覓雇汽車

各組工作報告

救灾組

1. 擬具救灾各項提案

2. 擬具各項救灾辦法

3. 擬發給慈善團體及難民入城通行證

4. 擬具請求補發難民安居證

5. 辦理本課職員出勤通行證

6. 函請國際委員會協助本課辦理救濟事宜

查放組

1. 十七日調查零星請賑災民等數十户已報告存記

2. 十八日調查剪子巷救濟院施賑情形及現在難民確數已詳報交救災組統籌辦理

3、十九日調查寗海路三十四號内二百二十八名口難民待賑情形已送册來會

4、各區公所前領賑米各五十包至今未報已訓令具復將着手稽核

5、籌備施放零星災户賑米已印三聯米票預備編號蓋印等手續

衛生組

1、搜集掩埋工具免雇掩埋工人

2、迭據各方報告有遺屍數十具已着手籌備掩埋等事宜

3、計劃成立清潔隊先雇清潔伕拾名逐日分組掃除會内及本會附近各街道事宜

4、計劃成立診療所并指導各區公所辦理本課職責内應辦事項

賑品組

1、計劃儲藏賑品尋覓儲藏房屋

2、覓定本課西首房屋一間為儲藏地點督率伕役修理該房門窗以期嚴密

3、編製收發簿册及粘據簿等

4、空閑時補助其他各組辦理繁忙事項

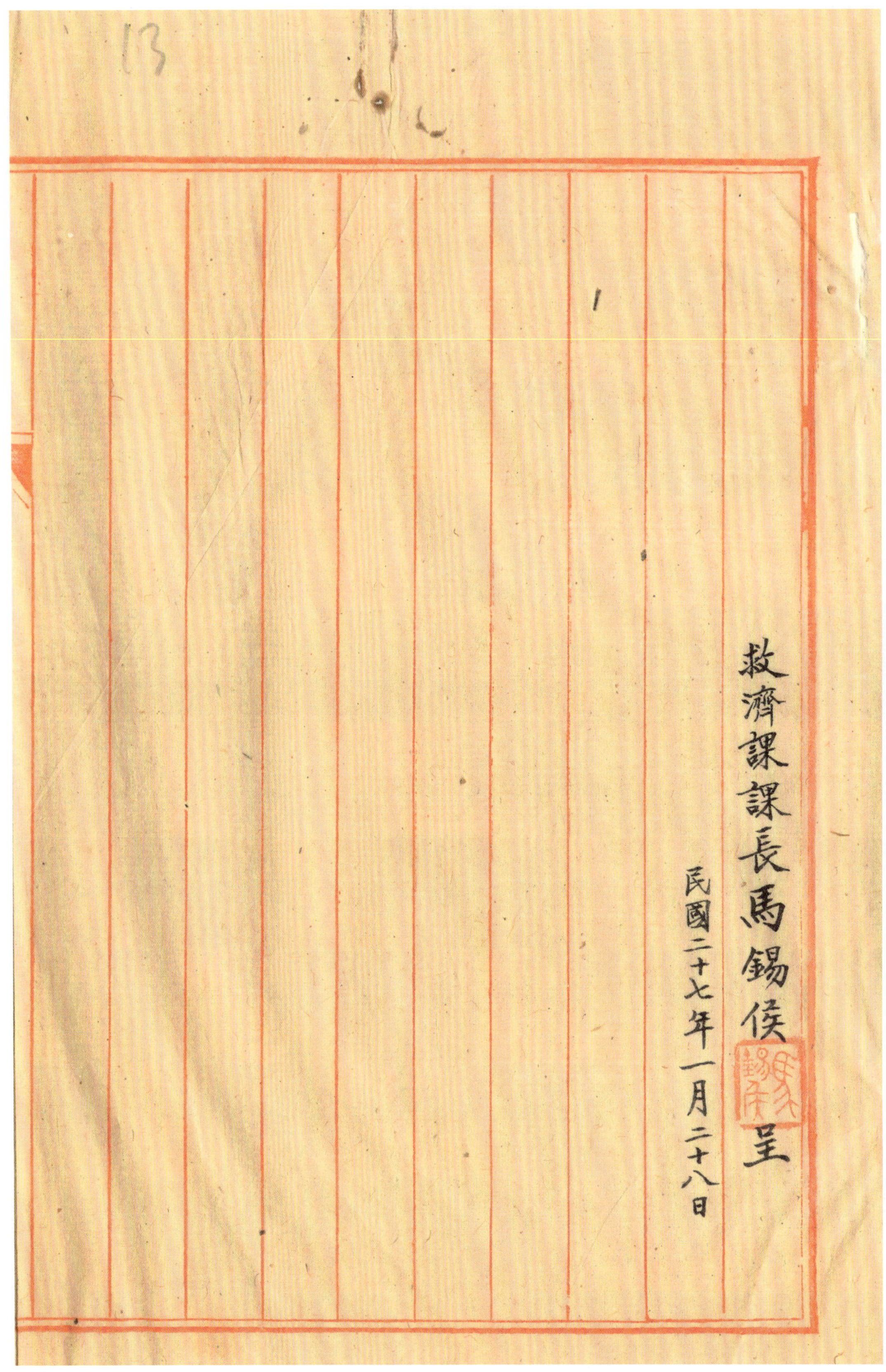

救濟課課長馬錫侯（印）呈

民國二十七年一月二十八日

存 二、五

秘字第73號

南京市自治委員會交通課工作報告一月份

一、關於道路之修復事項

本市道路本無多大破壞惟沿途有不少破壞之汽車現由本課組織汽車工人隊業經拖回破壞汽車數輛又清除沿途破壞汽車二十餘輛

二、關於車輛船舶之規劃事項

市上車輛船舶交通業經實行登記者爲車輛至汽車船舶交通正在擬辦中茲列車輛登記規則於左

1.營業人力車每月應由車主繳捐洋一元

48

2. 自用人力車每月繳捐洋二元
3. 手車每月繳捐洋五角
4. 板車每月繳捐洋一元
5. 馬車每月繳捐洋二元

增規定營業人力車車資

1. 第二區内由五分乃至一角
2. 由第二區至第一區第四區由五分乃至二角
3. 由第二區至第三區由五分乃至三角
4. 出城由五分乃至四角

三、關於日用品之運輸事項

每日遵照特務機關規定運送米麪粉塩煤等項至各區公所另附運輸數量表於左

1、白米三千包

2、麪粉一千包

3、塩三百三十六包

4、煤一百噸

四、關於其他交通事項

現由本課派員籌備郵政電報電話等項郵局方面設籌備處於大方巷20號電報在擬辦中電話則在集中工人調查路綫籌

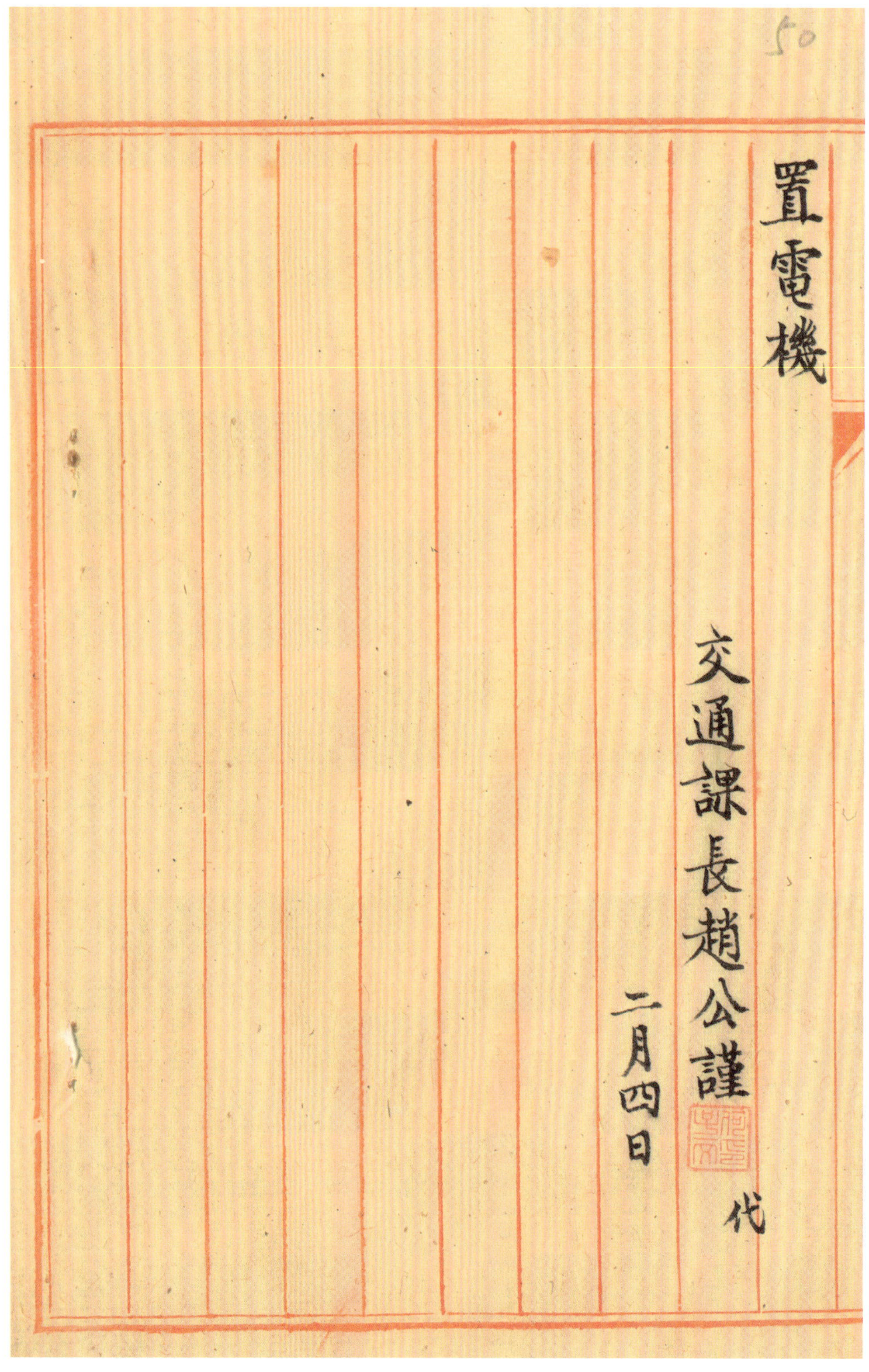
50

置電機

交通課長趙公謹 代

二月四日

救济课一九三八年一月份工作月报表（一九三八年二月五日）

存查 二、七

秘字第77號 廿七年二月七日

救濟課一月份工作月報表

一、佈置本課新遷事宜

二、草擬本課組織大綱辦事細則（已核准施行）

三、計劃各項救災辦法

1、遣送客籍災民回籍（正着手進行辦理）

2. 招回外出難民（同上）

3、發給難民入城証明書（同上）

4. 轉請補發安居証（已由總務課代辦）

5. 安插被燒房屋災民住所（各區公所已指定地点）

6. 收容殘廢老弱（已由救濟院收容）

36

7. 輔助慈善團體辦理救濟事業（已着手辦理）

8. 函請發給職員長期外勤通行証（已函請特務機關）

9. 函請交涉被扨食米（已函請特務機關辦理）

10. 派員宣傳難民回家并貼標語（已工作完竣）

四、調查救濟院孤兒院及零星請賑災民并分別造册存記以備着手予以救濟

1. 調查救濟院并造册由會發米三十包復行派員前往監放已將監放情形報告連同名册存卷

2. 將調查確實待賑災民按名存記

3. 訓令各區公所將前發五十包米施賑情形具報并預備

派員抽查

4. 擬定此次施賑以散米為原則不設粥廠免生流弊兼可節省糜費

5. 調查萬國紅十字會傷兵醫院待賑情形并發米拾包接濟

6. 印刷賑米證一百二十本（每本百張）全課職員共同抽暇全體編號盖章分發各區公所應用并指示散放手續

7. 審核旗民代表王益齋請賑案所造名冊并派員調查呈請變通給米簽呈

8. 計劃本會散放軍事區第四區邊境災民賑米

9. 調查軍政部傷兵醫院情形

10. 派員調查各慈善團體近日辦理救濟情形

五、選擇倉庫房屋雇工修理派伕打掃訂立册籍以記載賬品出入

1. 收工商課撥還賑米七十八包（連前共弍百包）

2. 發救火會補充警等處賑米七十六包二斗五升

3. 呈報因蔴袋破漏及升斗折耗米壹石請求備案准予核銷

4. 輔助各課辦理繁忙事件

六、搜集掩埋工具雇伕進行掩埋屍體計劃清除糞便

1. 掩埋丹鳳街一三五號等處屍體六十六具并造清册存查

2、訓令一二區公所趕速掩埋屍體并飭造册具報以便統計

3、訓令一區公所將借住市立醫院遺留醫藥用具負責点收保管并造册具報以備查考

4、計劃收容原有清潔伕役預備着手分區分段按日清除拉圾

5、計劃各區設立診療所以利貧病災民

救濟課課長馬錫侯代呈

二月五日

警务课一九三八年一月份工作报告（一九三八年二月五日）

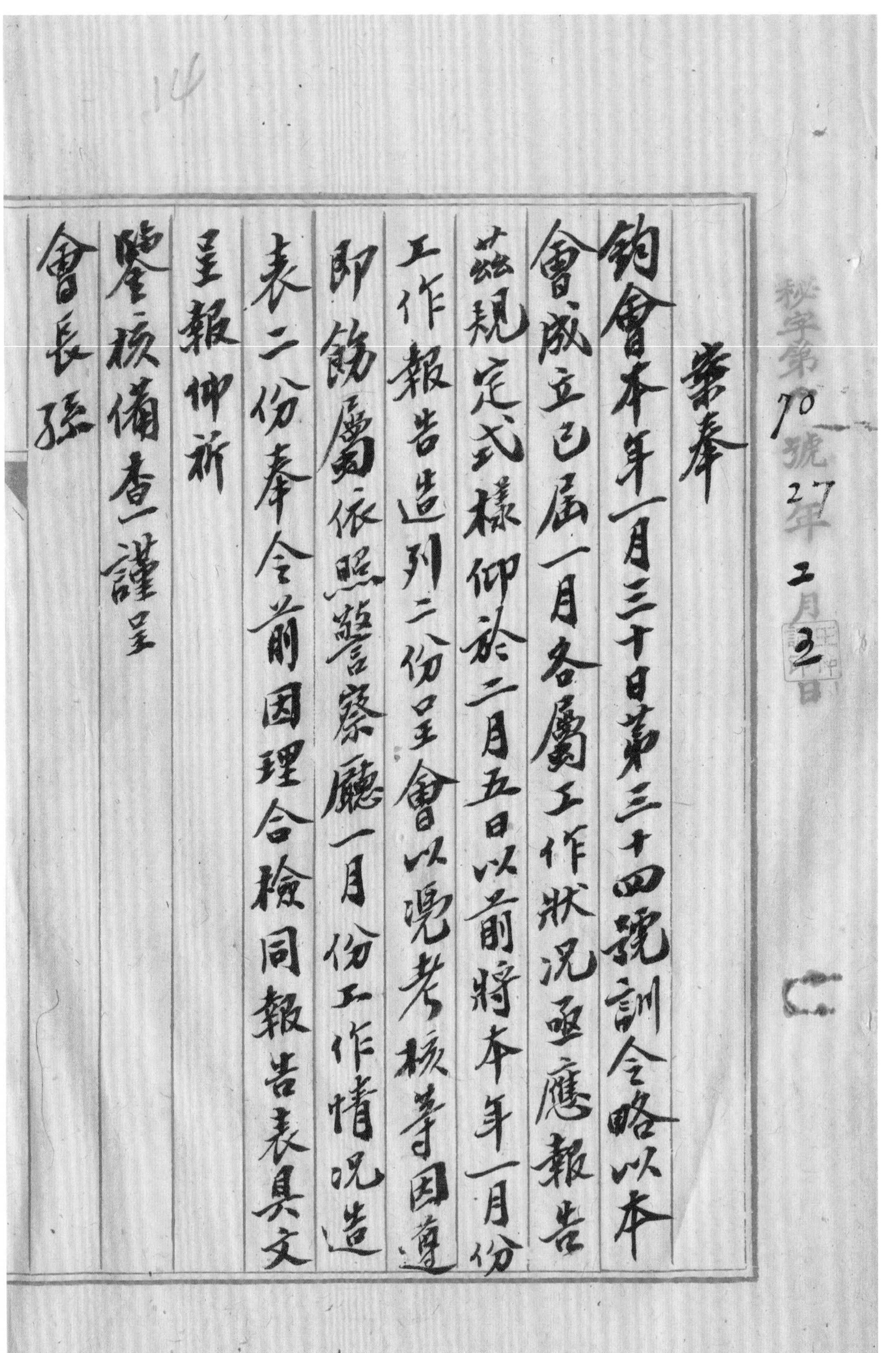

秘字第70號 27年2月2日

案奉

鈞會本年一月三十日第三十四號訓令略以本會成立已屆一月各屬工作狀況亟應報告茲規定式樣仰於二月五日以前將本年一月份工作報告造列二份呈會以憑考核等因遵即飭屬依照警察廳一月份工作情況造表二份奉令前因理合檢同報告表具文呈報仰祈

鑒核備查謹呈

會長孫

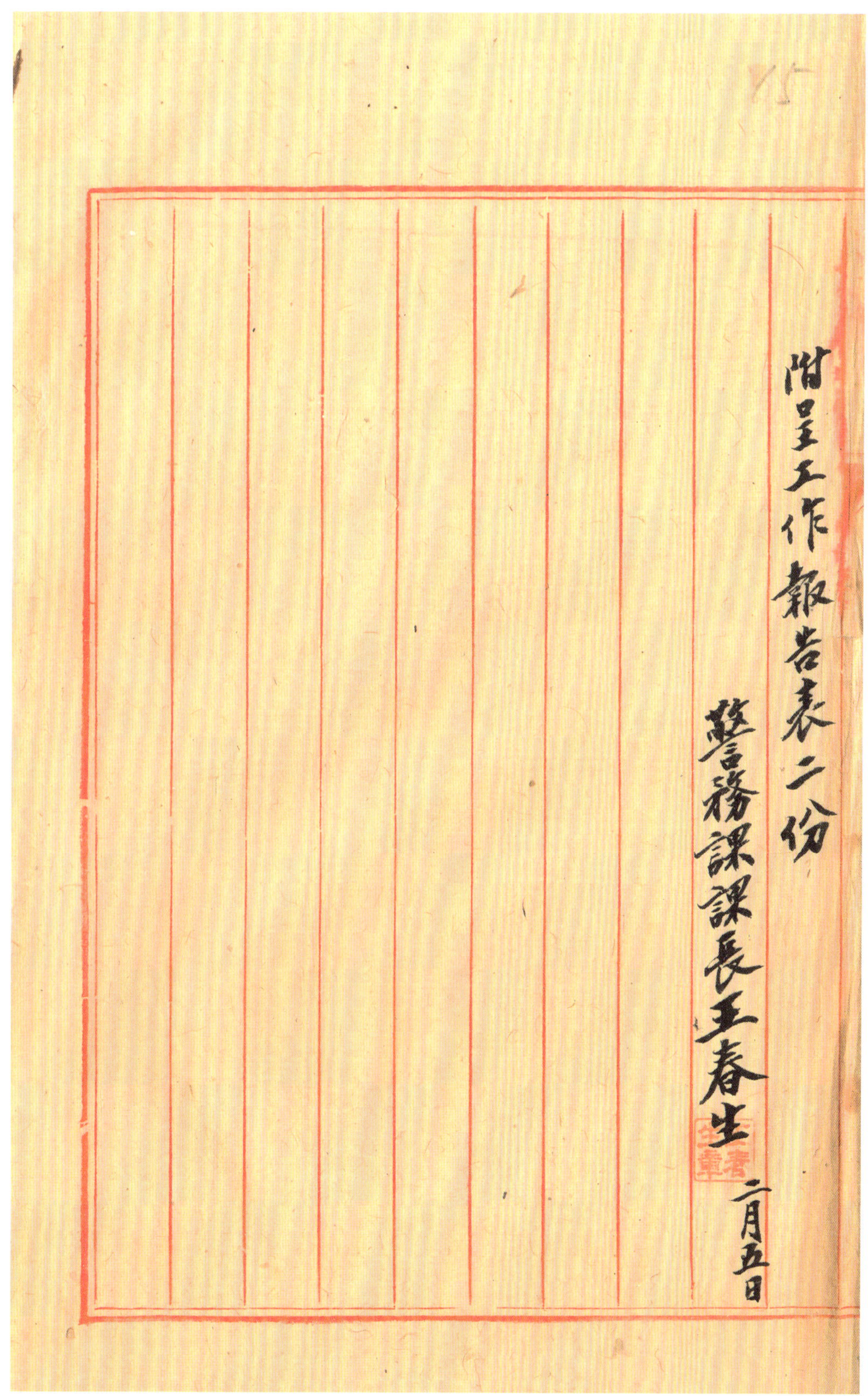

附呈工作報告表二份

警務課課長王春生

二月五日

南京市自治委員會警務課工作報告

二十七年一月份

關於警務規劃事項

一、本月份警察廳先成立第一二分駐所每所員警計十一名

一、本月份警察廳成立消防隊計員警二十六名

一、本月份警察廳擴充組織第一二警察局前設之第一二分駐所歸併各局每局合計員警四十二名

一、本月份警察廳接收清潔隊歸衛生科管轄（由該科擬訂清潔工作大綱十二條已呈會備查）

一、本月份警察廳計劃擴充組織第三四五警察局於二

月一日分别成立

関於外勤配置事項

一、警察廳督察科每日派員查察崗邏勤惰

一、警察廳保安科每日派員巡視交通市容暨維持秩序事項

一、警察廳衛生科擬訂工作綱要十四條按日派員取締妨碍衛生事項並查察各處未埋死屍從事掩埋並按日督飭清潔隊派夫掃除各街道以重清潔（工作綱要十四條該科已拟就尚未報会）

一、警察廳各局隊每日派警在各要衝道制止人民擅入

他人住宅搬取傢俱什物並制止人民搬取傢俱什物至難民區内

一、警察廳各科會派員警分赴難民區内勸導人民於二月四日以前遷回原處

關於員警考核事項

一、本月份警察廳各科局隊職員服務均尚勤奮，不與奬懲

一、本月份警察廳督察科報告直轄分隊警士秦合鎮、丁邦彦、余鐵夫、翟忠耶、世德等五名均因盡忠職務傳諭嘉奬一次

一、本月份警察廳司法科警士吴舜臣遺失臂章罰薪百分之三

一、本月份警察廳員警病假者計三員名

關於其他警務事項

一、本月份警察廳司法科處理案件九十二起，人犯二百二十一名

一、本月份警察廳消防隊救護火警共十五起

一、本月份警察廳第二區分駐所巡官王江田在西區憲兵隊防空壕内查有中央軍遺棄木柄手溜彈七箱，庫房内遺有軍裝百餘套，樓上遺有雙層鐵床三十

三張當即由廳轉報安田顧問核辦

一、本月份警察廳直轄隊在鼓樓二條巷四十號之一查有中央軍遺棄步槍子彈七十八箱手溜彈三個類似炸彈二箱又在普陀路十一號紅磚内查有遺棄已壞械造步槍五枝刺刀兩把子彈帶一條又整理救濟課房舍發現已壞械造步槍四枝均經廳轉報安田顧問核辦

一、本月份警察廳第二警察局在上馬营三十七號後進空房内查有日軍遺棄步彈九十五粒左輪手槍彈二十粒機關槍彈壹百餘粒已壞機關槍壹枝又在

終所巷八號對過空地上查有遺棄子彈五木箱三小鐵箱又在建鄴路一百六十二號屋內查有遺棄十五生的砲彈三十餘枚均經飭轉報安田顧問核辦

一、本月份警察廳准第二區公所函據月牙巷十五號臥佛寺僧人道禪報告該寺內遺有電雷空殼等物多件又據水西門德泰春店主朱大甫報告該店內前住日本軍一隊現已調防遺有各種軍服等物六十二件均經飭轉報安田顧問核辦

警務課々長王春生（印）謹呈

财务课一九三八年一月份工作报告（一九三八年二月七日）

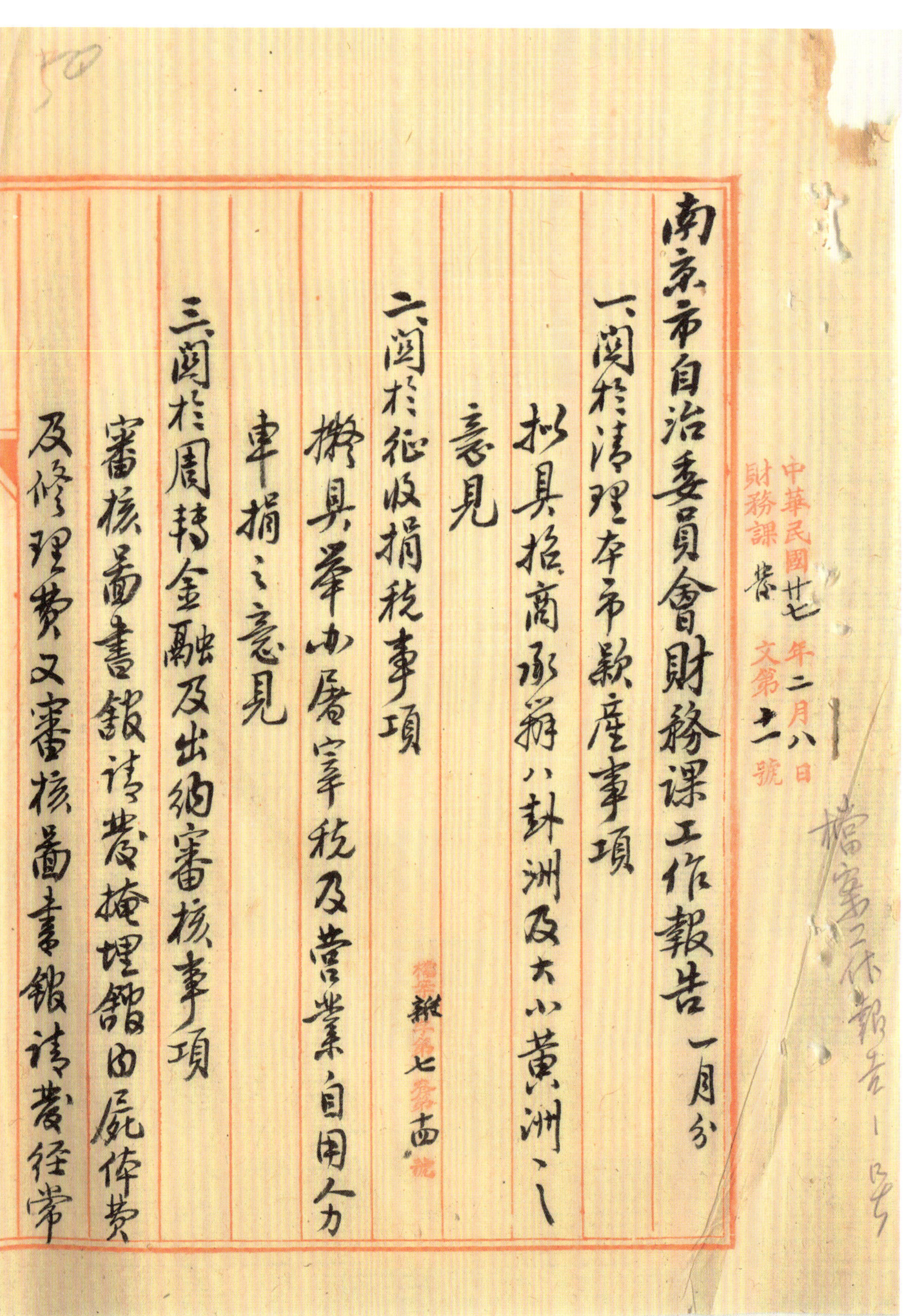

南京市自治委員會財務課工作報告 一月分

一、關於清理本市款産事項

擬具招商承辦八卦洲及大小黄洲之意見

二、關於征收捐税事項

擬具筆、硯、屠宰税及營業自用人力車捐之意見

三、關於周轉金融及出納審核事項

審核函書館請發掩埋館由〔夫〕役伕費及修理費又審核函書館請發經常

中華民國廿七年二月八日
財務課 收文第二號

檔案課 第七類第西號

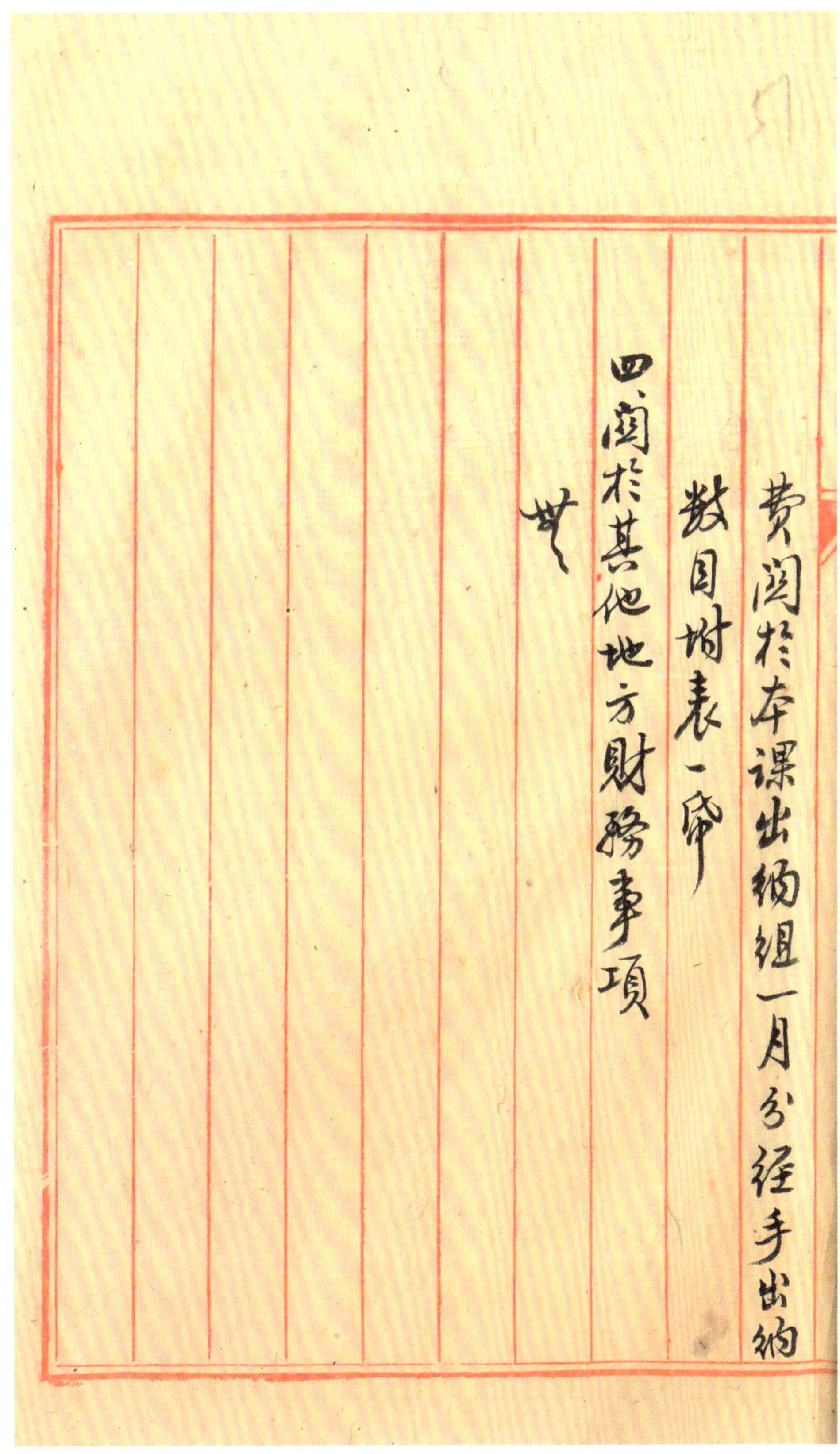

費關於本課出納組一月分經手出納
數目對表一份
四、關於其他地方財務事項
無

财務課出納組一月份經手出納數目表

（收入項下）

一收鳩彥王賜給　洋壹萬元正

一收總務課米欵　洋壹千壹百玖拾元正

一收工商課售米数目未經註明　洋壹萬柒千捌百玖拾五元正

一收程副會長籌佃　洋弍仟元正

以上共收洋叁萬壹千零捌拾五元正

（支出項下）

一支總務課本會開辦費及一月份薪金實支數目由該課呈報　洋壹萬捌千肆百元正

一支工商課办公費　洋五百五拾元正

一支救濟課（办公費） 洋弍百元正

一支財務課（办公費） 洋叁百元正

一支交通課（办公費） 洋柒百元正

一支警察廳（開办費及一月份薪餉） 洋五千弍百元正

一支第一區公所（開办費及預借一月份經常費） 洋弍仟元正

一支第二區公所（仝上） 洋弍仟元正

一支第三區公所（開办費） 洋叁百元正

一支第四區公所（仝上） 洋叁百元正

一支第五區公所（仝上） 洋五百元正

一支圖書館（一月份伙食及办公費） 洋柒拾四元正

54

以上共支洋叁萬零五百弍拾四元正

两比净存洋五百陆拾壹元正

出纳组主任石少卿 石少卿印

二七

财务课关于南京市公产概略等事致自治委员会呈文（一九三八年二月八日）

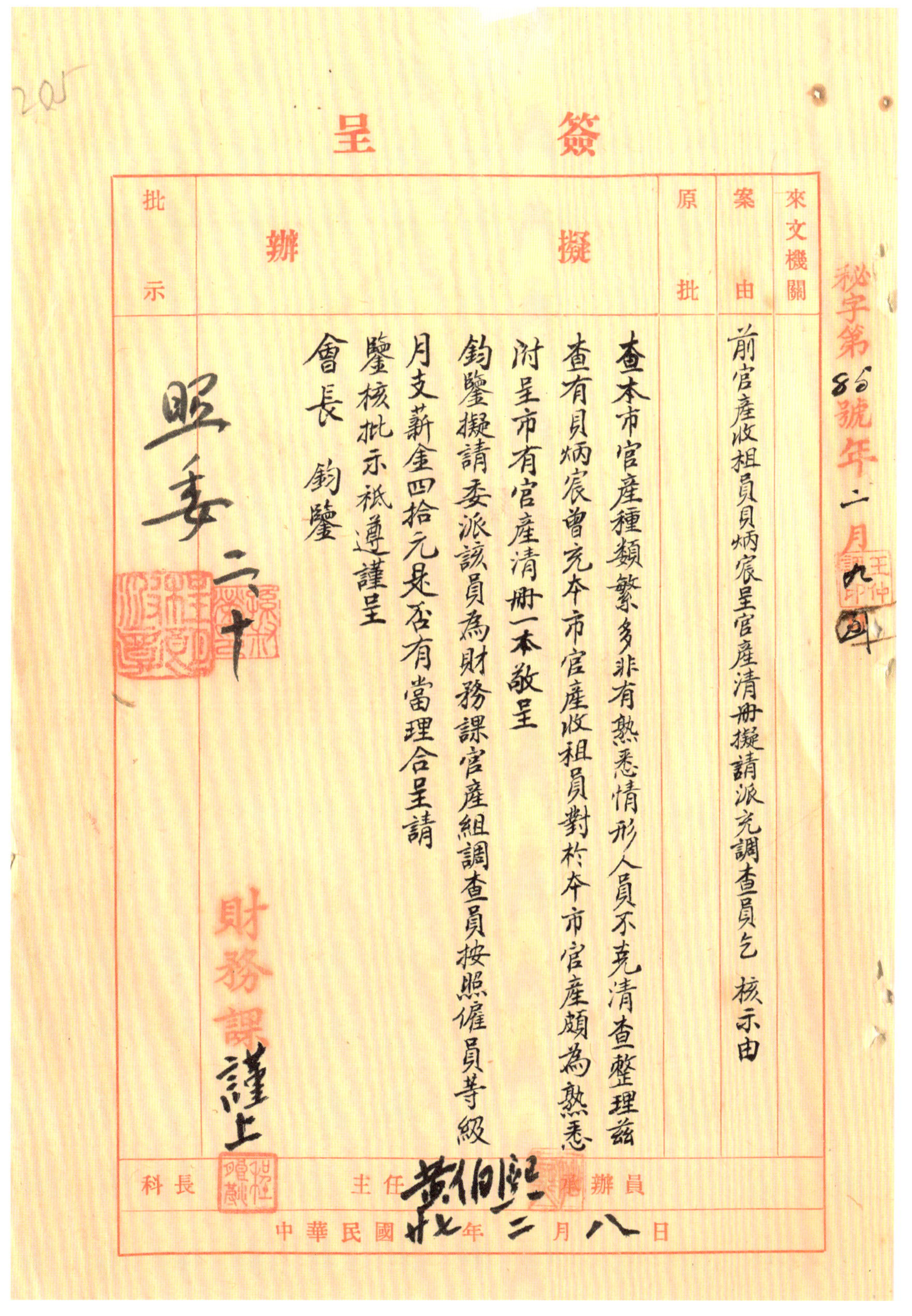

签呈

秘字第86號　年二月九日

來文機關

案由：前官產收租員貝炳宸呈官產清册擬請派充調查員乞核示由

原批

擬辦

查本市官產種類繁多非有熟悉情形人員不克清查整理茲查有貝炳宸曾充本市官產收租員對於本市官產頗爲熟悉附呈市有官產清册一本敬呈

鈞鑒擬請委派該員爲財務課官產組調查員按照僱員等級月支薪金四拾元是否有當理合呈請

鑒核批示祇遵謹呈

會長　鈞鑒

財務課謹上

批示

照委　二、十

科長　主任　黄伯熙　辦員

中華民國廿七年二月八日

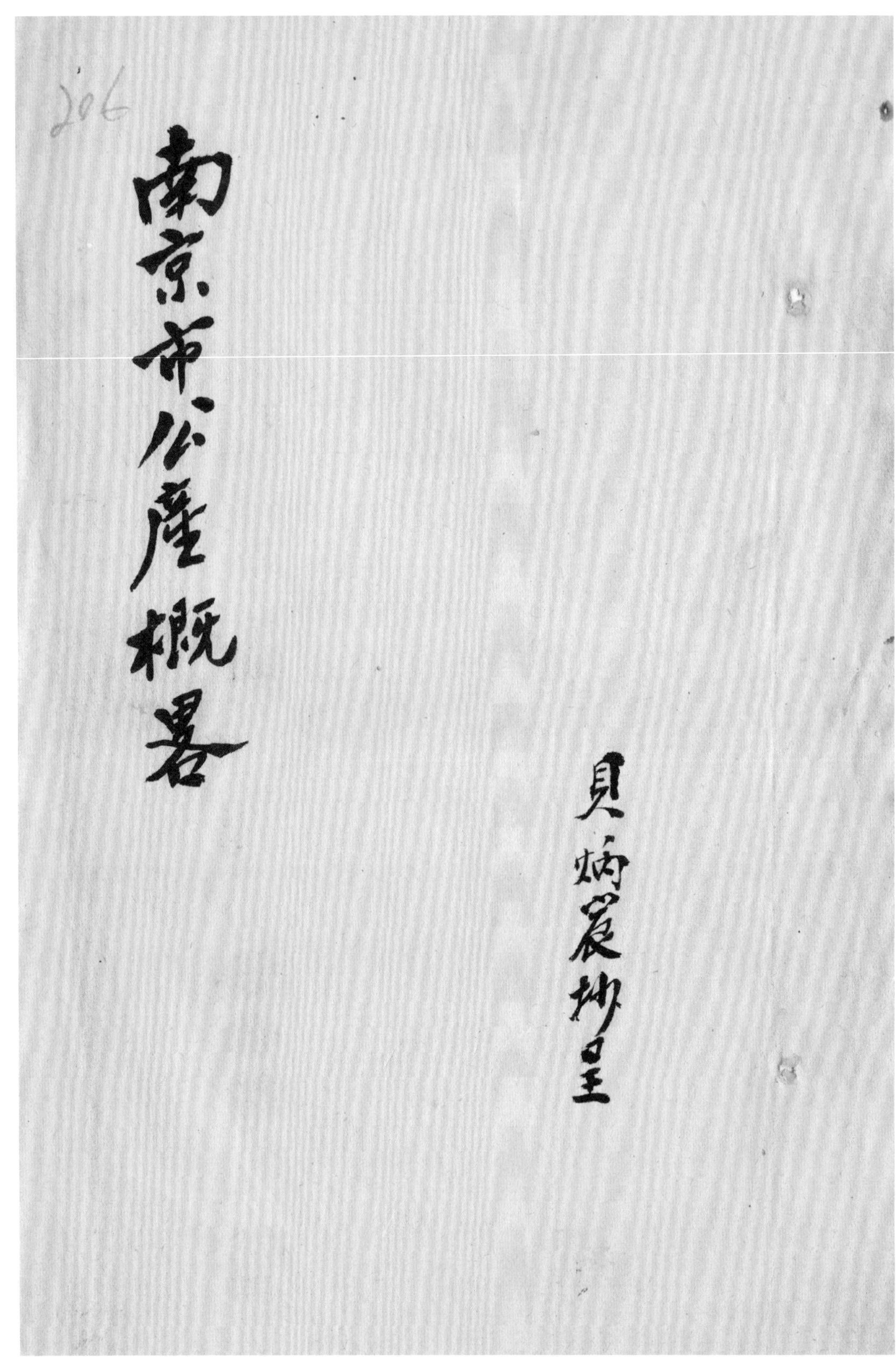

206

南京市公产概略

貝炳震抄呈

南京市財政局經管市產房屋地基列表

普育堂

鋪房三十四處按月租金計洋肆佰壹拾元零陸角正

住房十三處按月租金計洋壹佰肆拾元正

基地六處按月租金計洋壹拾捌元陸角正

共計洋伍佰陸拾玖元弍角正

公產

鋪房十二處按月租金計洋叁佰捌拾弍元弍角伍分

住房柒處按月租金計洋捌拾肆元捌角正

基地陸處按月租金計洋壹拾元零柒角叁分

共計洋肆佰柒拾柒元柒角捌分

208

逆産

鋪房五處按月租金計洋壹佰伍拾叁元正

住房壹處按月租金計洋壹佰肆拾元正

基地九處按月租金計洋壹拾柒元正

共計洋叁佰壹拾元正

江寗公學

鋪房五處按月租金計洋壹佰肆拾柒元正

下関碼頭

穆林英商賃租按月租金計洋弍佰捌拾肆元正

統共五種市産租金按月計洋壹仟柒佰捌拾柒元玖角捌分

救生局

鋪房十一處按月租金計洋貳佰肆拾伍元正

住房十四處按月租金計洋陸拾陸元陸角伍分

共計洋叁佰壹拾壹元陸角伍分

承恩寺

鋪住房三十二處按月租金計洋弍佰叁拾叁元玖角陸分

基地三十六處按月租金計洋壹佰弍拾壹元正

共計洋叁佰伍拾肆元玖角陸分

合計洋陸佰陸拾陸元陸角壹分

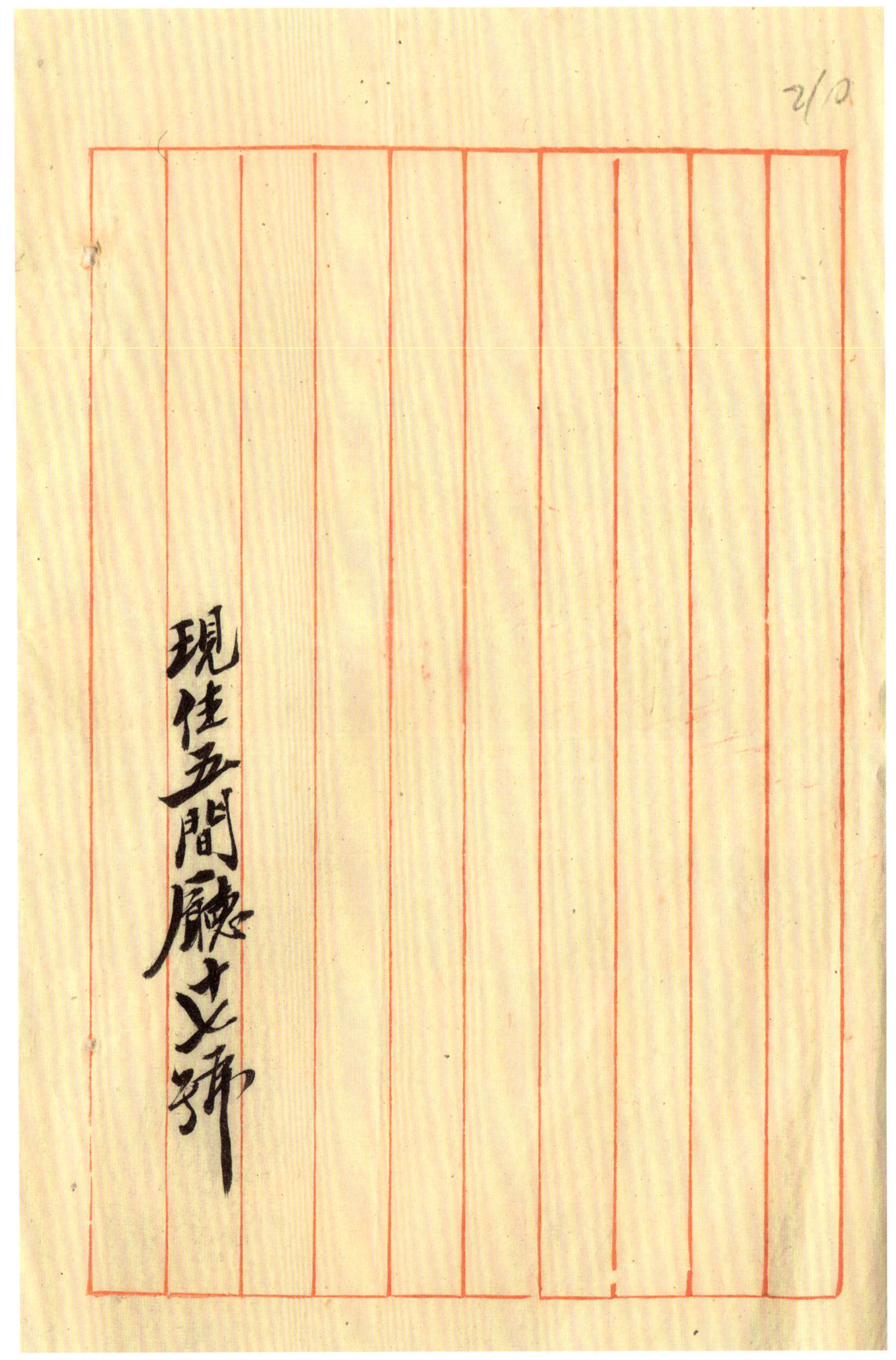
2/0
現住五間廳十七號

工商课一九三八年一月份工作报告（一九三八年二月十七日）

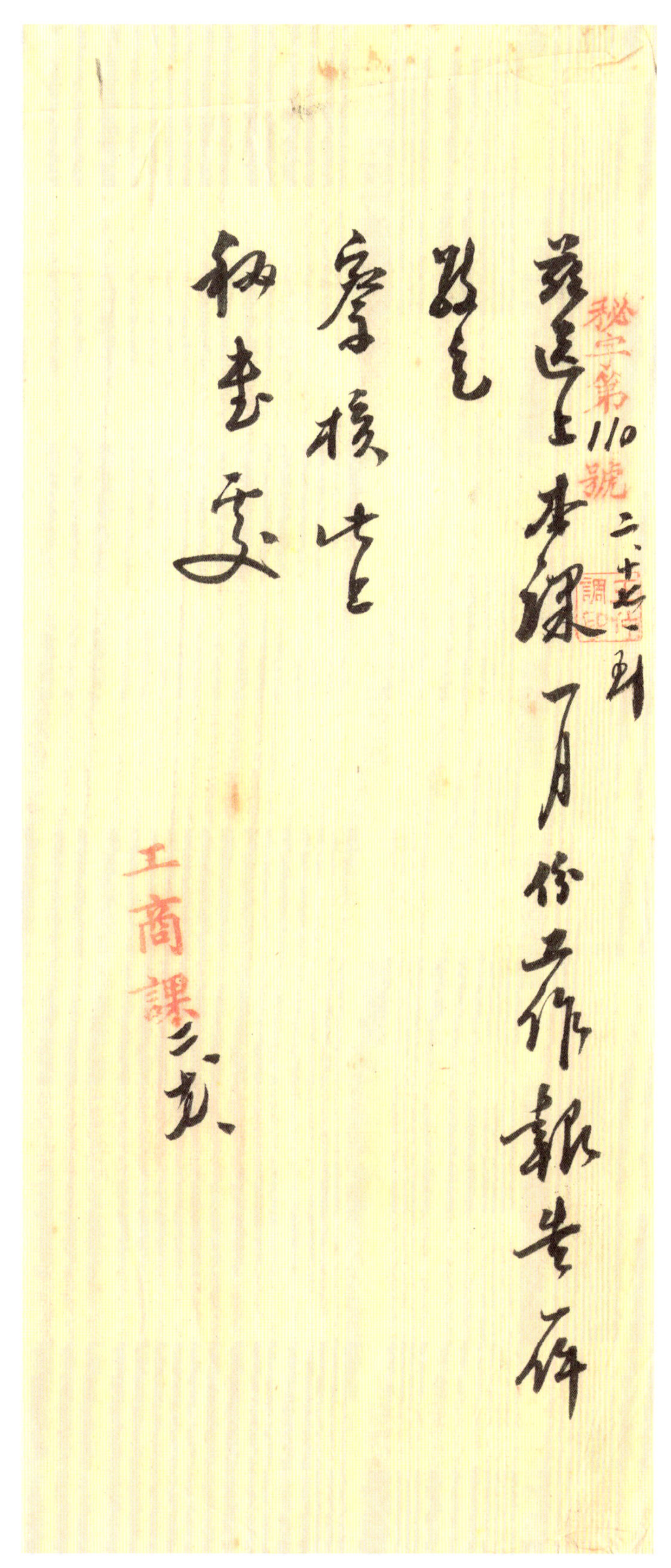

兹送上本課一月份工作報告存

照

察核轉

秘書處

秘字第110號 二、十七到

工商課 二、十六

秘字第　號

工商課工作報告

（一）召集工商各業代表談話

本會為勸導工商復業，特於元月廿六日起至三十一日止，舉行工商業代表談話，先後到有營造業、紡織業、茶葉業、油貨襍貨業、炒貨業、紙張印刷業、金石篆章業、西藥業、五金電料業、米業、筵席酒菜業等代表，均經工商課派員接見，說明召集談話意義，指示復業之途徑，並

一面擬訂工商業登記規則，為登記及發給營業執照之依據。

予以可能之援助，惟各業目前困難為存貨缺乏，進貨不便，渴望早日恢復交通，俾得赴各地採辦貨物着手復業，一面飭課擬訂工商業登記規則為登記及發給營業執

點之依據

（二）派員分赴四鄉及隣近各地調查及採辦物品

查南京城内日需品缺乏，影響民食，當飭由工商課派職員十六人分為四組，前往鎮江、十二圩、滁州、儀徵、揚州、陶吴、慈湖、湖熟、小丹陽、江寧鎮、句容、秣陵關、江浦、橋陵、六合、八百橋等地，調查豬牛羊雞鴨魚類蔬菜等產量及粮食燃料，並視察当地物產及交通情形，以供需要。當由特務機関發給城門出入証及証明書，其赴六合八百橋等地者，並蒙預備船隻予以充分之協助，一面由會另發給証明書俾与當地官商便於接洽，藉利工作，另訂工作報告表一種，飭各員將調查及採辦情形，隨時填報，現出發路程較近者，已陸續返城，並購有少量日食品，交統制處售賣矣。

（三）指導組織市商會

查本市原有市商會，已無形停頓，本會據商界銀行等二十五業代表聯名呈請恢復同業公會，組織市商會，當經召集在京各業代表開會，議決成立南京市總商會籌備委員會，推程朗波、胡啓閥、黃月軒、王承典、王鳴梧等五人為籌備委員，並由各業互推代表一人，參加籌備，即在白下路前市商會原址開始辦公。

四、計劃設立各區菜場並訂定管理規則

為集中菜販，而便市面起見，本會經飭工商課派員勘定原有中華路、彩霞街、同仁街、山西路等處菜場為一二三四區菜場，各設菜場管理員二人，前往接收掃除，籌備開業，並訂定南京市菜場管理規則一種，以資遵守。

五、佈告制止不肖之徒在外招搖

據報本市近有不肖之徒，假借本會名義，在外招搖，甚有任意搜索及封存物品等情事，殊堪痛恨。爰經佈告嗣後如有是項情事，准由各地民衆扭送各該地區公所及附近崗警解送到會，以憑法辦，並分令警察廳及區公所飭屬注意查拿。

六）佈告限期折除上海路等處臨時商店搭棚

查上海路寧海路一帶，紛紛自行搭蓬，設攤營業，原為臨時性質，藉維生計，惟各區區公所既經次第成立，地方秩序，逐漸恢復，各商民應即遷回營業，以維市面，是項臨時棚屋，經佈告限二月八日以前一律自行折除，其臨時攤販，並應按照各區公所指定地点，設置並令飭警察廳及各區區公所遵照，飭屬督促折除，自佈告後，復經警察廳嚴厲督促之下，大部已自動折除，其故違者則由警察廳派警强制執行，現已完全折盡矣。

（七）計劃恢復工業辦法

本市承兵燹之後，工業悉陷停頓，兹值地方秩序逐漸回復，自應力謀興工，惟關於各業職工人才之調查、集中，工業資金之籌措，與原料之來源、出品之輸運及其困難諸端，首須分類調查登記，俾便明瞭各業現實情況，而後就市民日常生活所必需者，分別緩急，逐漸規劃舉辦，並設法解除其困難，或籌辦小工業資本借貸，與保障安全，一面釐訂規章，以資管理，業經主管工商課擬具辦法，提會討論，即將次第實行。

自治委员会检送财务课收支简则等致松冈笺函（一九三八年二月二十六日）

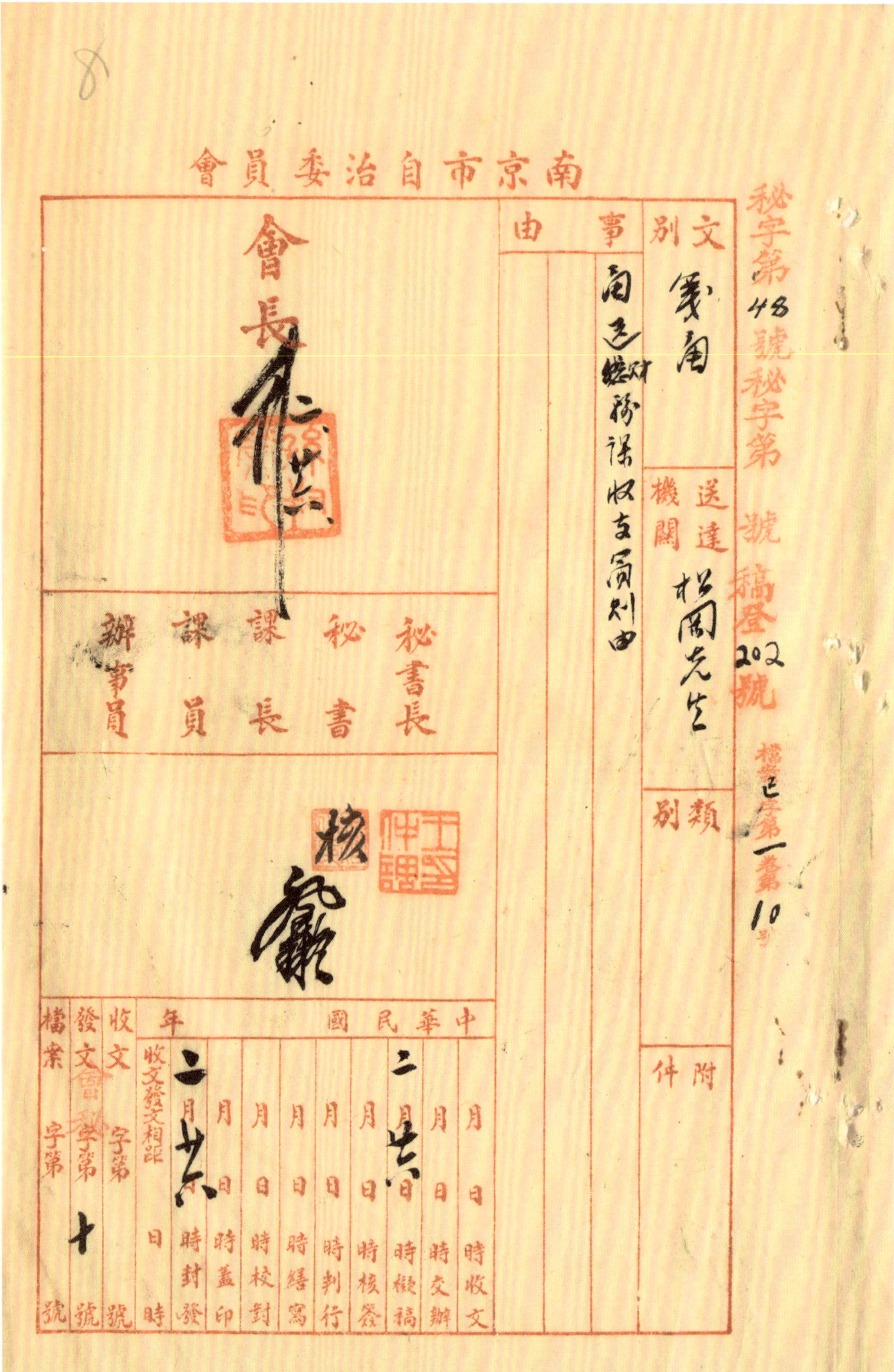

南京市自治委員會

秘字第48號

秘字第 號

稿登202號

檔已字第一卷第10号

文別	箋函
送達機關	松岡先生
類別	
附件	
事由	函送財務課收支簡則由

會長

秘書長　秘書　課長　課員　辦事員

核

中華民國　年

收文　月　日　時

交辦　月　日　時

擬稿　二月廿六日　時

核簽　月　日　時

判行　月　日　時

繕寫　月　日　時

校對　月　日　時

蓋印　月　日　時

封發　二月廿六日　時

收文發文相距　日　時

收文　字第　號

發文　會秘字第十號

檔案　字第　號

箋肅　　第十號

敬啟者，查敝會收支款項，向係財務課與總務課劃分，財務課總綰本市之收支，如附屬機關之警察廳及區公所等均向財務課領款，總務課僅管敝會經費出入，如各課費用均由本課支給，不屬財務課所轄，界限分明，不容牽混，曾經擬訂兩課收支簡則，經由第六次常會決議在卷，茲特各檢一份，送祈

參核，並希見復，

松岡先生

附賠訂財務課收支簡則一份

總務課會計室暫行收支簡則一份

会照

中華民國　年　月　日

自治委员会奉特务机关规定每五日工作状况列表报告一次事致财务课训令（一九三八年三月四日）

附：伪南京市自治委员会工作报告表表式

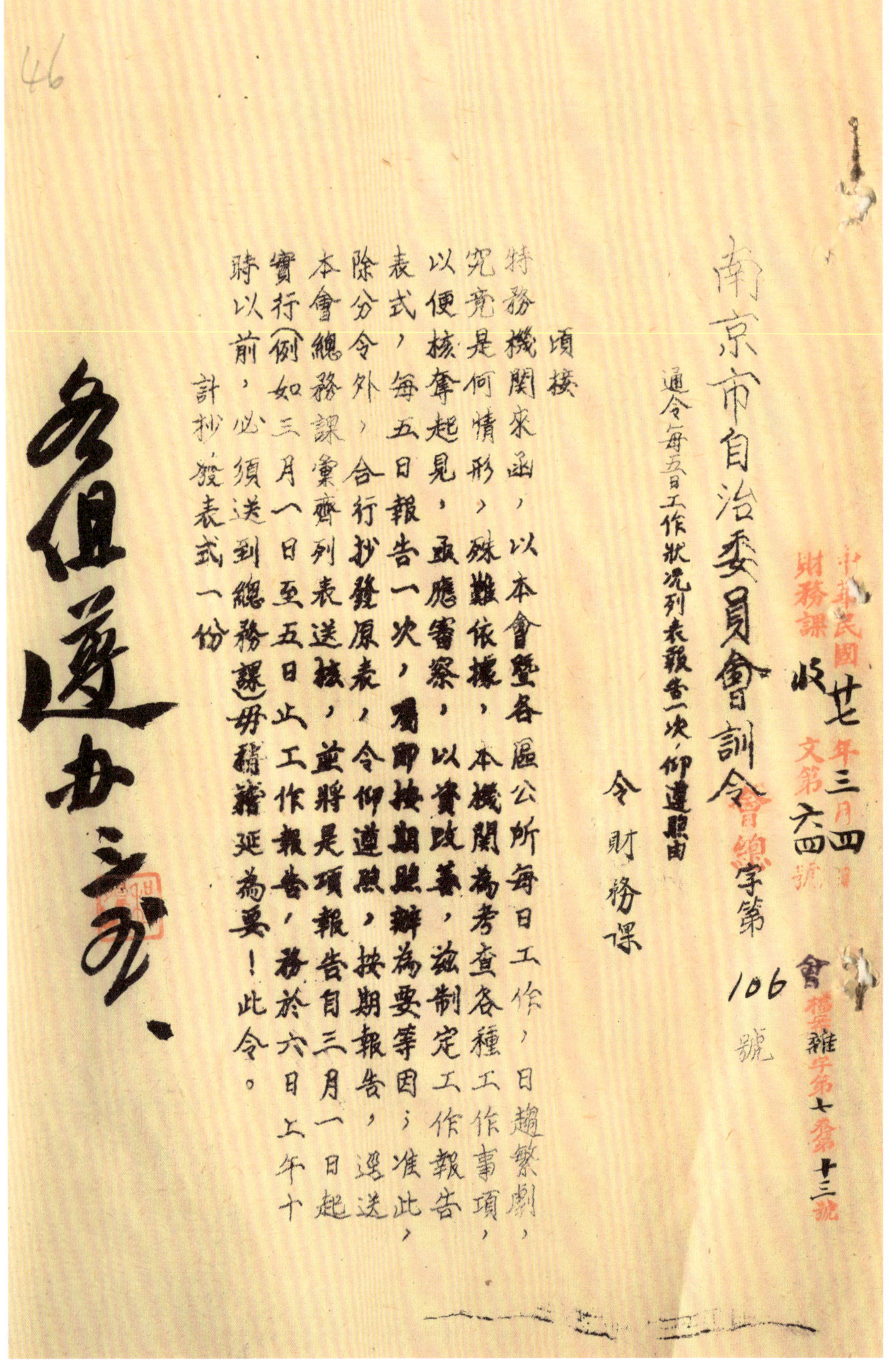

46

南京市自治委員會訓令 會總字第106號

中華民國廿七年三月四日 文第六四號

財務課 收

會檔雜字第七叁第十三號

通令每五日工作狀況列表報告一次，仰遵照由

令財務課

頃接

特務機關來函，以本會暨各區公所每日工作，日趨繁劇，究竟是何情形，殊難依據，本機關為考查各種工作事項，以便核奪起見，亟應審察，以資改善，茲制定工作報告表式，每五日報告一次，等因；准此，除分令外，合行抄發原表，令仰遵照，按期報告，逕送本會總務課彙齊列表送核，並將是項報告自三月一日起實行（例如三月一日至五日止工作報告，務於六日上午十時以前，必須送到總務課）毋稍稽延為要！此令。

計抄發表式一份

各組遵辦

中華民國二十七年三月四日

副會長代理會長孫叔榮

校對李佑新

監印周紹奎

南京市自治委員會工作報告表

自　月　日至　月　日止

正副會長	
各顧問	
各委員	
秘書處	
總務課	
財務課	
救濟課	
交通課	
工商課	
警務課	
備考	

中華民國二十七年　月　日

會長
副會長

本表係每五日報告一次

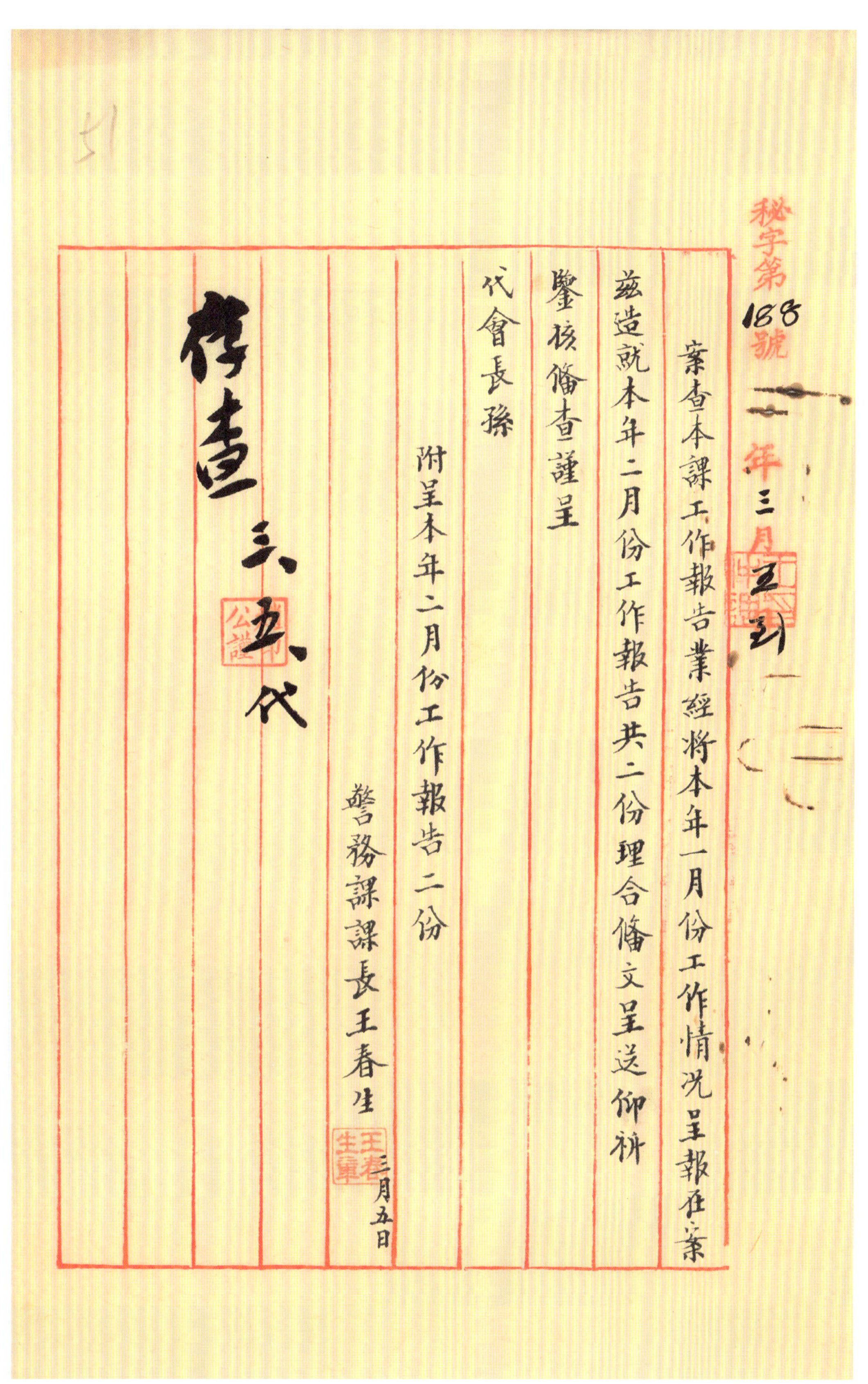

秘字第188號

二七年三月五到

案查本課工作報告業經將本年一月份工作情況呈報在案

茲造就本年二月份工作報告共二份理合備文呈送仰祈

鑒核備查謹呈

代會長孫

附呈本年二月份工作報告二份

警務課課長王春生

三月五日

傳閱 三、五、代

52

南京市自治委員會警務課工作報告 二十七年二月份

關於警務規劃事項

一、本月份警察廳成立第三四五區警察局，各局各設局長一員，巡官一員，長警三十九名。

一、本月份警察廳消防隊增加長警兩班，每班長警十二名，共二十四名，連前兩班合計四班，總計官二員，長警四十八名。

一、警察廳將各局轄〔轄〕行劃分四個巡邏區，每區酌派長警日夜巡邏，並在各衝要街道設崗守望。

一、令飭各區公所會同警察廳從速組織消防分隊。

關於外勤配置事項

53

一、警察廳督察科每日派員查察崗邏勤惰

一、警察廳保安科每日派員巡視交通市容暨維持秩序事項

一、警察廳衛生科每日派員取締妨碍衛生事項並派清潔隊伕役從事掩埋各處死屍及清潔各街巷垃圾

一、警察廳各局每日派警在衝要街道守望制止人民擅入他人住宅竊取傢具什物

一、警察廳派員警分赴第四區內督促拆遷棚户

關於員警攷核事項

一、本月份警察廳各科局隊職員均不與奬懲

一、本月份警察廳各局隊長警升級計十六名記功者一名

54

一、本月份警察厅各局队长警记过者三名开革者七名

一、本月份警察厅长警长假者八名病事假者七名

關於其他警務事項

一、本月份警察廳司法科處理違警暨刑事案件計一五一件人犯二七六名口

一、本月份警察廳據各局查報各處遺棄械彈及軍用品者均已由該廳分别轉報安田顧問核辦

一、本月份警察廳飭屬查禁商民拒用雜鈔

一、本月份警察廳飭屬通知商民登記領証營業

一、本月份本課修正警察廳呈送清潔隊組織暫行辦法清潔隊

班長伕役奬懲規則衛生工作綱要開辦公娼辦法暨長警奬懲規則

55

交通课一九三八年二月份工作报告（一九三八年三月五日）

60

秘字第190號 年 三月五日

南京市自治委員會交通課工作報告 二月份

一、關於道路之修復事項

查本市各幹路及大小街道并無若何破壞

二、關於車輛船舶之規劃事項

各項車輛船舶業經先後分别舉行登記

三、關於日用品之運輸事項

依照規定運送米麪等項至各區公所其數量如左

白米五千包

麪粉九千包

蠶豆一千一百二十二包

四、關於其他交通事項

航運事務業經本課組織航運辦事處開始辦公

并辦理恢復郵政

交通課課長趙公謹代

三月五日

自治委员会关于一九三八年三月一日至五日本会暨各区公所警察厅工作报告表致特务机关公函（一九三八年三月七日）

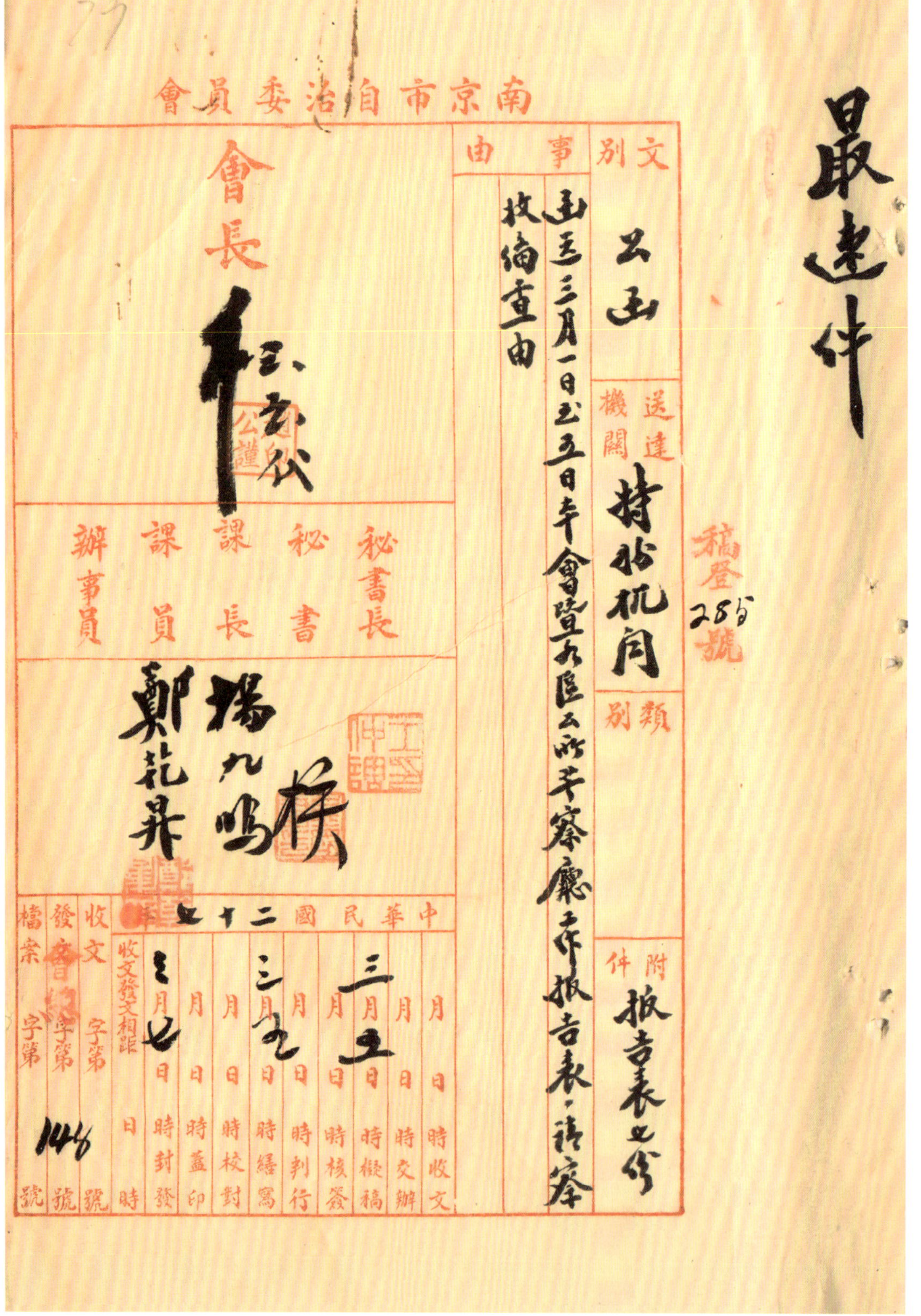
最速件

南京市自治委員會

文別	公函
送達機關	特務機關
類別	
附件	报告表五份

事由：函送三月一日至五日本會暨各區公所、警察廳工作报告表，請察收備查由

會長 高冠吾

秘書長　秘書　課長　課員　辦事員

楊九鳴　鄭兆昇

中華民國二十七年 三月五日擬稿 三月七日繕寫 三月七日封發

收文 字第 號　發文 字第 148 號　檔案 字第 號

稿登 285 號

公函第148號

敬啟者：案准

貴部函，制定工作報告表式，自三月一日起，每五日報告一次，囑即按期填報等因；自當照辦。茲將本年三月一日至五日，本會暨各區公所暨警察廳工作事項，分別填表七份，用特函送，即希

察收備查為荷！此致

特務機關。

計附本會暨各區公所暨警察廳工作報告表七份。

南京市自治委員會代理會長孫叔榮。

8-2

中華民國廿七年三月　日

自治委员会关于一九三八年三月一日至五日本会暨各区公所警察厅工作报告表致日本大使馆公函（一九三八年三月七日）

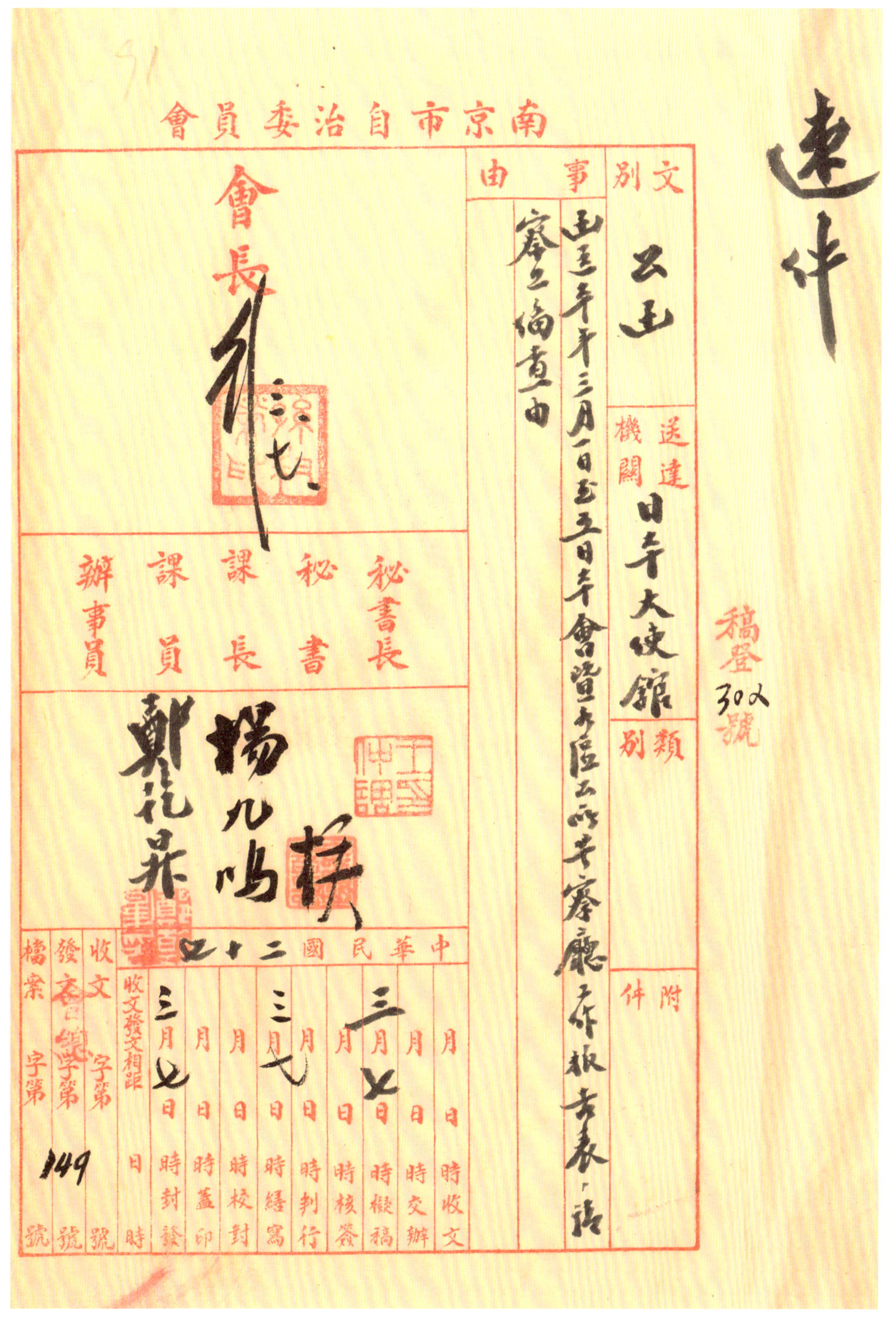
速件

南京市自治委員會

文别：公函
送達機關：日本大使館
類别：
事由：為呈本年三月一日至五日本會暨各區公所警察廳工作報告表，請察收備查由
附件：

會長 孫（印）三、七
秘書長
秘書
課員 楊九鳴（印）
辦事員 鄭花昇（印）

稿登302號

中華民國二十七年
收文 三月七日
發文
檔案 字第149號

公函第149號

敬啟者：案准 南京特務機關函，以本會暨各區公所每日工作事項，自三月一日起，每五日填表報告一次，俾於查考等因，准此，自當照辦，除已將三月一日至五日工作報告，填表函送 特務機關外，相應填就前項報告表，備函送請

察照備查為荷！此致

日本大使館

計附送本會暨各區公所等察廳工作報告表七份。

南京市自治委員會代理會長孫朴榮○

中華民國二七年三月 日

自治委员会关于一九三八年三月一日至五日本会暨各区公所警察厅工作报告表致宪兵队特高班公函
（一九三八年三月九日）

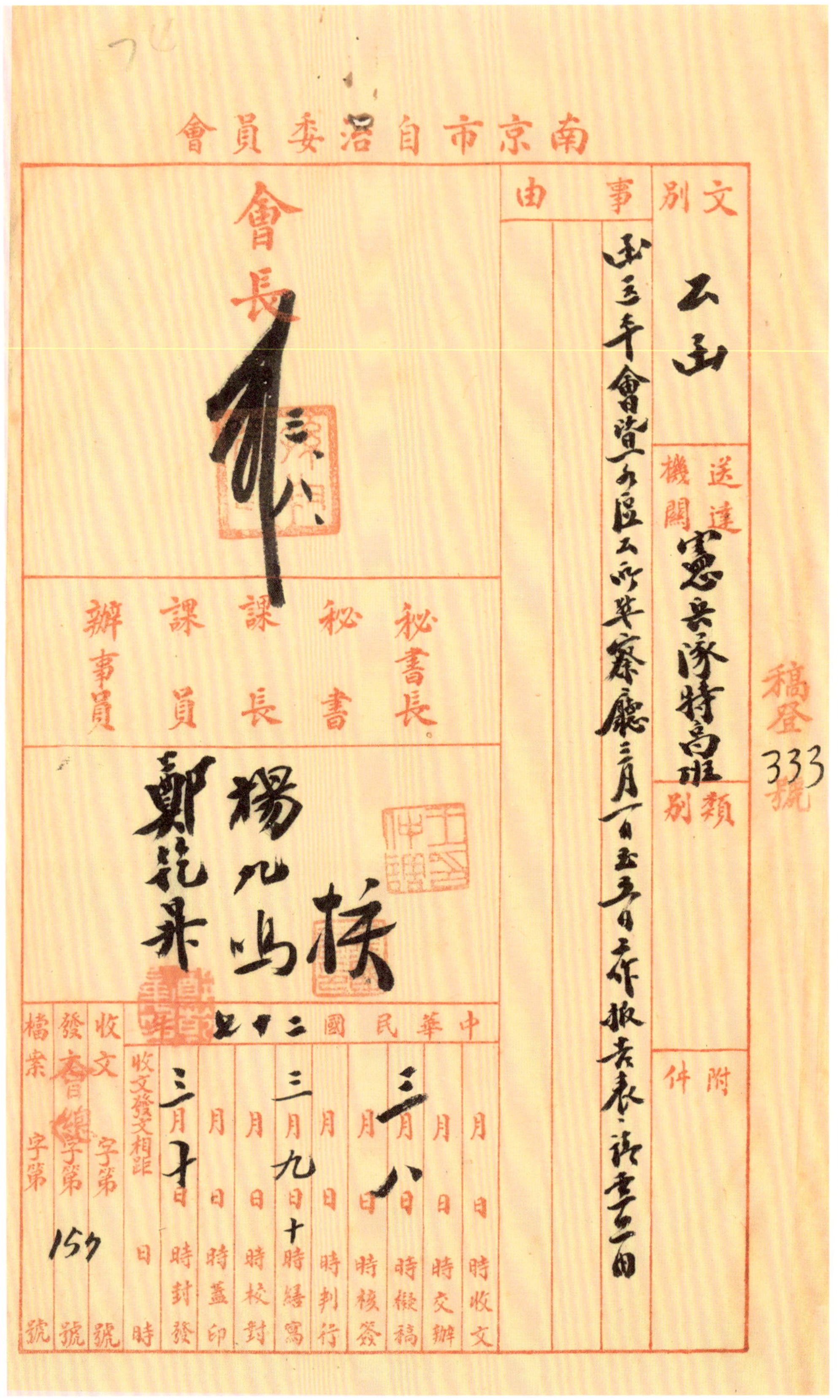
南京市自治委員會
文别 公函
事由 送三年會暨各區公所警察廳三月一日至五日工作報告表請查照由
送達機關 憲兵隊特高班
類别
附件
稿登 333 號
會長 [illegible]
秘書長
秘書
課長
課員
辦事員
楊九鳴
鄭範舜
中華民國二十七年
收文 月 日 時
交辦 月 日 時
擬稿 三月八日 時
核簽 月 日 時
判行 月 日 時
繕寫 三月九日十時
校對 月 日 時
蓋印 月 日 時
封發 三月十日 時
收文發文相距 日 時
收文 字第 號
發文 字第 號
檔案 字第 157 號

公函第[illegible]號

敬啓者：承

貴隊派員通知，本會五日工作報告表，須按期送達等語，自當照辦。除分函外，用特繕就本會暨各區公所並警察廳本年三月一日至五日工作報告表七份，備函送請

查照為荷。此致

憲兵隊特高班。

計附送三月一日至五日工作報告表七份。

南京市自治委員會代理會長孫叔榮。

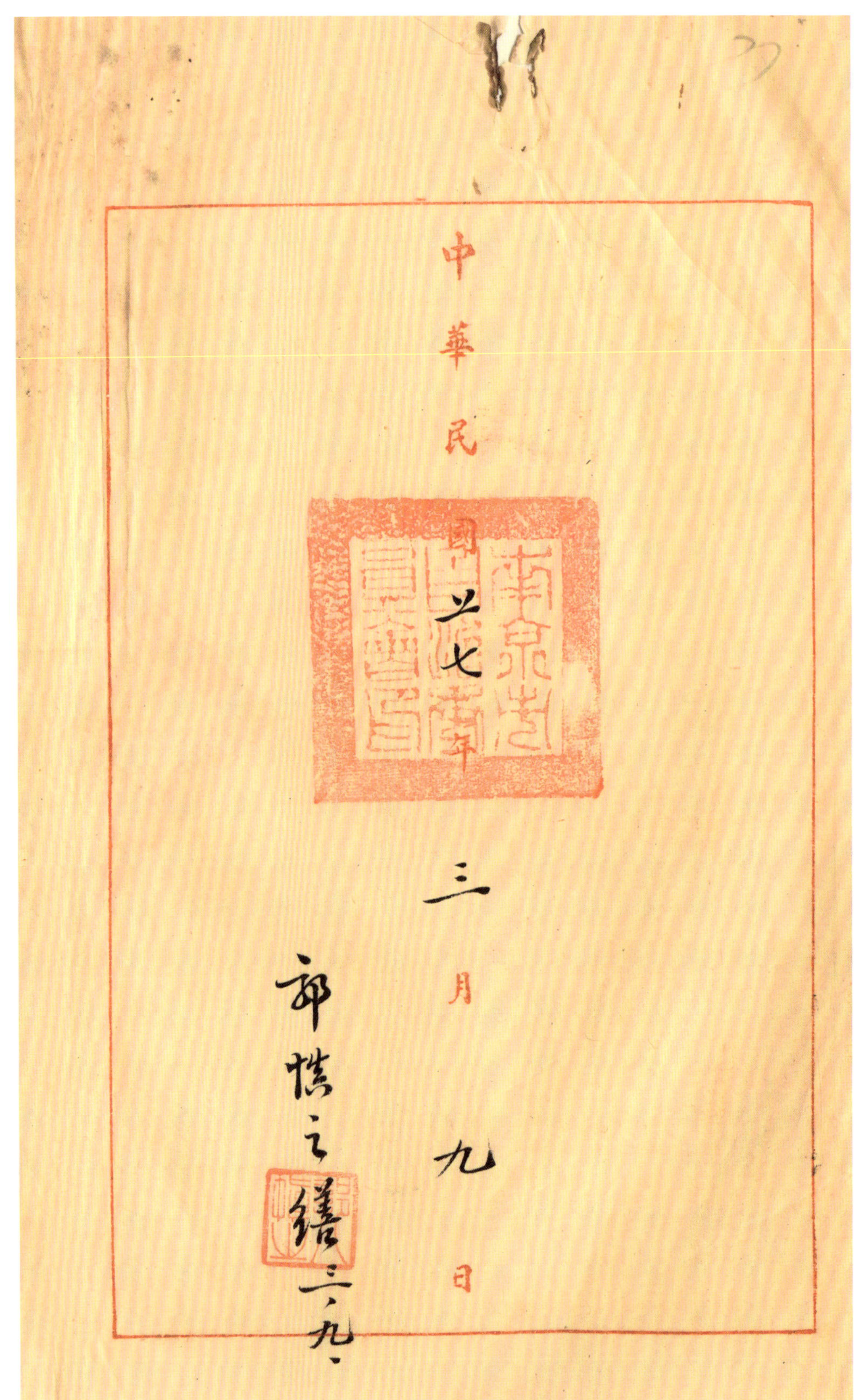

中華民國廿七年三月九日

郁惜之（印）繕 三、九、

南京市自治委員會用箋

頃准
憲兵隊來人通知本會五日工作報告表須按期送達後開各處（用複寫紙寫）

計開

特務机關　一份

大使館　一份

憲兵隊（特高班）　一份

總務課

程朗波　啓　三、八

自治委员会关于一九三八年三月一日至五日本会工作报告表致宪兵南分部公函（一九三八年三月十日）

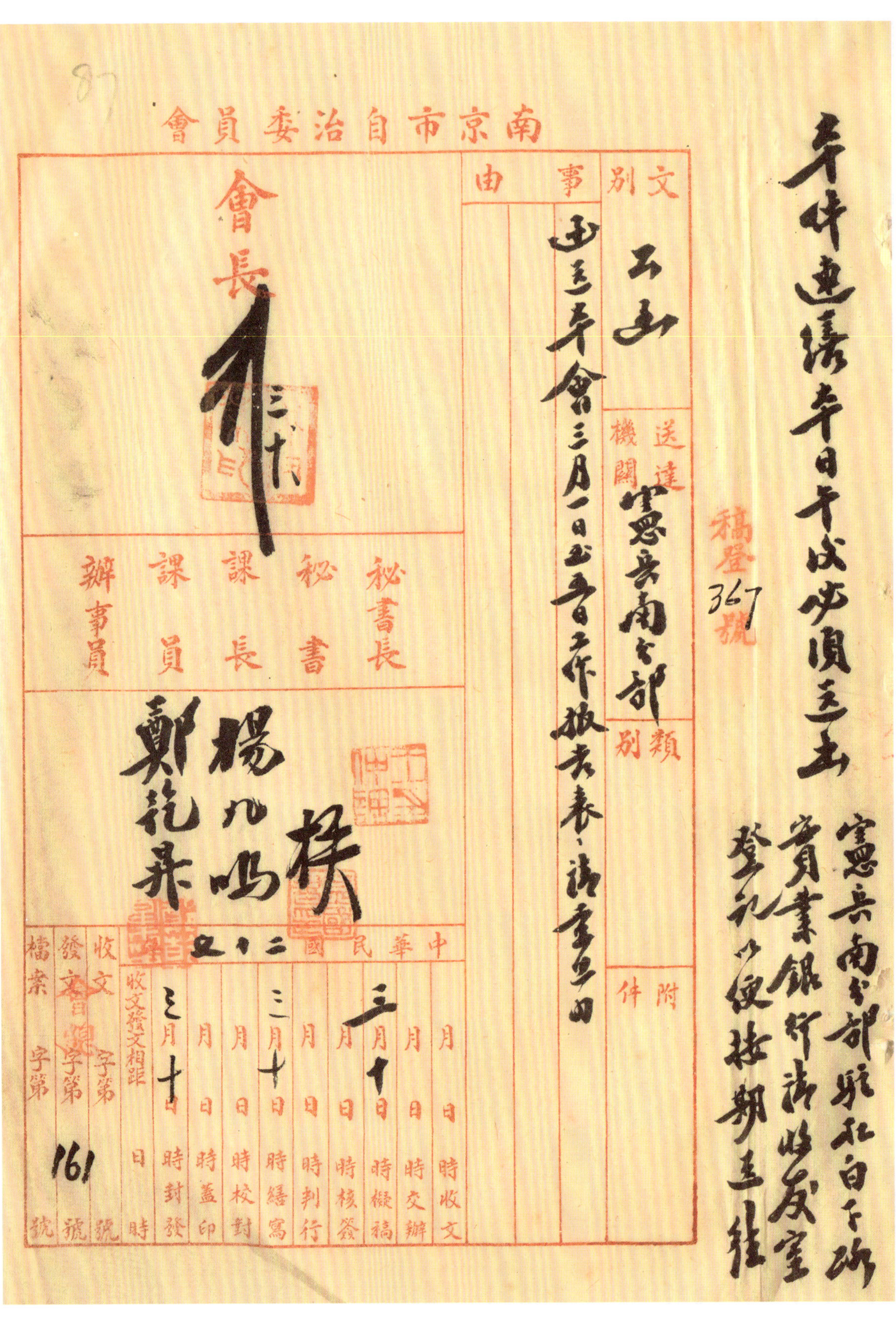

本件速繕本日午後以前須送出

憲兵南分部駐白下路實業銀行請收發室登記後便按期送往

稿登367號

南京市自治委員會

文別	公函
事由	函送本會三月一日至五日工作報告表請查照由
送達機關	憲兵南分部
類別	
附件	

會長 孫（三、十）

秘書長 秘書 課長 課員 辦事員

楊九鳴 鄭花昇

中華民國二七年

收文	交辦	擬稿	核簽	判行	繕寫	校對	蓋印	封發	收文發文相距
月日時	月日時	三月十日時	月日時	月日時	三月十日時	月日時	月日時	三月十日時	日時

收文字第號

發文字第161號

檔案字第號

公函第161號

逕啓者：二十七年三月九日

貴分部來員述及本會工作報告表，亦須按期填送

等語；自當照辦。茲填就本年三月一日至五日本

會工作報告表一份，相應函送，即希

查照爲荷！此致

憲兵南分部。

計附送本年三月一日至五日本會工作報告表一份。

南京市自治委員會代理會長孫叔榮。

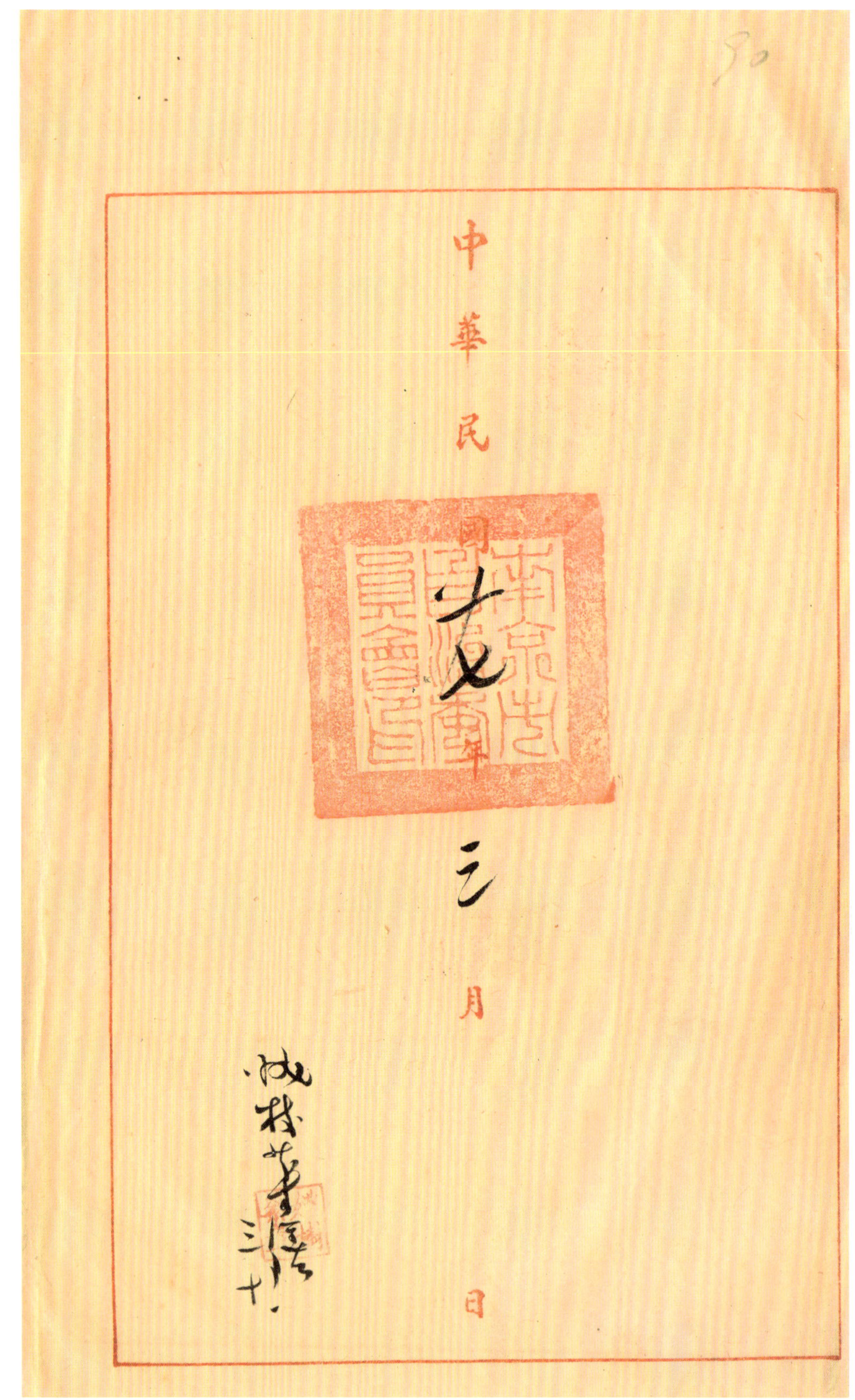
中華民國廿七年三月　日

自治委员会关于本会暨各区公所及警察厅一九三八年三月六日至十日工作报告表致特务机关等公函
（一九三八年三月十四日）

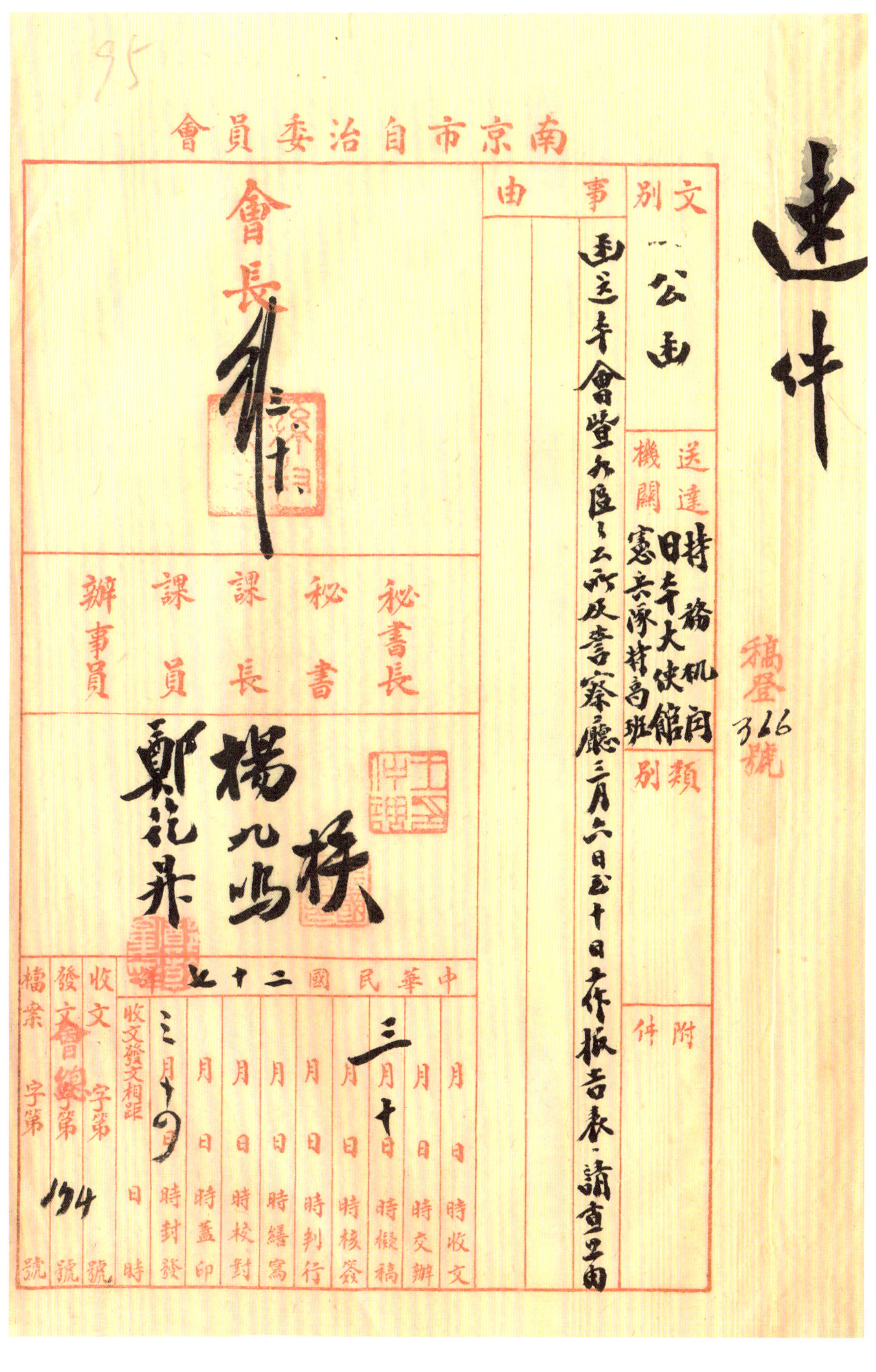
南京市自治委員會
速件
稿登316號
文別：公函
事由：函送本會暨各區公所及警察廳三月六日至十日工作報告表，請查照由
送達機關：特務機關、日本大使館、憲兵隊特高班
類別
附件
會長 孫 三、十
秘書長
秘書課長 楊九鳴
課員
辦事員 鄭花昇 㨿
中華民國二十七年 三月十 日
收文 字第 號
發文 會總字第 174 號
檔案 字第 號
收文發文相距 日 時
三月十四日
收文 月 日 時
交辦 月 日 時
擬稿 月 日 時
核簽 月 日 時
判行 月 日 時
繕寫 月 日 時
校對 月 日 時
蓋印 月 日 時
封發 月 日 時

份繕　96

公函第174號

敬啓者：查本會暨各區區公所及警察廳本年三月一日至五日工作報告表，曾經函送在案。茲查三月六日至十日本會暨各區區公所及警察廳工作事項，業經依表分别填竣，相應檢同原表七份，備函送請查照爲荷！此致

特務機關
日本大使館
憲兵隊特高班

計附送三月六日至十日工作報告表七份。（第四區公所一份據稱已備函逕送）

南京市自治委員會代理會長孫叔榮。

中華民國　年　七月　日

自治委员会关于本会一九三八年三月六日至十日工作报告表致宪兵南分部公函（一九三八年三月十四日）

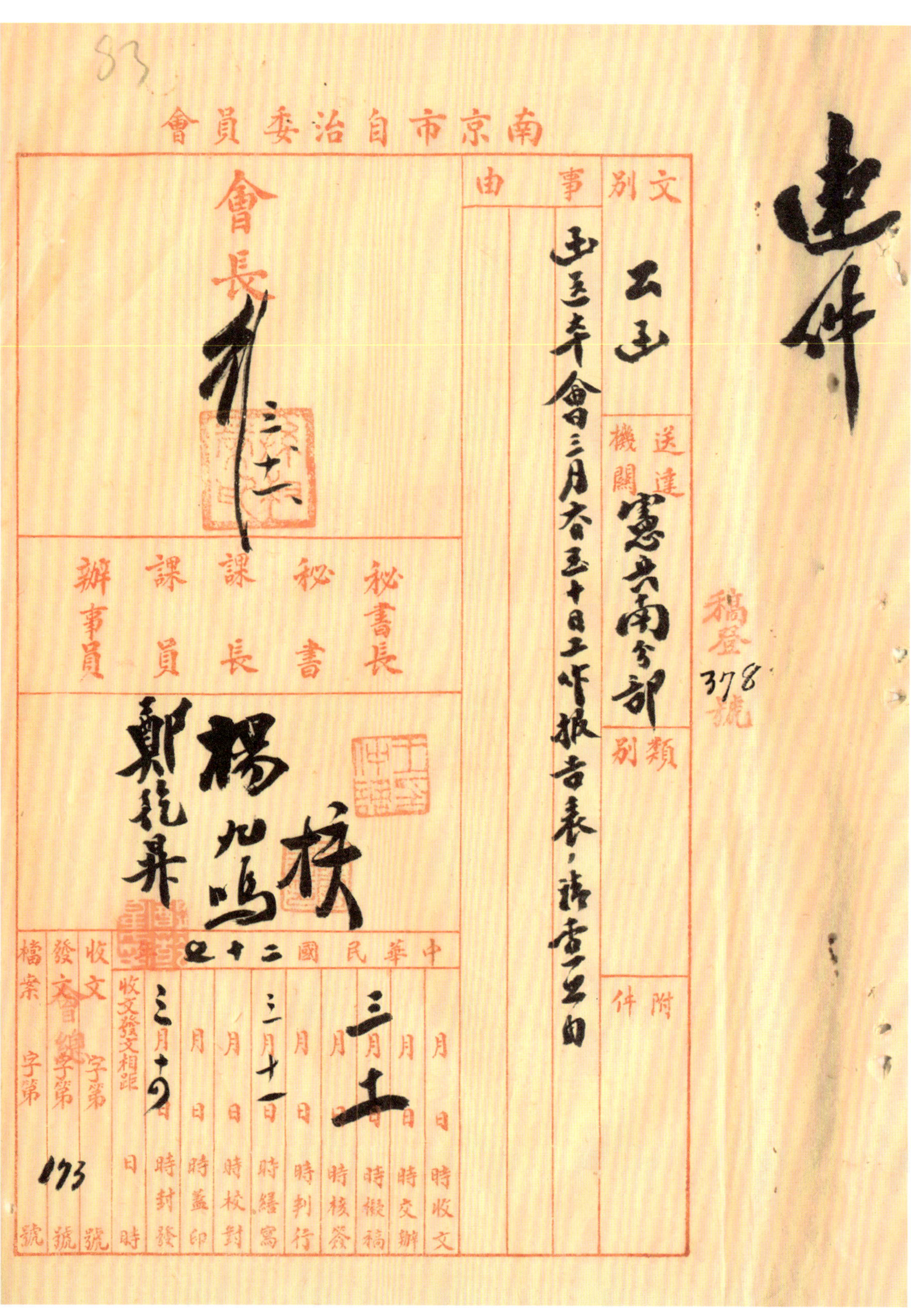
速件

南京市自治委员會

文别：公函
事由：函送本會三月六日至十日工作報告表，請查照由
送達機關：憲兵南分部
類別：
附件：

稿登378號

會長：陶 三、十二
秘書長：
秘書：
課長：楊
課員：孫叔榮
辦事員：鄭龍昇

中華民國二十七年

收文 月 日 時
交辦 月 日 時
擬稿 三月十一日 時
核簽 月 日 時
判行 月 日 時
繕寫 三月十一日 時
校對 月 日 時
蓋印 月 日 時
封發 三月十四日 時
收文發文相距 日 時

收文 字第 號
發文 總字第173號
檔案 字第 號

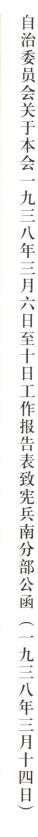

公函第173號

逕啓者：查本會三月一日至五日工作報告表業經函送在案。茲查三月六日至十日本會工作事項現已填就報告表一份，用特函送，即希查照爲荷！此致

憲兵南京分部。

計函送本會三月六日至十日工作報告表一份。

南京市自治委員會代理會長孫叔榮。

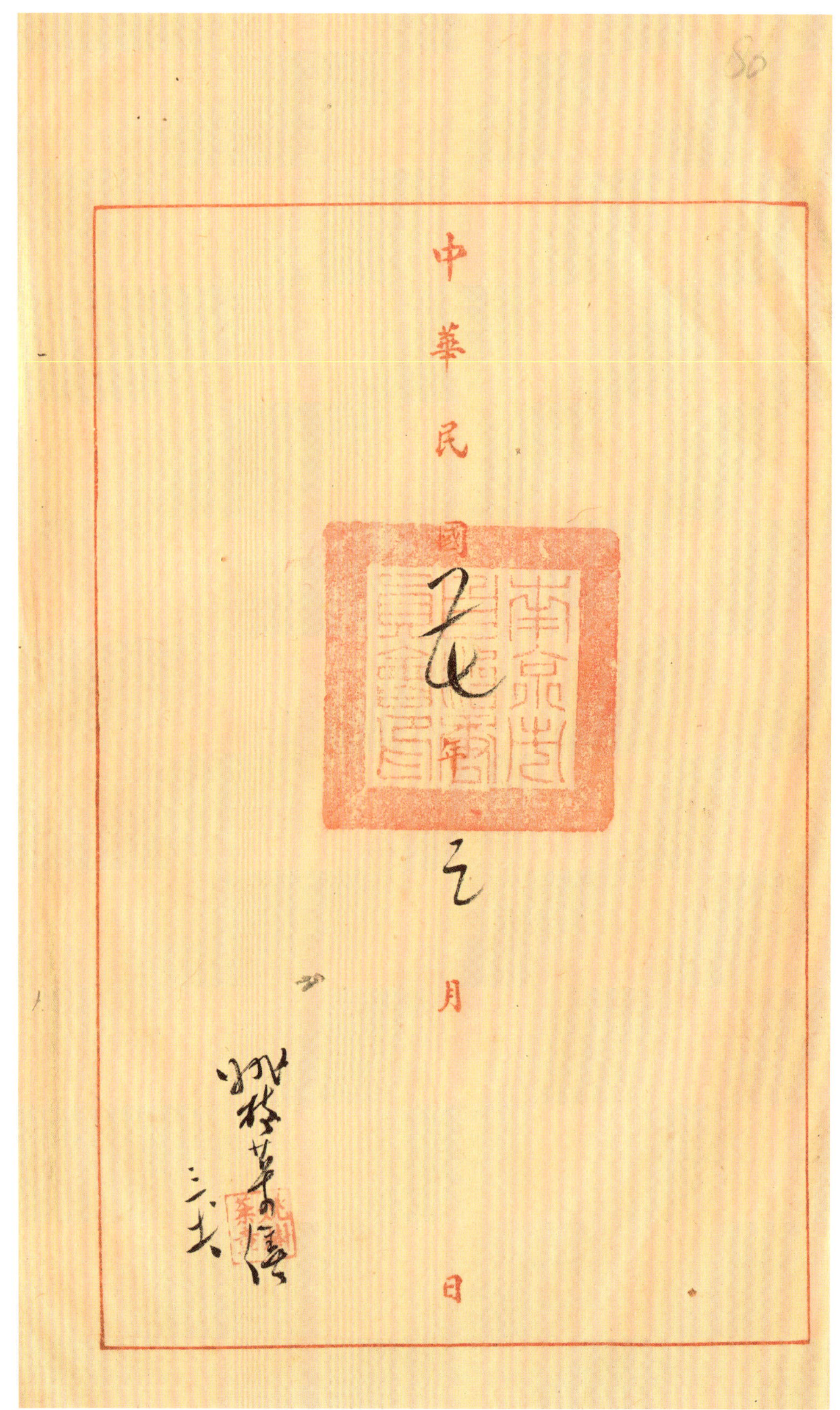

中華民國　年　月　日

自治委员会关于本会暨各区公所及警察厅一九三八年三月十一日至十六日工作报告表致特务机关等公函（一九三八年三月十七日）

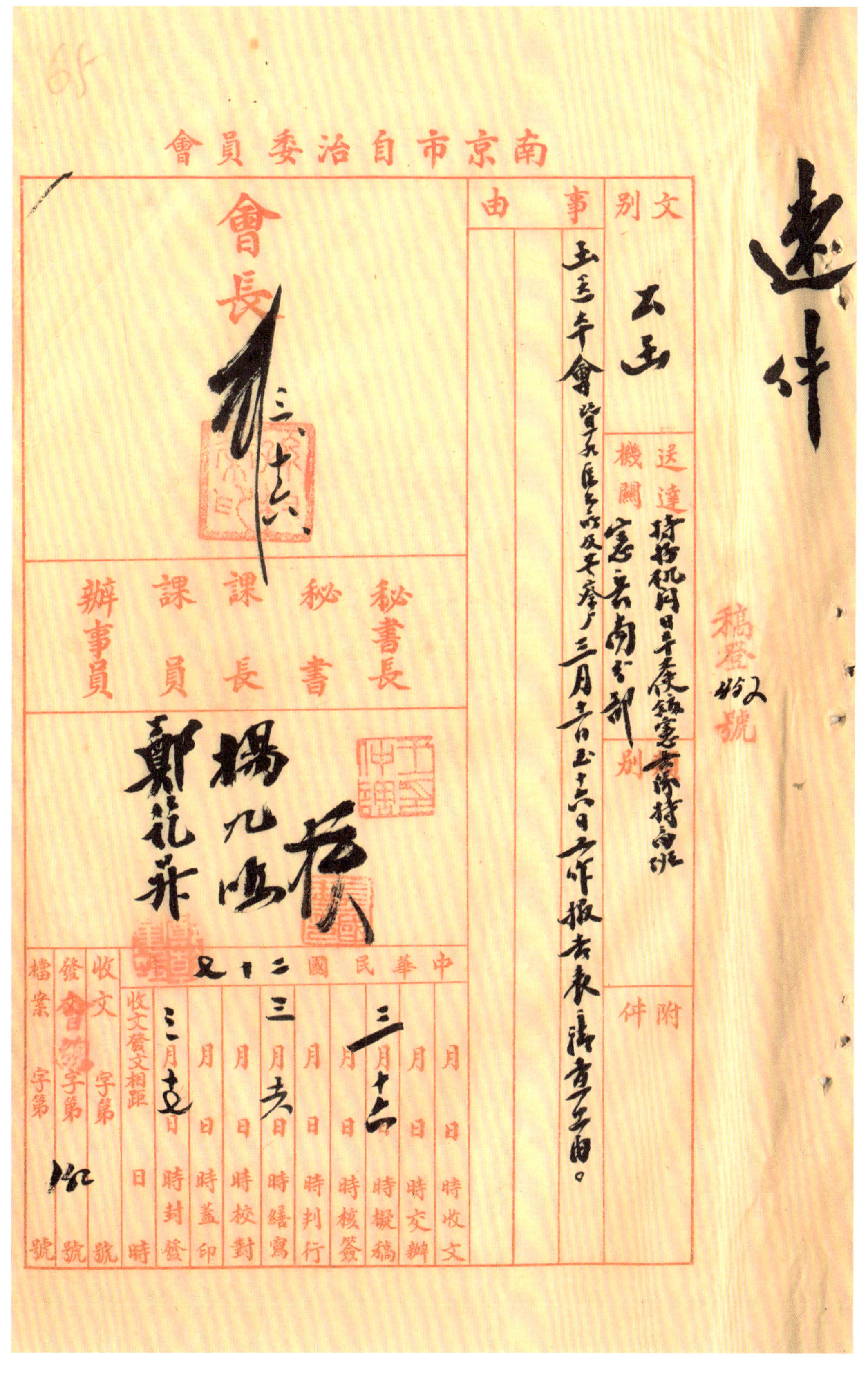

南京市自治委員會

文別 公函

事由 五三六年會暨各區公所及警察廳三月十一日至十六日工作報告表請查照由。

送達機關 特務機關日本大使館憲兵隊特務班 憲兵南京分部

會長

秘書長

秘書課長

課員

辦事員

中華民國二十七年

收文 三月十六日

分繕

公函第162號

敬啓者：查本會暨各區區公所及警察廳工作事項，每五日列表報告，至本年三月十日止在案。茲查三月十一日至十五日各項工作，業經分別填表該事，相應檢同原表一份，備函送請

查照爲荷！此致

特務機關
日本大使館
憲兵隊特務班

南京市自治委員會代理會長孫叔榮

計附送三月十一日至十五日工作報告表一份。

公函第　　號

逕啟者：查本會工作事項，每半月列表報告，至本年三月十日止亦業。茲查三月十六日至卅一日各項工作業經填表，該事相應檢同原表，備函送請

查照為荷！此致

憲兵南京分部。

計送本會三月下半月工作報告表一份

南京市自治委員會代理會長孫

中華民國廿七年三月十五日

周潤森謹

自治委员会关于本会暨各区公所及警察厅一九三八年三月十六日至二十日工作报告表致特务机关等公函（一九三八年三月二十四日）

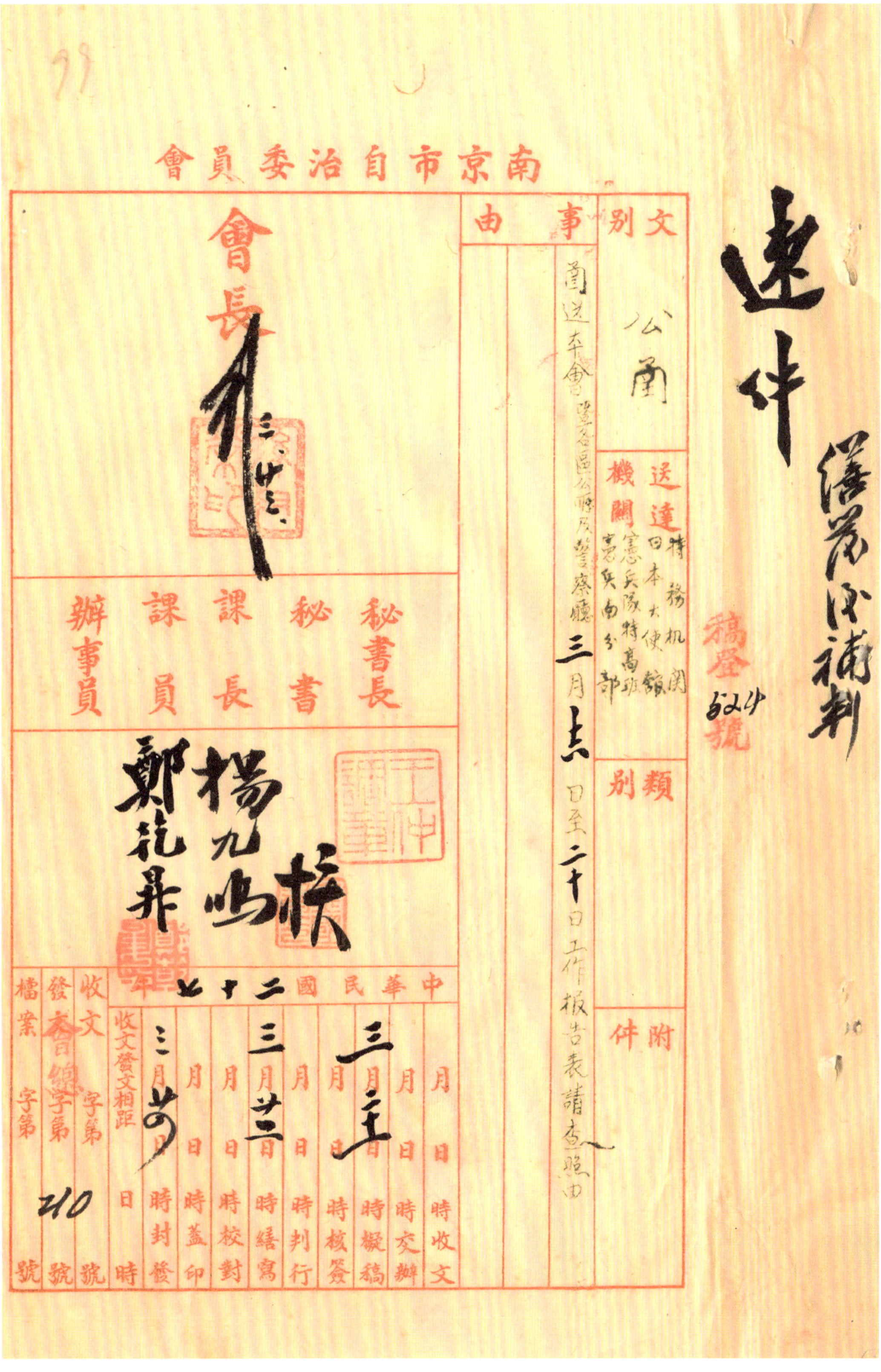

南京市自治委員會

速件

文別	公函
事由	函送本會暨各區公所及警察廳三月十六日至二十日工作報告表請查照由
送達機關	特務機關、日本大使館、憲兵隊特高班、憲兵南分部
類別	
附件	

會長

秘書長　秘書　課長　課員　辦事員

中華民國二十七年

收文　月　日　時
交辦　月　日　時
擬稿　月　日　時
核簽　三月二十三日　時
判行　月　日　時
繕寫　三月廿三日　時
校對　月　日　時
蓋印　月　日　時
封發　三月廿四日　時
收文發文相距　日　時

收文　字第　號
發文　字第　210　號
檔案　字第　號

公函第210號

敬啟者：查本會暨各區、公所及警察廳工作事項，每五日列表報告，歷經檢表函送至本年三月十一日至三月十五日止在案。茲查三月十六日至三月二十日本會暨各區、公所及警察廳各項工作，業經照表分別填妥，相應檢同原表七份，備函送

請

查照為荷！此致

特務機關
日本大使館
憲兵隊特高課

计附送三月十六日至二十日工作報告表七份

代理會長孫叔。

101

公函第 210 號

逕啟者：查本會工作，每五日列表報告，歷經檢表函送至卅年三月十一日至三月十五日止在案。茲查三月十六日至三月二十日本會各項工作，業經填就報告表，相應備函送請

查照為荷。此致

憲兵南分部

計附送三月十六日至二十日工作報告表一份

代理會長孫叔○

中華民國廿七年三月　日

郭襟之　繕

三、廿六

自治委员会关于本会暨各区公所及警察厅一九三八年三月二十一日至二十五日工作报告表致特务机关等公函（一九三八年三月二十七日）

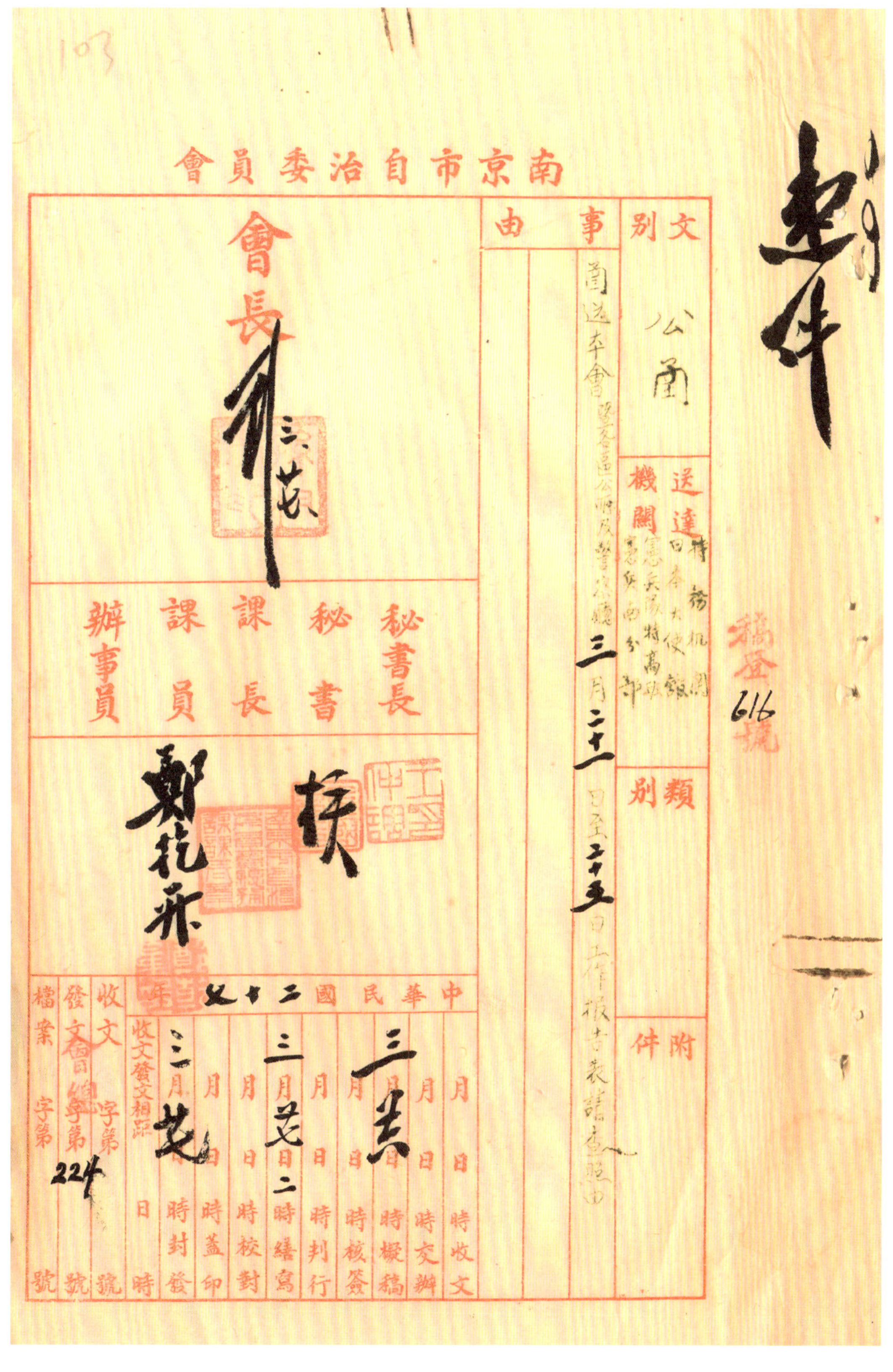

南京市自治委員會

文別	公函
送達機關	特務機關、日本大使館、憲兵隊特高班、憲兵西分部
事由	函送本會暨各區公所及警察廳三月二十一日至二十五日工作報告表請查照由

會長 孫（押）

秘書長　秘書　課長　課員　辦事員

鄭 乾 森　扶

中華民國二十七年三月二十七日

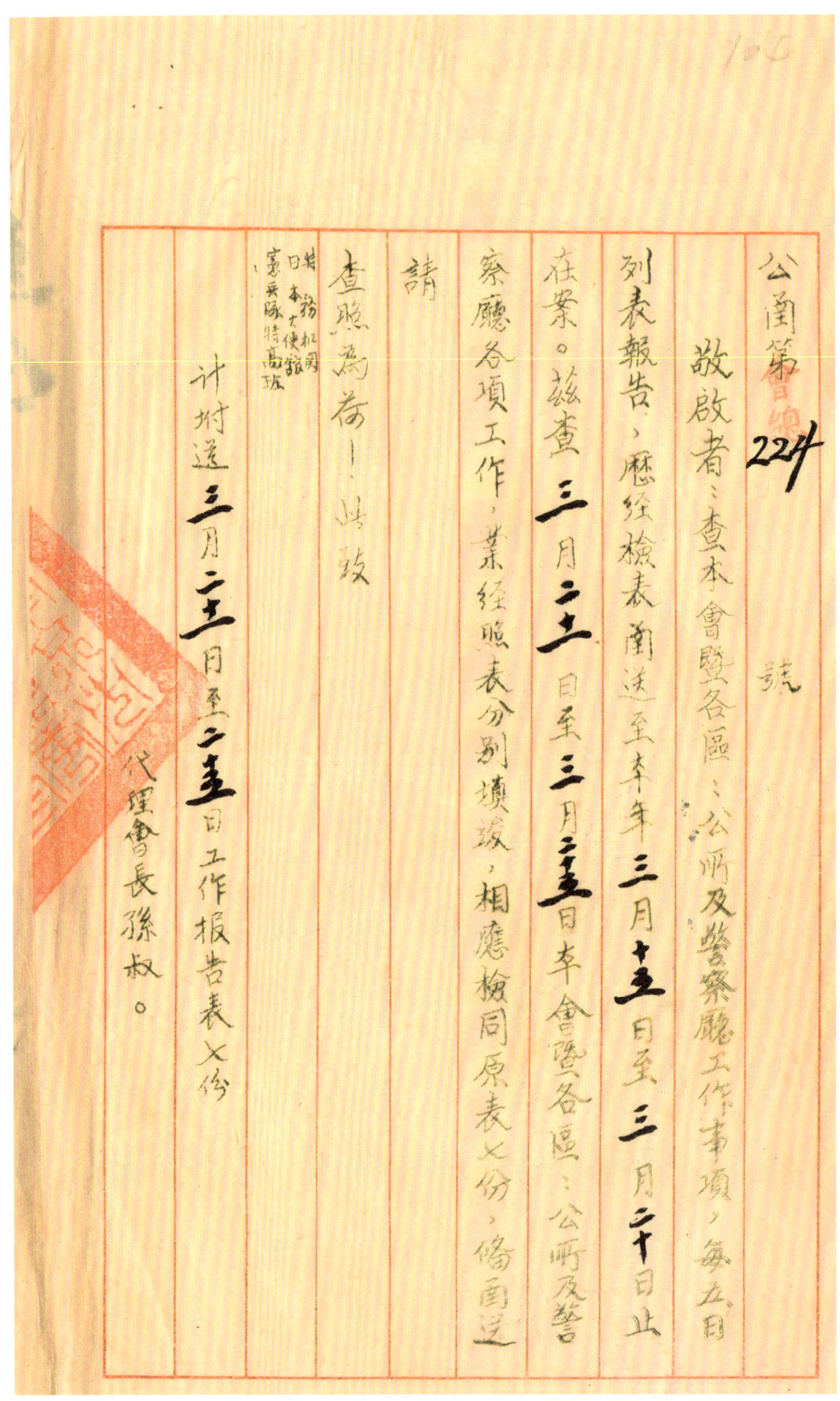

106

公函第224號

敬啟者：查本會暨各區、公所及警察廳工作事項，每五日列表報告，歷經檢表函送至本年三月十五日至三月二十日止在案。茲查三月二十一日至三月二十五日本會暨各區、公所及警察廳各項工作，業經照表分別填竣，相應檢同原表七份，備函送

請

查照為荷！此致

特務機關

日本大使館

憲兵隊特高班

計附送三月二十一日至二十五日工作報告表七份

代理會長孫叔○。

105

公函第

逕啟者：查本會工作事項，每五日列表報告，歷經檢表函送至本年三月十五日至三月二十日止在案。茲查三月二十一日至三月二十五日本會各項工作，業經填就報告表，相應備函送請

查照為荷！此致

憲兵南分部

計附送三月二十一日至二十五日工作報告表一份

代理會長孫叔。

中華民國二十七年三月　日
郭懷之謹
二、二七、

第一区区公所关于报送一九三八年三月份下半月收支报告表致自治委员会的呈文

第一区区公所报送一九三八年三月十六日至二十五日收支报告表致自治委员会的呈文

（一九三八年三月二十九日）

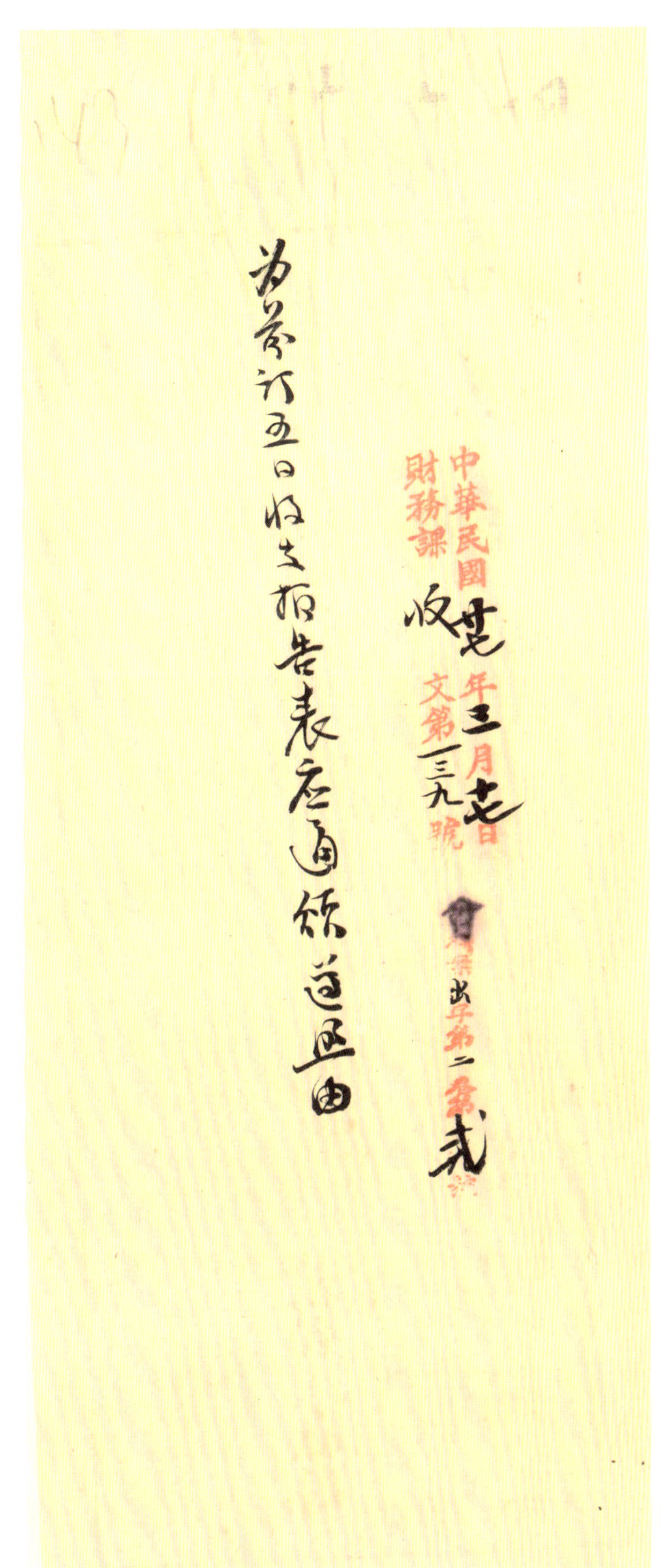

为呈报十五日收支报告表各通俗道区由

144

現在征收事務漸繁爲計五日收支報告表應通飭遵照

財務課

為仰總查照辦理為要、

秘書處

三月十七日

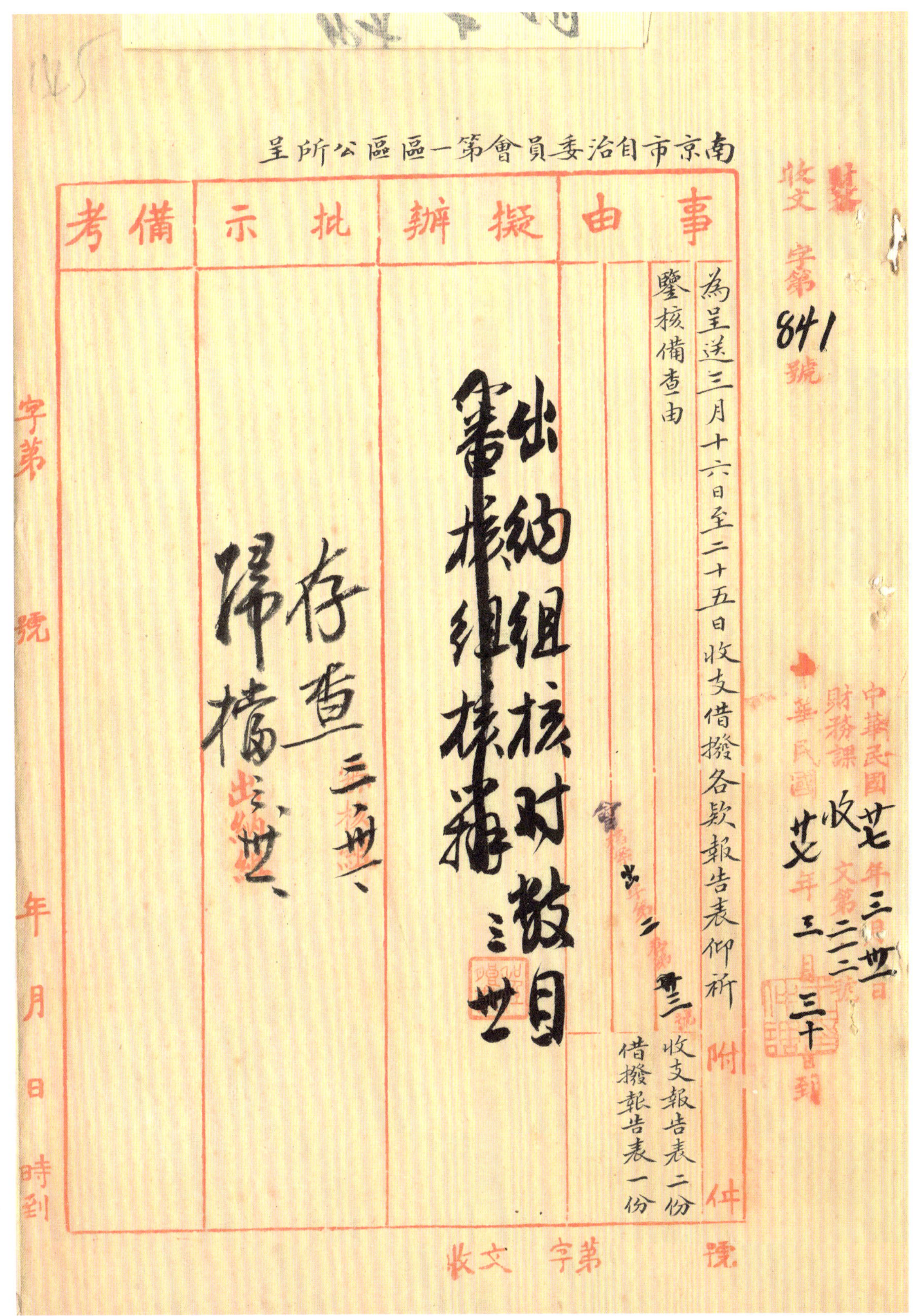

南京市自治委員會第一區區公所呈

事由	擬辦	批示	備考
爲呈送三月十六日至二十五日收支借撥各款報告表仰祈鑒核備查由 附件 收支報告表二份 借撥報告表一份	出納組核對數目 三卅 審核組核辦	存查 三、卅 歸檔 三、卅	

收文 字第841號

中華民國廿七年三月卅一日 財務課收文第二二一號

中華民國廿七年三月三十日到

收文字第　號

146

呈為呈送事案查職區收支借撥各款報告表業經呈報至三月十五日止在案茲謹將本月十六日至二十五日之收支各款填造報告表二份並填造本月十六日至二十日借撥各款報告表一份理合將前項報告表一併備文呈送仰祈

鑒核備查謹呈

南京市自治委員會會長陶

代會長孫

副會長程

計呈送三月十六日至二十五日收支報告表二份三月十六日至二十日借撥報告表一份

第一區區長何緝之

二十七年三月十六日至二十日止

借入之部

款別＼日別	一日	二日	三日	四日	五日	本期共借數	連前共借數
合計							
備攷							

撥付之部

款別＼日別	一日	二日	三日	四日	五日	本期共撥數	連前共撥數
經費			一〇〇元			一〇〇.〇〇元	
合計						一〇〇.〇〇元	
備攷	上款係歸還三月六日何區長借墊						

謹呈

會長 鑒核

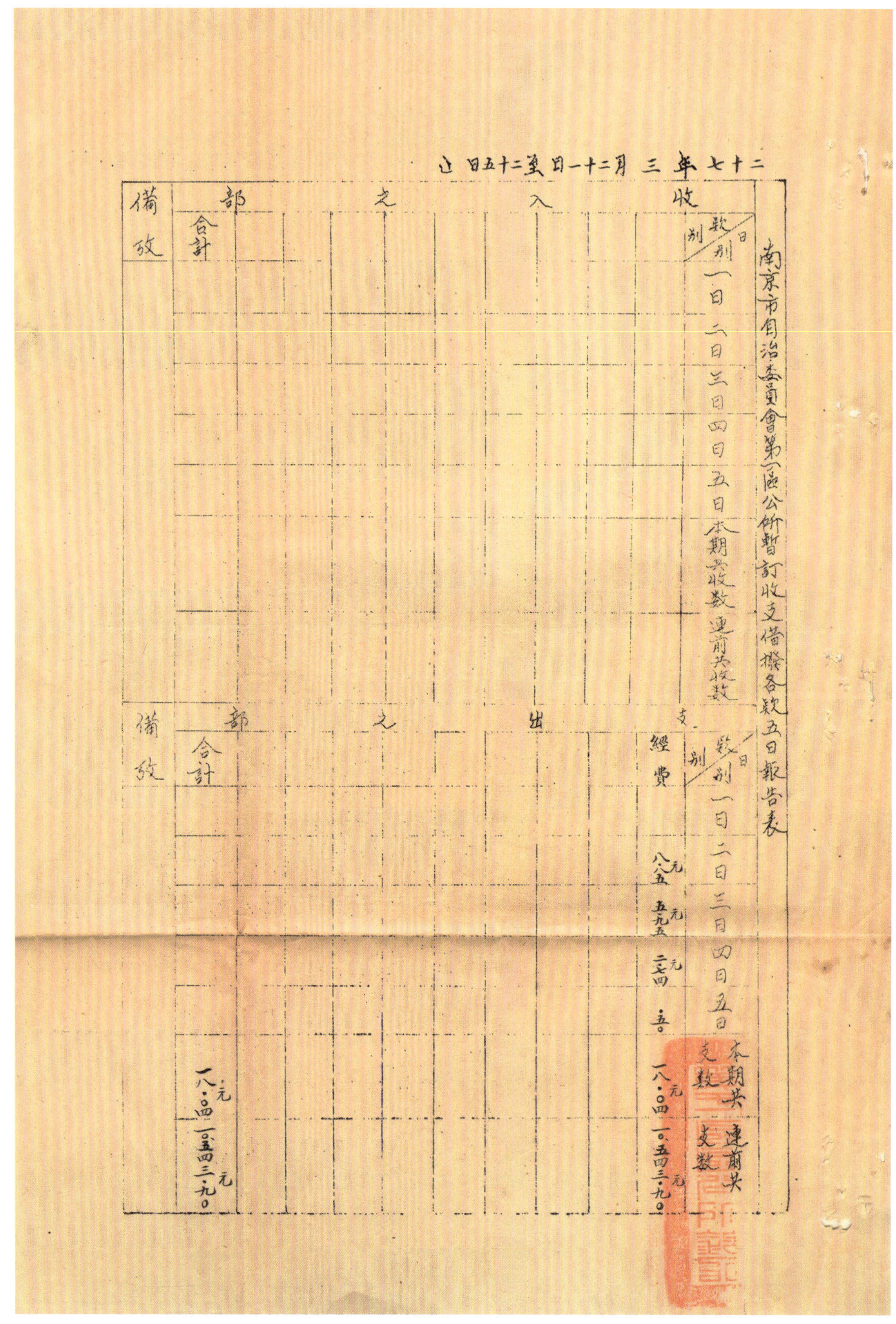

南京市自治委員會第一區公所暫訂收支備撥各款五日報告表

二十七年三月二十一日至二十五日止

收入之部

日別 / 款別						合計	備考
一日							
二日							
三日							
四日							
五日							
本期共收數							
連前共收數							

支出之部

日別 / 款別	經費					合計	備考
一日							
二日	八·八五元						
三日	五·九五元						
四日	二·七四元						
五日	·五〇						
本期共支數	一八·〇四元					一八·〇四元	
連前共支數	一〇、五四三·九〇元					一〇、五四三·九〇元	

二十七年三月十六日至二十日止

南京市自治委員會第一區公所暫訂收支備撥各款五日報告表

收入之部

日別／款別	經費	收回暫付款	合計	備攷
一日				暫付款係收回各職員及公役伙食費
二日	二〇〇·〇〇元			
三日				
四日	二、三〇〇·〇〇元			
五日		一、三九四·五九元		
本期共收數	三、八九四·五九元		三、八九四·五九元	
連前共收數	九、三九四·五九元		九、三九四·五九元	

支出之部

日別／款別	經費	合計	備攷
一日	五二九·三三元		前表三月十四日付款內有二十元係歸還三月十日借墊特此聲明
二日	一一·二七元		
三日	一一九·二〇元		
四日	三〇五·〇六元		
五日	四、五〇八·〇二元		
本期共支數	五、四七二·六六元	五、四七二·六六元	
連前共支數	一〇、五二五·八六元	一〇、五二五·八六元	

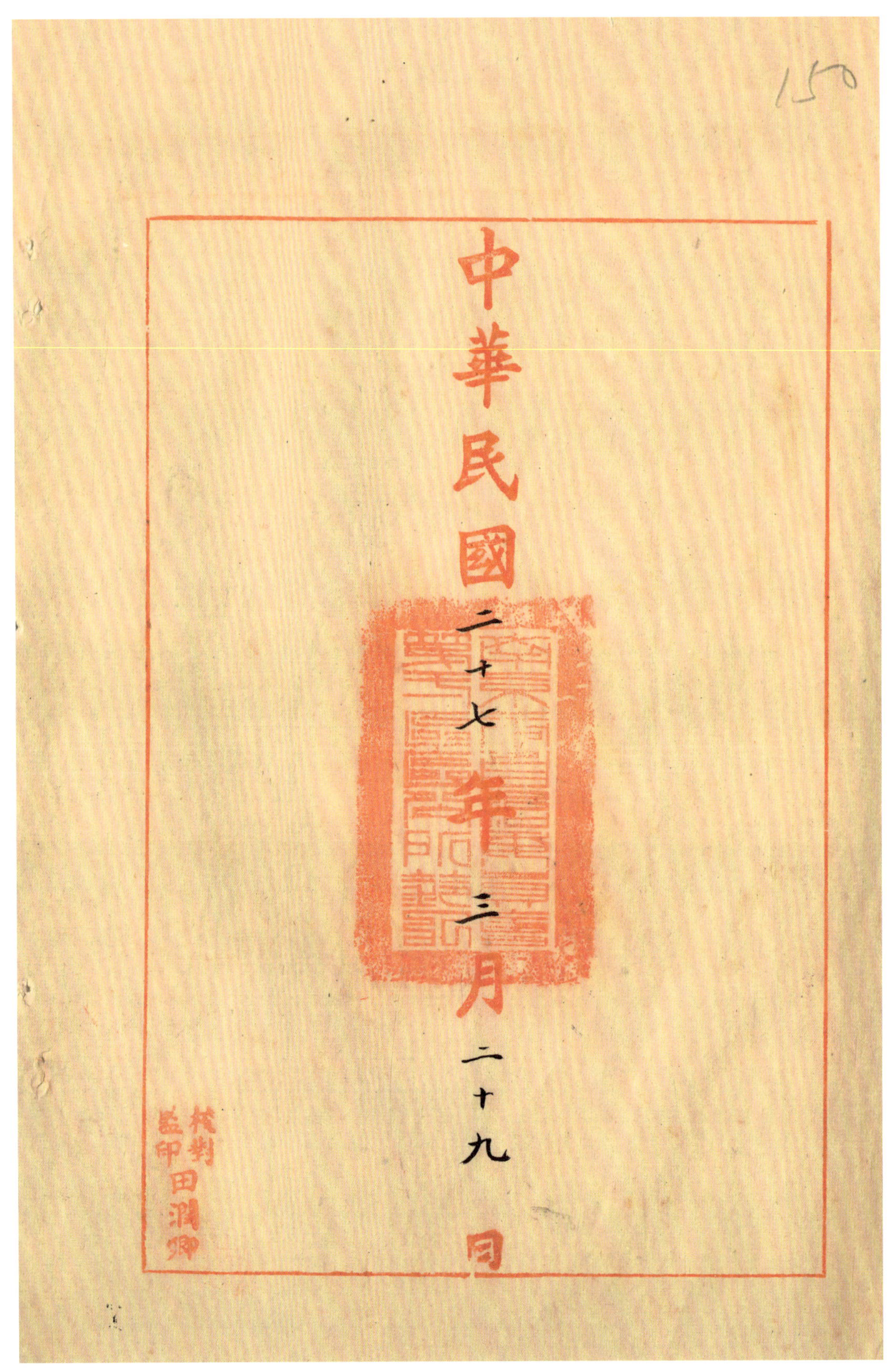

中華民國二十七年三月二十九日

校對 田潤卿

監印

第一区区公所报送一九三八年三月二十六日至三十一日收支报告表致自治委员会的呈文（一九三八年四月三日）

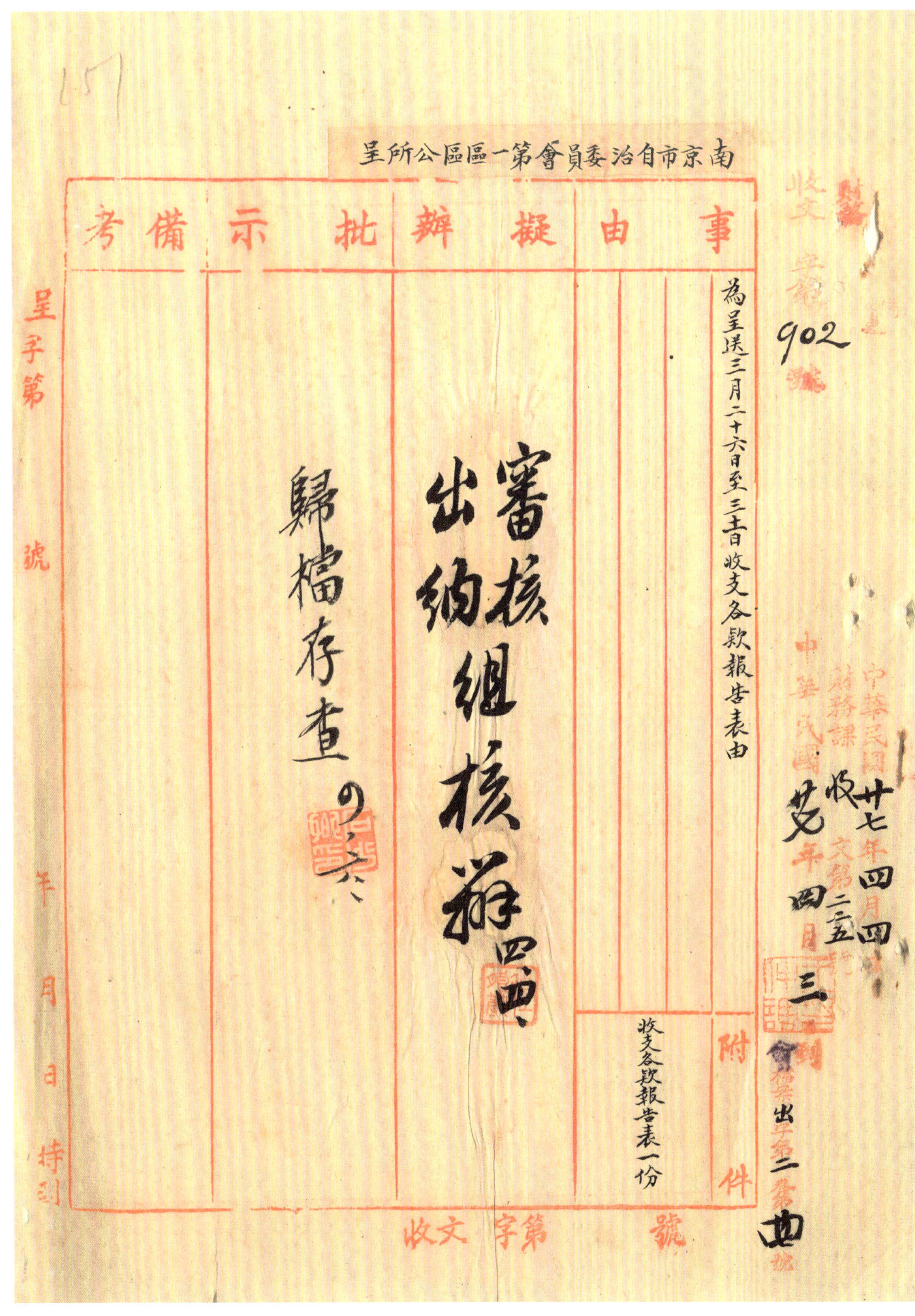

南京市自治委员会第一区区公所呈

呈字第　號　年　月　日　時到

事由	擬辦	批示	備考
為呈送三月二十六日至三十一日收支各款報告表由	審核出納組核辦　四、四、	歸檔存查　四、六、	

附件：收支各款報告表一份

收文　字第　號

收文　字第902號

中華民國廿七年四月四日　財務課收文第二五號

中華民國廿七年四月三日

會計出字第二一號

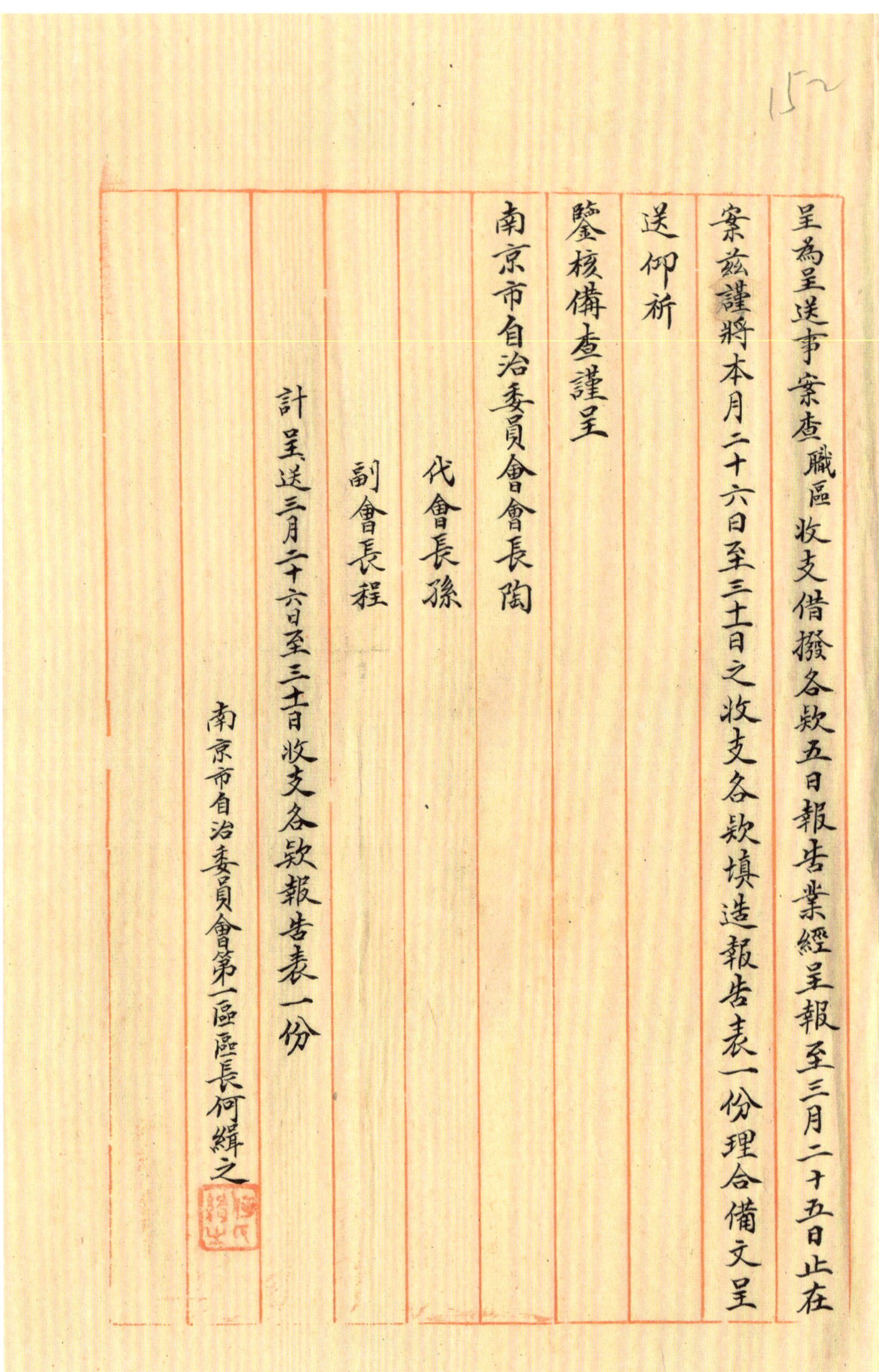

152

呈為呈送事案查職區收支借撥各款五日報告業經呈報至三月二十五日止在案茲謹將本月二十六日至三十一日之收支各款填造報告表一份理合備文呈送仰祈

鑒核備查謹呈

南京市自治委員會會長陶

代會長孫

副會長程

計呈送三月二十六日至三十一日收支各款報告表一份

南京市自治委員會第一區區長何緝之

二十七年三月二十六日至三十一日止

南京市自治委員會第一區公所暫訂收支借撥各款五日報告表

日別 \ 款別	經費								合計	備攷
收入之部										
一日	二〇〇.〇〇元									本表連前共收數欄内已剔除二十日收各職員及公役伙食費洋壹千叁百玖拾肆元伍角玖分特此聲明
二日										
三日										
四日	二〇〇.〇〇元									
五日										
本期共收數	四〇〇.〇〇元								四〇〇.〇〇元	
連前共收數	八,四〇〇.〇〇元								八,四〇〇.〇〇元	
支出之部										
一日	一七.三〇元									本表連前共支數欄内已剔除逐日暫記墊付職員與公役伙食費洋壹千叁百玖拾肆元伍角玖分及三月十四日歸還何區長借墊弍拾元合併聲明
二日	二六.三〇元									
三日										
四日	一〇一.三五元									
五日	30日 一.〇〇元 31日 一九.二六元									
本期共支數	一六五.二一元								一六五.二一元	
連前共支數	九,二九四.四二元								九,二九四.四二元	

謹呈

會長 鑒核

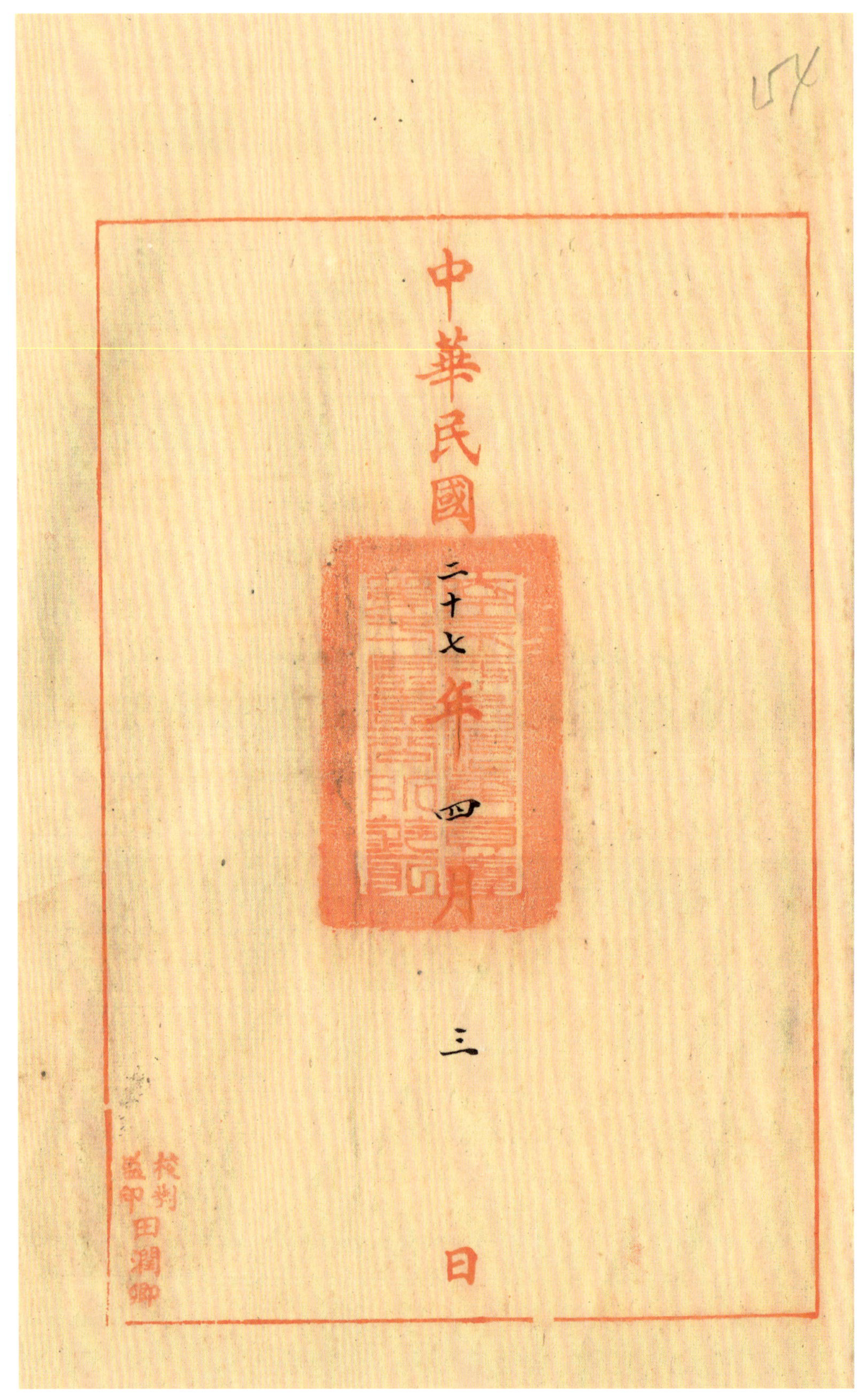

54

中華民國二十七年四月三日

校對
監印 田潤卿

第二区区公所报送一九三八年三月份收支报告表致自治委员会呈文（一九三八年四月四日）

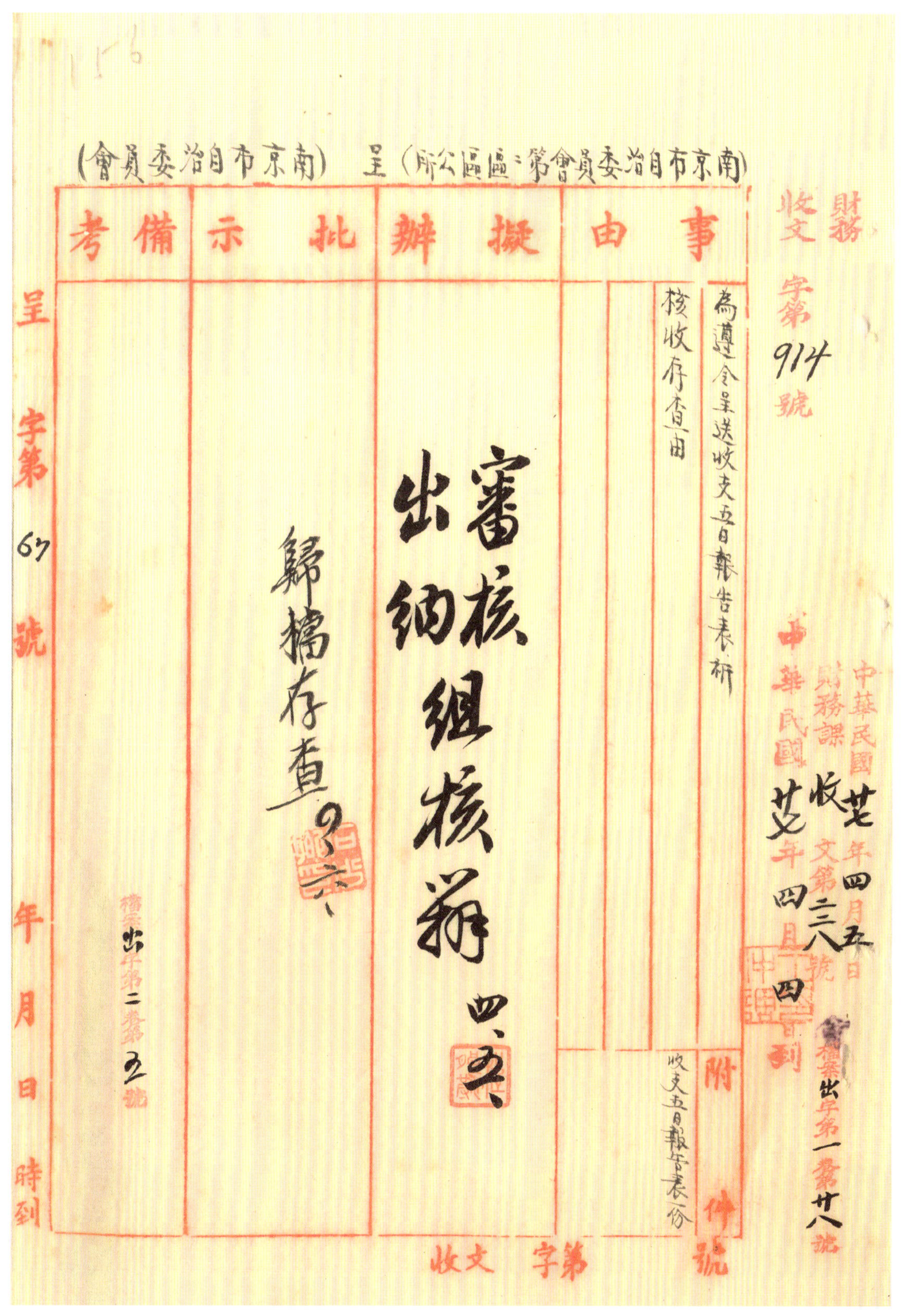

南京市自治委員會第二區區公所　呈　（南京市自治委員會）

財務　收文　字第914號

事由	擬辦	批示	備考
為遵令呈送收支五月報告表祈核收存查由	審核出納組核辦　四、五、	歸檔存查　四、六、	

附件：收支五月報告表一份

中華民國廿七年四月四日

財務課收文第二三八號　中華民國廿七年四月五日

檔案出字第一叁廿八號

檔案出字第二叁五號

呈　字第67號　年　月　日　時到

收文　字第　號

案奉

鈞會會秘字第九五號訓令以收支五日報告表尚未呈送前來，仰即遵照前頒式樣查造送核，毋再違延，等因；當經飭屬遵照填報，茲將區長接代之日起（三月廿四日）至三月三十一日期內造填完竣，奉令前因，除飭屬嗣後依限造報外，理合將收支五日報告表一份一併備文呈送，仰祈

核收存查。謹呈

南京市自治委員會

附收支五日報告表一份（計十一張）

兼代第二區區公所區長胡啟閎

中華民國二十又四年四月四日

校對
監印
余灼華

（表一）

南京市自治委員會暫計收支備撥各款五日報告表

二十七年二月二十四日至二十八日止

收入之部

日别 / 款别										合計
一日										
二日										
三日										
四日										
五日										
本期共收數										
連前共收數										
備考										

支出之部

日别 / 款别	毛边紙 一刀	報文紙 一刀	墨水 二瓶	膠水 漿糊	棕糊刷 十把	臂章布 一丈二尺	斜文布 二丈五尺	洋布 六尺	竹竿 六根	合計
一日						一.五〇	四.二五			
二日					.八〇				一.二〇	
三日										
四日										
五日	一.〇〇	一.六〇	.六〇	.六〇				.九〇		
本期共支數										
連前共支數										
備考										

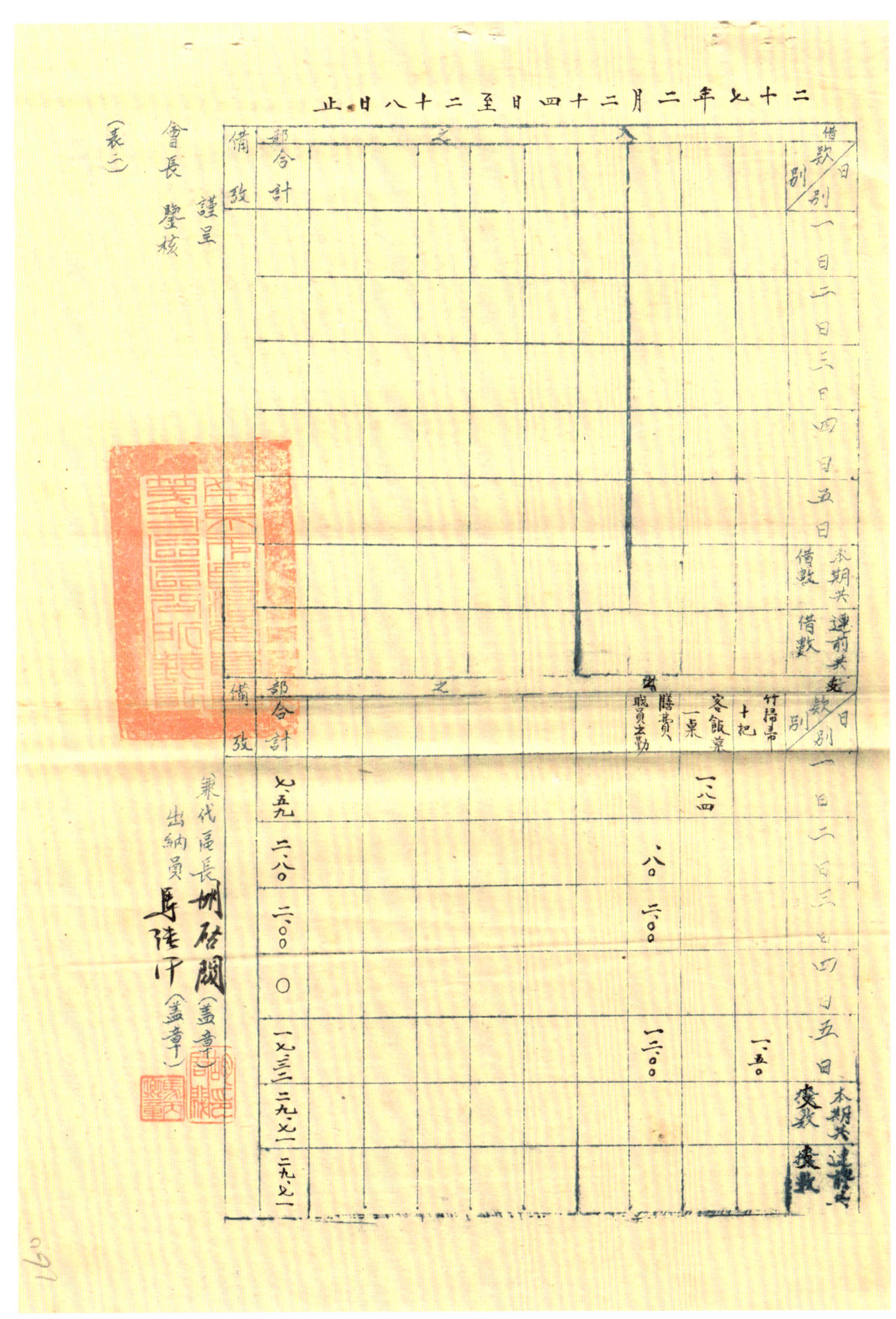

二十七年二月二十四日至二十八日止

入之部

日别／款别	一日	二日	三日	四日	五日	本期共借數	連前共借數
合計							
備考							

出之部

日别／款别	一日	二日	三日	四日	五日	本期共支數	連前共支數
竹掃帚十把					一、五〇		
客飯菜一桌	一、八四						
膳費、出勤職員		、八〇	六、〇〇		一二、〇〇		
合計	七、五九	二、八〇	二、〇〇	〇	一七、三二	二九、七一	二九、七一
備考							

謹呈

會長 鑒核

兼代區長 胡啓闊（蓋章）

出納員 馬陸平（蓋章）

（表二）

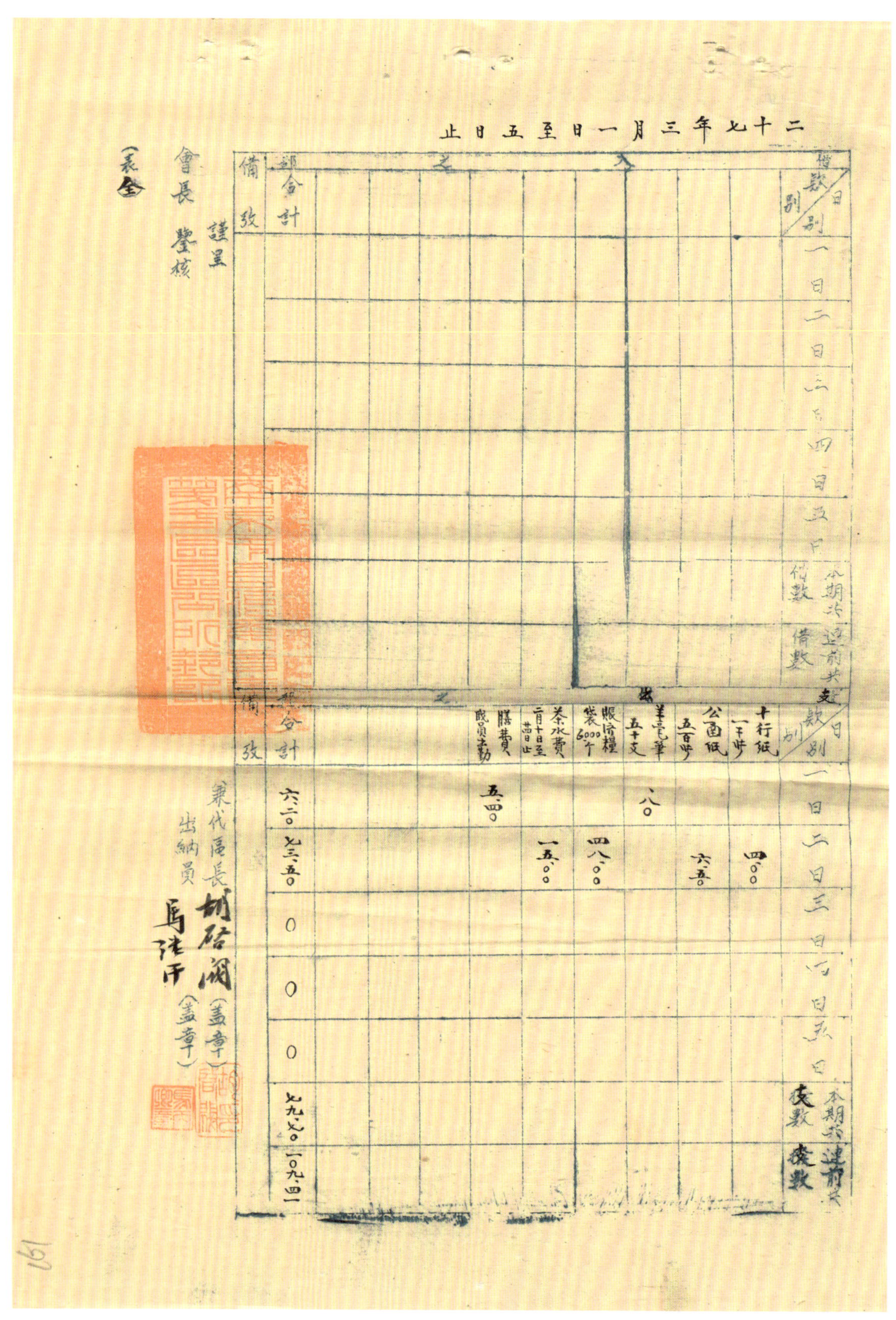

二十七年三月一日至五日止

入之部

日別 款別	一日	二日	三日	四日	五日	本期共借數	連前共借數
合計							
備考							

支出之部

款別 日別	一日	二日	三日	四日	五日	本期共支數	連前共支數
十行紙 一千步		四.〇〇					
公函紙 五百步		六.五〇					
羊毫筆 五十支	.八〇						
賑濟糧袋 6000个		四八.〇〇					
茶水費 自十日至當日止		一五.〇〇					
膳費 職員出勤	五.四〇						
合計	六.二〇	七三.五〇	0	0	0	七九.七〇	一〇九.四一
備考							

謹呈

會長 鑒核

兼代區長 胡啓閣（蓋章）

出納員 馬祖幵（蓋章）

（表全）

191

南京市自治委員會暫訂收支備撥各款五日報告表

二十七年三月六日至十日止

（表一）

收入之部

日別 / 款別									合計	備考
一日										
二日										
三日										
四日										
五日										
本期共收數										
連前共收數										

支出之部

日別 / 款別	毛边紙一刀	牛皮紙三刀	十行紙六百张	鉛筆廿三支	藍墨油一盒	墨汁九瓶	筆鏍九个	十行簿十本	印泥一盒	合計	備考
一日											
二日	一、一〇	七、二〇	二、四〇	、三二	二、四〇	、四〇		一、四〇	、三五		
三日											
四日				、六六			、五〇				
五日											
本期共支數											
連前共支數											

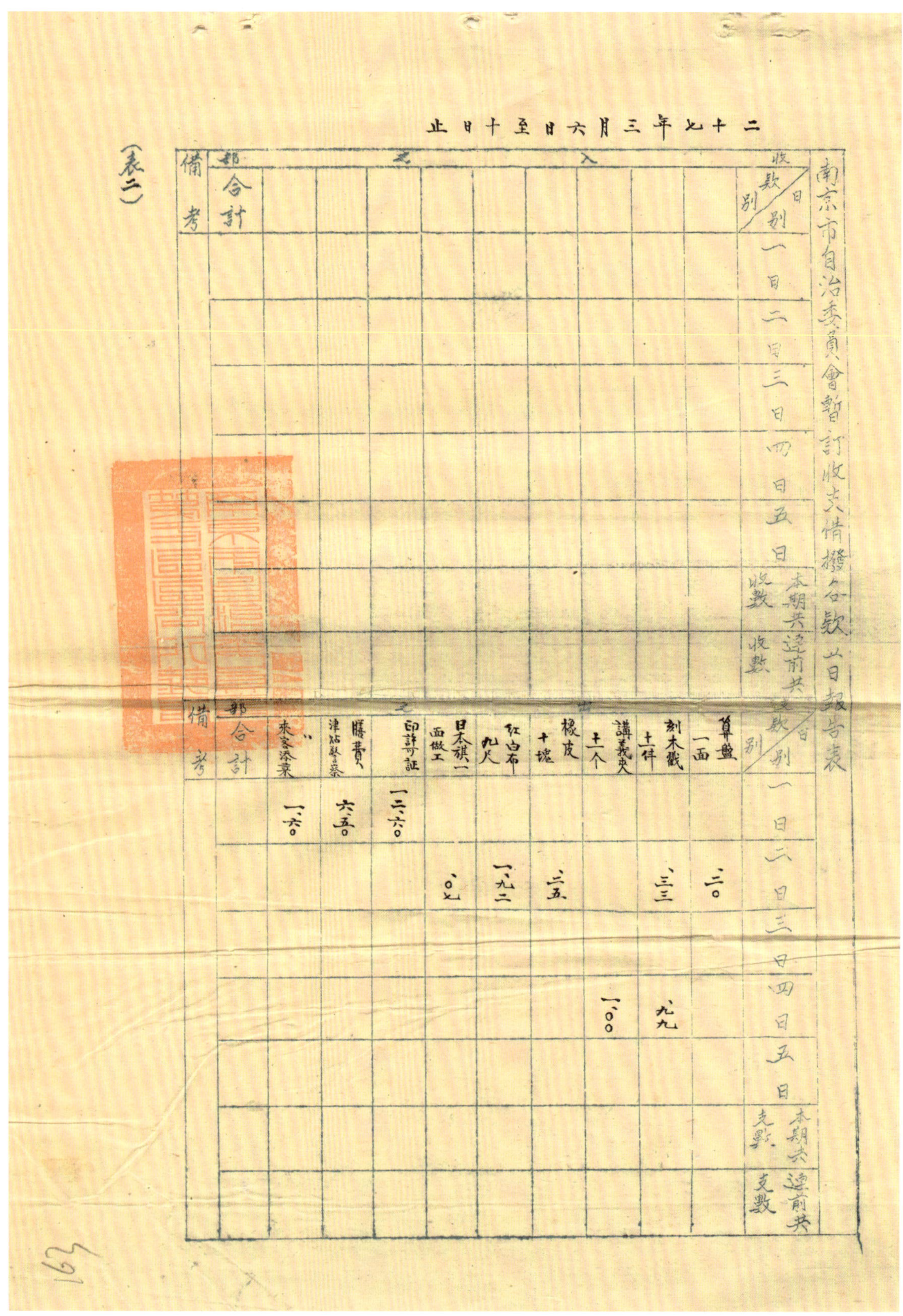

（表二）

南京市自治委員會暫訂收支情撥各款五日報告表

二十七年三月六日至十日止

收入之部

日別＼收款別									合計	備考
一日										
二日										
三日										
四日										
五日										
本期共收數										
連前共收數										

支出之部

日別＼支款別	算盤一面	刻木戳十一件	講義夾十二個	橡皮十塊	紅白布九尺	日本旗一面做工	印許可証	贈費、津貼醫藥	來客添菜	合計	備考
一日							一、二六〇	六、五〇	一、六〇		
二日	二〇	、三三		二、五	一、九二	〇、七					
三日											
四日		九九	一、〇〇								
五日											
本期共支數											
連前共支數											

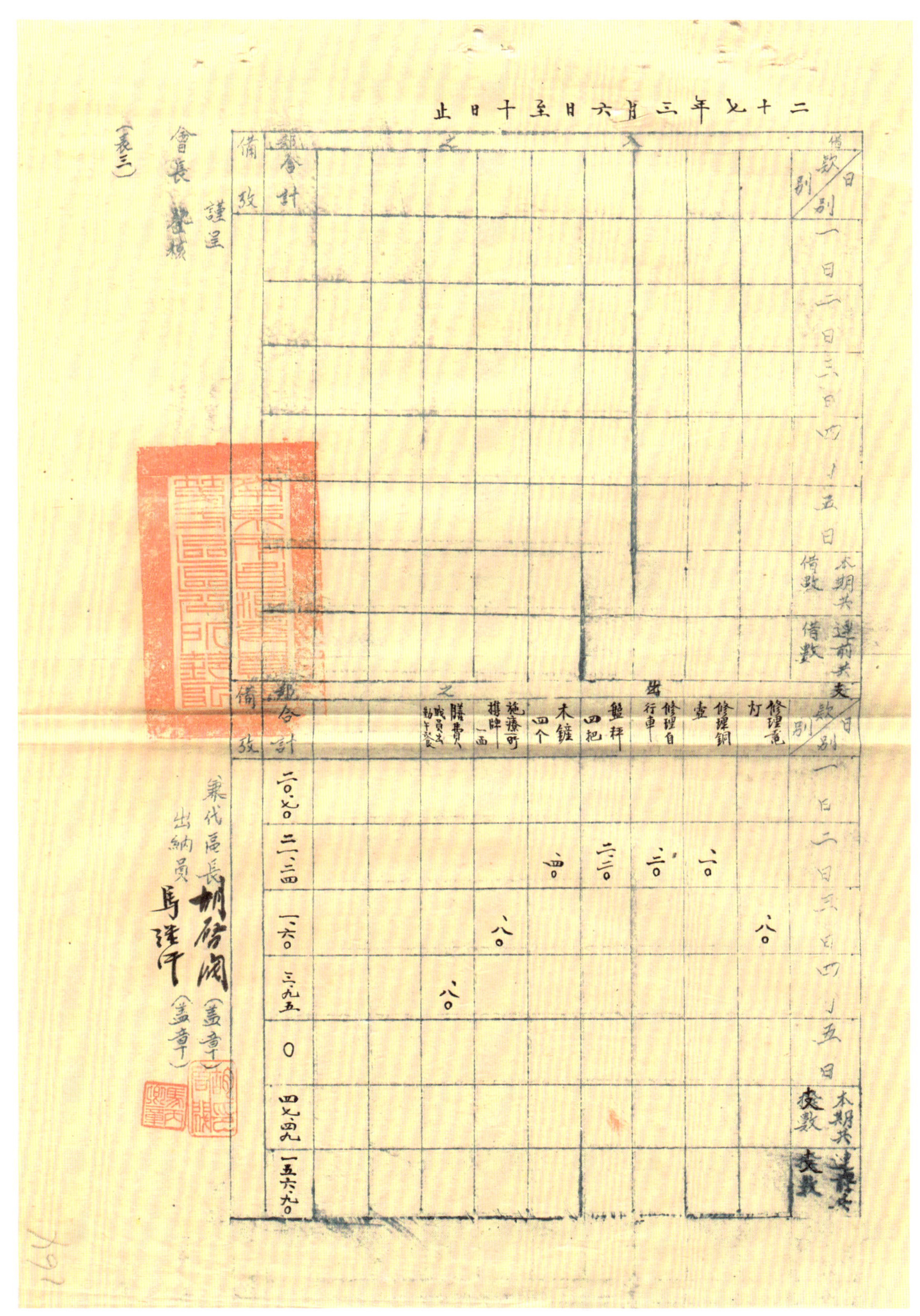

二十七年三月六日至十日止

入之部

日別 \ 款別											合計	備攷
一日												
二日												
三日												
四日												
五日												
本期共借數												
連前共借數												

出之部

日別 \ 款別	修理電灯	修理銅壺	修理自行車	盤秤四把	木鐘四个	施療所掛牌一面	膳費（職員出勤午餐）				合計	備攷
一日											二〇、七〇	
二日		一、〇	三、〇	二、二〇	四〇						二一、二四	
三日	八〇					八〇					一、六〇	
四日							八〇				三、九五	
五日											〇	
本期共支數											四七、四九	
連前共支數											一五六、九〇	

謹呈

會長 鑒核

兼代區長 胡啓閎（蓋章）

出納員 馬瑾丁（蓋章）

（表三）

南京市自治委员会暂订收支借拨各款五日报告表

二十七年三月十一日至十五日止

（表一）

收入之部

日别 \ 收款别	自治委员会									合计	备考
一日										〇	
二日										〇	
三日	二〇〇.〇〇									二〇〇.〇〇	
四日										〇	
五日	三〇〇.〇〇									三〇〇.〇〇	
本期共收数										五〇〇.〇〇	
连前共收数										五〇〇.〇〇	

支出之部

日别 \ 支款别	十行纸二十册	毛边纸二百册	牛皮纸信封二百个	十行簿二十本	红格条簿二十本	边书纸五十本	牛皮纸套1600个	水笔二十支	钢笔尖十六个	合计	备考
一日											
二日											
三日	八.〇〇	三.二〇	.五六	二.八〇							
四日											
五日					三.二〇	二.五〇	二.四〇	一.四〇	.四八		
本期共支数											
连前共支数											

591

南京市自治委員會暫訂收支借據各款五日報告表

二十七年三月十一日至十五日止

（表二）

收入部

款別＼日別	一日	二日	三日	四日	五日	本期共收數	連前共收數
合計							
備考							

支出部

款別＼日別	一日	二日	三日	四日	五日	本期共支數	連前共支數
綢紙花六百朵					五、四〇		
白洋布六尺				一、〇二			
粉漂布八尺				一、二〇			
布旗幟二面				四、〇〇			
縫旗幟做工					、二〇		
洋燭二支火五包			一、一三				
茶水費二月廿五日至三月十日止			一四、〇〇				
修理炉灶工料			二、〇〇				
中水炉四只			三、二〇				
合計							
備考							

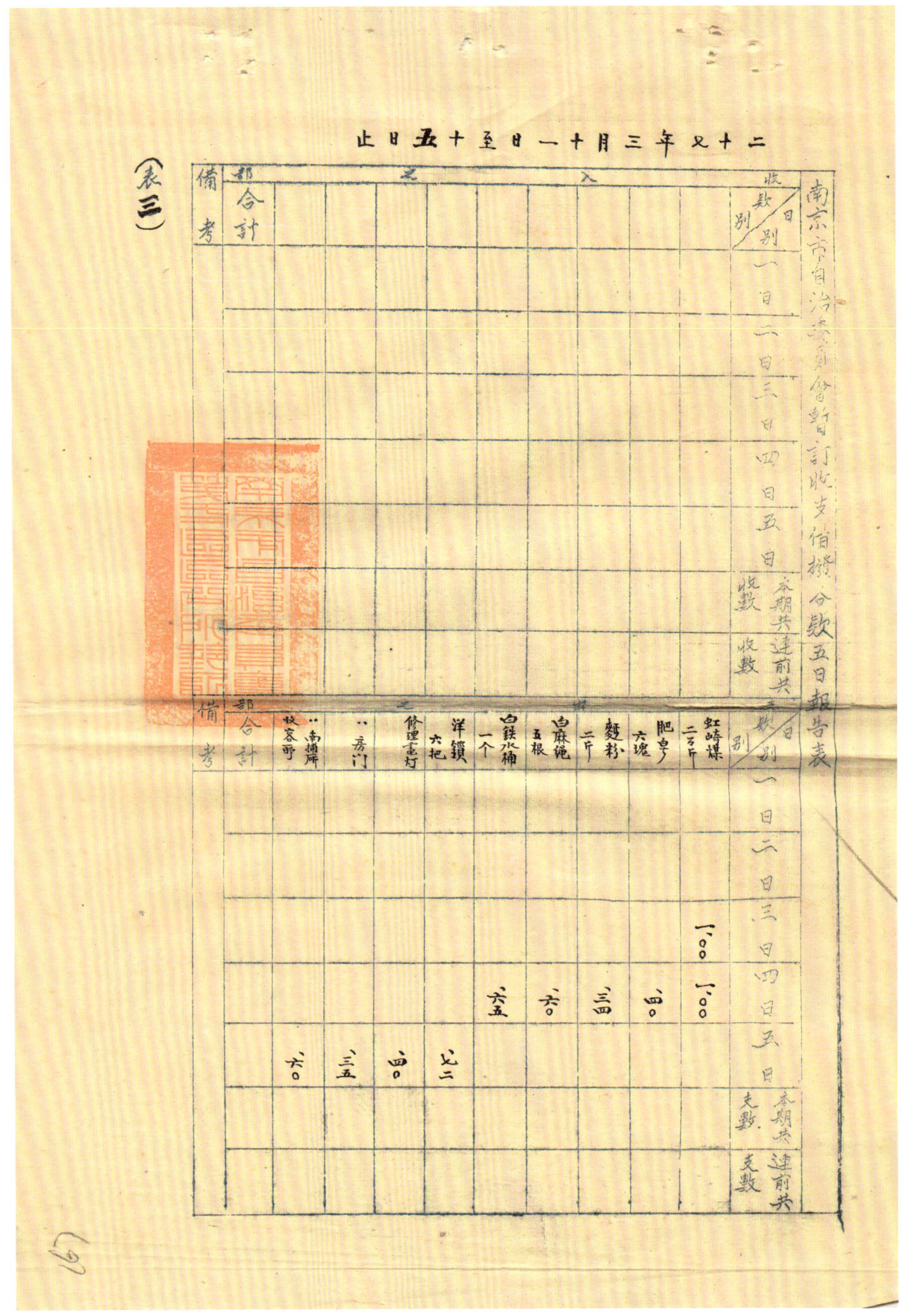

（表三）

南京市自治委員會暫訂收支价撥分款五日報告表

二十七年三月十一日至十五日止

收入之部

日別／款別	一日	二日	三日	四日	五日	本期共收數	連前共收數
合計							
備考							

支出之部

日別／款別	一日	二日	三日	四日	五日	本期共支數	連前共支數
虹崎煤二百斤			一〇〇	一〇〇			
肥皂六塊				四〇			
麵粉二斤				三四			
白麻繩五根				六〇			
白鐵水桶一个				六五			
洋鎖六把					七二		
修理電灯					四〇		
〃房门					三五		
〃南捕廳收容所					六〇		
合計							
備考							

（9）

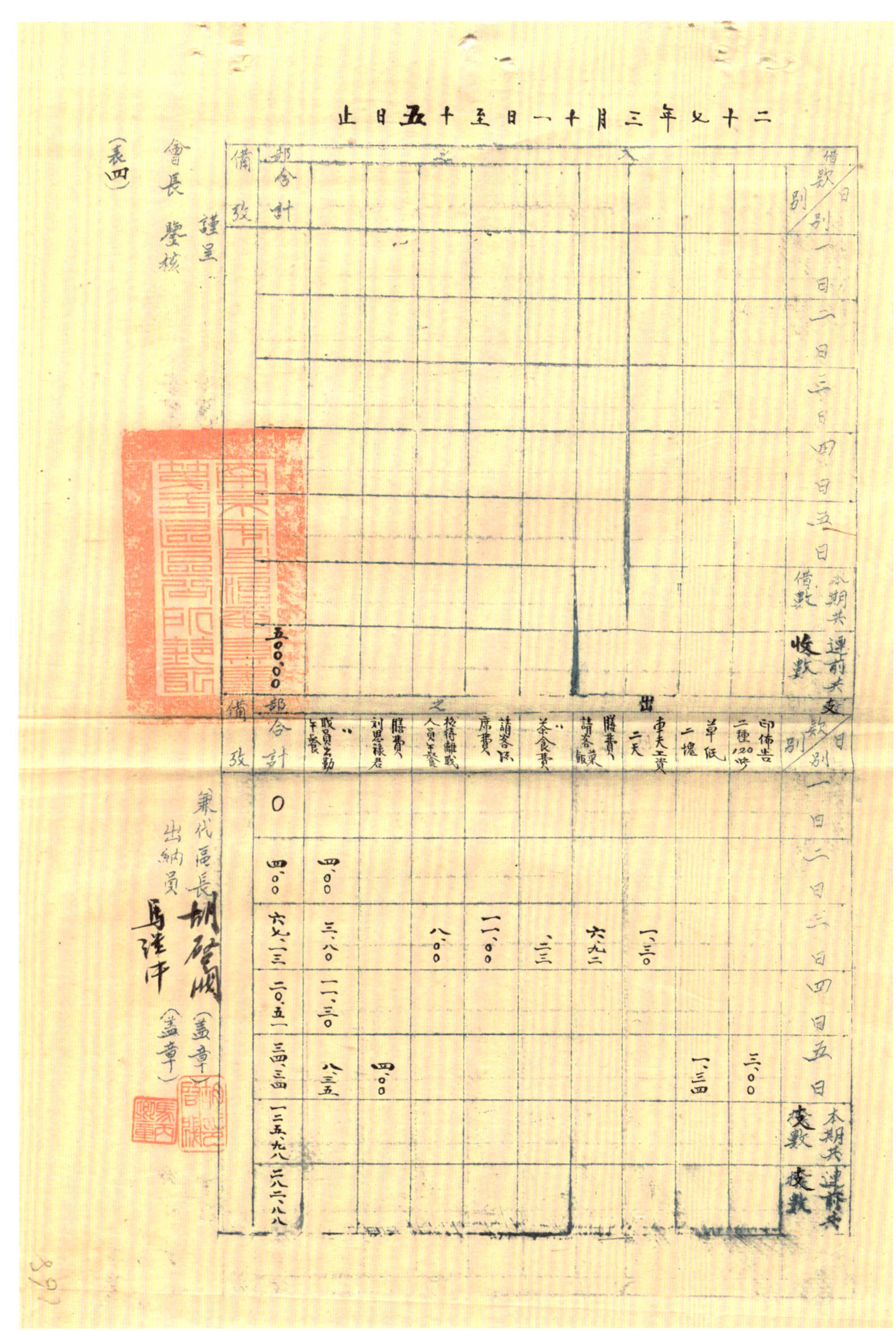

二十七年三月十一日至十五日止

收入之部

日別 / 款別	一日	二日	三日	四日	五日	本期共收數	連前共收數
部合計							五〇〇.〇〇
備攷							

支出之部

日別 / 款別	一日	二日	三日	四日	五日	本期共支數	連前共支數
印佈告二種120份					三.〇〇		
草紙二塊					一.三四		
車夫工資二天			一.三〇				
膳費、請客菜飯			六.九二				
茶食費、			、二三				
請客酒席費、			一一.〇〇				
招待離戰人員午餐			八.〇〇				
膳費、劉恩祿君					四.〇〇		
職員出勤午餐		四.〇〇	三.八〇	一一.三〇	八.三五		
部合計	〇	四.〇〇	六七、一三	二〇.五一	三四.三四	一二五.九八	二八二.八八
備攷							

謹呈

會長　鑒核

兼代區長　胡啓鳳（蓋章）

出納員　馬[illegible]中（蓋章）

（表四）

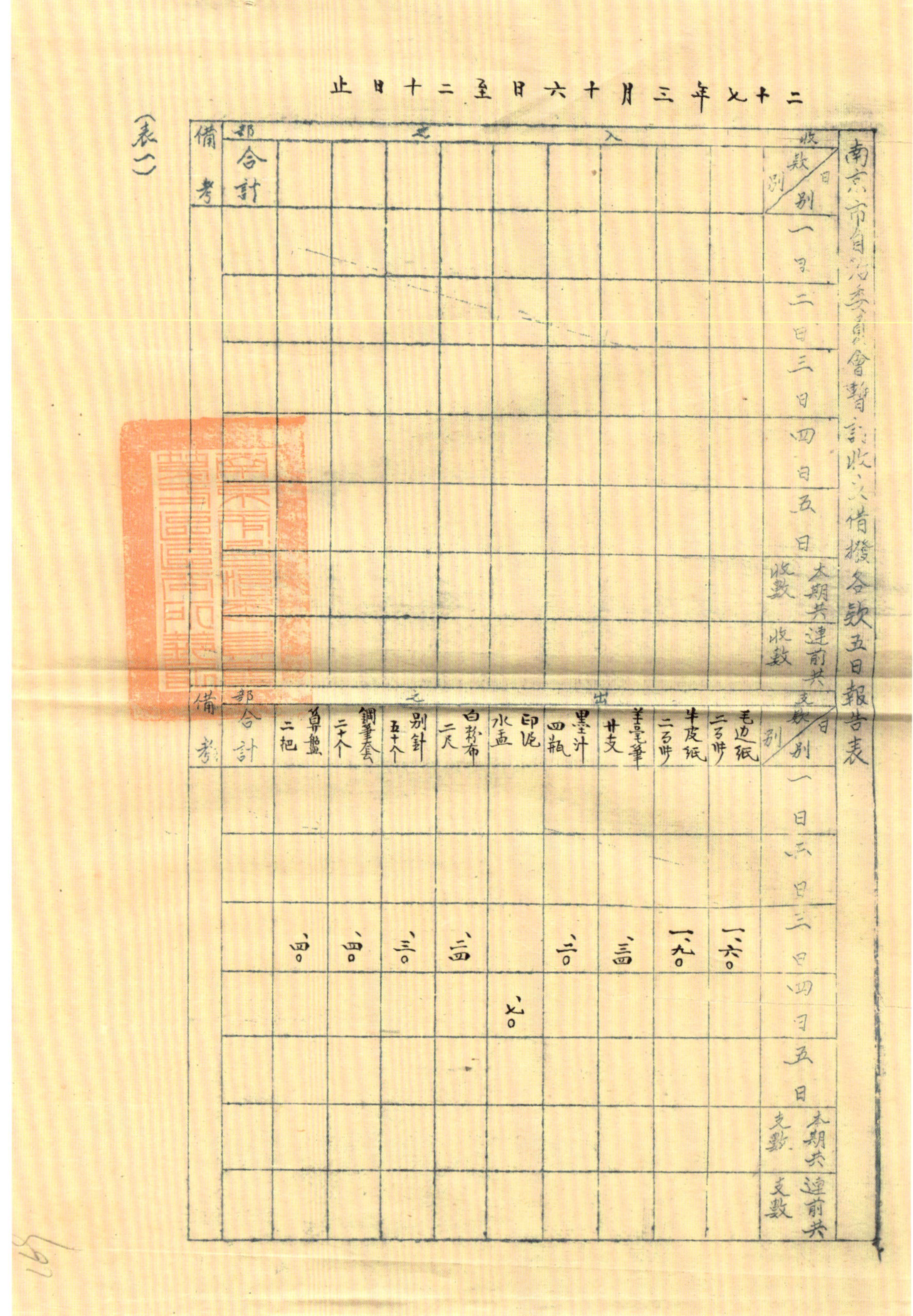

南京市自治委員會暫記收入借撥各款五日報告表

二十七年三月十六日至二十日止

（表一）

收入之部

日別 \ 款別											合計	備考
一日												
二日												
三日												
四日												
五日												
本期共收數												
連前共收數												

支出之部

日別 \ 款別	毛边紙二百張	牛皮紙二百張	羊毫筆廿支	墨汁四瓶	印泥水盂	白粉布二尺	別針五十個	鋼筆套二十個	算盤二把	合計	備考
一日											
二日											
三日	一、六〇	一、九〇	、三四	、二〇		、二四	、三〇	、四〇	、四〇		
四日					、七〇						
五日											
本期共支數											
連前共支數											

南京市自治委員會暫訂收支借撥各款五日報告表

二十七年三月十六日至二十日止

（表二）

收入

日別＼款別										部合計	備考
一日											
二日											
三日											
四日											
五日											
本期共收數											
連前共收數											

支出

日別＼款別	洋油一斤半	虹崎煤一百斤	洋鍬三把 斧四把	小標牌二面	竹竿50根	招待費、請客臨席	〃 黄紙廿斤	〃 花生糖果	〃 香烟十包	部合計	備考
一日											
二日											
三日	、四八	一、〇〇	一、四〇	、四〇	、五〇						
四日						一一、〇〇	四、〇〇	、五五	、七〇		
五日											
本期共支數											
連前共支數											

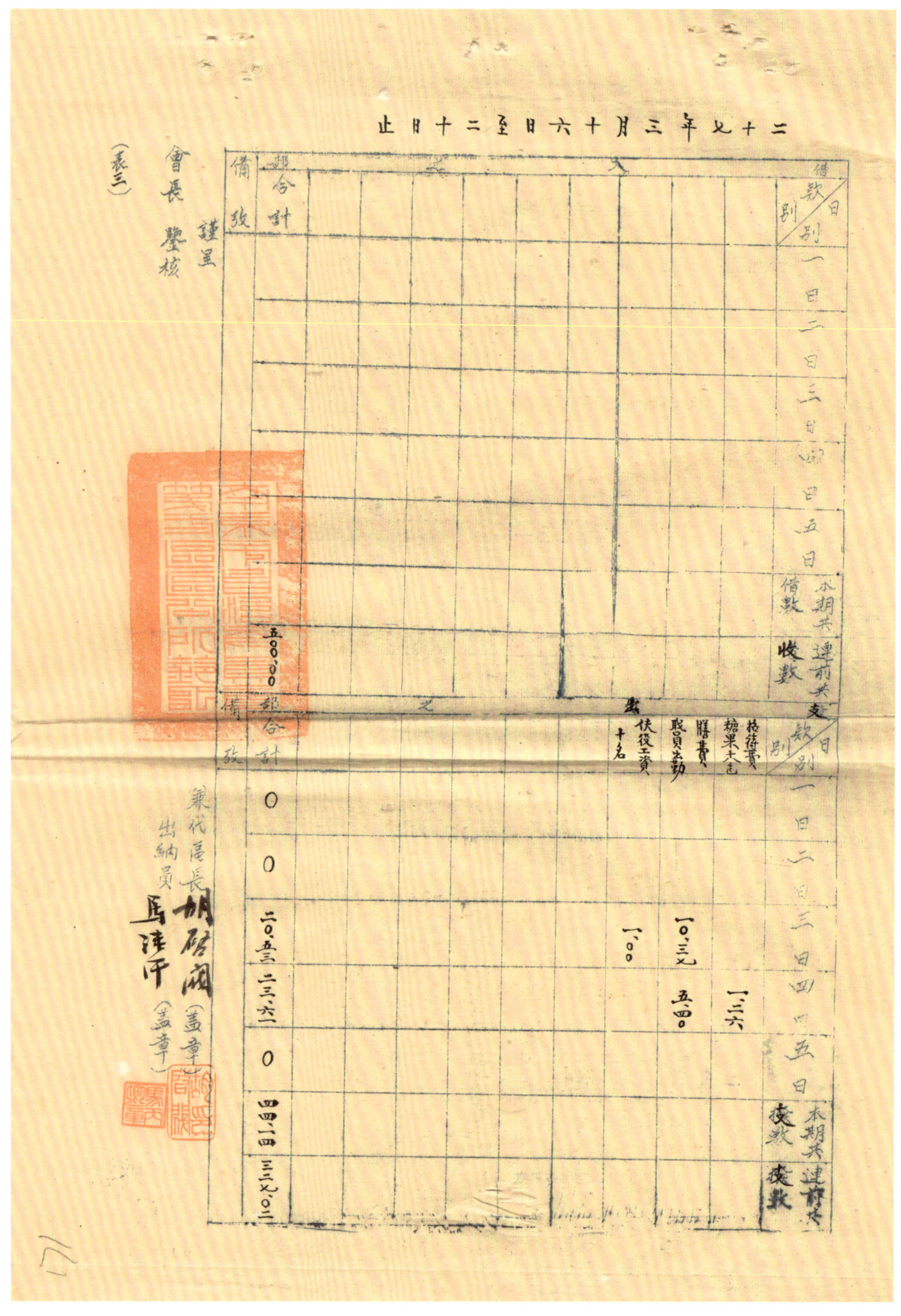

二十七年三月十六日至二十日止

收入之部

日别＼款别								部合計	備攷
一日									
二日									
三日									
四日									
五日									
本期共收數									
連前共收數								五〇〇、〇〇	

支出之部

日别＼款别	招待費、糖果大包	膳費、職員出勤	伕役工資、十名						部合計	備攷
一日									〇	
二日									〇	
三日		一〇、三七	一、〇〇						二〇、五三	
四日	一、二六	五、四〇							二三、六一	
五日									〇	
本期共支數									四四、一四	
連前共支數									三三七、〇二	

謹呈

會長鑒核

（表三）

兼代區長 胡啓闓（蓋章）

出納員 馬漣汗（蓋章）

二十七年三月二十一日至二十五日止

（表一）

南京市自治委員會暫訂收支清撥各款五日報告表

日別 \ 收款別									合計	備考
一日										
二日										
三日										
四日										
五日										
本期共收數										
連前共收數										

日別 \ 支款別	預支薪 職員工友卅三人	〃看護	〃消防班	汽油	揩銅油	十行紙 一千四百張	毛边紙 三百張	京文紙 八十張	十行稿簿 卅本	合計	備考
一日											
二日				九·三〇	·三〇	二·二八	一·五五	一·六〇			
三日						一·五二	三·一〇				
四日	三八七·〇〇	二〇·〇〇	六九·〇〇								
五日						一·五二			四·五〇		
本期共支數											
連前共支數											

(表二)

南京市自治委員會暫訂收支借撥各款五日報告表

二十七年三月二十一日至二十五日止

收入之部

日別／款別										合計	備考
一日											
二日											
三日											
四日											
五日											
本期共收數											
連前共收數											

支出之部

日別／款別	米糧清冊裝訂工十三本	牛皮紙信封三百個	複寫紙一盒	墨汁一瓶	藍墨水一瓶	小楷筆一百支	銅筆套十個	紙夾六个	刻木戳廿五件	合計	備考
一日											
二日					.四						
三日	七.二	八.四	二.四〇	.九		二.〇〇					
四日											
五日							二.五	.九八	一.五三		
本期共支數											
連前共支數											

（表三）

南京市自治委員會新訂收支借撥各欵五日報告表

二十七年三月二十一日至二十五日止

收入之部

收款別／日別										部合計	備考
一日											
二日											
三日											
四日											
五日											
本期共收數											
連前共收數											

支出之部

支款別／日別	伙油 二瓶	迴形針 四盒	虹崎煤 三百斤	洋烛 九十支	洋火 二包	洋油 四听九斤	洋燈 一盏	洋鎖 三把	公文箱 連帶	部合計	備考
一日											
二日	二四		二、〇〇	、〇九		一、〇〇			、六〇		
三日				九四		、一〇	三五		、〇六		
四日											
五日		、二八	一、〇〇		、四〇	、五九		、四五			
本期共支數											
連前共支數											

二十七年三月二十一日至二十五日止

日別 \ 款別	胡委員									合計	備攷
一日											
二日											
三日											
四日	四二二.〇〇										
五日	一〇.〇〇										
本期共收數										四三二.〇〇	
連前共收數										九三二.〇〇	

支出之部

日別 \ 款別	紙張信封袋	糧食運力	車力二次	招待費點心	津貼警察膳費	出勤職員午餐	樹葉補工資	大掃帚木把		合計	備攷
一日										〇	
二日	.一三	一二.〇〇	.六〇	.五八		三.〇〇	三.〇〇	二.〇九		四〇.一八	
三日			.一〇			五.四〇				一七.七二	
四日										四七六.〇〇	
五日					一.三四					一二.三二	
本期共支數										五四六.二三	
連前共支數										八七三.二四	

謹呈

會長 鑒核

兼代區長 胡啓閥（蓋章）

出納員 馬瑞田（蓋章）

（表四）

（表一）

南京市自治委員會暫訂收支借撥各款五日報告表

貳拾柒年叁月貳拾陸日至叁拾壹日止

收入部

日別 / 數別										合計
一日										
二日										
三日										
四日										
五日										
本期共收數										
連前共收數										
備考										

支出部

日別 / 數別	十行紙 二千冊	毛边紙 四百冊	新文紙 一百冊	便条紙 五十本	十行簿 十本	戶籍冊 十本	墨汁 十六瓶	紙夾 十二个	施療所卡片 三〇〇冊	合計
一日										
二日	一、九〇	三、一〇	、〤八	二、五〇	一、五〇	三、八〇	、九六	、〤七		
三日										
四日									二、〇〇	
五日	五、〤〇	三、一〇						、二〇		
本期共支數										
連前共支數										
備考										

南京市自治委員會暫記收支借撥各款五日報告表

二十七年三月二十六日至三十一日止

（表二）

收入之部

款別＼日別										合計	備考
一日											
二日											
三日											
四日											
五日											
本期共收數											
連前共收數											

支出之部

款別＼日別	牛皮紙信封三〇〇个	鉛筆四支	印泥二盒	洋烛六支火五包	洋鎖四把	修理大鐘一架	〃白鐵天溝	〃倉庫屋頂	麵粉二斤半	合計	備考
一日											
二日			、四〇								
三日											
四日											
五日	、八四	一、二	、三〇	一、二九	一、三八	、八〇	、五〇	、五〇	、四〇		
本期共支數											
連前共支數											

（二）

（表三）

南京市自治委員會暫訂收支備撥各款五日報告表

二十七年三月二十六日至三十一日止

收入之部

日別 \ 收數別										合計	備考
一日											
二日											
三日											
四日											
五日											
本期共收數											
連前共收數											

支出之部

日別 \ 支數別	虹崎煤二百斤	茶水費	洋油四斤九兩	修理自行車費	車力施振	膳費職員出勤午餐	歡迎新政府鑼鼓一班	國樂一班	五色國旗一面	合計	備考
一日											
二日		.二	.八五	.九五		五.○○					
三日											
四日	一.○○						六.○○	六.○○	二.○○		
五日	一.○○		.八八		.九○	三.六○					
本期共支數											
連前共支數											

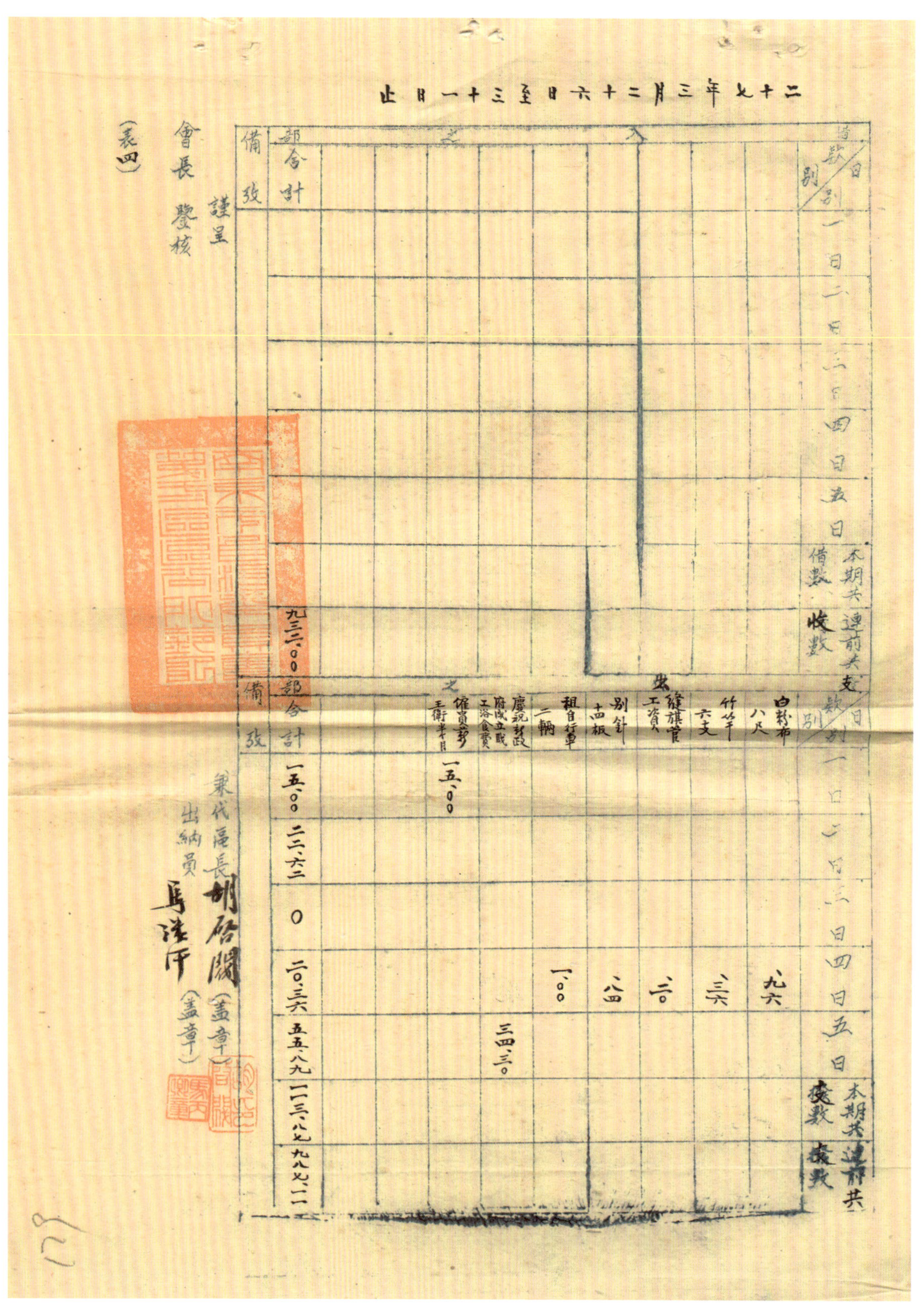

二十七年三月二十六日至三十一日止

收入之部

款別＼日別									部合計	備攷
一日										
二日										
三日										
四日										
五日										
本期共收數										
連前共收數									九三六、〇〇	

支出之部

款別＼日別	白粗布八尺	竹竿六支	縫旗工資人	別針十四板	租自行車二輛	慶祝新政府成立職工洛食費	催員薪 王衛半个月			部合計	備攷
一日							一五、〇〇			一五、〇〇	
二日										二二、六二	
三日										〇	
四日	、九六	、三六	、二〇	、八四	一、〇〇					二〇三六	
五日						三四、三〇				五五、八九	
本期共支數										一一三、八七	
連前共支數										九八七、一一	

謹呈

會長 鑒核

（表四）

兼代區長 胡啓閥（盖章）

出納員 馬[illegible]（盖章）

自治委员会关于本会暨各区公所及警察厅一九三八年三月二十六日至三十一日工作报告表致特务机关等公函
（一九三八年四月四日）

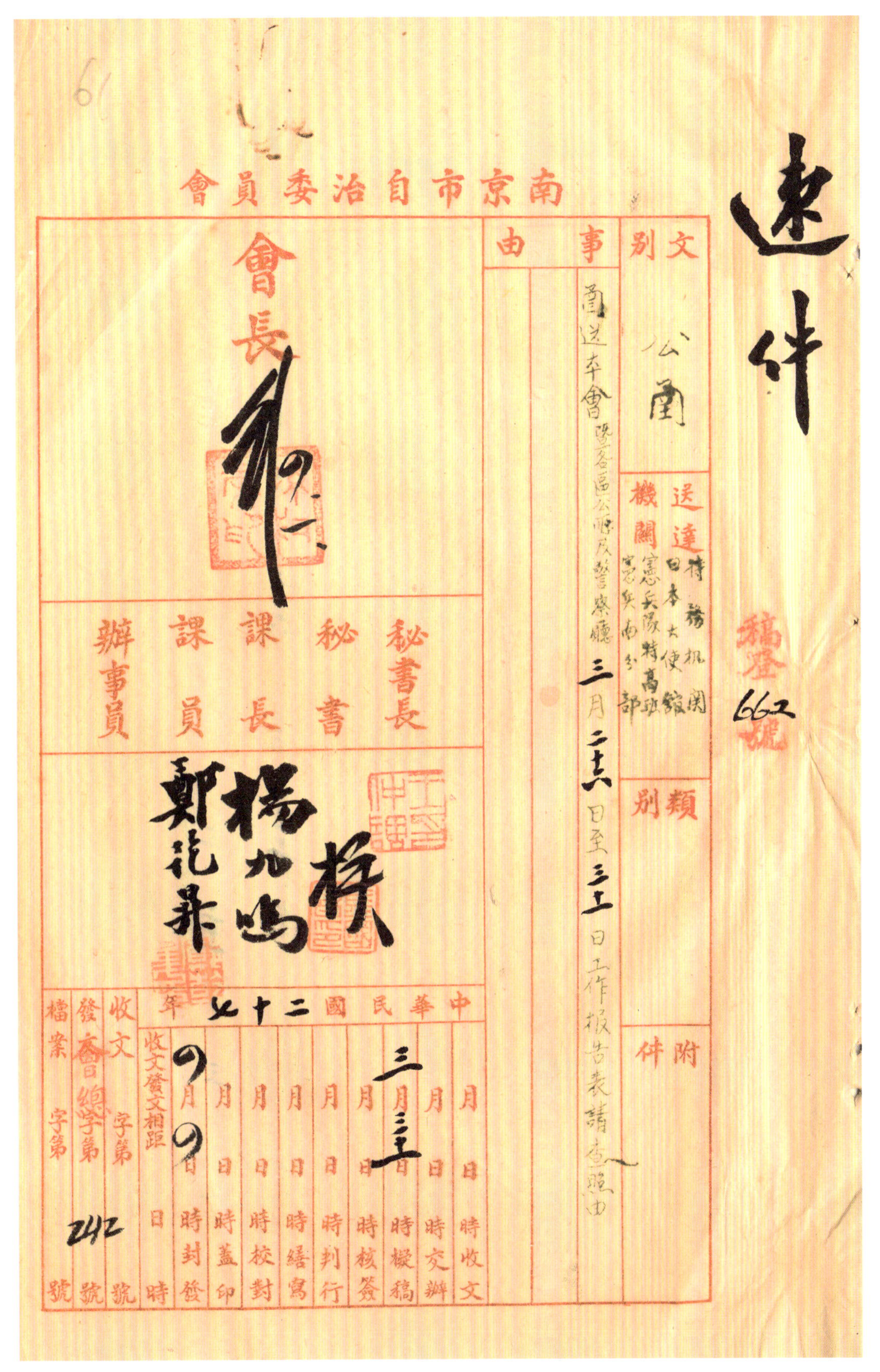
速件

南京市自治委員會

文别：公函

送達機關：特務機關 日本大使館 憲兵隊特高班 憲兵南分部

事由：函送本會暨各區公所及警察廳三月二十六日至三十一日工作報告表請查照由

類别

附件

會長

秘書長　秘書　課長　課員　辦事員

楊九鳴　鄭花昇

中華民國二十七年

稿登662號

242

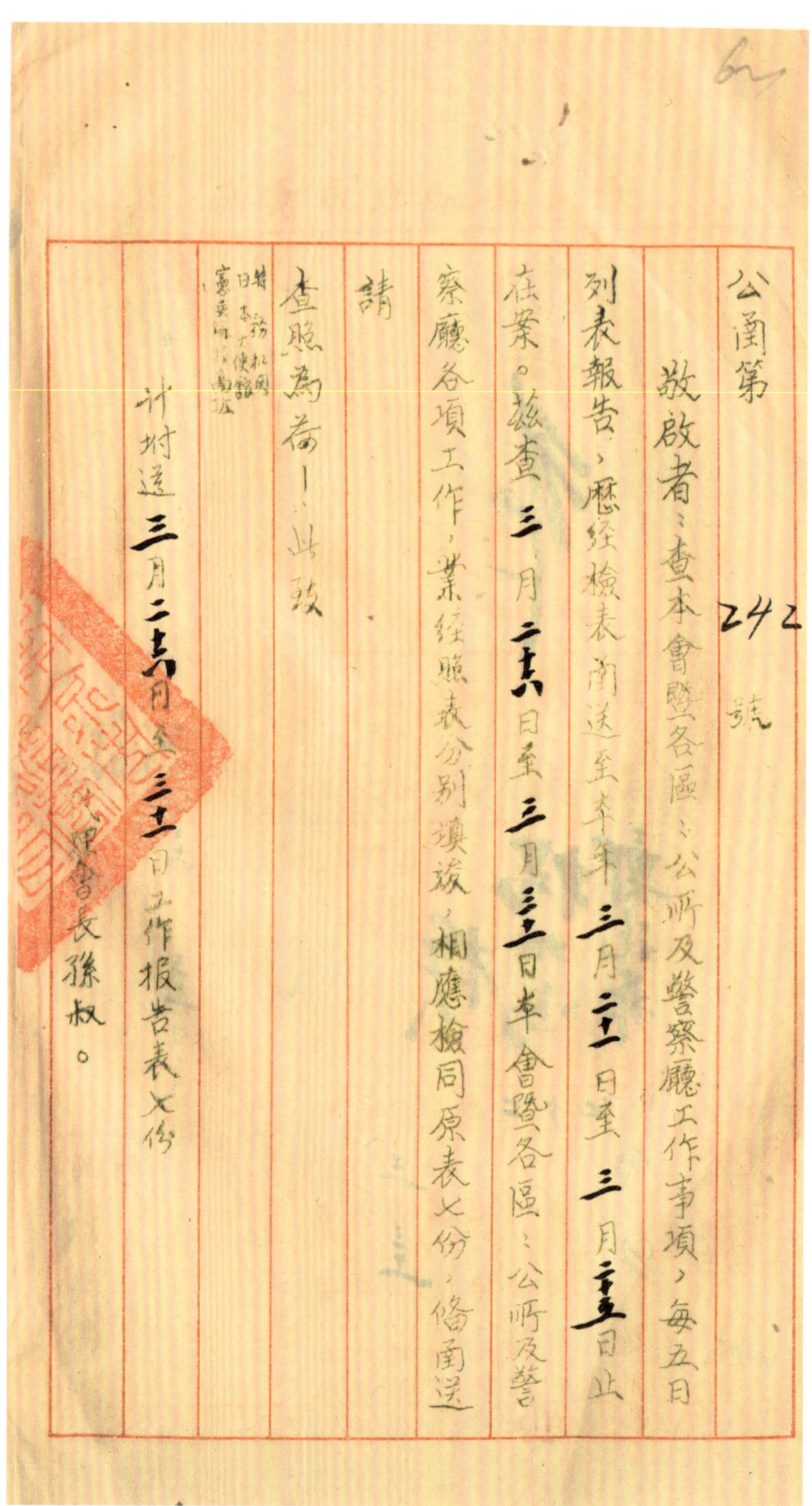

公函第 242 號

敬啟者：查本會暨各區公所及警察廳工作事項，每五日列表報告，歷經檢表函送至本年三月二十一日至三月二十五日止在案。茲查三月二十六日至三月三十一日本會暨各區公所及警察廳各項工作，業經照表分別填竣，相應檢同原表七份，備函送

請

查照為荷！此致

特務機關

日本大使館

憲兵隊小島班

計附送三月二十六日至三十一日工作報告表七份

代理會長孫叔〇

63

公函第 242 号

逕啟者：查本會工作事項，每五日列表報告，曆經檢表函送至本年三月二十一日至三月二十五日止在案。茲查三月二十六日至三月三十一日本會各項工作，業經填就報告表，相應備函送請

查照爲荷！此致

憲兵南分部

計附送三月二十六日至三十一日工作報告表一份

代理會長孫叔○

中華民國　　年　　月　　日

南京市自治委員會印

警务课关于呈送一九三八年三月份工作报告致自治委员会呈文（一九三八年四月五日）

附：自治委员会警务课一九三八年三月份工作报告

秘字第367号
年四月五到

案查本课工作报告业经将本年二月份工作情况呈报在案兹造就本年三月份工作报告共二份理合备文呈送仰祈

鉴核备查谨呈

代会长孙

附呈本年三月份工作报告二份

警务课课长王春生（王春生章）

四月五日

南京市自治委員會警務課工作報告二十七年三月份

關於警務規劃事項

一、警察廳本月份擬增加各局員警尚未奉准實行

關於外勤配置事項

一、警察廳督察保安衛生各科逐日派負查察崗邏勤惰抽查各局内務取締妨礙交通衛生並維持秩序及督飭清潔隊派伕清潔全市街道

一、警察廳各局隊依照原定設崗地點逐日派警守望并按區巡邏

關於員警考核事項

一、警察廳本月份各局隊長警認真職務升級者十六名記功者二名

嘉奬者七名服務不力開革者三名降級者一名記過者一名因事長假者十一名短假者三名病假者一名逃亡者四名

關於其他警務事項

一、警察廳本月份處理案件一六七起人犯共四五三名口

一、警察廳第三警察局在雞鳴寺查有遺棄軍衣四百餘件總務科長佟金樑在華僑路孝園內起獲左輪手槍兩枝子彈八十餘粒第一警察局在龍門西街三號查有遺棄木柄手溜彈二十枚直轄隊巡官李福順在中山路一零九號查有中央軍遺棄破壞機關槍三架第一警察局在龍門西街三號查有中央軍遺棄木柄手溜彈兩箱（計二十枚）直轄隊在石婆婆巷塘邊查有遺棄馬槍

一枝机件已坏消防队在鼓楼二楼梯下查有中央军遗弃步枪子弹一箱内储子弹五百发又南京明德慈善堂函报洪武路二五八及二六零号内遗有军用品甚多请派员提取以上各项均由该厅转报顾问核办

南京市自治委員會交通課工作報告 三月份

一、關於道路之修復事項

一、查第一區轄境内之文德橋，上新河區轄境内之江東橋，水西門外橋，毛宫渡橋，小行橋，均因破坏，有碍交通，現經分别派員查勘估計，設法修復。

一、本市幹路，失修已久，現正聘用専門人員計劃修補中。

二、關於車輛船舶之規劃事項

查本市交通，業經逐漸恢復，關於各項車輛管理暫行簡則，暨繳納捐費辦法，亦已規定公佈施行，至船舶航行，正在派員親赴揚州接洽通航事宜，一切章則，正在起草中。

三、關於日用品之運輸事項

一、依照規定，派員分區運輸米糧，本月份計運大米二千包

一、派課員夏舒榮協同財務課派員赴蕪湖運采食米四千七百餘包。

四、關於郵電交通事項

一、查本市郵務停滯已久，自經設處籌備及赴滬接洽，已於三月二十五日正式開始辦公，恢復通郵矣。

一、查本市電話，因事變後，即停止通話，現經本課積極籌劃，已通話十餘處，并收買話機七十餘具，嗣以與軍事有關，移交日方陸軍通信隊管理，因將籌備處結束，留用工人四名。

五、關於其他事項

一、交通業務，漸次恢復，交通設備亟宜維護，因于本月十三日成立舟車郵電稽查所，專司交通設備之保護，與車輛船舶之稽查。

一、本市自事變後，露棺甚多，現届春令，天氣漸暖，設不掩埋，則臭味薰蒸，實屬有碍公共衛生，因飭運輸隊不時派車參加救濟課掩埋工作。

一、派車協同救濟課輸送外埠來京，或由京返句容原籍難民，先後二批，計三月二十四日接歸滁州回京難民一百三十四名，三月卅一日遣送回句容難民二十九名。

自治委员会关于本会暨各区公所及警察厅一九三八年四月一日至五日工作报告表致特务机关等公函（一九三八年四月八日）

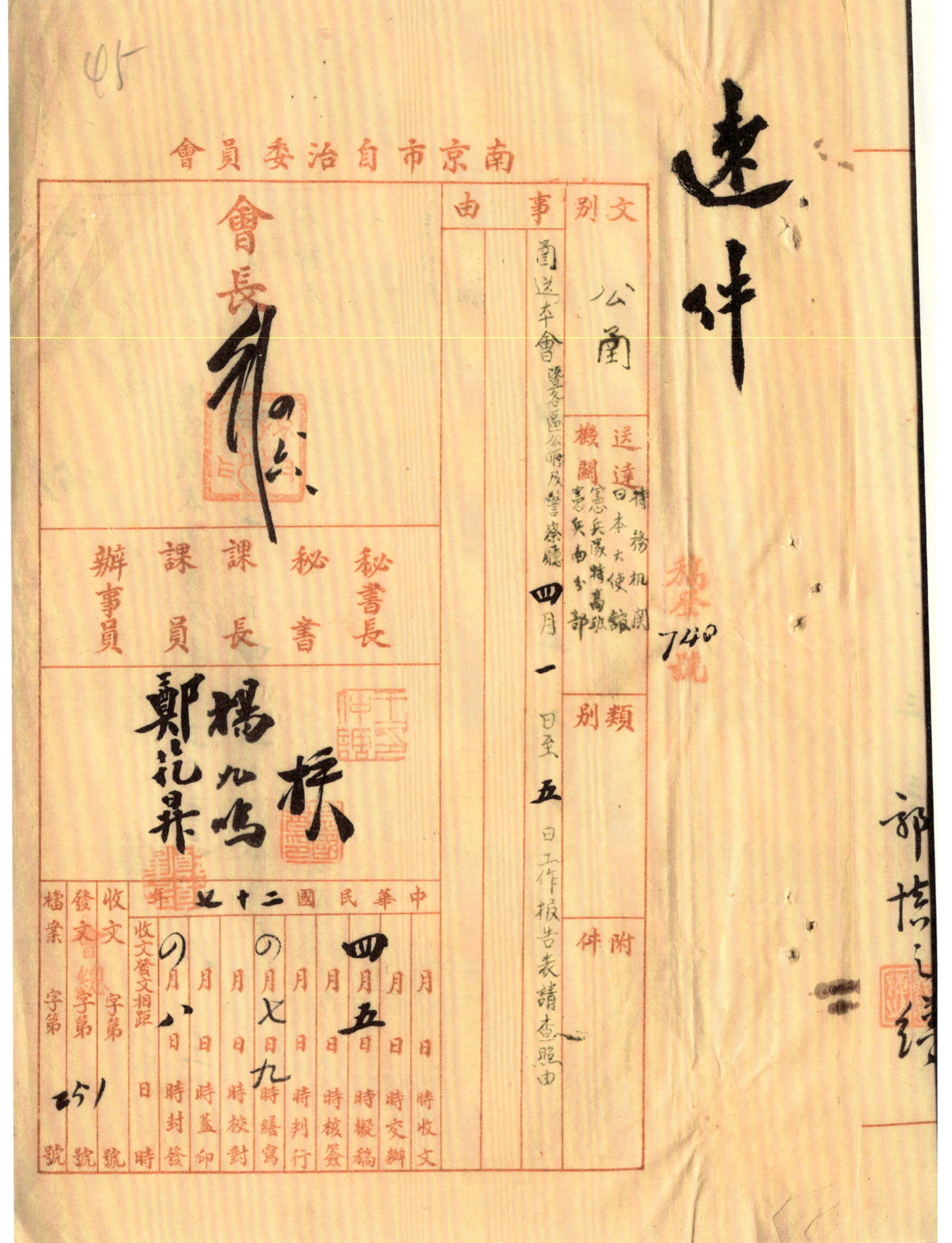
速件

南京市自治委員會

文別：公函

事由：函送本會暨各區公所及警察廳四月一日至五日工作報告表請查照由

送達機關：特務機關、日本大使館、憲兵隊特高班、憲兵司令部

稿字740號

會長

秘書長　秘書　課長　課員　辦事員

類別

附件

中華民國二十七年

收文	交辦	擬稿	核簽	判行	繕寫	校對	蓋印	封發	收文發文相距
月　日　時	月　日　時	四月五日時	月　日　時	月　日　時	四月七日九時	月　日　時	月　日　時	四月八日時	日　時

收文　字第　號

發文　字第　號

檔案　字第251號

公函第 251 號

敬啟者：查本會暨各區、公所及警察廳工作事項，每五日列表報告，歷經檢表函送至本年三月二十六日至三月三十一日止在案。茲查四月一日至四月五日本會暨各區、公所及警察廳各項工作，業經照表分別填竣，相應檢同原表七份，備函送請

查照為荷！此致

特務機關
日本大使館
憲兵隊特高班

計附送四月一日至五日工作報告表七份

代理會長孫叔〇

47

公函第 261 號

逕啟者：查本會工作事項，每五日列表報告，歷經檢表函送至本年三月二十六日至三月三十一日止在案。茲查四月一日至四月五日本會各項工作，業經填就報告表，相應備函送請

查照為荷。此致

憲兵南分部

計附送四月一日至五日工作報告表一份

代理會長孫叔。

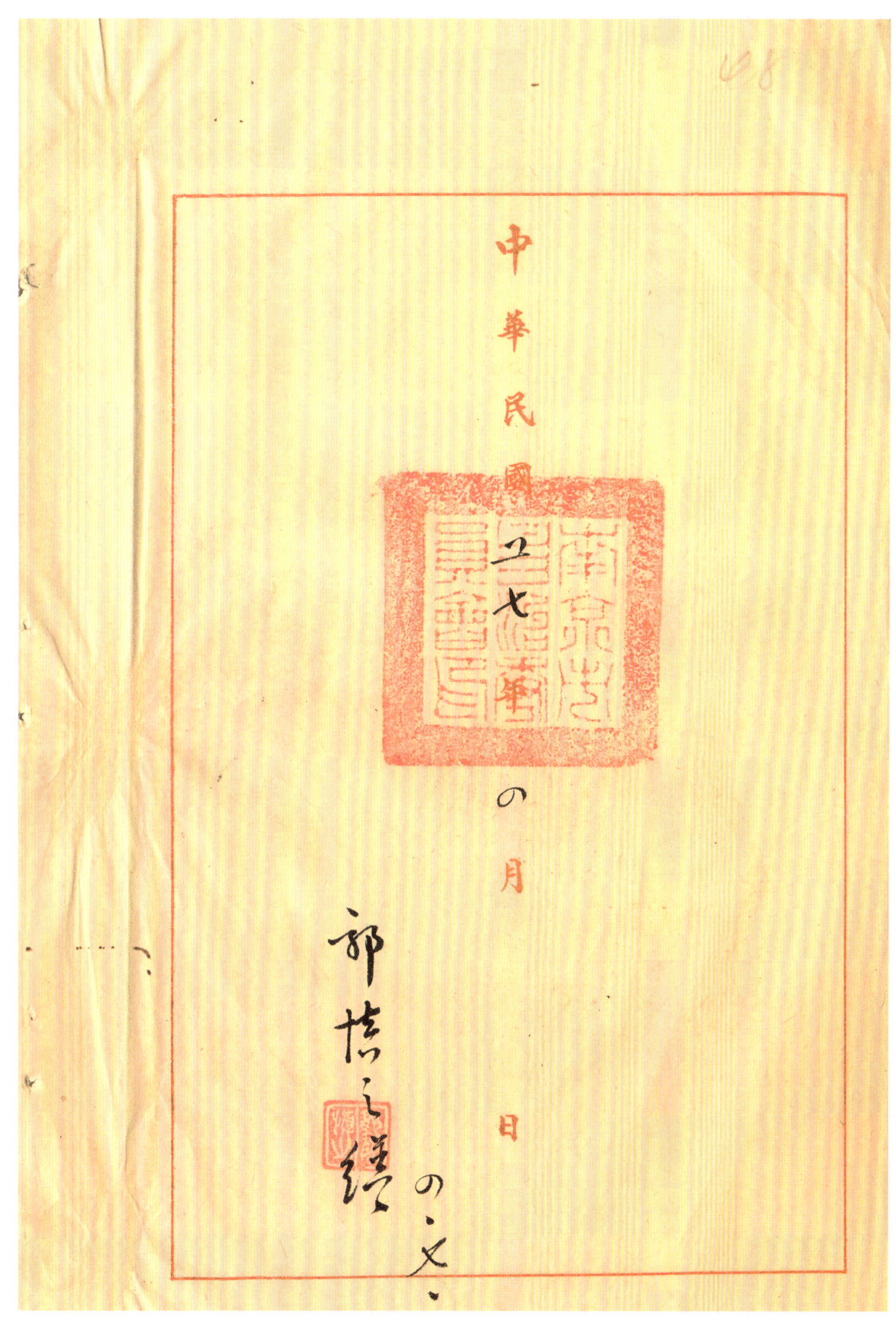

中華民國二七年の月　日

第一区公所报送一九三八年四月份上半月收支报告表致自治委员会呈文

第一区区公所呈送四月一日至五日收支各款五日报告表致自治委员会呈文（一九三八年四月十日）

南京市自治委員會第一區區公所呈

事由	擬辦	批示	備考
為呈送四月一日至五日收支各欵五日報告表由		審核，俟再查。四月十一。	

附件：收支各欵五日報告表一份

收文字第1001號

中華民國廿七年四月十日

收文第二三五號

181

呈爲呈送事案查職區收支各款五日報告表業經呈報至三月底止在案所有四月一日至五日收支各款賡續填造五日報告表一份備文呈送仰祈鑒核備查謹呈

南京市自治委員會會長陶

代會長孫

副會長程

計呈送四月一日至五日收支各款五日報告表一份

南京市自治委員會第一區區長何緝之代

182

中華民國二十七年四月十日

監印 田潤卿
校對

南京市自治委員會第一區公所暫訂收支借撥各款五日報告表

二十七年四月一日至五日止

收入之部

日別／款別	經費									合計	備攷
一日	四〇〇.〇〇元										
二日											
三日											
四日	一〇〇〇.〇〇元										
五日											
本期共收數	一、四〇〇.〇〇元									一、四〇〇.〇〇元	
連前共收數	九、八〇〇.〇〇元									九、八〇〇.〇〇元	

支出之部

日別／款別	經費									合計	備攷
一日	九.八〇元										
二日	四.八〇元										
三日	三.六〇元										
四日	一二.〇〇元										
五日	.七〇										
本期共支數	三〇.九〇元									三〇.九〇元	
連前共支數	九、三三五.三三元									九、三三五.三三元	

謹呈

會長　鑒核

第一区区公所呈送四月六日至十日收支各款五日报告表致自治委员会呈文（一九三八年四月十四日）

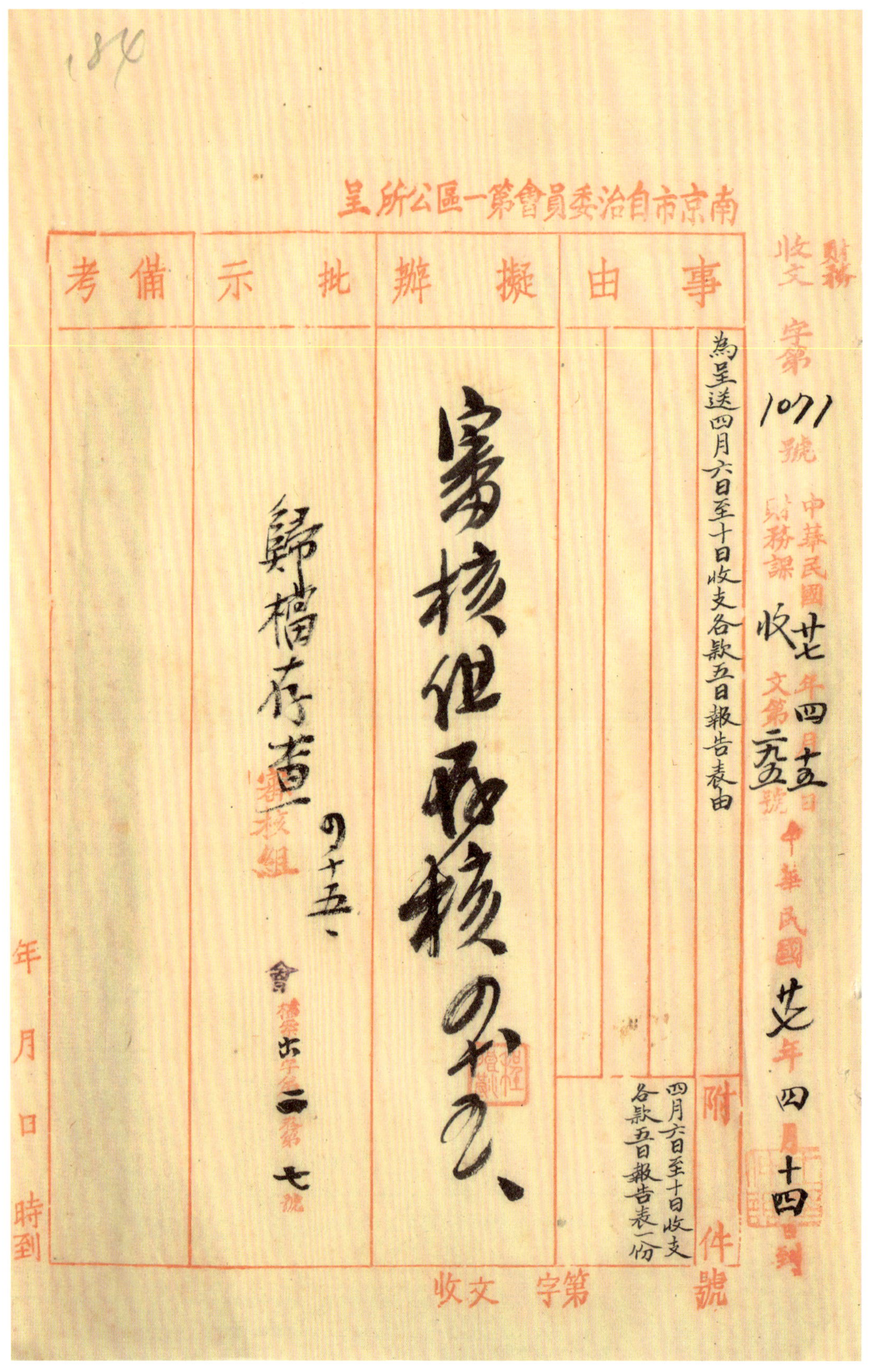

南京市自治委员會第一區區公所呈

事	由	擬	辦	批	示	備	考

為呈送四月六日至十日收支各款五日報告表由

審核但兩核仍發、

歸檔存查 審核組

四十五、

會 二 第 七 號

財務

收文字第 1071 號 中華民國廿七年四月十五日

財務課 收文第二〇五號 中華民國廿七年四月十四日到

附件號

四月六日至十日收支各款五日報告表一份

收文字第

為呈送事案查職區收支各款五日報告表業經呈報至本月五日止在案所有本月六日至十日

收支各款賡續填造五日報告表一份隨文呈送仰祈

鑒核備查謹呈

南京市自治委員會會長陶

代理會長孫

副會長程

計呈送四月六日至十日收支各款五日報告表一份

南京市自治委員會第一區區長何緝之

186
中華民國二十七年四月十四日
校對 田潤卿
監印

南京市自治委員會第一區公所暫訂收支借撥各款五日報告表

二十七年四月六日至十日止

收入之部										
日／款別									合計	備攷
一日										
二日										
三日										
四日										
五日										
本期共收數										
連前共收數										

支出之部										
日／款別	經費								合計	備攷
一日										
二日										
三日	二.〇一元									
四日	一〇.六六元									
五日	七.九八元									
本期共支數	二〇.六五元								二〇.六五元	
連前共支數	九、三四五.九七元								九、三四五.九七元	

謹呈

會長

鑒核

第一区区公所呈送四月十一日至十五日收支各款五日报告表致自治委员会的呈文（一九三八年四月十九日）

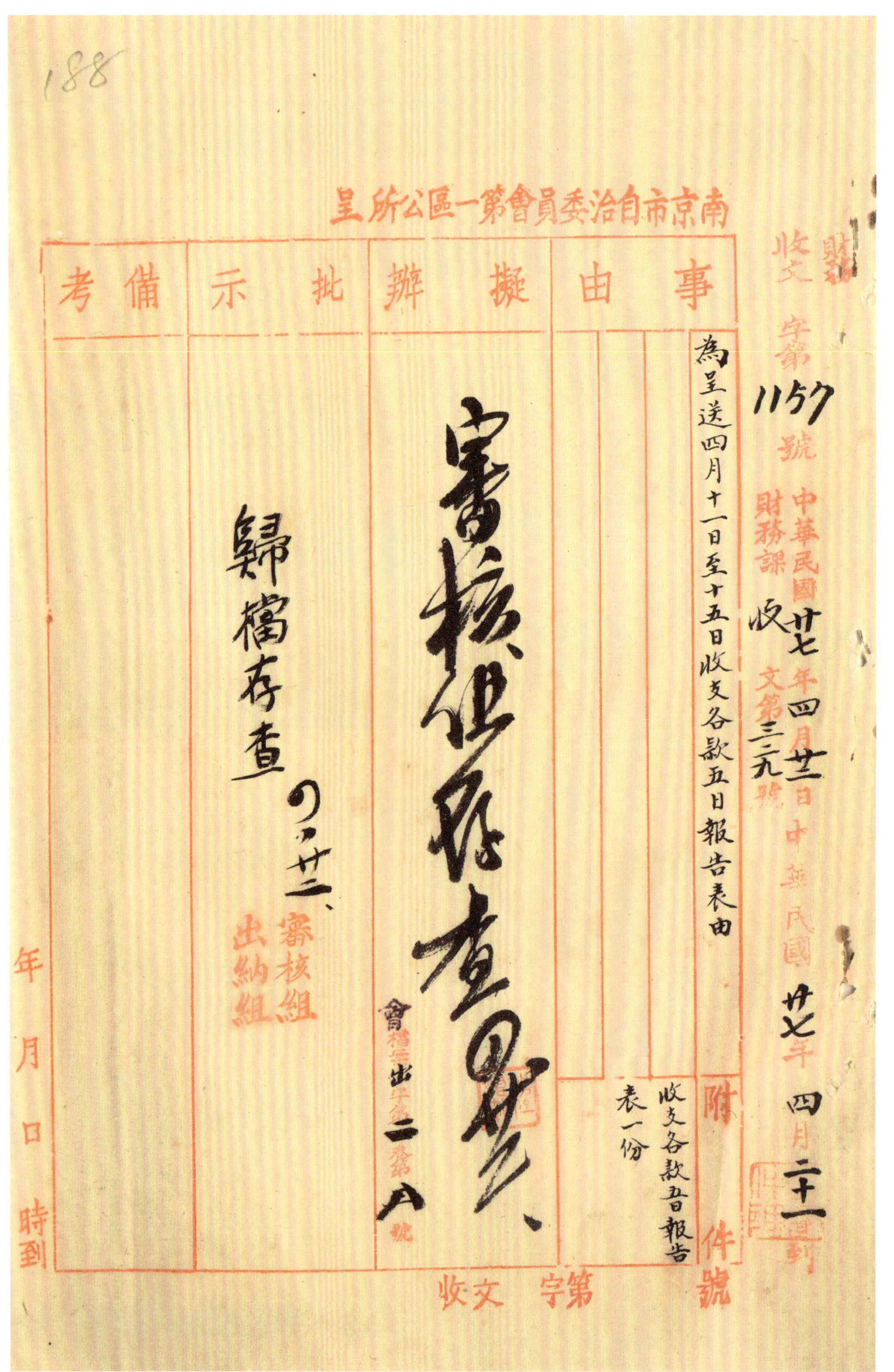
188

南京市自治委员會第一區公所呈

事由	擬辦	批示	備考
為呈送四月十一日至十五日收支各款五日報告表由	審核組核查罢	歸檔存查 四、廿二	

附件：收支各款五日報告表一份

財收文字第1157號 中華民國廿七年四月廿二日

財務課收文第三二九號 中華民國廿七年四月二十一日到

會檔字出字第二八號

審核組 出納組

收文 字第 號 年 月 日 時到

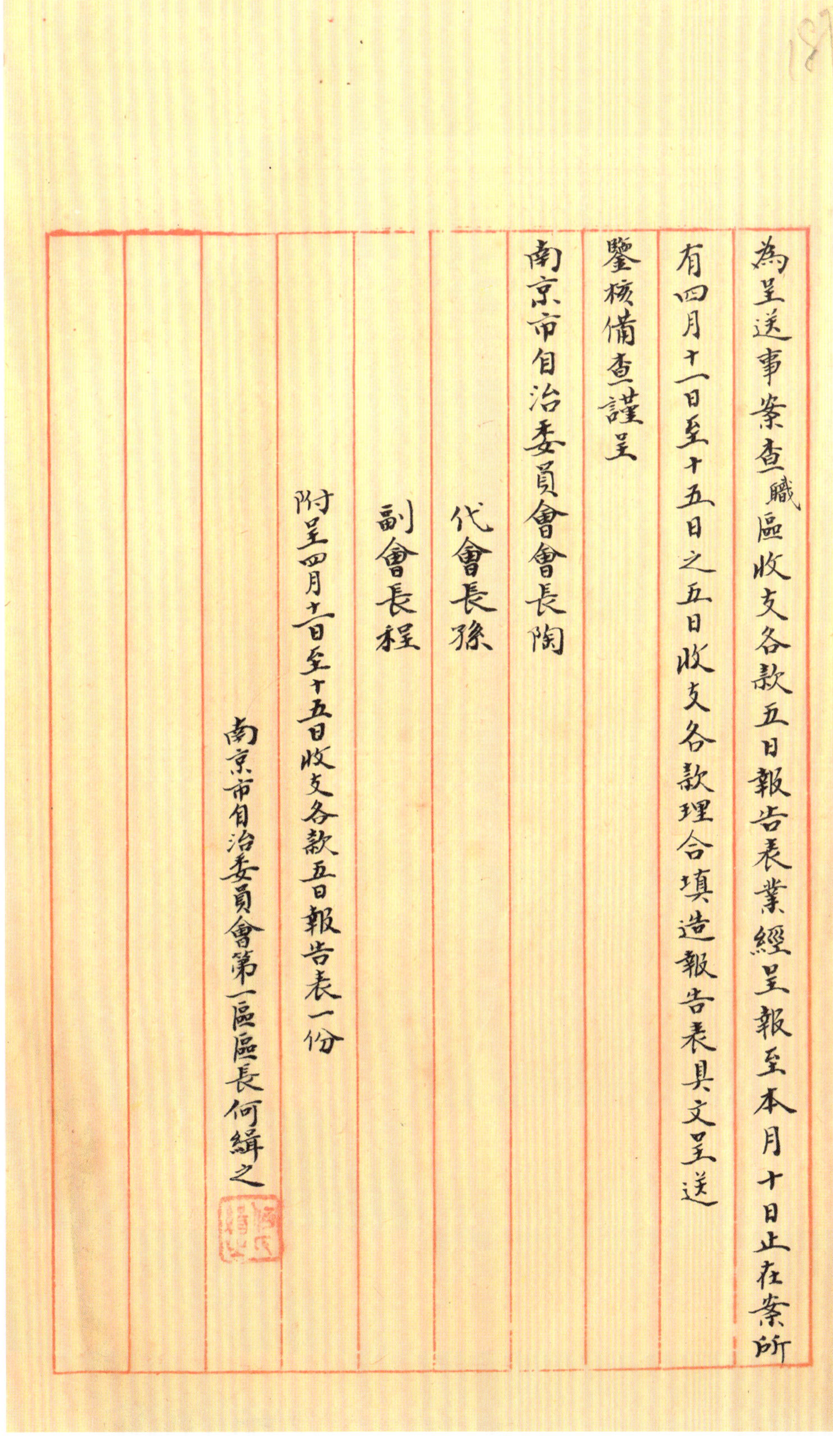

187

為呈送事案查職區收支各款五日報告表業經呈報至本月十日止在案所

有四月十一日至十五日之五日收支各款理合填造報告表具文呈送

鑒核備查謹呈

南京市自治委員會會長陶

代會長孫

副會長程

附呈四月十一日至十五日收支各款五日報告表一份

南京市自治委員會第一區區長何緝之

南京市自治委員會第一區公所暫訂收支借撥各款五日報告表

二十七年四月十一日至十五日止

收入之部

日別＼款別	經費	合計	備攷
一日			
二日			
三日	一〇〇.〇〇元		
四日			
五日			
本期共收數	一〇〇.〇〇元	一〇〇.〇〇元	
連前共收數	九,九八〇.〇〇元	九,九八〇.〇〇元	

支出之部

日別＼款別	經費	合計	備攷
一日	二.九〇元		
二日			
三日	一.七四元		
四日			
五日	七.一五元		
本期共支數	一一.七九元	一一.七九元	
連前共支數	九,三五七.七六元	九,三五七.七六元	

謹呈

會長　鑒核

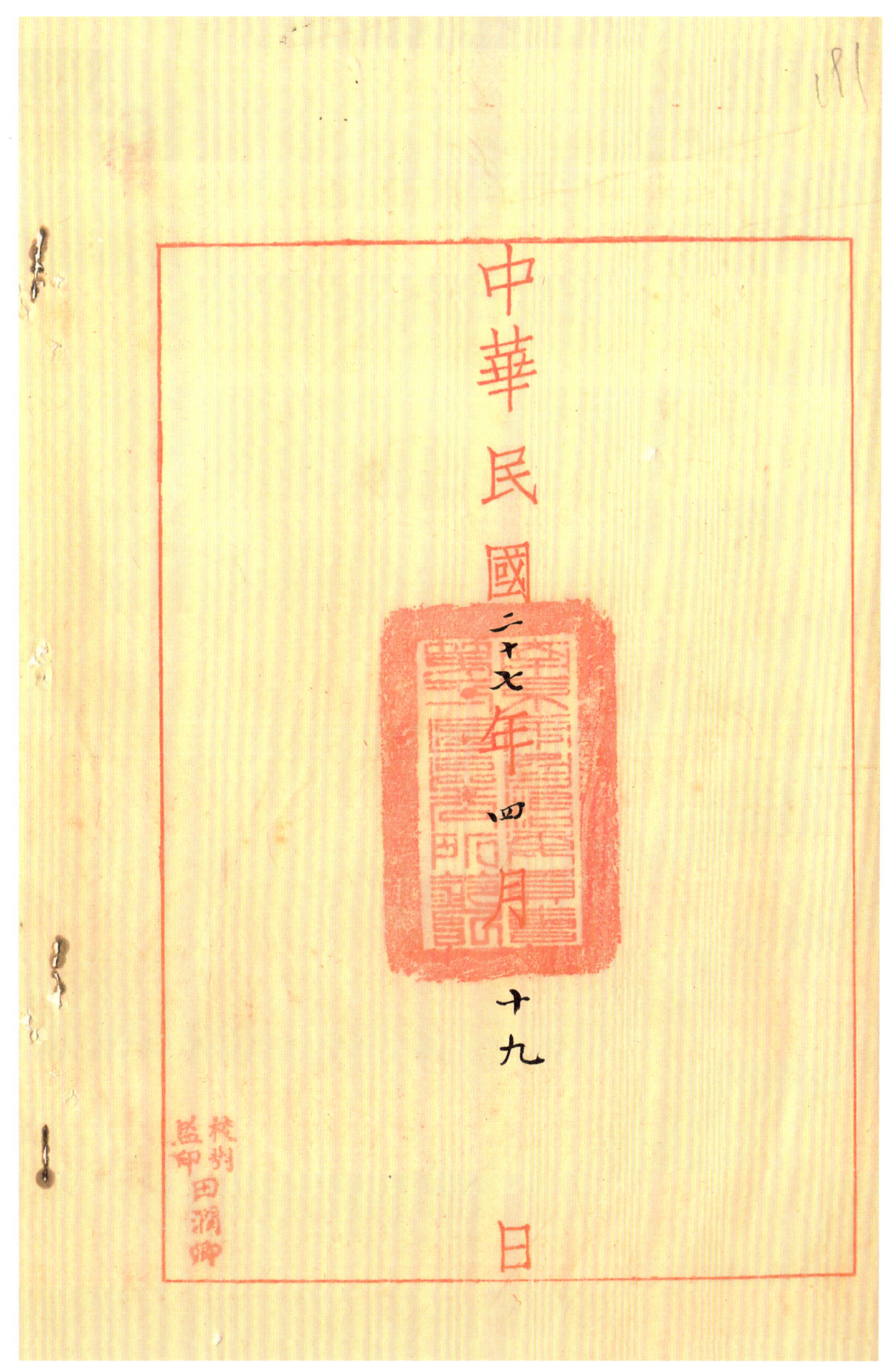
181
中華民國二十七年四月十九日
校對監印 田潤卿

自治委员会关于本会暨各区公所及警察厅一九三八年四月十一日至十五日工作报告表致特务机关等公函（一九三八年四月十九日）

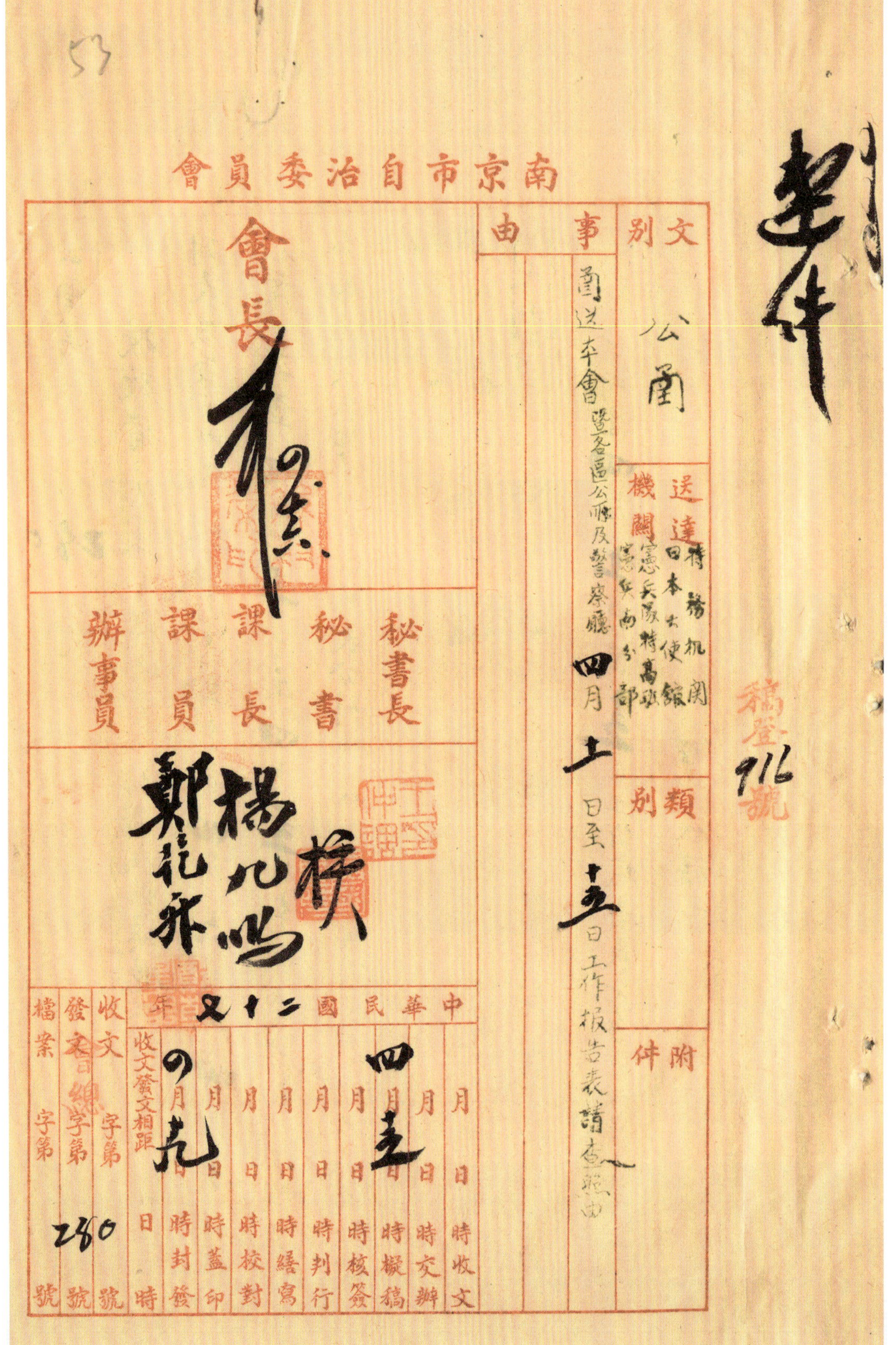

南京市自治委員會

文別：公函

事由：函送本會暨各區公所及警察廳四月十一日至十五日工作報告表請查照由

送達機關：特務機關、日本大使館、憲兵隊特高班、憲兵南分部

類別

附件

會長

秘書長

秘書

課長

課員

辦事員

中華民國二十七年四月十八日

稿登916號

公函第 280 號

敬啟者：查本會暨各區公所及警察廳工作事項，每五日列表報告，歷經檢表函送至本年四月六日至四月十日止在案。茲查四月十一日至四月十五日本會暨各區公所及警察廳各項工作，業經照表分別填竣，相應檢同原表七份，備函送請

查照為荷！此致

日本大使館憲兵隊特高班

計附送四月十一日至十五日工作报告表七份

代理會長孫叔□。

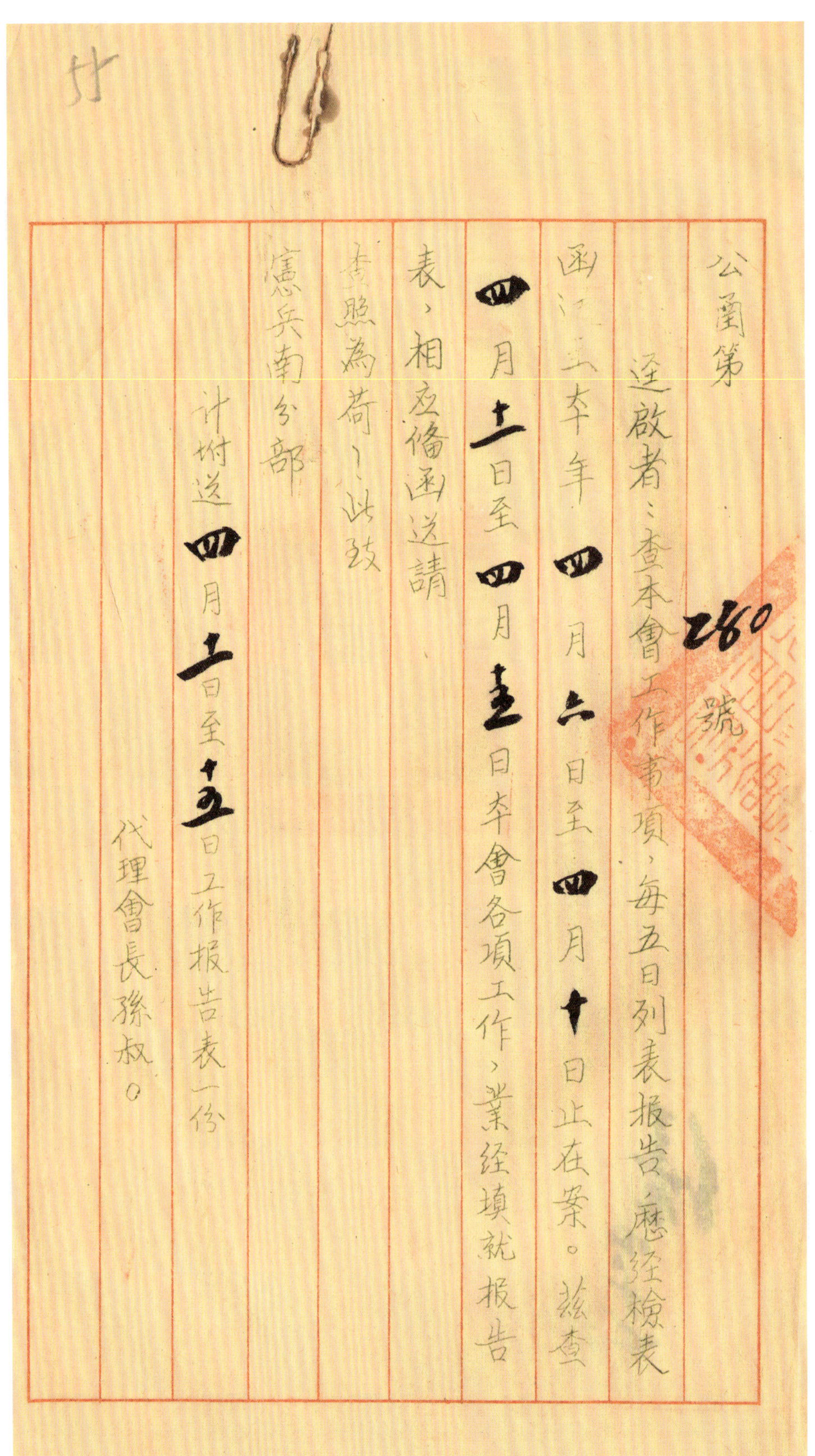
付

公函第 280 號

逕啟者：查本會工作事項，每五日列表報告，歷經檢表函送在案。茲查本年四月六日至四月十日止，四月十一日至四月十五日本會各項工作，業經填就報告表，相應備函送請

查照為荷。此致

憲兵南分部

計附送四月十一日至十五日工作報告表一份

代理會長孫叔○

中華民國　　年　　月　　日

自治委员会关于本会暨各区公所及警察厅一九三八年四月十一日至十五日工作报告表致南京宣抚班公函
（一九三八年四月十九日）

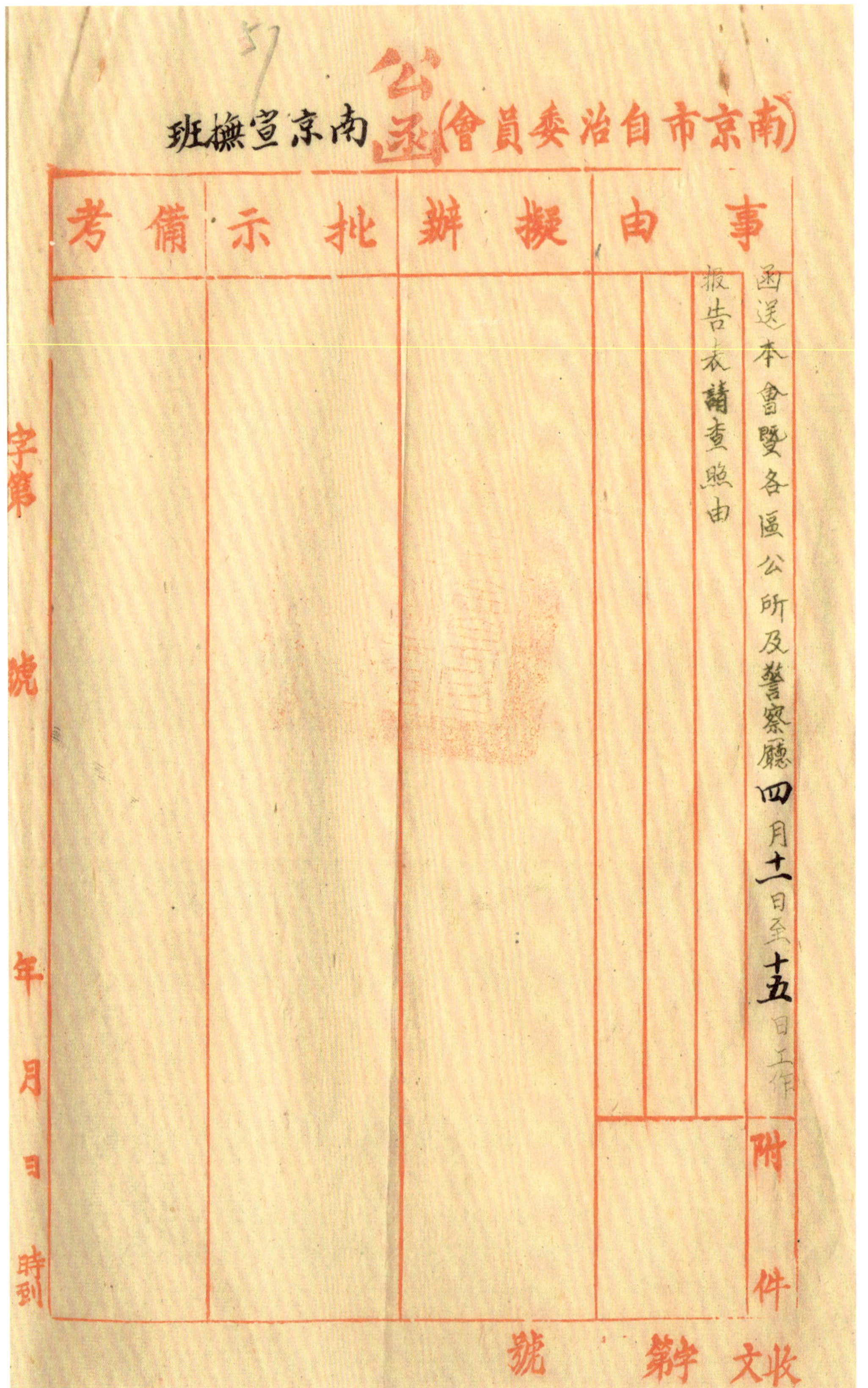
南京宣撫班
南京市自治委員會公函
事由：函送本會暨各區公所及警察廳四月十一日至十五日工作報告表請查照由
附件
擬辦
批示
備考
字第　號
年　月　日　時到
收文　字第　號

南京市自治委員會公函

會總字第280號

逕啟者查本會暨各區區公所及警察廳工作事項每五日列表報告歷經檢表函送至本年四月六日至四月十日止在案茲查四月十一日至四月十五日本會暨各區區公所及警察廳各項工作業經照表分別填竣相應檢同原表七份備函送請查照為荷此致

南京宣撫班

計附送四月十一日至十五日工作報告表七份

代理會長孫叔榮

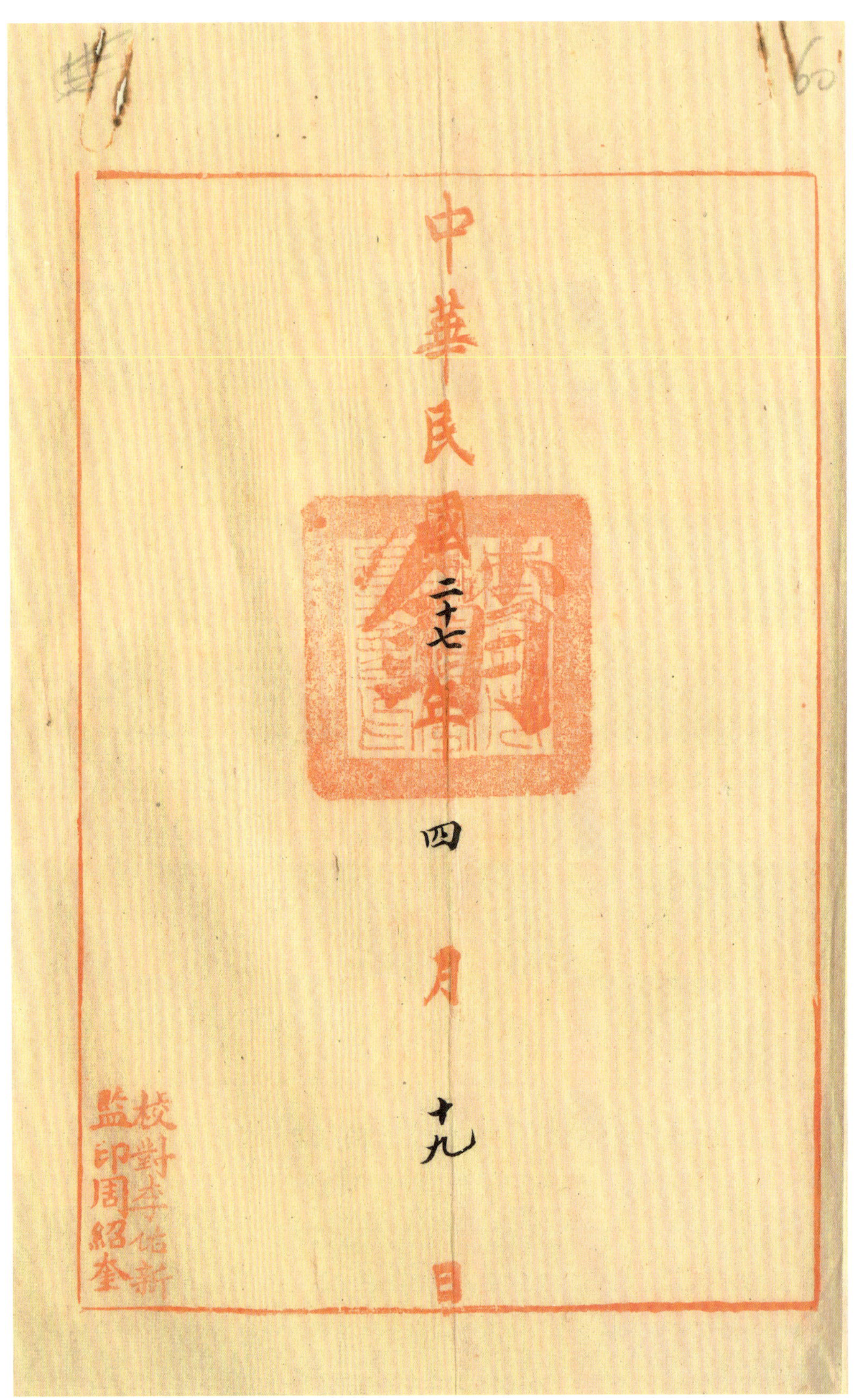
中華民國二十七年四月十九日

校對李怡新
監印周紹奎

自治委员会关于本会暨各区公所及警察厅一九三八年四月十六日至二十日工作报告表致特务机关等公函（一九三八年四月二十三日）

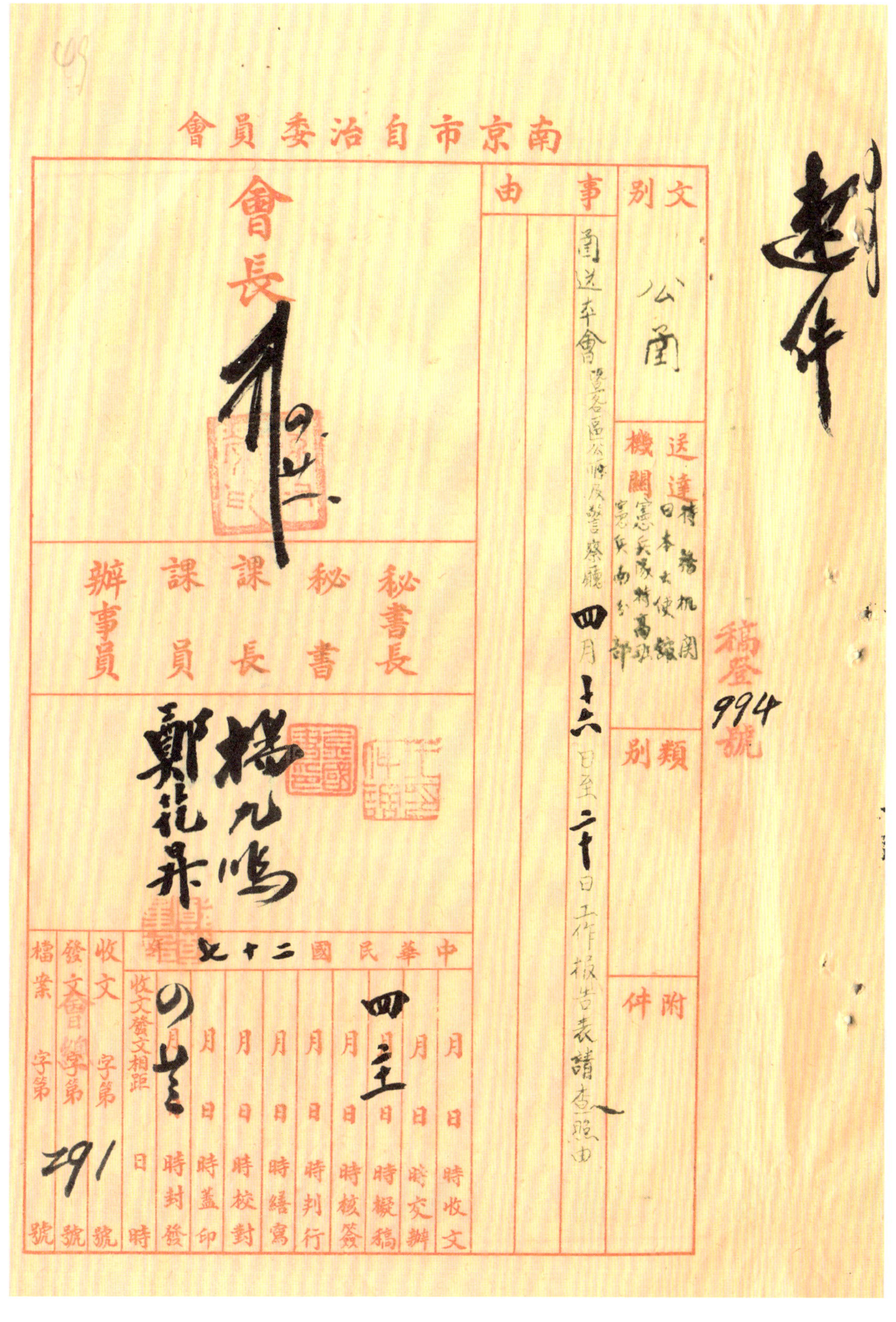
速件

南京市自治委員會

文別：公函

送達機關：特務機關、日本大使館、憲兵隊特高班、憲兵南分部

事由：函送本會暨各區公所及警察廳四月十六日至二十日工作報告表請查照由

會長

秘書長　秘書　課長　課員　辦事員

楊九鳴

稿登994號

類別

附件

中華民國二十七年　四月

收文　字第　號

發文　字第291號

檔案　字第　號

月　日　時　收文

月　日　時　交辦

月　日　時　擬稿

月　日　時　核簽

月　日　時　判行

月　日　時　繕寫

月　日　時　校對

月　日　時　蓋印

月　日　時　封發

收文發文相距　日　時

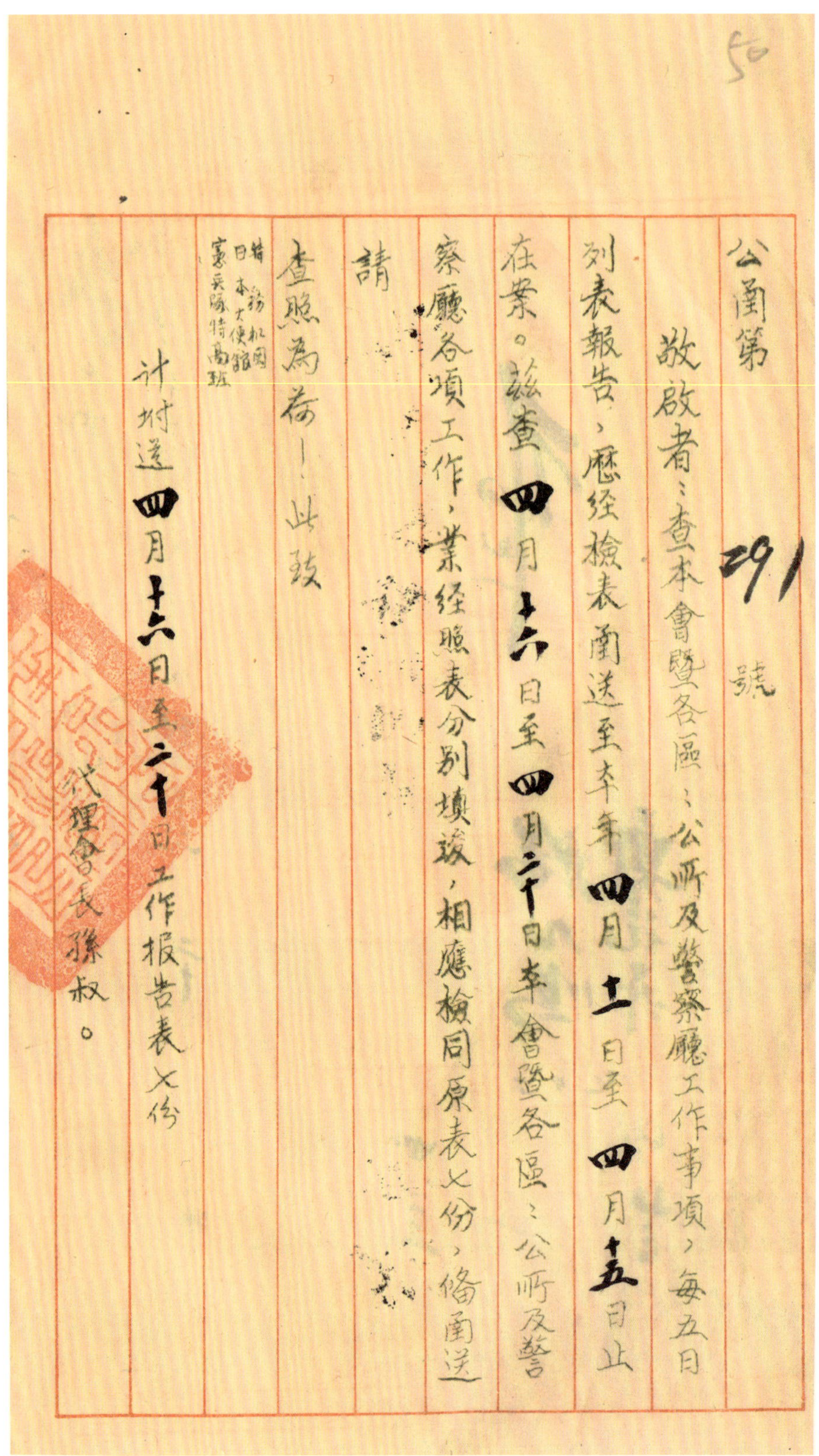

50

公函第291號

敬啟者：查本會暨各區區公所及警察廳工作事項，每五日列表報告，歷經檢表函送至本年四月十一日至四月十五日止在案。茲查四月十六日至四月二十日本會暨各區區公所及警察廳各項工作，業經照表分別填竣，相應檢同原表七份，備函送請

查照為荷！此致

特務機關

日本大使館

憲兵隊特高班

代理會長孫叔。

計附送四月十六日至二十日工作报告表七份

公函第 291 號

逕啟者：查本會工作事項，每五日列表報告，歷經檢表函送至本年四月十一日至四月十五日止在案。茲查四月十六日至四月二十日本會各項工作，業經填就報告表，相應備函送請

查照為荷！此致

憲兵南分部

計附送四月十六日至二十日工作報告表一份

代理會長孫叔○

中華民國二十七年四月　日

抗日战争档案汇编

伪南京市自治委员会档案汇编

2

南京市档案馆　编

中華書局

五、维持治安

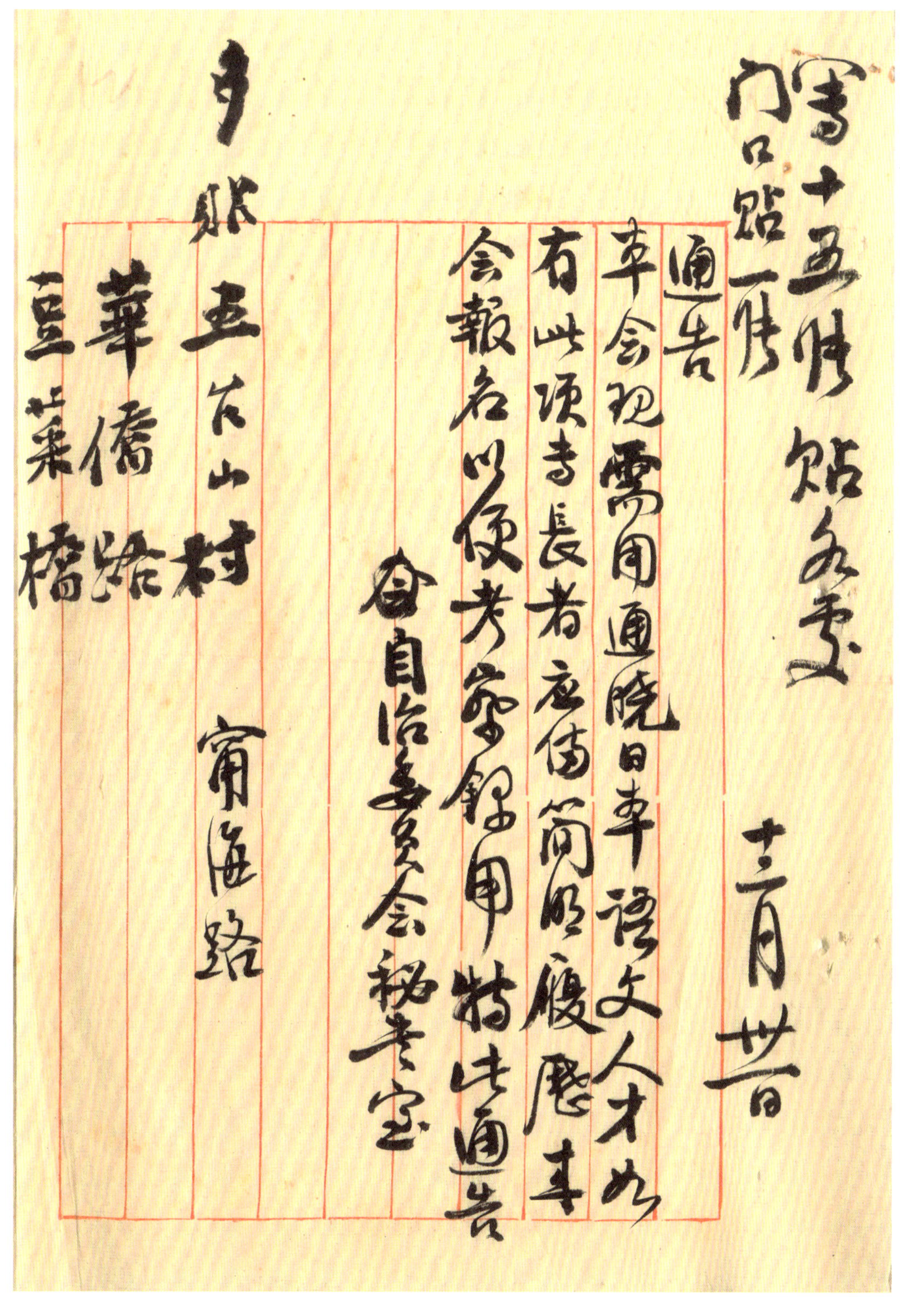

寄十五件 贴[illegible]

门口贴一件

十二月卅日

通告

本会现需用通晓日本语文人才，如有此项专长者，应备简明履历来会报名，以便考察录用。特此通告。

自治委员会秘书室

寄

张 五台山村

宁海路

华侨路

一区 廿条 [illegible]

橘光三关于查问委员会宣传使及登记地点等事致陶锡三日方查问委员函（一九三八年一月二日）

陶會長大鑒逕啓者查問宣傳使及登記地點請速列表送來與詹役員接洽以便準備進行勿延為要專此

順頌

籌祺

南京警備司令部查問委員會委員橘光三

正月二日

自治委员会关于登记增区一事等与日军部切实商定后再行办理的布告（一九三八年一月三日）

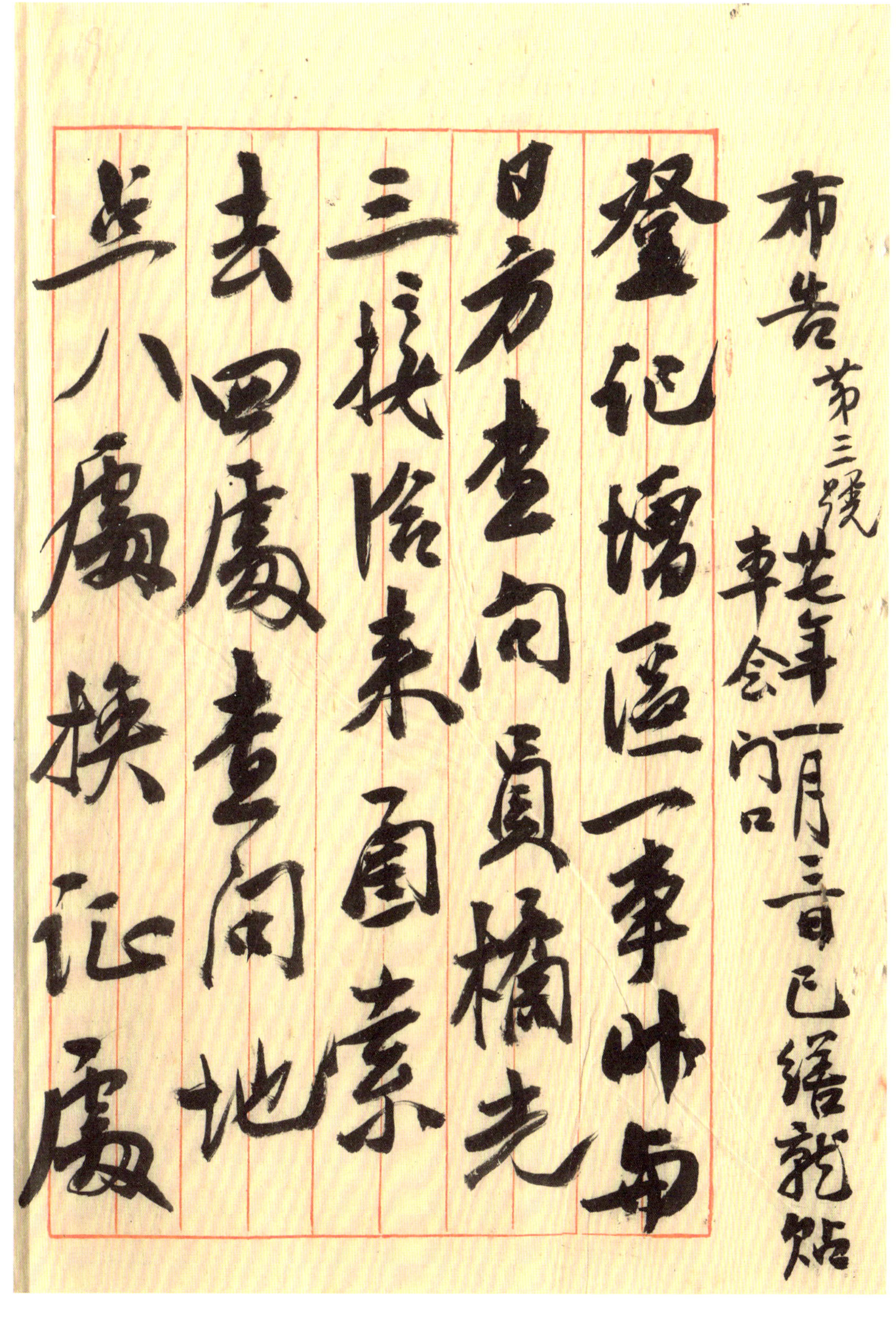
布告第三號 廿七年一月三日已繕就貼車会門口

登記增區一事須與日方查詢員橋光三撥陪來園索去四處查詢地點八處換証處

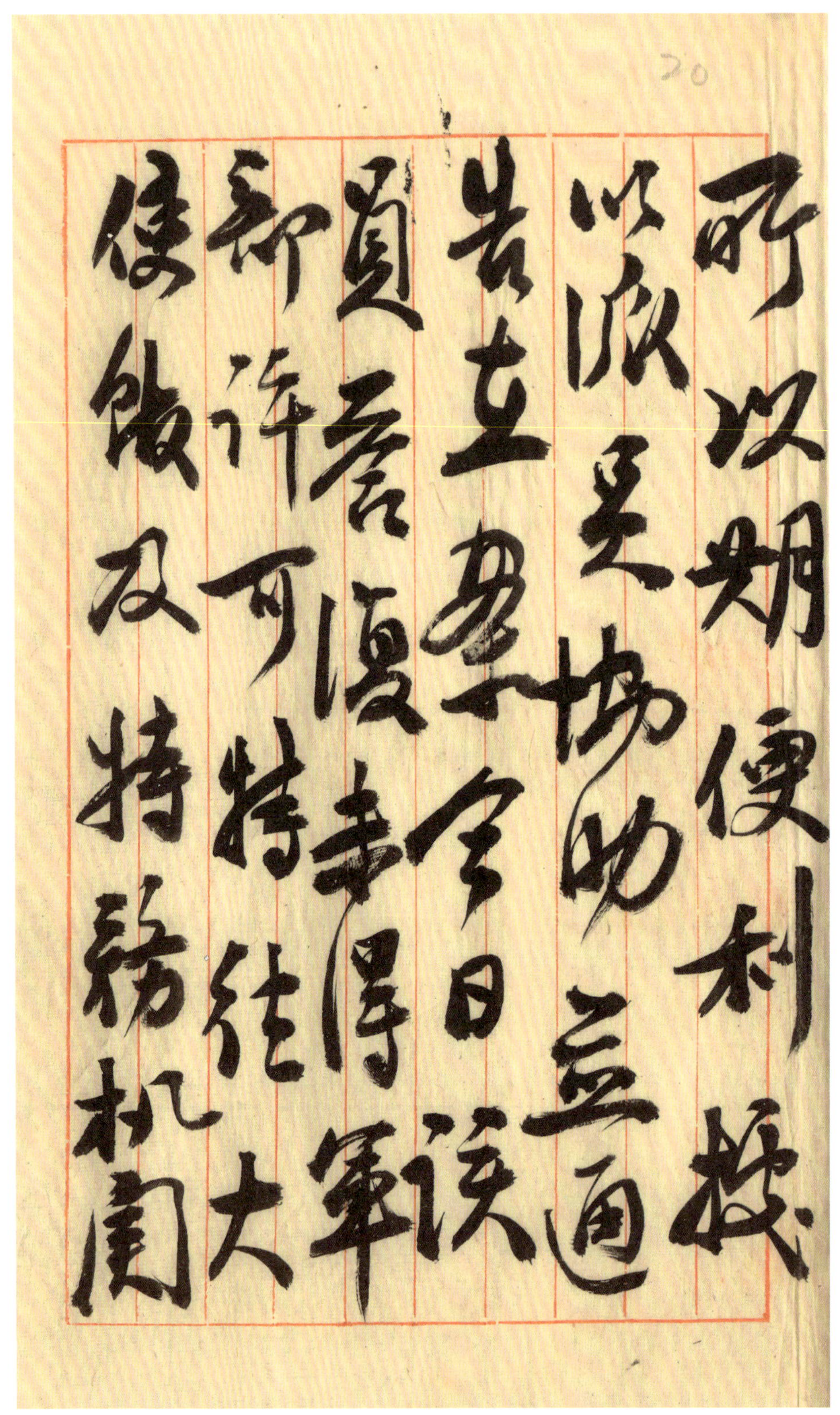

所以期便利援
以派員協助並通
告去書今日談
頃奉復書得軍
部許可特往大
使館及特務機關

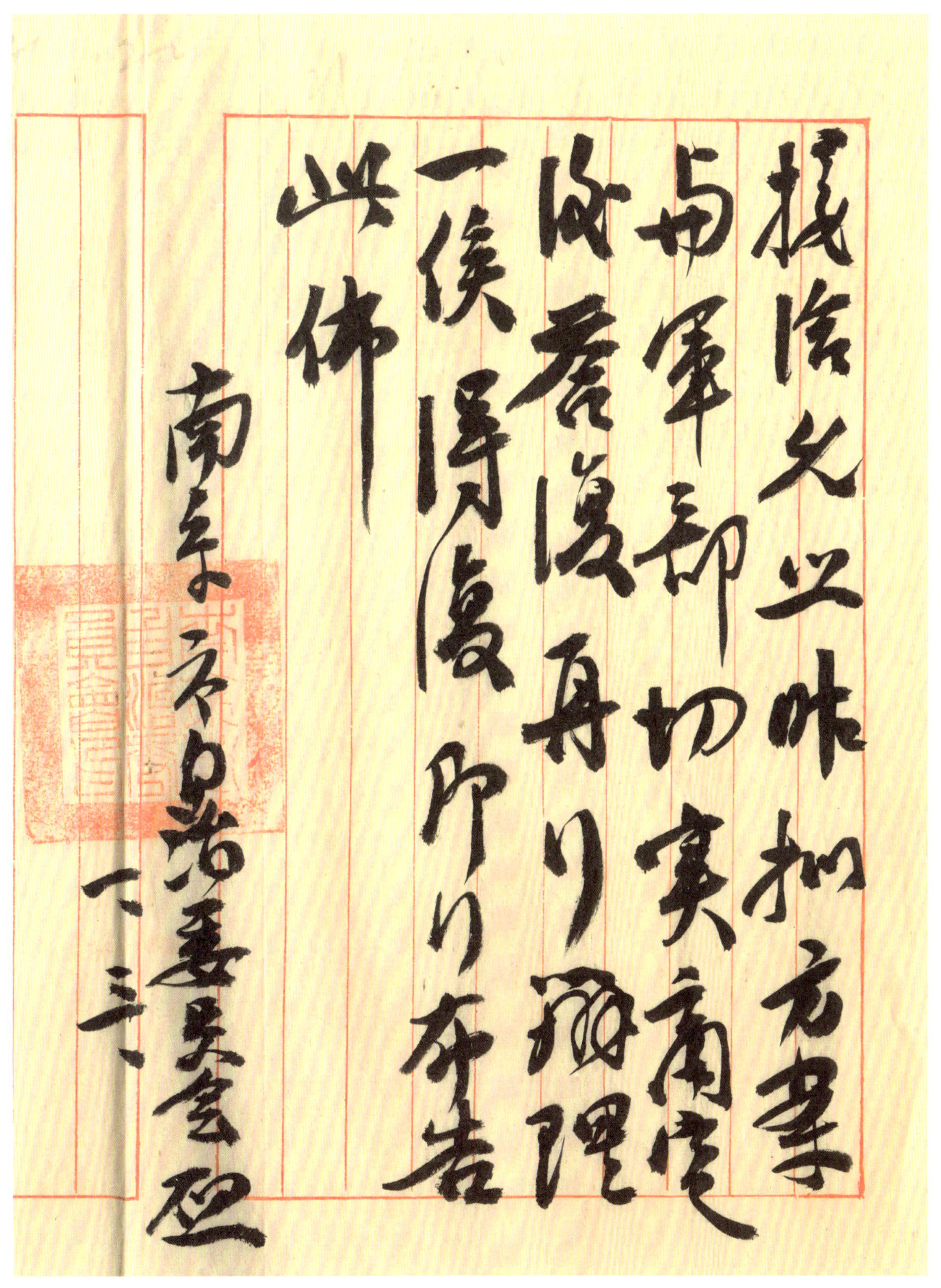

據給之以昨擬方案
與南軍部切實商定
俟商後再行辦理
一俟得復即行奉告
此佈

南京市自治委員會啓
一、三、

自治委员会、查问委员会关于汽油短缺无以外借事的往来函件

自治委员会致查问委员会的便函（一九三八年一月三日）

便函

荣光先生台鉴：顷接

台函，敬悉一是。敝会开办伊始，一切应用物品诸未

准备，所有自用汽油亦感缺乏。

尊處擬借汽油五箱一節，實難應命。不知國際

委員會有否，請逕與接洽可也。專復，祗頌

公祺

南京市自治委員會啓　一月三日

查问委员会致自治委员会函（一九三八年一月三日）

陶會長鈞鑒 查問委員會委員公用車缺
乏汽油 茲 橋委員命僕函向自治委員會
暫備伍箱以應急需務祈籌辦專此理合
函請
鈞會代為設法以資應用為荷專此祗頌
公祺
孫副會長
諸同仁委員 均此
查問委員會役員詹榮光上
元月三日

自治委员会关于南京城内以新街口为中心专驻日军外划分四区的布告（一九三八年一月五日）

布告第　號

南京城內現經擬定以新街口中心區為專
駐軍隊地點此外劃分四區如下
一、以中華路東分界南至中華門北至白下路
又沿小鐵路通北至中山門再沿南順城牆經
光華通濟武定各門至中華門止為第一區
二、以中華路西分界南至中華門北至中正
路新街口廣場通西沿漢中路至漢西門又沿
城牆經水西門至中華門路西為第二區
三、以國府路之北分界西沿中山路至挹江門為止北至挹江门沿城根经和平门玄武门太平门至中山门路北为界第三区〇〇以新街口中山路以西汉中路以北分界沿城墙至汉西门挹江门至和平门以西为第四区并为便利难民回归安居起见先从第一区着手办理开放凡属该区人民应即准备回归一俟该区布置就绪即可迁回安居其余当照此布

南京市自治委员会会长陶〇〇

中华民国二十七年一月五日

南京特务机关部等向自治委员会发放米面凭条（一九三八年一月十一日）

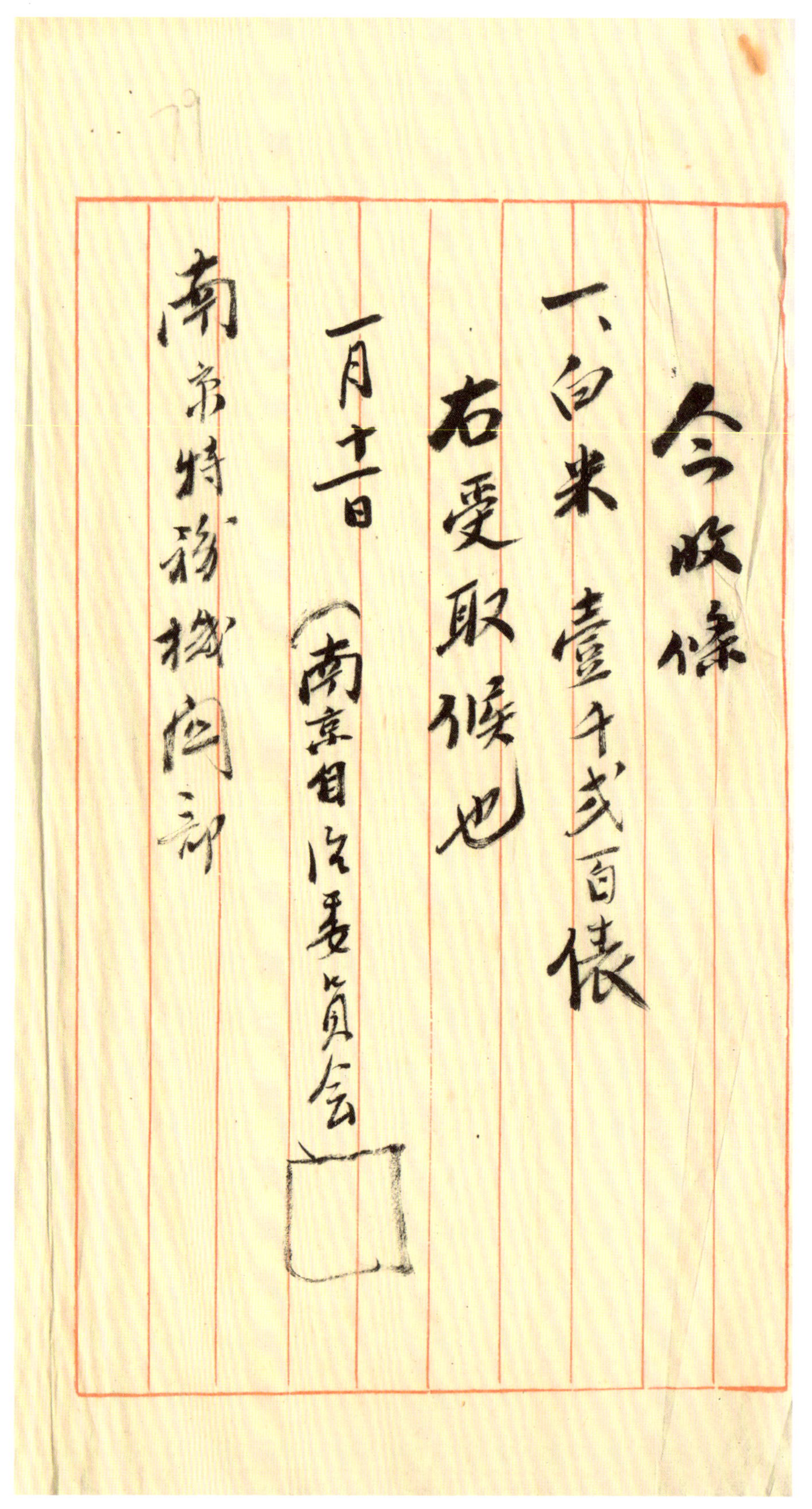

今收條

一、白米　壹千弍百俵

右受取候也

一月十一日

（南京自治委員会

南京特務機関部

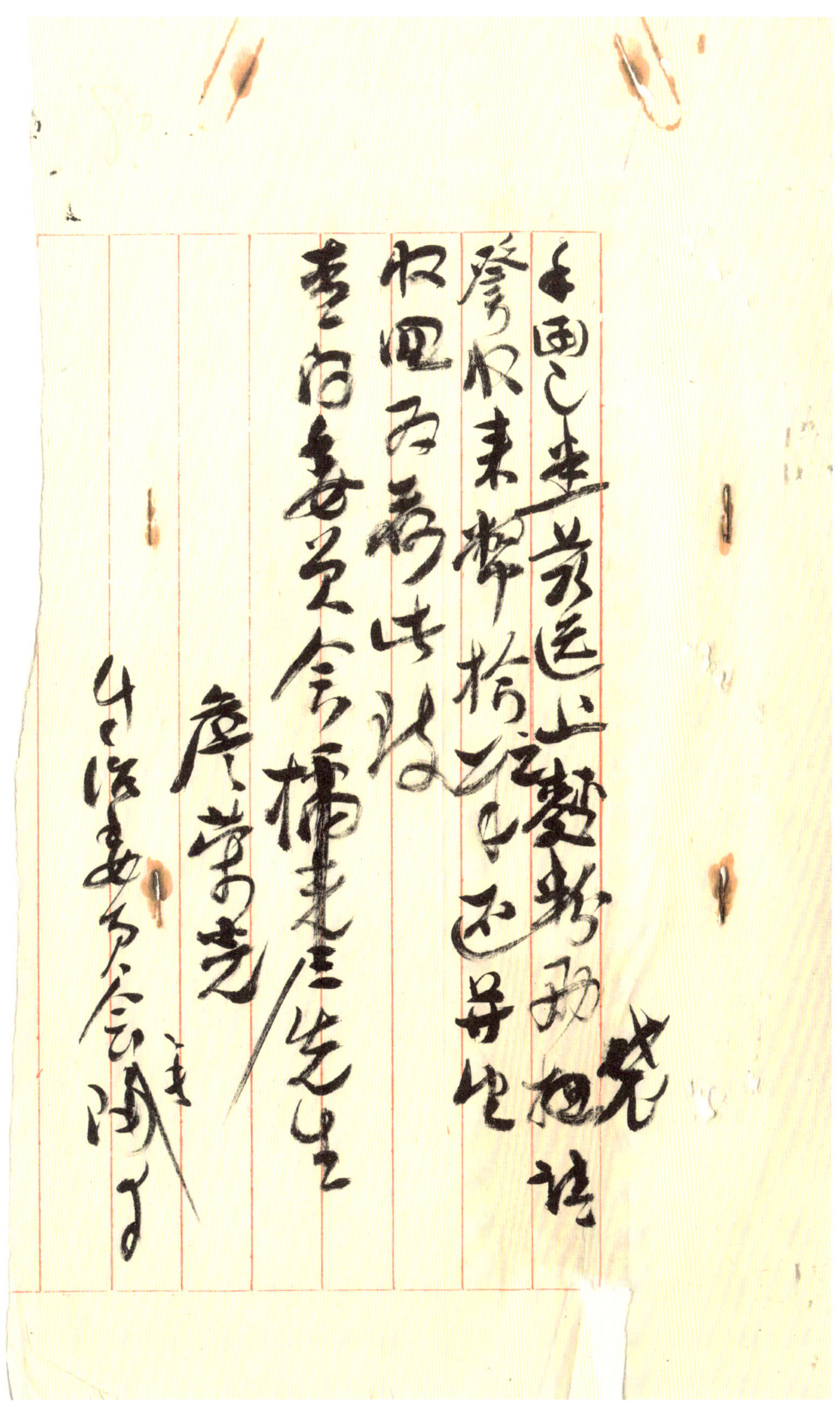

手函已悉，兹送上整张两幅，请
察收。来卷检阅，遵即还，并乞
收回为荷。此复
[illegible]吾兄台[illegible]先生
廣業兄
[illegible]

陶會長台鑒：查委會辦事處缺乏麪粉，茲特附上銀幣拾元，請代爲購交來人帶回應用，爲荷。尚此拜託，敬請

公綏

孫副會長

程副會長　均此

謝委員同仁

送麪粉一袋照數　陶

查閱委員會總務員詹榮光　上

元月四日

自治委员会拨发申请燃煤的凭条笺函（一九三八年一月十二日至二十五日）

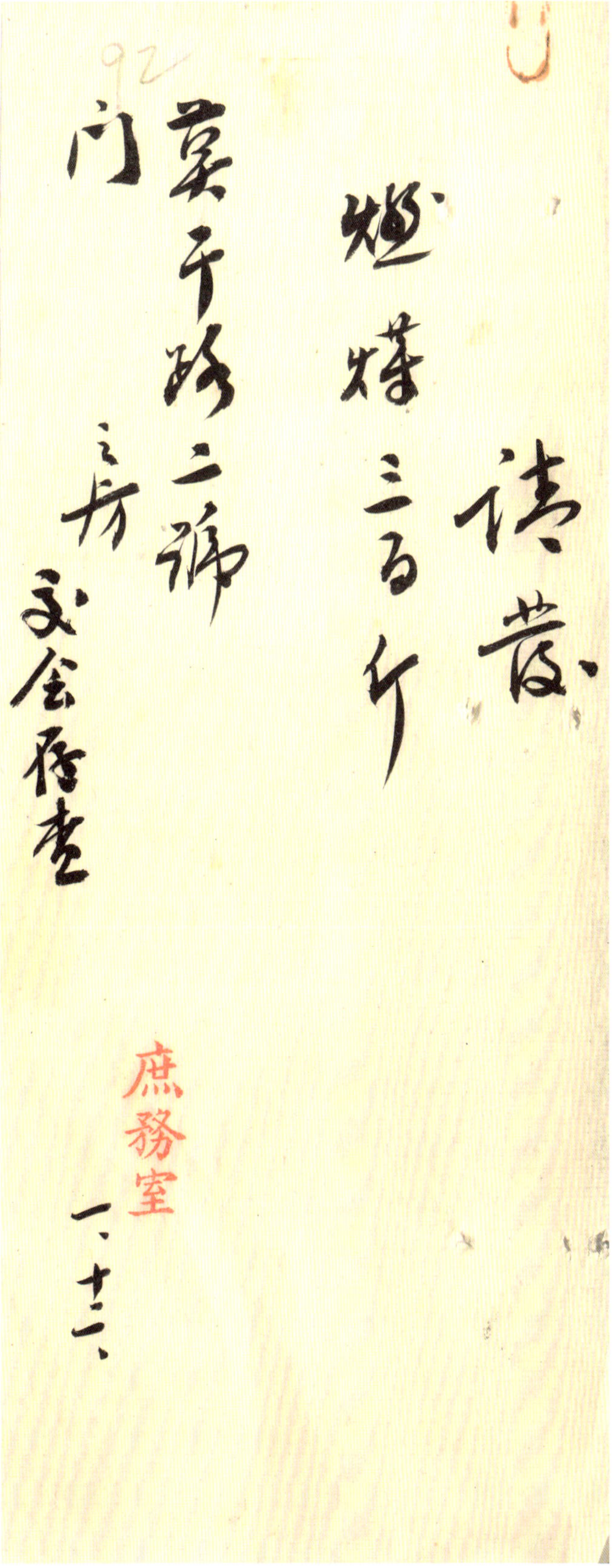

请发
燃煤三百斤
莫干路二号
门三号
文会启事

庶務室

一、十二

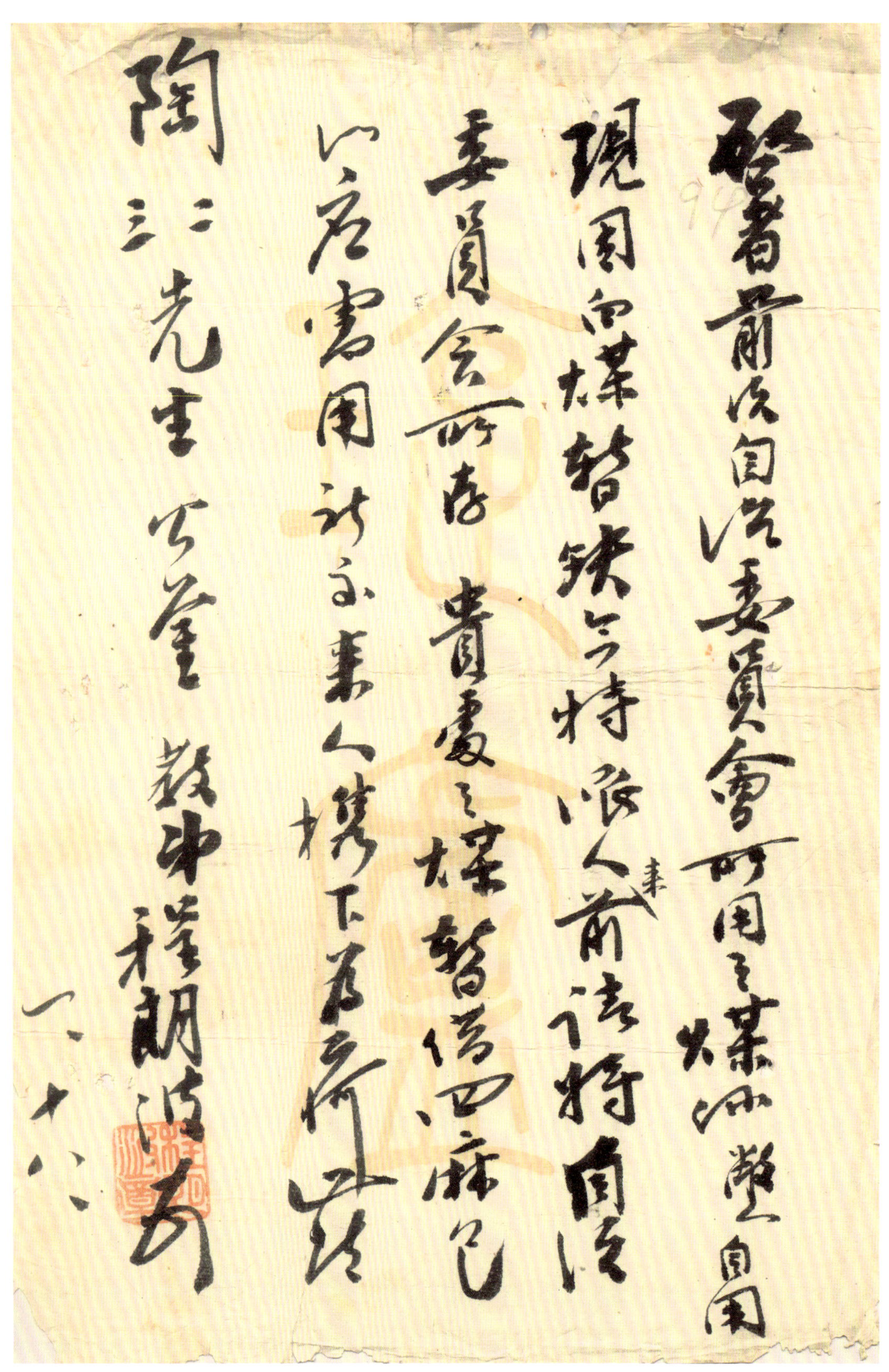
啟者：前從自治委員會所用之煤炭，如數自用。現因向煤炭暫缺，已特派人前來，請將自治委員會所存貴處之煤炭暫借四麻包，以應需用，請交來人攜下為荷。此致

陶二三先生公鑒

薛中權朗清啟

一、十六

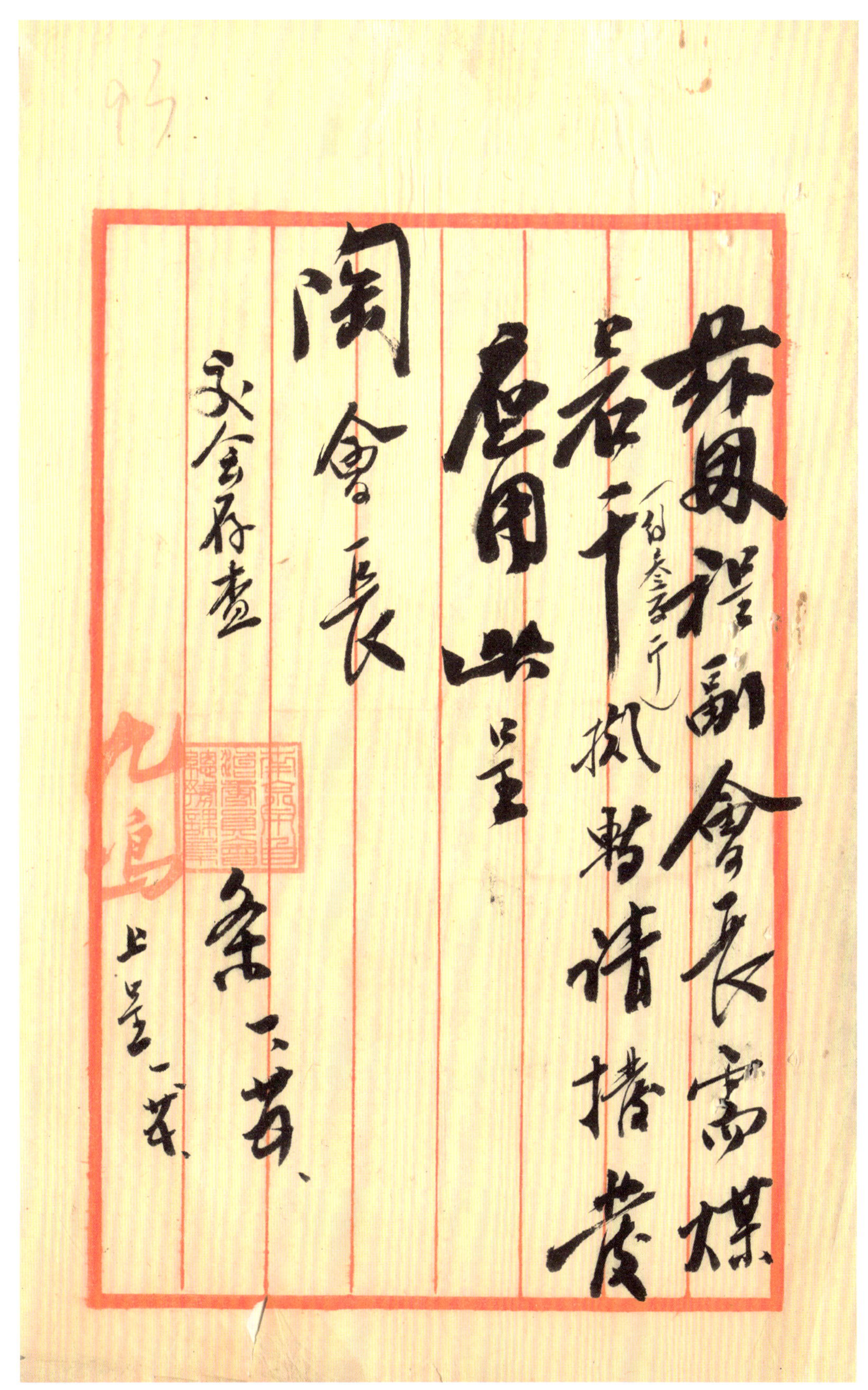

[illegible][illegible]程副會長雪楳

上若干（自參字二行）擬暫請搭發

應用此

上呈

陶會長

交會存查

象一葉、

上呈一葉、

自治委员会秘书室关于商请日军宪兵协助以保各区难民回家安全致警察厅函（一九三八年一月十九日）

秘字第八號

逕啟者：本月十六日常會趙委員威林提議各區難民回家，亟先組織警察，關係不可，當經決定請王廳長規畫辦法，由全體委員列名函請日軍憲兵協助，以保安全等語紀錄在案。相應函達，請煩查照，迅速辦理為荷。此致

南京市警察廳廳長

秘書室啟

一月十九日

營文總字第十號
收發室已發十九

自治委员会秘书室为拨发民办救火会救济米转救济课办理致救济课函（一九三八年一月二十日）

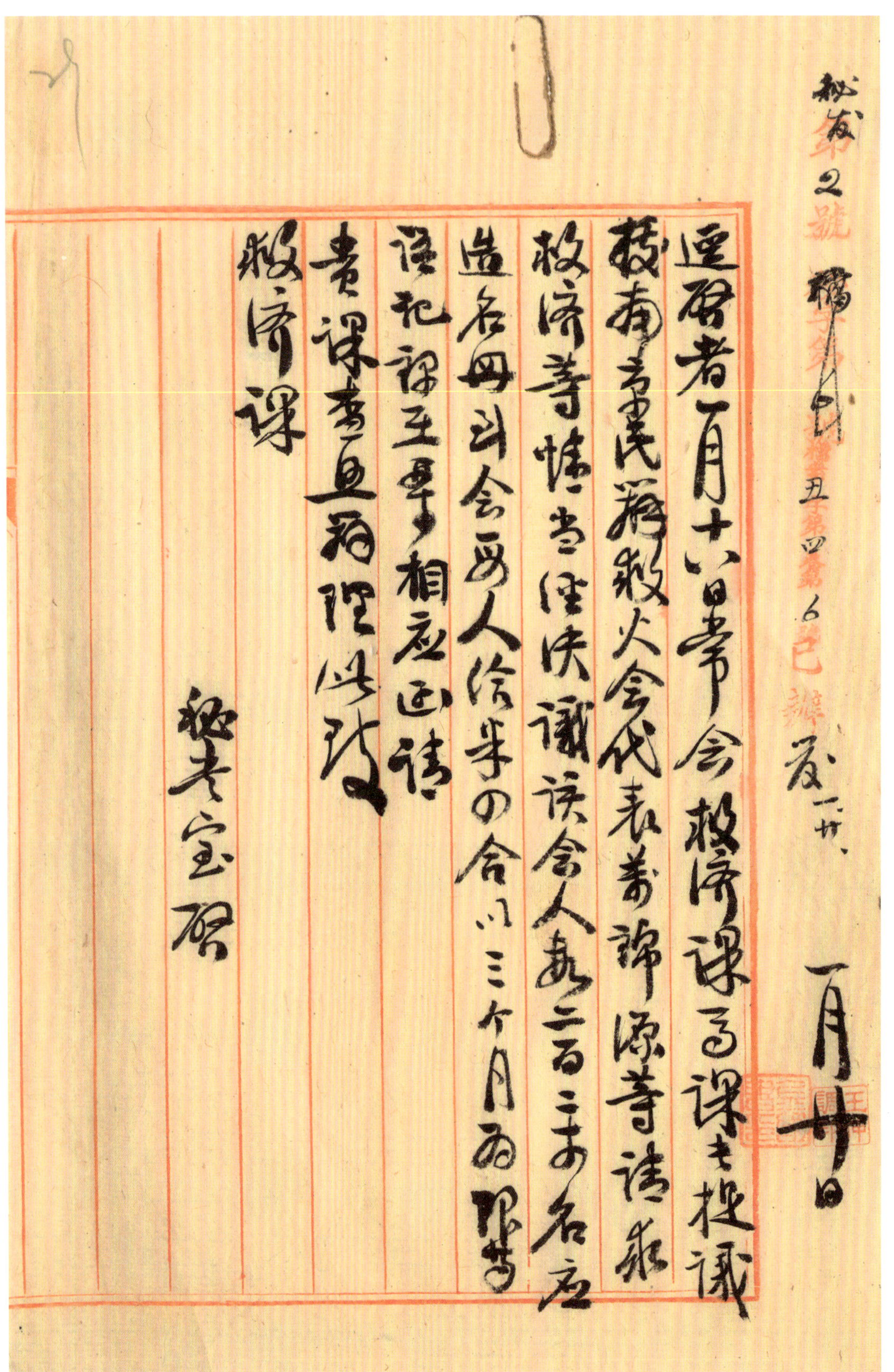

秘发第2号

迳启者：一月十六日常会救济课马课长提议拨南京市民办救火会代表萧锦源等请求救济等情，当经决议该会人数二百三十五名，应造名册呈会，每人给米四合，以三个月为限等语记录在卷，相应函请贵课查照办理为荷。

救济课

秘书室启

一月廿日

自治委员会拟定遣送外来难民回籍办法（一九三八年一月二十四日）

遣送外來難民回籍辦法

一、回籍難民須先向本會登記、發給回籍通行證、并由各區長、協助辦理。

二、就附近非軍事區域、在可能範圍內、查明舟車能否通行。

三、本會向日方最高機關商洽、請求發給運送難民護照、并請盡量予以舟車等運輸上之便利。

四、難民未啟程以前、應由本會指定處所、暫時集合、以便分批遣送。

五、各處難民在未到達原籍以前、其確係貧苦者、應由本會籌發給養。

六、調查各地難民、如有疾病者、先由本會覓醫診治痊愈、然後遣送。

七、遣送難民區域、先以南京四郊外最近地點、及京滬路綫、京杭公路綫江北附近各縣、着手進行。

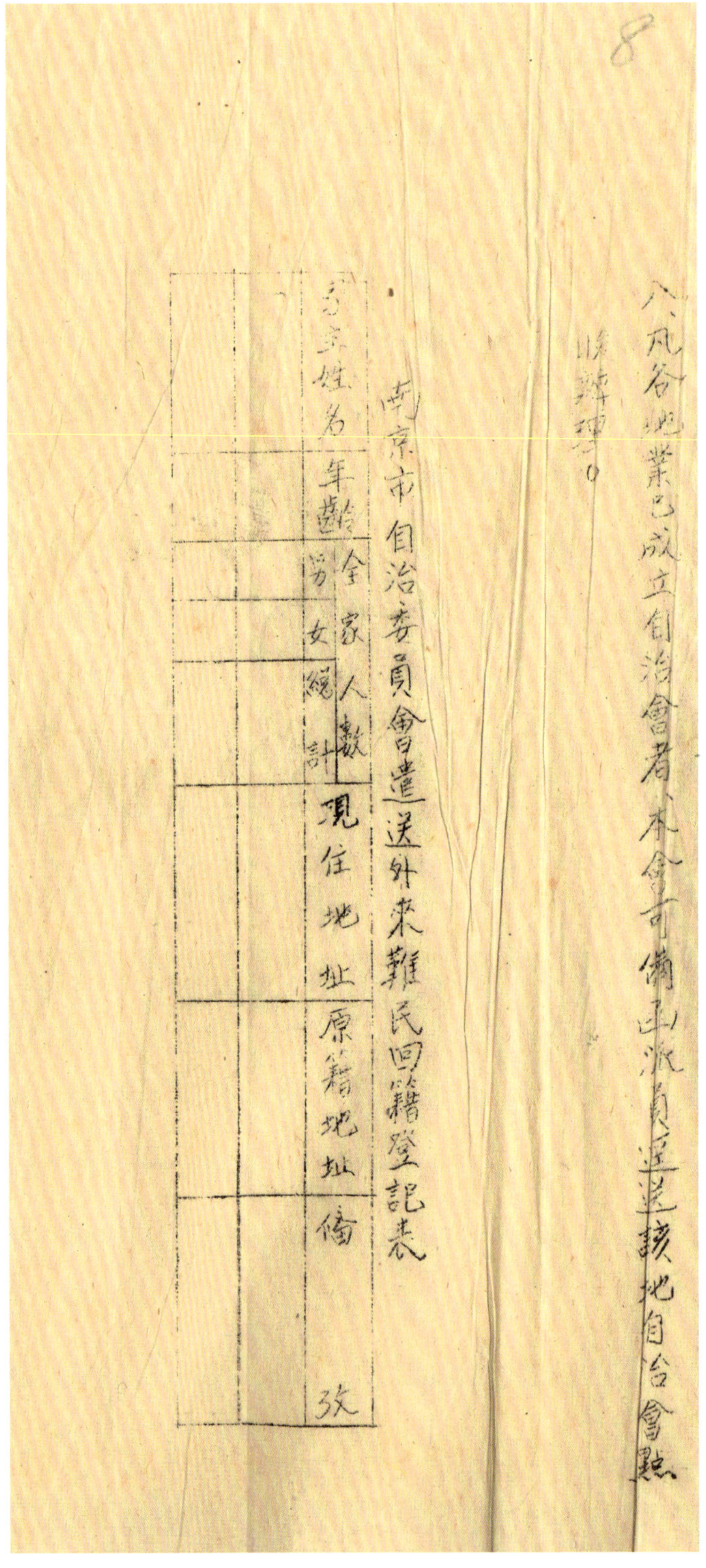

八、凡各地業已成立自治會者，本會可備函派員遣送該地自治會點收辦理。

南京市自治委員會遣送外來難民回籍登記表

號次	姓名	年齡	全家人數			現住地址	原籍地址	備攷
			男	女	總計			

交通课关于派员赴上海办理邮政事务申请军用护照及通行证事致特务机关函稿（一九三八年一月二十四日）

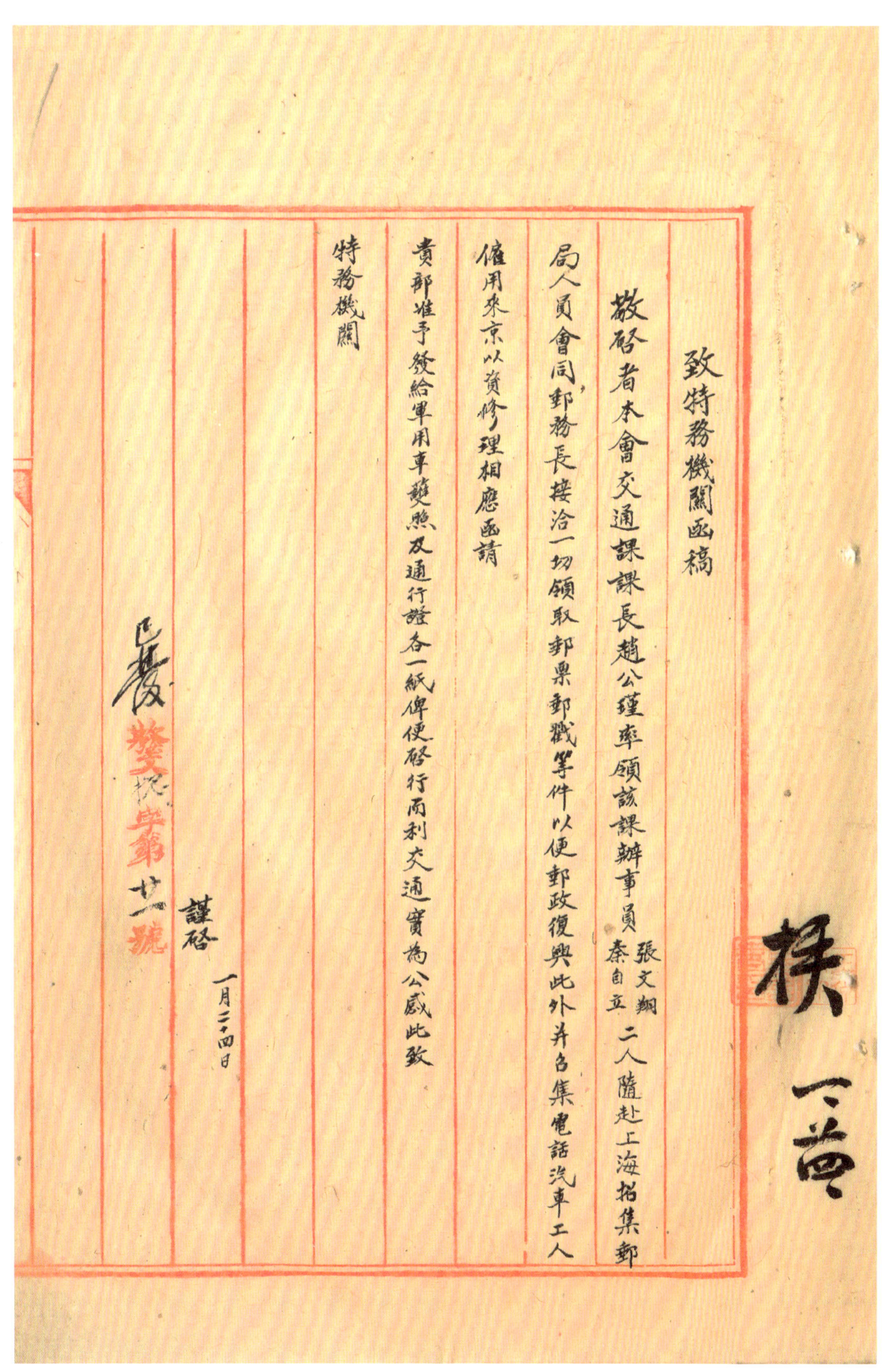
致特務機關函稿

敬啓者本會交通課課長趙公瑾率領該課辦事員張文翔、秦自立二人隨赴上海招集郵局人員會同郵務長接洽一切領取郵票郵戳等件以便郵政復興此外并召集電話汽車工人僱用來京以資修理相應函請

貴部准予發給軍用車護照及通行證各一紙俾便啓行而利交通實爲公感此致

特務機關

謹啓

一月二十四日

字第廿一號

自治委员会关于保护上新河红卍字会办事处的布告（一九三八年一月二十八日）

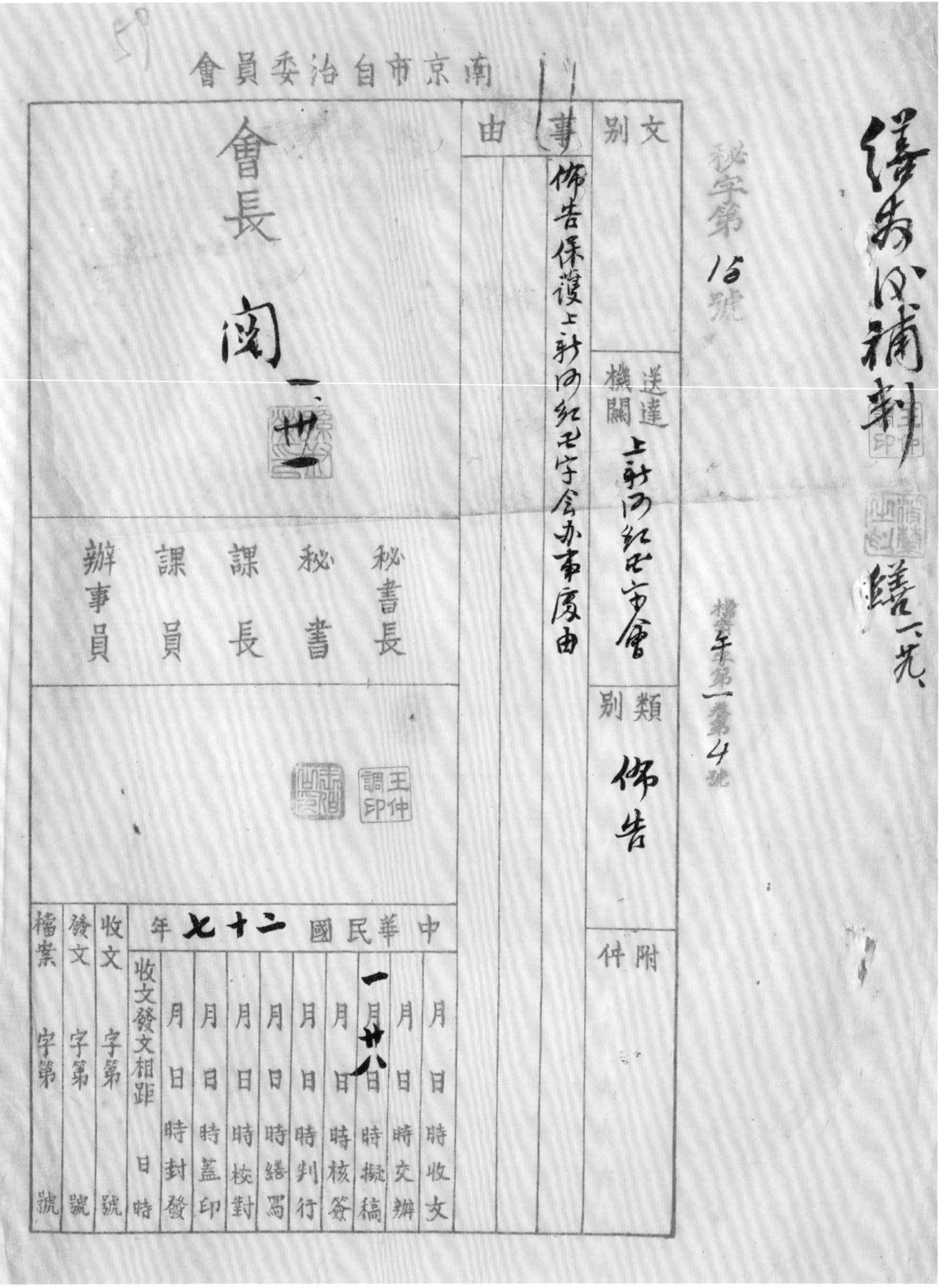

南京市自治委員會

文別	秘字第16號
事由	佈告保護上新河紅卍字会办事處由
送達機關	上新河紅卍字會
類別	佈告
附件	

會長 陶 一、卅

秘書長　秘書　課長　課員　辦事員

中華民國二十七年 一月廿八日

收文	交辦	擬稿	核簽	判行	繕寫	校對	蓋印	封發	收文發文相距
月 日 時	月 日 時	一月廿八日 時	月 日 時	月 日 時	月 日 時	月 日 時	月 日 時	月 日 時	日 時

收文 字第 號　發文 字第 號　檔案 字第 號

檔字第一卷第4號

繕 一、廿九

63

南京市自治委員會佈告第十三号

案准南京紅卍字會函請發給上新河紅卍字会办事处保護佈告並請轉
特務機関
南京憲兵隊
給示等情前來查該会办事处亦爲慈善團体办理救濟事宜歷有年所此次兵災関于收容難民掩埋尸骸等事工作認真亟应出示保護以利進行除函請另
特務機関
南京憲兵隊
給示外合亟佈告居民人等不得有滋擾情事仰即週知此佈

南京市自治委員會
副会長代理会長孫叔□

中華民國二十七年一月　日

實帖上新河紅卍字会办事处

監印周紹荃

自治委员会关于补行登记请领安居证事致特务机关函（一九三八年二月四日）

附：南京市民未经查问登记请领安居证姓名清册

销

敬启者：查南京市民前因避难或因服役在外，未及参加查问登记，业经规定，每月逢十，凡未经领取安居证之市民集会，由本课派员带往贵机关补行登记，曾经由会函达在案，兹据市民　等　名报到，声请登记前来，相应缮具名册，派员赍函送请

查照，准予补行登记，给证为荷！此上

特务机关

计附名册一份

南京市自治委员会总务课启　月　日

銷

南京市民未經查問登記請領安居證姓名清冊　　月　日

姓名	性別	年齡	住址	備攷

自治委员会关于华兴煤号等处存煤甚多请予保护致特务机关公函（一九三八年二月十二日）

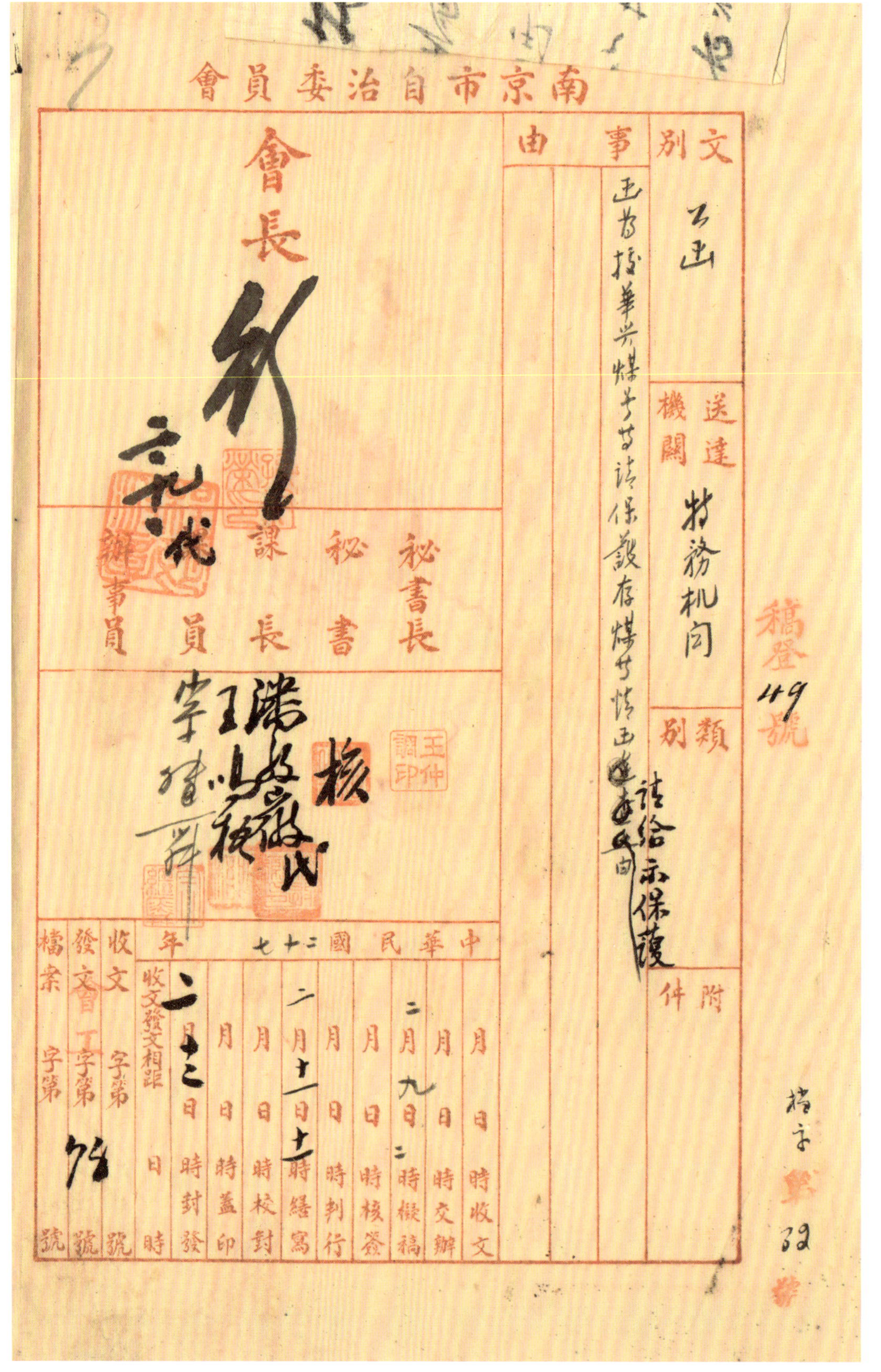

南京市自治委員會

文別	公函
送達機關	特務机関
類別	
附件	

事由：函为据華兴煤号等請保護存煤等情函達查照由　請給示保護

會長 （签批）

秘書長　秘書　課長　課員　辦事員

核

中華民國二十七年　二月九日二時擬稿　二月十一日十一時繕寫　二月十二收文發文相距

收文　字第　號
發文　工字第　號
檔案　字第　號

稿登49號

4

南京市自治委員會公函　會工第75号

兹據本市四條巷三号華興煤号及朱雀路廿五号大昌煤號代表人沈兆興、喻伯言等聯名呈稱：以各該商號及堆棧現均存煤若干，開具存煤地址及數量，懇請本會保護等情；據此，查本市燃料，甚感缺乏，該商号等既存煤若干，似應予以保護，相應據情並開具存煤地址及數量備函奉達，即希

貴部鑒照賜予出示保護為感。此致

特務機關

副会長代理会長孫〇〇

计開：

華兴煤號三汊河堆栈

烟煤一千八百噸
悦井

白煤屑一千五百噸
富國

大昌煤號朱雀路の象桥廿五号

河南块一百五十噸　白煤屑一百噸

開平块一百噸　開平屑五十噸

煤球五十石

大昌煤号漢西门鳳凰街廿一号堆栈

開平块一百五十噸　白煤块屑一百五十噸

煤球三百石

中華民國廿七年二月九日

繕寫郭祜之　六十六

附：华兴煤号等处存煤数量地点及军用煤应如何办法致自治委员会工商课呈文

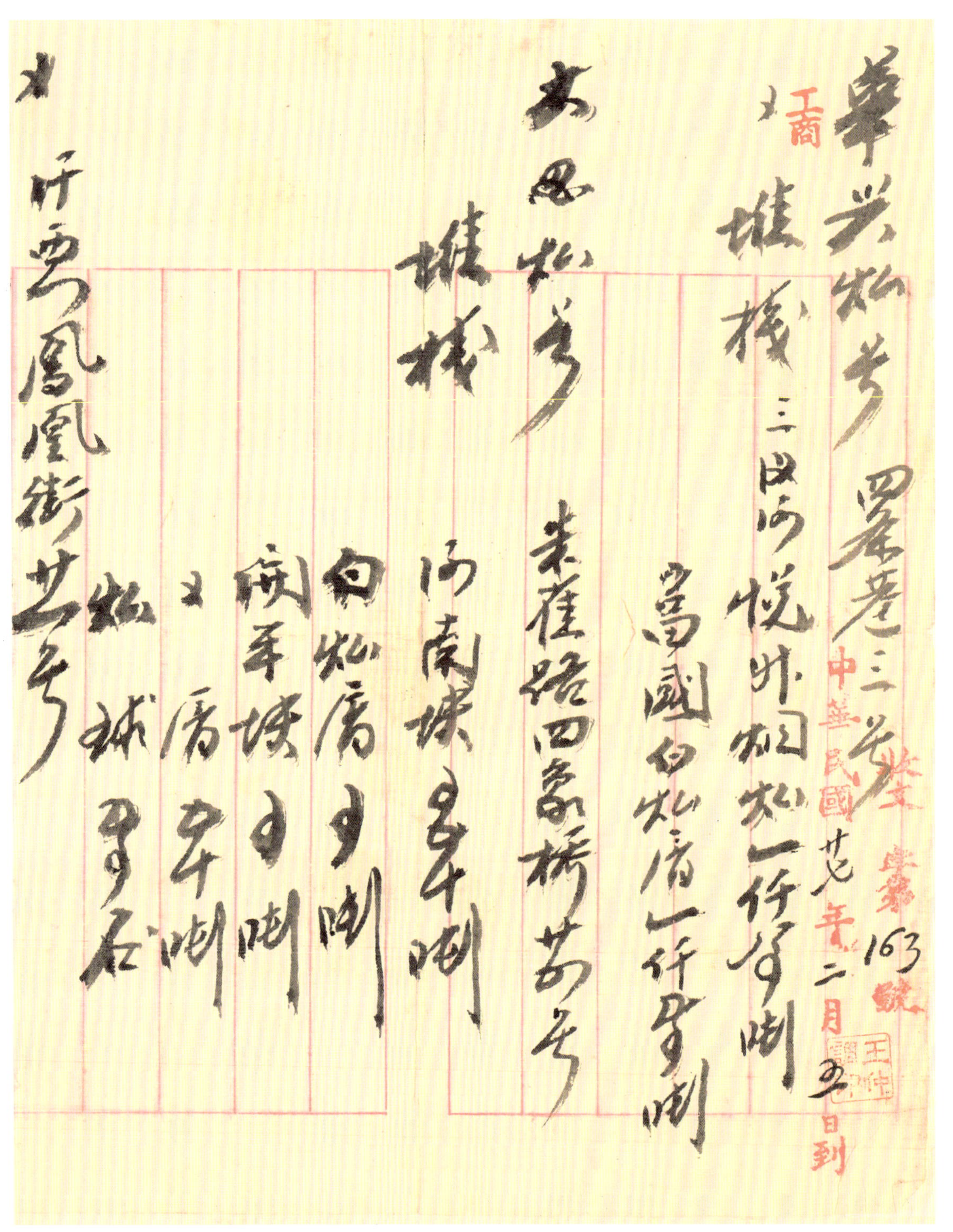

華兴煤号 罗廊巷三号

收文第163號

工商

又 堆棧 三山街悦来煤炭一仟余吨

富国白煤屑一仟余吨

中華民國廿七年二月五日到

大兴煤号 朱雀路四象桥廿号

堆棧 河南煤炭千吨

白煤屑廿吨

廣华煤廿吨

又 屑千吨

煤球四百石

又 升州路凤凰街廿号

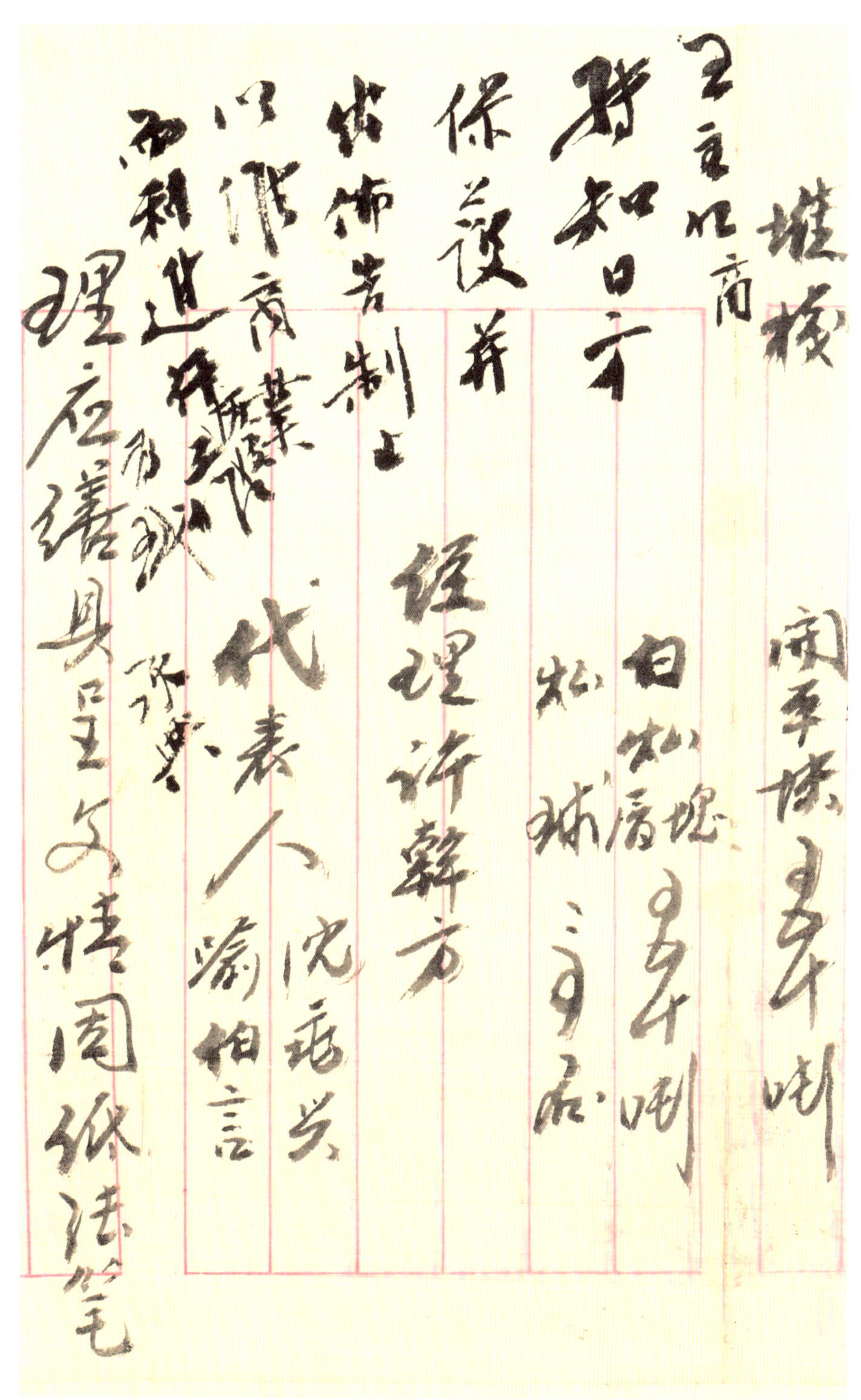

堪核

閩平縣長吳鈞

呈文批商

白水縣長吳鈞

務知日下

松林縣府

保護並

經理許辭方

發佈告制止

代表人 沈瑞興

以維商業

潘伯言

而利進行

理應據具呈文情開依法

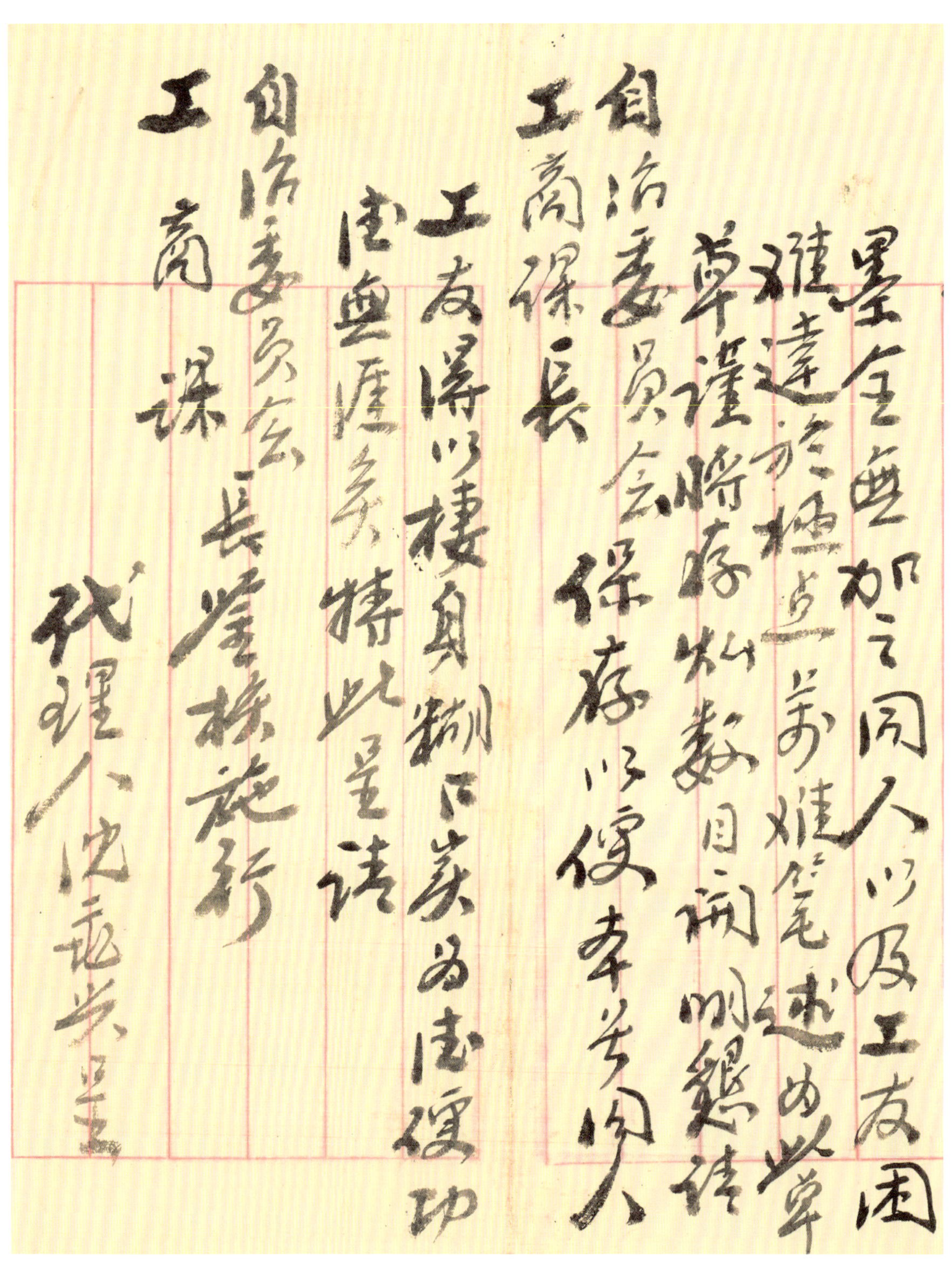

罢全无，加之同人以及工友困难達於極点，寔難筆述。為此草草謹將存料數目開列總結

自治委員會保存，以便本會同人

工商課長

工友得以棲身糊口，藉為德便，功德無涯矣。特此呈請

自治委員會

工商課長鑒核施行

代理人沈起光呈

有華興大昌兩棧歸請求發還三汊河漢西門堆存
之煤約一二千噸以各商人復業必須發還堆對於軍
用之煤應如何辦法請　林先生當面研究一妥
善辦法為荷此請
林魯初先生鑒
啓

自治委员会关于上新河商家等处存煤和豆油等物资甚多管理困难请设法保护并调剂市面致特务机关函
（一九三八年二月十五日）

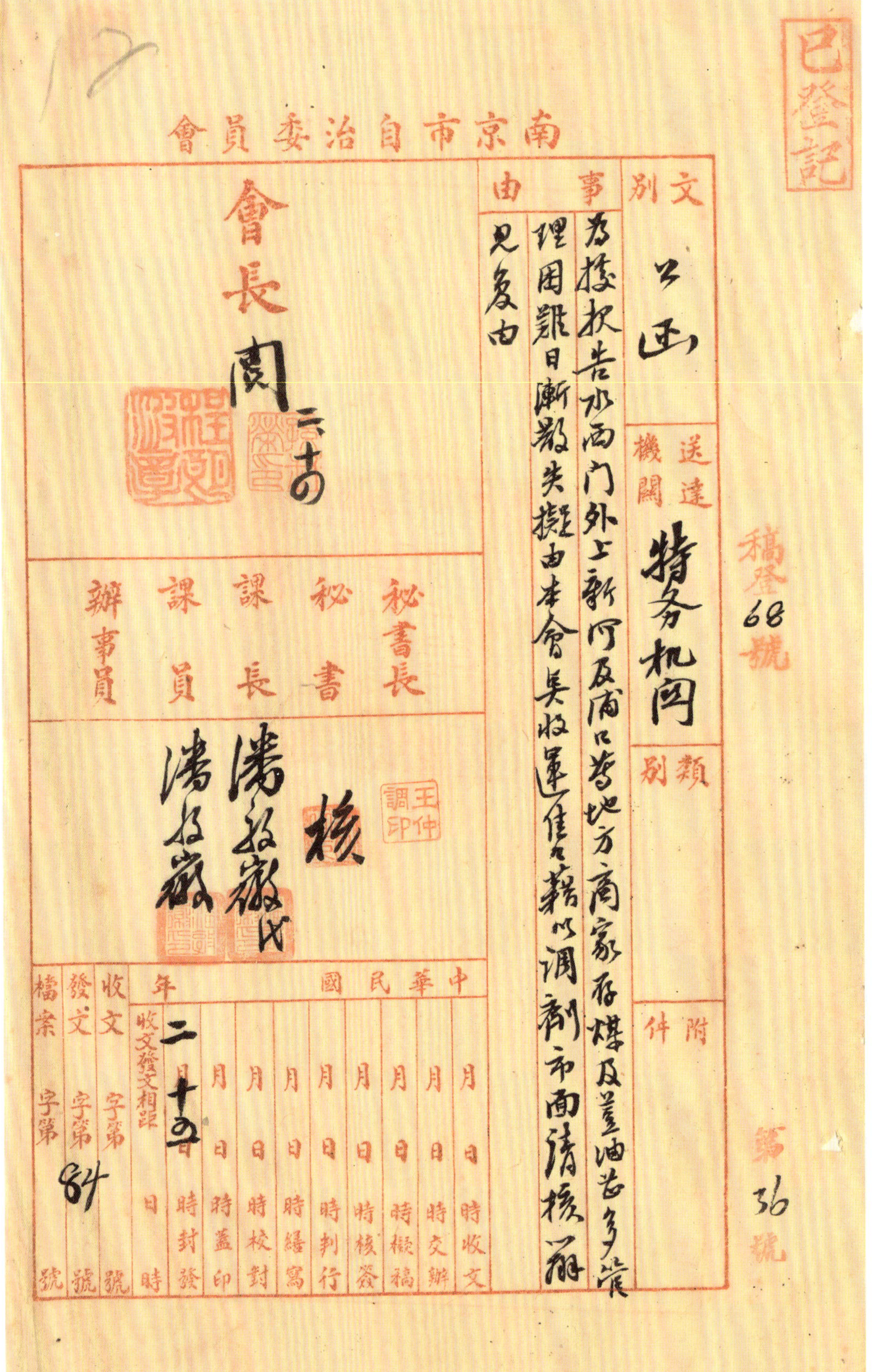

南京市自治委員會

文别：公函

送達機關：特务机関

事由：为据报告水西门外上新河及閘口等地方商家存煤及荳油甚多，管理困难，日渐散失，拟由本會吳收運售藉以調劑市面，請核辦见复由

會長 閲 二、十六

秘書長　秘書　課長　課員　辦事員

核　濤茲巖

中華民國　年　二月十五日

收文　字第　號
發文　字第84號
檔案　字第　號

稿登68號
第56號
已登記

南京市自治委員會函第84号

逕啓者據報告水西门外上新河及浦口等地
方商家存煤甚多浦口並存有大批荳油因管
理困難日漸散失值兹本市燃料食油均感
缺乏該項存貨既難管理擬請
貴部設法保護由本會會同貨主點收運入城內平價出
售藉以調劑市面可否之處相應函達即祈
察核辦理並希
示復為荷此致
特務機關

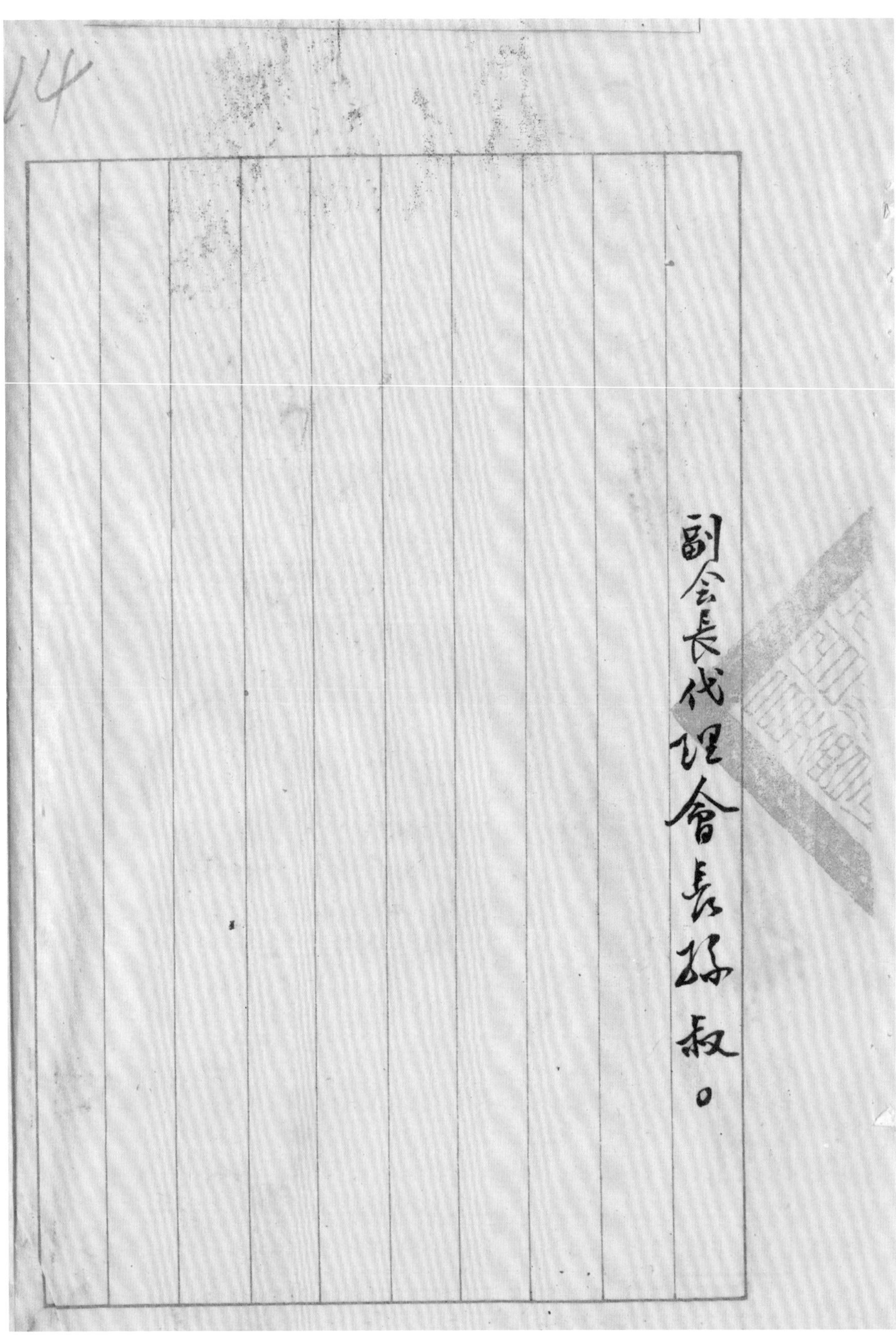

14

副会長代理會長孫叔。

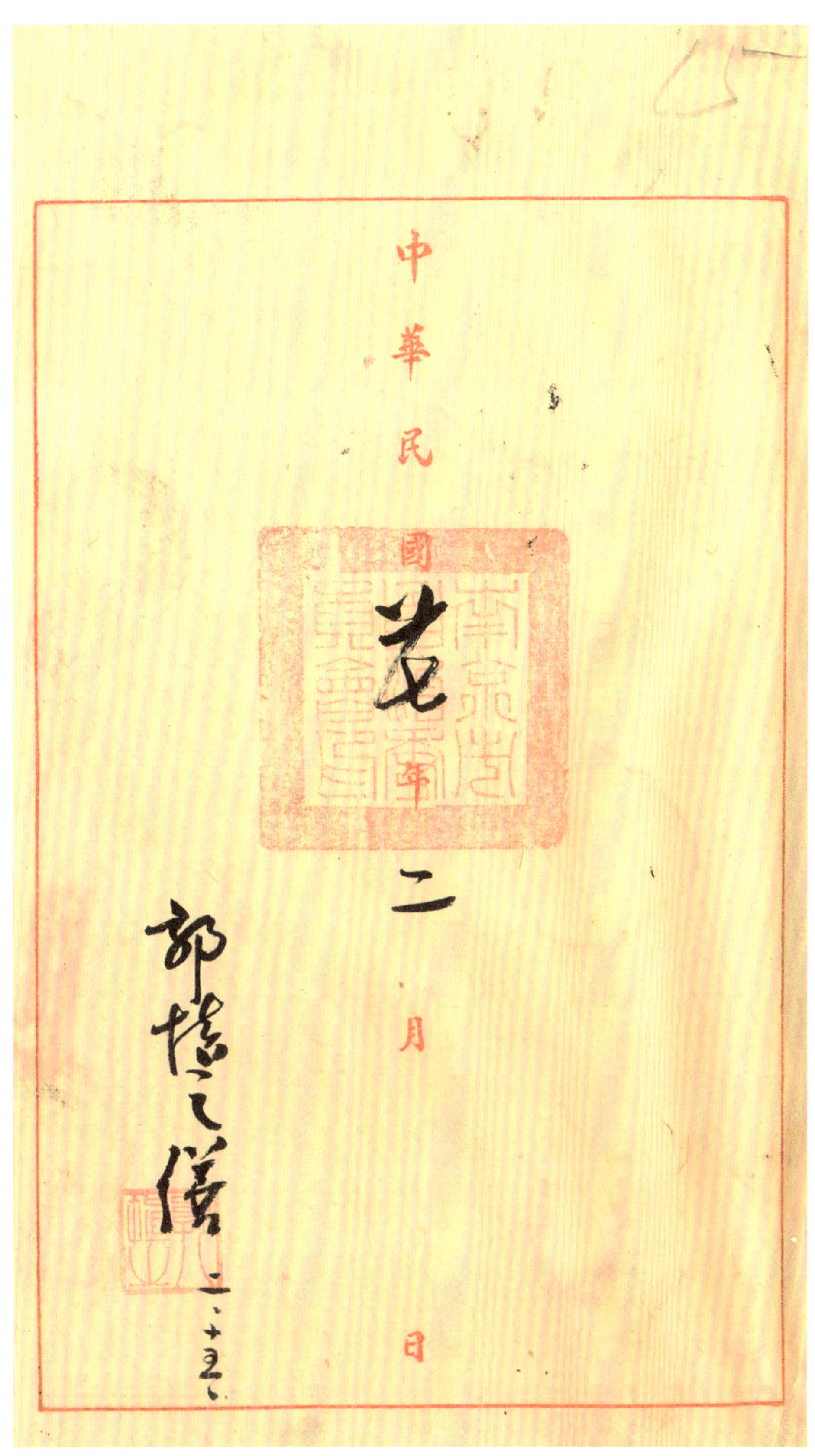
中華民國 年 二 月 日
郭悟之 信
二、十五、

南京特务机关通告人民通过城门须对日本士兵行礼致自治委员会公函（一九三八年二月二十三日）

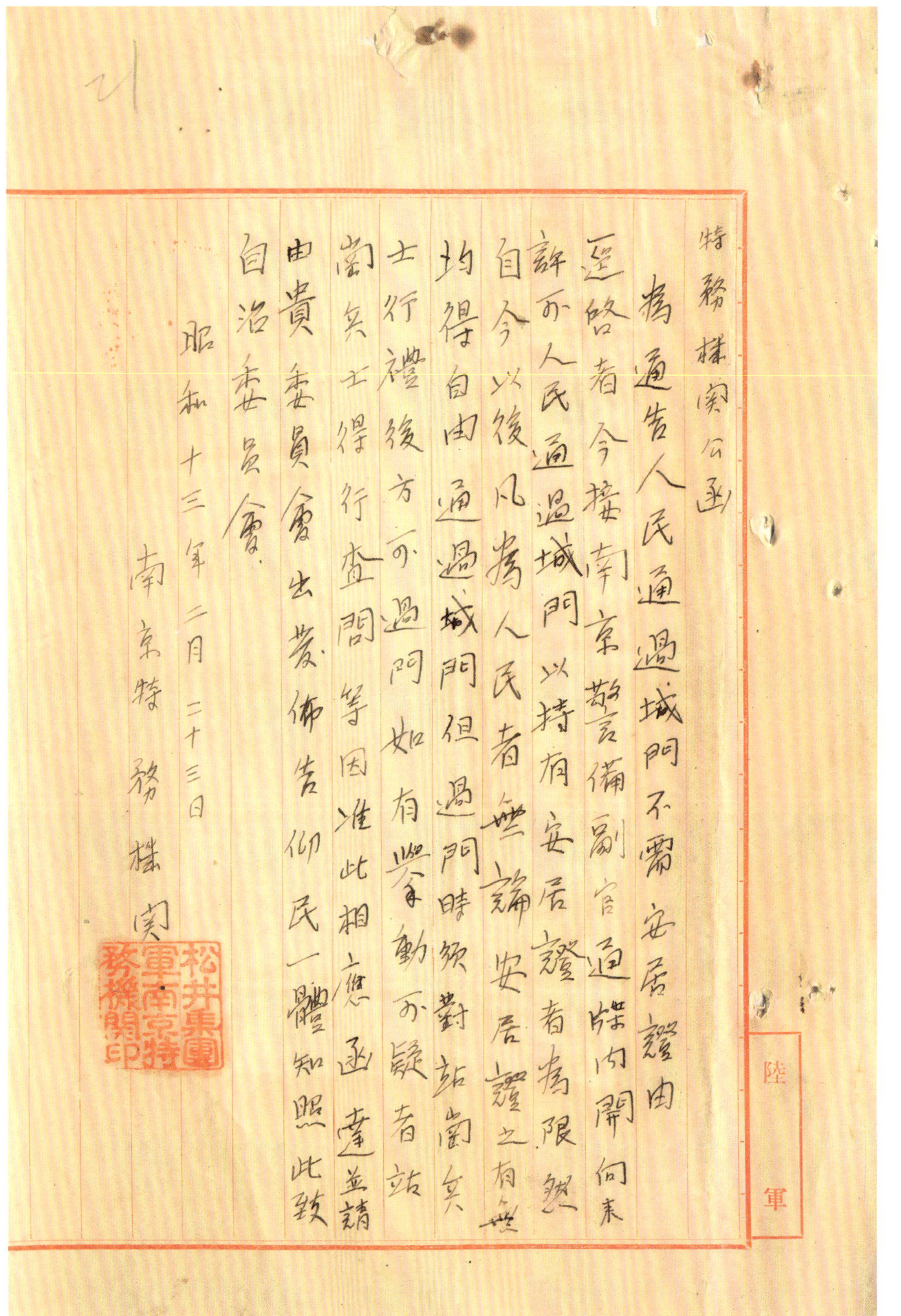
21

特務機關公函

為通告人民通過城門不需安居證由

逕啓者今接南京警備司令官通牒內開向來許可人民通過城門以持有安居證者為限然自今以後凡為人民者無論安居證之有無均得自由通過城門但過門時須對站崗兵士行禮後方可過門如有舉動可疑者站崗兵士得行查問等因准此相應函達並請由貴委員會出發佈告仰民一體知照此致

自治委員會

昭和十三年二月二十三日

南京特務機關

松井集團軍南京特務機關印

陸軍

自治委员会、警察厅关于没收赃物应招商拍卖的往来文件

警察厅致自治委员会呈文（一九三八年三月二日）

總務收文 字第441號

中華民國廿七年三月二日到

呈為一月十日起至二月十五日止本廳沒收之各項贓物擬請招商拍賣仰祈鑒核示遵事竊本廳於一月十日成立以來計由各局掾解送之竊案共有二百餘起業經飭科先後訊結並將案內所有贓物分別沒收留置佈告招領在案惟招領現已逾期多日加以房屋窄狹留置室不敷應用且各項贓物內有易於腐爛未便久置者擬請招商拍賣以資清理是否有當理合開具清冊呈請

鈞會鑒核示遵謹呈

南京市自治委員會

附呈清冊二本

南京市警察廳廳長王春生 呈

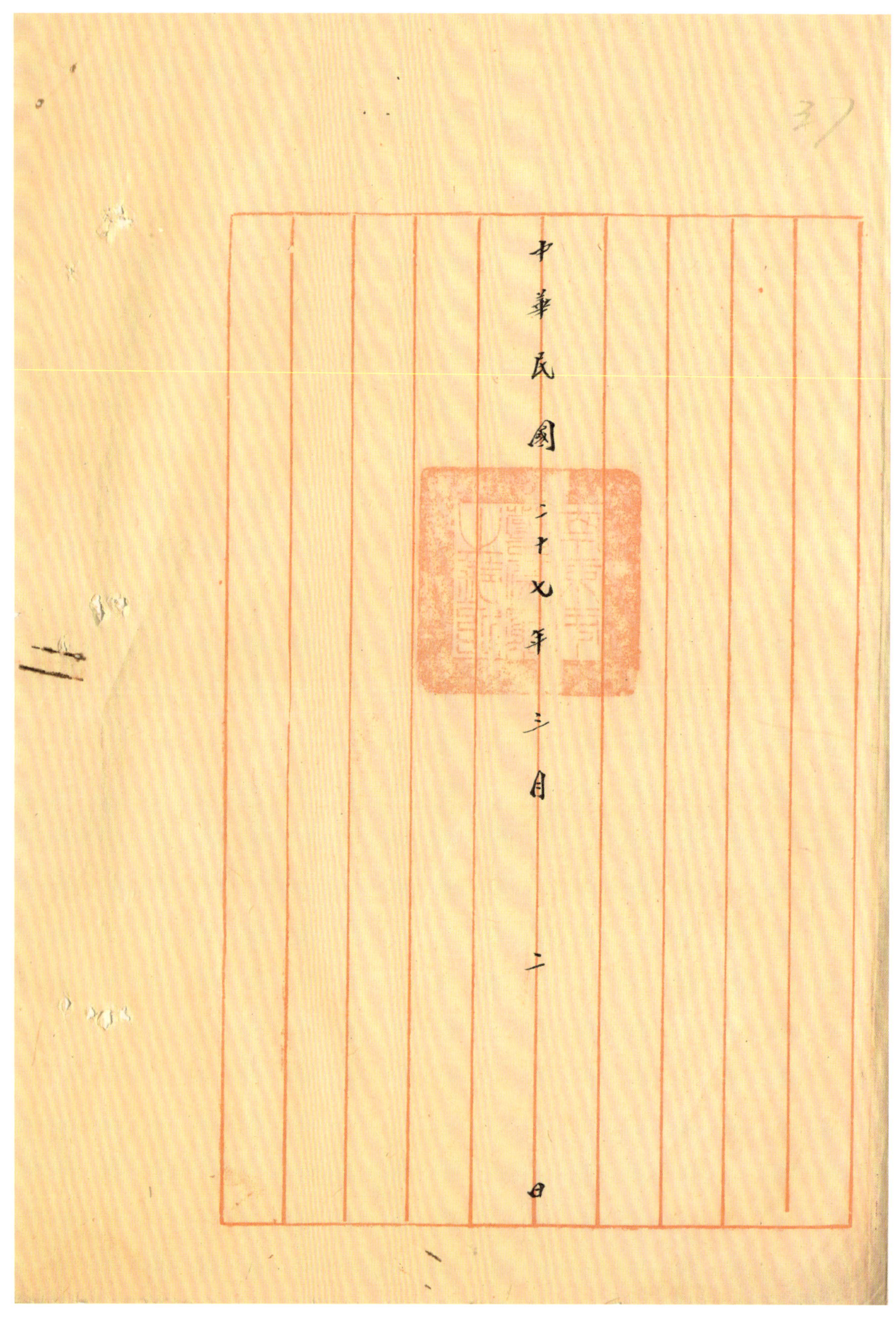
中華民國二十九年三月　二　日

自治委员会指令（一九三八年三月八日）

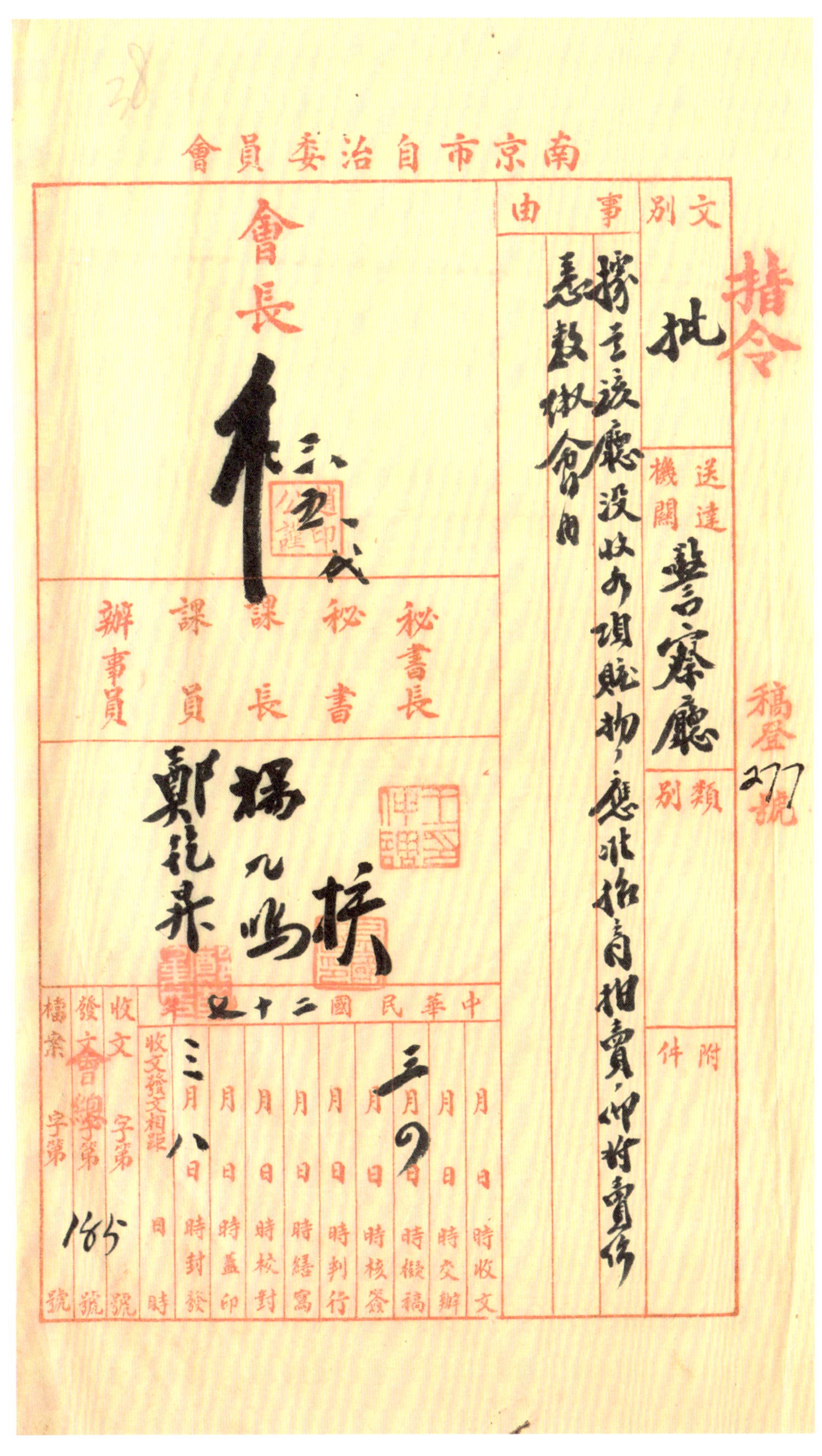

南京市自治委員會

指令

稿登277號

文別：批

送達機關：警察廳

類別

附件

事由：據呈該廳沒收各項賍物應准拍賣仰將賣價悉數繳會由

會長 任 三、十五、代

秘書長

秘書

課長

課員 楊九鳴 擬

辦事員 鄭[illegible]

中華民國二十七年

收文 月 日 時

交辦 月 日 時

擬稿 三月四日 時

核簽 月 日 時

判行 月 日 時

繕寫 月 日 時

校對 月 日 時

蓋印 月 日 時

封發 三月八日 時

收文發文相距 日 時

收文 字第 號

發文 會總字第185號

檔案 字第 號

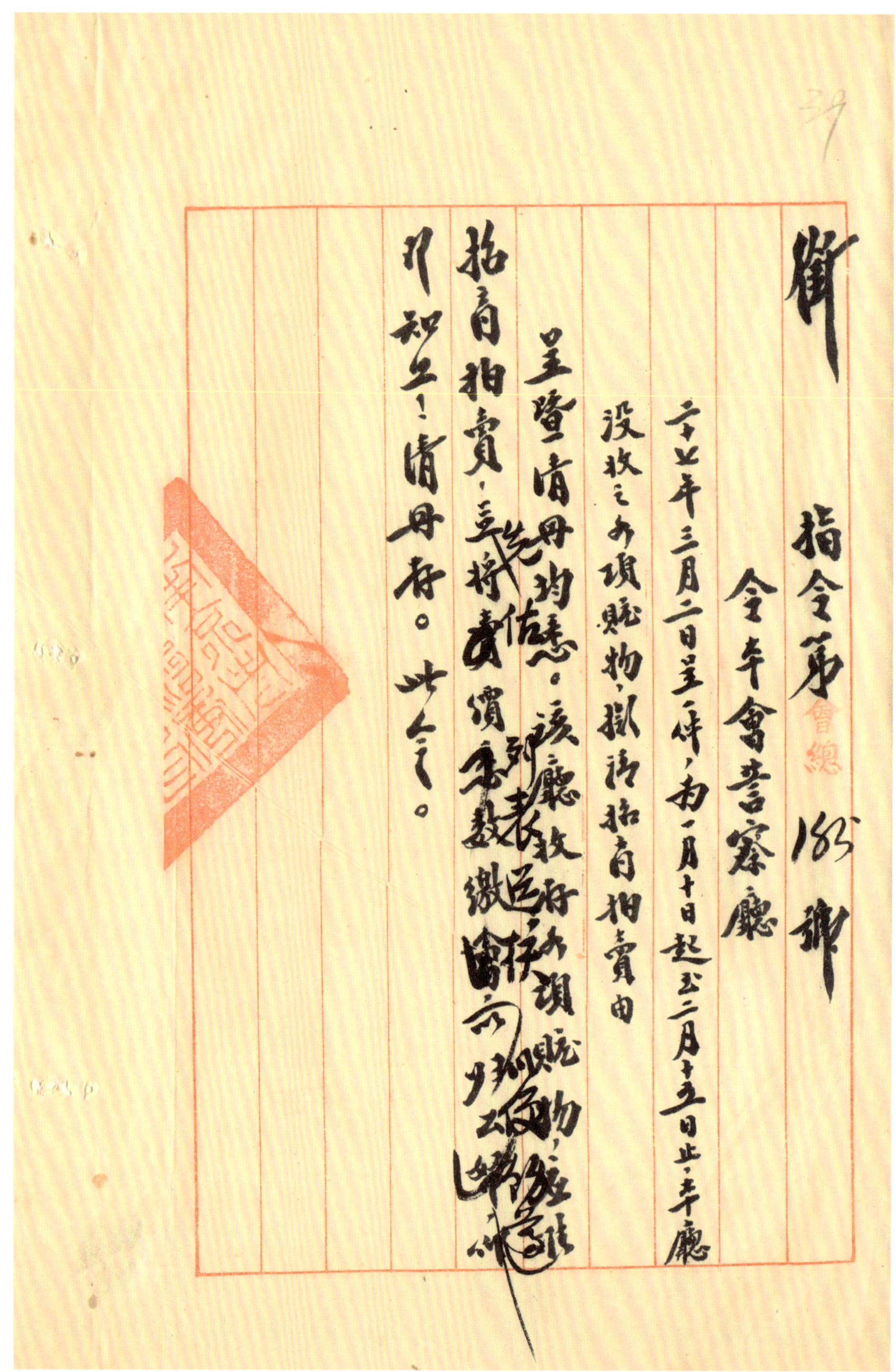

銜

指令第　　號（總會）

令本會警察廳

二十七年三月二日呈一件，為一月十日起至二月十五日止，本廳没收之各項賍物，擬請拍賣由

呈暨清冊均悉。該廳收存各項賍物，[illegible]
拍賣，[illegible]
具報。清冊存。此令。　廿八。

中華民國　年　三　月　　日

繕

财务课关于筹备征收粮食税以裕收入案报告（一九三八年三月四日）

報告 籌備徵收本市糧食稅以裕收入案

竊查本課財政支絀，必須開源以實金庫。茲因中華等門外鄉農出售米糧散亂交易，價值貴賤，毫無標準，亟宜恢復米行，以便民食而利稅收，業由本課遴派劉宋丞籌備本市糧食稅事宜，並擬定稅率，交由該員籌備開征，一俟籌備就緒，再行呈請委任，俾裕稅收而重計政。理合將辦理情形報告

大會鑒核備案。

附暫訂稅率 米穀救濟費、

糧食類別 正稅 慈善費

米　六角　四角

稻　三角　二角

麥豆　三角六分　二角四分

雜粮　三角六分　二角四分

說明　以米税六角爲定額，稻折半征收，應納三角，麥豆雜糧統按六折，應納三角六分，（旋改）單費同例。

偷運繞越者，除補征正税附税外，應處以三倍以上之罰金。

兼財務課長程朗波

财务课关于金库存款无多请特务机关先行借给致松冈函（一九三八年三月四日）

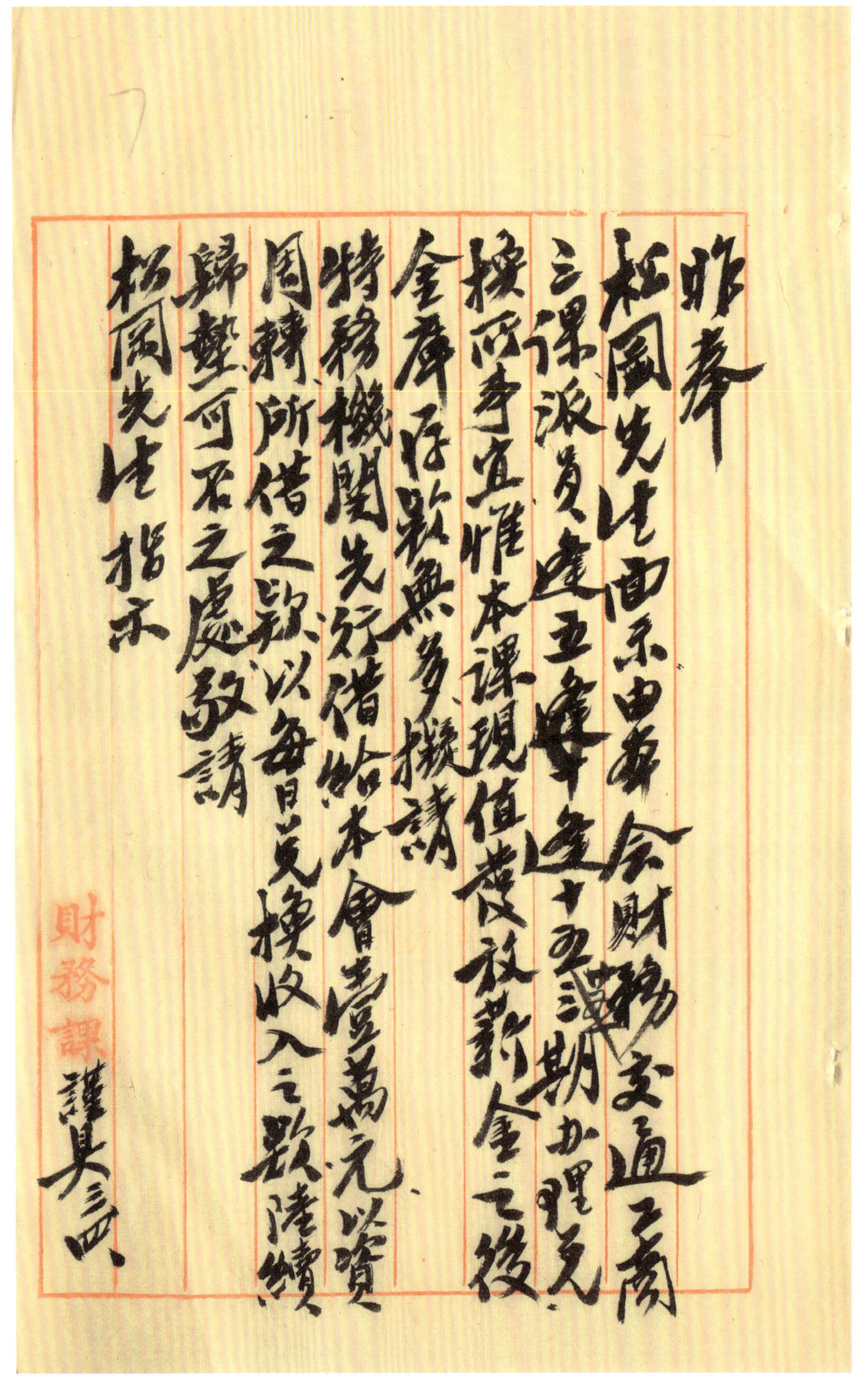

昨奉
松岡先生面示由本會財務交通工商三課派員逢五逢十逢十五三期辦理兌換所事宜，惟本課現值發放薪金之後，金庫存款無多，擬請
特務機關先行借給本會壹萬元以資周轉，所借之款以每日兌換收入之款陸續歸墊，可否之處，敬請
松岡先生指示

財務課謹具 三、四

自治委员会关于金陵女子大学收容所病女谢芳恳予免费收治致鼓楼医院笺函（一九三八年三月二十二日）

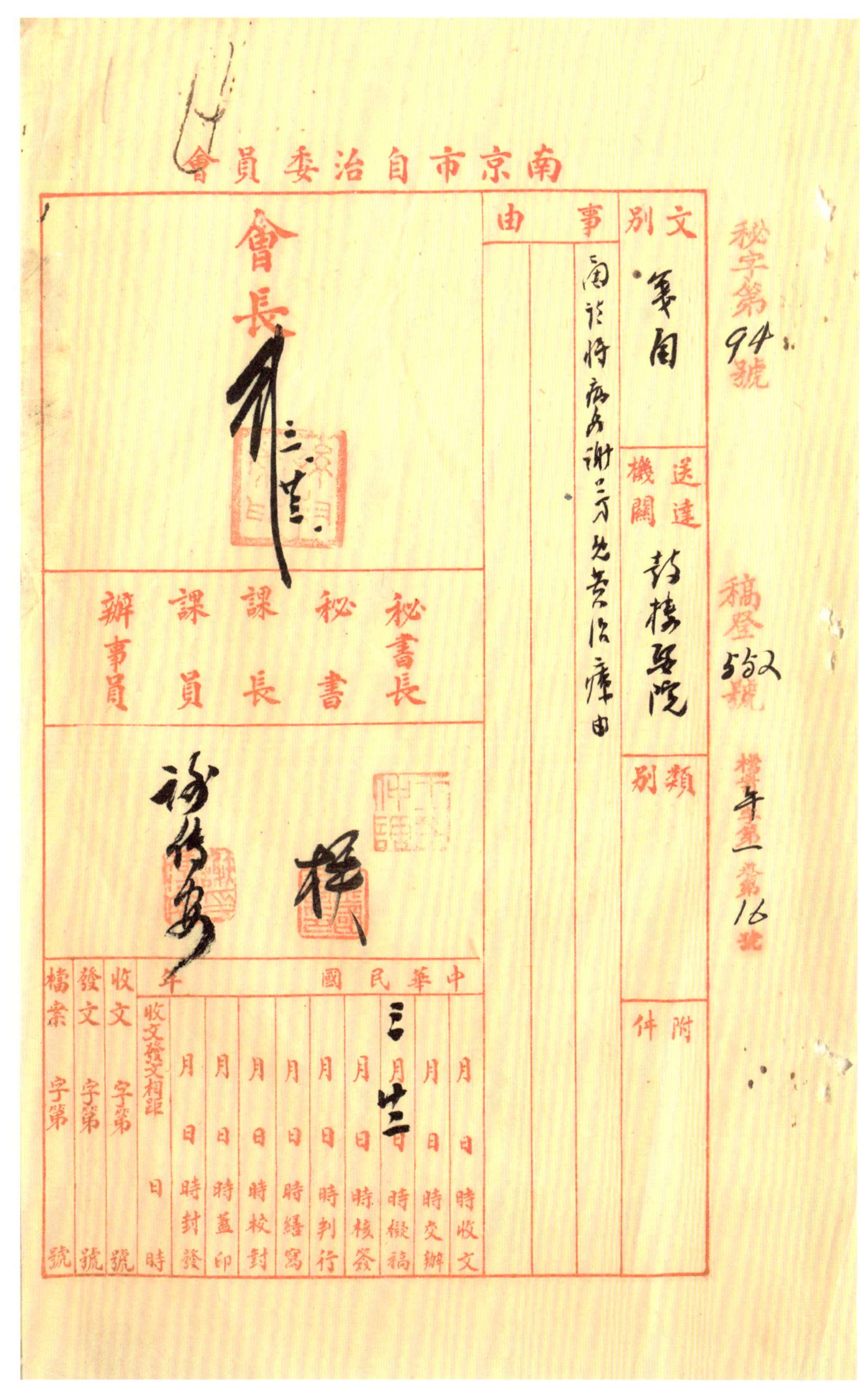

南京市自治委員會

秘字第94號

稿登5[illegible]號

文別	箋函
送達機關	鼓樓醫院
類別	年第一類第16號
附件	

事由：關於將病女謝芳恳予免費收治由

會長

秘書長　秘書　課長　課員　辦事員

中華民國　年　三月廿二日

收文　月　日　時
交辦　月　日　時
擬稿　月　日　時
核簽　月　日　時
判行　月　日　時
繕寫　月　日　時
校對　月　日　時
蓋印　月　日　時
封發　月　日　時
收文發文相距　日　時

收文　字第　號
發文　字第　號
檔案　字第　號

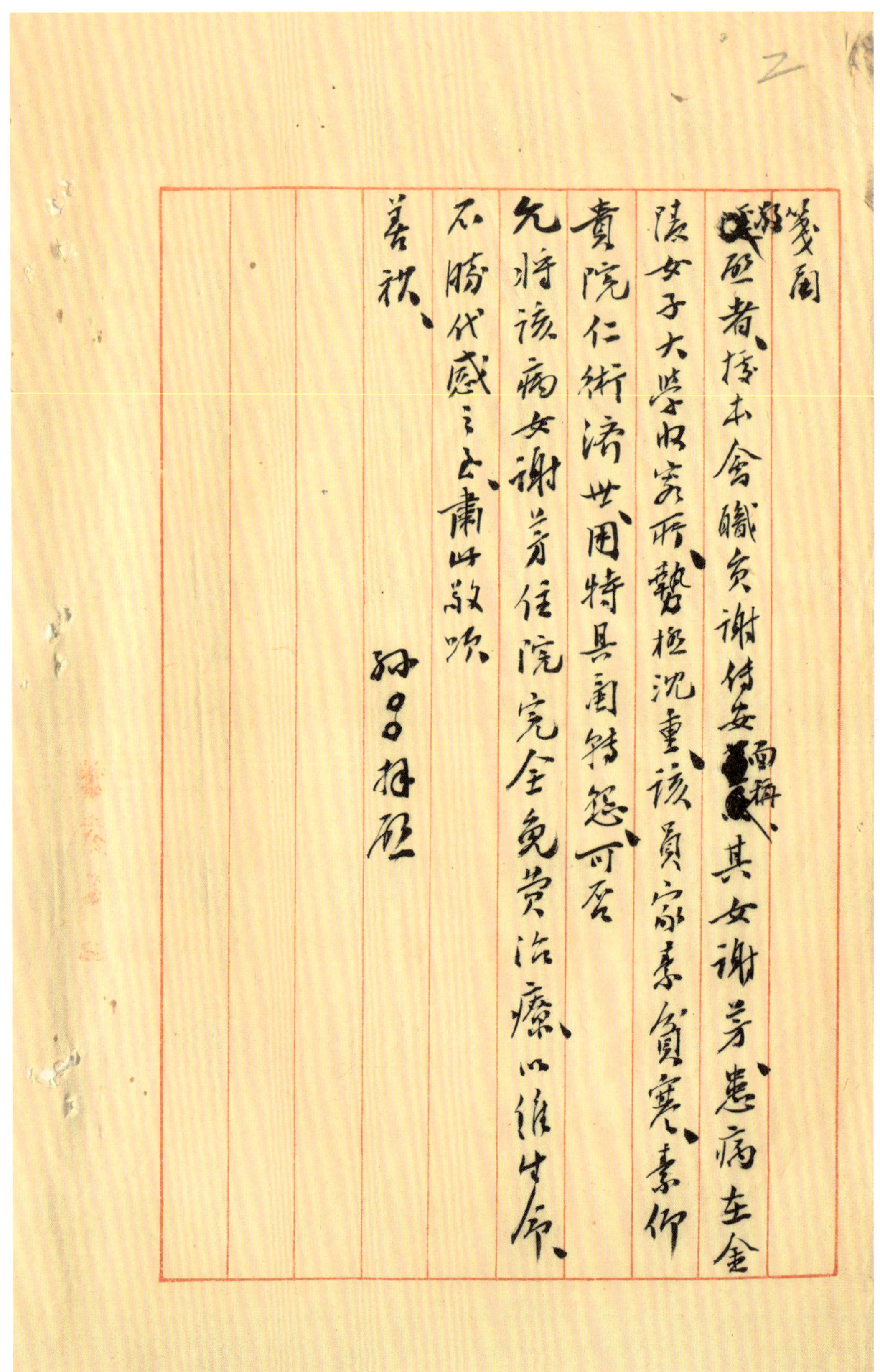

箋啓

逕啓者，據本會職員謝侍安面稱，其女謝芳患病，在金陵女子大學收容所，勢極沈重，該員家素貧寒，素仰貴院仁術濟世，用特具函轉懇，可否允將該病女謝芳住院，完全免費治療，以維生命，不勝代感之至，肅此敬頌

善祺，

孫呂拜啓

自治委员会、元兴煤业公司等关于煤炭被封转呈请求特务机关及海军碇泊场司令部准予启封并加保护的往来文件

元兴煤业公司等致自治委员会呈文（一九三八年三月二十二日）

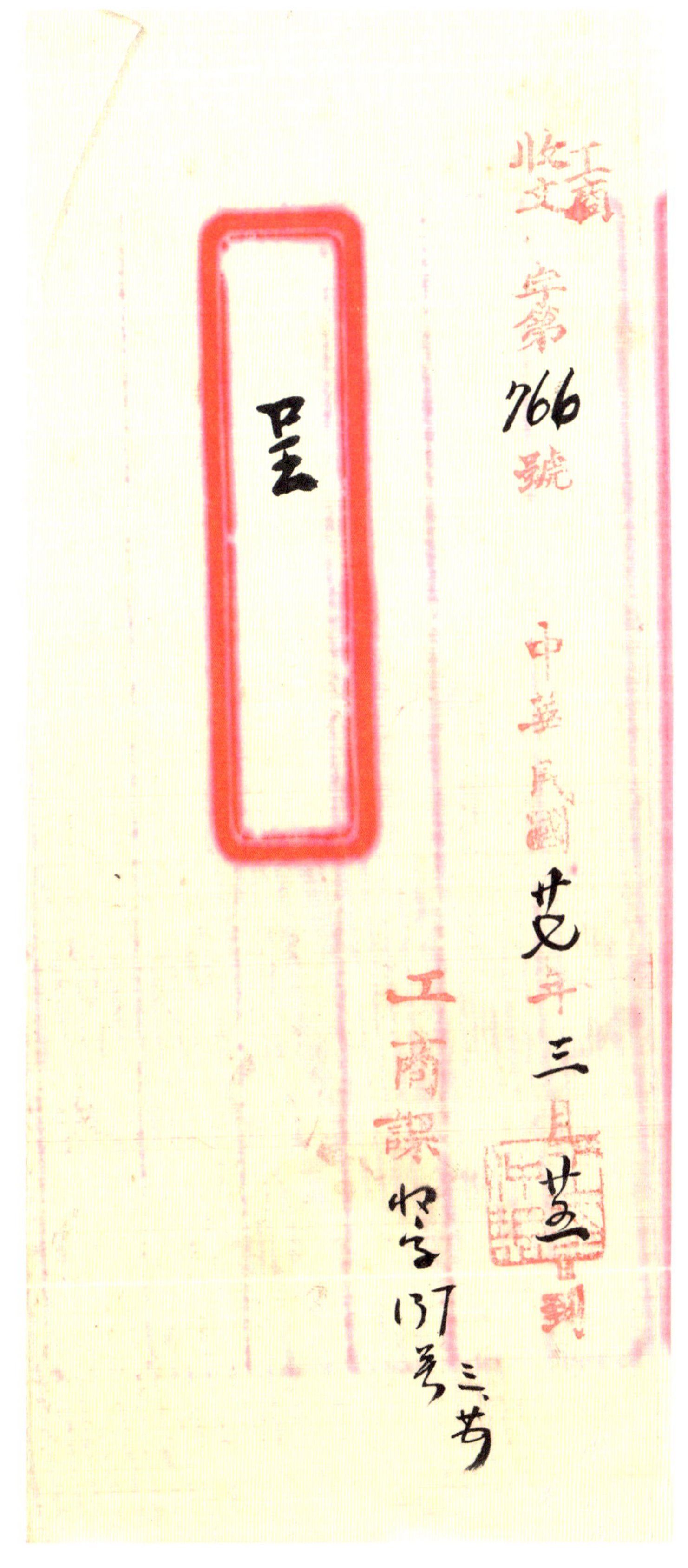
工商收文
字第766號
中華民國廿七年三月廿二日到

呈

工商課

具呈人元兴煤业公司同兴煤号华兴
煤号等代理人卢渭川呈为煤炭被
封请求发还南京特务机关及海军
碇泊场司令部俯赐启封分别给示保
护并准自派员工管理事窃商等因
此次事变均离京避难现以本市治安

已經穩定工商各業亦均復興查煤炭一
項為市民日用必需故特派員回京清理
並籌備復興業務惟　商號堆場均位於
下關九家圩三汊河閘沿江一帶各有煤
廠一所以現有存數估計約共有白煤
七仟弍百噸烟煤弍仟叁百噸合計約九千五

百噸之譜現均由 大日本海軍司令部代爲封存 商貨未便擅自進廠處理攸關市民燃料之調劑至大且巨伏思鈞會對於人民痛苦力圖解除皇軍對於商人財產更加意愛護用特具文呈請 鈞會迅賜轉呈 南京特

務機關及　海軍碇泊場司令部備函
啟封並分別給示保護准予自派員
工分別進廠管理以防宵小偷竊而維
商人財產不勝迫切待命之至謹呈
南京市自治委員會

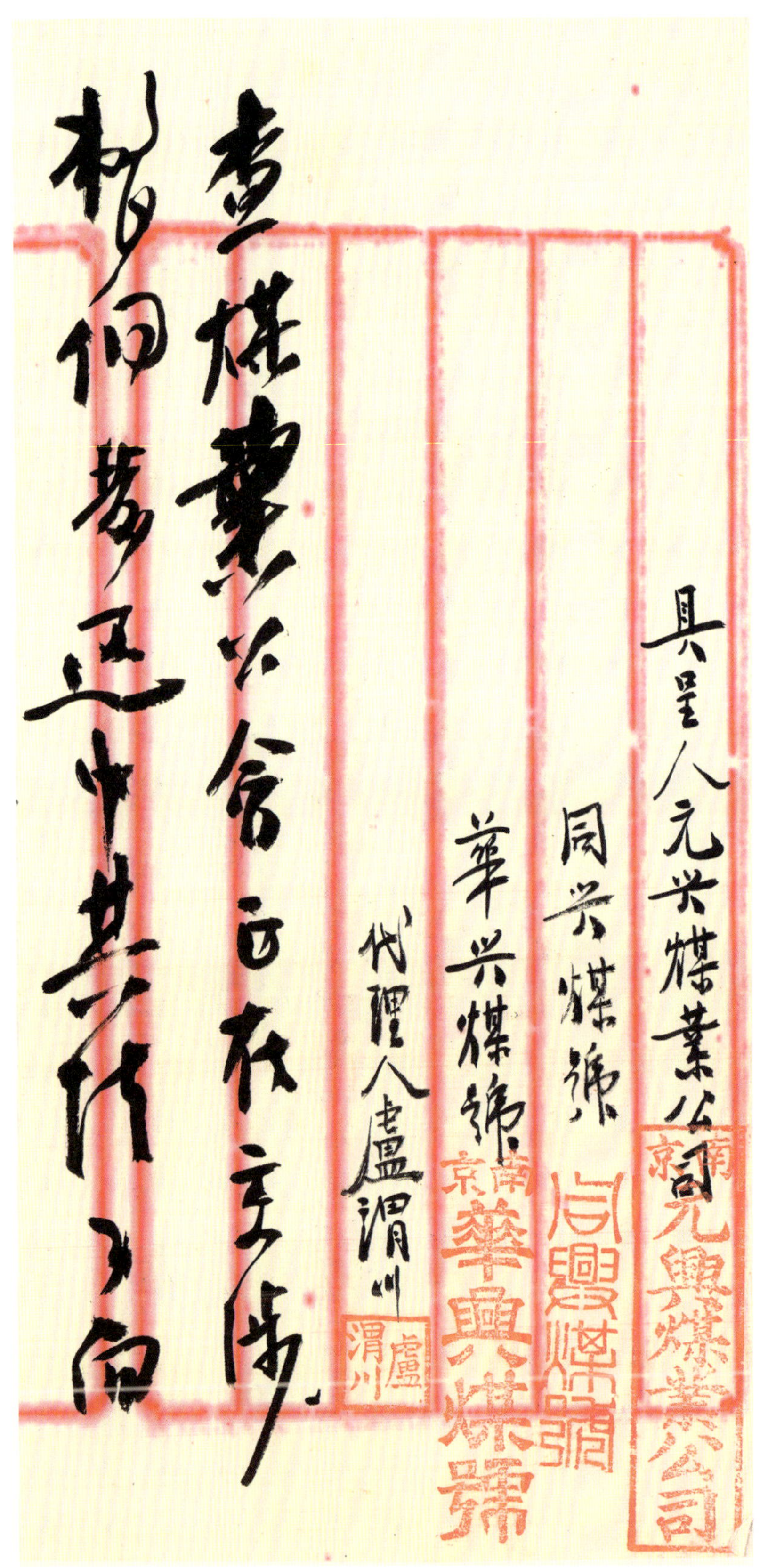
具呈人元興煤業公司
同興煤號
華興煤號
代理人盧渭川

查煤業公會正在籌備，
應仰候成立後再行辦可

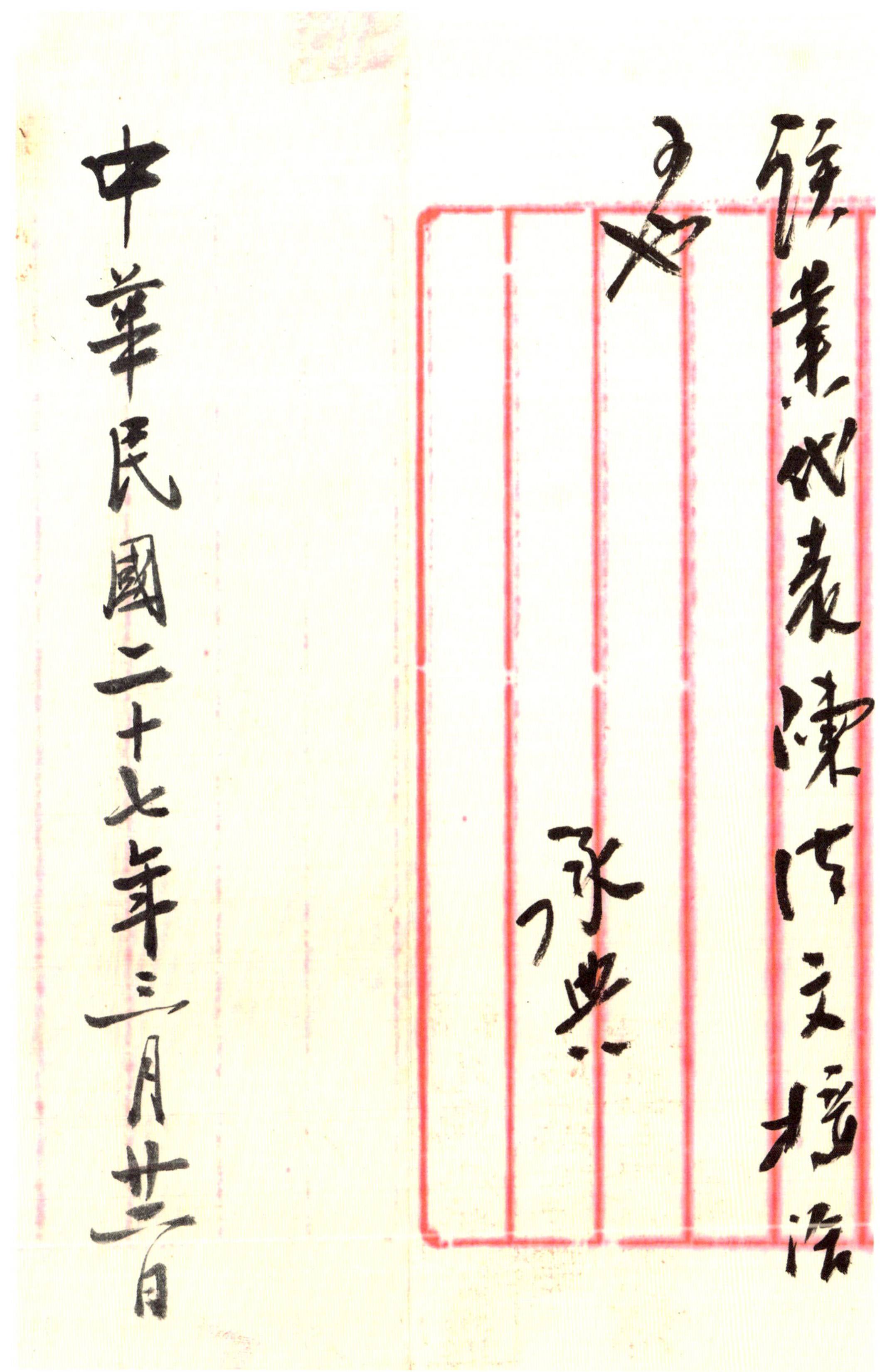

僑業代表陳法文揆浩

先生

張典

中華民國二十七年三月廿二日

自治委员会批示（一九三八年三月二十六日）

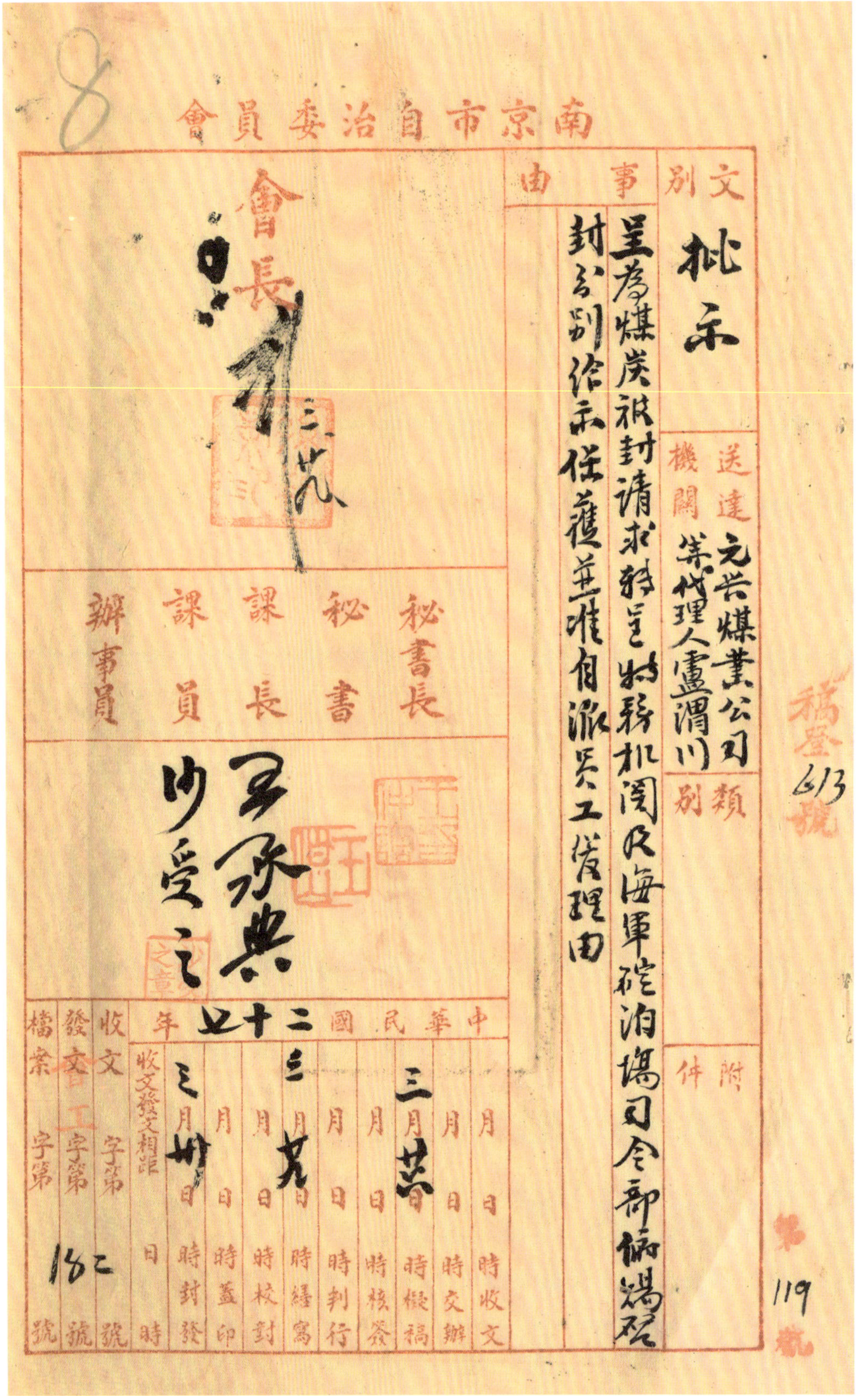

南京市自治委員會

文別：批示

事由：呈為煤炭被封請求轉呈特務機關及海軍碇泊場司令部偷竊碇封分别給示保護並准自派兵工從理由

送達機關類別：元興煤業公司業代理人盧渭川

附件

會長 三、廿九

秘書長　秘書　課長　課員　辦事員

王承典　沙受之

中華民國二十七年

稿登613號

第119號

南京市自治委員會批　第142號

具呈人之芸煤業公司等號代理人盧渭川

呈一件　為煤炭被封請求轉呈特務機關及海軍碇泊場司令部俯賜啓封分別給示保護並准自派員工經理由

呈悉。查此案（先此前據煤業該業代表陳清政等呈，業經本會函請特務機關保護在案，俾便本市煤業照常運入城內以供市民需用）據市煤業公會劉正文呈懇，（並與該代表）

備費還，所請一節，可向該業代表陳清政接洽可也。仰即知照。此批。

中華民國二十七年三月廿六日

财务课、工商课关于各课与米业代表商洽芜湖米出售办法及组织售米委员会函（一九三八年三月二十七日）

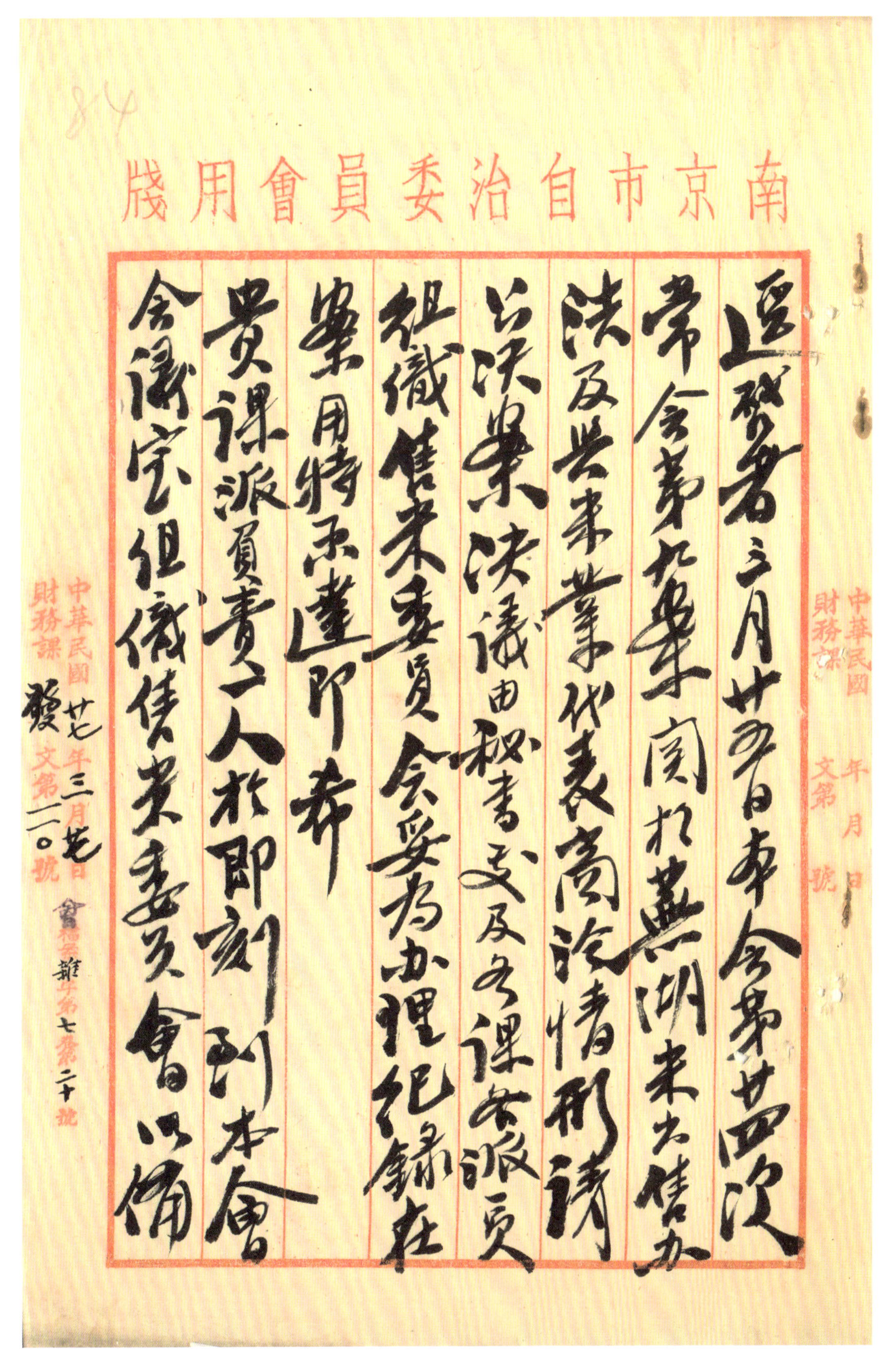

南京市自治委員會用箋

逕啓者，三月廿四日本會第廿四次常會第九案，關於蕪湖米出售办法及米業代表商洽情形，請公決案。決議由秘書處及各課各派員組織售米委員會，妥爲办理紀錄在案。用特函達，即希貴課派員負責一人，於即刻到本會會議室組織售米委員會，以備

中華民國廿七年三月廿七日

財務課發文第一一〇號

會檔案雜字第七卷第二十號

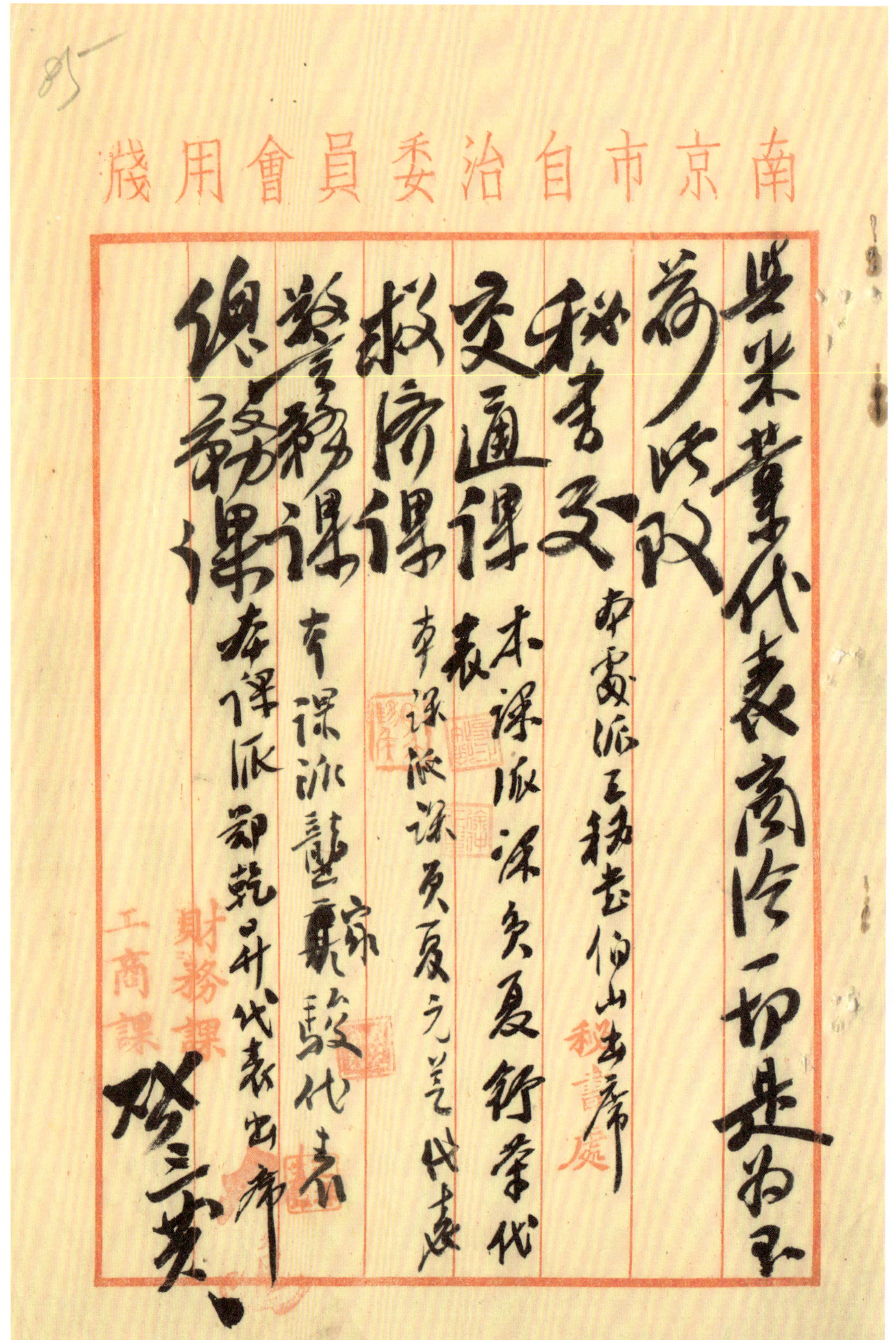

南京市自治委員會用箋

與米業代表商洽一切，是為至荷。此致

秘書處　本處派王秘書伯山出席

交通課　本課派課員夏舒孝代表

救濟課　本課派課員夏元芝代表

警務課　本課派龔家駿代表

總務課　本課派鄭乾昇代表出席

珍　三、六、

秘書處　財務課　工商課

自治委员会呈送南京市日需品运销统制处宣言请予核准致特务机关和南京日本总领事馆公函
（一九三八年三月二十八日）

附：南京市日需品运销统制处宣言

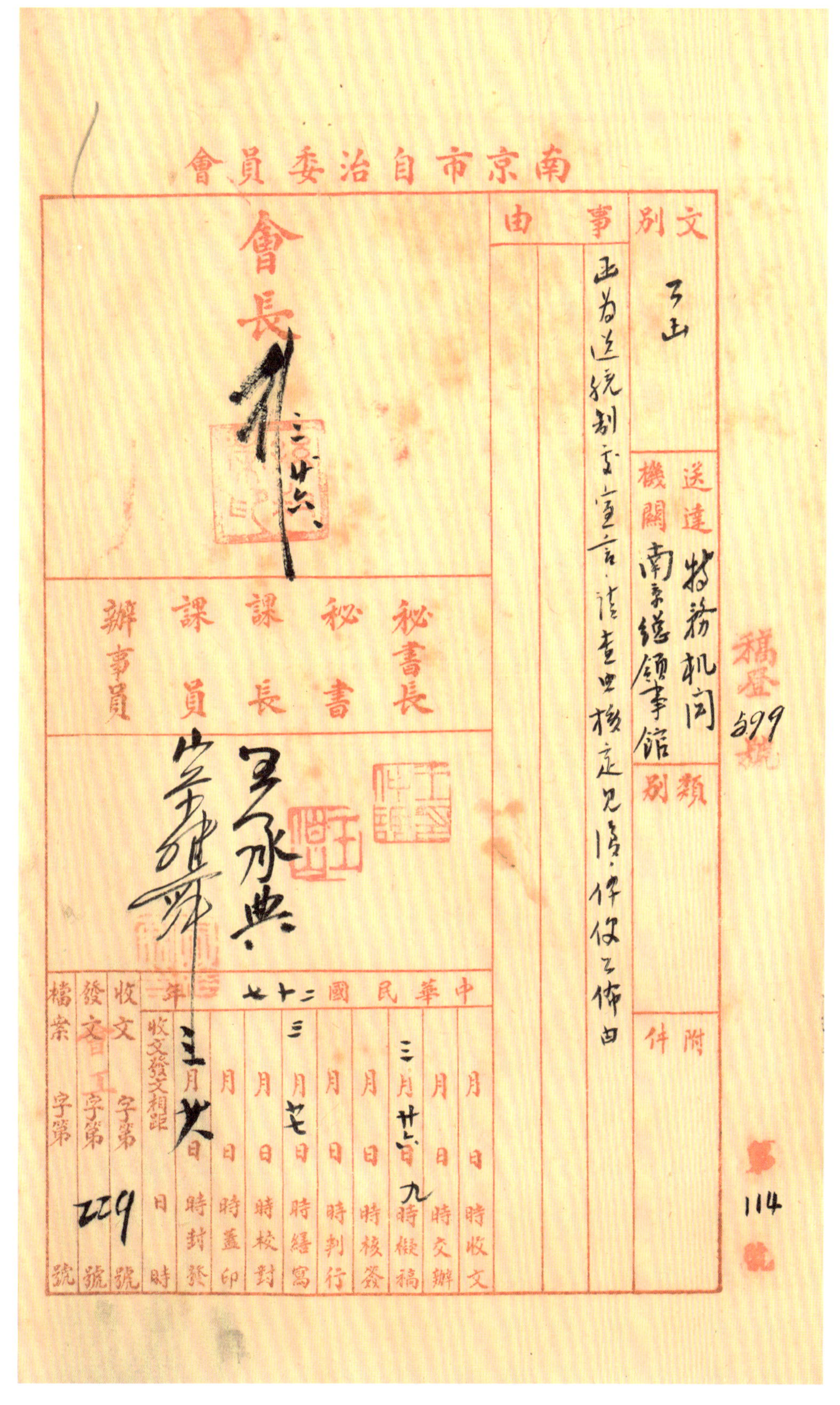
南京市自治委員會

文別 函
事由 函为送统制处宣言，请查照核定见复，准仿之饰由
送達機關 特務机关 南京總領事館
附件
類別
稿登599號
第114號

會長 孫 三、廿六
秘書長
秘書
課長 王承典
課員
辦事員

中華民國二十七年
收文 月 日 時
交辦 月 日 時
繕稿 三月廿六日九時
核簽 月 日 時
判行 月 日 時
繕寫 三月廿七日 時
校對 月 日 時
蓋印 月 日 時
封發 三月廿八日 時
收文發文相距 日 時
收文字第 號
發文字第229號
檔案字第 號

南京市自治委員會公函　會工字第229号

逕啟者：查南京市日需品運銷統制委組織簡章，業經

送請

貴部署查核在案，兹該委以成立以來，業務益臻發達，為謀

將組織經過及業務範圍起見，擬發表宣言，俾商民週知

相應將宣言稿函達，即希

察照賜予核定見復，俾便公佈，再統制委之設立及各項業

務，備承

贊襄無任銘感，並伸謝忱，此致

特務机関

南京日本總領事館

附宣言乙份

副會長代理會長孫〇〇

中華民國廿七年三月廿六日

南京市日需品運銷統制宣言

本京自滬戰發生，交通梗阻，貨運停滯數閱月來，原有積貨，消耗殆盡，嗣後遭兵燹，元氣大傷，昔日繁盛之區，今為瓦礫之場，殆無商業可言，以致三十萬民眾賴以生活之米麵油鹽若項日需用品，形成極度恐慌，大有岌岌不可終日之概，自南京市自治委員會宣告成立於社会秩序，逐漸安定，日方当局迭向会方督促設法恢復当市面，尤重救濟民食，当以際此巨变之後，社会金融枯竭，瘡痍滿目，欲之恢復，良非易易，且各業量數，資本較大者，早經他遷，即留京者，亦劫後餘生，或無心復業

或忘尚觀望，資金既籌措維艱，貨品更購運無從，雖
有少數肩挑負販，收房坐耗存貨，無濟時艱，前途益
堪杞憂。適自治會工商課長王承典君，本其職責，盱衡
情勢，以救桑梓之蒙，披髮纓冠之旨，不避艱辛，不辭
勞怨，倣照日本成例，籌設日需品配給統制會，以資替
商為原則，其宗旨則為維護民食，貿遷用品，調劑市
面，平衡物價，組織規章，經由自治會之議通過頒行，並
聘請本京商界聲望卓著人士，或主其事，或為顧問，
俾資熟手，而利進行，成立以還，蒙日方當局之指導，
賴自治會之威信，商民之贊襄，統制會之組織，朝頒，巨款

之資金多集，兩週月來，各項日需貨品，來源日益充暢，市面亦因是稍形復蘇，操縱居奇之輩，亦逐漸斂跡，近復以市民復歸日衆，為謀遠道便利計，又於各區招商設立分銷處，以應需要，其分銷處須並營其他貨品，而因貨運困難，本處亦可代為，如原有商號遺存物品，以居地移動，無心復業者，亦可交由本處代銷，取佣極微，如商民有垂詢及委託事件，尤當竭誠本着或就力之所及，設法予以協助，以維商業，而盡職責。此本處組織成立之經過及營業範圍之梗概也

總之本處為適應社會需要而產生，其宗旨已如上述

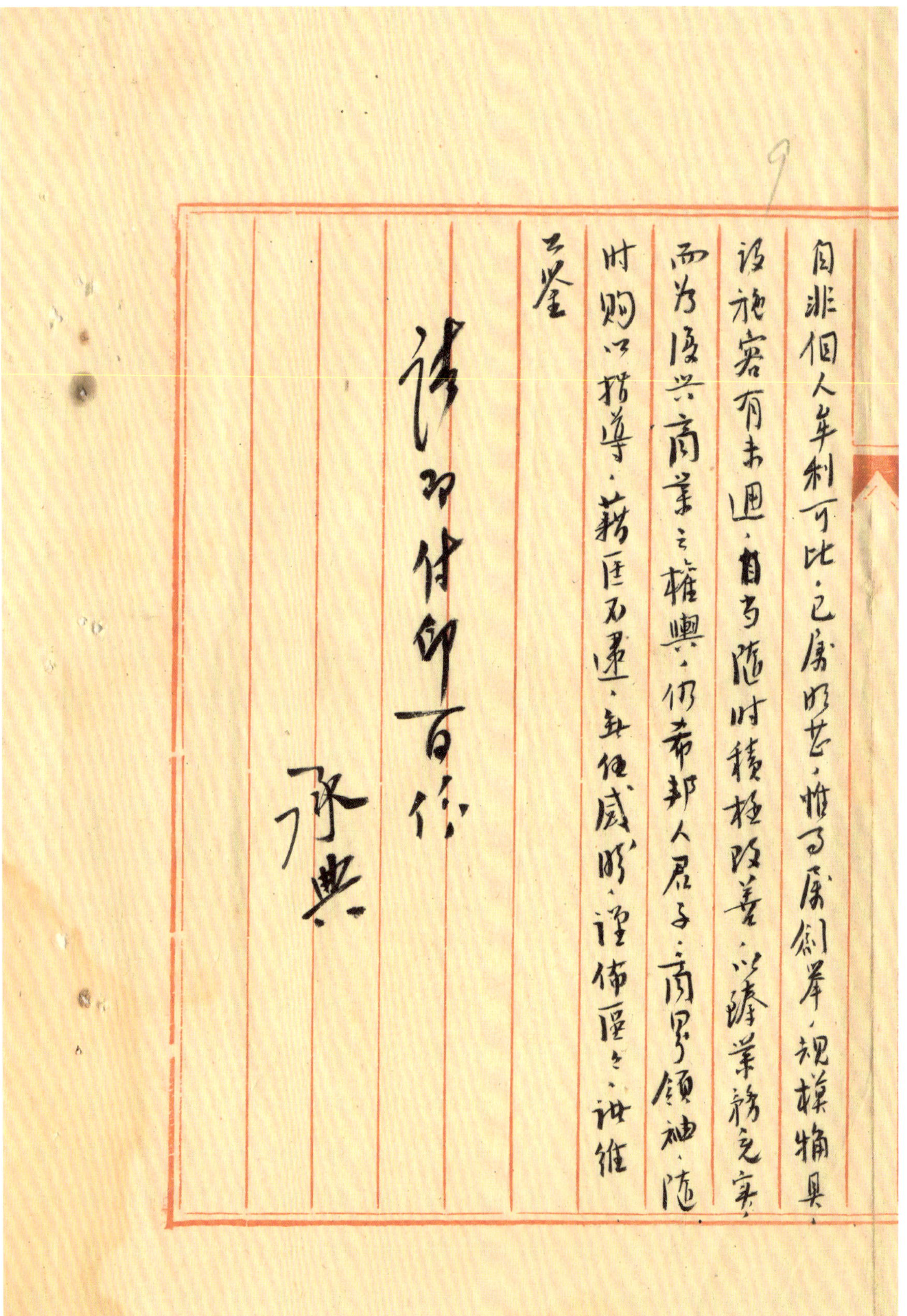

自非個人牟利可比，已屬明甚，惟開展創舉，規模粗具，設施容有未周，自當隨時積極改善，以臻業務完美，而為復興商業之權輿，仍希邦人君子，商界領袖，隨時賜以指導，藉匡不逮，并伸感忱，謹佈區區，祗維

公鑒

請予付印百份

承典

救济课关于赈米损耗应予核销等情的签呈（一九三八年三月二十九日）

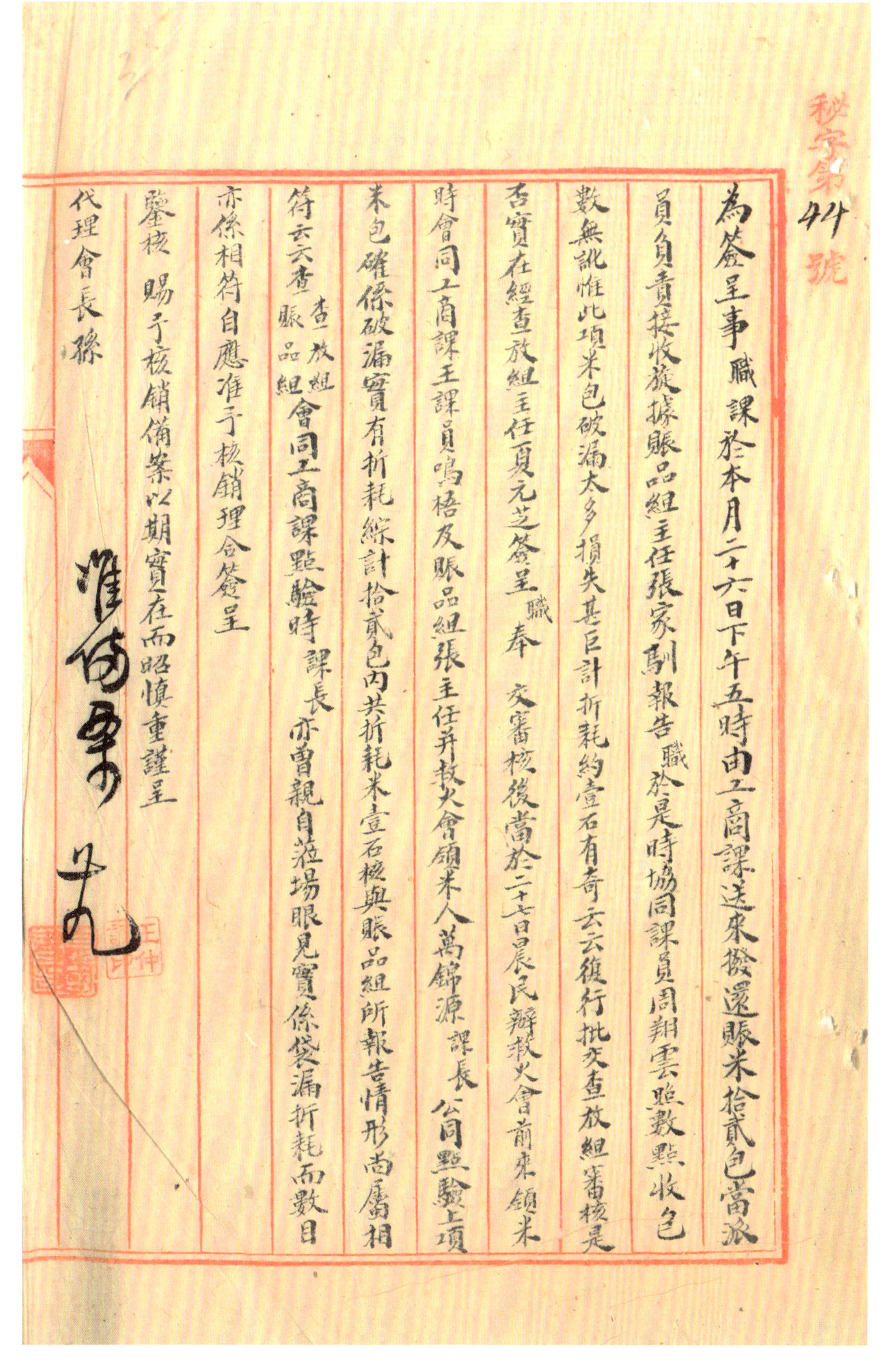

秘字第44號

為簽呈事職課於本月二十六日下午五時由工商課送來撥還賑米拾貳包當派
員負責接收旋據賑品組主任張家駟報告職於是時協同課員周翔雲點數點收包
數無訛惟此項米包破漏太多損失甚巨計折耗約壹石有奇云云復行批交查放組審核是
否實在經查放組主任夏元芝簽呈職奉交審核後當於二十七日晨民辦救火會前來領米
時會同工商課王課員鳴梧及賑品組張主任并救火會領米人萬錦源課長公同點驗上項
米包確係破漏實有折耗綜計拾貳包内共折耗米壹石極與賑品組所報告情形尚屬相
符云云查查放組賑品組會同工商課點驗時課長亦曾親自莅場眼見實係袋漏折耗而數目
亦係相符自應准予核銷理合簽呈
鑒核賜予核銷備案以期實在而昭慎重謹呈
代理會長孫

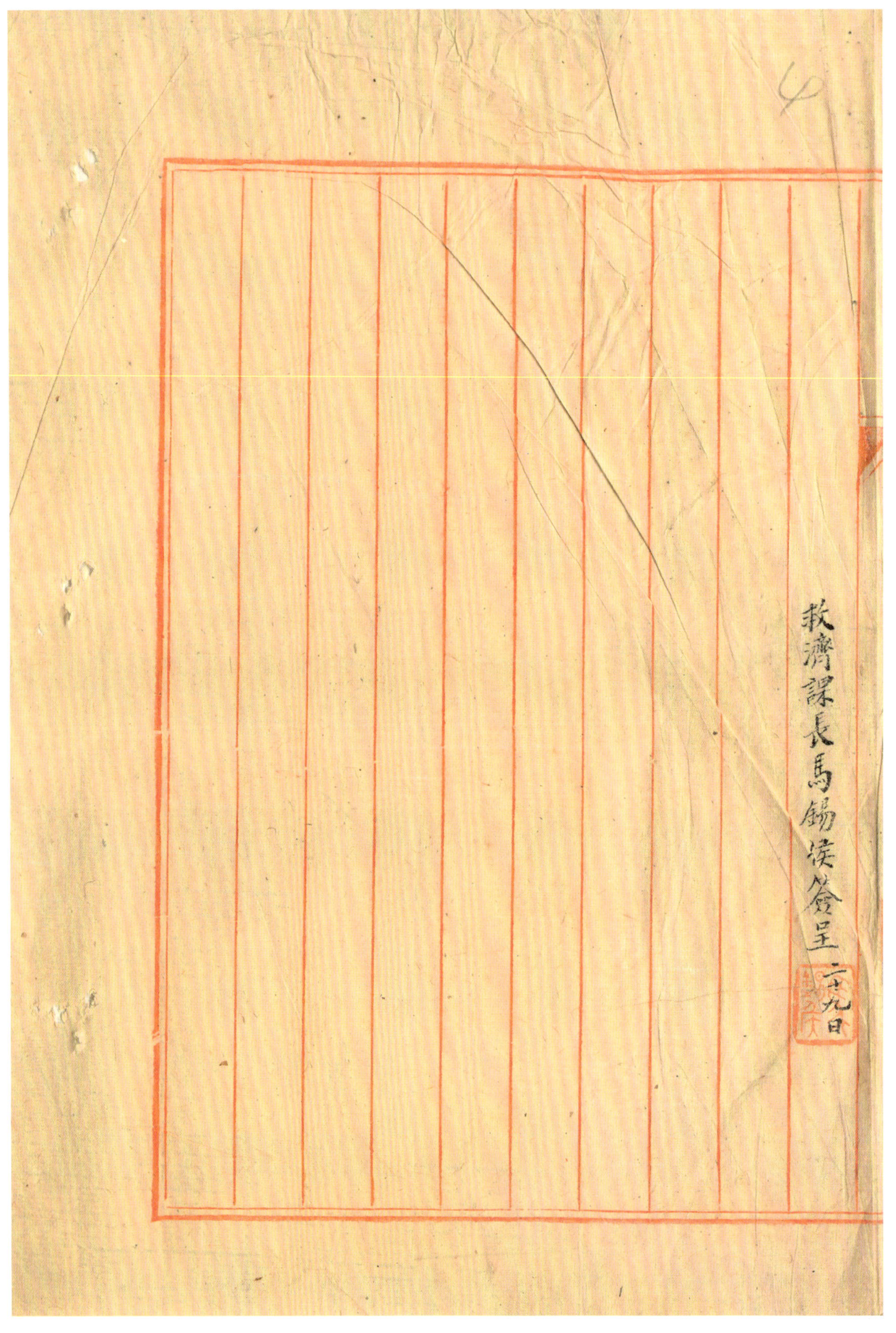

4

救濟課長馬錫侯簽呈 二十九日

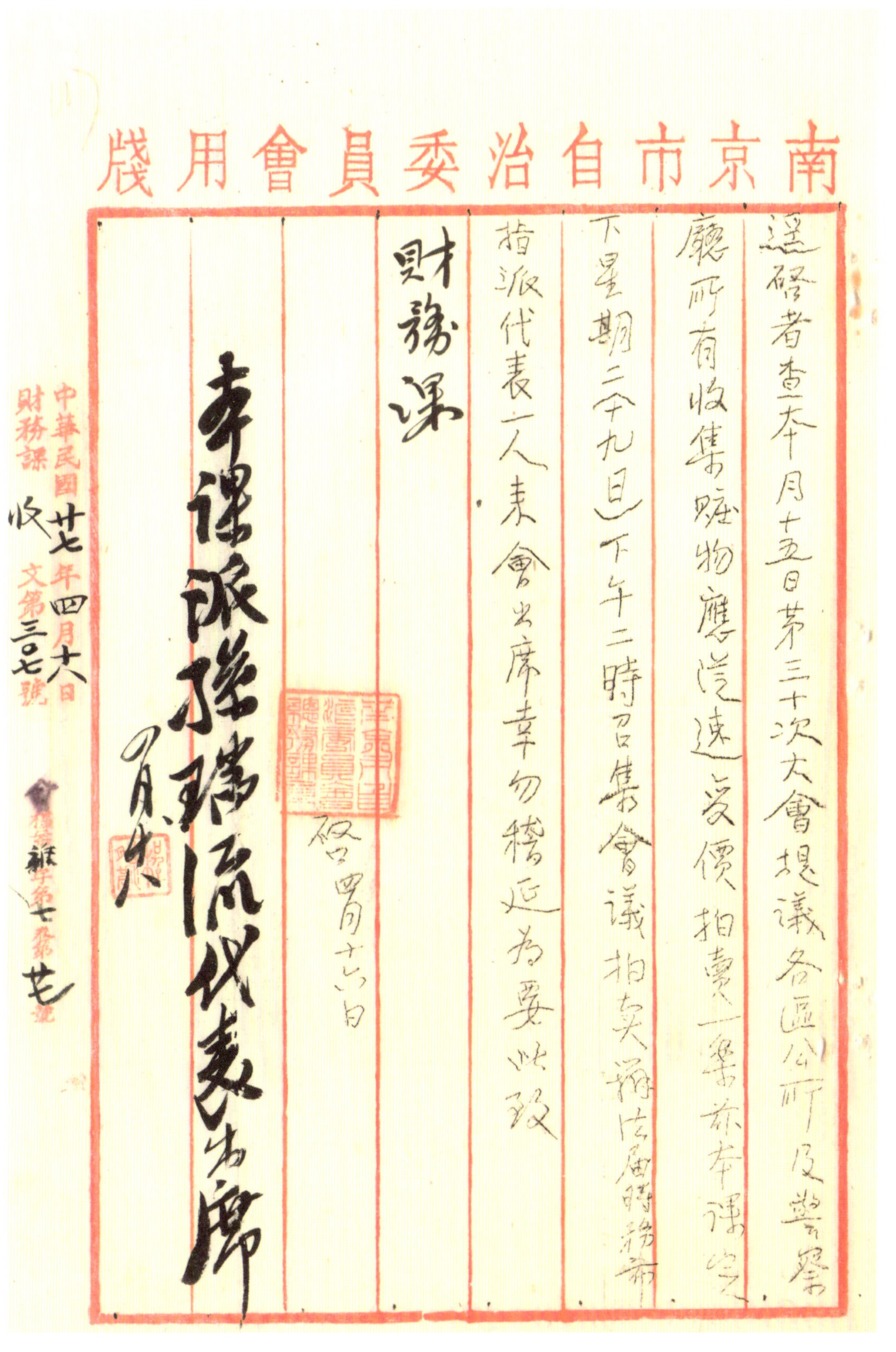

南京市自治委員會用箋

逕啓者查本月十五日第三十次大會提議各區公所及警察廳所有收集贓物應從速變價拍賣一案茲本課定於下星期二（十九日）下午二時召集會議拍賣辦法屆時務希指派代表一人來會出席幸勿稽延為要此致

財務課

總務課啓　四月十六日

本課派孫璐源代表出席

中華民國廿七年四月十六日 財務課收 文第三〇七號

自治委员会赃物拍卖会议记录（一九三八年四月二十日）

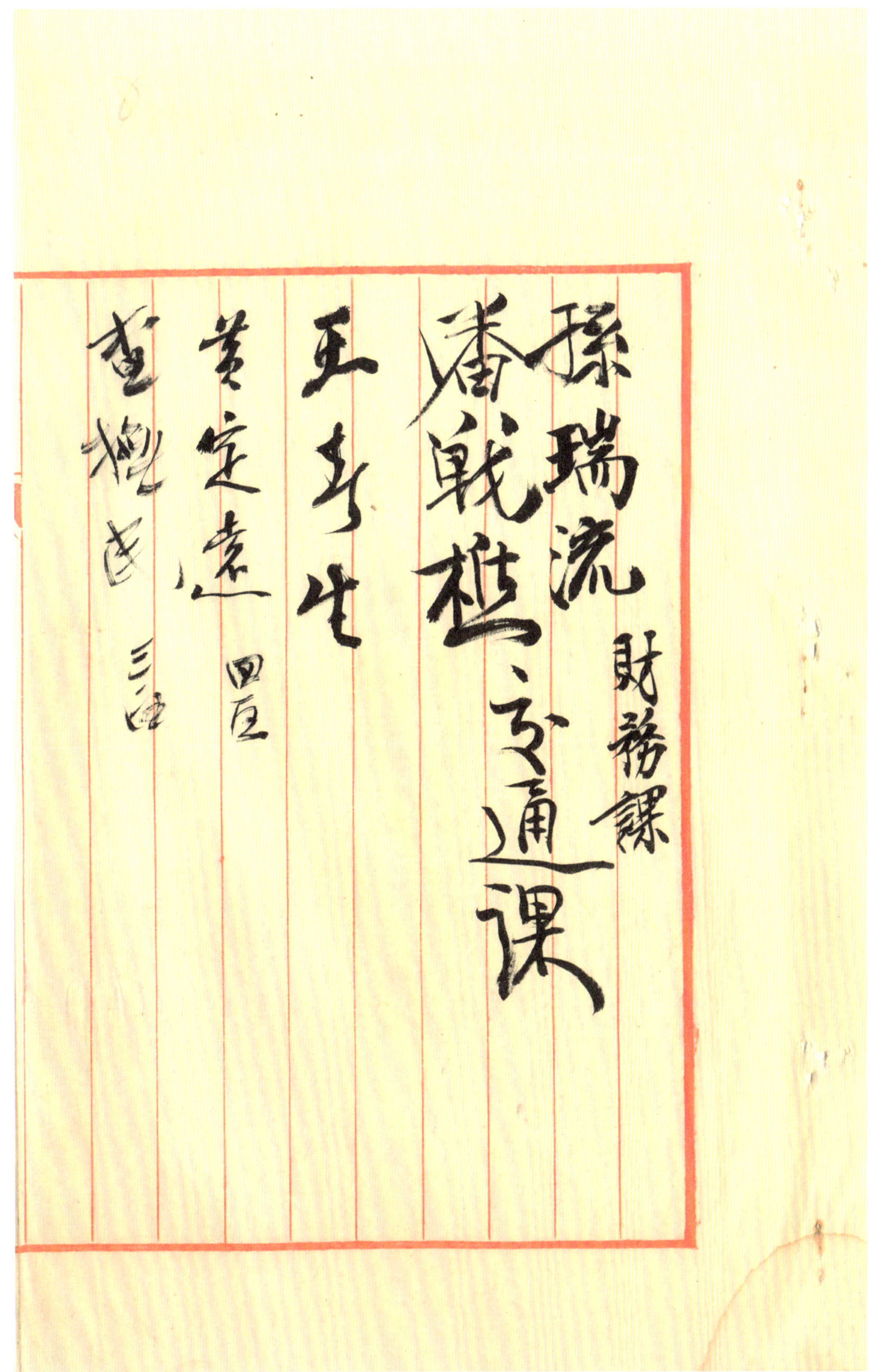

孫瑞流　財務課

潘戰樵　交通課

王壽生

黄定遠　四區

董懷德　三區

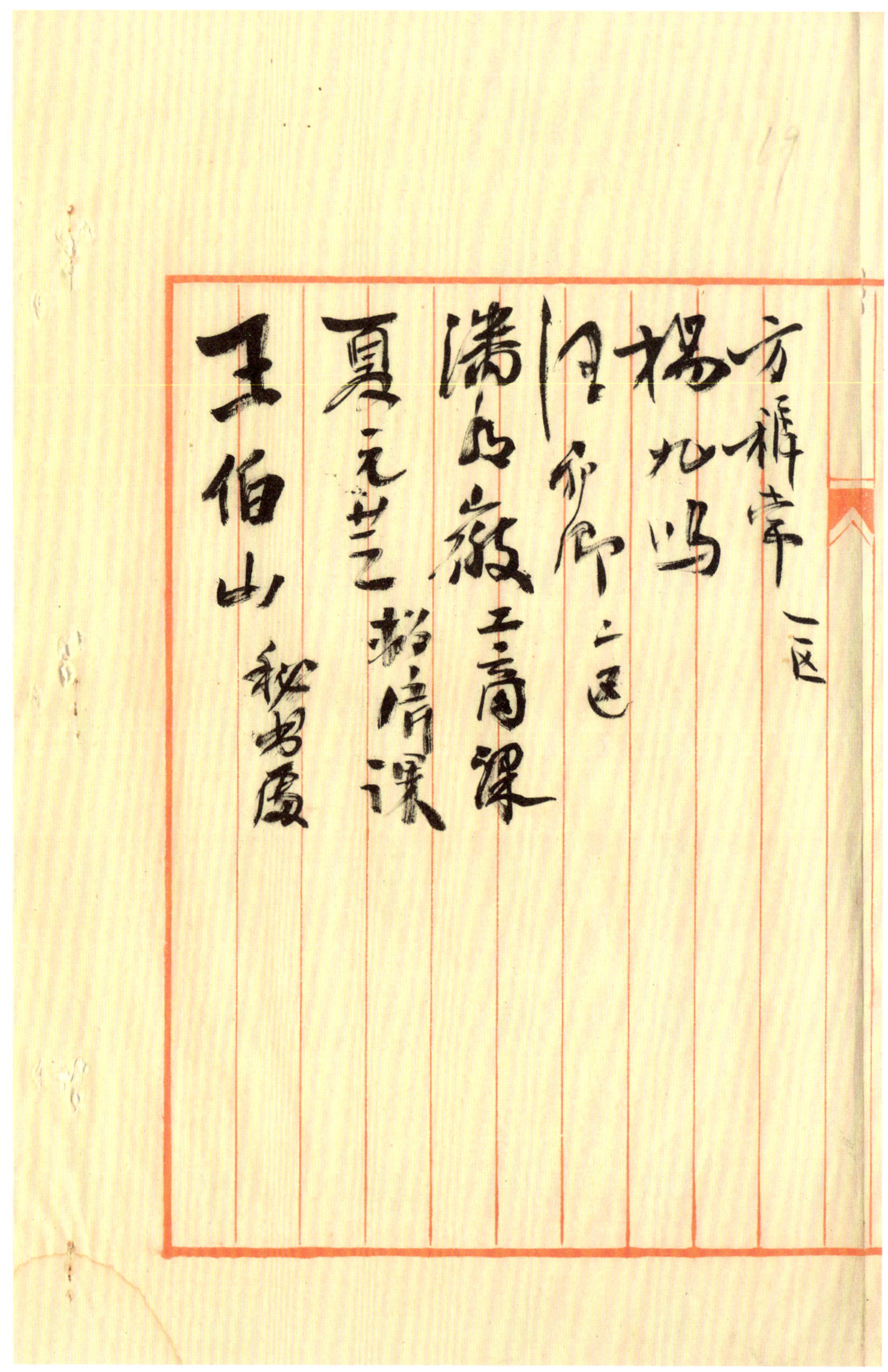

方禄常　一区

杨九鸣

陈介卿　二区

潘凤薇　工商课

夏元芝　教育课

王伯山　秘书处

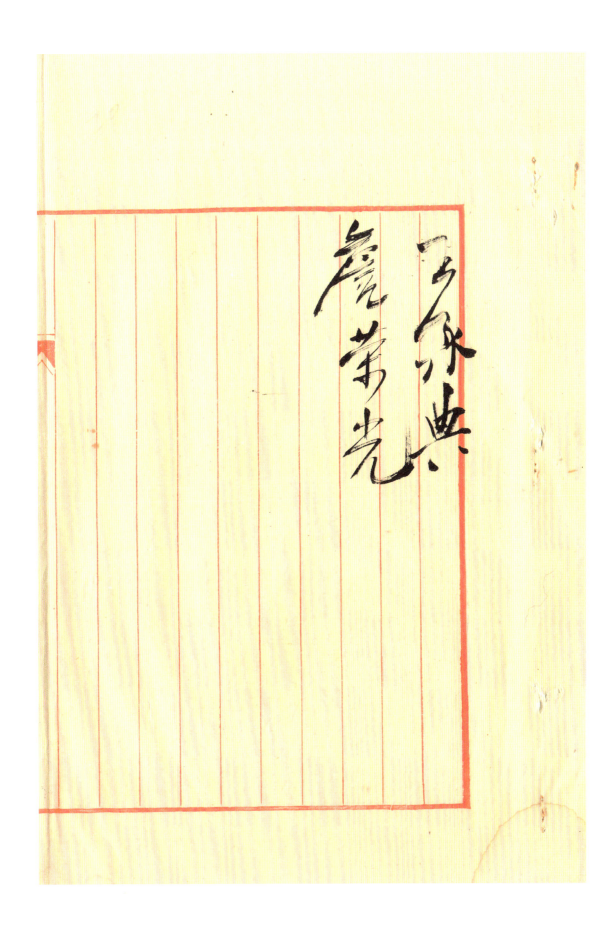

丁承典
詹榮光

拍賣之確定拍賣時期

決議：所有各區贓物，除第一區公所仍在該區拍賣外，本會所轄第三區公所贓物，暨第一第四兩區公所贓物，一併送往警察廳集中，其拍賣時間，分作兩次，第一次定四月廿八日起在警察廳開始拍賣至二十九日止，第二次定四月三十日起在第一區公所開始拍賣至五月二日止，每日下午二時至五時為拍賣時間，所定日期天雨順延，並將第一次拍賣餘剩贓物，併歸第二次拍賣，第二次後仍有餘剩贓物，招人承包。

二、

提議：各種贓物，應否先行估計價格。

決議：勿少估價。

三、提議拍賣期內，應派定監察人員

決議：由本會議出席人員，或由本課區指派代表前往執行監察，並請警務机關暨憲兵隊派員監視。

四、提議第四區公所來呈，所獲賊物，請求留作辦公用具，應予照辦

決議：本項賊物，均須徹底拍賣，不得任何名義截留一物，作爲他用，以維教育基金，該區公所繳物，應予照繳所拍賣。

五、提議押買成交後，買款如何繳納。
決議：錢貨兩交為原則，最低限度，成交之後先繳現金半數，定三日內取貨，如逾期不取貨者，應將所繳半數現金沒收之云。
六、（提議）押買出者手續如何
決議：由本會布告民眾，其布告由總務課主稿，速用石印二百張，交各區公所暨各參廳分發張貼。
餘之文案尚有未了事宜，由總務課會同各參廳辦理
完了

自治委员会关于在各区设立种痘处所并令市民前往施种的布告（一九三八年四月二十三日）

南京市自治委員會

文別	布告
事由	在各區設立種痘處所並定日期布告人民前往施種由
送達機關	
類別	
附件	

會長 （簽名）

秘書長　秘書　課長　課員　辦事員

中華民國廿七年

月日時收文	月日時交辦	四月廿三日時擬稿	月日時核簽	月日時判行	月日時繕寫	月日時校對	月日時蓋印	四月廿三日時封發	收文發文相距日時

收文　字第　號

發文　會秘字第94號

檔案　字第　號

秘字第136號

稿登1048號

年第一卷30號

43

布告第　　號

現屆時值春季，猩紅熱疾病發生，亟應廣種牛痘，以防傳染。向重衛生者務希各區設立種痘地點，免費施種，及宜日期，附近人民凡有未種痘者，務須前往該開地點就診施種，免自誤。布告仰市民人等一體知悉。此布。

計開種痘地點

一區　下江考棚前市立醫院

二區　區公所內

三區　診療所內

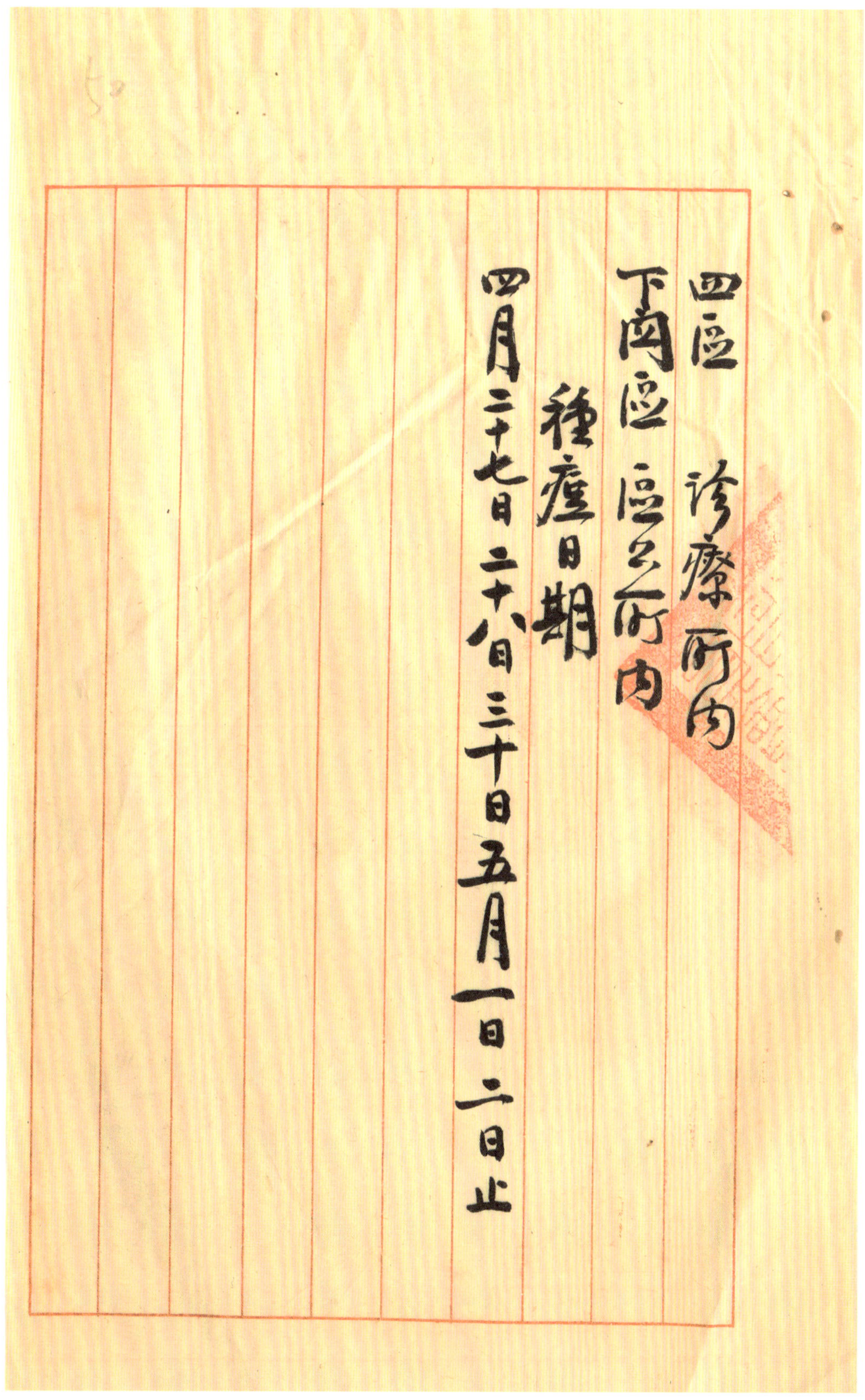
四區　診療所内
下関區　區立所内
種痘日期
四月二十七日　二十八日　三十日　五月一日　二日止

中華民國 年 月 日

種痘地點　　　　　速去佈告

一區　下江考棚前市立醫院

二區　區公所

三區　治痘所

四區　同上

五區　一區　區公所

廿日
一百二〇止

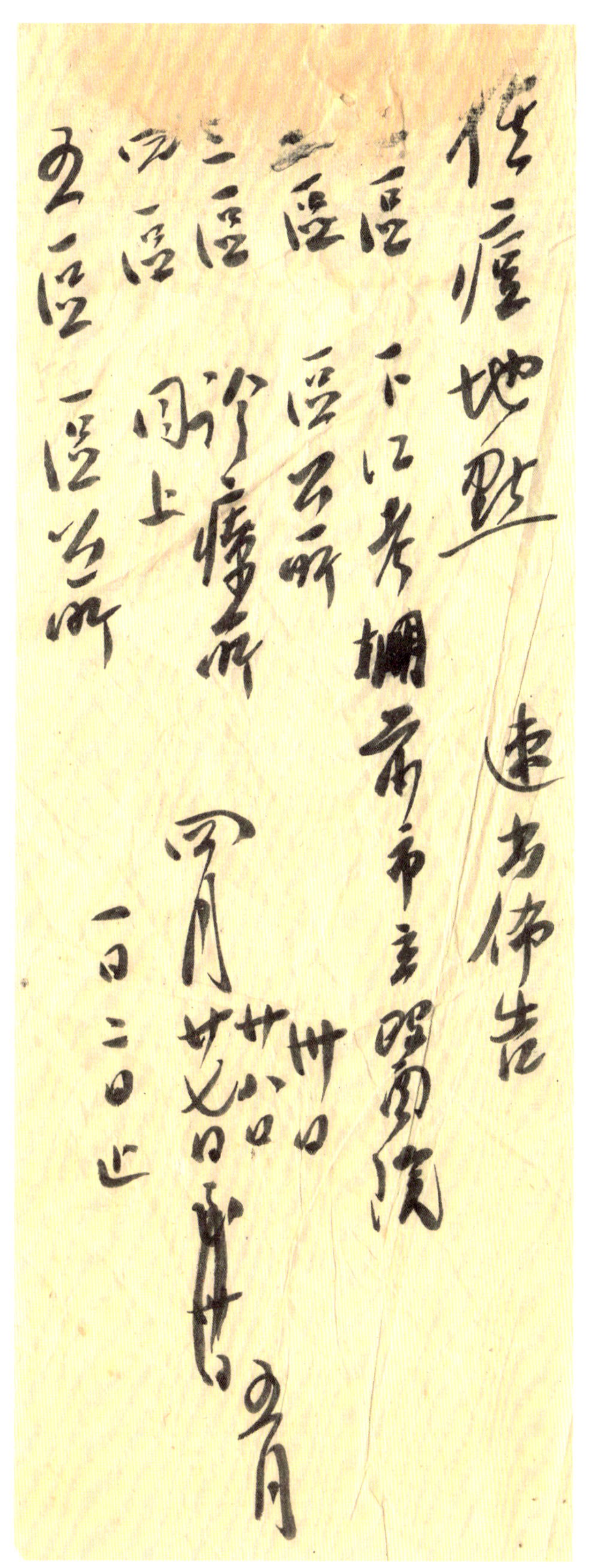

六、市政整修

自治委员会关于召集电灯电话自来水各项匠人来会登记的布告（一九三八年一月二十五日）

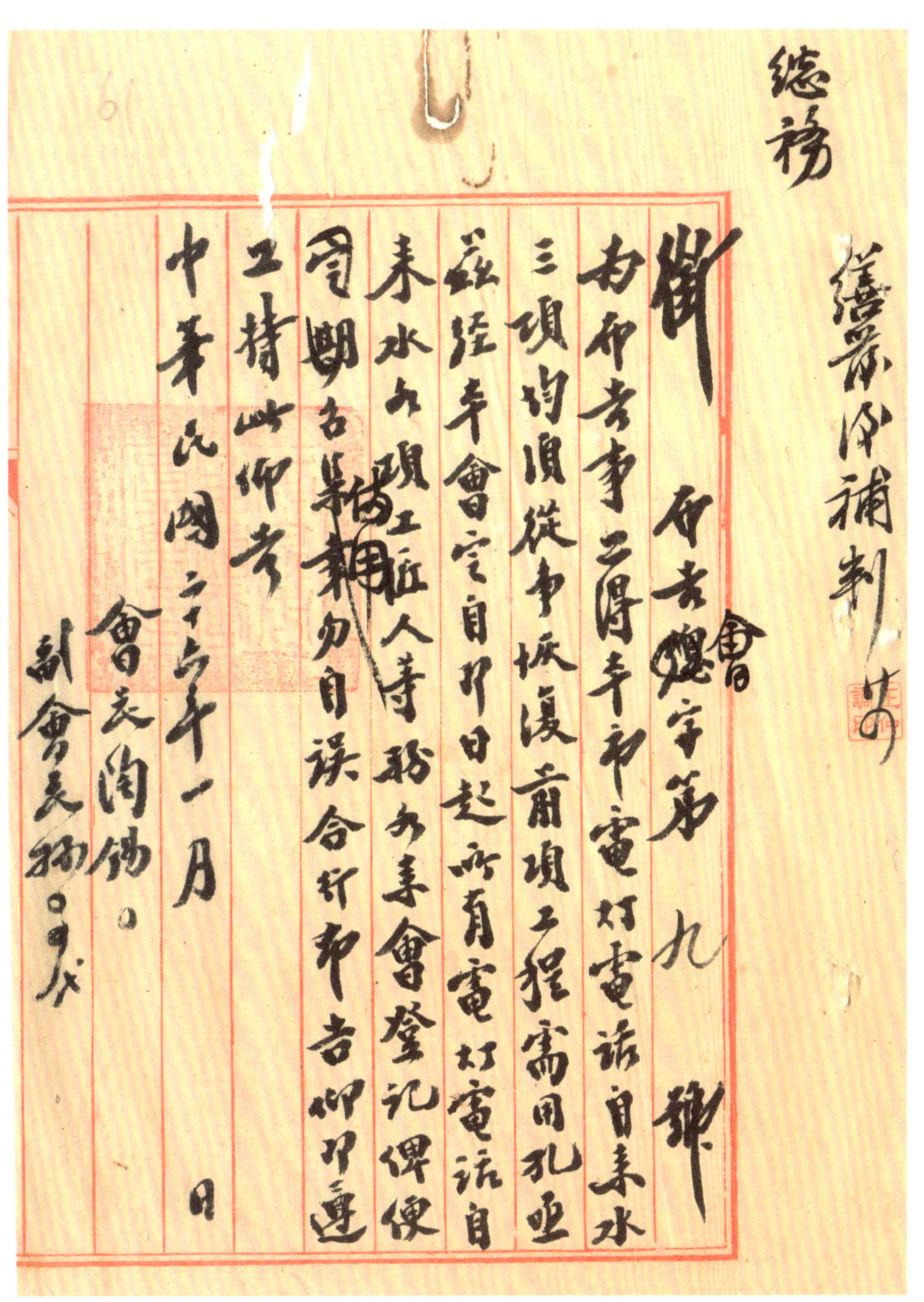

總務

繕校補判

佈告 會字第九號

為佈告事查得本市電灯電話自來水三項均須從事恢復前項工程需用孔亟茲經本會定自即日起所有電灯電話自來水各項工匠人等務於來會登記俾便司閱名集備用勿自誤合行佈告仰即遵工特此佈告

中華民國二十七年一月　日

會長陶錫三

副會長孫[illegible]

稿一月二十四日票样

印五十张

中华民国廿七年一月廿五日到

分发城内外

各处张贴

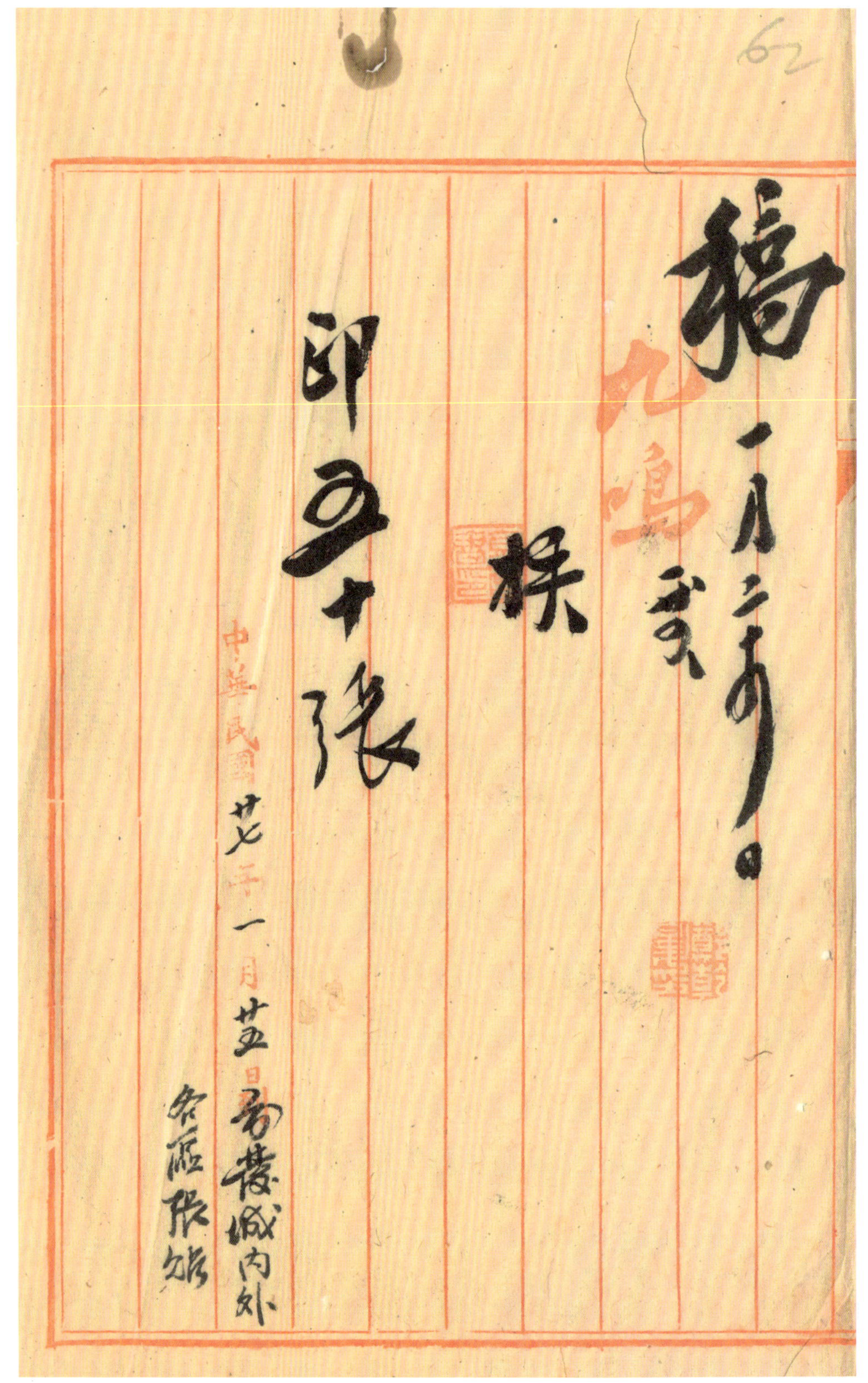

交通课准特务机关面嘱将清洁总队移交警察厅致秘书长呈（一九三八年一月二十八日）

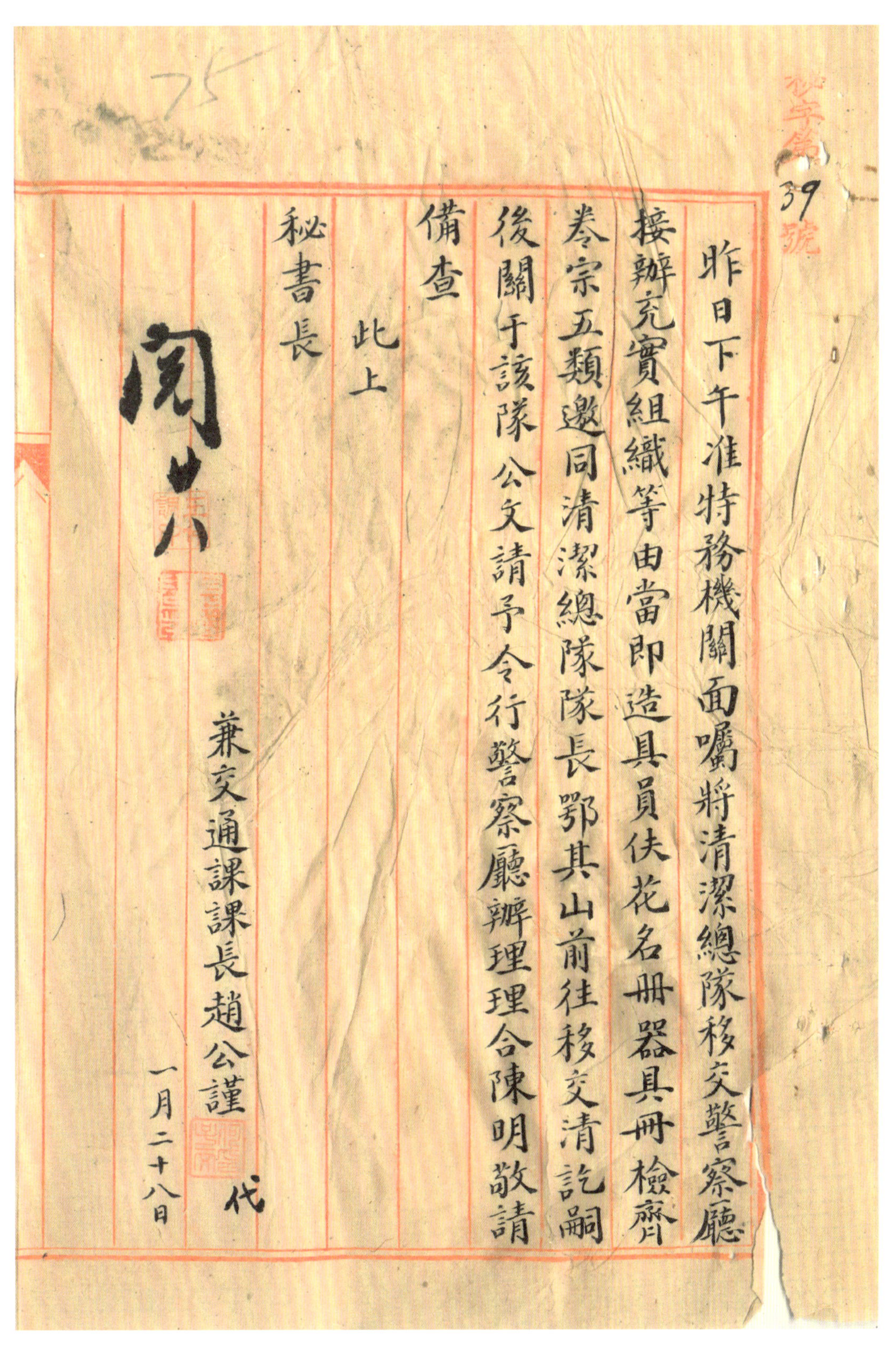

秘字第39號

昨日下午准特務機關面囑將清潔總隊移交警察廳接辦充實組織等由當即造具員伕花名冊器具冊檢齊卷宗五類邀同清潔總隊隊長鄂其山前往移交清訖嗣後關于該隊公文請予令行警察廳辦理理合陳明敬請備查

此上

秘書長

兼交通課課長趙公謹代

一月二十八日

閱 廿八

75

黄锡九关于筹备设立劳动股管理伕役所致自治委员会呈文（一九三八年二月五日）

10

存查 九收 二、五、

案奉

钧会委派锡九筹备伕役管理所情因伕役管理无设置专所之必要请 设劳働一股附属於

钧会以便受其指导既节俭经费又少手续是否有当务祈

示遵并将筹备概况略陈於左

筹备组织概况

（1.）名称 自治委员会劳働股应设股长一人办事员六人

（2.）筹备费用约需四百元

（3.）伕役名额若干应请规定

（4.）职员薪金

(5.)伕役赴工作地址應指定地界不得隨便調動以免有誤工作

(6.)伕役赴各地工作通行各地軍警應由各地保護

(7.)難民所解散在即办事人員須出外招集對于通行應發給通行証及臂章

(8.)召集之伕役皆有家屬每日必須早出晚歸如要長留伕役必定接洽妥協方可

(9.)每日伕役出發工作應請派汽車輸送

(10.)办事處應派警衛

(11.)伕役給養應按日發放

以上所陳概況十一條是否可行理應呈請

鑒核施行

伕役管理所籌備員 黄錫九 黄錫九章

二月五日

自治委员会关于市民未领安居证补行登记事宜的布告（一九三八年二月九日）

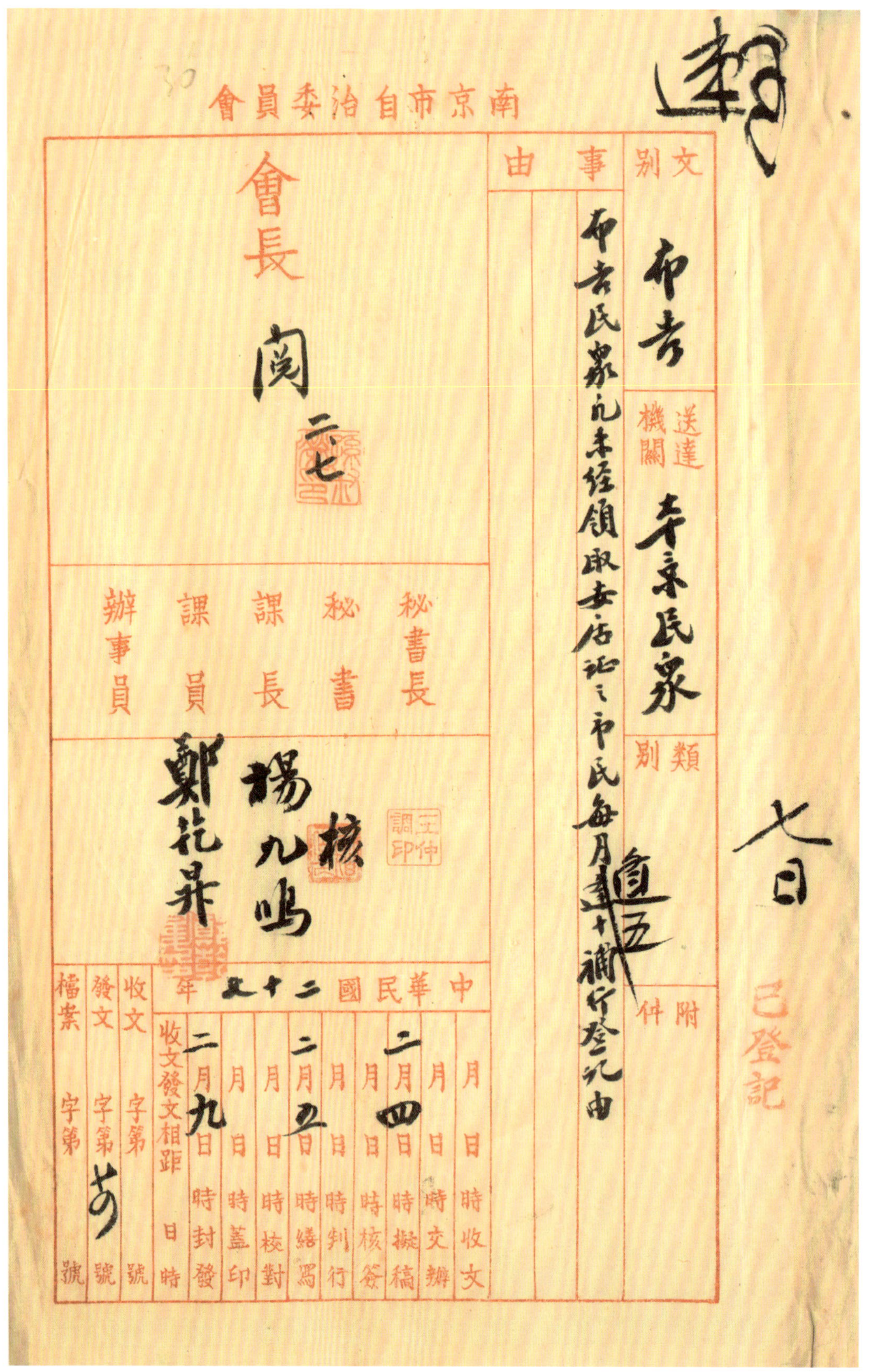
南京市自治委員會

文別：布告
事由：布告民眾凡未經領取安居証之市民每月逢五、逢十補行登記由
送達機關：本京民眾
類別
附件

會長 閱
秘書長
秘書
課長 核
課員 楊九鳴
辦事員 鄭花昇

中華民國二十七年

收文 月 日 時
交辦 月 日 時
擬稿 二月四日 時
核簽 月 日 時
判行 月 日 時
繕寫 二月五日 時
校對 月 日 時
蓋印 月 日 時
封發 二月九日 時
收文發文相距 日 時

收文 字第 號
發文 字第 號
檔案 字第 號

七日
已登記

街　布告第廿四號

為布告事。查本市市民，前因避難或因服役在外，未及參加登記者，尚屬多數。業經本會規定，凡未經領取安居證之市民，每月逢五逢十上午九時以前，親自到會，向總務課報名，開具姓名、年歲、籍貫、住址，由派員陪往指於機關補行登記。合行布告，仰本市民眾，一體週知。特此布告。

中華民國二十七年二月九日

自治委员会关于招募各项工匠伕役来会登记的布告（一九三八年二月九日）

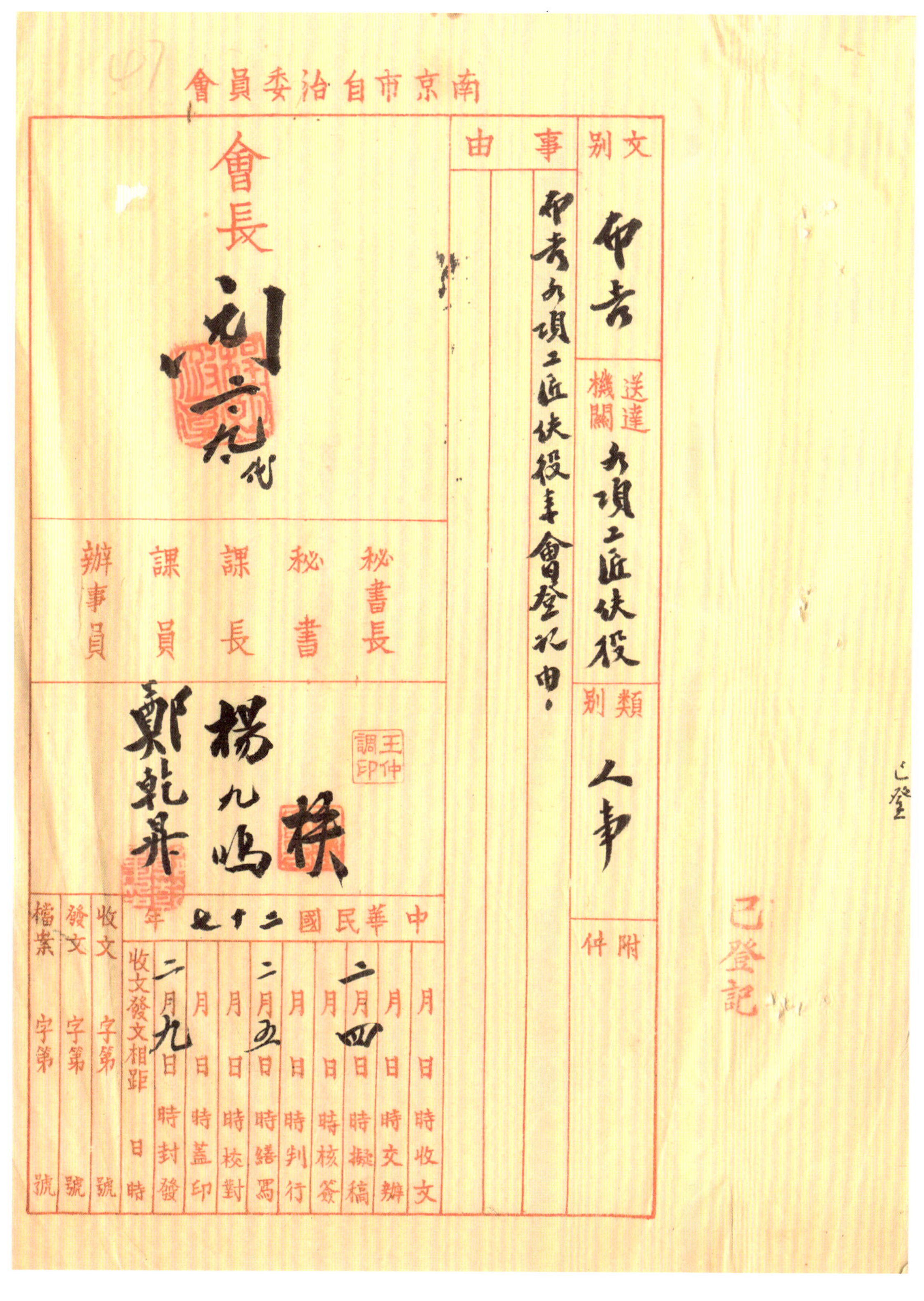

南京市自治委員會

文別：布告
事由：布告各項工匠伕役來會登記由。
送達機關：各項工匠伕役
類別：人事
附件

會長 劉 代

秘書長 秘書 課長 課員 辦事員
楊九鳴 鄭乾昇

中華民國二十七年
二月四日 擬稿
二月五日 繕寫
二月九日 封發

已登記

銜

布告第22號

為布告事，查本市各項工匠伕役人等，閒散日久，失業可困者甚多，本會為謀全市各項工匠伕役生計維持復業起見，業已組織臨時工匠伕役管理所，開始收容。合行布告，凡向業成衣、洗衣、木匠、瓦匠、剃頭、汽車夫、電燈電話工匠、挑擡伕役人等，速即迳向本會總務課登記，待遇優渥，幸勿自誤。特此布告。

中華民國二十五年二月四日

繕寫丶鄧振之

二丶五丶

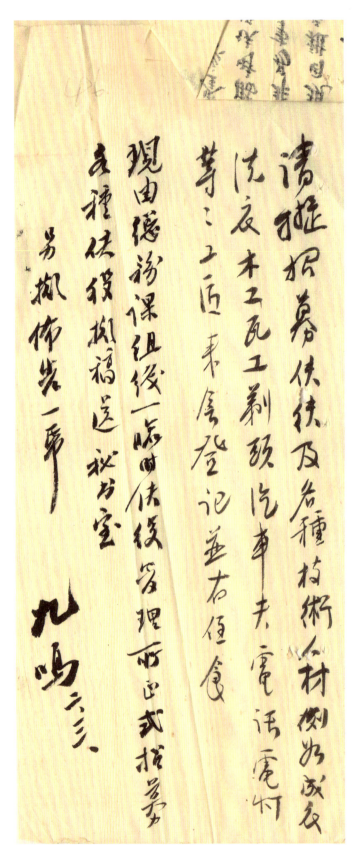

附：自治委员会关于日方每日需要工匠伕役人等特组织临时伕役管理所招募签呈

請
擬招募伕役及各種技術人材例如成衣
洗衣木工瓦工剃頭汽車夫電話電燈
等之工匠來會登記並有伙食
現由總務課組織一臨時伕役管理所正式招募
各種伕役擬稿送秘書室
另擬佈告一紙

九鳴 六、三、

查日方每日需要工匠伕役入寺，本課向在難民區內招募，現因難民陸續四散回家，日後需要前項工匠伕役，一時招募，殊非易事，似覺困難，本課為求工作迅捷，利便供應計，擬即組織臨時伕役管理所，即日正式招募，茲擬就通告文稿，理合呈請

鑒核判行！謹呈

會長。

總務課長楊九鳴謹呈

二、四。

救济课关于清洁队拨归警厅管理等事致自治委员会呈（一九三八年二月二十一日）

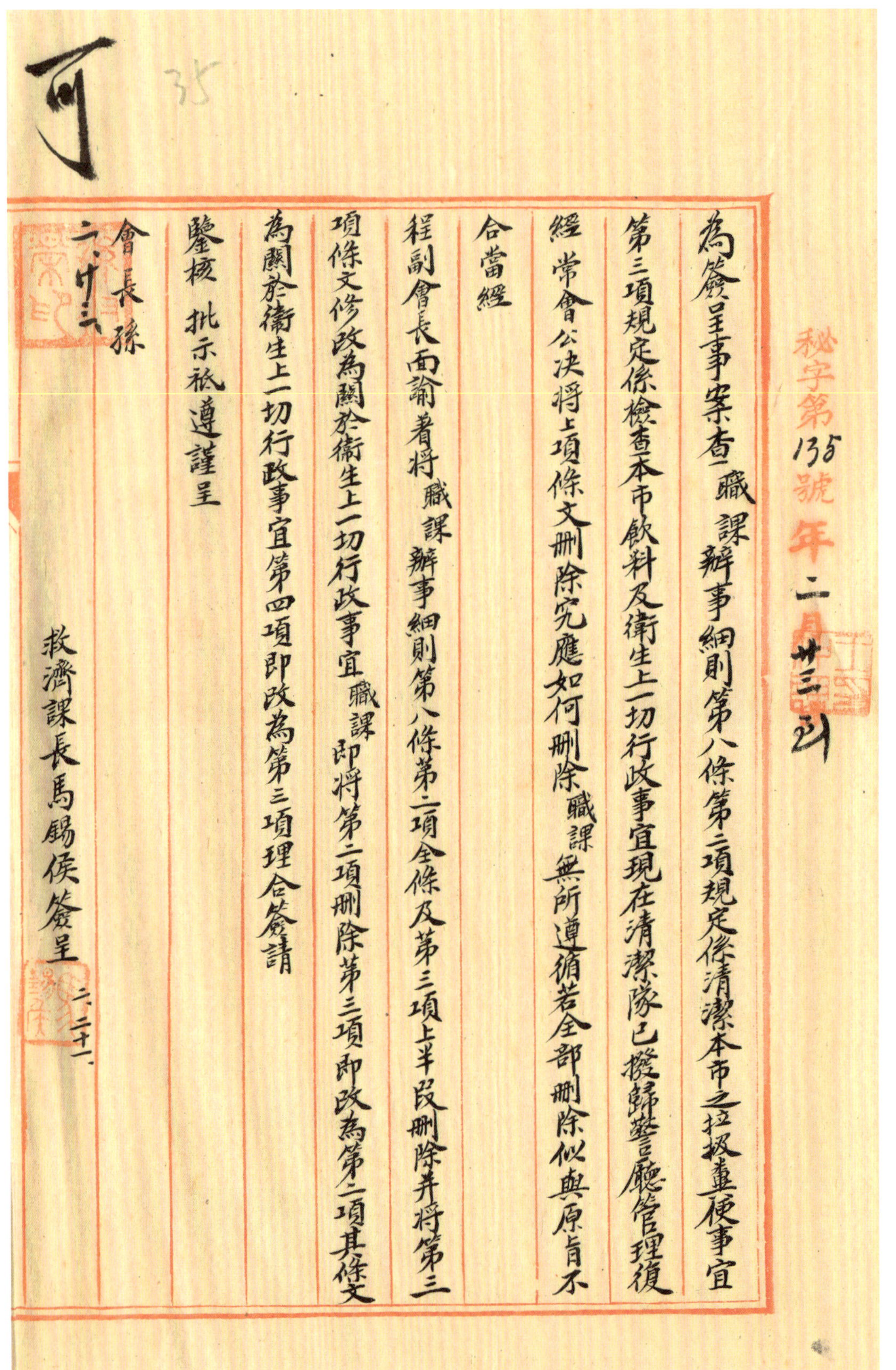

可

35

秘字第135號 年二月廿三日

為簽呈事案查　職　課辦事細則第八條第二項規定係清潔本市之拉扱糞便事宜第三項規定係檢查本市飲料及衛生上一切行政事宜現在清潔隊已撥歸警廳管理復經常會公决将上項條文删除究應如何删除　職　課無所遵循若全部删除似與原旨不合當經程副會長面諭着将　職　課辦事細則第八條第二項全條及第三項上半段删除并将第三項條文修改為關於衛生上一切行政事宜　職　課即将第二項删除第三項即改為第二項其條文為關於衛生上一切行政事宜第四項即改為第三項理合簽請鑒核　批示祇遵謹呈

會長孫　二、廿三

救濟課長馬錫侯簽呈　二、二十一

系統表

南京市自治委員會

顧問室

秘書室

總務課　收發　文書　庶務　會計　人事　統計

財務課　款產　捐務　出納　審核

救濟課　救災　查放　賑品　衛生

工商課　工務　商務　農務　登記　評價

交通課　河工　車務　船業　運輸　郵電

警務課　警衛　保安　司法

警察廳　警察所

區公所　保務　戶籍　家屋　救濟

自治委员会关于电杆电线系日军正在使用不得破坏的布告（一九三八年二月二十七日）

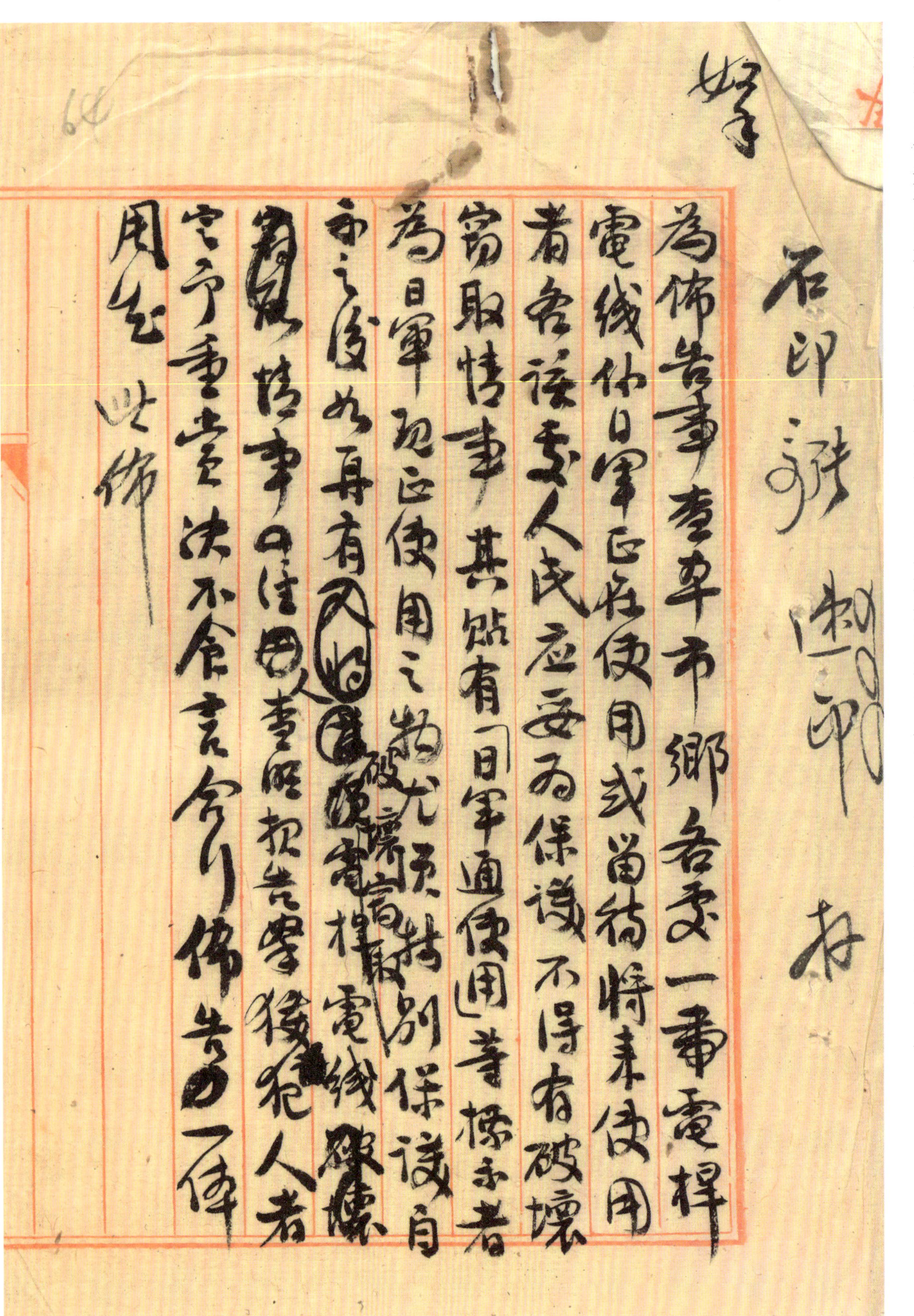

石印二份 送制 存

為佈告事 查本市鄉各處一帶電桿電線係日軍正在使用或留待將來使用者 各該處人民應妥為保護 不得有破壞竊取情事 其貼有「日軍通用」等標示者 為日軍現正使用之物 尤須特別保護 自示之後 如再有破壞竊取電桿電線竊取情事 一經人查明報告拿獲犯人者 定予重賞 決不食言 合行佈告 仰周知 此佈

德国大使馆、自治委员会关于山西路八十一号房屋系德国侨民租住勿予动用的往来函件

德国大使馆致自治委员会会函（一九三八年三月三日）

總務 收文 字第𠄣號

中華民國廿七年三月四日到 號

逕啟者案據報告曾有

貴會人員查詢山西路八十一號房屋擬行居用等

情查該房屋係本國僑民亞克伯（Jacob）所租住

懸有德國國旗以資保護相應函請

查照對於該項房屋勿予動用并希見復為荷

順頌

日祉

大德國大使館啟 三月三日

大德國大使館信牋

自治委员会致德国大使馆公函（一九三八年三月九日）

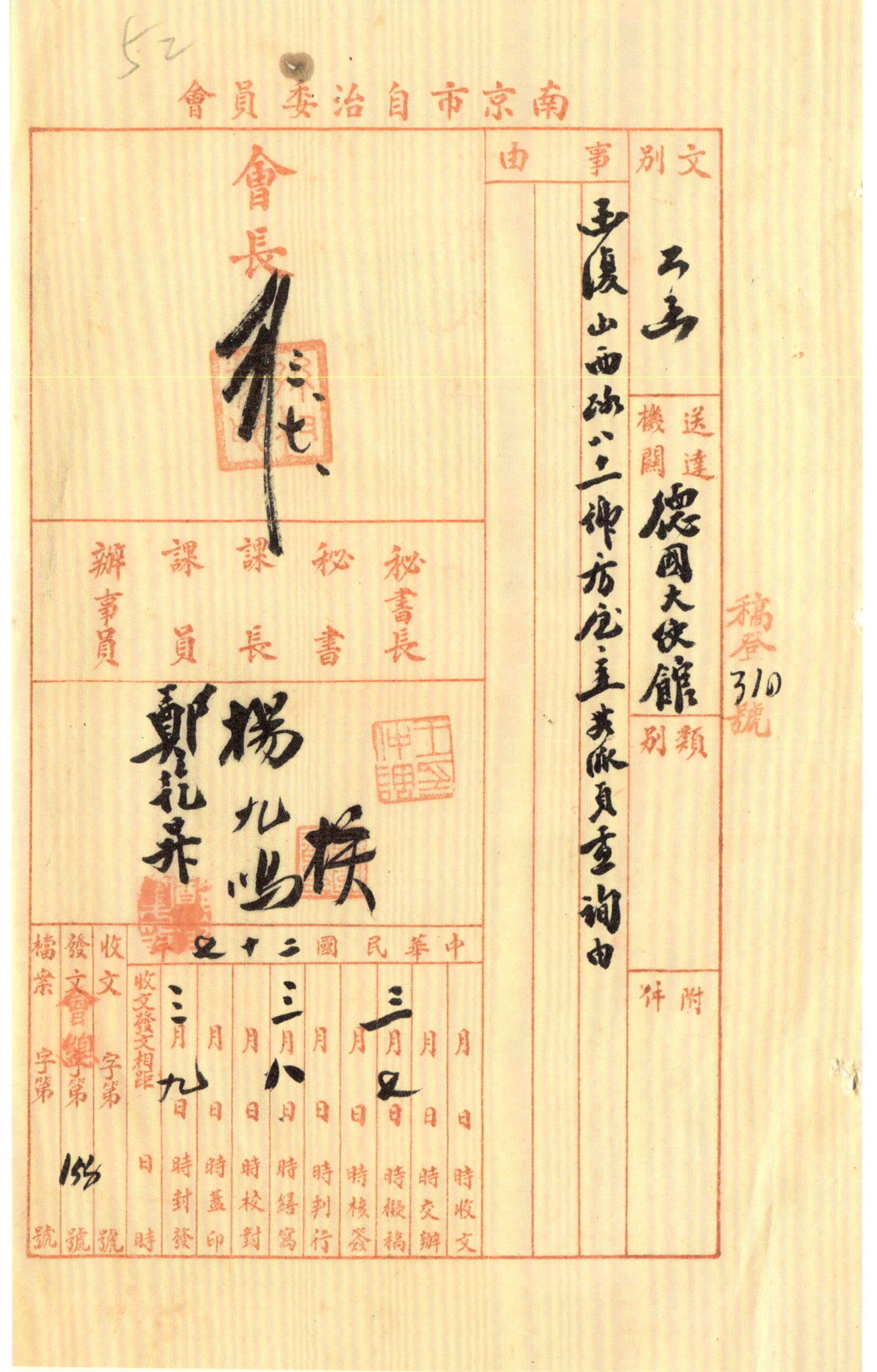
南京市自治委員會

文別：公函
送達機關：德國大使館
事由：函復山西路八三號住房應由主要派員查詢由

會長 孫 三、七、

秘書長 楊九如
秘書 侯
課員
辦事員 鄭長彝

中華民國二十七年 三月 八日 九日

收文 字第 號
發文 會總字第 156 號
檔案 字第 號

稿登 310 號

逕復者：接准

貴大使館函，以山西路八十一號房屋，曾有本會人員查詢，擬行佔用，囑為保護，勿予動用等由；准此。查本會並非需要該項房屋，且又無派人查詢，恐係誤會，用特函復，并希

查照！此致

大德國大使館。

南京市自治委員會啓

中華民國　　年　三月　　日

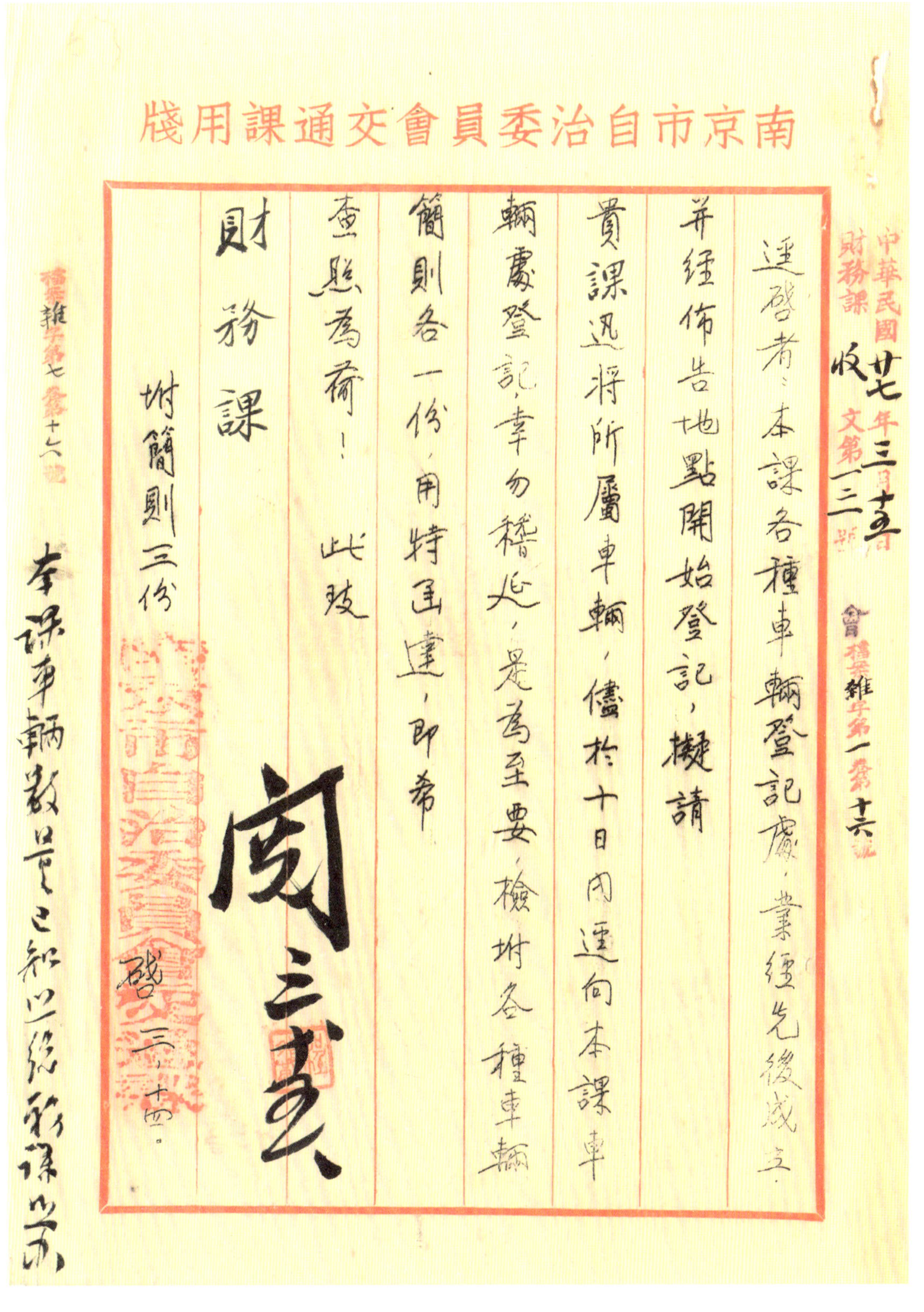

南京市自治委員會交通課用牋

逕啓者：本課各種車輛登記處，業經先後成立，并經佈告地點開始登記，擬請

貴課迅將所屬車輛，儘於十日內逕向本課車輛處登記，幸勿稽延，是為至要，檢附各種車輛簡則各一份，用特函達，即希

查照為荷！　此致

財務課

附簡則三份

啓　三、十四。

閱　三、十五

中華民國廿七年三月十五日　財務課收文第一三二號

會檔案雜字第一類第十六號

檔案雜字第七類第十八號

本課車輛數目已知照總務課照辦

附(一)南京市手车板车马车管理暂行简则

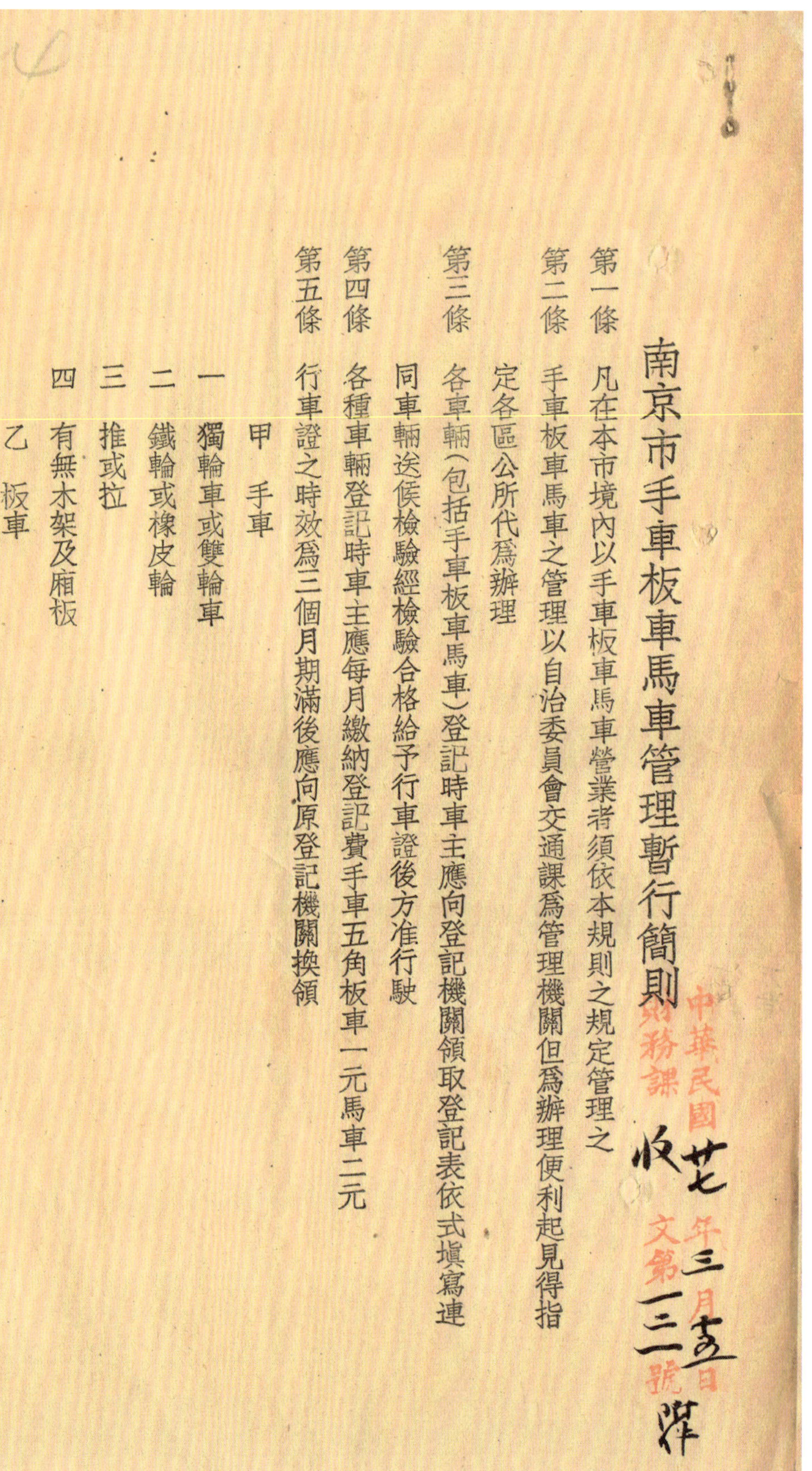

南京市手車板車馬車管理暫行簡則

第一條　凡在本市境内以手車板車馬車營業者須依本規則之規定管理之

第二條　手車板車馬車之管理以自治委員會交通課爲管理機關但爲辦理便利起見得指定各區公所代爲辦理

第三條　各車輛(包括手車板車馬車)登記時車主應向登記機關領取登記表依式塡寫連同車輛送候檢驗經檢驗合格給予行車證後方准行駛

第四條　各種車輛登記時車主應每月繳納登記費手車五角板車一元馬車二元

第五條　行車證之時效爲三個月期滿後應向原登記機關換領

甲　手車

一　獨輪車或雙輪車

二　鐵輪或橡皮輪

三　推或拉

四　有無木架及廂板

乙　板車

中華民國廿七年三月十五日
財務課收文第一三二號

一　車身寬長及高度

二　載重分量

三　裝載種類

四　用幾人推拉

丙　馬車

一　車身是否完整

二　馬身有無殘廢

三　坐位與載重各若干

四　車身漆何顏色

第六條　各種車輛行駛須遵左列規約

一　靠左邊走

二　速度不得超過規定

三　不得以空車躑躅街頭兜攬營業

四　須依指定處所停放車輛

五　不得索價過高

第七條　違反本簡則之規定者照章處罰

第八條　本簡則由自治委員會頒布施行函請特務機關備案如有未盡事宜得隨時修正之

附（二）南京市人力车管理暂行简则

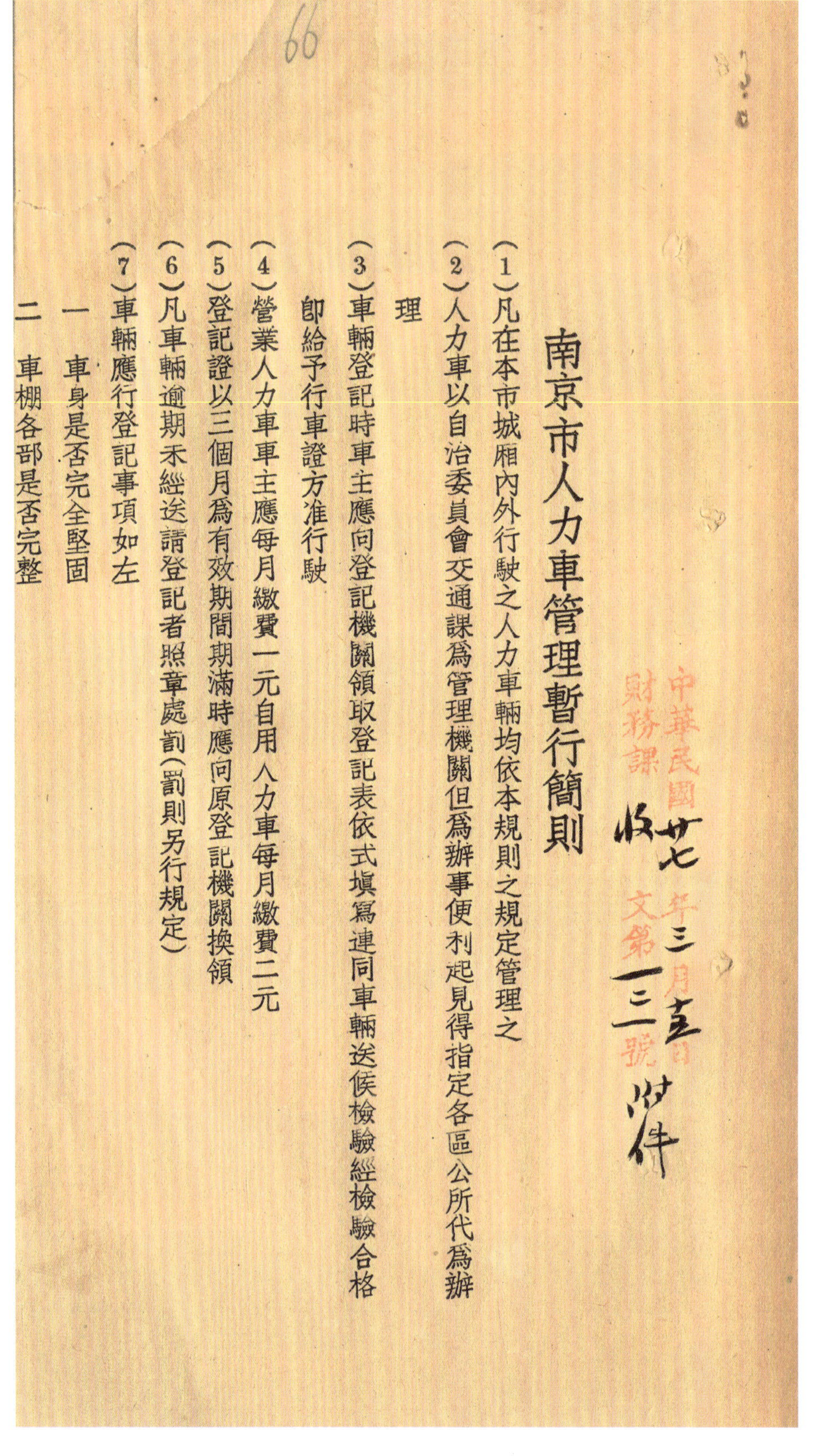

66

中華民國廿七年三月五日
財務課收文第一三一號 附件

南京市人力車管理暫行簡則

(1)凡在本市城廂內外行駛之人力車輛均依本規則之規定管理之

(2)人力車以自治委員會交通課爲管理機關但爲辦事便利起見得指定各區公所代爲辦理

(3)車輛登記時車主應向登記機關領取登記表依式填寫連同車輛送候檢驗經檢驗合格卽給予行車證方准行駛

(4)營業人力車車主應每月繳費一元自用人力車每月繳費二元

(5)登記證以三個月爲有效期間期滿時應向原登記機關換領

(6)凡車輛逾期不經送請登記者照章處罰(罰則另行規定)

(7)車輛應行登記事項如左

一　車身是否完全堅固

二　車棚各部是否完整

三　車內裝置是否齊全清潔

四　有無防風暨防雨設備

五　車中有無布製坐褥兩旁有無扶手

(8)車輛行駛時必須遵守左列規則

一　車輛通行公路須靠左邊行走不得兩車並行更不得爭先競走兜攬生意

二　車輛行時須注意一切交通標誌及指定車站停放不得以空車在路上任意徘徊

三　先由第二區開始登記營業在第二區內車資規定由五分至一角由第二區至第一區第四區規定由五分至二角由第二區至第三區規定由五分至三角出城由五分至四角

四　車輛載重不得逾限或裝載笨重物件突出車身

(9)自用車輛不准營業

(10)車夫年齡在六十歲以上十七歲以下者不准拉車

(11)凡違背本規則各條之規定者應照章處罰(罰則另行規定)

(12)本簡章由自治委員會頒布施行函請特務機關備案如有未盡事宜得隨時修正之

附（三）南京市汽车管理简则

南京市汽車管理暫行簡則

（一）凡在本市區及四郊行駛之汽車均依本簡則之規定管理之

（二）汽車以自治委員會交通課爲管理機關

（三）車輛登記時車主應向登記機關領取登記表依式塡寫連同車輛送候檢驗經檢驗合格卽繳納手續費二元幷繳納捐費領有行車證及牌照後方准行駛

（四）汽車捐額暫定下列四種

甲 自用貨車（在四噸以內者每月應繳納捐費洋十五元四噸以上者每月應繳納捐費洋十七元

乙 自用客車（自用客車每月應繳納捐費洋八元）

丙 營業貨車（營業貨車在四噸以內者每月應繳納捐費洋十七元四噸以上者每月應繳納捐費洋十九元）

丁 營業客車（營業客車每月應繳納捐費洋十二元）

（五）凡車輛逾期未經送請登記者照章處罰（罰則另行規定）

（六）車輛應行登記事項如左

（1）車身是否完全堅固

（2）機器各部是否優良

（3）車內裝置是否齊全清潔

（七）凡司機員均應向登記機關繳納手續費洋一元經派員考驗合格者發給執照方准駕駛

如曾經領有執照者應隨同呈驗准予免考更換新證

(八)凡車輛經登記後當呈報備案並請南京特務機關一體負責保護之

(九)凡汽車牌照如有使用僞造牌照者除照章科罰外並送司法機關依法究辦

(十)牌照如有損毁致字跡不辨時聲請更换執照隨繳手續費洋五角

(十一)車輛登記後其所有權如有變更時須聲請過戶若私自轉移經查實者除扣其牌照外並處以罰金

(十二)凡已登記之車輛如發現來路不明或經他人證明其車輛所有權時經審查其證明文件確實時當依過戶手續將戶名更正

(十三)凡車主地址如有更動或車輛變更其構造時應聲明更换牌照重行檢驗

(十四)執照以每年一月上旬爲更换期自用汽車及營業汽車以每月上旬爲納捐期除特别原因外不得逾限繳納

(十五)在規定期内如不能前來繳捐或因故停用應即將牌照繳還否則仍須補納車捐至繳送之月份爲止

(十六)自用車輛不得私自營業如經查獲當科以五元以上十元以下之罰金

(十七)凡已登記之車輛在行駛時如遇調查人員稽查應將行車證及捐照交出查驗不得留難

(十八)凡已登記之車輛其營業價目應依規定價目表實行不得私自高抬價目或任意需索如經發覺或經人報告證實得處罰二元以上五元以下之罰金

(十九)本簡則由自治委員會頒布施行函請特務機關備案如有未盡事宜得隨時修正之

自治委员会关于寿康里十八号内男尸已饬警厅遵办笺函（一九三八年三月二十一日）

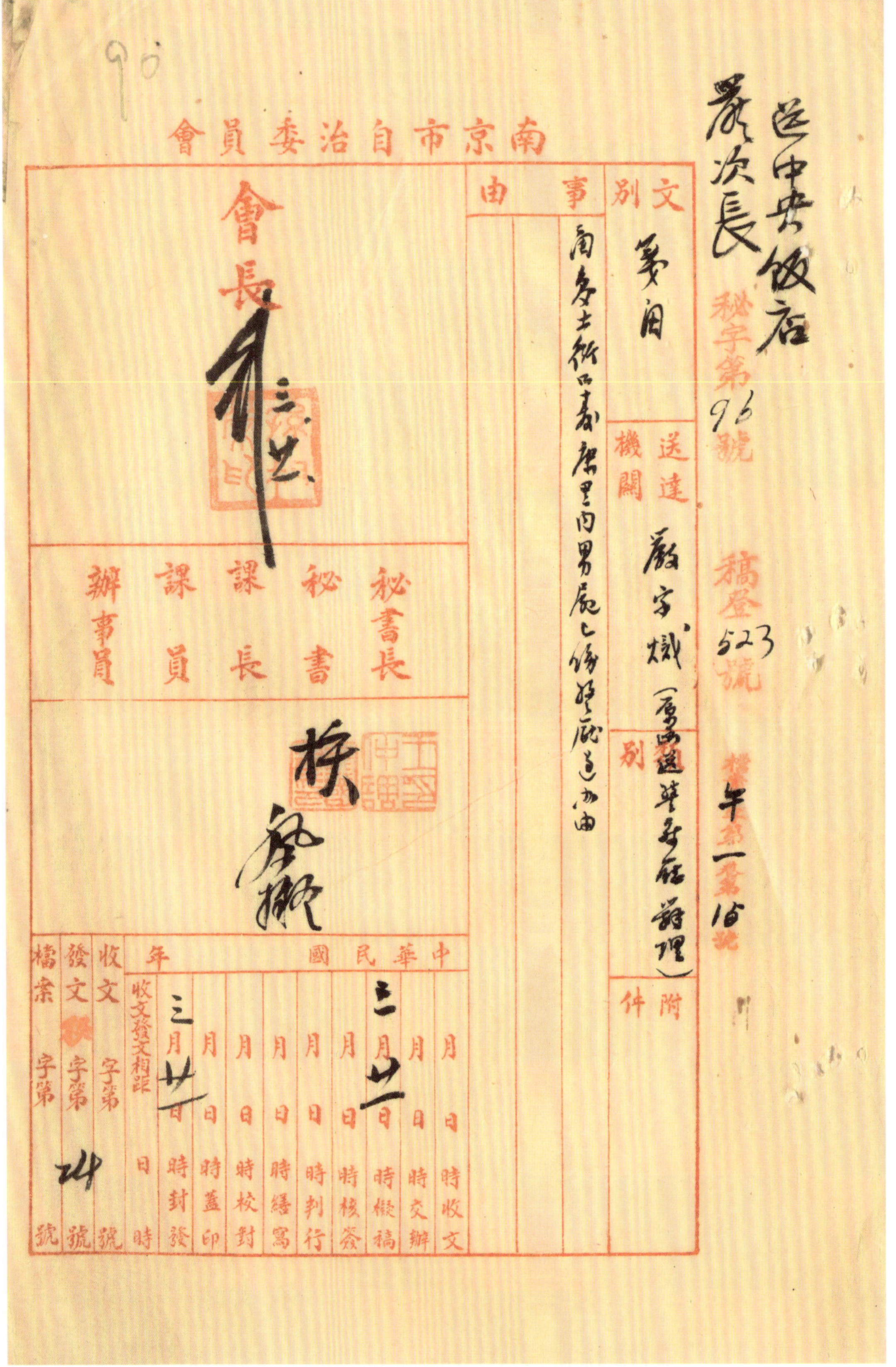

南京市自治委員會

送中央饭店

严次长

秘字第96號

稿登523號

文别：笺函

送達機關：严家炽（寓中央饭店舜理）

事由：函复士绅寿康里内男尸已饬警厅遵办由

會長 孙 三.廿

秘書長 秘書 課長 課員 辦事員

桢

啟樾

中華民國 年 三月廿一日

收文 字第 號

發文 字第 號 24

檔案 字第 號

箋函

敬啓者，頃據本

大札以土街口壽康里十八号内有男屍一具，函係派工前往收

殮一節，業已轉飭掩埋股查明送办，合先奉復，敬頌

勛綏。

孫○○謹啓　六月廿六

旧货业代表鲁玉芳等、自治委员会关于代收废钢铁保障工商农请转南京特务机关免予没收的往来文件

旧货业代表鲁玉芳等致自治委员会呈文（一九三八年三月二十七日）

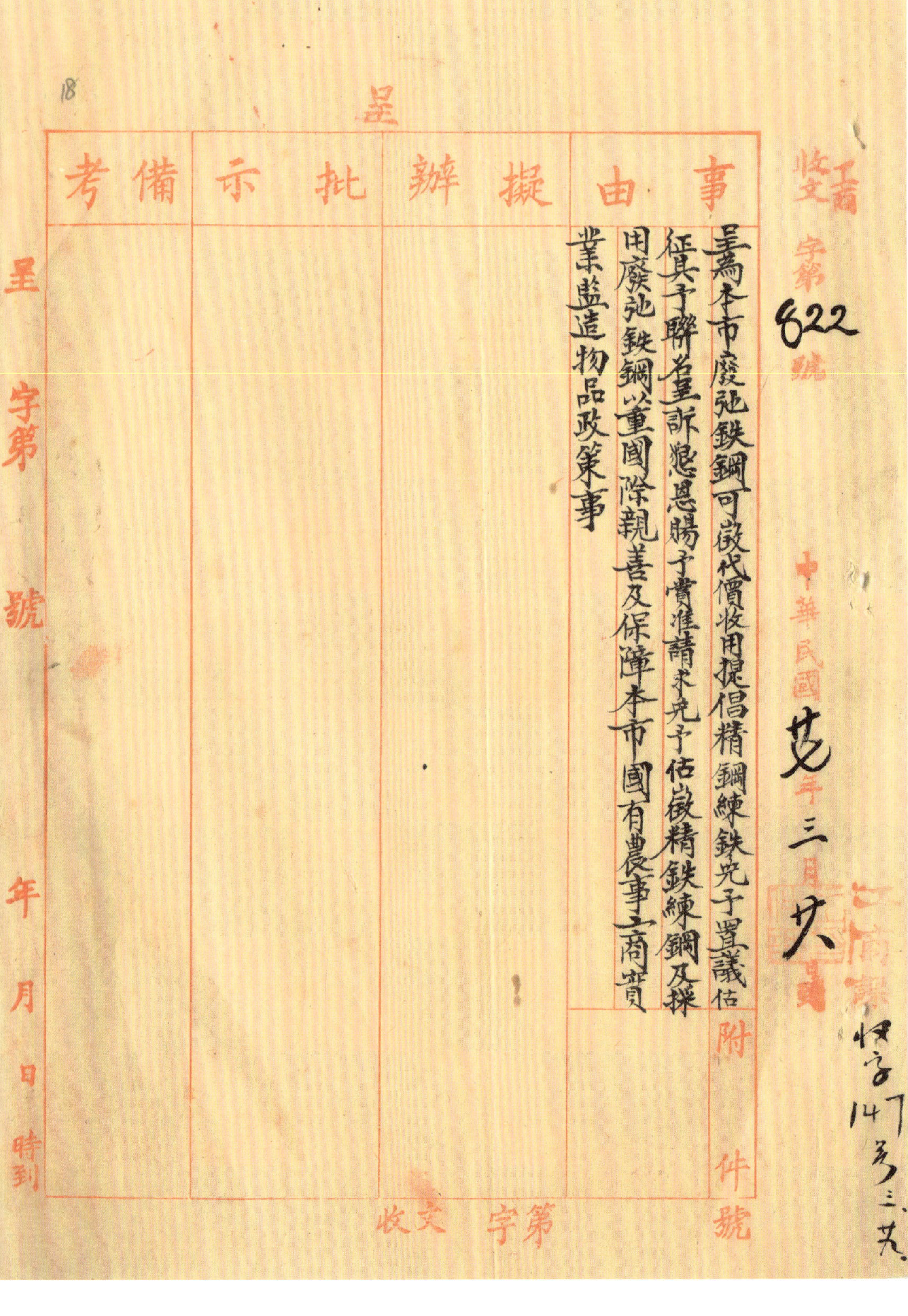

18

呈

收文 工商 字第 822 號

中華民國 廿七年 三月 廿八日

事由	擬辦	批示	備考
呈為本市廢弛鐵鋼可嵌代價收用提倡精鋼煉鐵免予置議估價其予聯名呈訴懇恩賜予實准請求免予估嵌精鐵煉鋼及採用廢弛鐵鋼以重國際親善及保障本市國有農事工商實業藍造物品政策事			

附件 號

呈 字第 號 年 月 日 時到

收文 字第

收字147号 三.廿九

竊以民等均住本市豐富路一帶等地平時以採辦舊貨銅鉄廢鋼及木器等類應
供社會用品及人民家庭生計之設想因之時有所聞
鈞會命令之通令擬代價徵收本市國內煉鉄廢弛舊銅及精鉄練鋼貨
施提議一案民等全市驚疑萬端此種提議或見難免將來有失社會人
民工商農事監造之物品上誤國計下礙民生對于本市廢弛鉄鋼種種等
類可以代徵收用関于本市各商廠民户雖有少數鋼鉄懇請免予置
議及其他没收估徵為將来保障國有社會農事工商人民監造之工
料而救濟全市人民營業善後之生計而况本市鋼鉄等類前在非常
時間及國難事變各地通商不便輸運缺乏對于鋼鉄之問題除
非公家保存民間何敢私堆民等代表對于本案鋼鉄事件雖代

20

價徵收惟恐將來關係農事商之問題為此聯名呈訴提出理
由要求公同轉奉
鈞會洞鑒賜予審核賞准格外俯憐人民關于精鐵練鋼及種種事件
並懇轉呈
南京特務機關懇恩免予置議沒收及其他估徵倘本市大宗廢馳
鐵鋼可征代價收用以供邦交親善
惟民等代表所聯名呈訴公同要求各節是否均候
會長主裁提議分別指令辦理對于該種事件倘蒙 鑒核准
予公同聯名要求各節並懇根據原呈依法稟轉
南京特務機關以便審核免予征收鐵鋼外即予明白批令

依法送達通知以維國際親善通商之營業保障萬民生計工商農事之設備實為恩便謹致上呈

南京市自治委員會會長孫

卜鳳山 十

張如山

具呈人南京市市民舊貨業代表曾玉芳 十

徐保富 十

劉子卿 十

通信處 三道高井弍百肆八十號

住朝天宮西首楊森記搭蓬處

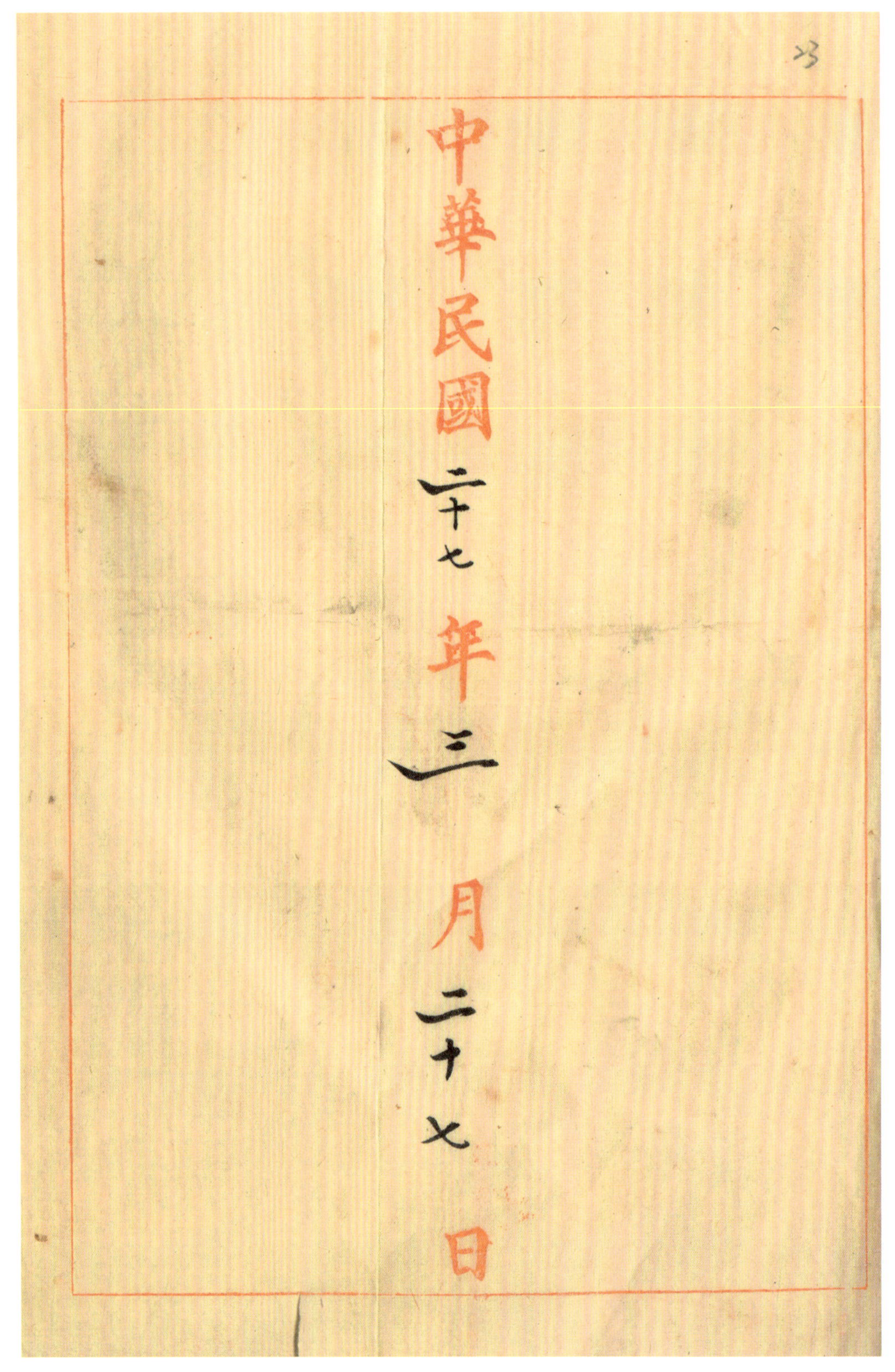
中華民國二十七年三月二十七日

自治委员会的令批（一九三八年四月五日）

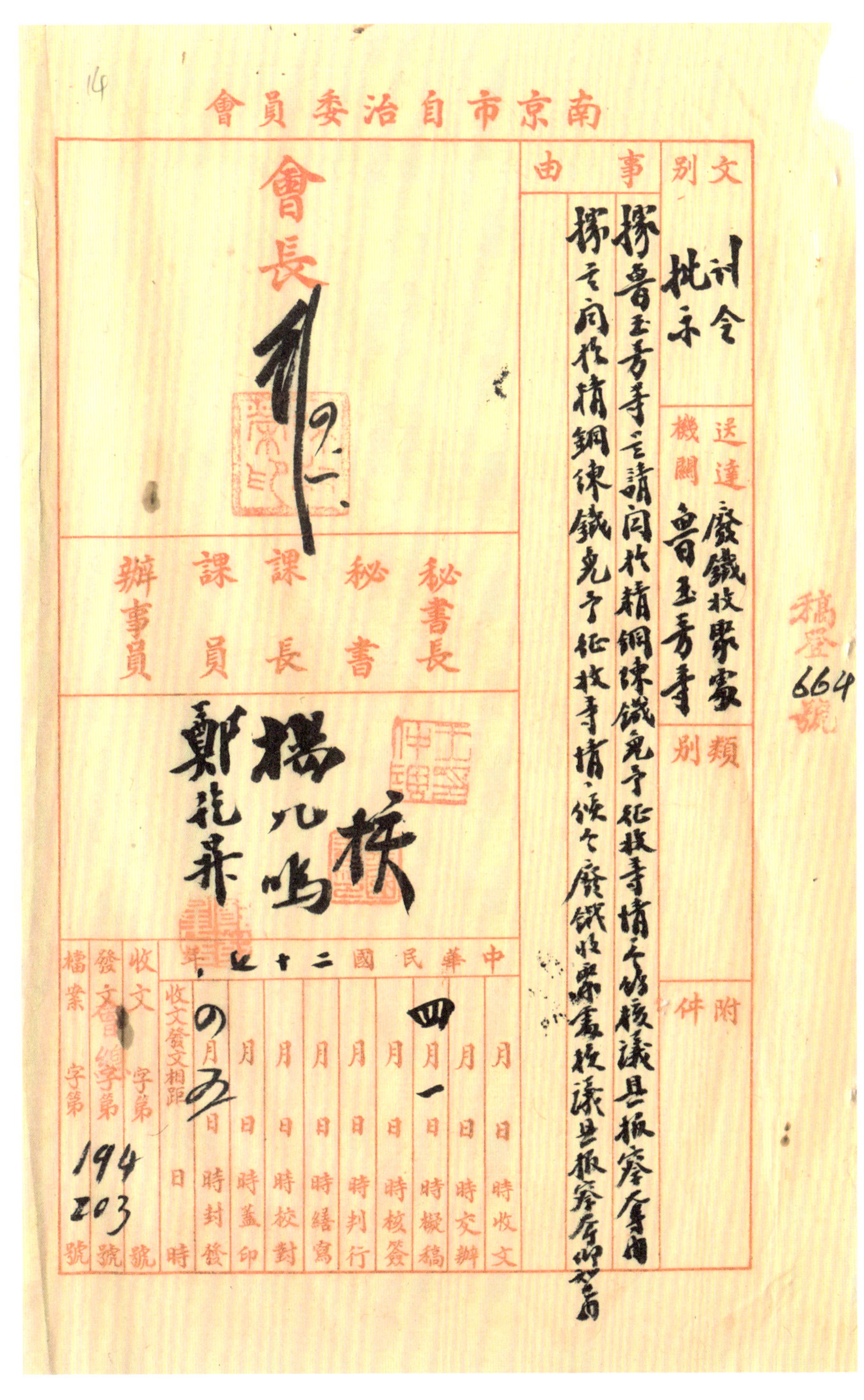

南京市自治委員會

文別：訓令 批示

送達機關：廢鐵收買處 魯玉秀等

事由：據魯玉秀等呈請開於精銅練鐵免予征收等情令飭核議具報察奪由

據呈開於精銅練鐵免予征收等情，候令廢鐵收買處核議具報察奪，仰即知照。

會長 任 四、二

秘書長 秘書課長 課員 辦事員

楊九鳴 鄭花卉 核

中華民國二十七年 四月一日 四月五日

收文 字第 號
發文 會 字第 194 203 號

稿登664號

衔　训令第194号

令廢鐵收集處

案據市民魯玉秀等呈請同於精銅煉鐵，免予徵收，以供農事工育人民監造之工料等情，據此，查該民等所稱各節，究竟是否盡實，除批示外，合行抄發原呈，令仰該處，迅即核議具報，以憑察奪。此令。

計抄發原呈一件。

銜　　批第　　號

具呈人魯玉音等　203

二十五年三月二十八日呈一件，為呈請同化舖鋼練鐵，免予徵收，以供農事工具人民盖造之材，已批示由

呈悉。該氏等所稱各節，究竟是否盡實，候令飭本會發鐵收聚豪核議具報察奪，仰即知照！此批。

17
中華民國 年 月 日

請求開放秦淮河西水關及後湖水閘計劃書

按本市城南有秦淮河一道東段有東水關可以放水入城西段有西水關可以放水出城因東水關城外之水位高於城內而西水關城外之水又低於城內故歷来城內水小時即放東水關引水入城水大時即開西水關放水出城倘天氣炎熱河水污穢即開西水關先將污水放出城外再將西水關之閘然後再開東水關放進清水[illegible]以為本市向來之辦法實於衛生上大有利益現在秦淮河臭氣難聞大約河底尚有少數槍械遺屍必能先開西水關三天放出污水可以在此三天內清理河底遺屍及槍械

由河內污水沖出之

然後再開東水關放進清水

開放時應由本會各課派員會同警察所及第一二區公所并憲兵隊到場施工如發現屍体即歸救濟課負責掩埋如發現槍械即歸警察所撿拾繳呈憲兵隊關於施工各種事宜則歸總務課雇工負責辦理并由第一二區公所派員協助為唯此辦法不但可以撿拾槍械清除死屍又可以換進清水实是一舉三得之良法

東關之水只能將南城河內之污水冲洗出西關而城北河內之污水因淤塞仍舊不能流出自明季相傳開東水關後遲一二日內開放玄武門即可將北城一帶河水污水

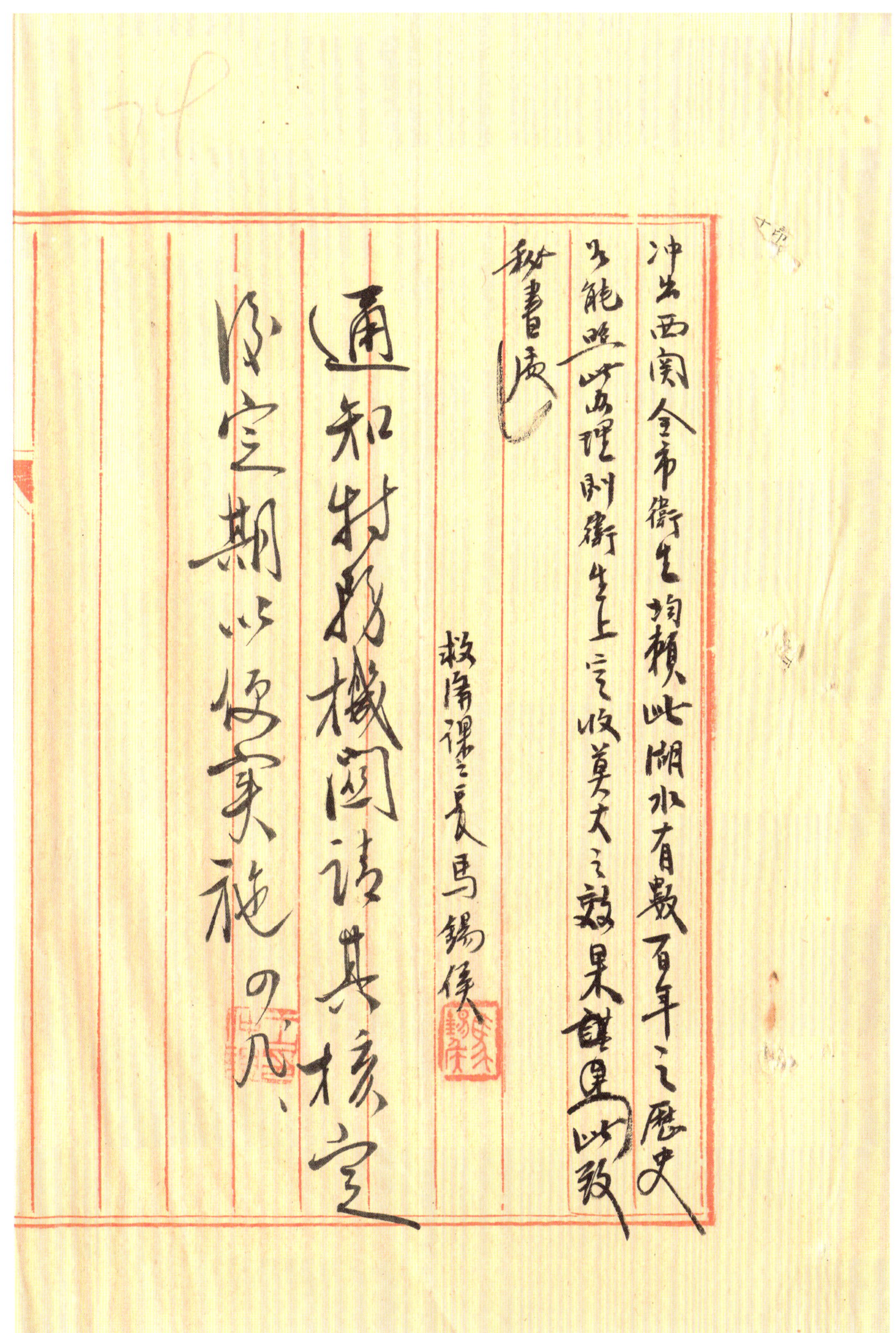

78

冲出西関全市衛生均賴此湖水有數百年之歷史

不能照此處理則衛生上之收莫大之效果謹呈此致

秘書處

救傷課課長馬錫侯

通知林務機關請其核定

限定期以便實施の九、

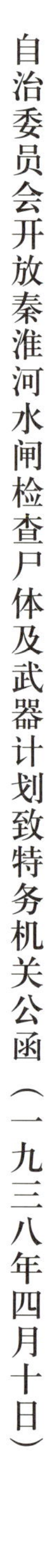

自治委员会开放秦淮河水闸检查尸体及武器计划致特务机关公函（一九三八年四月十日）

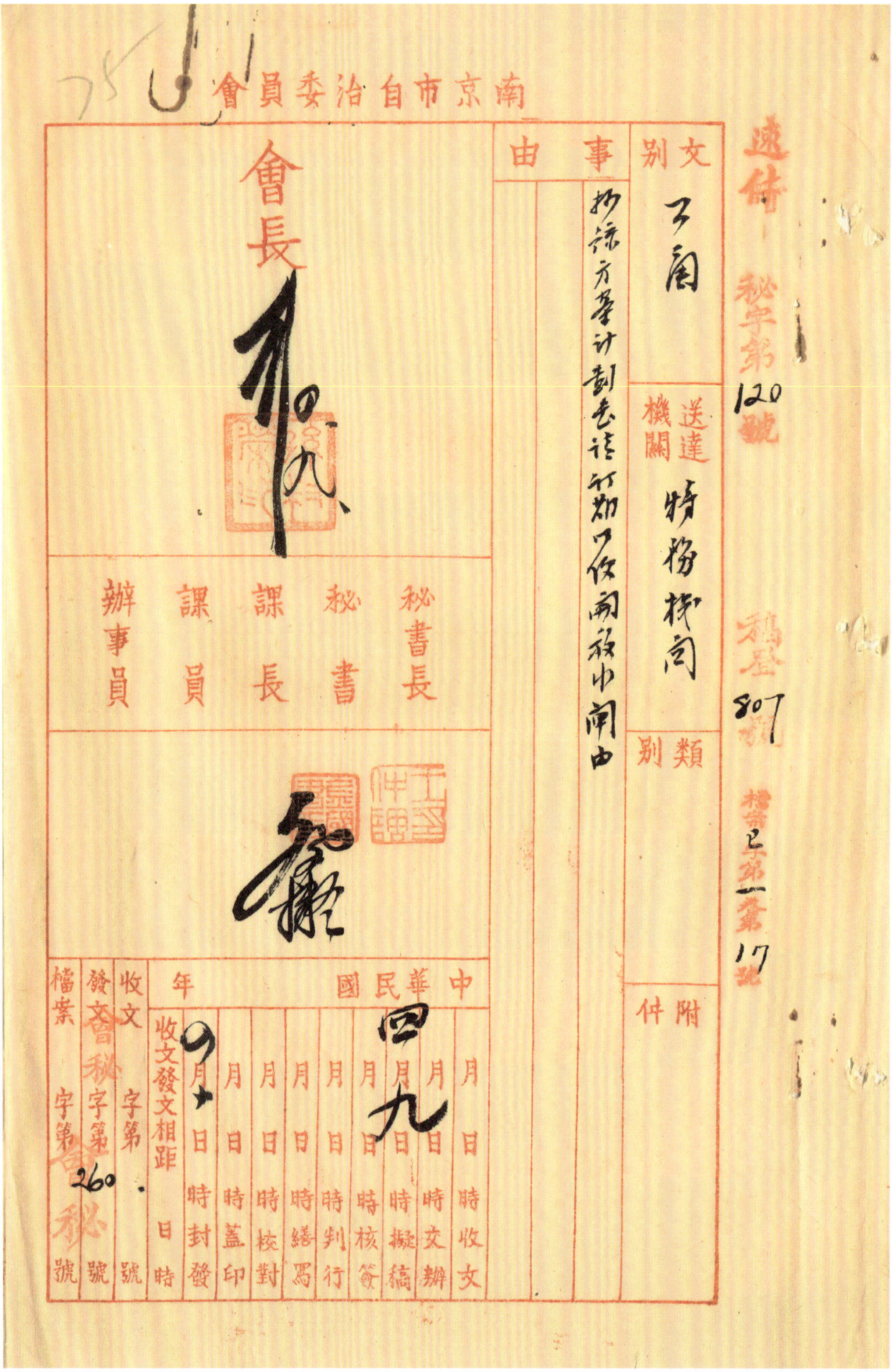

南京市自治委員會
速件
秘字第120號
稿登807號
檔案…第一…17號
文別 公函
送達機關 特務機關
事由 抄録方案計劃書請轉知日後開啟中閘由
類別
附件
會長
秘書長
秘書
課長
課員
辦事員
中華民國 年 四月九日
收文 字第 號
發文 秘字第260號
檔案 字第 號
收文發文相距 日 時
時收文 時交辦 時擬稿 時核簽 時判行 時繕寫 時核對 時蓋印 時封發

工局第會秘260號

逕啟者，案據第一區區長呈為擬議開放奉准水閘梢

查處擬十筆收及武器擬之付審查，茲據將實施方案及救

濟保障各區馬鍋條據具開放水閘計劃書前來，核應先

飭一併會同核議

為此迅予訂定日期，以便飭辦，至毋

延誤，此致

特務機關

計抄件二份

副會長代理會長姚

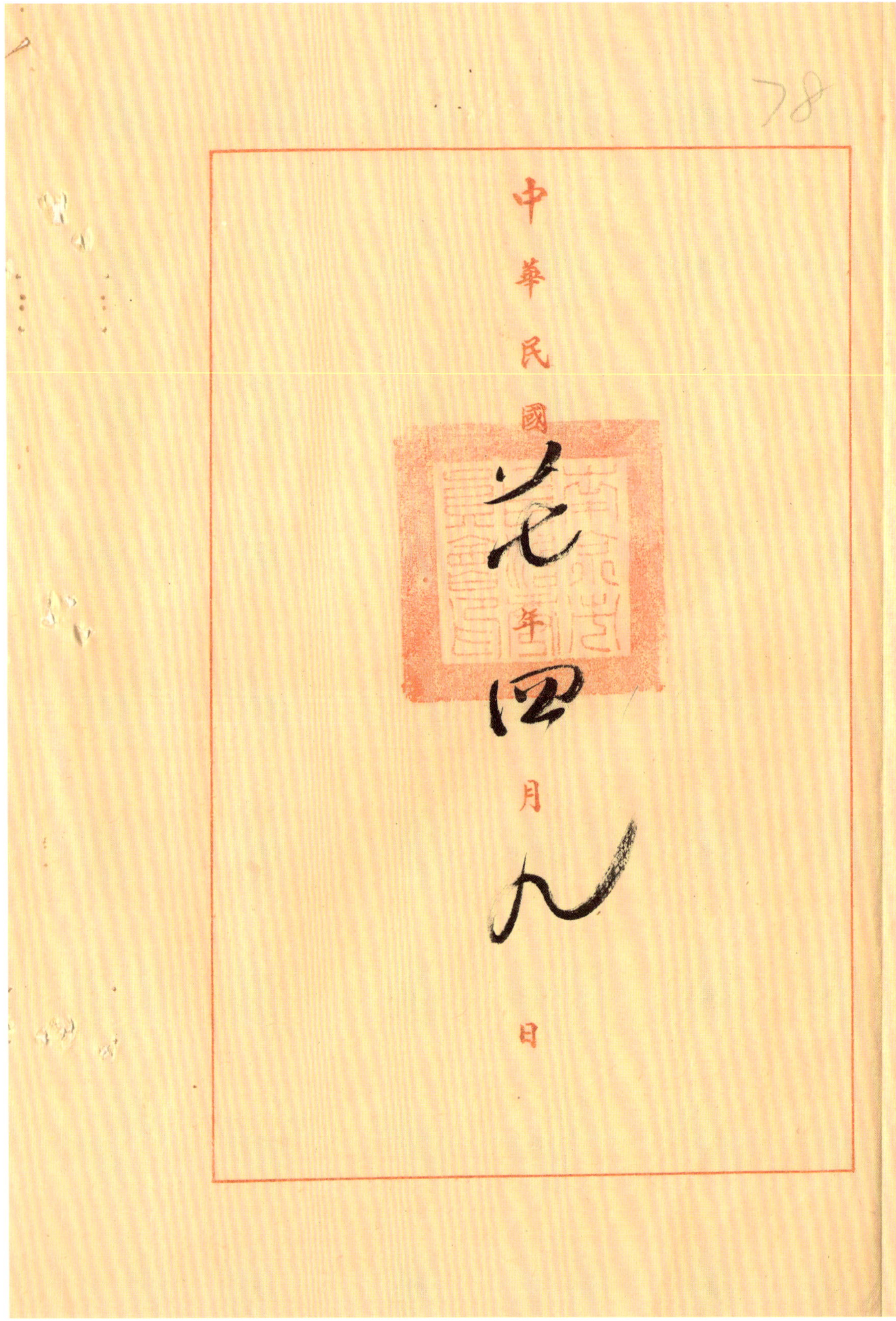
78
中華民國廿七年四月八日

附：马锡侯拟抄开放秦淮河水闸检查尸体及武器等实施方案

四月八日发出

乙案照不發

「謹將第一區何區長緝之在第二十四次常會提議（1）開放秦淮水閘檢查屍體及武器（2）本京偏僻街巷穢物及糞便處理兩案擬具實施方案呈請

鑒核」

「第一項開放秦淮西關水閘以便檢查屍體及武器辦法列後」

（1）如發現屍體應由救濟課萬字會辦理

（2）槍械武器應呈繳特務機關處理

（3）秦淮區域内該管一、二兩區及一、二兩警察局應協助進行

（4）報請特務機關指定日期舉行並派員及憲兵到場監視

「第二項糞便應名商人包辦（須先交保證金四百元該項糞便變賣所得之價充作招募大批清潔伕之工資此項清潔伕專司清理各偏僻街巷穢物之責由救濟課管理之」

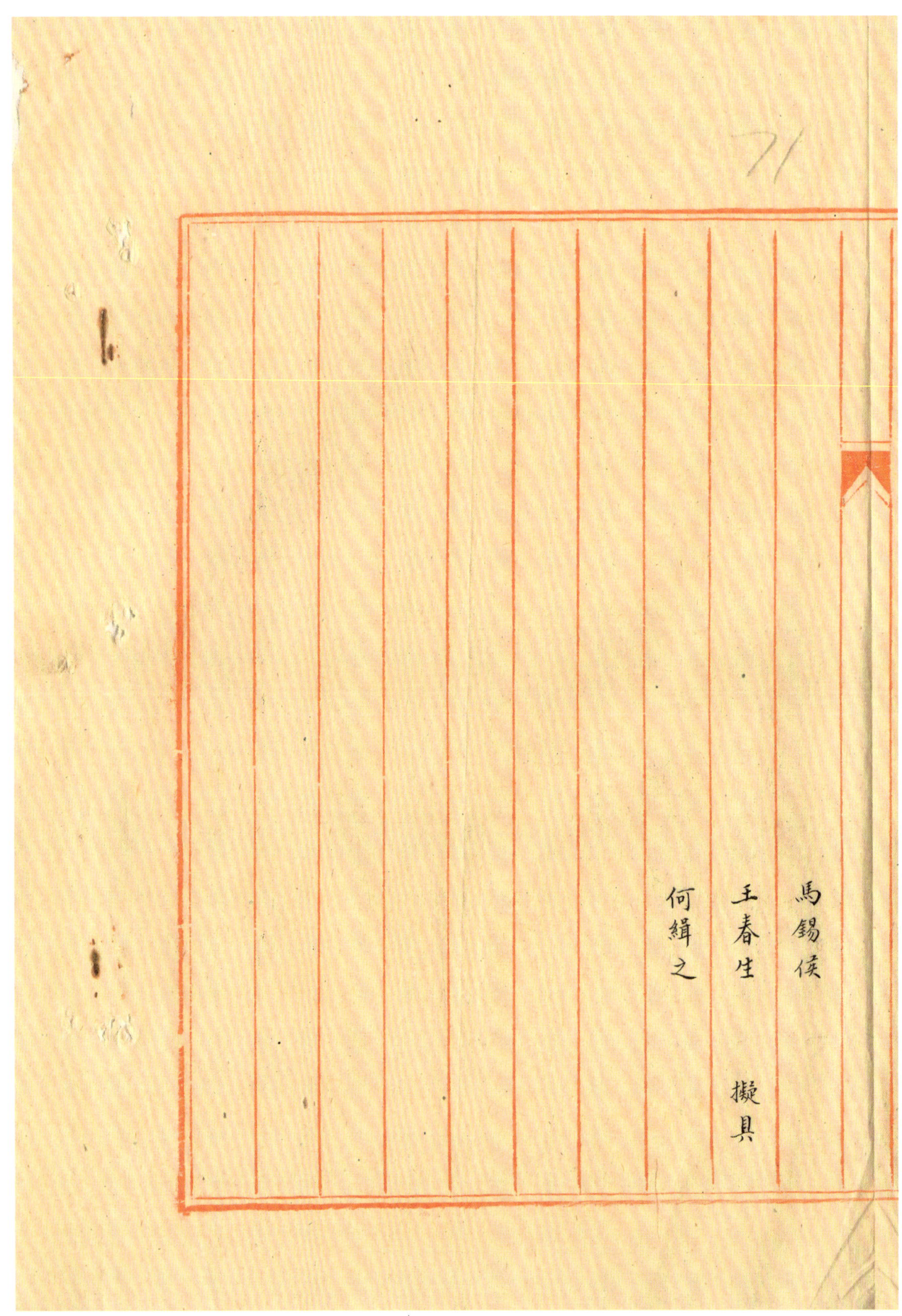

71

馬錫侯

王春生　擬具

何緝之

废铁收聚处、自治委员会关于旧货业代表呈请完征收铜铁事的往来文件

废铁收聚处致自治委员会签呈（一九三八年四月十二日）

秘字第415號　年4月十二到

簽呈　四月十二日

案奉

鈞會總字第一九四號訓令内開

「案據市民魯玉芳等呈請關於精鋼練鐵免予徵收以供農事工商人民監造之工料等情據此查該民等所稱各節究竟是否盡實除批示外合行抄發原呈令仰該處迅即核議具報以憑察奪此令」等因計抄發原呈一件奉此正辦理間又奉

鈞會總字第弍零零號訓令内開、

「案據本會第二區公所呈畧稱以據南京市舊貨業代表劉子卿等聯名呈以征收廢鐵爛銅有碍工商農事上既誤國計下洩碍

12

民生請予收回成命查該民等所請免征廢鐵爛銅等物頗具卓見
理合抄同原呈報請鑒核示遵等情據此查前據市民魯玉芳等亦
以前情具呈到會當經令飭核議在案茲據前情除指令外合再抄
發原呈令仰該處迅即一併核議具報察奪毋延此令」
等因計抄發原呈一件奉此竊查
本處奉令收聚廢鐵係指明廢銅爛鐵
之類並非对於成物用具加以征收且因杜絕流弊起見於三月二十七日業
經呈請
鈞會出示禁止市民私拆有用鐵器變賣在案該代表魯玉芳等所稱
各節似有誤會故於本月七日曾傳該代表等到處詢明意見當據該
魯玉芳張如山徐宝富等面稱伊等為舊貨業已數十年要求本處

照办。

對於本京三道高井一帶數十家之舊貨鋪内所存銅鉄免予征收等語
竊以本處對于成物銅鉄原不收買本無顧慮可言若以此項銅鉄悉
數出口有碍農工商業之資源所請不爲無見似可在收買銅鉄總數
内酌留數成則各業用具之原料當不感缺之究應如何酌定之處未
敢擅擬奉令前因理合具文呈復仰祈
鈞座核定示遵謹呈
南京市自治委員會會長孫

廢鉄收聚處處長趙公瑾

副處長黄月軒

废铁收聚处致自治委员会呈文（一九三八年四月十五日）

呈

事由	拟办	批示	备考
为呈复旧货业代表鲁玉芳等请免征收铜铁情形由			
附件			

收文 字第1087号

中华民国廿七年四月十五日到

呈 字第 号 年 月 日 时到

收文 字第 号

案奉

鈞會總字第一九四號訓令內開：

「案據市民魯玉芳等呈請關於精鋼練鐵免予徵收以供農事工商人民監造之工料等情據此查該民等所稱各節究竟是否盡實除批示外合行抄發原呈令仰該處迅即核議具報以憑察奪此令」

等因計抄發原呈一件奉此正辦理間又奉

鈞會總字第二零零號訓令內開：

「案據本會第二區區公所呈略稱以據南京市舊貨業代表劉子卿等聯名呈以徵收廢鐵爛銅有碍工商農

事上既誤國計下復碍民生請予收回成命查該民等所
請免徵廢鐵爛銅等物頗具卓見理合抄同原呈報請
鑒核示遵等情據此查前據市民魯玉芳等亦以前情
具呈到會當經令飭核議在案茲據前情除指令外合
再抄發原呈令仰該處迅即一併核議具報察奪毋延
此令
等因計抄發原呈一件奉此竊查本處奉會收聚廢鐵係指明
廢銅爛鐵之類並非對於成物用具加以徵收且因杜絕流弊起
見於三月二十七日業經呈請
鈞會出示禁止市民私持有用鐵器變賣在案該代表魯玉

芳等所稱各節似有誤會故於本月七日曾傳該代表等到處詢明意見當據該魯玉芳張如山徐寶富等面稱伊等為舊貨業已數十年要求本處對於本京三道高井一帶數十家之舊貨鋪內所存銅鐵免予徵收等語竊以本處對於成物銅鐵原不收買本無顧慮可言若以此項銅鐵悉數出口有碍農工商業之資源所請不為無見似可在收買銅鐵總數內酌留數成則各業用具之原料當不感缺乏究應如何酌定之處未敢擅擬奉令前因理合具文呈復仰祈

鈞座核定示遵謹呈

南京市自治委員會會長孫

1

廢鐵收聚處處長趙公謹
副處長黃月軒

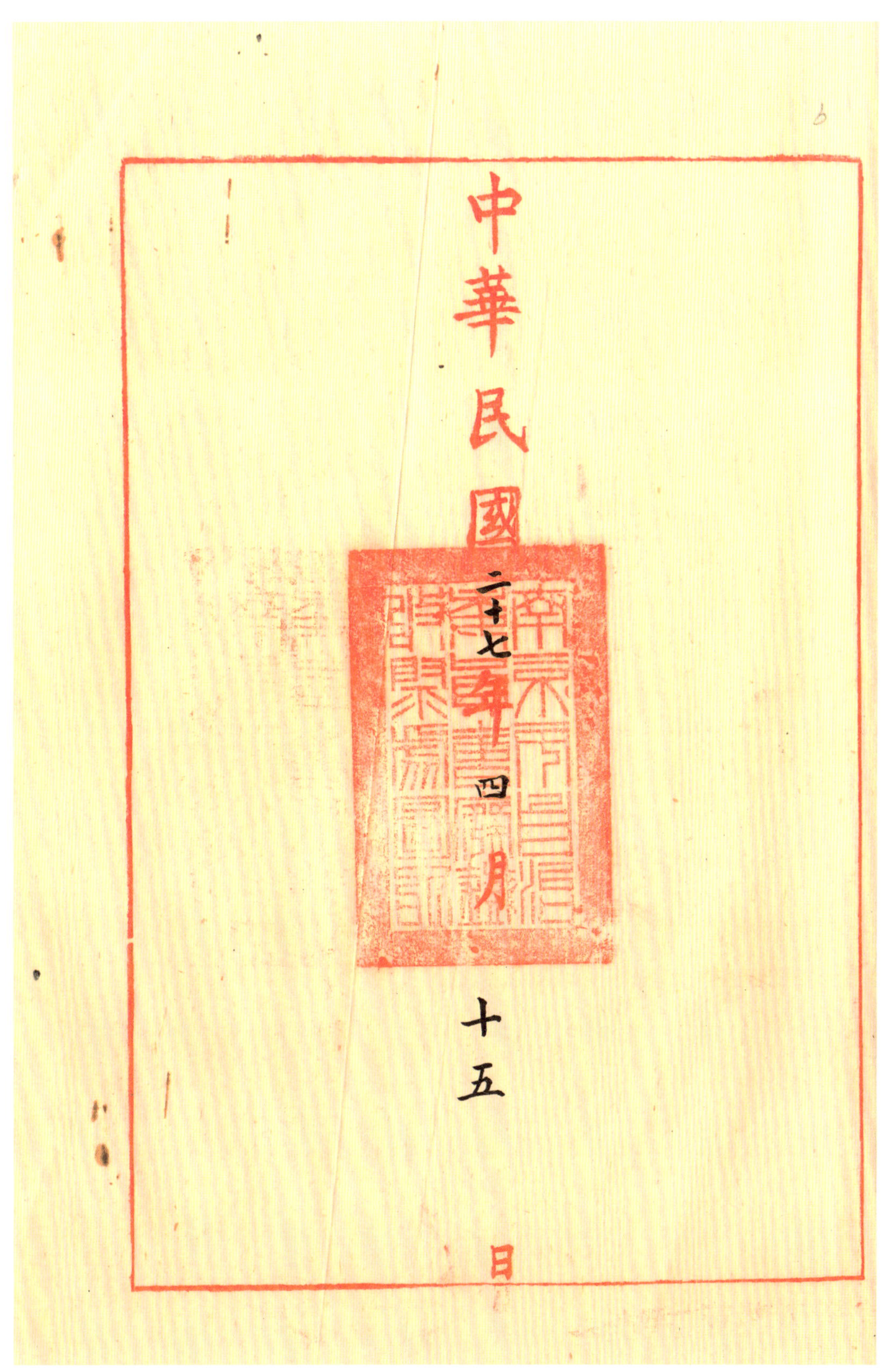

中華民國二十七年四月十五日

自治委员会指令（一九三八年四月十九日）

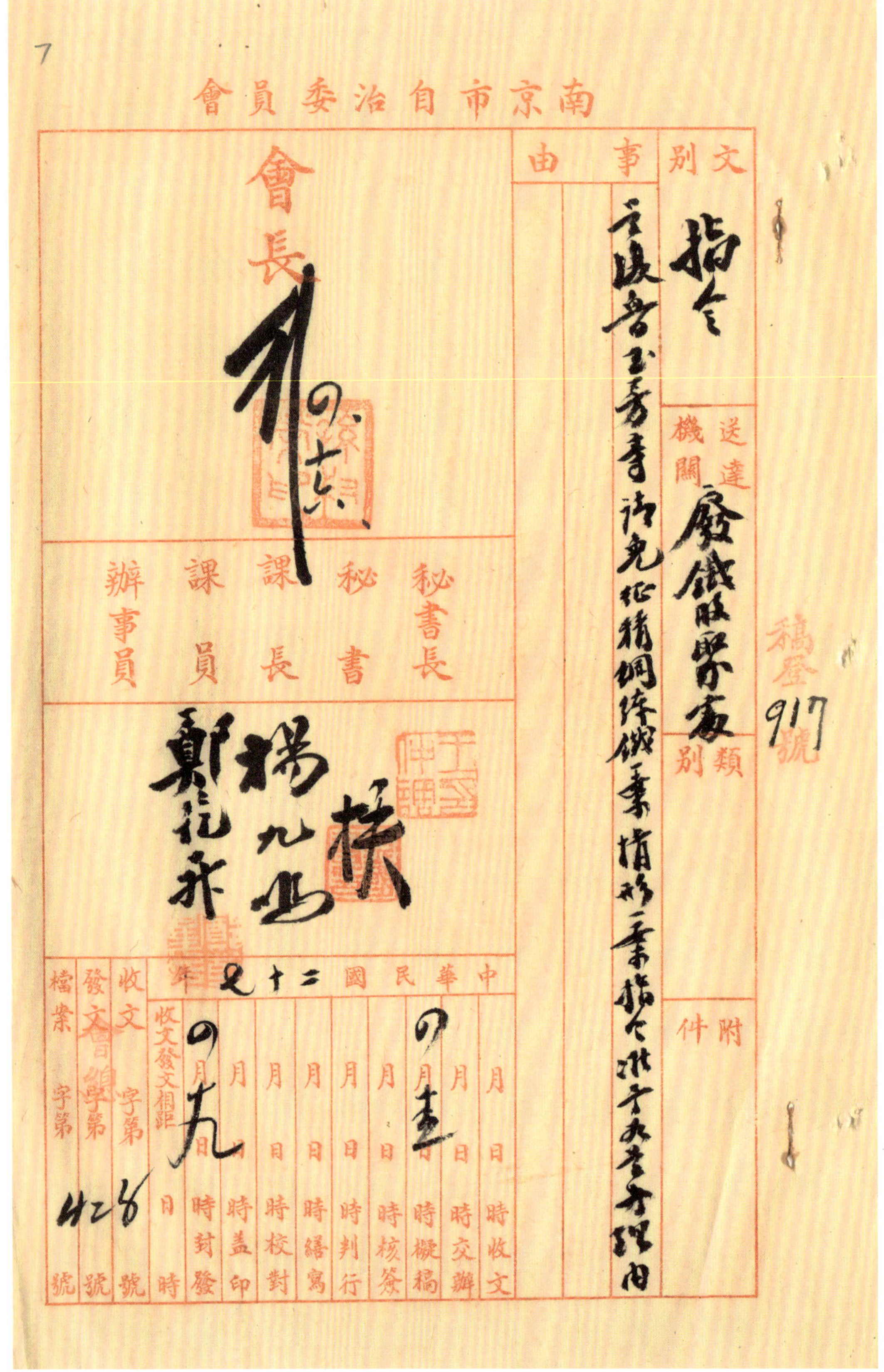

南京市自治委員會

文別	指令
送達機關	廢鐵收買處
類別	
附件	
事由	呈據魯玉秀等請免征精銅廢鐵一案情形一案指令准予免予查辦理由

稿登 917 號

會長

秘書長

秘書

課長

課員

辦事員

楊九如

鄭花非

中華民國二十七年

收文	交辦	擬稿	核簽	判行	繕寫	校對	盖印	封發	收文發文相距
月 日 時	月 日 時	四月十五日 時	月 日 時	月 日 時	月 日 時	月 日 時	月 日 時	四月十九日 時	日 時

收文 字第 號

發文 會字第 428 號

檔案 字第 號

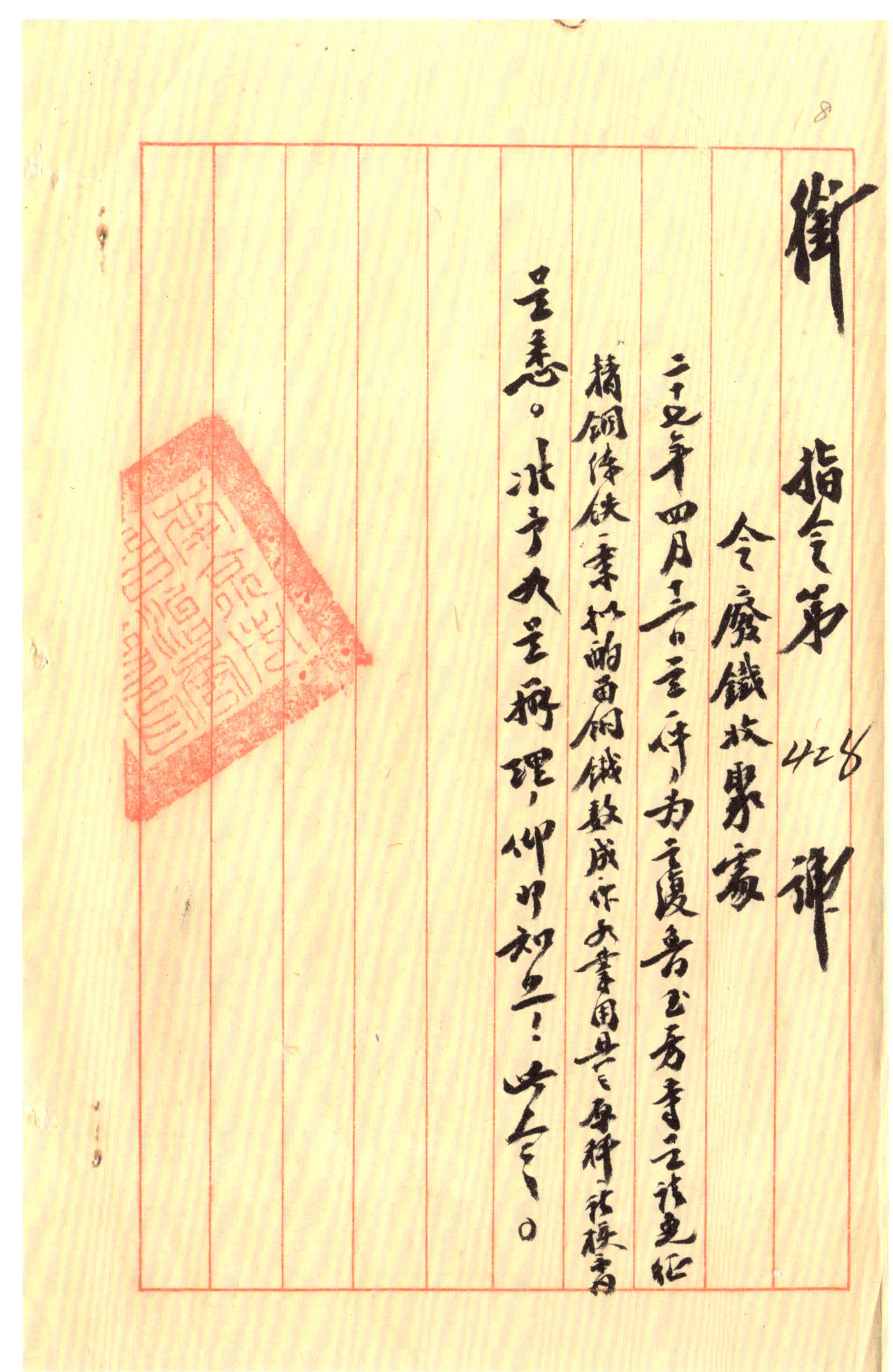

衔

指令第428号

令废铁收集处

二十九年四月三十日呈一件，为呈复遵奉总务李主任谕免征精铜、废铁二业，拟酌留铜铁数成作大业用具之处，呈祈核示由。

呈悉。准予如呈办理，仰即知照！此令。

10

中華民國　　年　○　月　　日

自治委员会关于发现传染病即报警察厅等转日本军医部布告（一九三八年四月十六日）

南京市自治委员會

文別	布告
事由	布告市民及各務人知患傳病者分報警廳出示以便轉報日軍醫部由
送達機關	通衢
類別	
附件	

秘字第125號
稿登886號
檔案年第一案29號

會長 孫 四月十六日

秘書長
秘書
課長
課員
辦事員

發稿

中華民國年

月日時收文	月日時交辦	月日時擬稿	月日時核簽	月日時判行	月日時繕寫	月日時校對	月日時蓋印	月日時封發	收文發文相距日時
		四月十六日			四月十六日十時			四月十六日	

收文字第號
發文會秘字第63號
檔案字第號

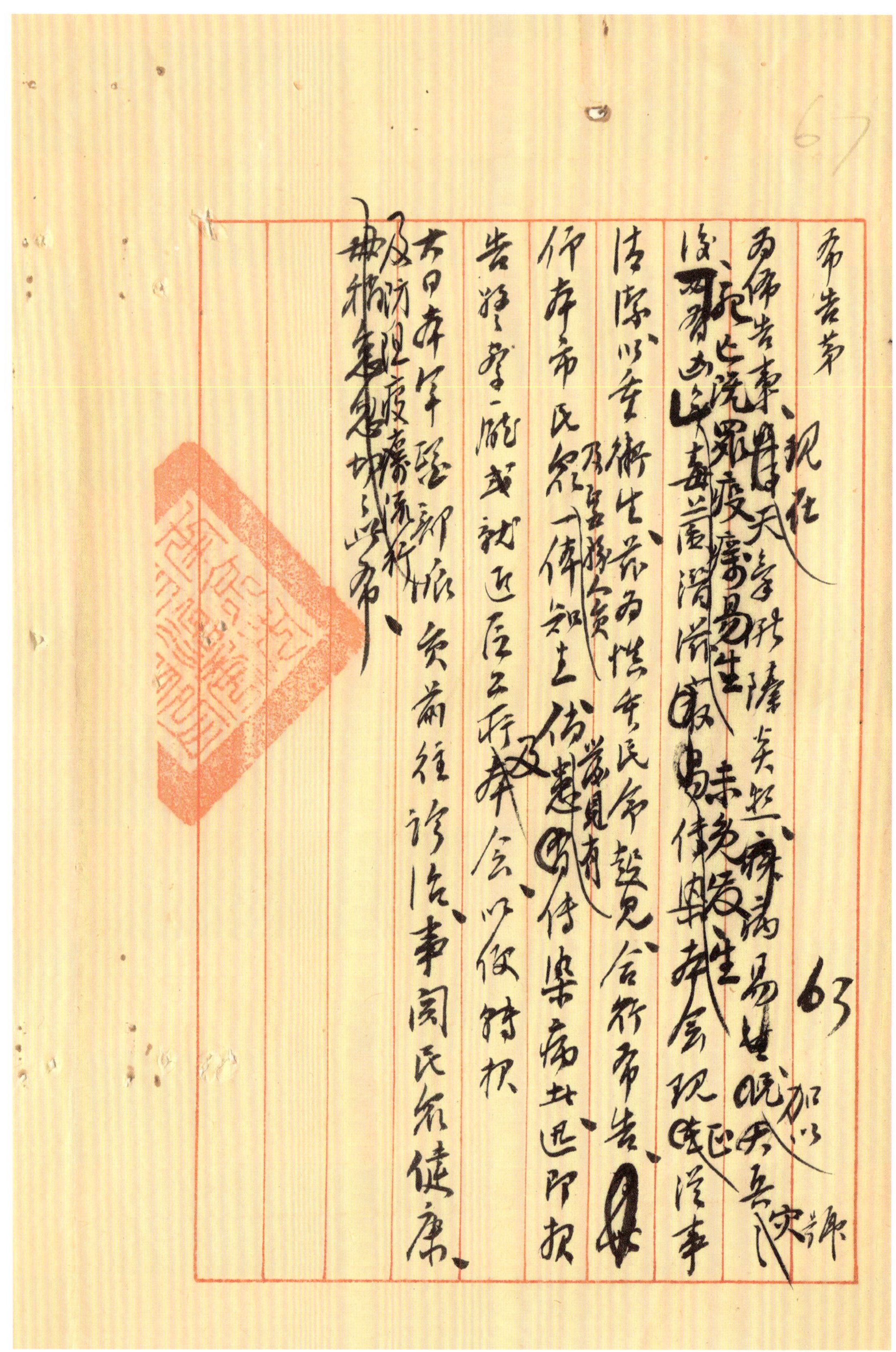

布告第　　號

為佈告事，現在天氣漸暖，炎熱、疾病易生，既加以兵災之後，死亡枕藉，霍亂、疫癘易生，未免發生，對於此等毒菌潛滋暗長，最易傳染，本會現正從事清潔，以重衛生，並為保全民命起見，合行布告，仰本市民衆一體知悉，倘發覺有傳染病者，迅即報告雙塘一號或就近區公所及本會，以便特派本會衛生部醫員前往診治，事關民衆健康，及防止疫癘流行，切勿延誤，切切此布。

中華民國 年 月 日

65

215

佈告

竊查本市清潔衛生等事，限於人力物力，均未能臻至完全滿意之境。近復天將炎熱，疫病毒菌日趨易繁殖而傳染疾病，更易流行，損害市民生命，定必鉅多，害病個人之生命損失，尚在其次，若影響於一般民衆，則社會之損失，誠不可以數計。為此仰佈本市民衆，若遇有傳染病患者，即刻報告警察廳或就近報告區公所及本會等，以便轉告　大日本軍醫部派員前往施診，以謀民衆健康及防阻疫病流行，望本市民衆及醫務人員一體周知，切實遵照勿違，為要，此佈。

秘書處房擬　六.十三

自治委员会李佑新关于条陈市政工作七项措施致任援道呈文（一九三八年四月二十一日）

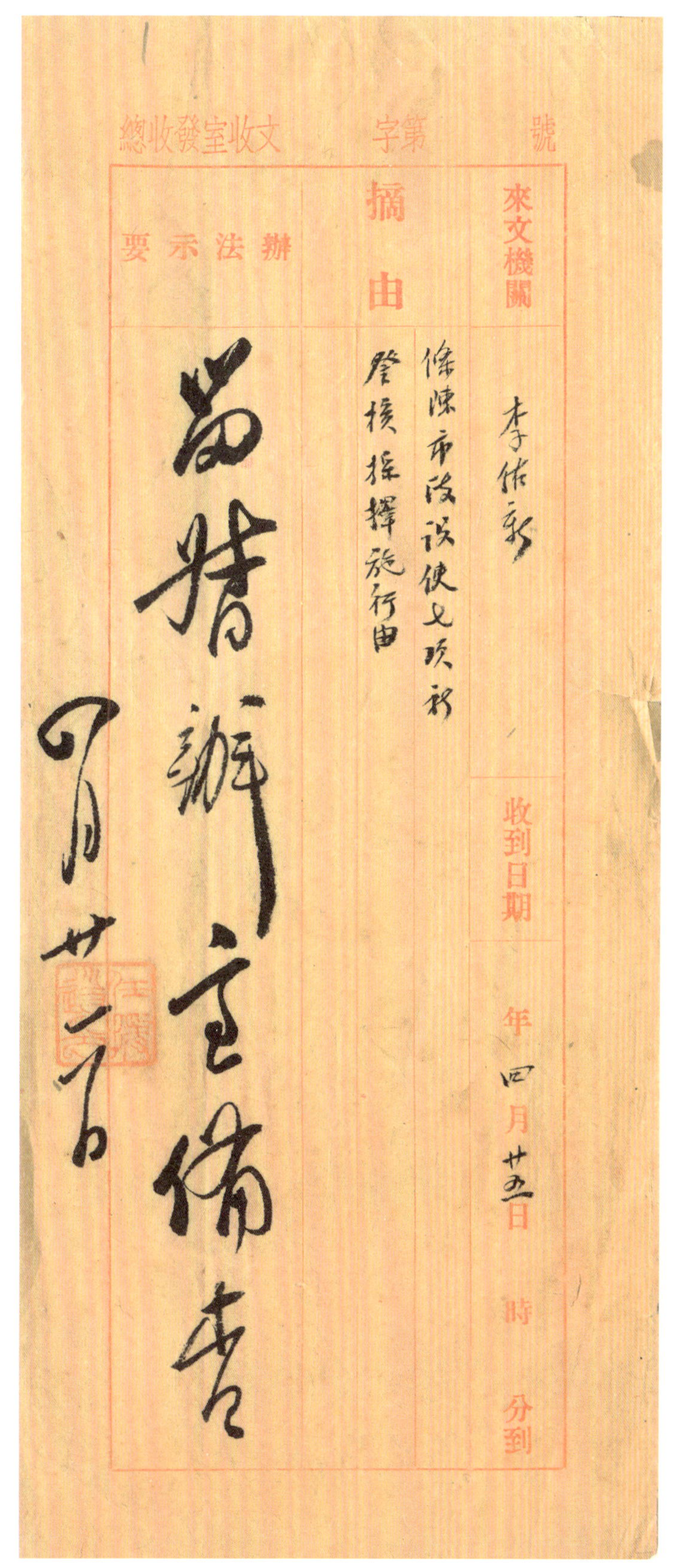
總收發室收文　字第　號

來文機關：李佑新

摘由：條陳市政設施七項祈鑒核採擇施行由

收到日期：年四月廿五日時分到

辦法示要：留備參考

四月廿一日

南京市自治委員會用箋

收文字第十號

中華民國廿七年四月二十五日

謹陳者、竊維南京為六朝名勝之地、有龍蟠虎踞之雄、素為華中政治要區、建設之具規模、近年益臻繁盛、人口曾及百弍拾萬衆、雖無多生產、而附近鄉邑、均極富庶、此次事變、固損毀非輕、然根固者、培養非難、姿美者、粧飾較易、倘能統治得人、集中人材資力、以從事於休養生息、規畫進行、懲覆轍而不尚空談、

南京市自治委員會用箋

按步驟而重求實際、則微特繁榮可復、抑且昌盛可期、自治委員會、應需要而產生、兵燹之餘、人才難集、因陋就簡、難言事功、頗爬梳棼絲、整理秩序、經營不過四月、致治已有根基、由此進行、似稍較易、茲我

鈞座榮膺簡命、來蒞斯邦、碩望鴻謨、郅治可操左券、 政府之明良可頌、市民之

二

南京市自治委員會用箋

幸福堪忻、已看慶洽彈冠、佇听歌興鼓腹、惟是成規既邈、有如经始经營、頭緒尤繁、必須群策群力、當荷

遠追納言之善、宏昭市駿之猷也、佑新自昔隨宦白门、受教茲土、廁身張定武幕數年、又以第四區縣知事分發蘇省、听鼓逾十載、捧檄近百次、備員内政股、亦歷有年所、京市政情事勢、固所嫻知、且嘗遠詣新京、濫

三

南京市自治委員會用箋

等囑託、王道政治、稍得研幾、去冬自治復興、當時哀鴻待哺、頻思就其學歷勉盡心期、靦爲芻蕘之陳、謬拜秘書之命、嗣兼主任繕校、祗得將書記領導嫻熟、而未能直接効力於地方、特對各科設施、及京市狀況、乃得周知而略有研究、蓋值萬民有賴、百廢待興、又幸

大海能容、直言无咎、敢不仰體

南京市自治委員會用箋

德意、敬献菲葑、分條具陳、伏乞
鑒核
（一）鈞署組織、固屬體制宜崇、而財源未
開、度支奇絀、表裏似當兼顧、且救
濟建設工商交通等項事業、莫不需
費孔殷、即使籌有來源、亦難悉供行政、
似於體制經濟之間、應有折中兼顧之計、
（二）在昔法令滋彰、人民易觸禁網、僉壬即因

五

南京市自治委員會用箋

以爲奸、且徒唱高調、章制多不洽民情、怨讟潛滋、可爲殷鑒、現在新法令未經制定之前、似宜彙集舊法令、組會審查、善者因之、不善者廢之、勢有必要、而不合現狀者、修正之、呈准公佈、榜示施行、以昭法守、而免累民、

（三）流亡未歸、才難可嘆、但肇造之初、需才尤亟、似宜慎重銓敘、屏斥冗庸、俾賢能

六

81

南京市自治委員會用箋

望風來歸、俾進者不能溷迹、否則靡費公帑猶小、貽誤事機非輕、抑際此時期、事勢環境、均宜審思、斯學識經驗、即當竝重、遇事束手、固難應付機宜、閉門造車、詎克循行軌道、是則當令為事擇人之會、似須嚴格去取者也、

(四)民困未蘇、流亡載道、勞來安集、是宜急圖、惟國於救濟各端、尚有可斟酌者、(一)發

七

南京市自治委員會用箋

粟雖爲仁政，要難久令坐食，迄今數月，所耗已多，而於民生無補，此後除特殊者外，似宜以賑濟之資金爲謀久遠之生計，(1)設小本借貸，(2)補助小手工業，(3)興辦日用品小工廠。(二)午季將登，春耕在即，似宜與軍部共計保護農村，使農民放胆遄歸，從事南畝，以免麥稻兩傷，釀成災饉。(三)在外商民雖有歸來，仍多羈陷，似宜商之

八

10

南京市自治委員會用牋

特務機關及红卍會、分别接由、以免任其流落、而示愛民之仁、(四)去冬各處圩堤失修、又因軍事多所侵損、瞬届桃汛、危險堪虞、亟宜勸導居民、照例培修、並由公家酌予協助、以重堤防、

(五)繁榮市面、端賴工商、即不能不早籌貨物原料之來源、似宜商之特務機關、速謀貨運交通、俾各業即得恢復、以重

九

民生、而裕稅源、
(六)经濟爲萬事之母、當令行政事業、無不需資、舉辦稅捐、則人以民生凋敝爲詞、依恃助捐、則豈能持久、故宜一方振興工商、以重稅源、保護農村、以致粮賦、目前濟急之策、厥有三端、(1)本市公產極多、大如各洲、小若房地、倘能認真整理、勿任侵蝕、月入即非少數、(2)禁烟一事、已歷多年、

十

12

南京市自治委員會用箋

或緊或弛、迄無善策、竊以為厲禁於徵、殆為上計、嘗親見滿洲國專賣辦法、為我國歷來政策之所不及、擇善而從、古有明訓、顧或謂京市乃絕對禁絕地區、固係國際觀听、姑無論舊時高調忤民、徒以人命犧牲、未有絲毫效果、現以救民為務、正應革除弊端、且禁烟以能清絕為主、不宜效尤而徒託空言、途迄何計迂迴、

十一

13

南京市自治委員會用箋

目的唯求克達、良法果較勝於彼、禁政可如期收功、索驥祇須按圖、國除必皆欽服、蓋以烟民言、吸量以限制而輕、處世免挾制之患、以公家言、禁政既以政良、財政乃有裨益、京市烟民、約有四五萬、月需烟土六七萬兩、人徵照費一元、稅徵每兩一元、月收十萬元以上、以三成爲辦公及謀烟民福利之用、尚可淨入七八萬金、登計收稅等辦法另文具陳

十二

14

南京市自治委員會用箋

（3）此次事變，各鄉村除靠近公路者外，損失多不重大，并聞二麦可望豐收，故以爲本市三鄉、重災村庄，粮賦可以蠲免，其他村庄，對於所欠下忙，或可從寬，至若上忙，似宜照征，如謂册籍散佚，則舊册書多有分册，且圩簿亦可參考，更不妨辦理驗契及土地登記，少收費用，而嚴定罰則，自可照數征收，而爲助於政費非小也。凡此三

十三

端、似皆可行、而勢宜必行者、他如食盐、向来地方多有增加税、此時援例征收、尤無妨碍、舊亦有由盐務機関統辦、而撥助者、似宜查案酌定、又江甯一縣、曾實驗四年、仍復普通縣治、論者深惜隳棄前功、虛糜二三百萬公帑、現在南京又係新都、鈞座昔辦市政、規模既大、不殊京兆尹制度、倘能以此二項原因、商請内政部及

16

南京市自治委员会用笺

苏省府将该县划入本市，以增扶风凭翊拱卫之力，而竟该县实验之功，则百万怡漕，除供其改进政治费外，亦有（大）裨于市财政也。

（七）保甲为我国良法，近年虽昌言施行，无如上则徒鹜虚（名）下惟敷衍塞责，迄无大效，现令匪氛猖獗，警力未充，保甲实为要图，似宜改善章则，切实施行，遴用干才，

十四

南京市自治委員會用箋

督促邁進、使政令易於宣達、而盜匪難以潛藏、治安因以維持、民庶當更感激

上陳七項、均係治標之策、實為亟要之圖、

鈞座明昭日月、何謀不臧、顧維事所易行、即人所易忽、泰山不遺丘垤、是用覼貢芻蕘、惟向日情殷、章成急就、是否有當、伏乞

詧核采擇施行、無任屏營待命之至、謹呈

督辦任

南京市自治委員會助理秘書兼充繕校室主任李佑新謹呈

十五

交通课关于千田兵站司令部会商修补南京市政道路事宜致自治委员会签呈（一九三八年四月二十二日）

140

秘字第490號

簽呈　四月二十二日

案查本京道路破壞頗多車行極感不便自應及早修補惟以經費困難延擱迄今現經千田兵站司令部派員來課會商辦法決定暫雇工人四十四名先由下關沿中山路直達中山門分為四段於本月二十一日同時興工所需費用均由該部負擔至設計監工徵集材料等則由本課負責籌劃惟查本課是項技術人員曾於上月去職尚未請補茲查有李文耀一員對於土木工程具有經驗擬請委充一等辦事員暫支月薪六十元又席德林一員熟悉路工情形擬請由課派充臨時服務員月支津貼三十元

南京市自治委員會交通課稿紙

分任設計及監工之責是否有當理合簽請

鑒核示遵

謹呈

代會長孫

工兼交通課課長趙公謹

與委の廿二

14

七、索赔保护

陶锡三、自治委员会等关于陶锡三会长住宅物品遗失事的往来公文

陶锡三关于住宅物品遗失事的报告（一九三八年二月十三日）

收文 字第265號
秘字第102號
中華民國廿七年二月十五日

為報告事一月二十九日據家人報称市府路二十七號住宅前經軍人已經搬出
入屋查看所有全部紅木傢俱及衣箱磁銅器与一切用品約值四五千元被
刼一空尚不足惜惟内有佛堂一間供奉 老祖乩筆畫像及神聖佛像
與歷代祖宗神位父母遺像並道院傳授太乙北極真經及午集正經
未集經髓与各種經典為修道以来十六年身心性命所寄託日日馨
香奉祀者也今竟全行被刼聞之傷心滴淚悲泣如喪考妣痛不欲生
正在辭職靜養之時又遭此非常慘痛病益加劇日前並滴泣叩求
孫會長
王廳長代為協助緝獲當承 王廳長派警會同家人分往一二區

油印八十份

69

各處棚户搜查一無所得昨日復派人至各處書畫攤逐日尋找迄無所獲前在該宅中查得住軍遺下日本郵片一枚上書「中島本部部隊野田之隊天野隊長天野鄉三様」此天野先生當係住在該屋之軍人可否轉請日方軍政長官代向天野先生探詢曾否見此經像法寶是否以同文同信神佛關係代為收存如能藉此線索返還原物則心神始能安定病體得以就痊皆出自

大德之所賜也無任叩禱待命之至此致

南京市自治委員會

陶錫三叩上

一月十三日

附日本郵片一枚又附損失經像清單一紙

老祖硃筆石門傳經畫像　老祖相片連鏡框

關聖相片連鏡框　濟佛相片連鏡框

達摩佛相片連鏡框　老祖及五教主紙製神位鏡框

提度七代祖宗絹製楠木玻璃神位　觀音菩薩磁像大小兩尊

父母遺像四寸鏡框兩尊　太乙北極真經七本

太乙北極正經三部　太乙北極未集經隨乚部

自治委员会致特务机关、日本大使馆公函（一九三八年二月二十二日）

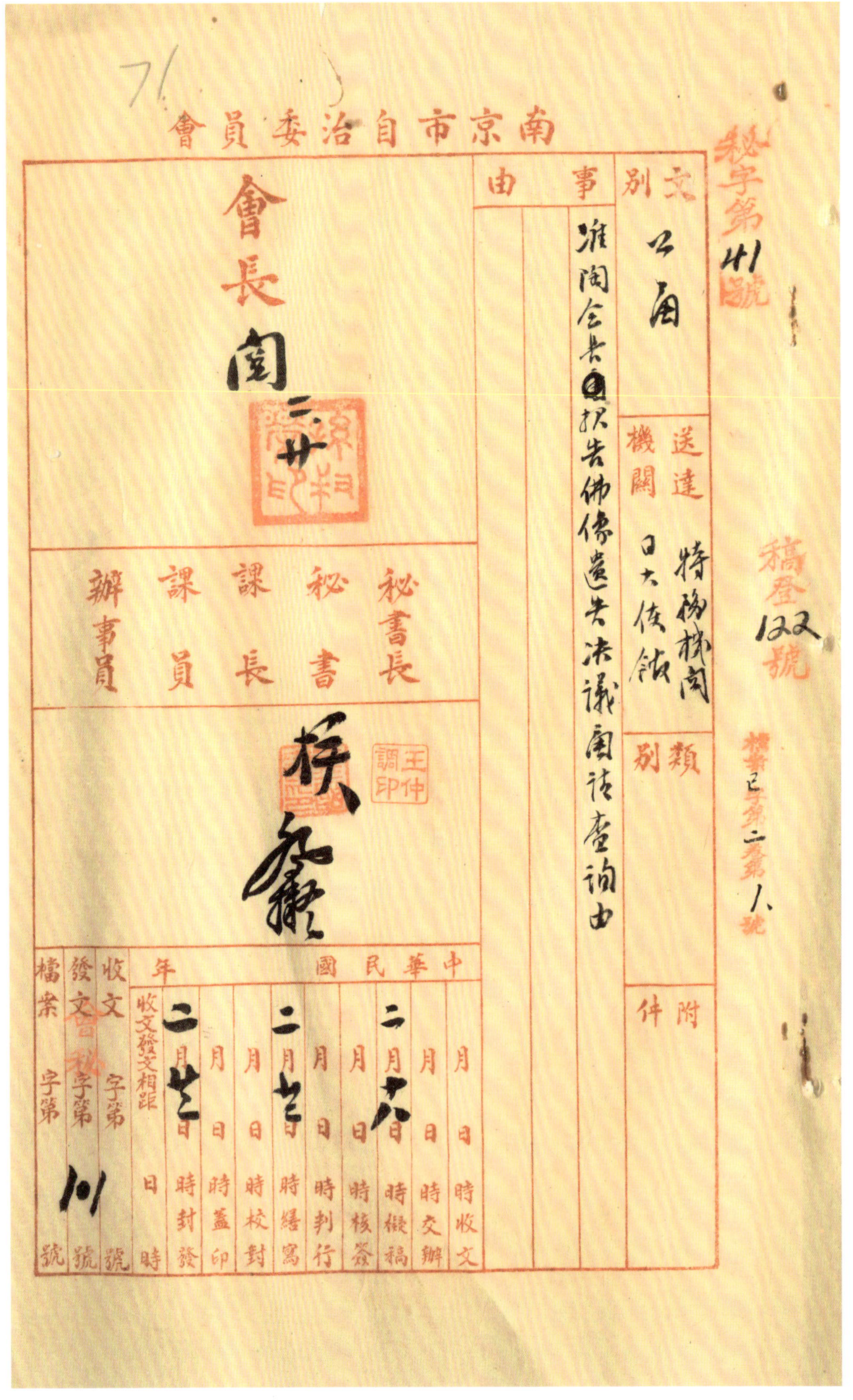

71

南京市自治委員會

秘字第41號

文別：公函

事由：准陶會長面報告佛像處置決議函請查詢由

送達機關：特務機關 日大使館

類別

附件

稿登122號

檔案已字第二類第八號

會長 陶（二、廿）

秘書長 秘書 課長 課員 辦事員

王仲調印

中華民國 年

收文 月 日 時

交辦 月 日 時

擬稿 二月十六日 時

核簽 月 日 時

判行 月 日 時

繕寫 二月廿一日 時

校對 月 日 時

蓋印 月 日 時

封發 二月廿二日 時

收文發文相距 日 時

收文 字第 號

發文 秘字第 41 號

檔案 字第 號

公函第會秘一〇一號

敬啟者，敝會第十四次常會，據准陶會長[illegible]報告，以市府路二十七號住宅內供奉孔聖畫像及神佛等像，遺失，於去歲室中檢得住軍遺下郵片，上書中島本部小隊、野田小隊、天野隊長天野鄉三様等字樣，請求日方軍政當局代為查詢等語，由經列席之松岡先生允予代為調查，並由會函請，決議紀錄在案，相應抄附報告，備函請

查照辦理為荷。此致

特務機關

日本大使館
附報告貳份

中華民國花年二月十八日

自治委员会再次致特务机关、日本大使馆公函（一九三八年三月一日）

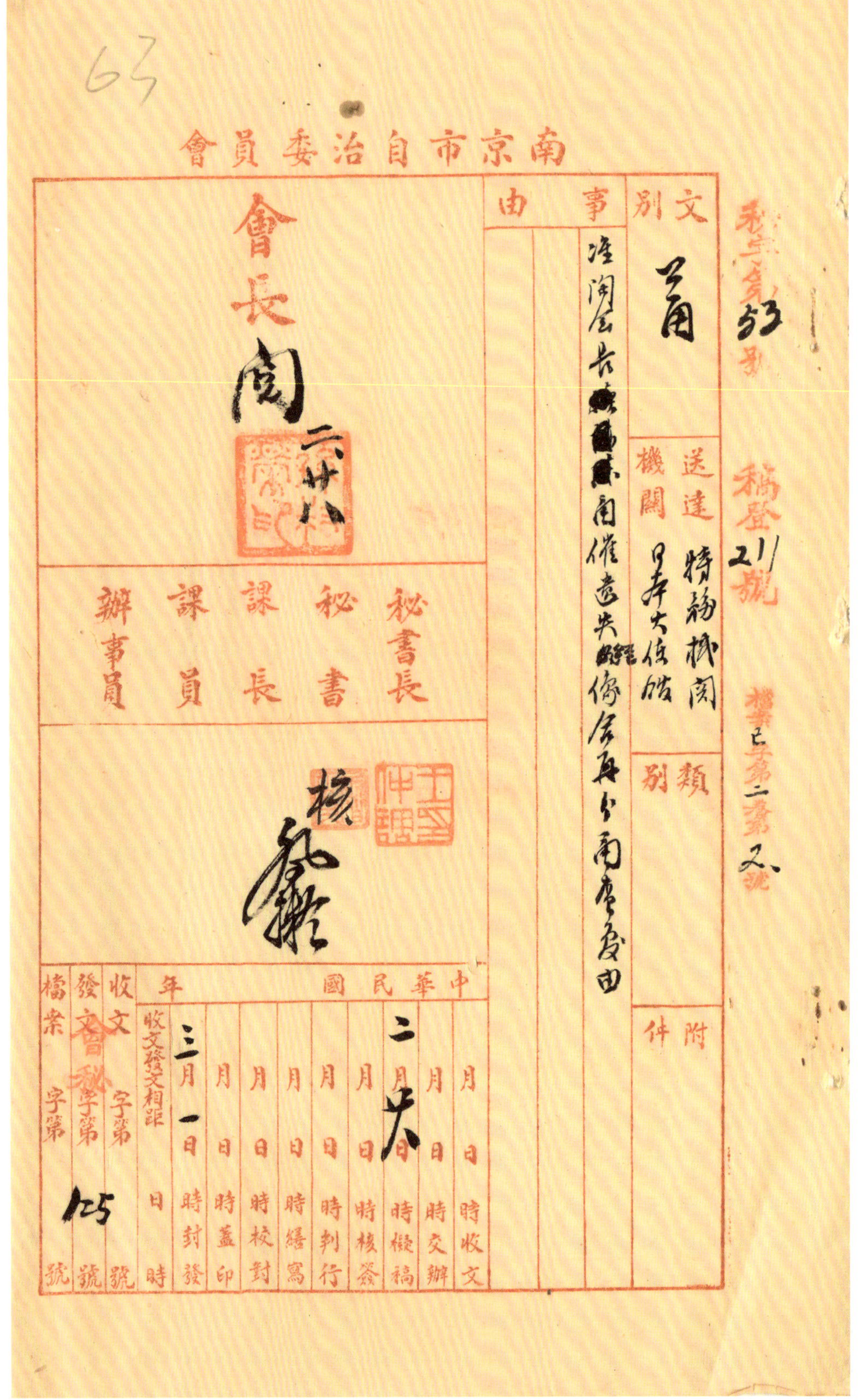
63

南京市自治委員會

文别：稿
事由：准闵会长函属闵催还失踪僑民再予查明由
送達機關：特務機關、日本大使館
類别：
附件：

會長 閔 二廿八

秘書長 秘書 課長 課員 辦事員

核 稿

中華民國 年
收文 月 日 時
交辦 月 日 時
擬稿 二月廿六日 時
核簽 月 日 時
判行 月 日 時
繕寫 月 日 時
校對 月 日 時
蓋印 月 日 時
封發 三月一日 時

收文發文相距 日 時
收文字第 號
發文 會秘 字第 125 號
檔案字第 號

委字第 53 號
稿登 21 號
檔案已字第二卷 又 號

出函第　會秘　125　號

敬啓者，案照敎會陶會長前以市府路二十七號住宅內，供奉畫像及神聖佛像等件遺失，弱在該處內據淳郵局長天野卿三字條，函請查詢前來，經敎會決議，并分函

大使館

特務機關　各在案，茲復函催令再詳細查詢，即希

查照前因，轉飭見復，毋任企盼，此請

特務機關

日本大使館

中華民國廿七年二月廿八日

任筱蘭繕 二、一

南京市自治委員會公函

特務機關

事由	擬辦	批示	備考
准陶會長函催遺失經像合再分函查復由			
附件			

字第　號

年　月　日　封

收文　字第　號

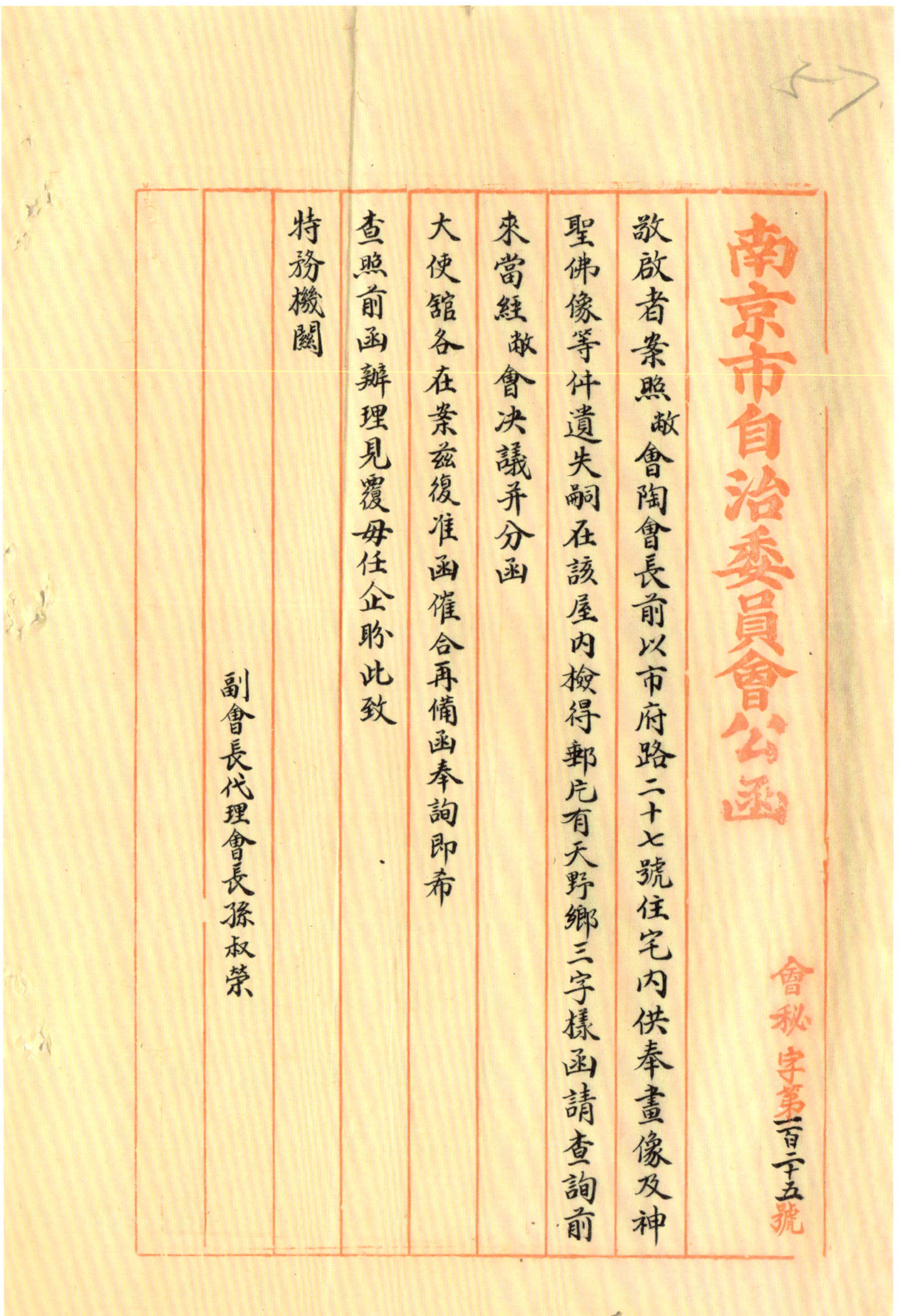

南京市自治委員會公函

會秘字第一百二十五號

敬啟者案照敝會陶會長前以市府路二十七號住宅内供奉畫像及神聖佛像等件遺失嗣在該屋内檢得郵片有天野鄉三字樣函請查詢前來當經敝會決議并分函大使館各在案兹復准函催合再備函奉詢即希查照前函辦理見覆毋任企盼此致

特務機關

副會長代理會長孫叔榮

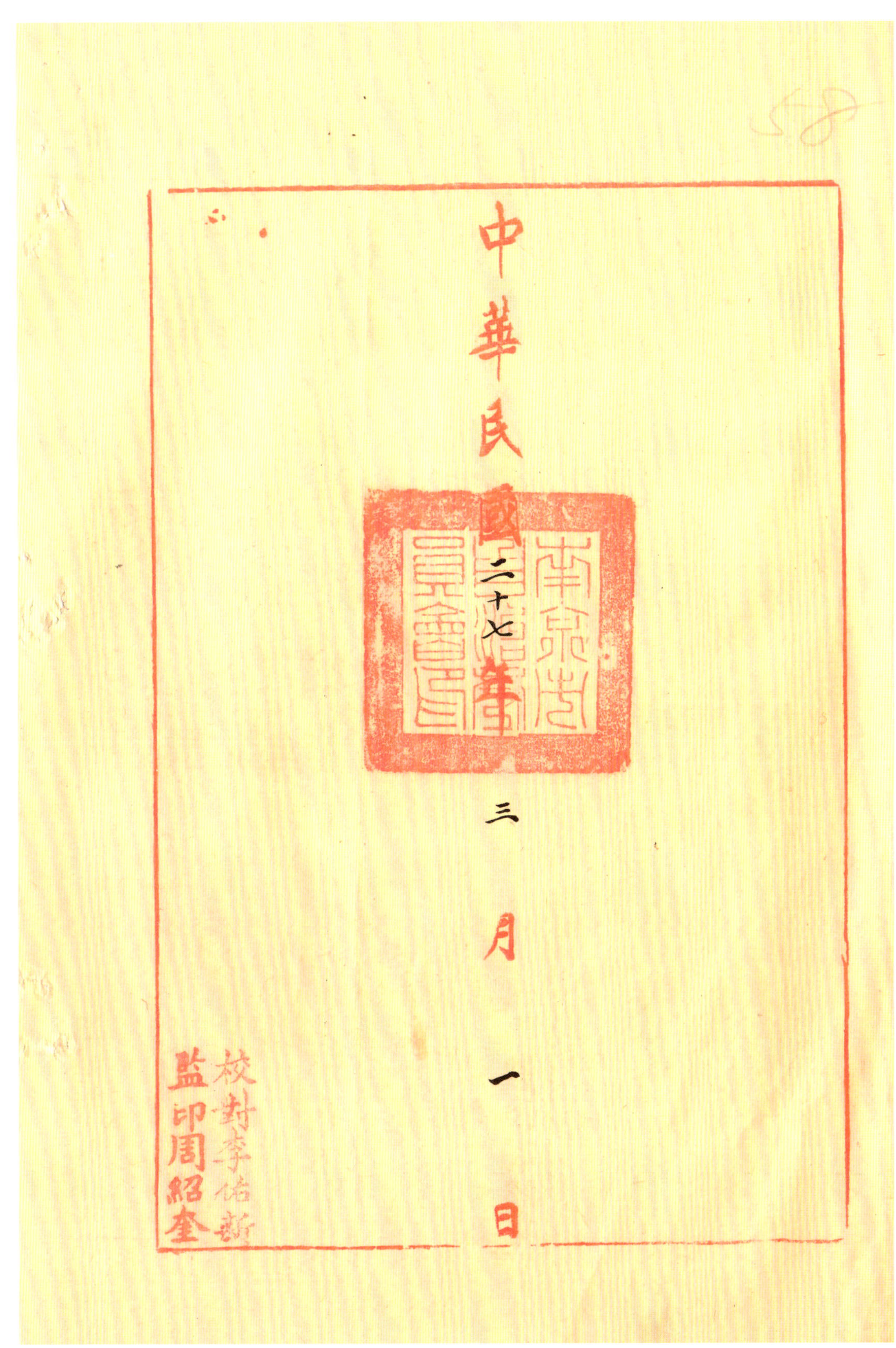
中華民國二十七年三月一日

校對李佑新
監印周紹奎

自治委员会致陶锡三会长公函（一九三八年三月九日）

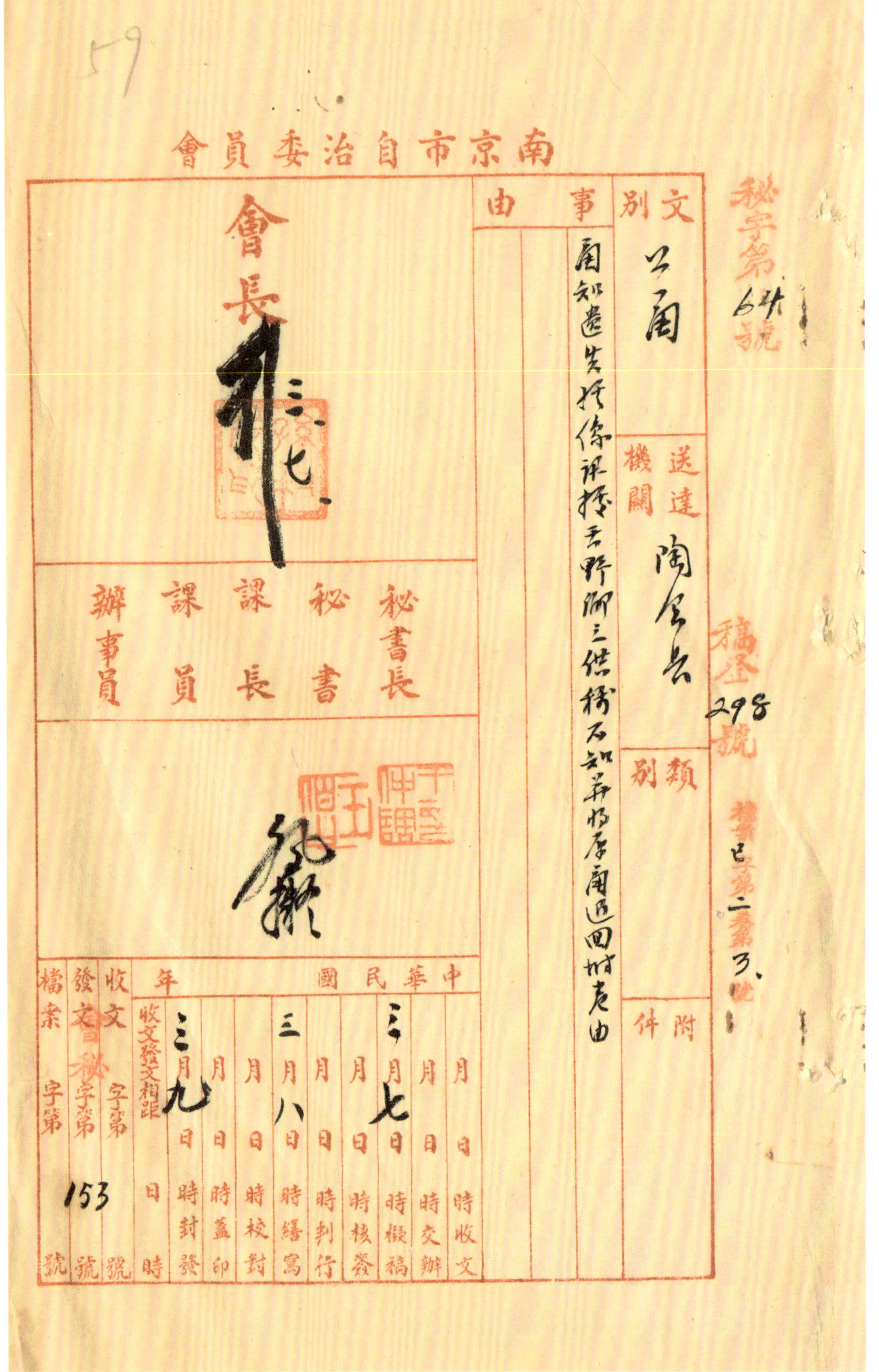
南京市自治委員會

文別：公函

送達機關：陶會長

事由：函知遴先擇係根據吾鄉三供稱石知弟乃彦函送四份請查照由

會長 三、七、

秘書長

秘書

課長

課員

辦事員

秘字第 號

稿第298號

中華民國 年 三月七日擬稿 三月八日繕寫 三月九日封發

收文 字第 號

發文 會秘字第153號

公函第153號

逕啟者：此准
貴國藤川市村路住宅內遺失物件一事，當經分函
特務機關查詢去後，茲准
日本大佐派 特務機關小島先生來会面述：天野卿三因他案已
押在憲兵隊訊問，
陶会長住宅遺失物件事，據供不知，並經嚴密查詢，
等語，並將原函退回，准此。除將原函附卷外，合先據函請
查照。此致
会長陶。

中華民國廿七年三月七日

自治委员会保护万泉酒坊、华丰裕酒厂的布告（一九三八年二月十八日）

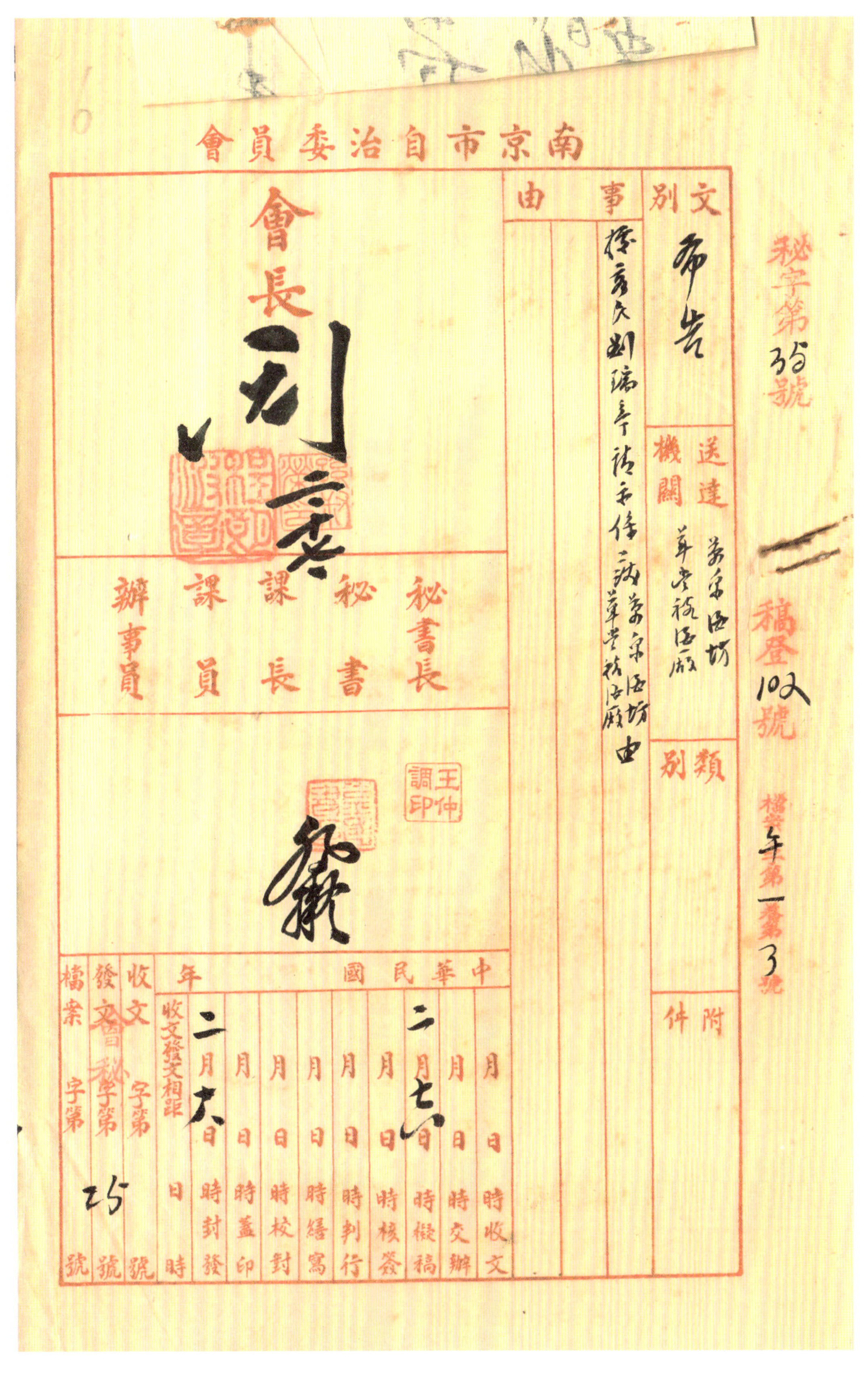
南京市自治委員會

會長 [illegible]

秘書長

秘書

課長

課員

辦事員

文别 布告

事由 據萬泉酒坊劉瑞亭請示保護萬泉酒坊華豐裕酒廠由

送達機關 萬泉酒坊 華豐裕酒廠

類別

附件

中華民國　年

收文 二月十六日

發文 秘字第 25 號

秘字第35號

稿登102號

檔案年第一卷第3號

布告第　　廿五　　號

會秘

為布告事，據商民劉瑞亭稱，向在通濟門地方開設黃泉源坊、華興茂油廠，營業多年，近因戰後時有宵小前往搬取物件，作踐該坊廠，懇請諭示保護前來。查本市秩序業已回復，各業正謀復興之際，豈容莠等擾害，合亟布告，仰閱境人等一体知悉，自此布告之後，倘有不肖之徒仍前搬取該坊廠物件，或故意滋擾等情事，許該商民扭送警局，嚴行懲辦，其各凛遵毋違，此布。

實貼　黃泉源坊
　　　華興茂油廠

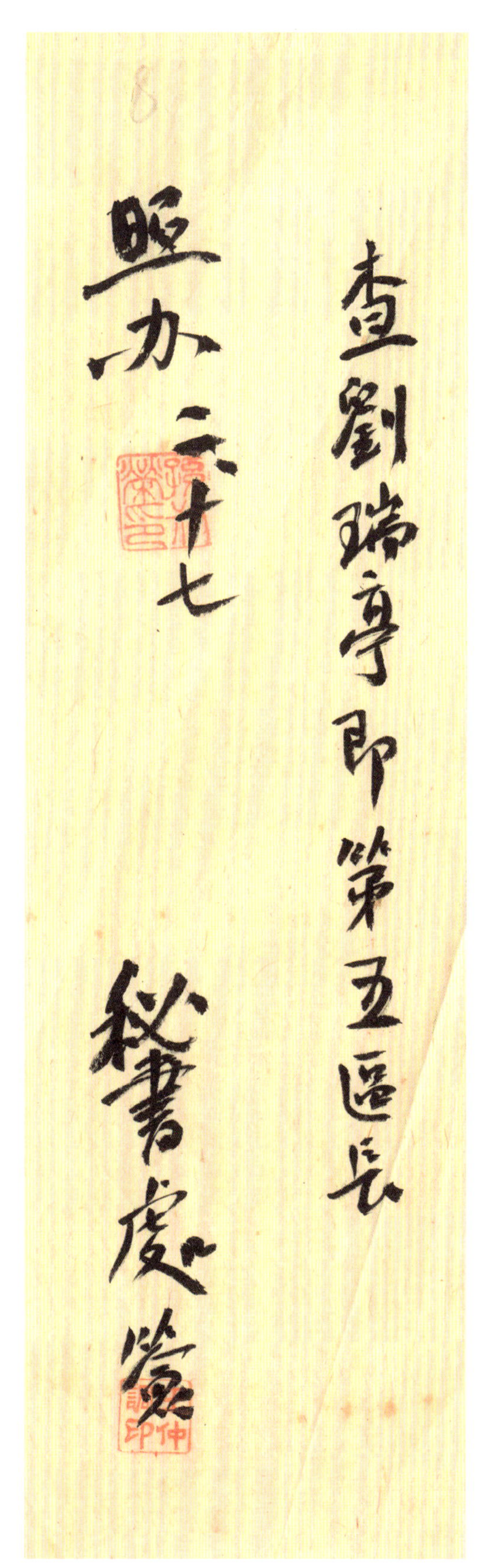
8

查劉瑞亭即第五區長

照办 二六十七

秘書處啓

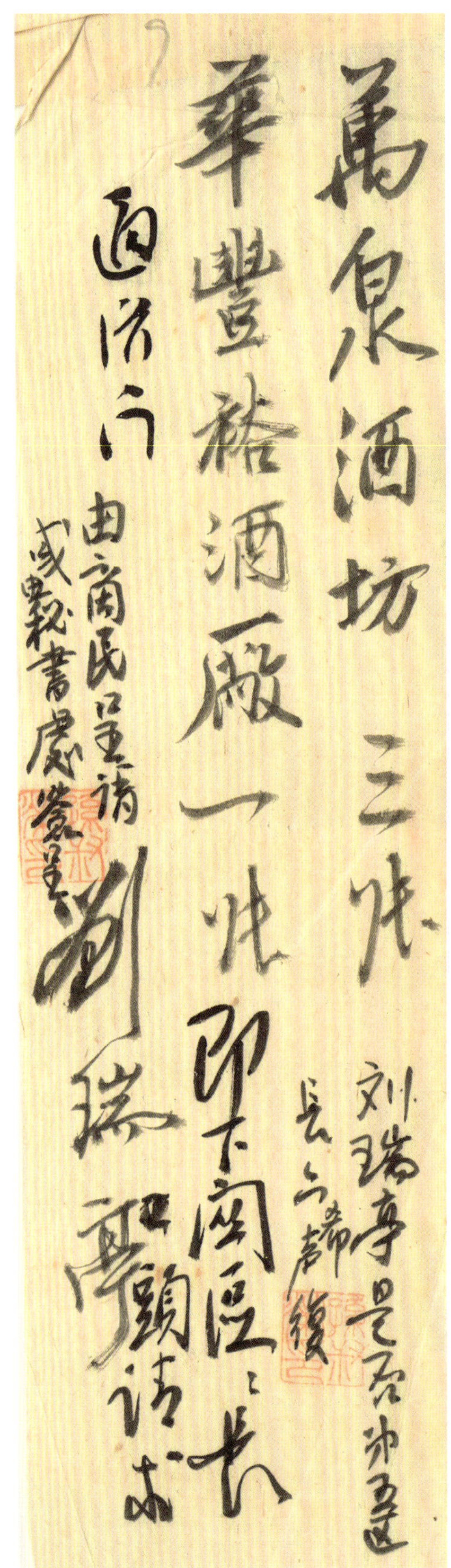

萬泉酒坊三張

華豐醬酒廠一張

即下函區區長逕送行

由商民呈請

或由秘書處簽呈

劉瑞亭頓請示

刘瑞亭是否亦予送

長官鈞座復

中華民國花年二月十六日

伍筱蘭謹　乙、十八、

自治委员会、特务机关等关于福昌饭店复业审批事的往来公文

德商斯派林为申请重新营业致自治委员会函（一九三八年三月三日）

福 昌 飯 店

FOO CHONG HOTEL

57 CHUNG SAN ROAD

NANKING

TELEGRAM ADDRESS: "PHONE 21161

TELEPHONE: 21161-3

南京新街口中山路五十七號
電話總機二一一六一至三號
電報通訊(話二一一六一號)

Nanking, 3. March 1938.-

To the

Self-Government

of Nanking.-

Dear Sirs,

I, the Undersign, beg you to give me permission to reopen the Foo-Chong Hotel situated at No 57 Chung San Road Nanking.-

The Foo-Chong Hotel is a Compagnie with foreign investment and German Kapital and was managed by me during the fighting in and around Nanking.-

Mr. Kikuchi from the Imp Jap. Headquarters and Mr. Takadama of the Embassy Police promised to help me to carry on.-

I like to registered the Foo-Chong Hotel at present with Ch.$ 10,000 for a Start and time being.-

Thanking you in advance

respectfuly

Eduard Sperling.-

Eduard Sperling,

21 Ta Fang Hsiang - Nanking.-

即請會同警廳查給福昌飯店臨時營業執照送大方巷廿一號司派林洋人家

孫典

函特务机关司派林经营福昌饭店
先与菊地接洽业已接电并报请
本会发给营业临时许可证

工商课为发给福昌饭店临时营业执照致自治委员会签呈（一九三八年三月三日）

敬簽呈者：茲據德商斯派林來函，為原在中山路五十七號開設福昌飯店，現擬恢復營業，請發給營業執照前來。查本課原訂有南京市工商業登記規則一種，呈奉鈞會核准施行，嗣因與警察廳權限爭執，迄未公佈，前為權宜變通辦理，擬先發給該福昌飯店臨時營業執照，俟本會工商業登記規則公佈後，再行換發正式營業許可證。所擬是否有當，理合檢同所擬臨時營業執照式樣一紙，簽請

鈞會鑒核施行！

事關外商，姑准照辦。三、三

秘字第174號 年三月三日

工商課課長王承典

三月三日

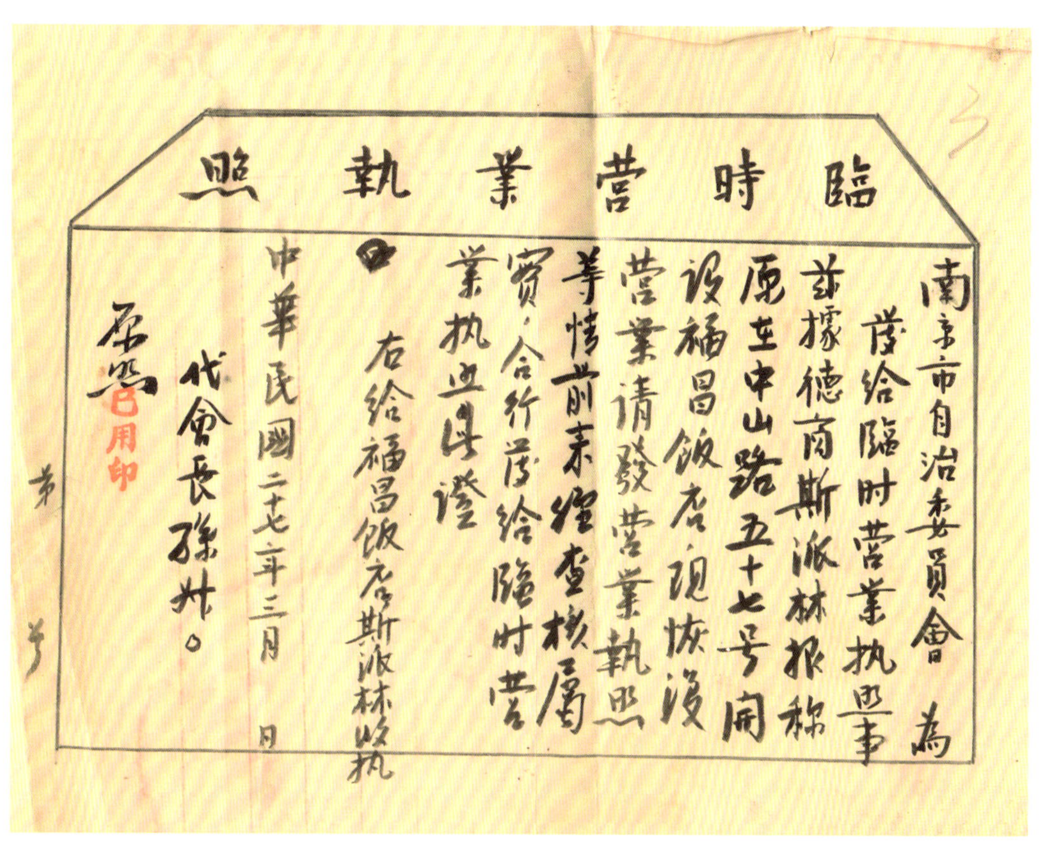

3

臨時營業執照

南京市自治委員會　為

發給臨時營業執照事

茲據德商斯派林報稱

原在中山路五十七号開

設福昌飯店，現恢復

營業，請發營業執照

等情，前來經查核屬

實，合行發給臨時營

業執照，以憑證

右給福昌飯店斯派林收執

中華民國二十七年三月　日

代會長孫升。

原照（已用印）

第　号

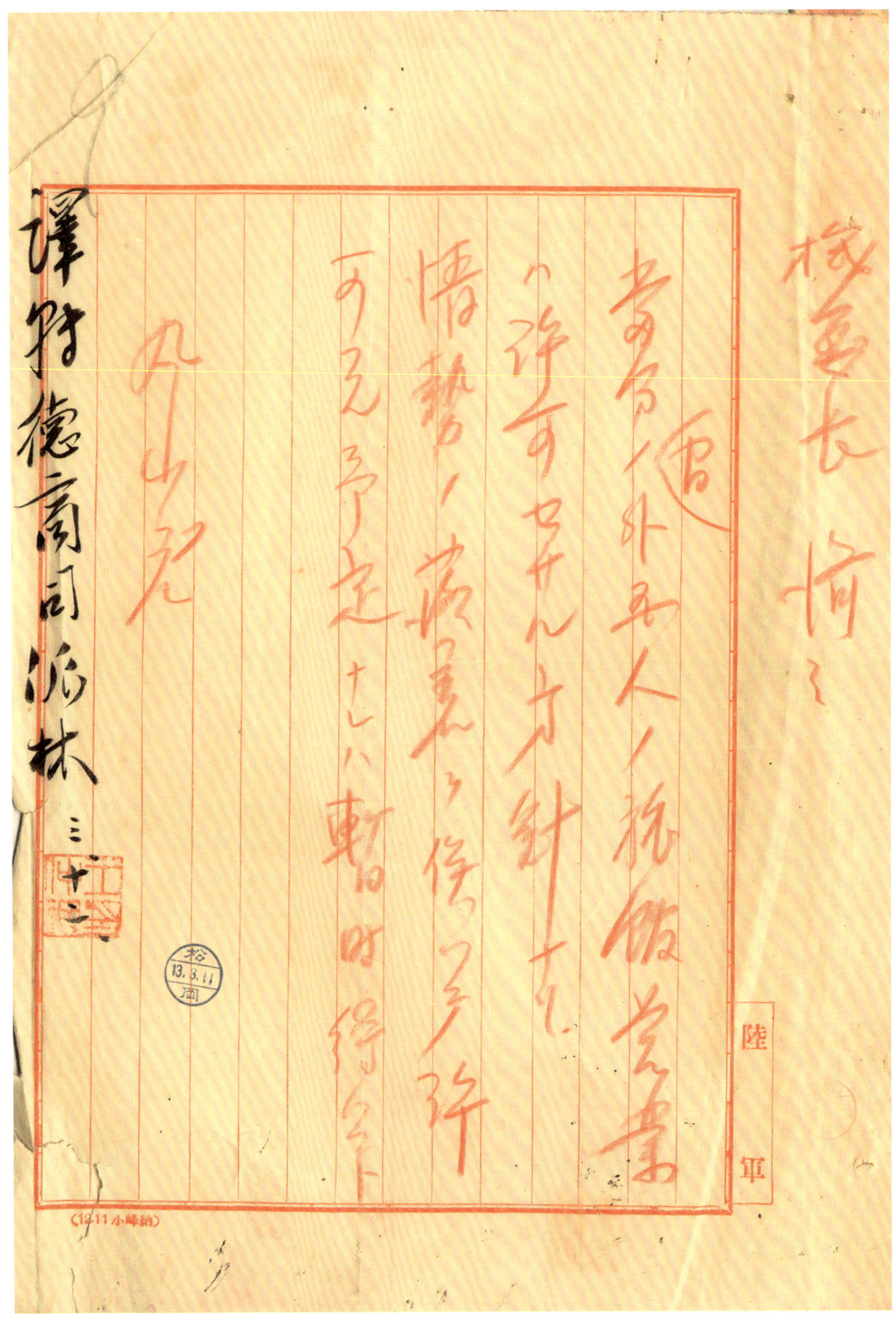

□委長 閣下

当方ノ外国人ノ抗做営業ハ許可セサル方針ナルモ情勢ノ發展ニ従ツテノ許可スルコト予定ナレハ暫時待タレ度

（酒）

丸山記

譯 特德商司 派林

三十二

陸軍

（12.11小峰納）

自治委员会关于德商福昌饭店恢复营业发给临时执照致特务机关等公函（一九三八年三月十一日）

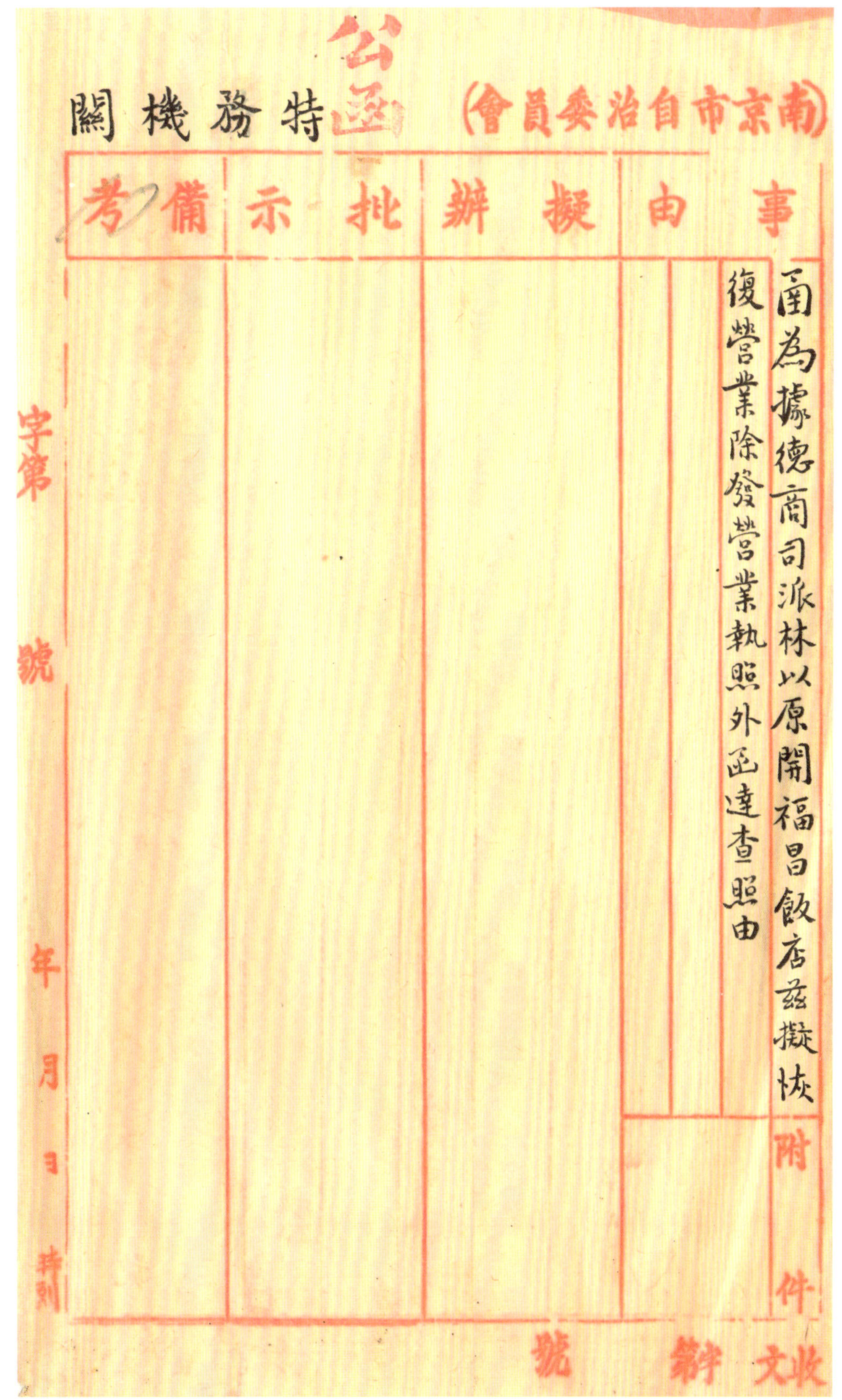
南京市自治委員會公函

特務機關

事由：函為據德商司派林以原開福昌飯店茲擬恢復營業除發營業執照外函達查照由

附件

擬辦

批示

備考

字第　號

年　月　日　時刻

收文　字第　號

11

南京市自治委員會公函

會工字第一百六十二號

案據德商司派林來函以原在中山路五十七號開設福昌飯店現擬恢復營業已先與

貴部菊地健一先生接洽蒙接水電茲請發給營業執照等由准此除由本會發給臨時營業執照外相應函達

即希

查照為荷此致

特務機關

副會長代理會長孫叔榮

中華民國二十七年三月十一日

校對李佑新

監印周紹奎

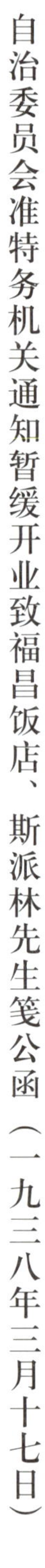

自治委员会准特务机关通知暂缓开业致福昌饭店、斯派林先生笺公函（一九三八年三月十七日）

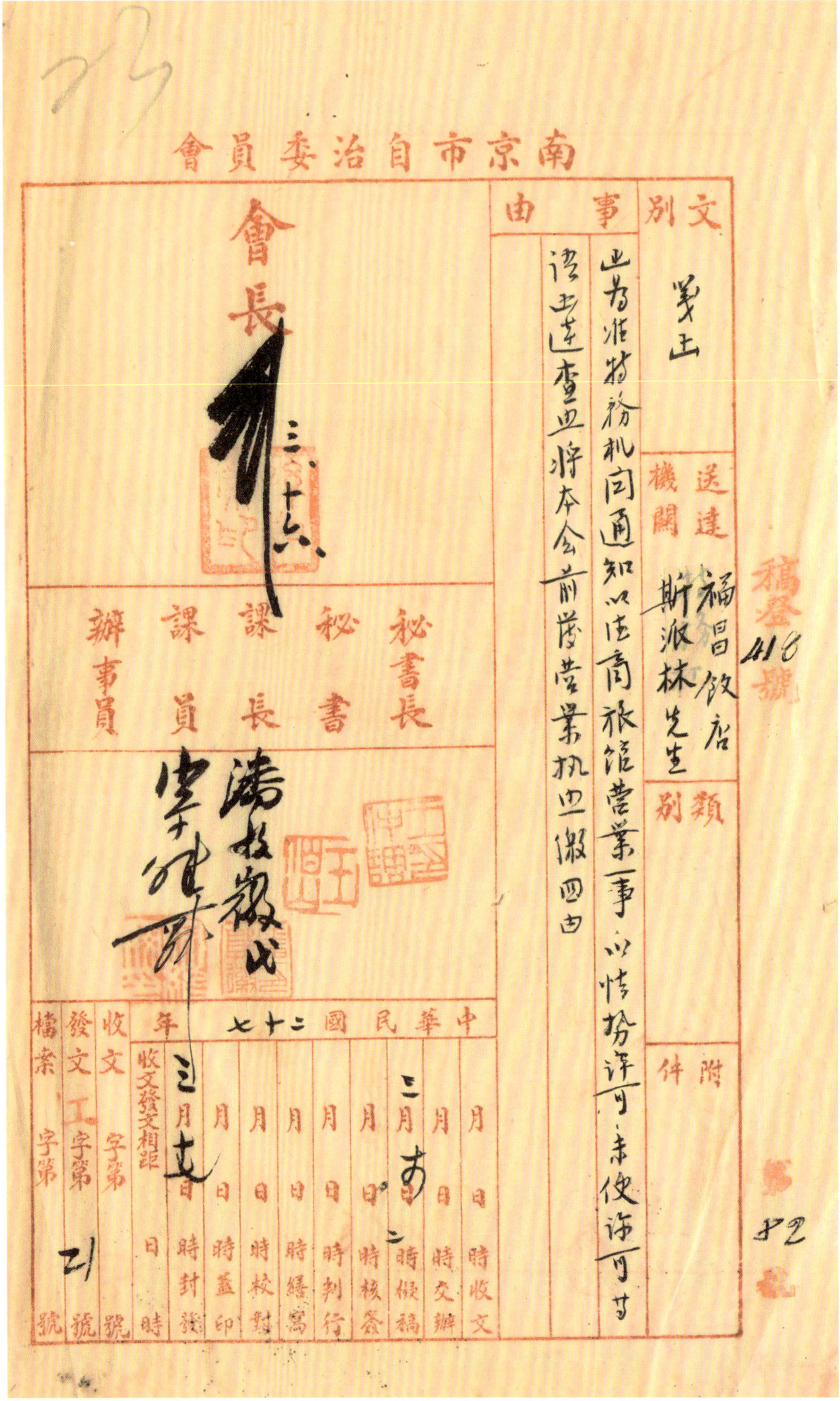

南京市自治委員會

文別	箋函
事由	此為准特務机關通知以法商旅館營業一事以情勢許可未便許可并請此達查照並將本会前發營業执照繳回由
送達機關	福昌飯店 斯派林先生
類別	
附件	

會長 三、十六

秘書長 秘書 課長 課員 辦事員

中華民國二十七年

收文	交辦	擬稿	核簽	判行	繕寫	校對	蓋印	封發	收文發文相距
月 日 時	月 日 時	三月十六日 時	月 日 時	月 日 時	月 日 時	月 日 時	月 日 時	三月十七日 時	日 時

收文 字第 號
發文 工字第 21 號
檔案 字第 號

稿登 416 號

第 82 號

致法商福昌飯店斯派林箋函稿

逕啟者：案查前准

台端來函，以原開設之福昌飯店，現擬恢復營業，囑發給營業執照等由，當經本會發給臨时營業執照一紙送請查收並由會函送 特務機關查照在案。兹准特務機關通知，以外人法商之旅館營業一事，現以情勢關係，未便許可。俟視以後情勢再行決定，應暫緩辦，相應函達，即請查照，并將前發之臨时營業執照繳回註銷為荷。此致

斯派林先生

會戳啟

三月 日

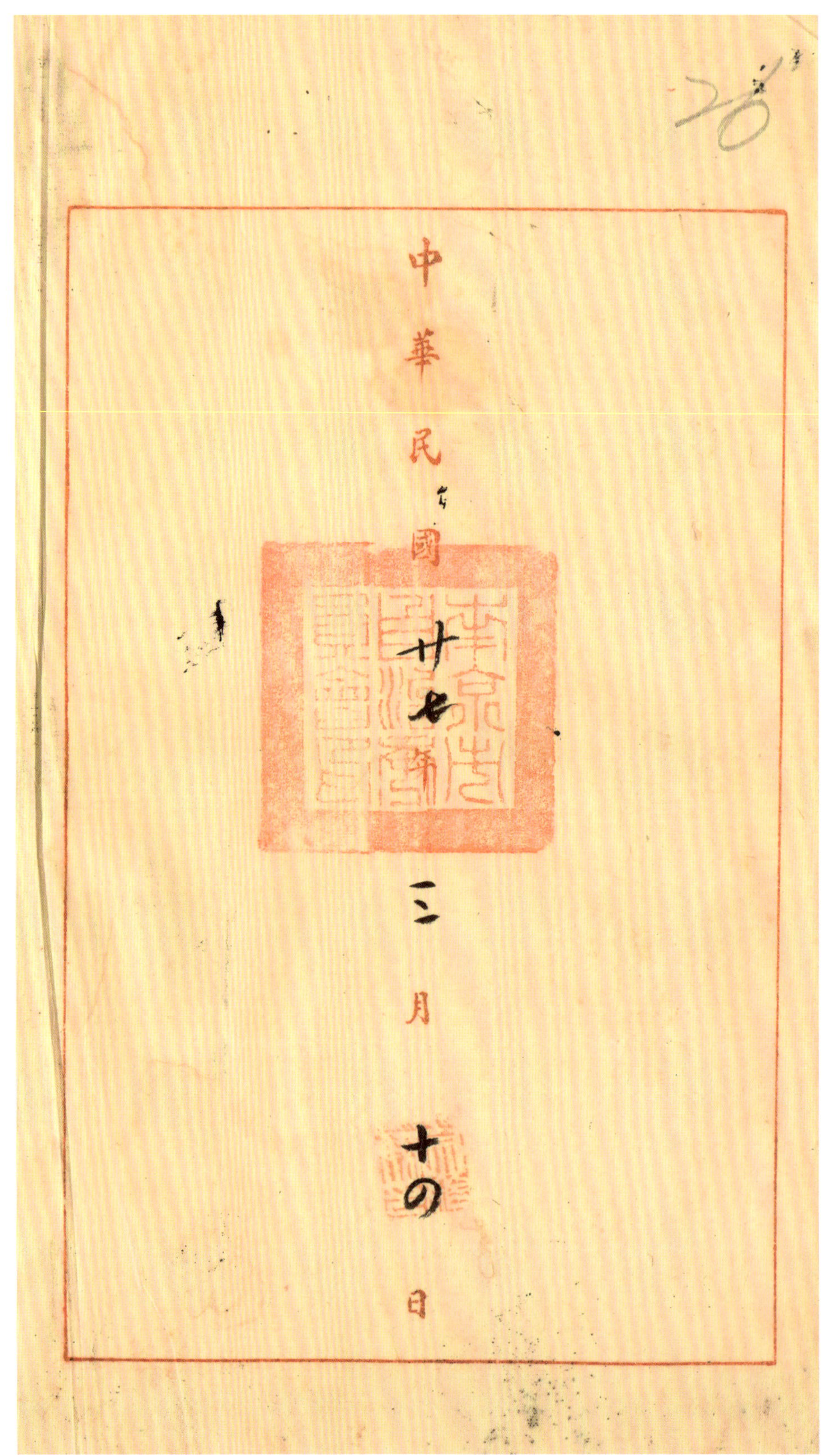

中華民國廿七年三月十四日

自治委员会为调回德商福昌饭店营业执照致特务机关公函（一九三八年三月二十七日）

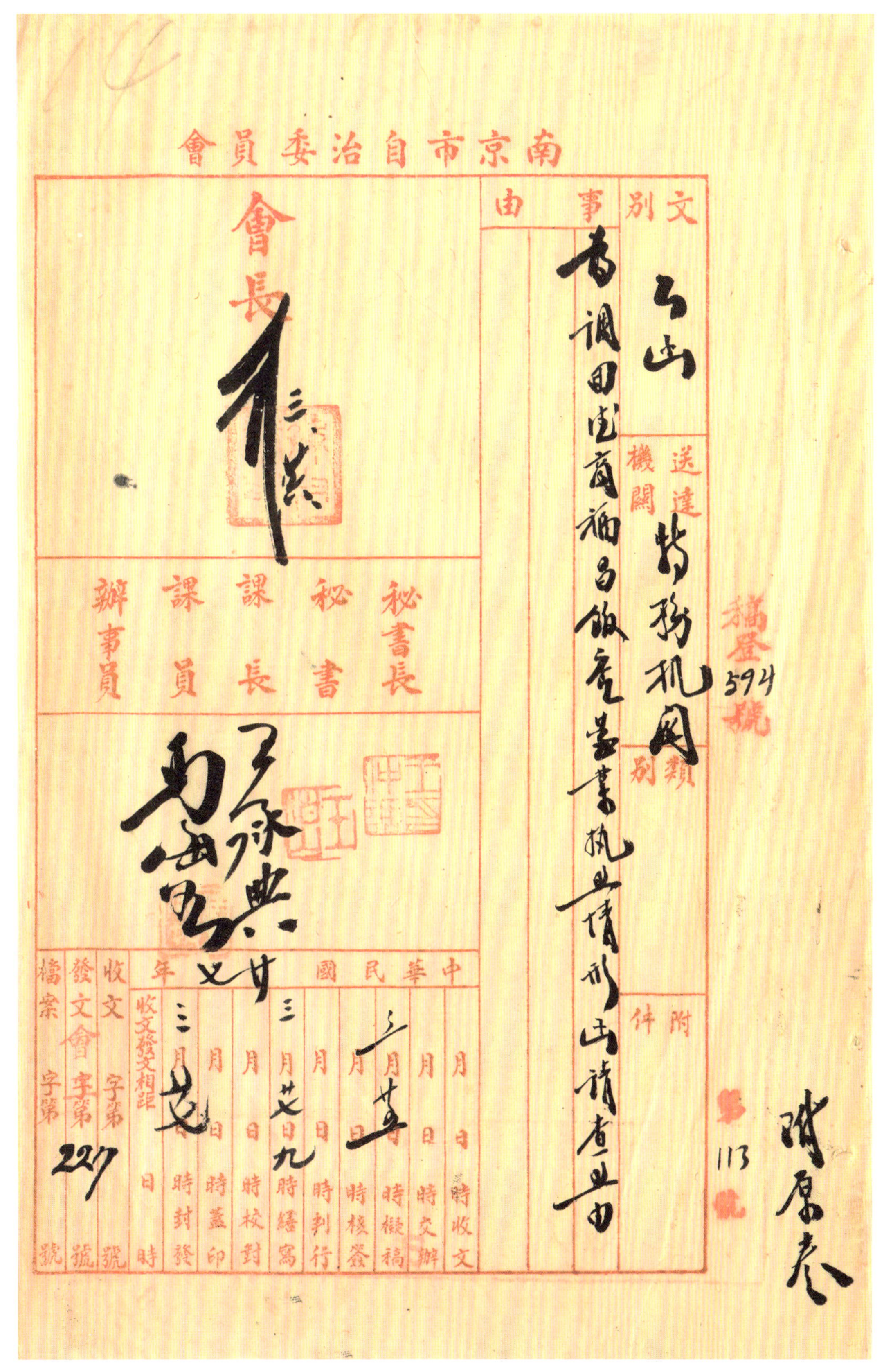
南京市自治委員會

文別：公函
送達機關：特務机關
類別：
事由：為調回德商福昌飯店營業執照請查照由
附件：

會長
秘書長
秘書
課長
課員
辦事員

中華民國 廿七 年
收文 月 日 時
交辦 月 日 時
擬稿 三月廿五日 時
核簽 月 日 時
判行 月 日 時
繕寫 三月廿七日九時
校對 月 日 時
蓋印 月 日 時
封發 三月廿七日 時
收文發文相距 日 時
收文 字第 號
發文會字第 227 號
檔案 字第 號

稿登 594 號
第 113 號

會銜　玉山　擬　高市長簽發

案、查德商斯派林原開之福昌飯店，請收拆復營業一案，前准貴部通知，應視將來情勢，再行决定，暫從緩辦等語，當即轉函查照在案，茲准該德商斯派林將原領之臨時營業執照繳送到會，除註銷外，相應函達，即希貴部查照爲荷。此致

特務機關

16

副会長代理会長 孫○○

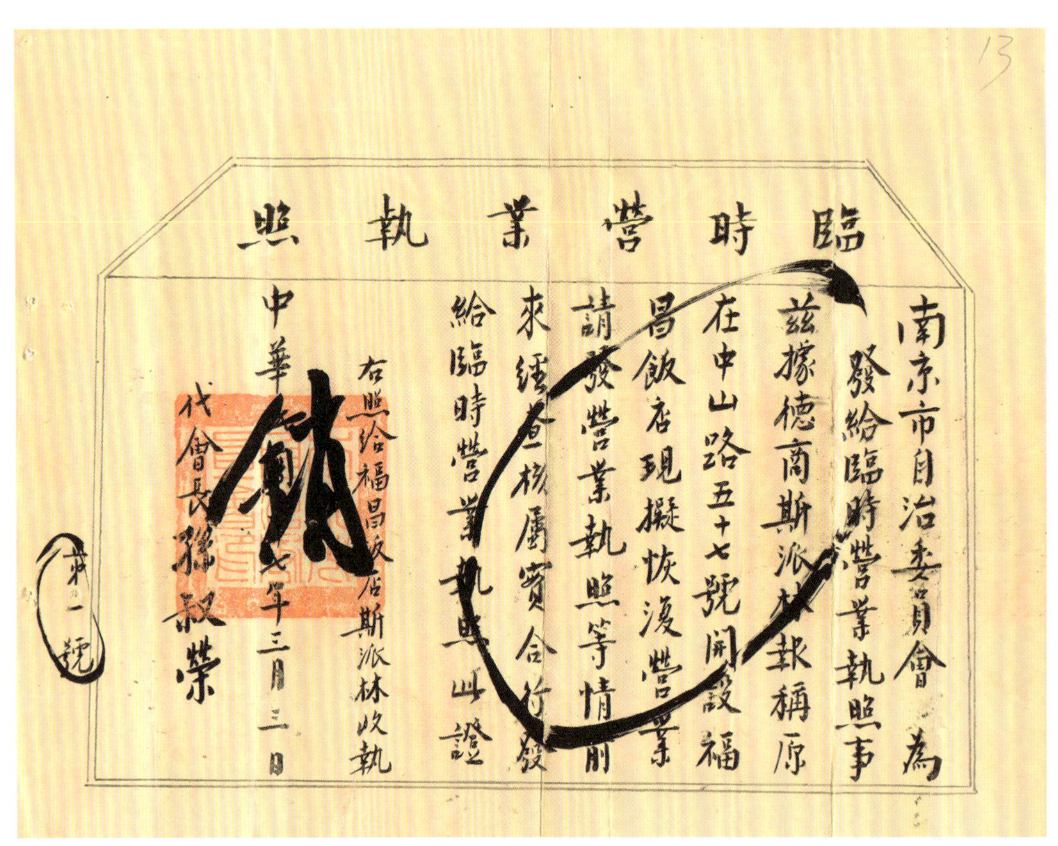

13

臨時營業執照

南京市自治委員會為
發給臨時營業執照事
茲據德商斯派林報稱原
在中山路五十七號開設福
昌飯店現擬恢復營業
請發營業執照等情前
來經查核屬實合行發
給臨時營業執照此證

右照給福昌飯店斯派林收執

中華民國二十七年三月三日

代會長孫叔榮

第一號

銷

中華民國廿七年三月廿五日

自治委员会关于福昌饭店由徐玉山自行开办致特务机关公函及签批（一九三八年三月二十九日）

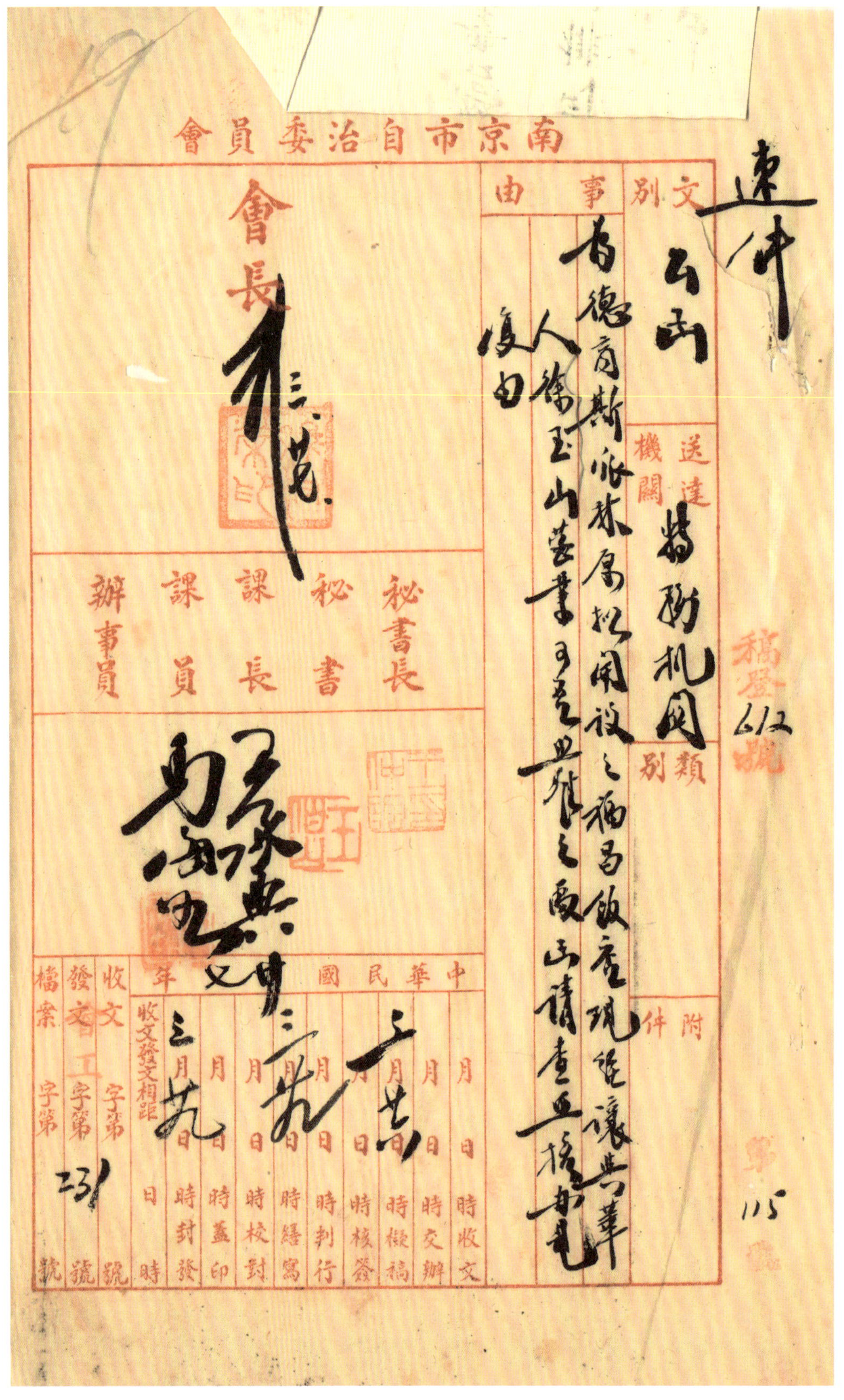
南京市自治委員會

速件

文別：公函

送達機關：特務機關

類別

附件

事由：為德商斯派林房屋開設之福昌飯店現經讓與華人徐玉山營業……函請查照核辦見復由

會長

秘書長　秘書　課長　課員　辦事員

稿登612號

第115號

中華民國　年　月　日收文　月　日交辦　月　日擬稿　月　日核簽　月　日判行　月　日繕寫　月　日校對　月　日蓋印　月　日封發　收文發文相距　日　時

收文　字第　號

發文　工字第　號

檔案　字第　號

令銜工函　字第　　號

頃據市民詹玉山呈報：略以：今由
外商德人斯派林名下盤得新街之
福昌飯店，歸商民玉山自行開福壽
書。所有與德人斯派林過盤手續，
已理結清楚，並對其呈聲明，懇請
發給執照，俾便即日開幕，藉以營
業等由。案，為德僑事情：據此，查
德商斯派林招盤福昌飯店填復營
業一案，前准

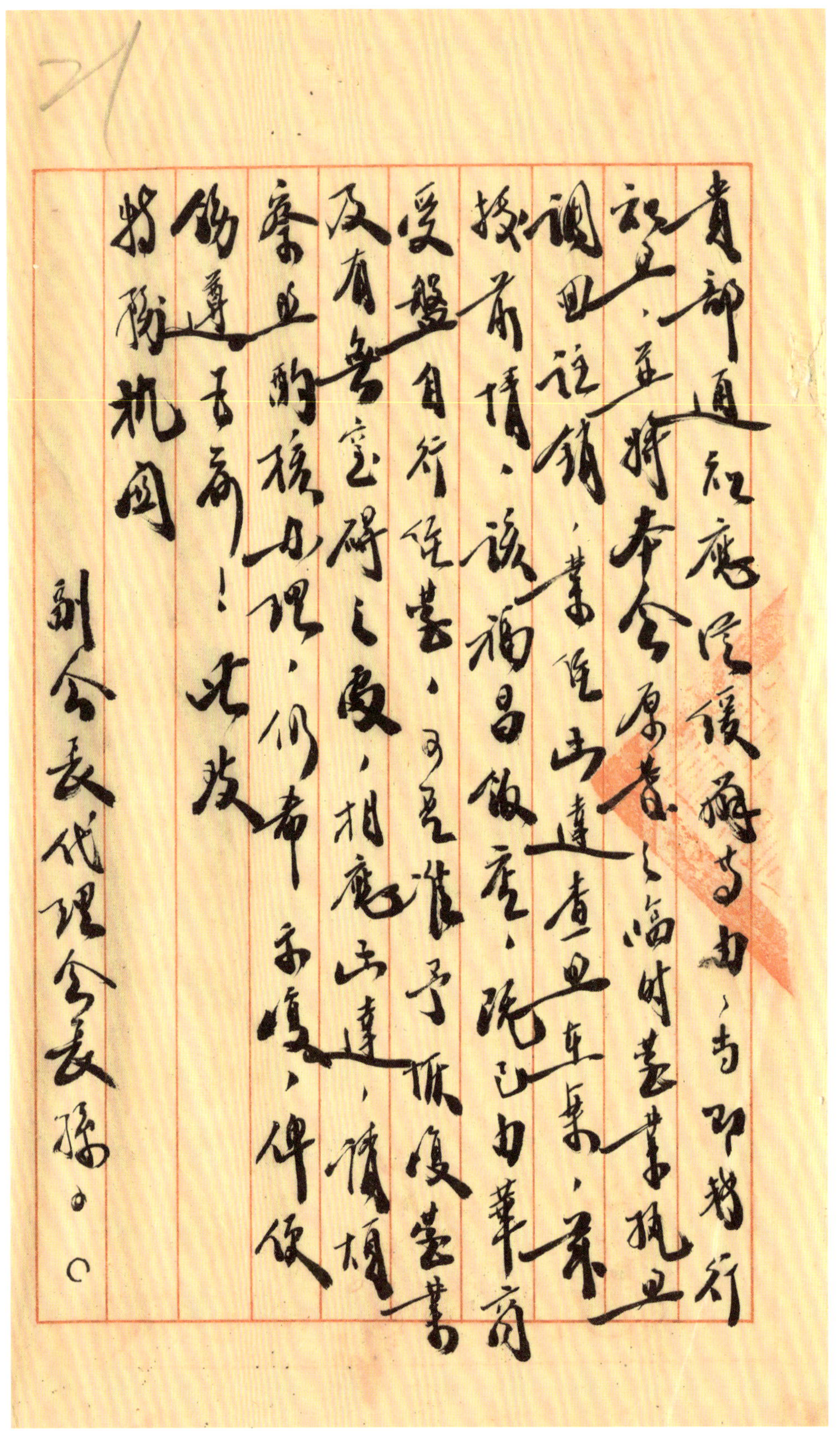

贵部通知应从缓办为由，即暂行认可，并将本会原查之临时营业执照调回注销，业经函达查照在案。兹承接前情，该福昌饭店既已由华商受盘自行经营，可否准予恢复营业及有无窒碍之处，相应函达，请烦查照酌核办理，仍希示复，俾便饬遵为荷！此致

特务机关

副会长代理会长 孙

22

八月以後轉四八號華国不必記

中華民國廿叉年二月廿六日

[seal: 南京特別市政府]

謝樹英 謹

18

速件

呈請報告事因商人徐玉山今由外商德人
司排林名下倒得新街口福昌飯店爲
營業所有與德人司排林之手續已自立清今特
呈報聲明現爲商人徐玉山自行開辦福昌飯店
以爲生活特此恳准並請發給執照即日開幕
以繁容市面實爲公便
此請
貴會鈞鑒
呈報人徐玉山叩
三月二十六日

工商收文字第781號
中華民國二十七年三月廿七日
龍 商人徐玉山自行 莊 收卅三廿六

斛业代表、自治委员会关于恢复斛业备案并给予保护等事的往来文件

斛业代表致自治委员会呈文（一九三八年三月十一日）

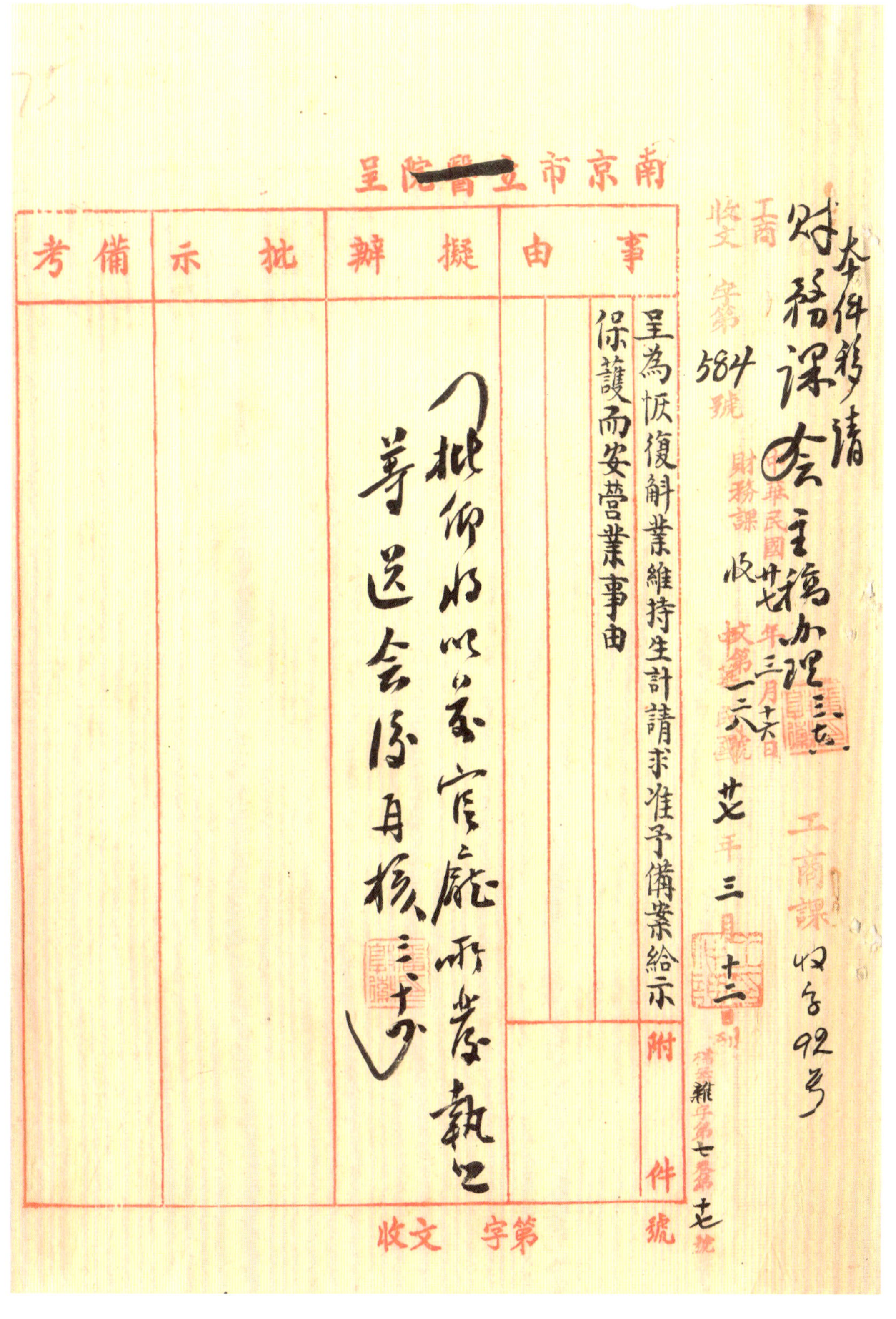
南京市自治委員會呈

事由	擬辦	批示	備考
呈為恢復斛業維持生計請求准予備案給示保護而安營業事由	擬批仰將以前之官廳所發執照等送會呈核		

附件

收文　字第　號

具呈人 鄭維新 普陀路七號樓上 田禹門 軍師巷五號
李宏淦 現住軍師巷五號 王正綾 現住薛家巷念三號
沈家炳 桑樹園八十九號 沈傳玉 莧菜橋念四號

呈為恢復斛業維持生計請求准予備案給示保護而安營業事。竊鄭維新等向在本京中華門外沿河兩岸經營斛業，自前清以迄民國，迭經呈准官廳立案，最近數年並經南京市社會局發給登記執照，歷經營業多年。去歲本京事變發生，百業因之停頓。三月以來，同人等生活困難，莫可言狀。現在地方數平，市面漸趨安定，鄭維新等召集本業同人，即日恢復營業，維持生計，以應糧食行商買賣公允之需。惟悉現時行商尚未完全復業，恐有奸商利用莠民朦混官府，請領登記執照，勾結奸商，希圖舞弊

有妨買賣公平之道而絕同人生活理合一併申請備案給示保

護以全同人生計而安營業實爲公德兩便謹呈

南京市自治委員會會長孫　鑒察

具呈斛業代表人鄭維新

李宏途

沈家炳

田禹門

王正綾

沈傳玉

斛業辦事處設中華門外燕翅口十四號

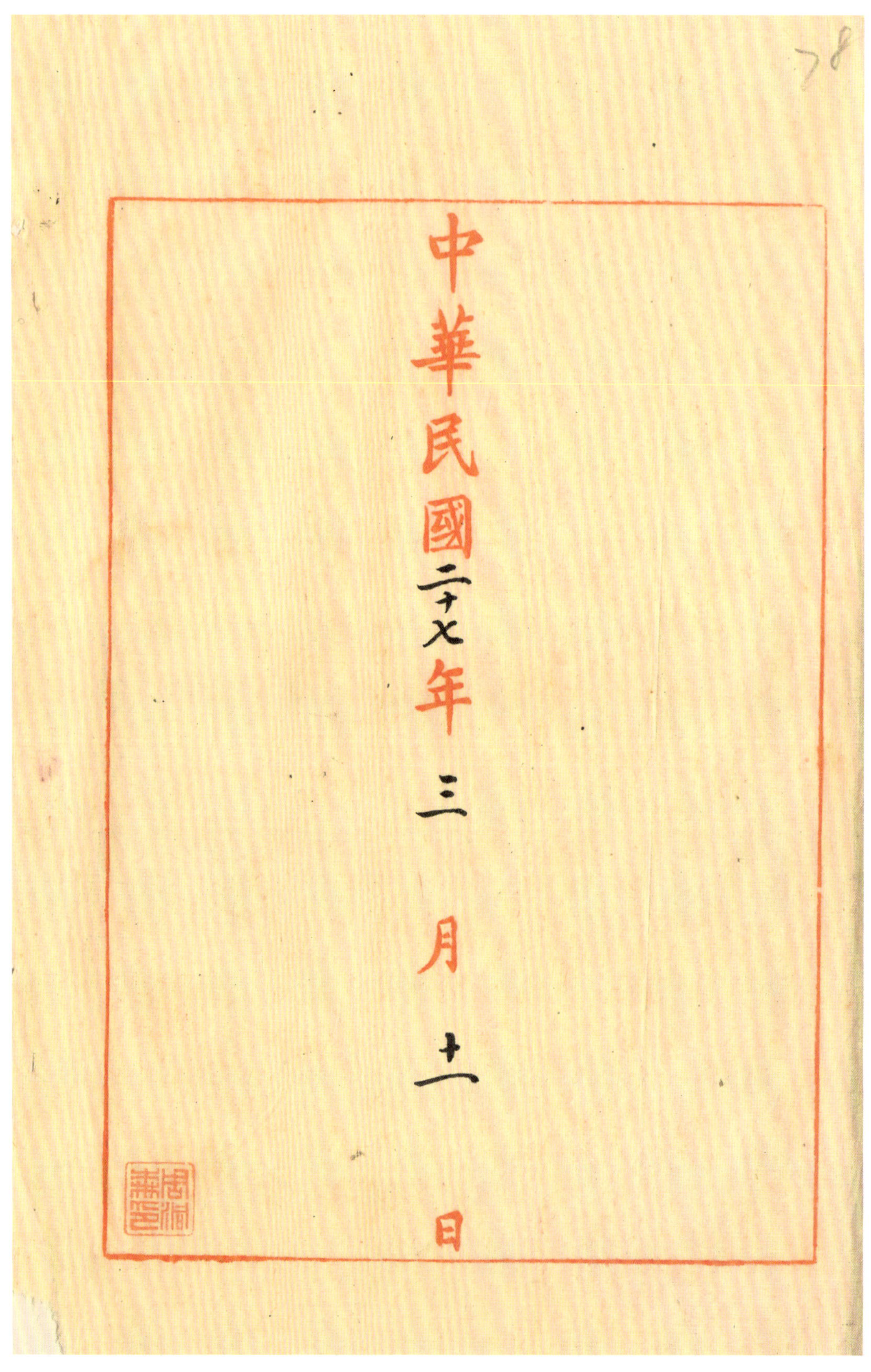

中華民國二十七年三月十一日

自治委员会批文（一九三八年三月十八日）

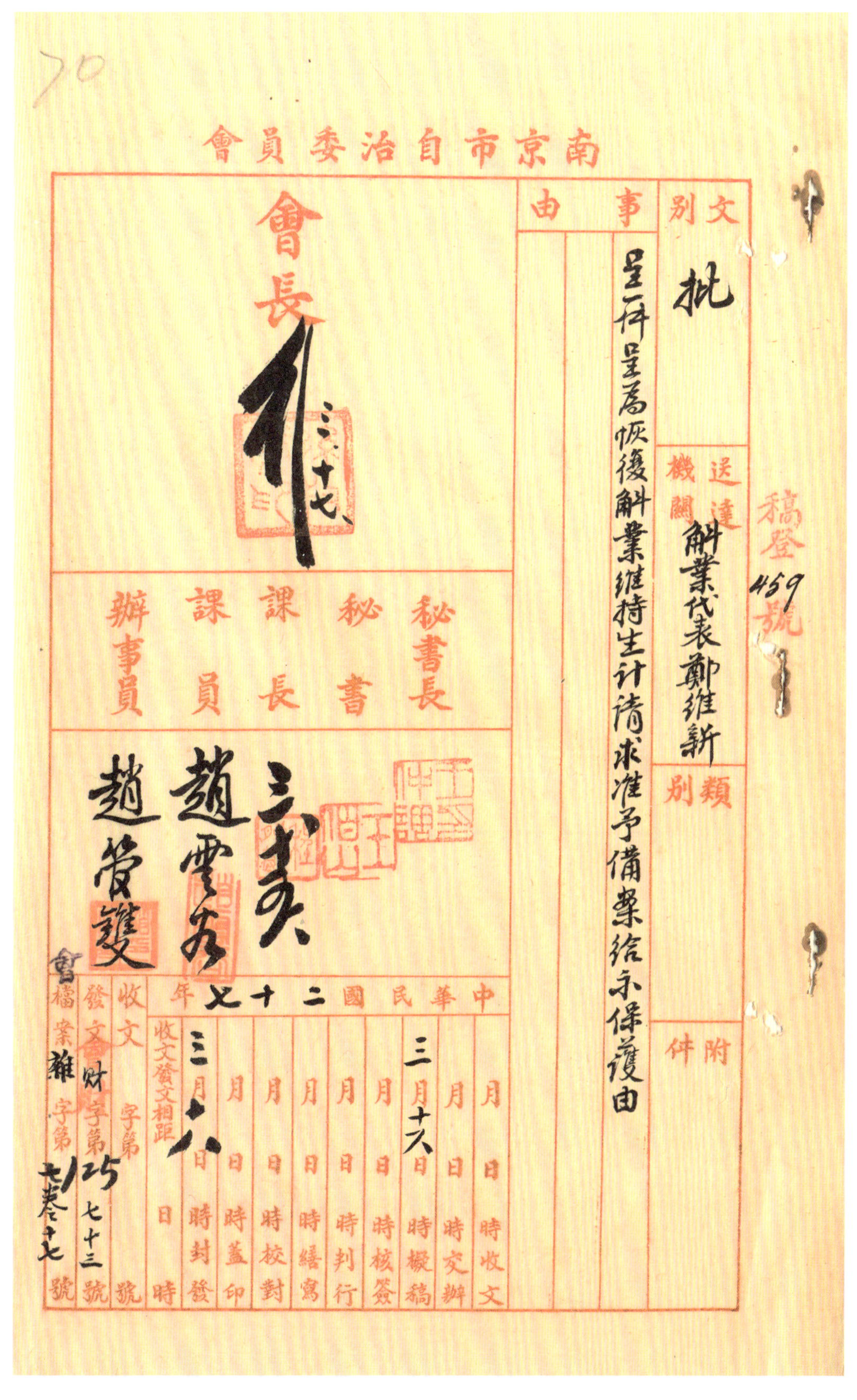

70

南京市自治委員會

文別：批

事由：呈一件呈爲恢復斛業維持生計請求准予備案給示保護由

送達機關：斛業代表鄭維新

稿登459號

類別

附件

會長 （押）三、十七

秘書長　秘書　課長　課員　辦事員

三、十七　趙雲□　趙□□

中華民國二十七年

收文 三月十六日時

交辦 月日時

擬稿 月日時

核簽 月日時

判行 月日時

繕寫 月日時

校對 月日時

蓋印 月日時

封發 三月 日時

收文發文相距 日時

收文字第　號

發文財字第125號 七十三

檔案雜字第 七卷十七號

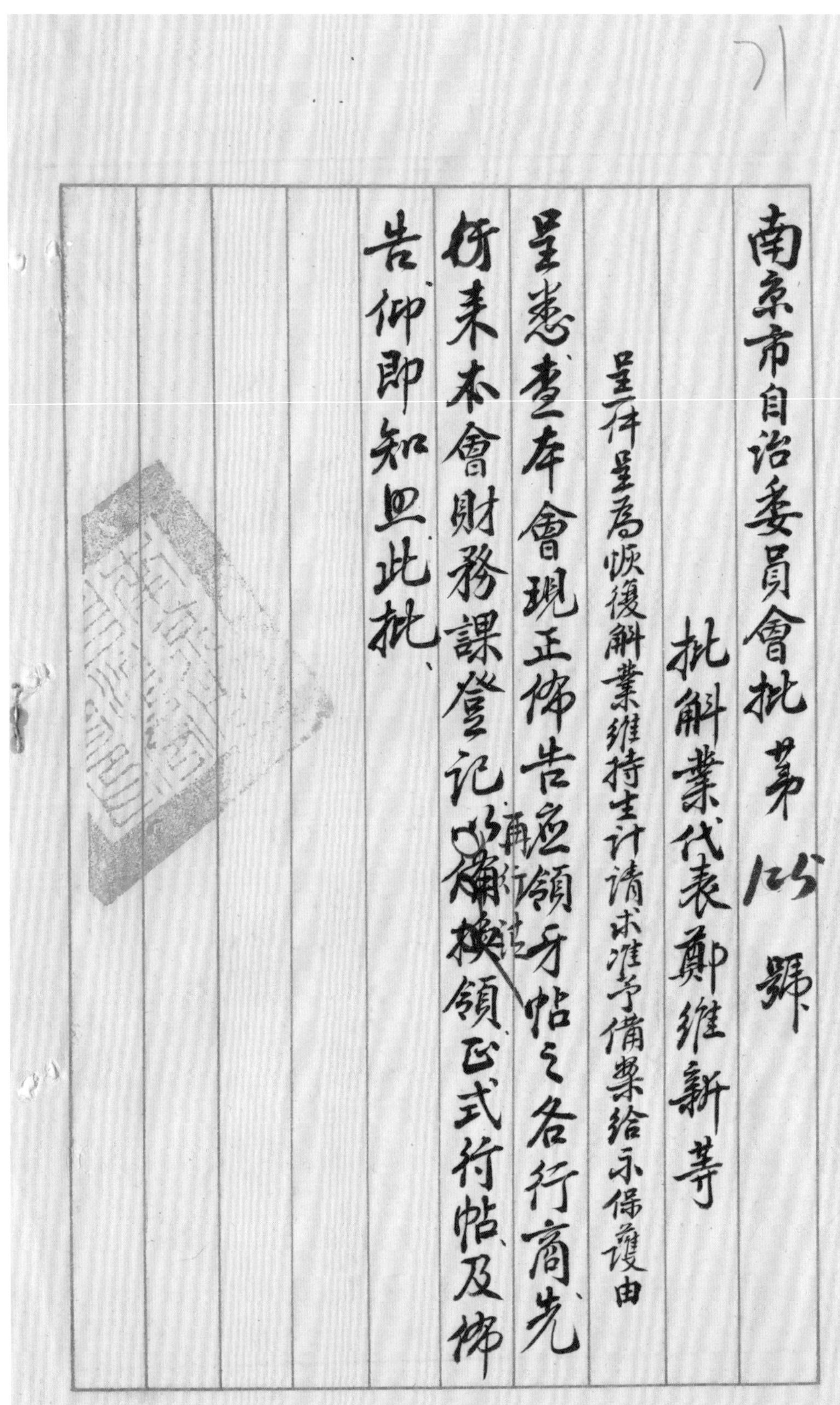

南京市自治委員會批第165號

批斛業代表鄭維新等

呈件呈爲恢復斛業維持生計請求准予備案給示保護由

呈悉。查本會現正佈告應領牙帖之各行商先行來本會財務課登記，以備換領正式行帖及佈告。仰即知照。此批。

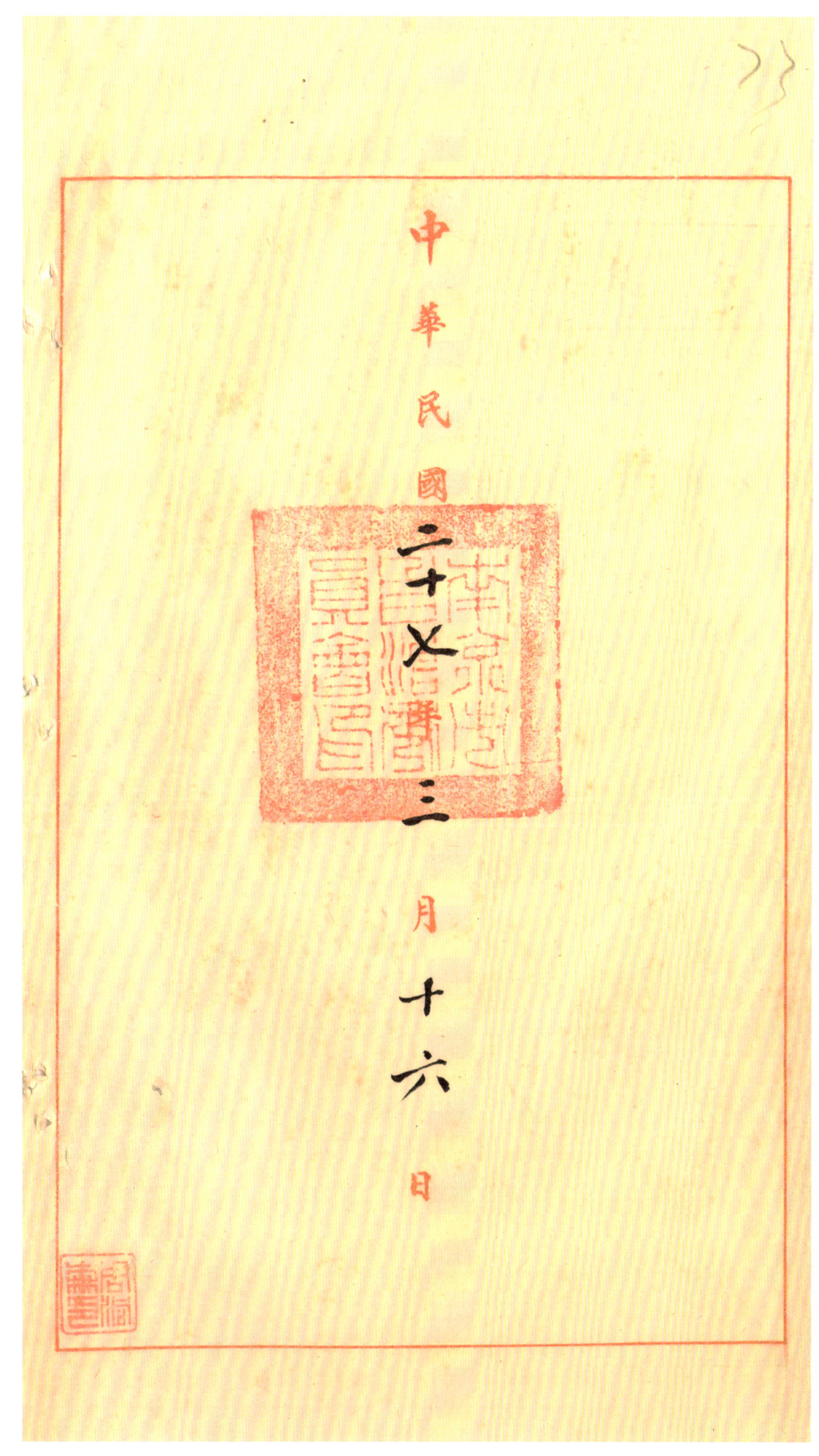

中華民國二十乂年三月十六日

自治委员会严禁进入成记酱园堆栈私掠搬取货物的布告（一九三八年三月十三日）

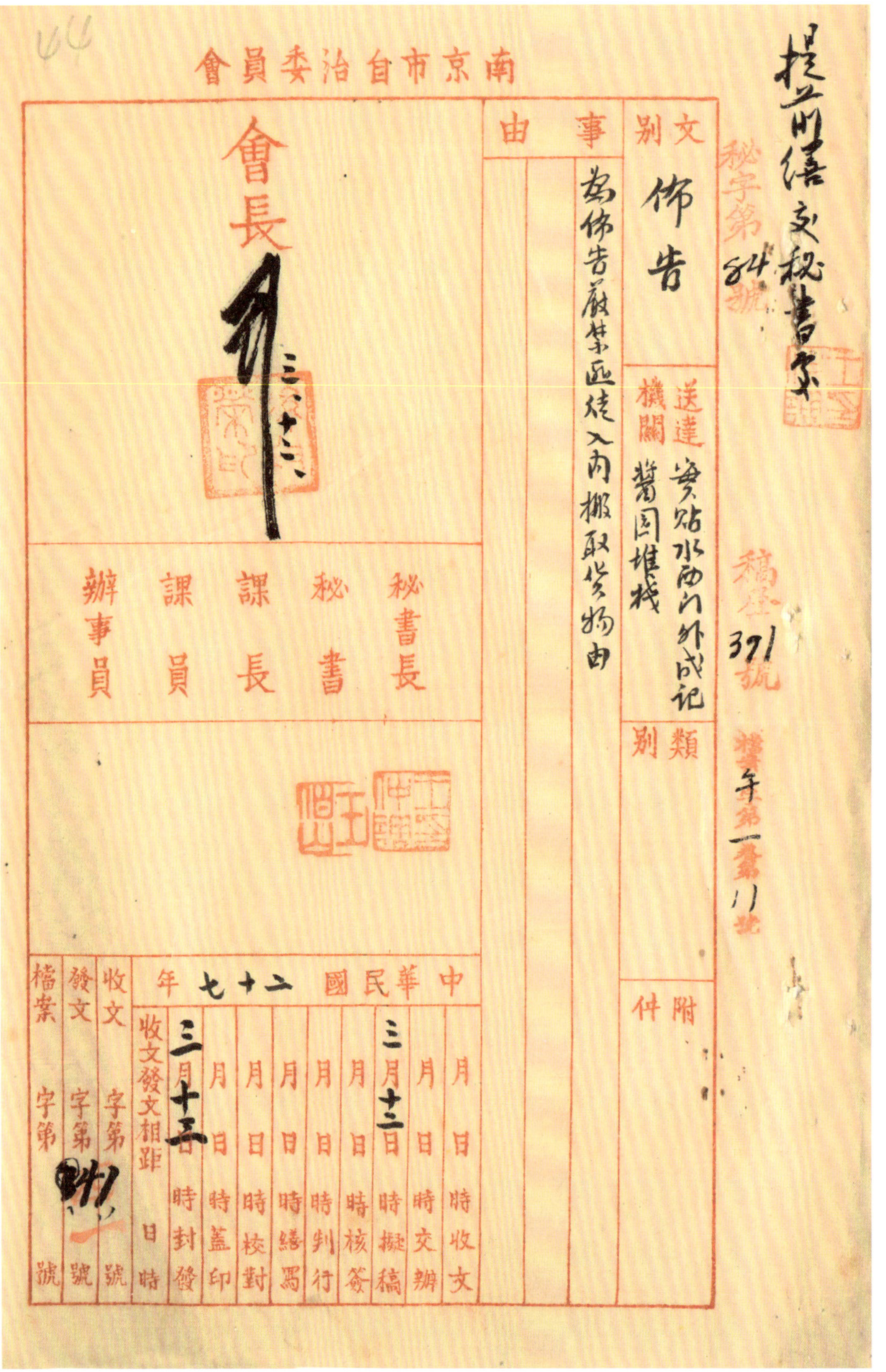

南京市自治委員會

提前繕交秘書室

秘字第84號

稿字第371號

檔案 年字第一一一號

文別	佈告
事由	為佈告嚴禁匪徒入内搬取貨物由
送達機關	更姑水西門外成記醬園堆棧
類別	
附件	

會長 孫 三、十二

秘書長 秘書 課長 課員 辦事員

中華民國二十七年

收文	交辦	擬稿	核簽	判行	繕寫	校對	蓋印	封發	收文發文相距
月日時	月日時	三月十三日時	月日時	月日時	月日時	月日時	月日時	三月十三日時	日時

收文字第號 發文字第號 檔案字第號 111

佈告第卌四號（政四十一号）

為佈告事：查水西門外成記醬園油坊堆棧內貯有油醬等貨，近聞有不法棍徒乘夜結夥擅行入內掠取存貨等物，似此膽大妄為，目無法紀，殊堪痛恨，合亟出示佈告，嗣後如再有匪徒逕入該堆棧搬取貨物，准即報告附近軍警拘案，定行嚴懲不貸，其各凜遵，切切此佈。

南京市自治委員會副會長代理會長孫〇〇

中華民國二十七年三月　日

實貼水西門外成記醬園堆棧門口

中華民國　　年　三　月　　日

商民何伯陶等为货物毫无保障无法恢复营业请转特务机关给予保护致自治委员会呈文（一九三八年三月十八日）

工商收文 字第709號

呈

中華民國廿七年三月廿一日到

工商課 收127號 三、廿三

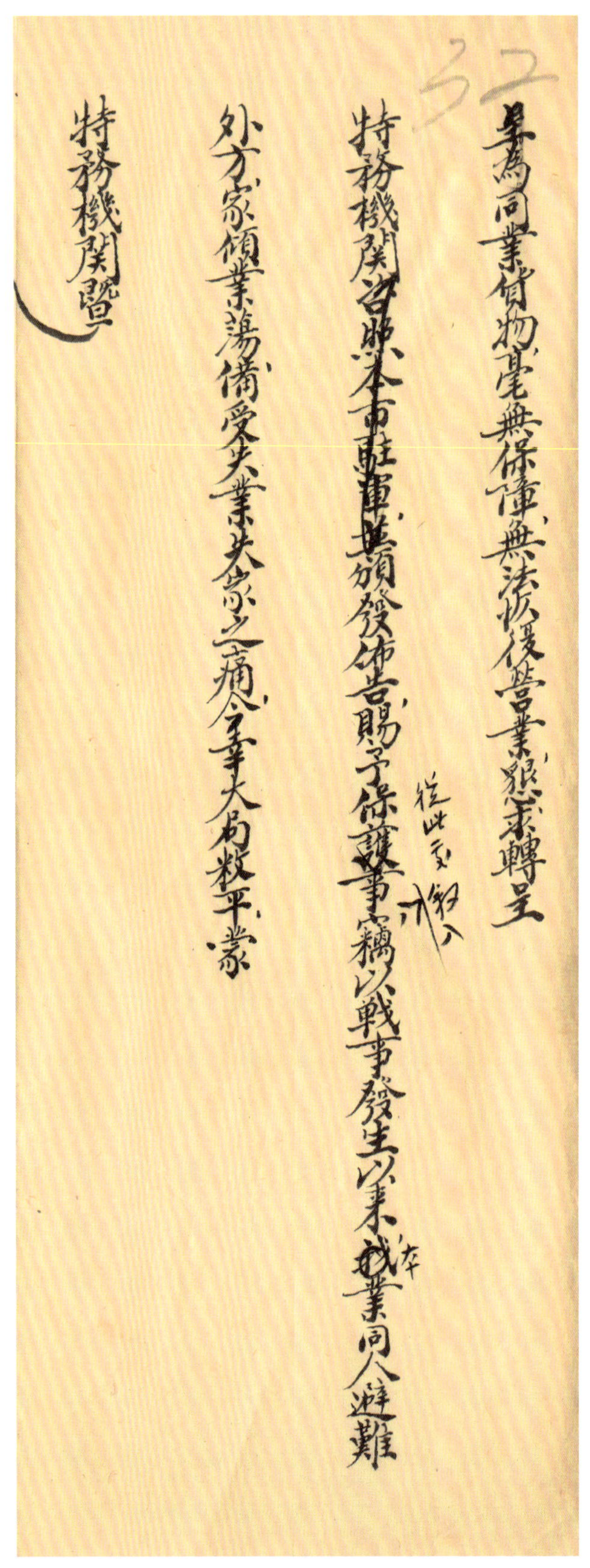

業為同業貨物毫無保障，無法恢復營業，懇求轉呈

特務機關咨照本市駐軍，並頒發佈告，賜予保護事。竊以戰事發生以來，本業同人避難

外方，家傾業蕩，備受失業失家之痛，今幸大局敉平，蒙

特務機關暨

鈞會以商民失業爲念，諄諄諭令復業，是以我業商人相偕返里，以謀恢復營業，藉謀生

計。奈查我同業所經營貨物全爲樹木竹板類，完全堆置於空基地上，方冀恢復經營，以維衣食

某落。惟近有軍用汽車不時前來，將商民等貨物滿載而去，據云爲炊事及取煖之用。商民

33

等以語言不通，亦不敢向之交涉。按商民等以有限之資本經營區區之貨物，既受戰事重

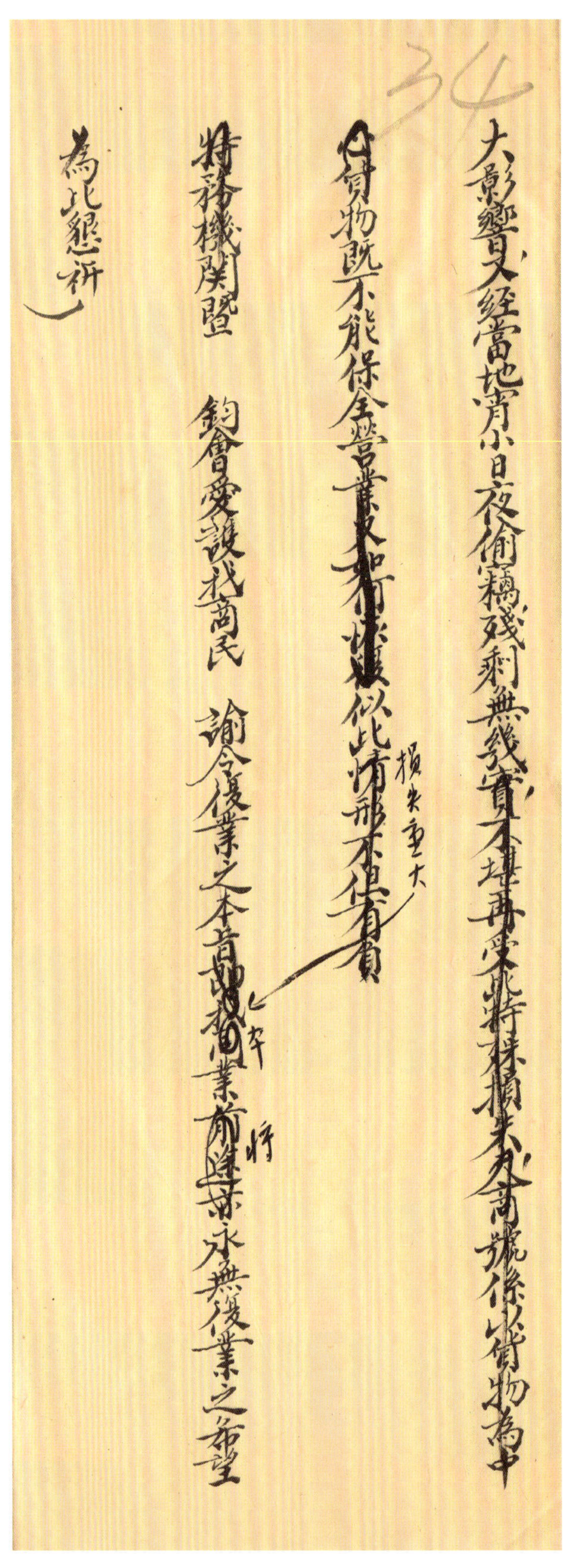

大影響，又經當地宵小日夜偷竊，殘剩無幾，實不堪再受此特殊損失。况商號係以貨物為中
心，貨物既不能保全，營業似此情形，不但有損失重大
特務機關暨 鈞會愛護我商民 諭令復業之本意，卒將營業前途亦永無復業之希望。
為此懇祈

鈞會轉呈
特務機關，寄照本市駐軍，並頒發佈告，賜予保護，俾商民貨物，得有保障，營業得能恢復，
則不勝感戴之至。謹呈
南京市自治委員會會長孫

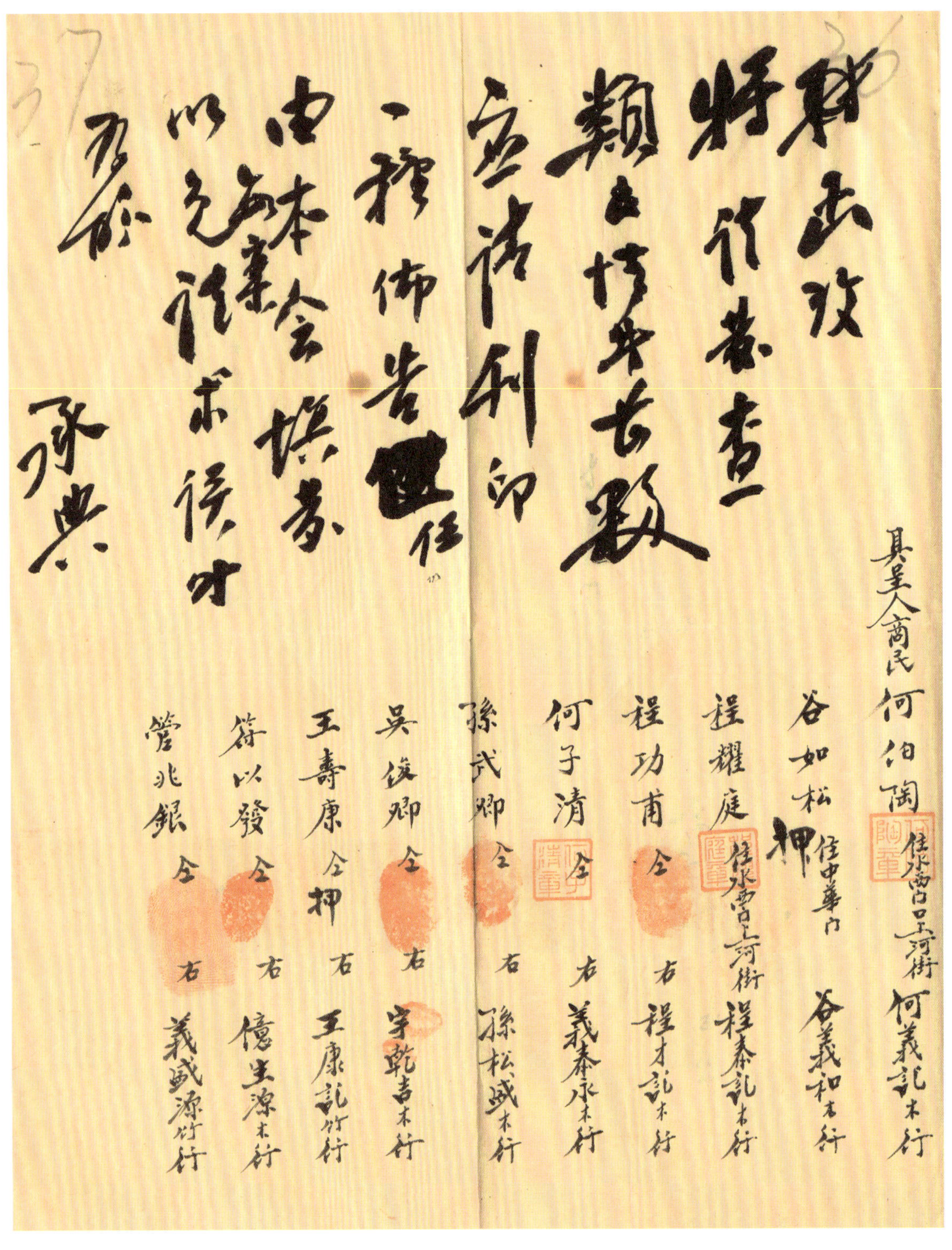

財政

將行業查

覈之情形告叙

並請利印

一種佈告俾任

由本會兩業填發

以免請求誤對

於

承典

具呈人商民　何伯陶　住水西門上河街　何義記木行

谷如松　押　住中華門　谷義和木行

程耀庭　住水西門上河街　程泰記木行

程功甫　仝　右　程才記木行

何子清　仝　右　義泰永木行

孫武卿　仝　右　孫松盛木行

吳鏡卿　仝　右　宇乾吉木行

王壽康　仝　押　右　王康記竹行

符以發　仝　右　億生源木行

管兆銀　仝　右　義盛源竹行

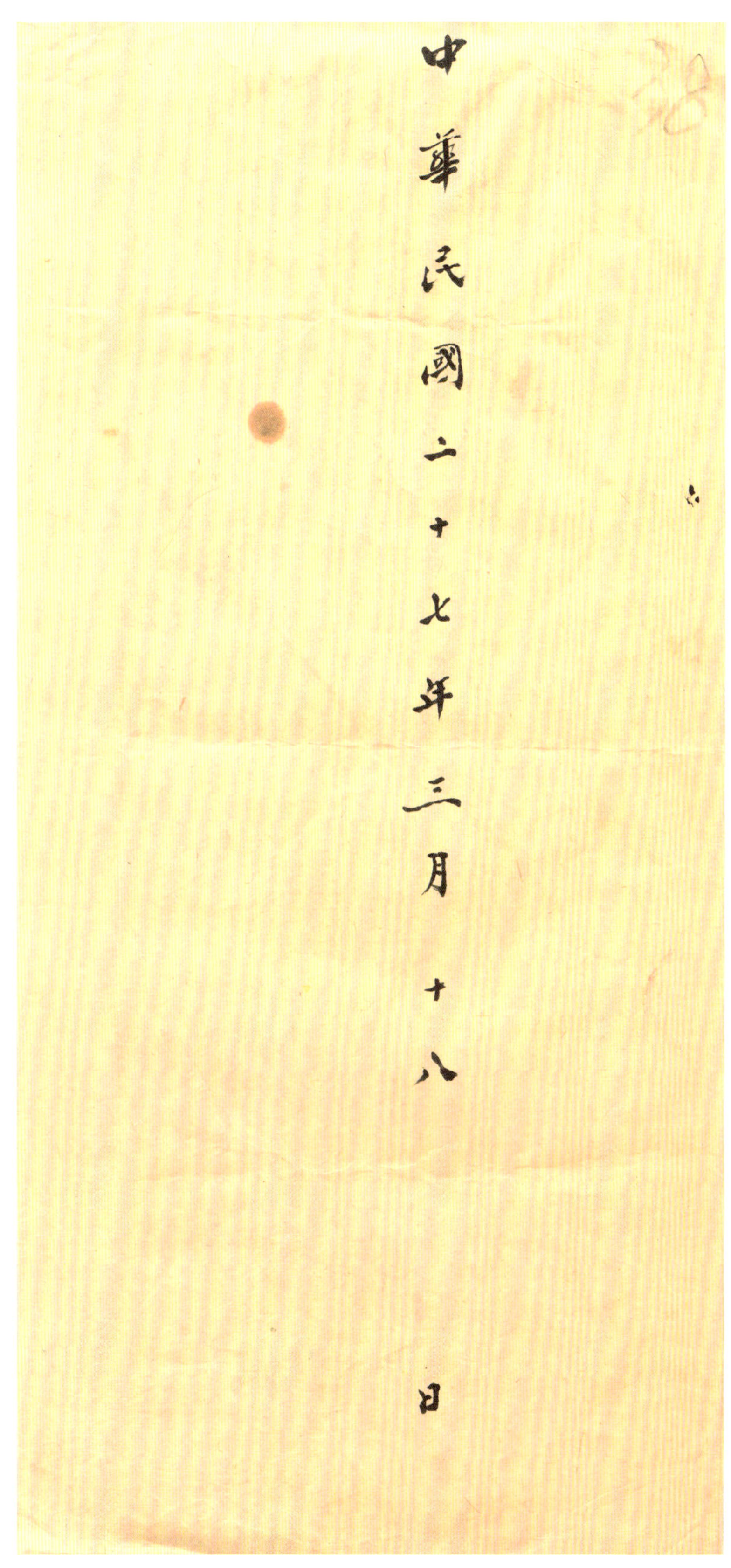
中華民國二十七年三月十八日

八、恢复工商

杜汉东拟具恢复商业运输等项急务方案致自治委员会呈文（一九三八年一月十一日）

敬呈者竊意

鈞會成立伊始首先急務厥為財政茲欲財政充裕必求商務發達欲求商務發達必求運輸便利此定理也謹將

管見所及先畧呈一二祈

垂察焉

一、招集各商民團體速謀復業　本市商舖全已停閉所有商民盡成難民鎮日蹴居於收容所之中本非所願倘

鈞會公開曉諭招集各業仍舊組織同業團體共謀復業之方倘無非法行為勿以非法社會視之則各業羣相

圖謀回復商務自可與日俱進而市面亦可逐漸繁榮矣

二、恢復交通以利運輸　倘如上項所述各業均謀復業而本市各項貨物均已罄盡供不應求必須販自外方以供、

需要但現時交通尚未恢復原狀商民販貨深感困難倘

鈞會對於交通方面予商民以特別便利俾商民到處運貨均可暢行無阻則貨物易於辦到而恢復營

業亦可於最短期間實現矣

上述二項聞爲當務之急誠能迅予辦理完成則本市原有各項合法稅收自可征發取之地方用之地方庶無財政拮据之虞矣 漢東目睹各業商人雖欲復業咸皆觀望故縷呈之倘蒙

採納明令施行 漢東自當向各業商人盡力鼓吹以期達到上述之目的也謹呈

南京市自治委員會會長陶

杜漢東謹呈

民國二十七年 一 月 日

自治委员会请发护照以便商人前往六合采购日需品致特务机关公函（一九三八年一月二十九日）

附：伪南京市自治委员会工商课派员前往六合采购或调查请发通行证名单

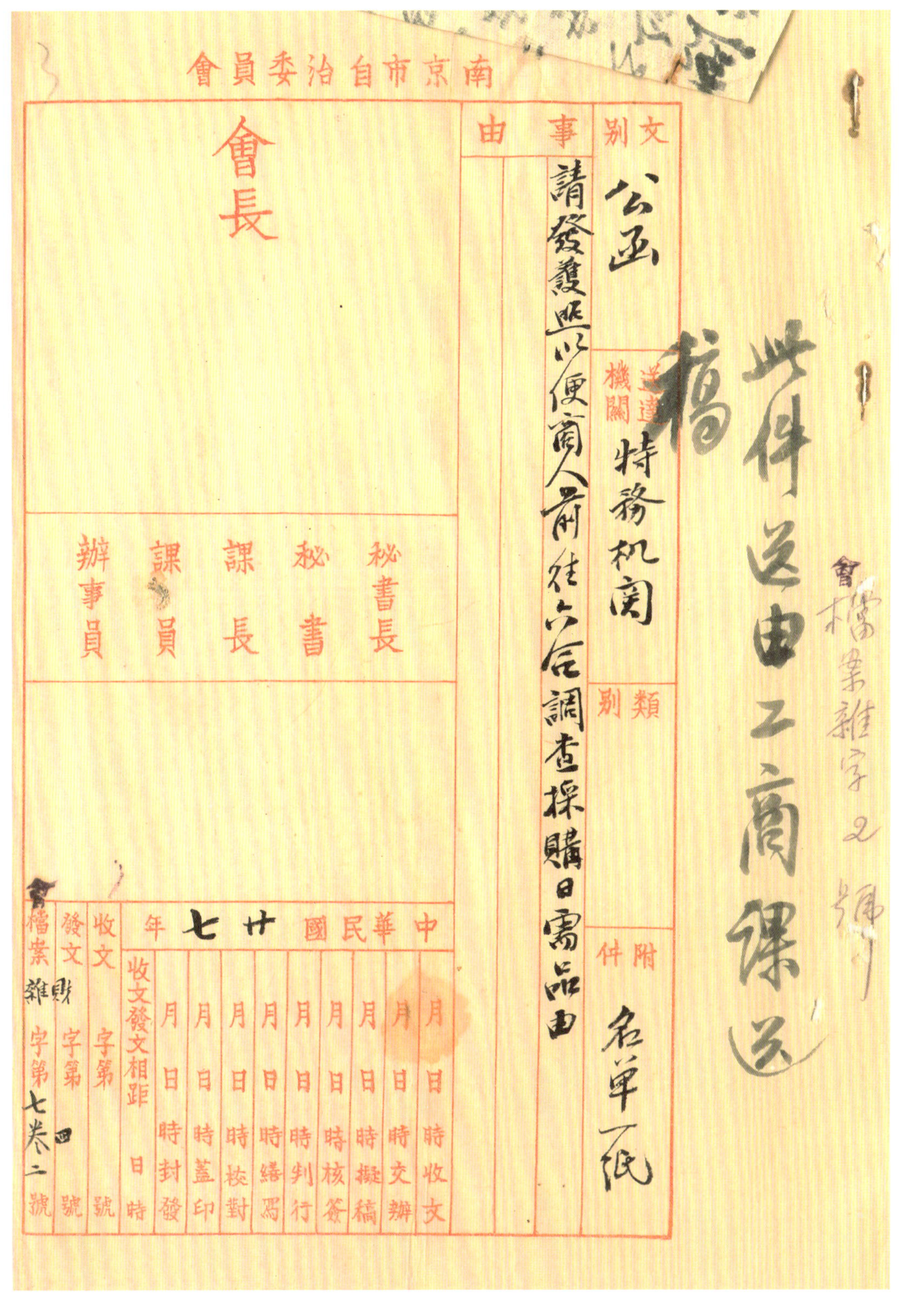
南京市自治委員會

文別：公函

事由：請發護照以便商人前往六合調查採購日需品由

送達機關：特務机関

類別

附件：名單一紙

此件送由工商課送

稿

會長

秘書長　秘書　課長　課員　辦事員

中華民國廿七年

收文 字第 號

發文 字第 四 號

檔案 雜 字第 七卷二 號

檔案雜字2號

函请特务机关发给护照以便商人前往六合采办日常品由

南京市自治委员会公函　第　　號

迳启者：查近来南京城内日食用品极感困乏，拟由本会工商课派员前往六合、江浦调查猪、牛、羊、鸡、鸭、蛋等产品数量，采办以供需要。惟所派各员为通行便利起见，拟请贵部发给通行证，俾便前往。相应开具名单，备函奉达，即祈察照，准予办理，至纫公感。此致

特务机关长

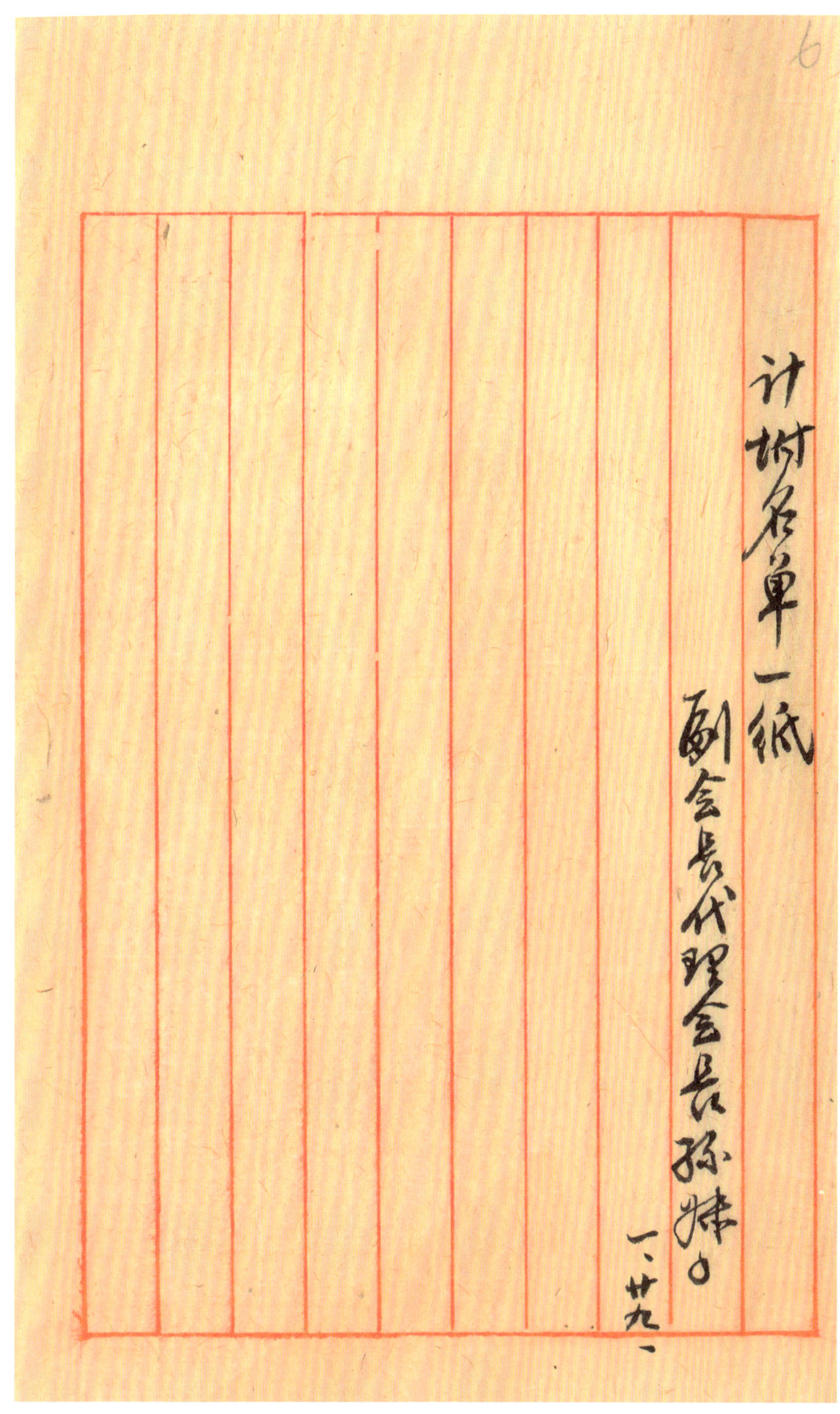
计附名单一纸

副会长代理会长孙棣。

一、廿九、

南京市自治委员会工商课派员前往六合採办

或调查日需品请发通行证名单

姓名	年龄	职业	前往地方	出发日期 回来日期	目的	保证人
張永清	三七		六合八百桥	二月一日 二月十一日	调查或採办日需品	程朗波
夏彬	二八		六合八百桥	仝上	又	程朗波
吴共昌	三九		六合	仝上	又	程朗波
陈斌	三六		六合	仝上	又	程朗波

自治委员会关于日本军用手票一律通用的布告（一九三八年二月二十三日）

附：商店货品价格表

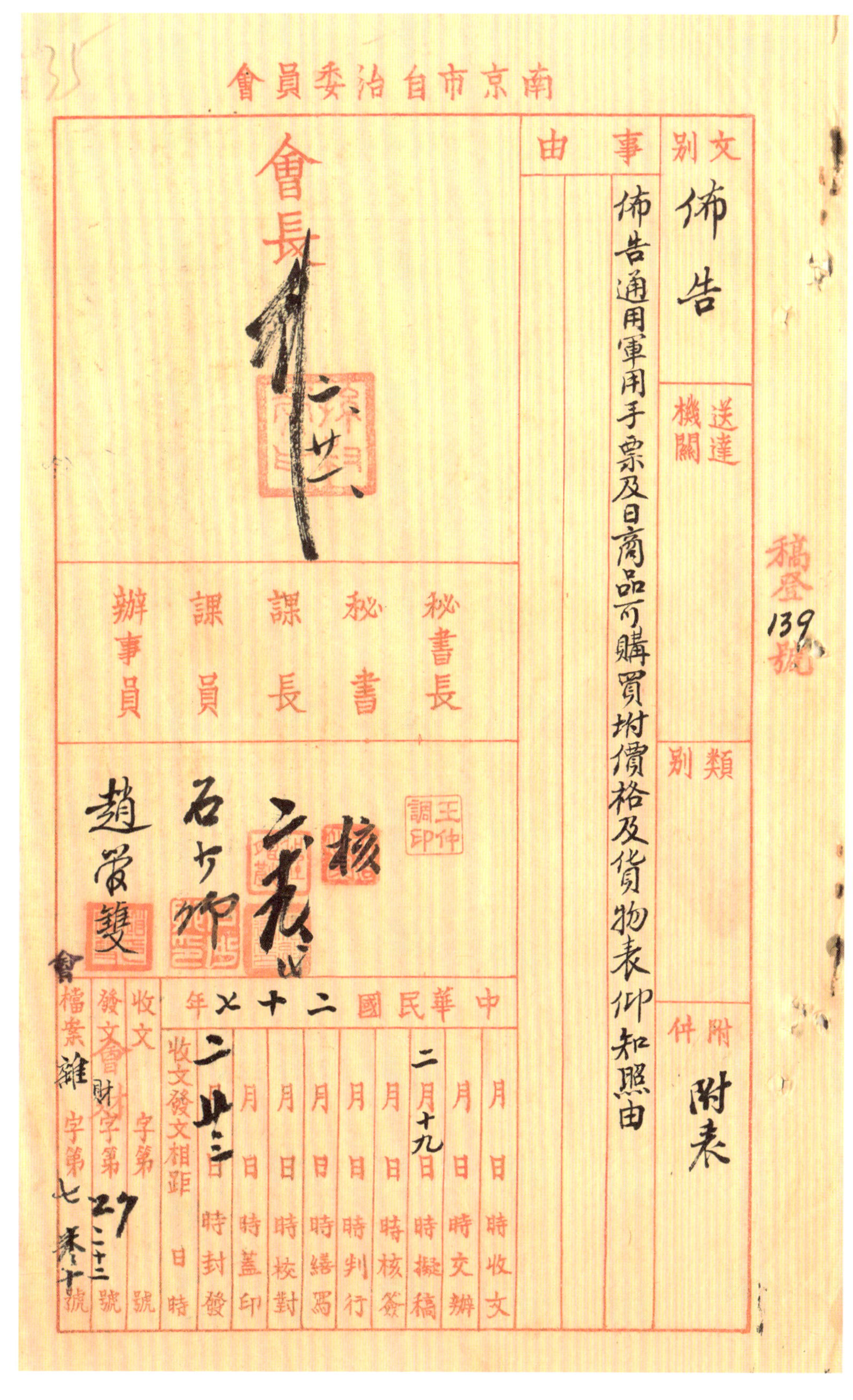
南京市自治委員會

文别：佈告

事由：佈告通用軍用手票及日商品可購買附價格及貨物表仰知照由

送達機關

類别

附件：附表

會長

秘書長　秘書　課長　課員　辦事員

趙　石　核

中華民國二十七年

二月十九日擬稿　二月廿三日

收文　字第　號

發文　會財字第二七號　二十二

檔案　雜字第七　號

稿登139號

南京市自治委員會佈告第二六號

為佈告事照得本市商店業經次第復業對於日本軍用手票應按照票面金額一律通用至市內所開日本商店中國人民可以前往購買貨品惟必須用日本軍用手票方可交易茲將本市日本商店所有貨品及價格附表佈告仰本市商民人等一体知照此令

附商店貨品價格表

中華民國二十七年二月 日

二、廿六

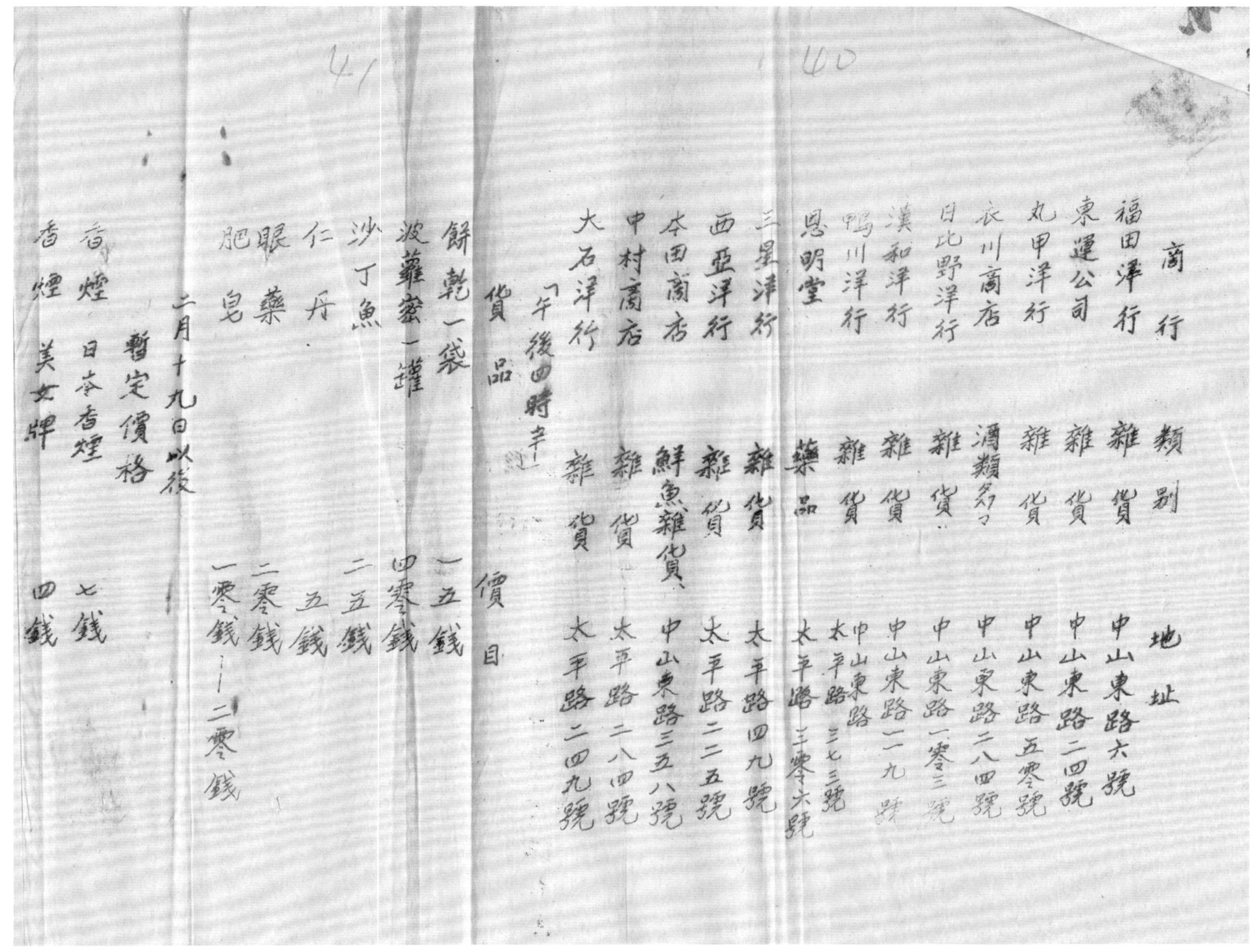

商行	類別	地址
福田洋行	雜貨	中山東路六號
東運公司	雜貨	中山東路二四號
丸甲洋行	雜貨	中山東路五零號
衣川商店	酒類名々	中山東路二八四號
日比野洋行	雜貨	中山東路一零三號
漢和洋行	雜貨	中山東路一一九號
鴨川洋行	雜貨	中山東路 太平路三七三號
恩明堂	藥品	太平路三零六號
三星洋行	雜貨	太平路四九號
西亞洋行	雜貨	太平路二二五號
本田商店	鮮魚雜貨	中山東路三五八號
中村商店	雜貨	太平路二八四號
大石洋行	雜貨	太平路二四九號

「午後四時半」

貨品	價目
餅乾一袋	一五錢
波蘿蜜一罐	四零錢
沙丁魚	二五錢
仁丹	五錢
眼藥	二零錢
肥皂	一零錢——二零錢

二月十九日以後

暫定價格

香煙	日本香煙	七錢
香煙	美女牌	四錢

日需品销售统制处关于明定收受钞票辅币标准事致财务课函（一九三八年三月九日）

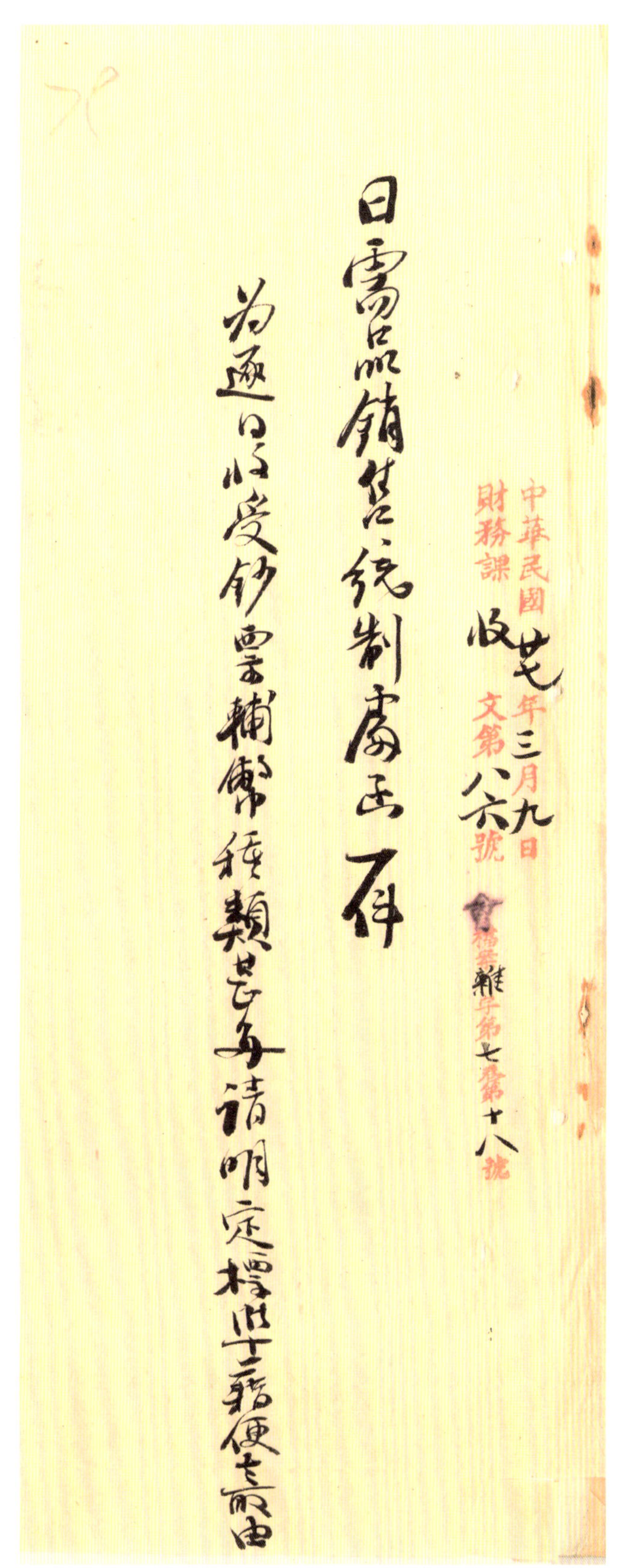
日需品销售统制处函

为遵日收受钞票辅币种类甚多，请明定标准，以利便去前由

中華民國廿七年三月九日
財務課 收文第八六號

敬啓者：本處每日售貨，既彩收款頻鉅，惟於鈔票元角二項種類繁多，對于收取貨款究以何者爲相當標準，還難適從。

貴課雖經佈告在案，但於各銀行發行省別及年份異遽，向未明以取締，特致本處收取貨價與顧客時有爭執，用特敬請

貴課開列單分別

賜示，俾便遵從，而便去取。相應函請

查照辦理為感公誼公誼此致

南京市自治委員會

財務課

南京市自治委員會核准商辦日用品銷售總公司

啓

二、三、九、

正丰厚木号、自治委员会关于保护正丰厚木号营业的往来文件

正丰厚木号致自治委员会呈文（一九三八年四月四日）

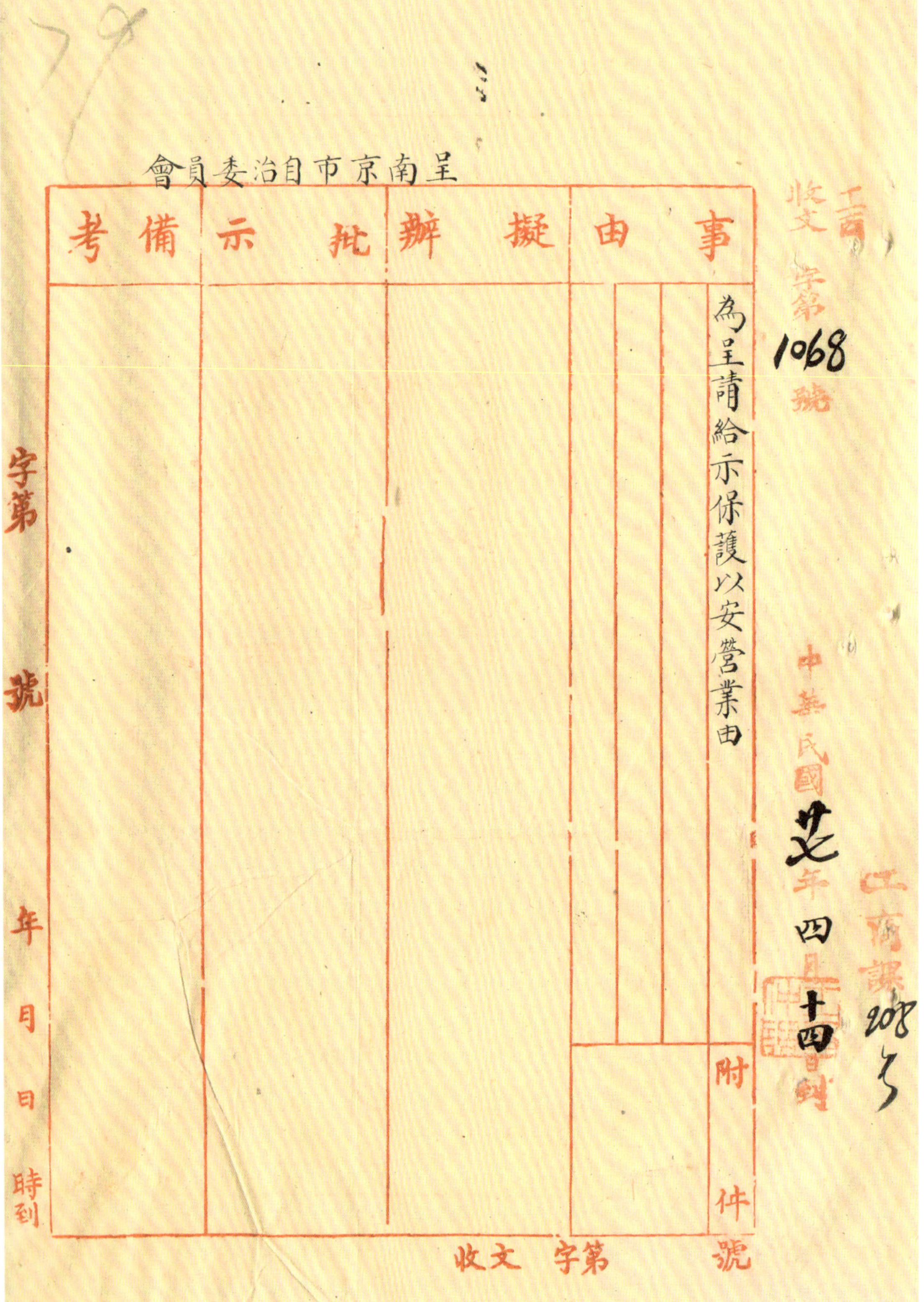
呈南京市自治委员會

事由	擬辦	批示	備考
為呈請給示保護以安營業由			
附件			

收文 字第 號

工商 收文 字第1068號

中華民國廿七年四月十四日到

工商課 208号

80

為呈請給示保護以安營業仰祈

鑒核備案事竊商開設下關永寧街正豐厚木號通濟門外九龍橋堍

正隆厚木號浦口小河南正豐厚木號等三處歷有年所均係商之經理前

因戰事時間工人散去他方現以時局平靖人民陸續回歸商理應振興市

面恢復營業故特懇請發給佈告三張以資營業為此具文呈請仰祈

鑒核備案俯准給發佈告三張實為德便謹呈

南京市自治委員會會長

正豐厚木號號主李理亭

代理人雷恒修

任長發

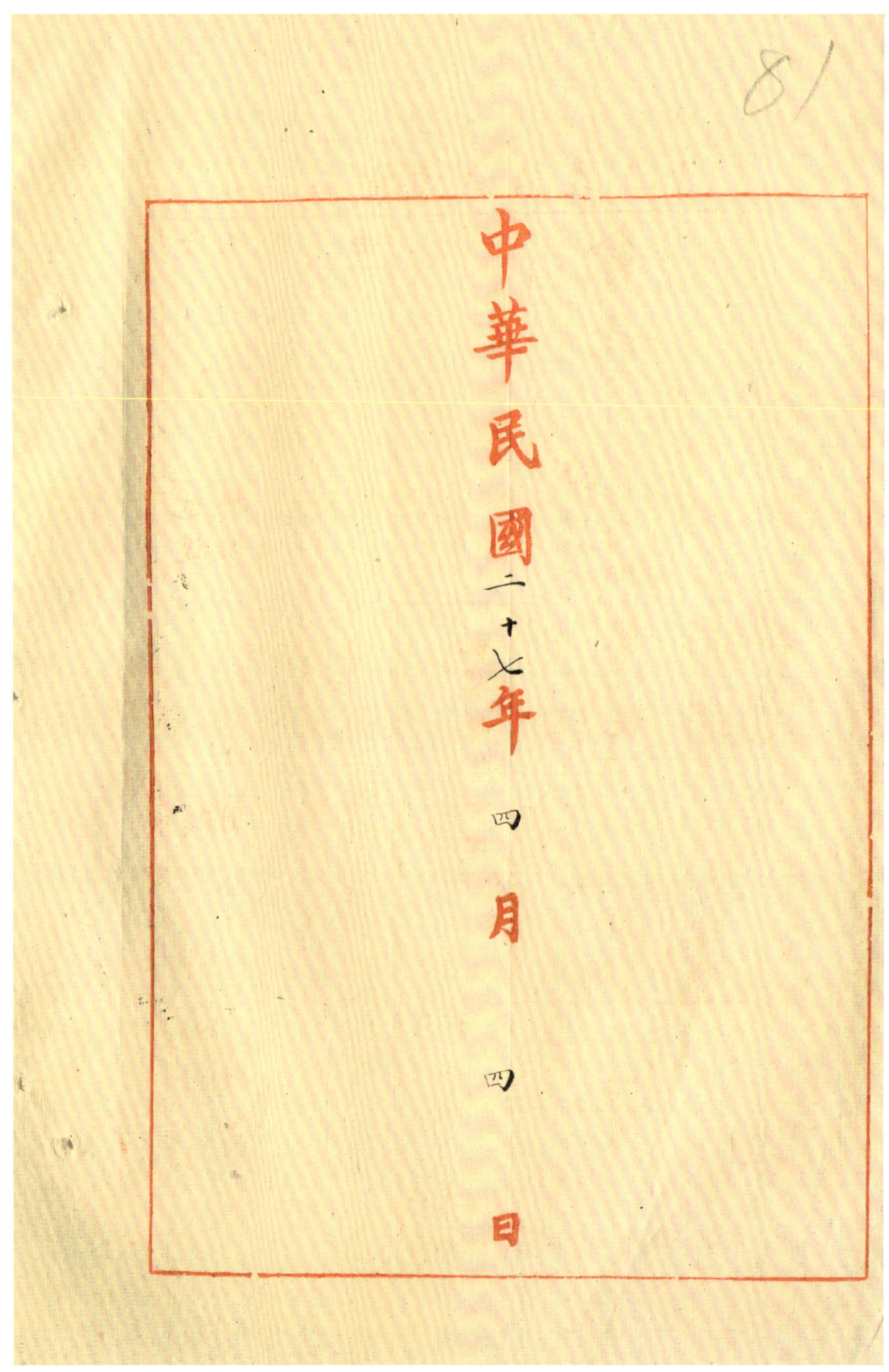
81

中華民國二十七年四月四日

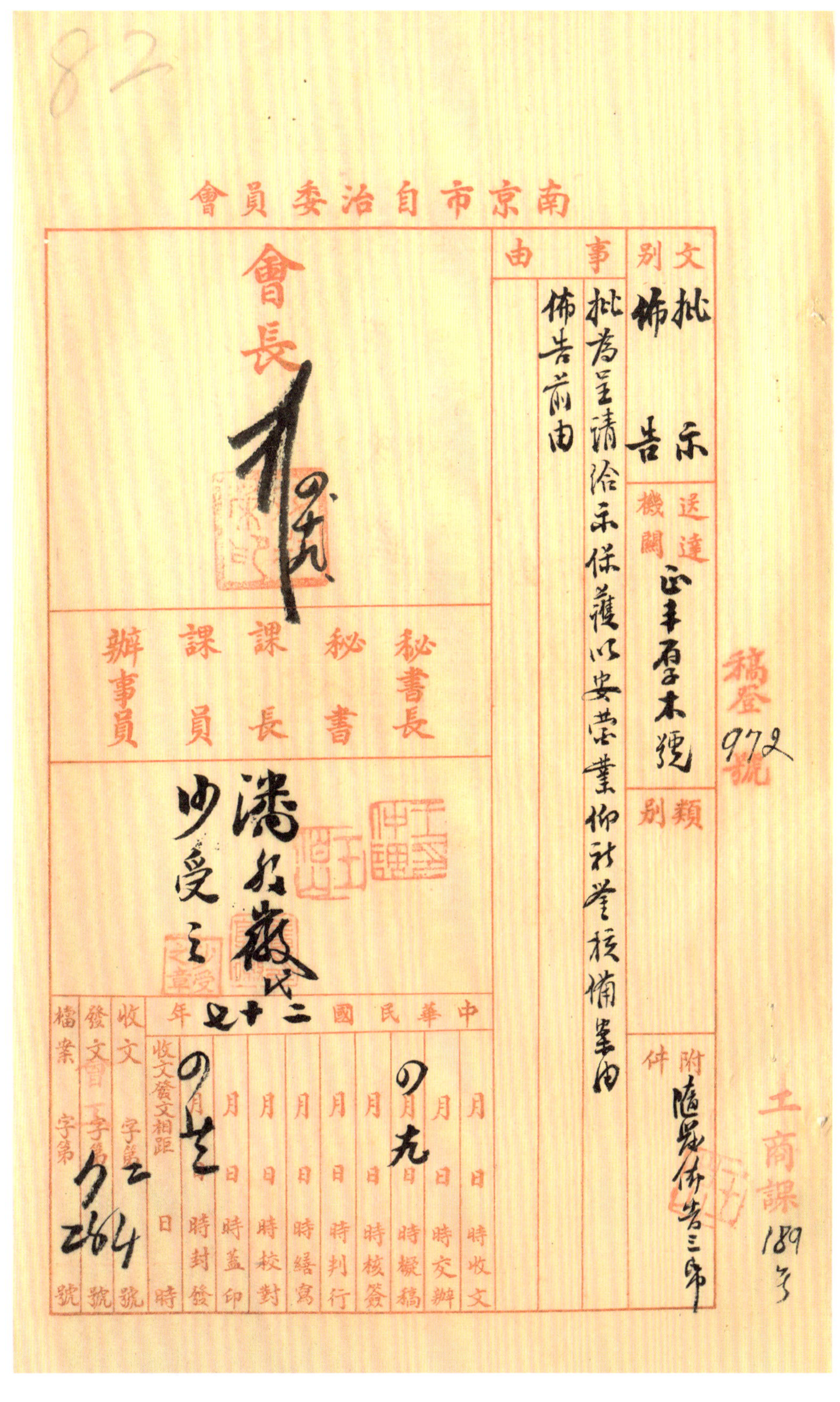

南京市自治委員會

文別：批示 布告

送達機關：正丰厚李木縺

事由：批爲呈請給示保護以安營業仰祈鑒核備案由
布告前由

類別

附件：隨發布告三張

會長

秘書長 秘書課長 課員 辦事員

中華民國二十七年四月 日 時收文
四月九日 時交辦
月 日 時擬稿
月 日 時核簽
月 日 時判行
月 日 時繕寫
月 日 時校對
月 日 時蓋印
四月廿三日 時封發
收文發文相距 日 時

收文 字第 號
發文 字第 2264 號
檔案 字第 號

稿登 972 號

工商課 189 号

南京市自治委員會批 第284號

具呈人正丰厚木號

呈一件為呈請給示保護以安營業仰祈鑒核備案由

呈悉准予隨營給佈告三張保護外仰迅照本會工商業登記暫行規則逕向該管區公所申請登記轉報本會核發營業許可証可也此批佈告隨發

南京市自治委員會佈告 第92號

案據正丰厚木號號主李理亭代理人雷恒修任長發呈稱竊商開設下關永寧街正丰厚木號通濟門外九龍橋塊正隆厚木號浦口小河南正丰厚木號等三處歷有年所均係由商經理前因

戰爭時間工人散去他方現以時局平靖人民陸續回歸商
理應振興市面恢復營業故特懇請發給佈告三張以
資營業等情據此查該商復業應准給示保護除
批示外合亟佈告仰各色人等一體知照此佈

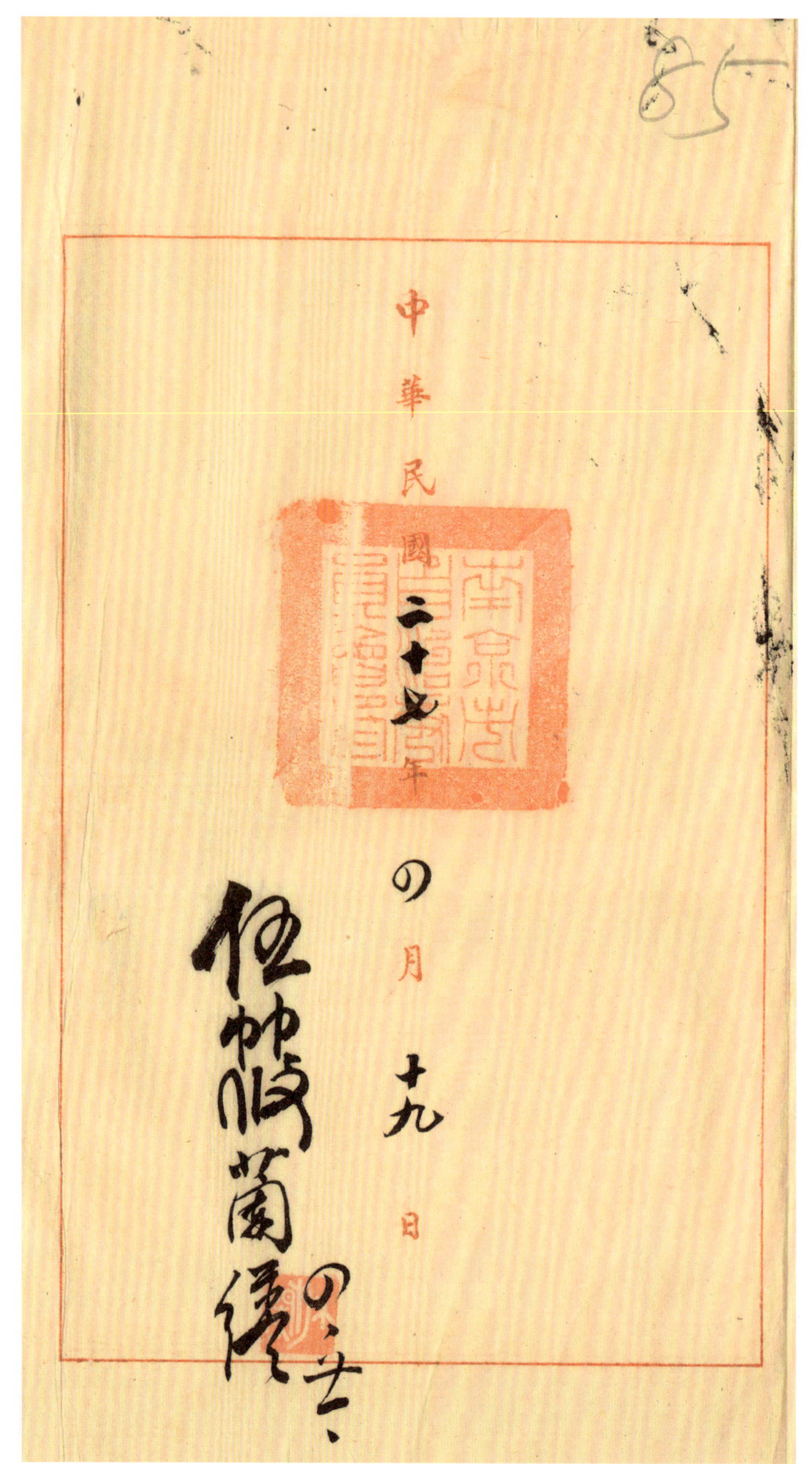

中華民國二十七年一月十九日

九、难民安置

陶锡三关于协助日方办理登记证给自治委员会相关人员的通告（一九三八年一月二日）

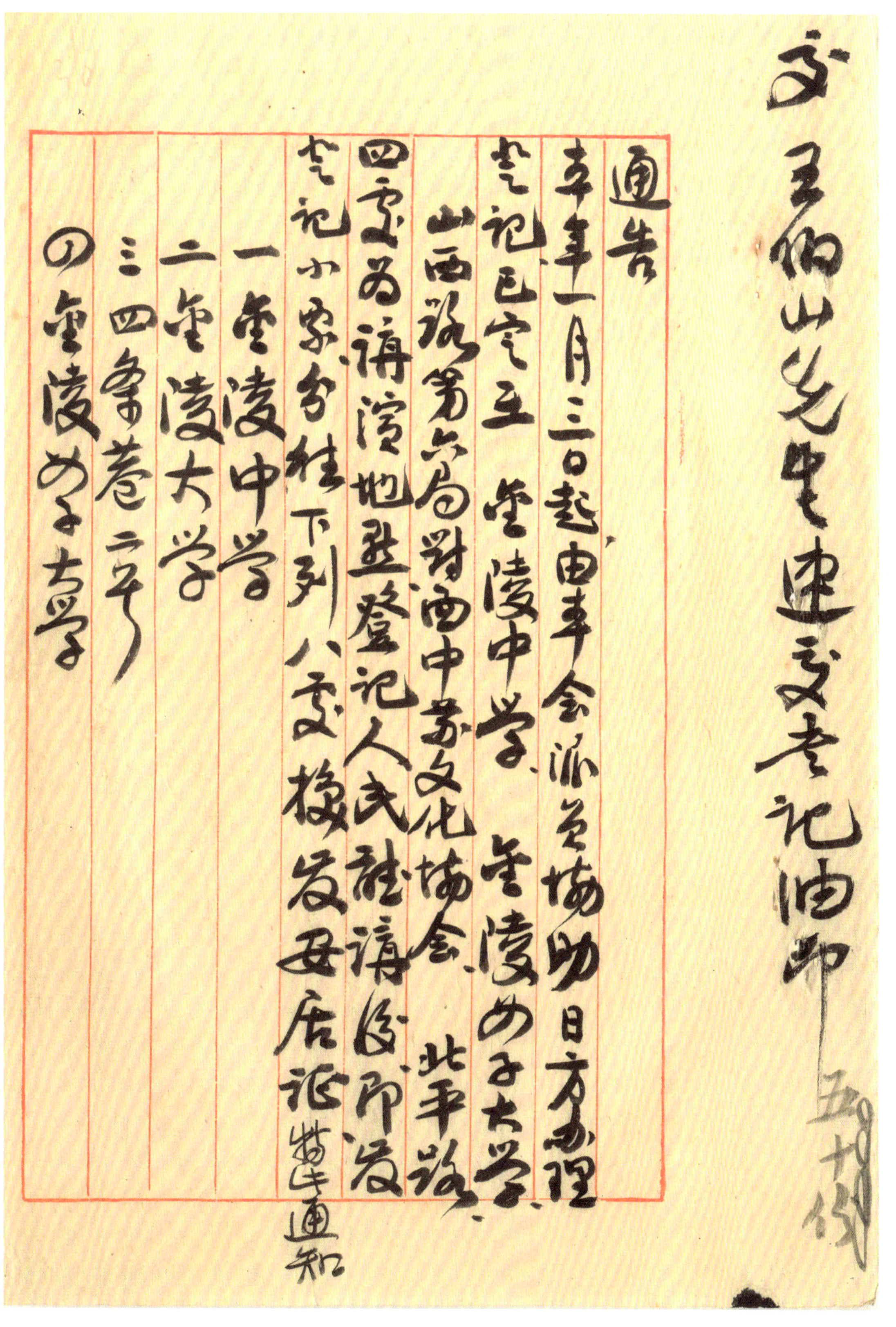

通告

本年一月三日起，由本会派员协助日方办理登记证至金陵中学、金陵女子大学、北平路、山西路第六局对面中华文化协会四处，为请该地段登记人民，就请该即发登记小票，分往下列八处接发安居证，特此通知。

一、金陵中学

二、金陵大学

三、四条巷二号

四、金陵女子大学

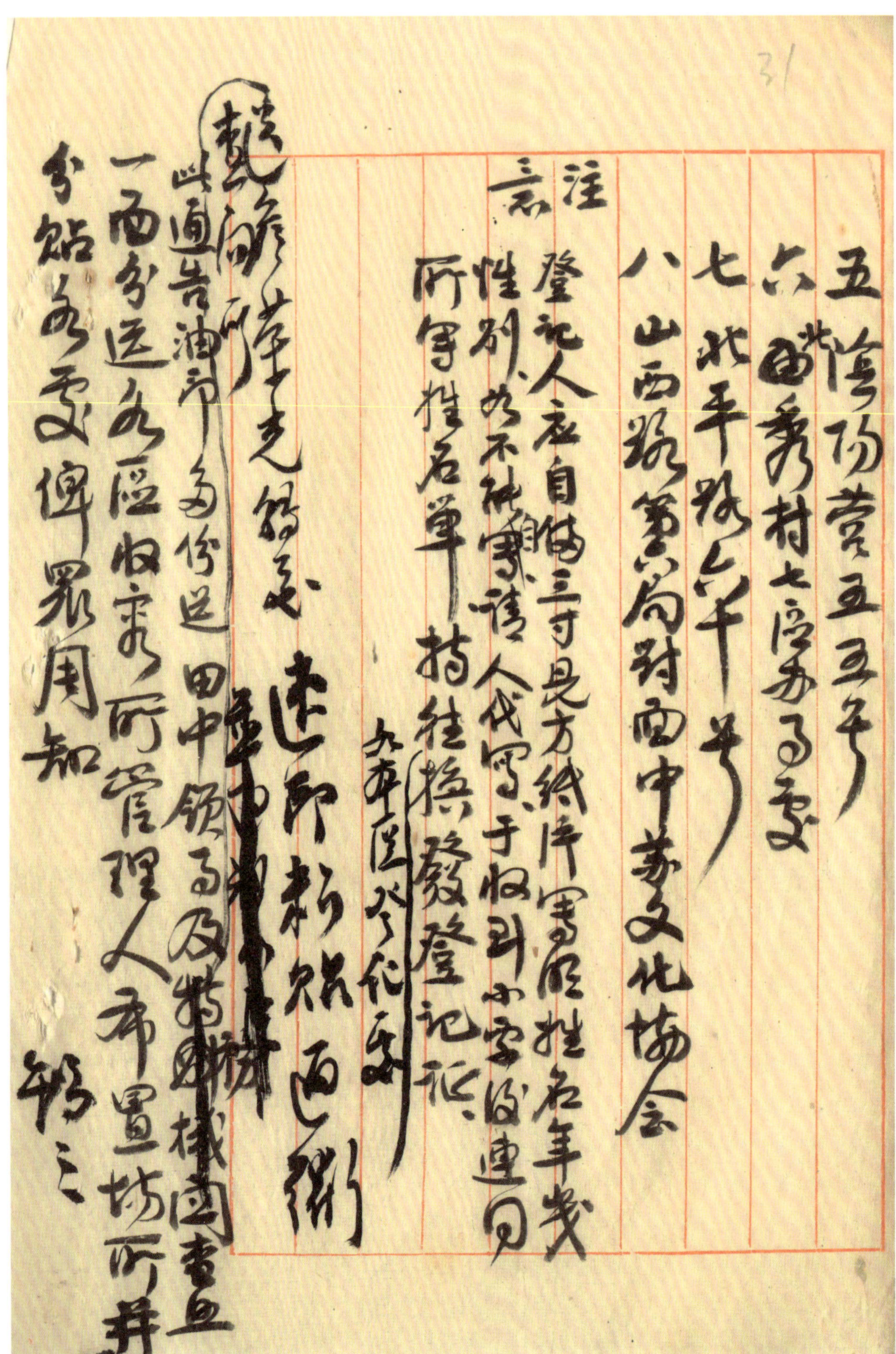

31

五　海防营五五号

六　北西秀村七号事务所

七　北平路六十一号

八　山西路第六局对面中华文化协会

注　登记人应自备三寸见方纸片，写明姓名、年岁、性别，如不能写者，请人代写，于收到小票后连同所写姓名单一并携往发登记所。

示　九　本区公所代办

速即粘贴西区街衢

敬启者，顷准华中之翁之

此通告油印多份，送田中领事及特务机关查照，

一面分送各区收容所管理人布置场所，并

分贴各处，俾众周知。

顺之

一月二十日六时发

启者：各区区长协助日方登记事关重要，

顷开开会，各区区长多有未及到会者，特

再通知，務望趕速將登記場所佈置妥

當，明早準八時日方即有執事人前來

分别办理登记，俾照议是为至要。此致

第一区区长　王朗法　金中　合第一区

二区区长　姜正云　金中

三区　齐兆昌　金陵大学

四区　王有成　四条巷二号

五区　陈斐然　金陵女子大学

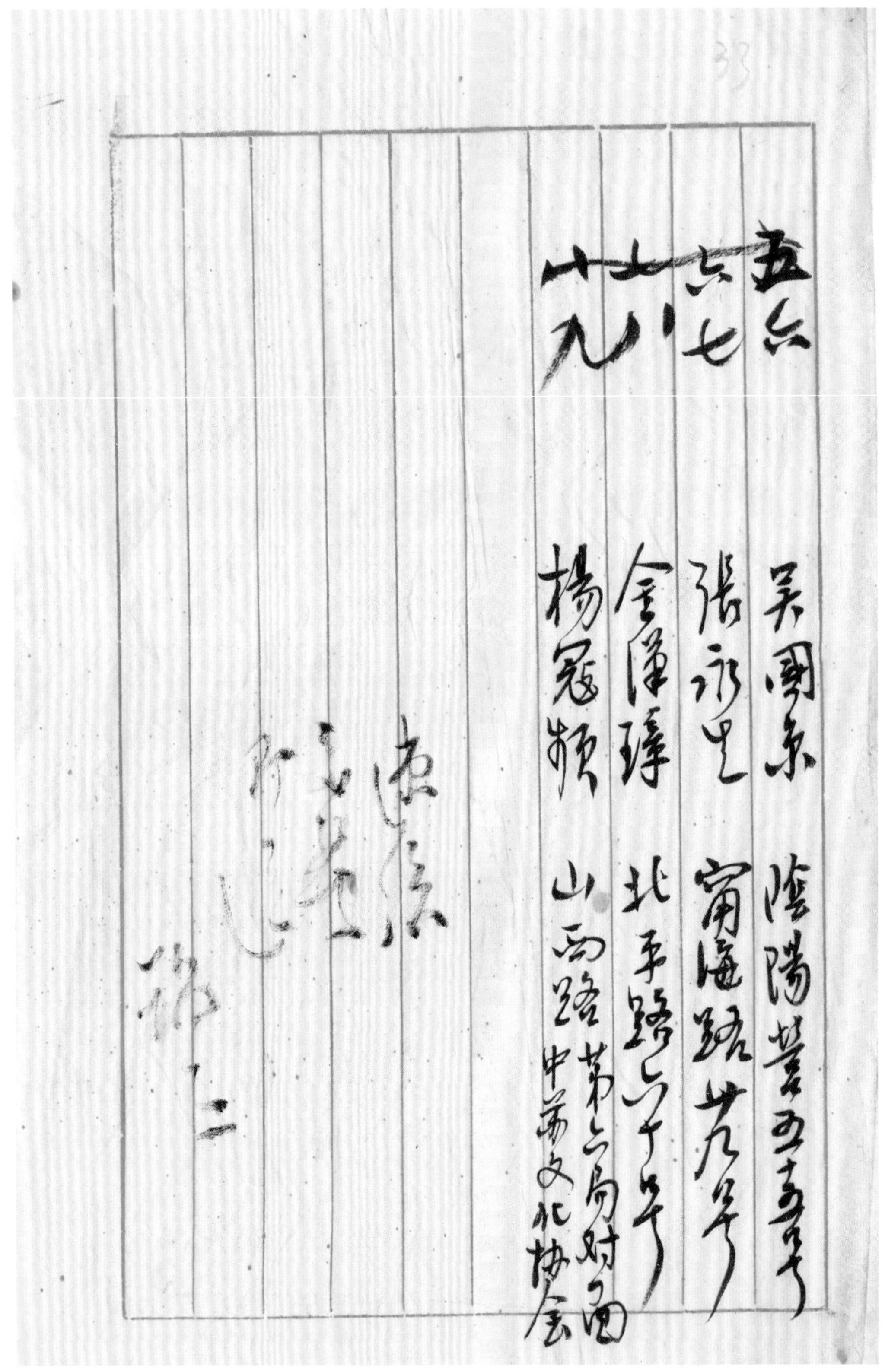

五六　吴闻宗　陰陽營五十五號

六七　張永思　甯海路廿九號

七八　金澤臻　北平路六十號

十九　楊冠頫　山西路第六局對面中日文化協会

陶锡三为居民食品缺乏组织食用品管理处致日本田中领事等函（一九三八年一月四日）

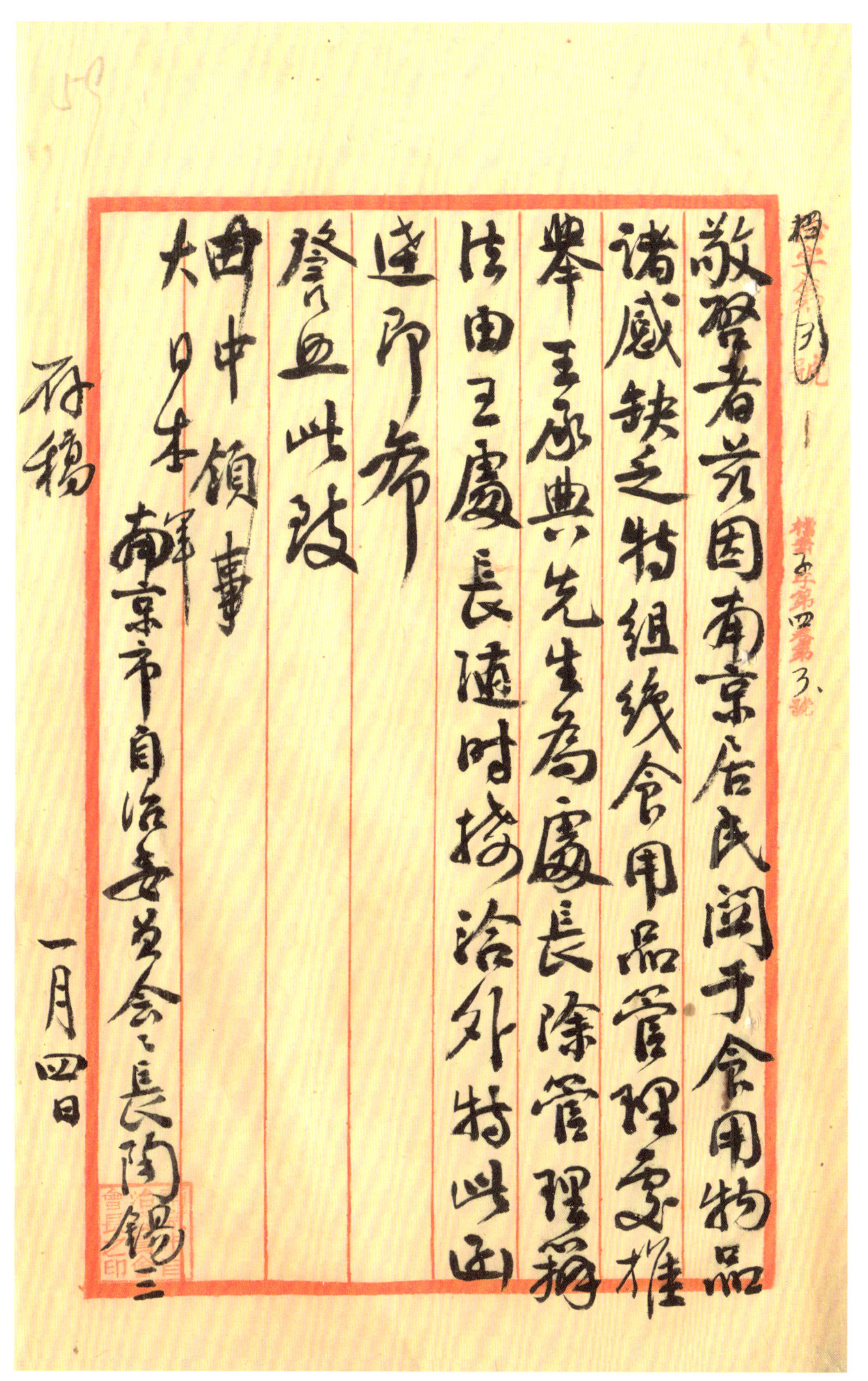

敬啓者茲因南京居民關于食用物品諸感缺乏特組織食用品管理處推舉王承典先生爲處長除管理辦法由王處長隨時接洽外特此函達即希

察照此致

田中領事

大日本[illegible]

南京市自治委員會會長陶錫三

一月四日

存稿

自治委员会关于难民回家问题会议决议（一九三八年一月四日）

一月四日會議關于難民回家問題議決本市以駐兵區為中心點暫以兵區以外四面為四區兹分列于下

（一）以中華路東分界南至中華門北至白下路又沿小鐵路邊北至中山門再沿南傾城墻經光華門通濟武定兩門至中華門止為第一區

（二）以中華路西分界南至中華門北至中正路新街口廣場邊西沿漢中路至漢西門又沿城墻經水西門至中華門路西為第二區

（三）以國府路以北分界西沿中山路至挹江門為止北至挹江門沿城根經和平門玄武門太平門至中山門路北為第三區

(四)以新街口中山路以西汉中路以北分界沿城墙至汉西门挹江门至和平门以西为四区

以上系指定军区外假定为四区先从第一区办理次及二三四

各区开放手续如下

1、先请军部将该区驻兵迁出以便民众迁回安居

2、由自治会筹设该区区公所

3、设警察所维持地方秩序并请宪兵协助

4 区内先行办理清洁以重卫生如有尸体应由慈善机关查明掩埋

5 区内原有住民如有家小归者先至区公所登记后迁回日期

6 如无家可归者应由区公所就公共房屋设法安置

7 各無人所住之空屋由區公所查明會同警察保護或量予無家者暫住

8 區內分設食物品販賣所接濟民間食用

以上各條舉其大概其餘各區再行酌辦理

自治委员会派员协助查问委员会办理登记事宜致日本领事田中笺函（一九三八年一月四日）

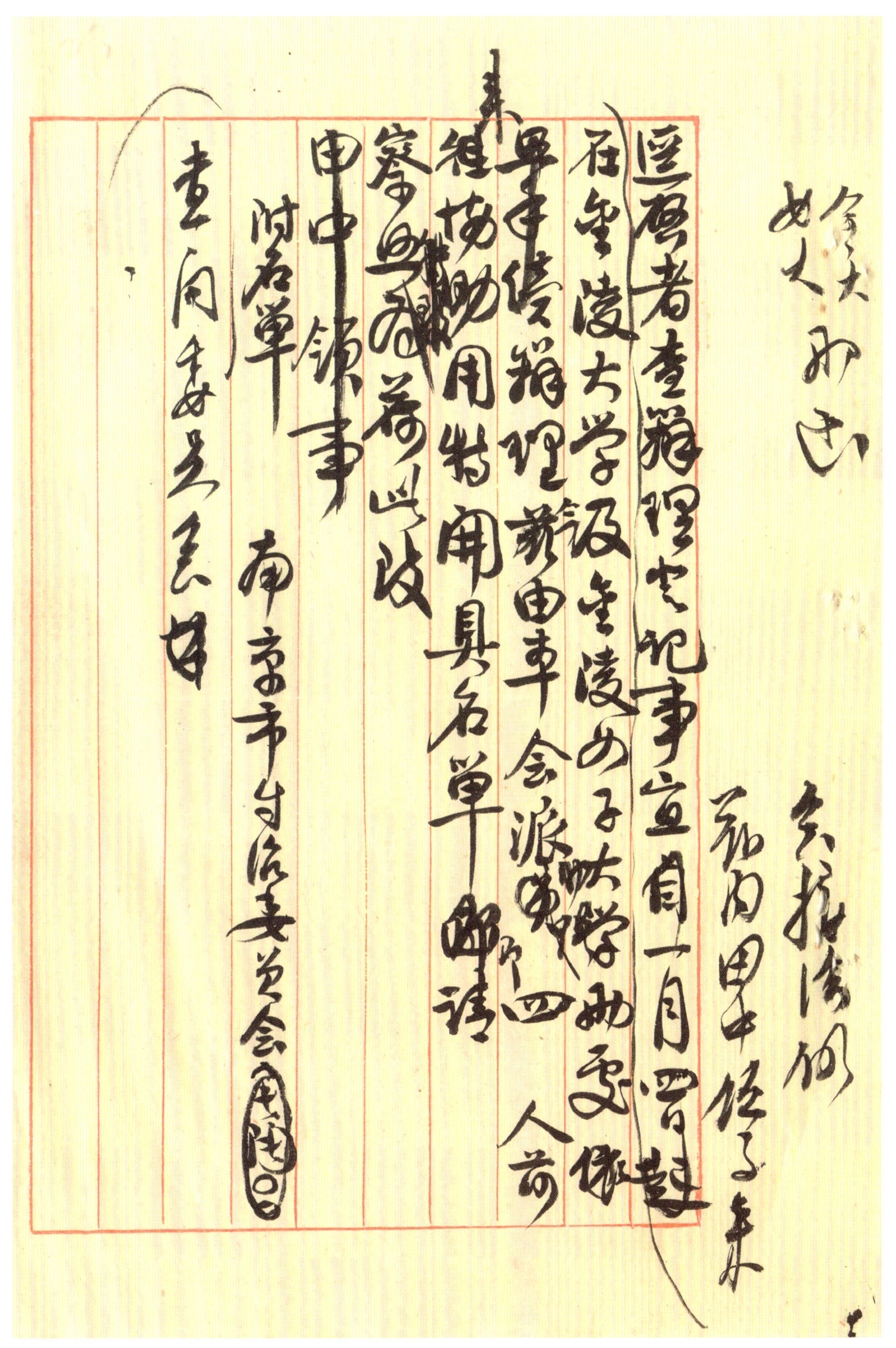

径启者：查办理登记事宜自一月四日起在金陵大学及金陵女子文理学院两处举行，借资办理。兹由本会派员四人前来维持协助，用特开具名单函请察照为荷。此致

田中领事

附名单

南京市自治委员会启

查问委员各委员台鉴

自治委员会关于南京城内划分四区办理居民迁回安居的布告（一九三八年一月五日）

布告第　　號

南京城內現經擬定以新街口中心西區為專駐軍隊地點此外劃分四區如下

一、以中華路東分界南至中華門北至白下路又沿小鐵路迤北至中山門再沿南順城牆經光華通濟武定各門至中華門止為第一區

二、以中華路西分界南至中華門北至中正路新街口廣場迤西沿漢中路至漢西門又沿城牆經水西門至中華門路西為第二區

三、以國府路之北分界西沿中山路至挹江門為止

北至挹江门沿城根往和平门玄武门太平门至中
山门路北为界第三区
四、以新街口中山路以西汉中路以北为界沿城墙
至汉西门挹江门至和平门以西为第四区
兹为免难民回归安居起见先从第一区着手
办理开放凡属该区人民应即准备回一俟
该区布置就绪即可迁回安居其余各区亦当照此布
南京市自治委员会主任陶〇〇
中华民国二十七年一月五日

自治委员会关于难民迁回问题须先由区公所着手筹办致特务机关渡部函（一九三八年一月七日）

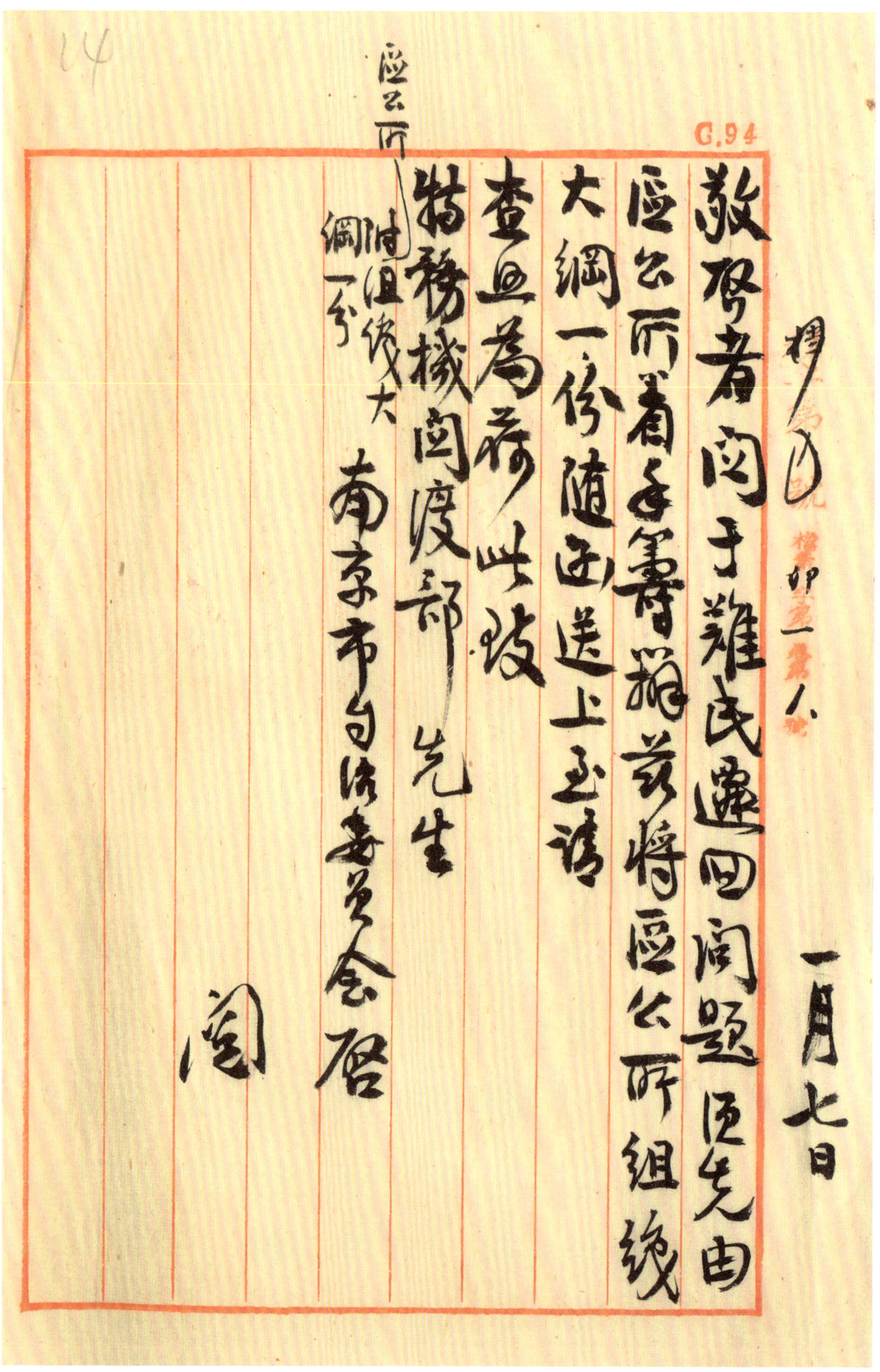

14

G.94

標字第一八號

敬啓者關于難民遷回問題須先由
區公所着手籌辦兹將區公所組織
大綱一份隨函送上即請
查照為荷此致
特務機関渡部先生
南京市自治委員會啓
一月七日

附區公所組織大綱一份

逕启者：本市难民区内一切救济事宜，多承
贵会竭力维持，不胜感佩。现在敝会已组织成立，所有赈济难民食米，日方允予拨给接济，以后对于赈米事宜，敝会自当继续妥办，以纾
廑注。此致
国际委员会

总字第　号

自治委员会启
一月八日

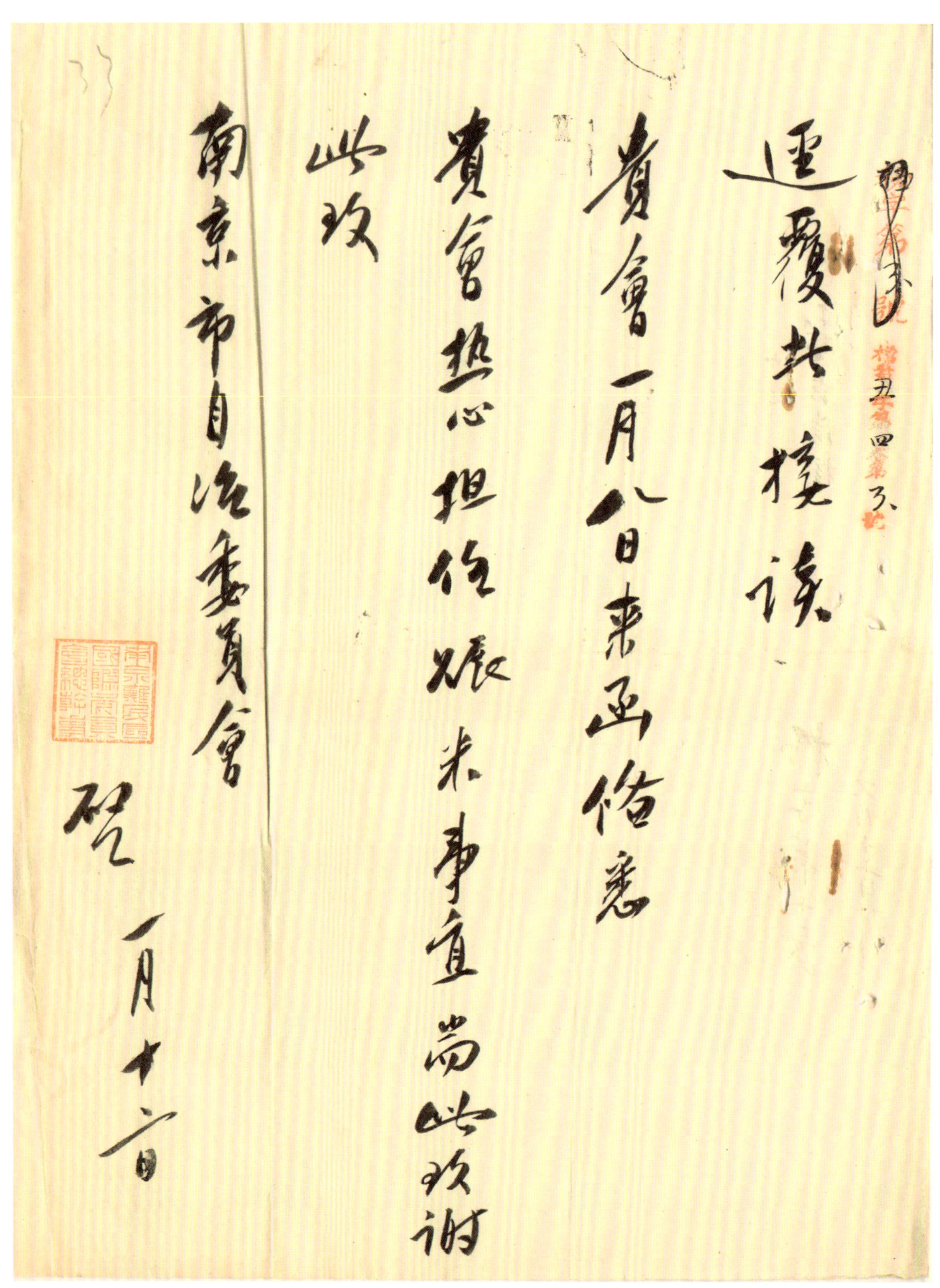

逕覆者：接讀

貴會一月八日來函俗悉

貴會熱心担任賑米事宜，當此致謝。

此致

南京市自治委員會

啓

一月十日

金陵大学第三难民收容所请予设法制止难民私贩物品并给示布告致自治委员会函（一九三八年一月十四日）

俟布告印好后送去

機字第八號

敬啓者兹聞有本區收容所內難民携取傢具等物前來私相販賣或售作燃料以致時起糾紛繼致動武似此情事殊屬不易維持用特函請

貴會迅予設法制止並已頒有佈告即請

賜下數份以便張貼爲荷此致

南京自治委員會

中華民國廿七年一月十四日到

批字第二千号

私立金陵大學用箋

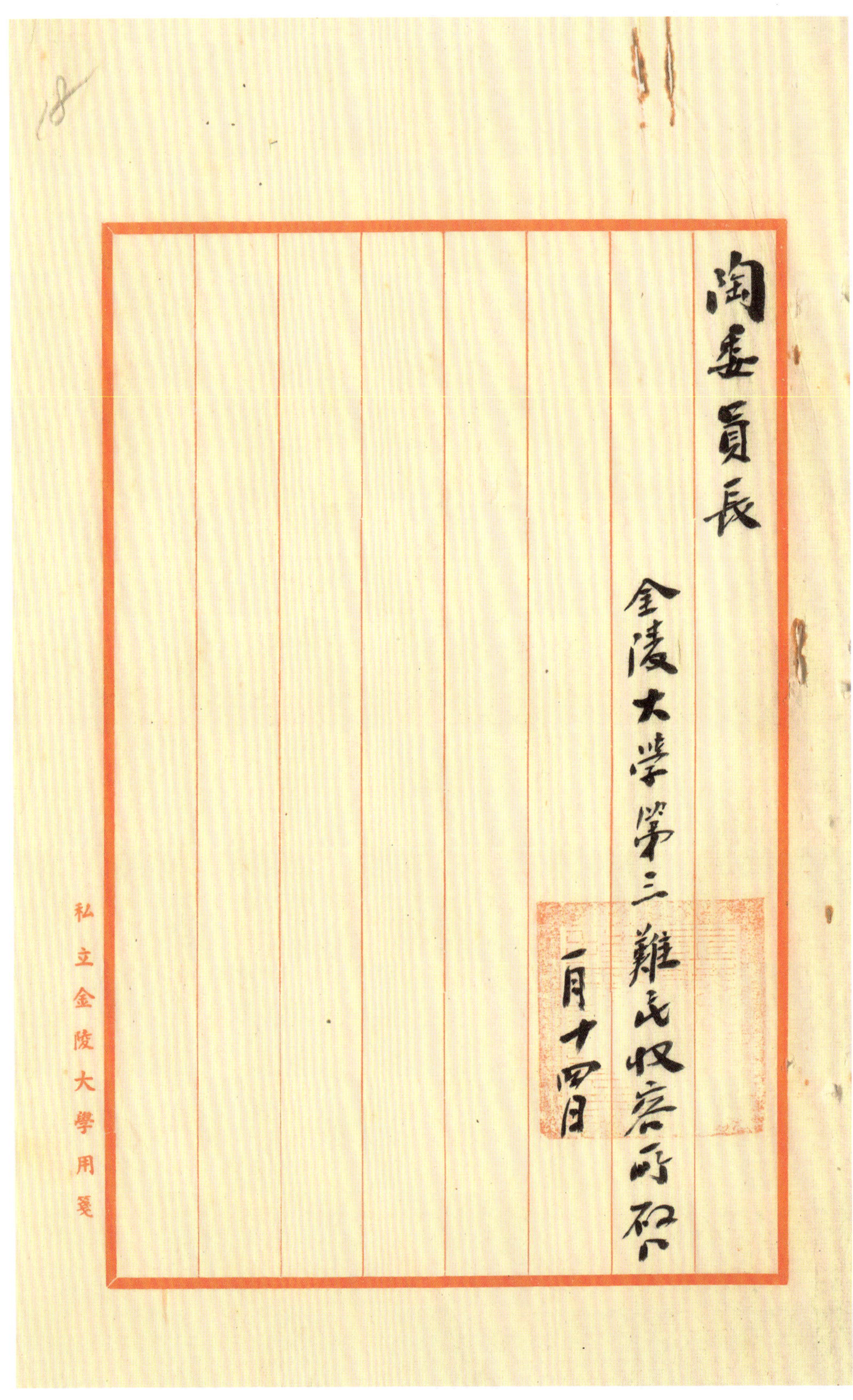
18

陶委員長

金陵大學第三難民收容所啓

一月十四日

私立金陵大學用箋

自治委员会关于第二区迁回居民登记并居住的布告（一九三八年一月十四日）

交總務課油印六十張，安難民收容所各貼一張，餘張貼通衢

南京市自治委員會布告 第八號

（檔案印第一卷第8號）

布告第 號

本市第二區公所已在坊口楳業公所內組織成立，所有該區人民茲訂日遷回居住，並先往區公所登記，至於地方治安已由日軍憲兵隊派兵巡邏，力予維持，各該人民儘可安居樂業，不必恐懼，自本月十四日起擇定第二區地方放行，仰知照。此布

附第二區區域如下

以中華路西分界，南至中華門，北至中正路新街口廣場，迤西沿漢中路至漢西門，又沿城牆經水西門至中華門西為第二區。

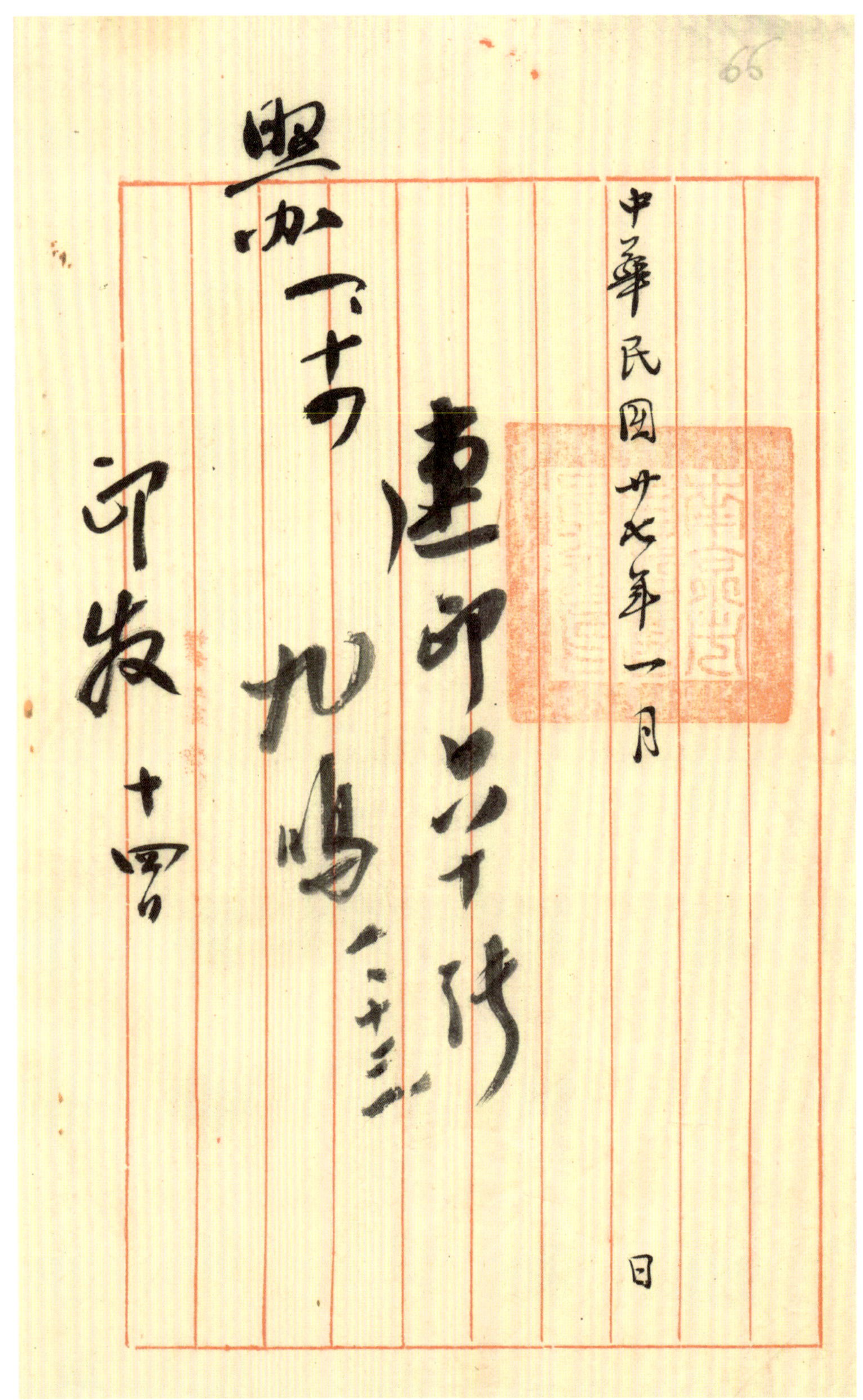

中華民國廿七年一月　日

速印五千張

九鳴　一、廿三

照辦　一、十四

印發　十四

請從補送判 十四日 印貳百張

照印叁百張

一月十四日

檔字第9號 第一卷第9號

九時二十分

布告第 號

查本市第一二區之公所業經次第成立所有區內人民應即遷回居住一面先往區公所登記以備查考至於地方治安由日軍憲兵隊派兵巡邏力予維持免該民等使其安居樂業不必畏懼合行將一二區之公所地址及區域四界址附錄于下仰該區居民人等一律遵照此布

計開 第一區公所設立下江考棚市立醫院

第二區公所設立坊口煤業公所

第一區以中華路東分界南至中華門北至白

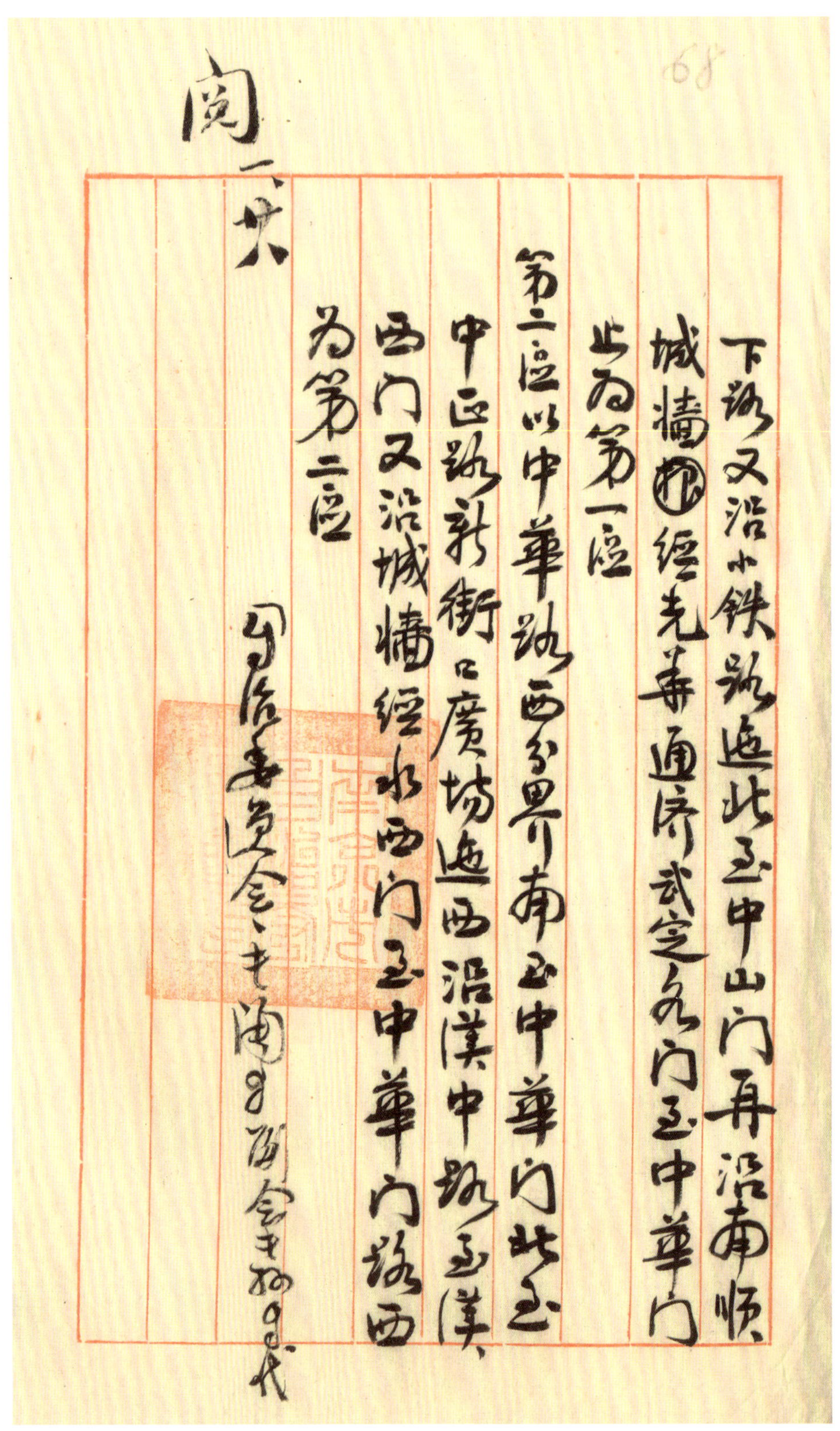

阅

一、廿六

下路又沿小铁路过此至中山门再沿南顺城墙经光华通济武定各门至中华门止为第一区

第二区以中华路西至界南至中华门北至中正路新街口广场过西沿汉中路至汉西门又沿城墙经水西门至中华门路西为第二区

自治委员会主陶锡三代

自治委员会关于证明未及登记城内居民确系良民补发安居证事致特务机关函（一九三八年一月十八日）

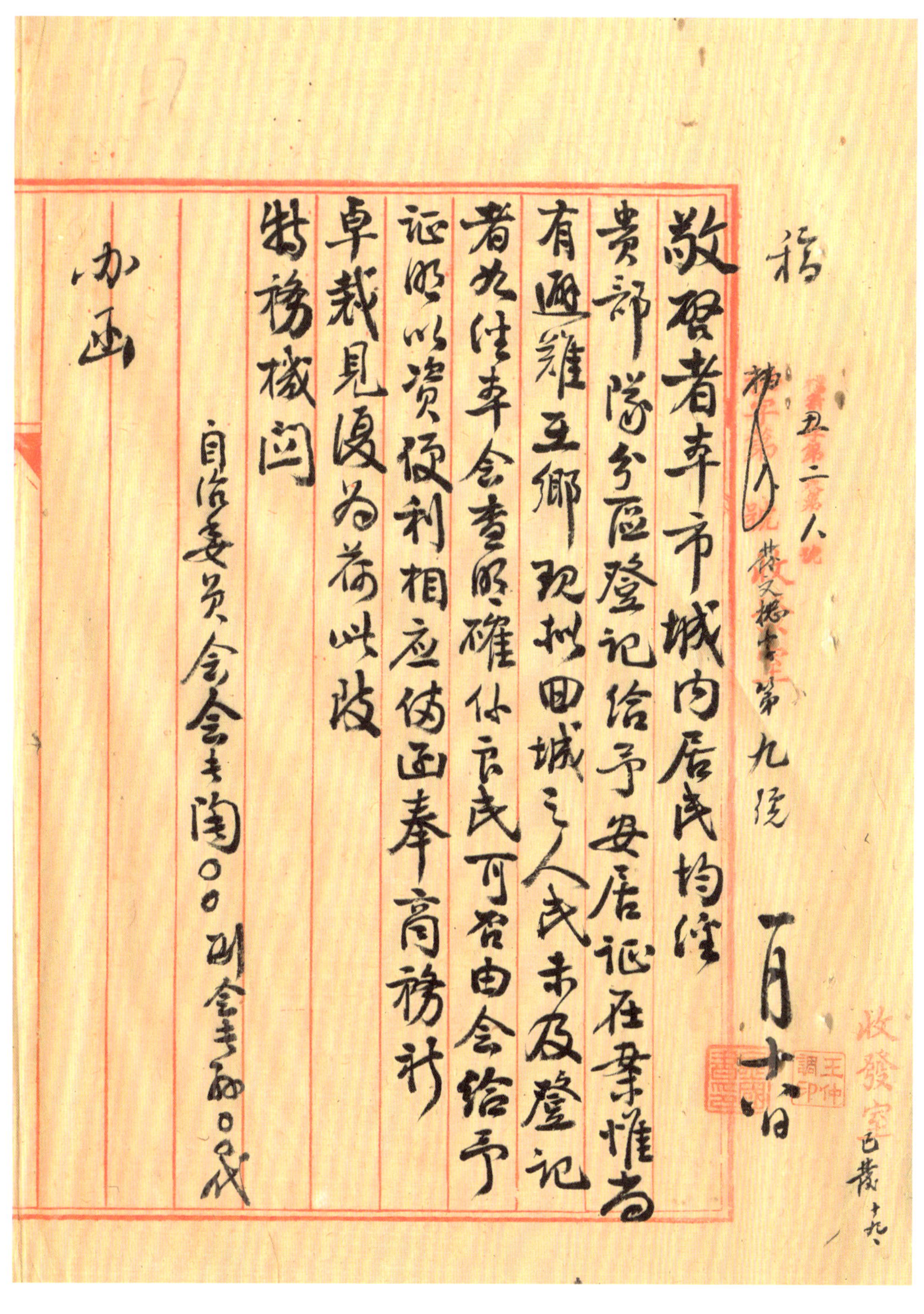

稿

發文總字第九號

敬啓者：本市城内居民均經
貴部隊分區登記，給予安居証在案。惟尚
有避難至鄉現擬回城之人民未及登記
者，尤須本会查明確係良民，可否由会給予
証明，以資便利。相應備函奉商，務祈
卓裁見復為荷。此致
特務機關

自治委員会会長陶○○　副会長孫○○代

一月十八日

办函

收發室　已發　十九

秘书室为各区难民回家请规划办法并请日军宪兵协助致警察厅长函（一九三八年一月十九日）

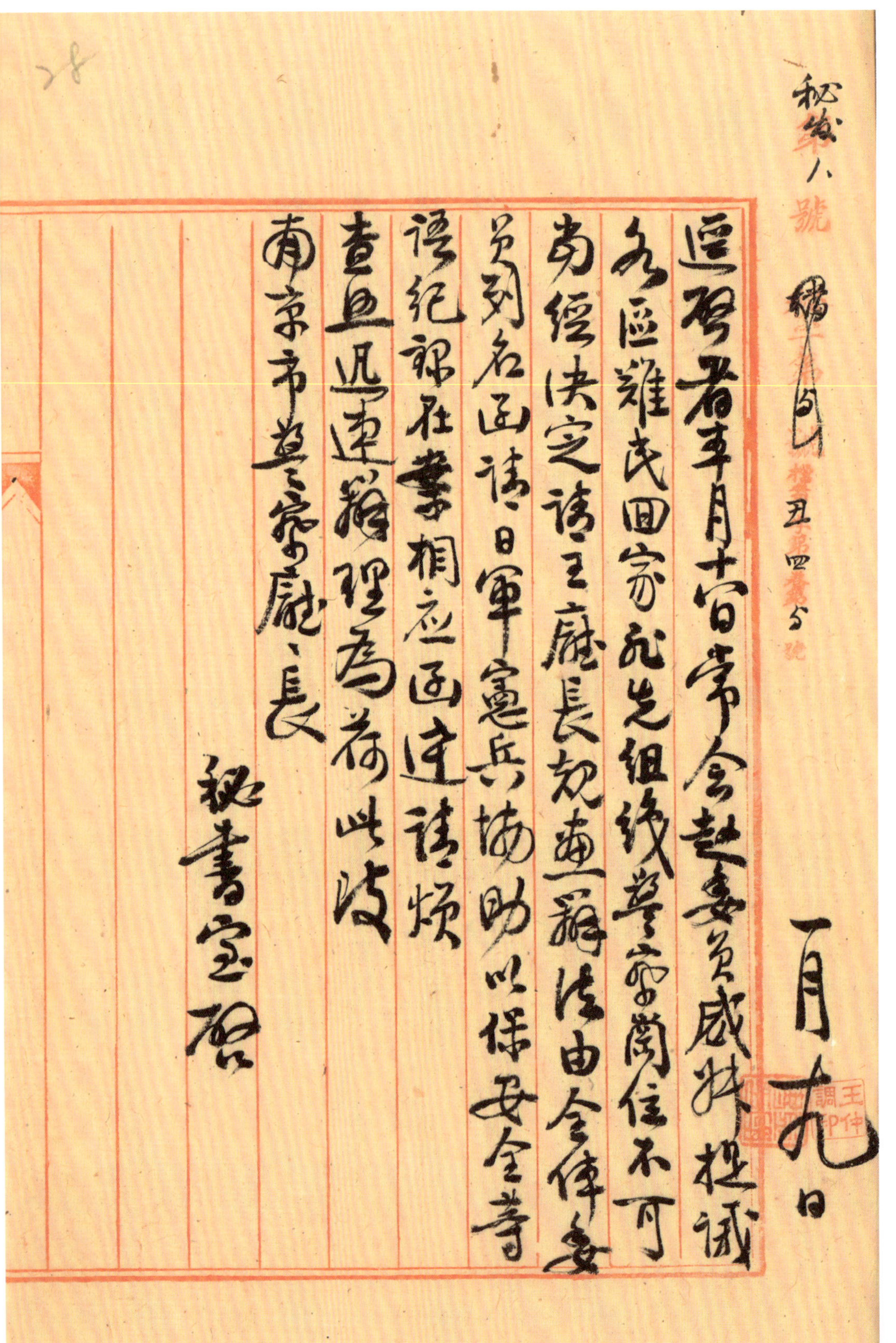

秘發第八號

檔丑字第四卷第5號

逕啓者：本月十四日常會趙委員威叔提議，各區難民回家，亟先組織警察崗位不可。當經決定請王廳長規畫辦法，由令派委員到各區，請日軍憲兵協助，以保安全等語，紀錄在案。相應函達，請煩查照，迅速辦理為荷。此致

南京市警察廳廳長

秘書室啓

一月十九日

自治委员会号召难民回家居住的布告（一九三八年一月二十七日）

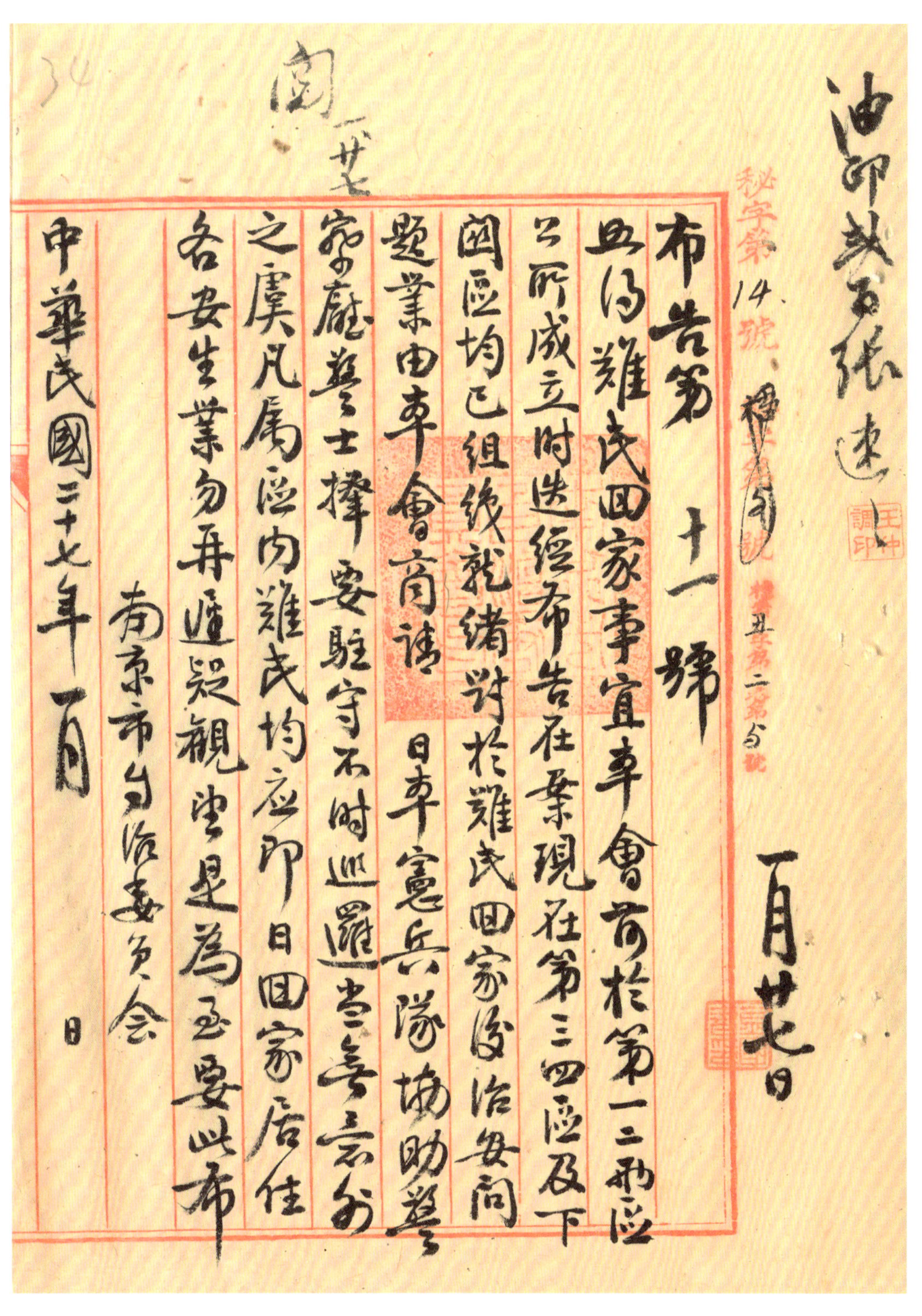

油印數百張速

秘字第14號

一月廿七日

布告第十一號

照得難民回家事宜本會前於第一二兩區公所成立時迭經布告在案現在第三四區及下關區均已組織就緒對於難民回家後治安問題業由本會商請日本憲兵隊協助警察廳警士擇要駐守不時巡邏當無意外之虞凡屬區內難民均應即日回家居住各安生業勿再遲疑觀望是為至要此布

南京市自治委員會

中華民國二十七年一月　日

35
中華民國廿年一月廿六日到

自治委员会为组织难民回家及治安由日本宪兵队协助管理等事致丹麦公使馆函（一九三八年一月二十七日）

36

南京市自治委員會用牋

敬啟者本市難民回家事宜前於第一二兩區公所成立時由會布告居民知照在案現在第三四區及下關區均已組織就緒對於難民回家後治安問題並由本會商請日本憲兵隊協助警察廳警士擇要駐守不時巡邏當無意外之虞除通告各區人民即日回家以安生業外相應函請

貴公使館查照一體勸諭各該難民知照為荷再各該難民等多蒙

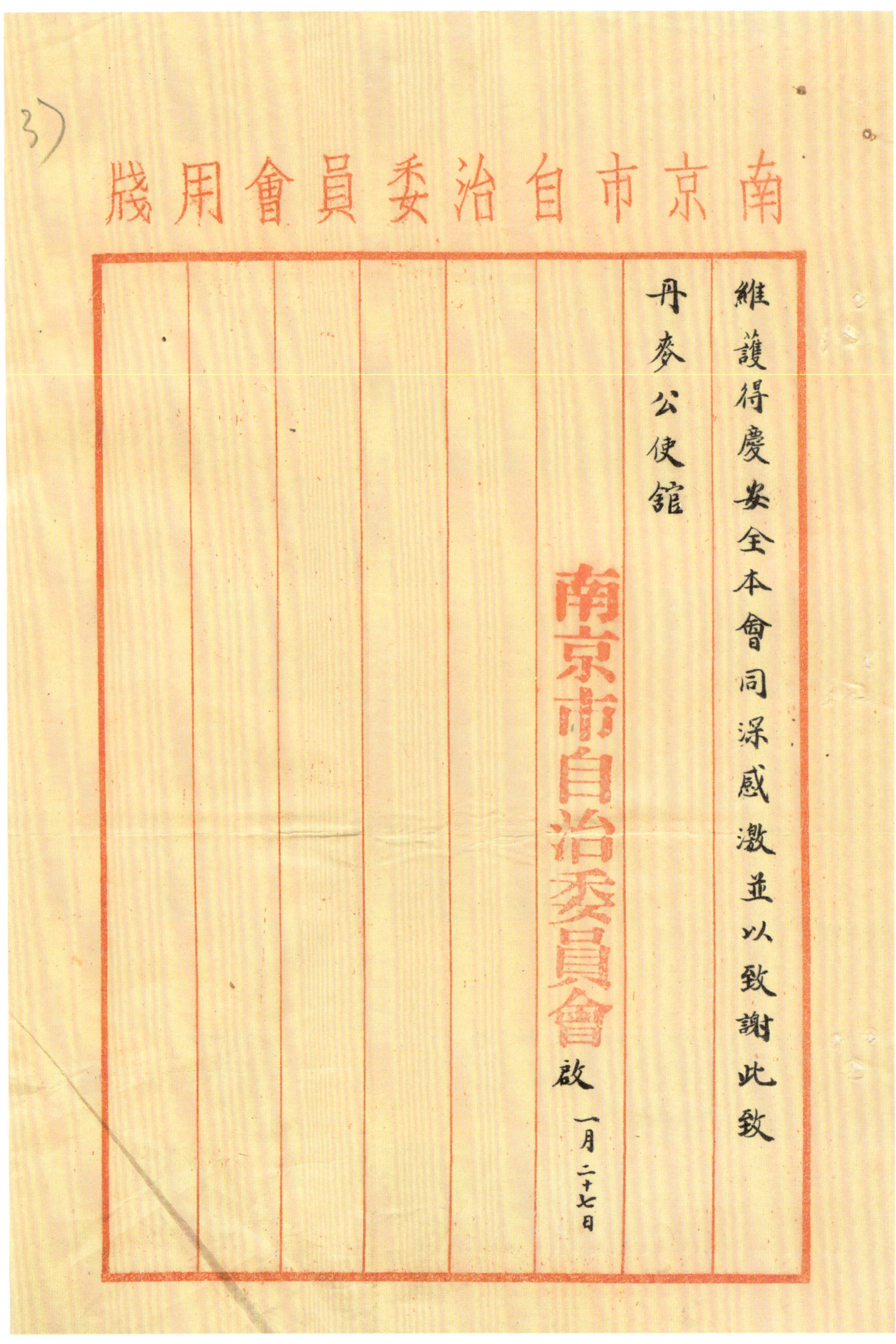

37

南京市自治委員會用箋

維護得慶安全本會同深感激並以致謝此致

丹麥公使館

南京市自治委員會啟

一月二十七日

自治委员会为难民回家后治安由日本宪兵队协助管理事致捷克公使馆函（一九三八年一月二十七日）

38

南京市自治委員會用牋

敬啟者本市難民回家事宜前於第一二兩區公所成立時由會布告居民知照在案現在第三四區及下關區均已組織就緒對於難民回家後治安問題並由本會商請日本憲兵隊協助警察廳警士擇要駐守不時巡邏當無意外之虞除通告各區人民即日回家以安生業外相應函請貴公使館查照一體勸諭各該難民知照為荷再各該難民等多蒙

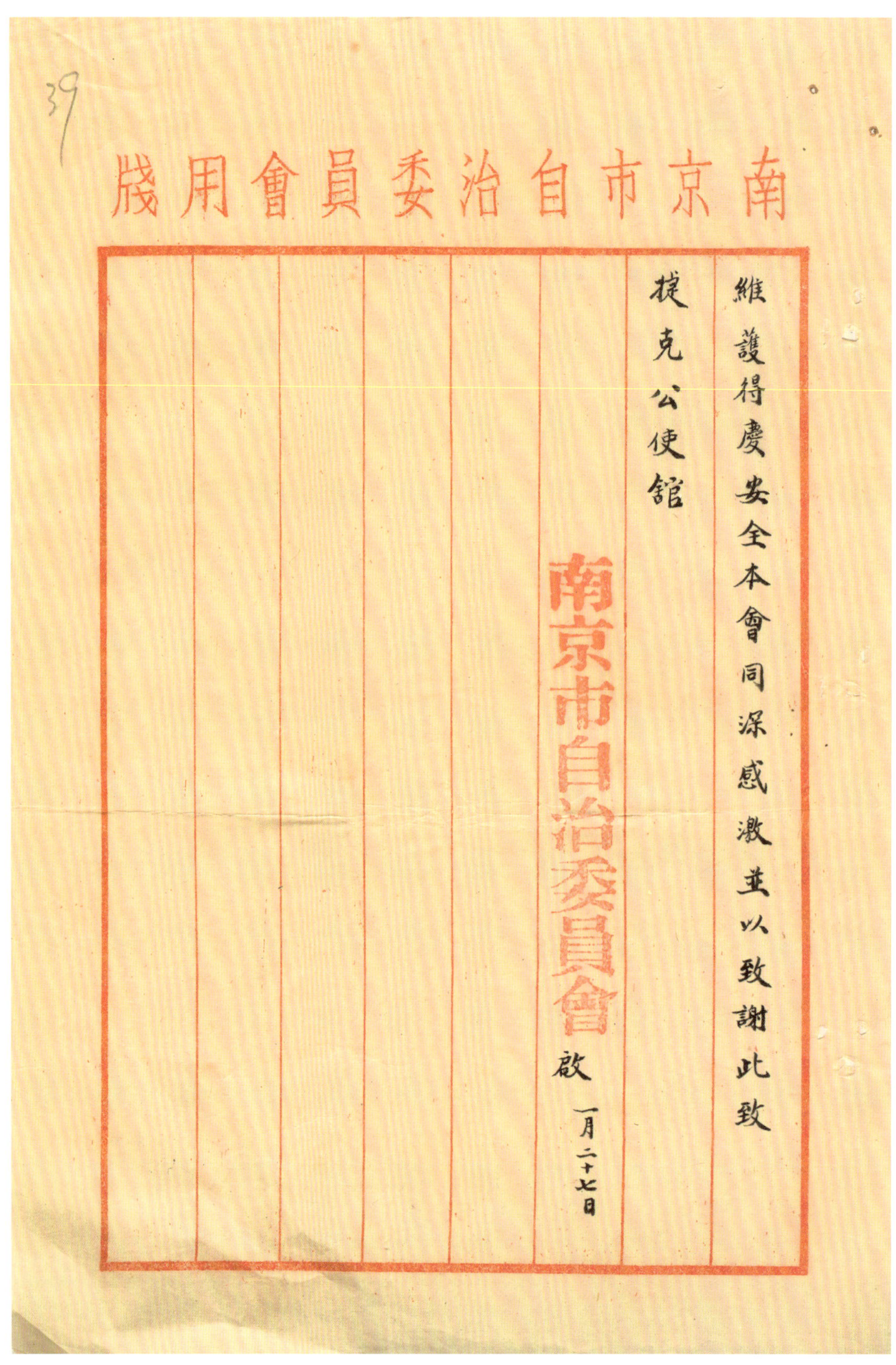
39

南京市自治委員會用牋

維護得慶安全本會同深感激並以致謝此致

捷克公使館

南京市自治委員會啟

一月二十七日

自治委员会为难民回家并感谢英美德法等大使馆维护安全事致各使馆函（一九三八年一月二十七日）

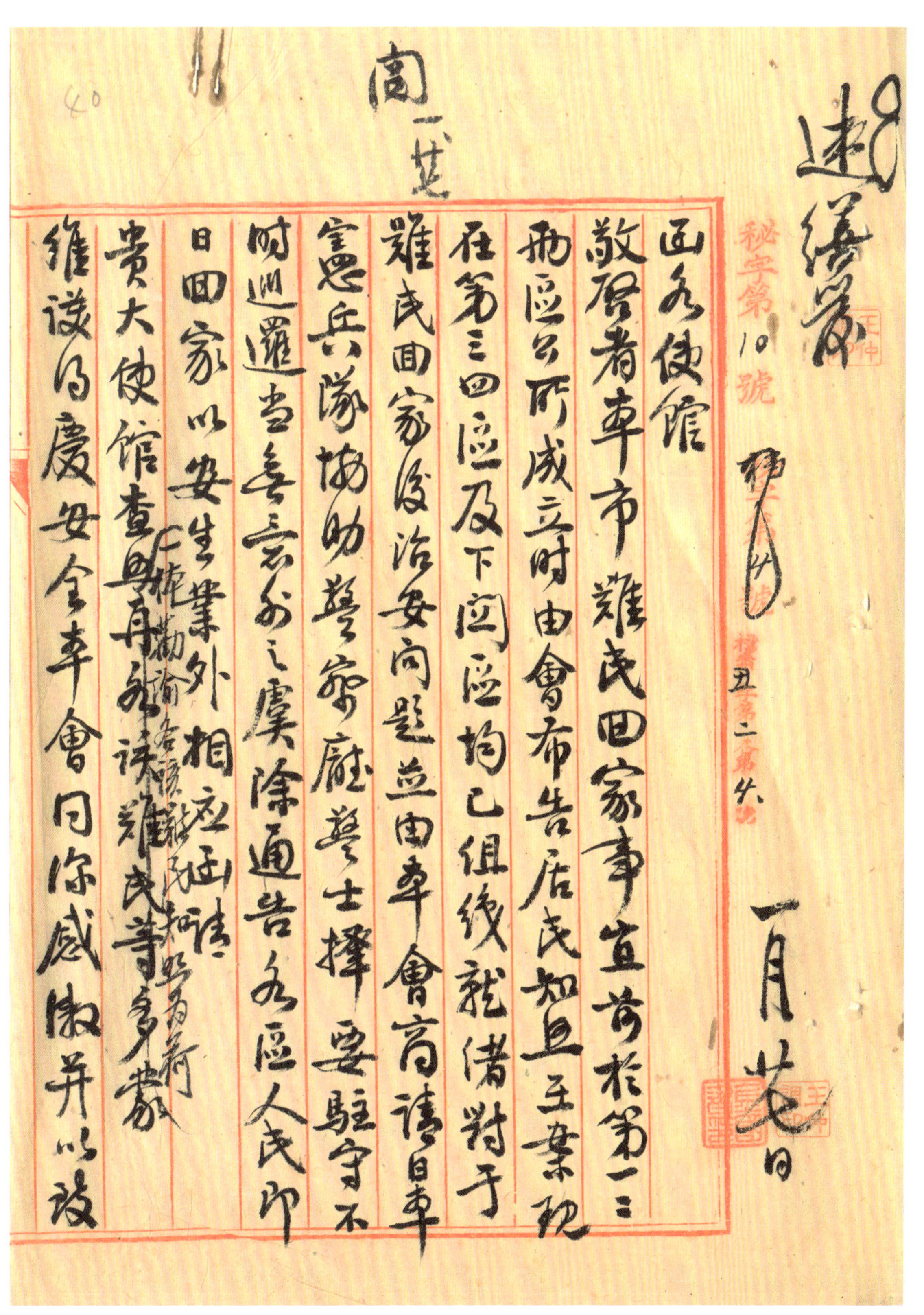

速繕發

閱 一廿七

秘字第10號

擇五字第二第44號

函各使館

敬啓者本市難民回家事宜前於第一二兩區公所成立時由會布告居民知照並業經在第三四區及下關區均已組織就緒對于難民回家後治安問題並由本會商請日本憲兵隊協助警察廳警士擇要駐守不時巡邏並分函各處通告各區人民即日回家以安生業外相應函請貴大使館查照並乞勸諭各該難民知照為荷難民等多數維護得慶安全本會同深感激并以致

一月廿七日

询此波
英美法比捷克大使馆
荷兰丹麦瑞光兰使 會啟

以不此此表国
考虑係入

今区

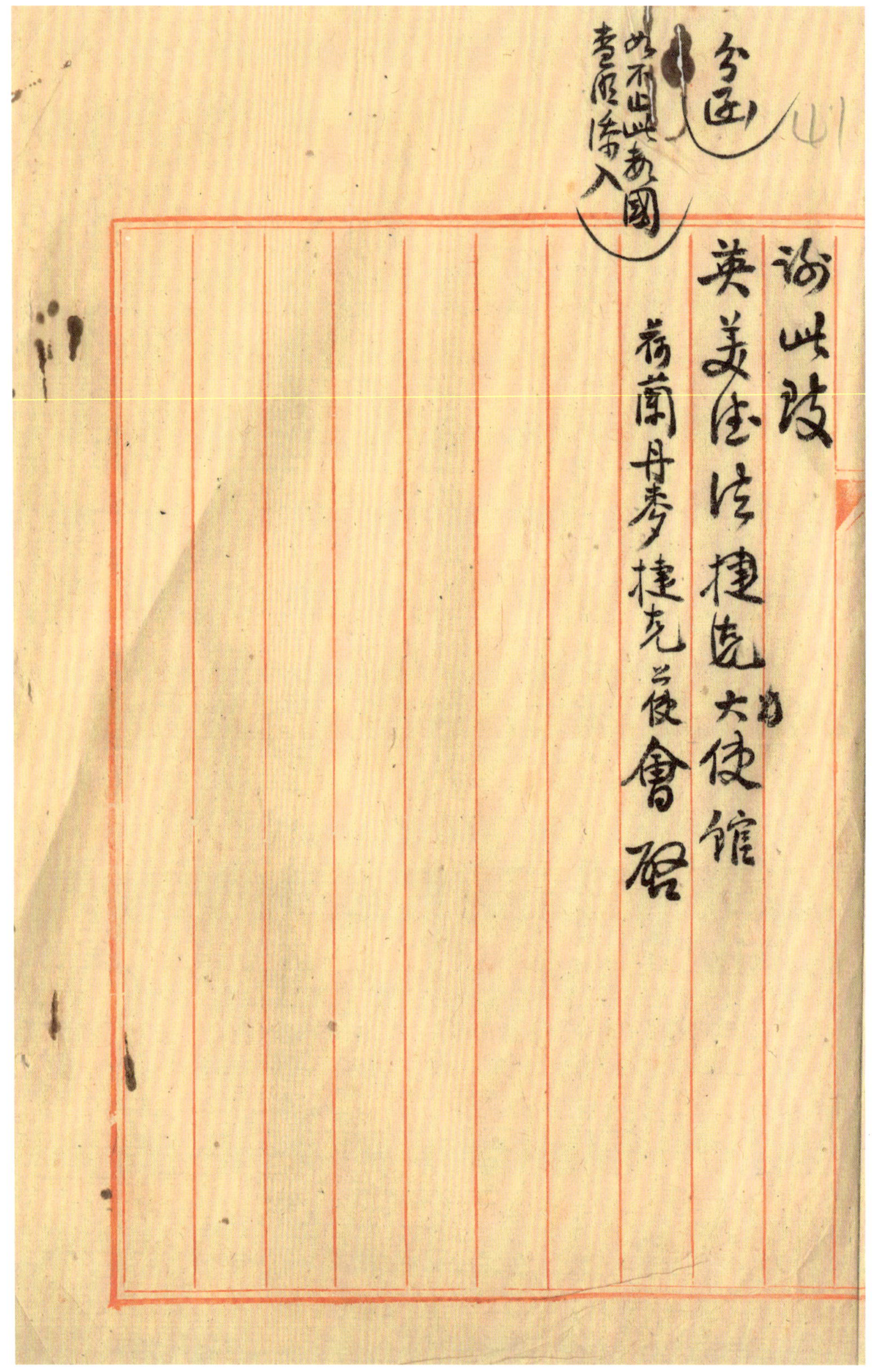

自治委员会委员关于日本特务机关长处理难民和治安之训示记录致代会长张叔荣呈文（一九三八年一月二十八日）

秘字第47號

謹稟者，昨奉

特務機關傳諭，今晨十時赴　特務機關開會等因，理合將

特務機關長訓示各節撮要錄呈

鈞鑒。

一、現在關於治安，已有具體辦法，刻已分令憲兵隊、警備隊嚴密稽查，並給示保護。

二、難民區內收容所及道旁新搭棚屋，限二月四日止，一律遷還各區原住第，四區除外，違者則強制執行。

三、各區應速立收容所及開設商店地點，以備容納難民區內之民眾，並由　機關長撥給每區米糧各壹百包，作為獎勵先回里營業者之用。明天下午一時由　松岡先生先查勘第一區。

四、關於解散難民區各事，由馬科長錫侯率領各區宣傳組全體出發勸導。

五、救濟米以後由各區分府直接具領，營業米則擬

商承办、

六、区公所所设之粥厂，应给赤贫及老弱者，年富力强者，应予限制，并嘱彼等作工，自食其力。

七、各区公所需要经费若干，由各区长速造清册送呈 自委会审核后，再送呈 特务机关备案。

八、各区长应努力办理，不可因循贻误。

右呈

南京市自治委员会代会长孙

委员马锡侯 赵公谨

职何缉之、

胡雨荪

方灏 王松亭代

邓邦宋 林欣甫代

阅 一、廿八

汉口路小学难民所、自治委员会关于难民杨金海等请补发安居证的往来文件

汉口路小学难民所致自治委员会呈文（一九三八年一月三十一日收）

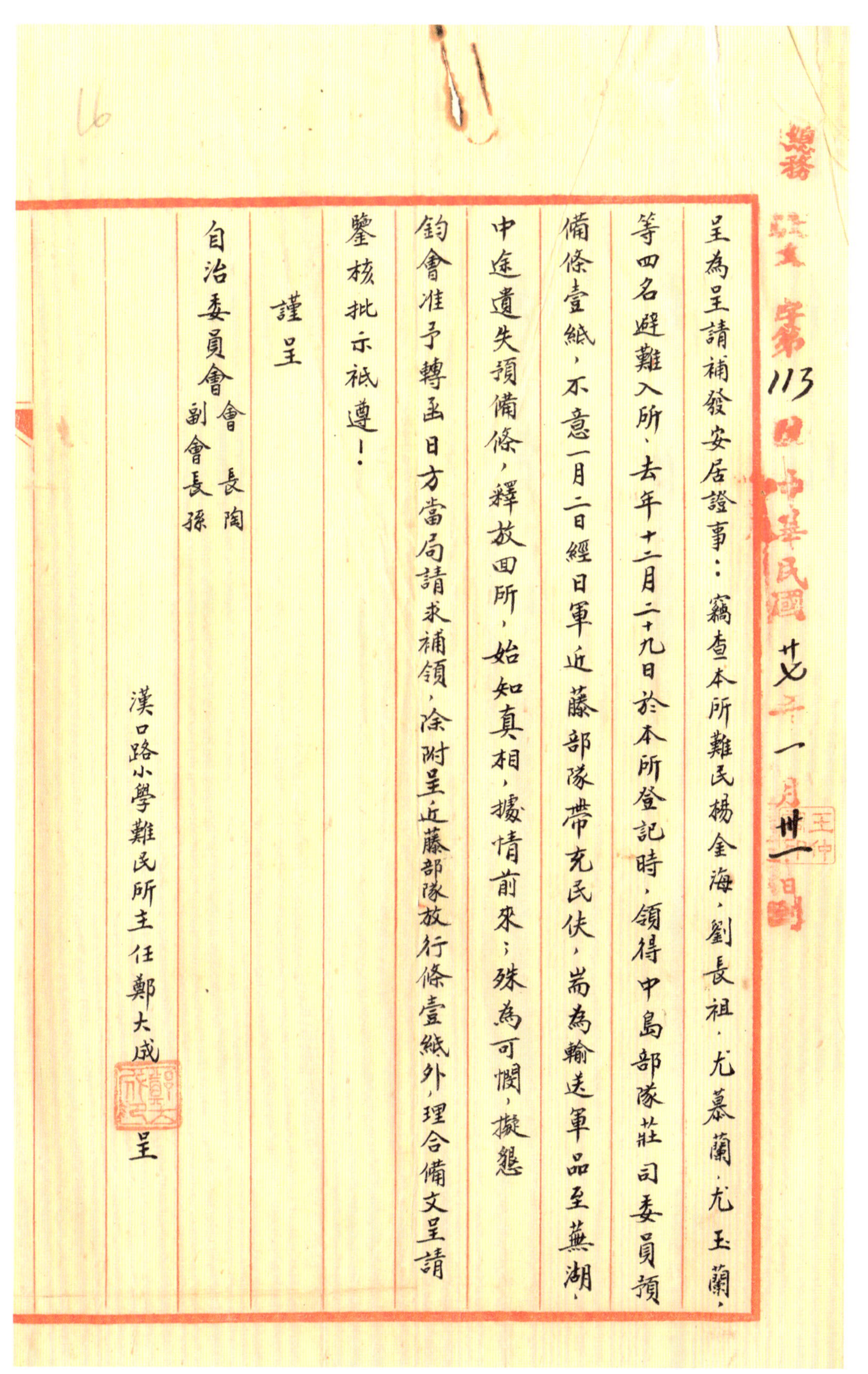

总务 收文 字第113号 中华民国廿七年一月卅一日到

呈为呈请补发安居證事：竊查本所難民楊金海、劉長祖、尤慕蘭、尤玉蘭等四名避難入所，去年十二月二十九日於本所登記時，領得中島部隊莊司委員預備條壹紙，不意一月二日經日軍近藤部隊帶充民伕，嵩為輸送軍品至蕪湖，中途遺失預備條，釋放回所，始知真相，據情前來；殊為可憫，擬懇鈞會准予轉函日方當局請求補領，除附呈近藤部隊放行條壹紙外，理合備文呈請鑒核批示祇遵！

謹呈

自治委員會會長陶
副會長孫

漢口路小學難民所主任鄭大成 呈

自治委员会批文（一九三八年二月一日）

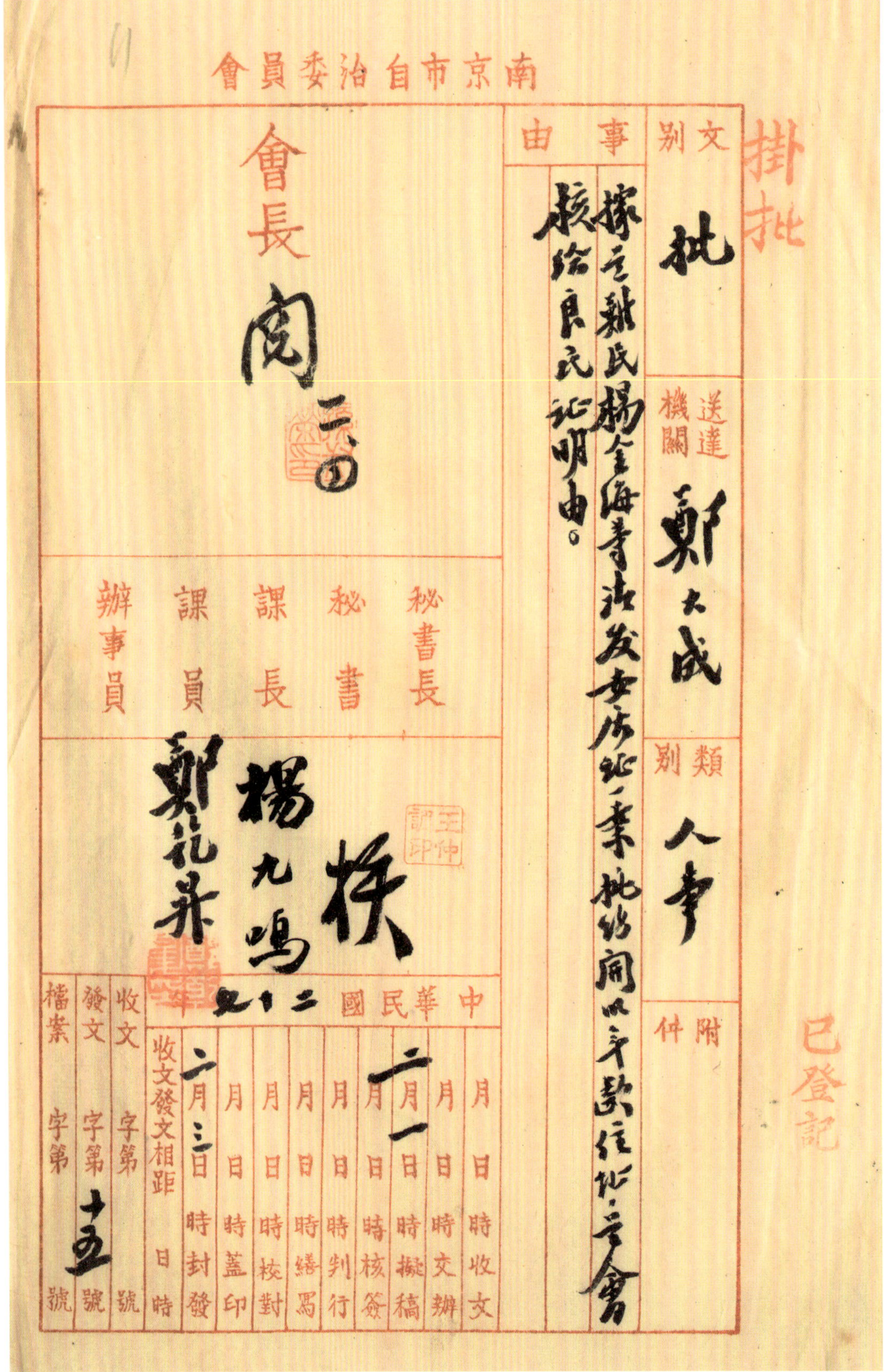
南京市自治委員會

文別：批
事由：據呈新民楊金海請發安居証一案，批仰開具年歲住址，呈會核給良民証明由。
送達機關：鄭大成
類別：人事
附件

會長 閱 二、一
秘書長
秘書
課長 楊九鳴
課員 鄭龍昇
辦事員

中華民國二十七年二月 日

收文 字第 號
發文 字第十五號
檔案 字第 號

掛批
已登記

銜

批第十五號

具呈人漢口路七号難民所主任鄭大成

二十七年一月三十日呈一件，為呈請補發難民楊金海等

安居証由

呈暨附條均悉。該所難民楊金海等四人，如果確係良民，由該主任作保，懇予補開該難民等年齡及詳細住址，呈報本會，以便核明給予良民証明。所請轉函補發安居証之處，業此函務核，得復再復，仰即知照！此批。

中華民國二十九年二月一日

監印周紹奎

繕 二月二

张亚人等、自治委员会关于补行登记核发安居证的往来文件

张亚人等致自治委员会的呈请书（一九三八年一月三十一日收）

总务

公文 字第112号 廿七 一 卅一日到

呈请书

窃民等向在本市经商或建筑师瓦木工及邮务人员，自上年十二月十三日日军入城后，或以病魔所侵奄卧床褥，或为日军部队充当伕役，更有新自乡间来城，以致举行登记时均未能参与安居证无法领得，深感不便。兹因病愈，或被放回，理合具文呈请钧会赐予补行登记，俾使民等得以安居乐业，实为德便。谨呈

南京市自治委员会

病

张亚人　年卅九　安徽人　地毯工人

冯亚生　年卅六　安徽人　地毯工人

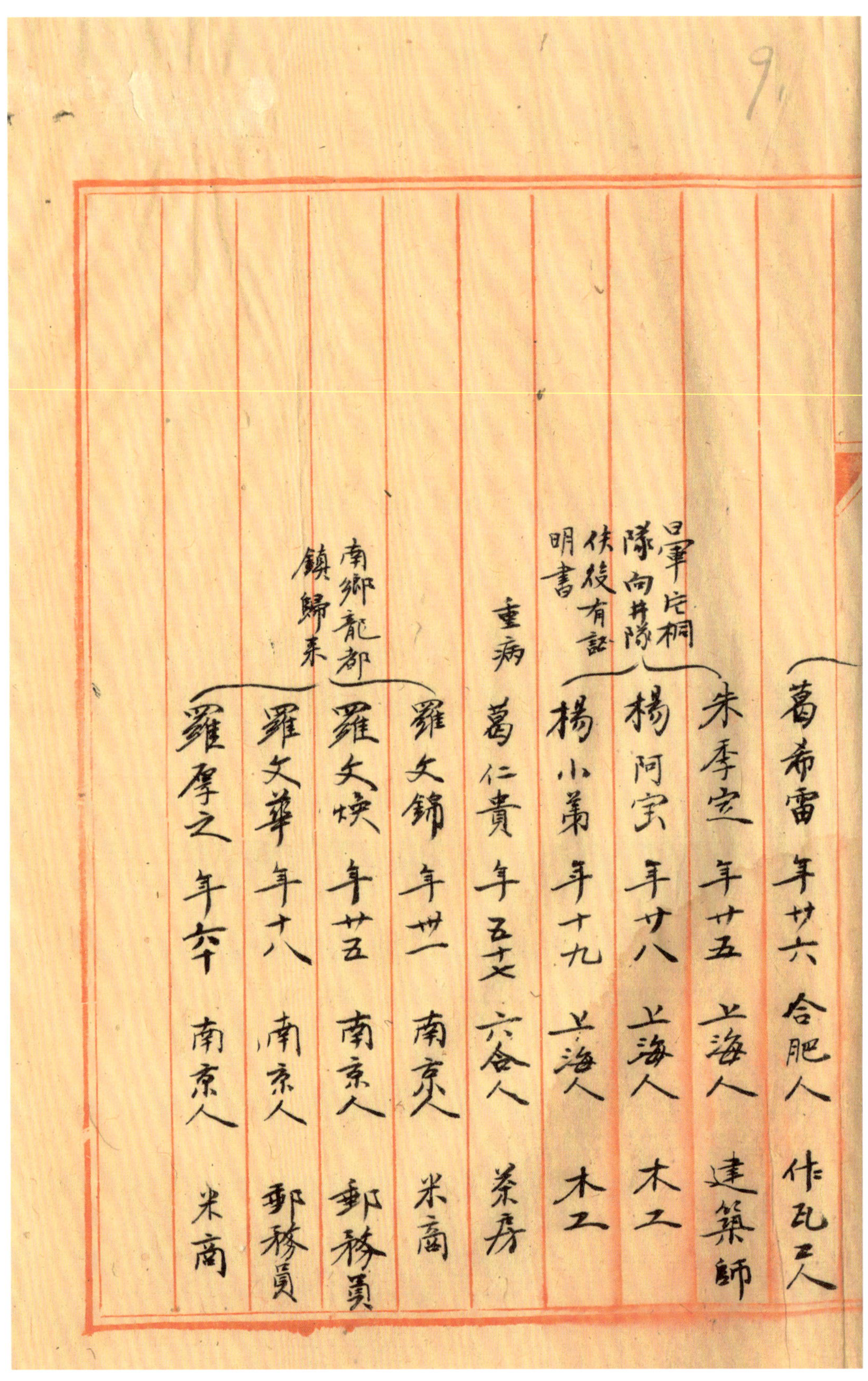

葛希雷 年廿六 合肥人 作瓦工人

朱季宏 年廿五 上海人 建築師

日軍宅桐隊向井隊伕役有証明書

楊阿宝 年廿八 上海人 木工

楊小弟 年十九 上海人 木工

重病

葛仁貴 年五十七 六合人 茶房

羅文錦 年卅一 南京人 米商

南鄉龍都鎮歸來

羅文煥 年廿五 南京人 郵務員

羅文華 年十八 南京人 郵務員

羅厚之 年六十 南京人 米商

10

張亞人等無詳細住址朱李定等三人有服役証明書附呈所列各人均無保人

自治委员会批文（一九三八年二月三日）

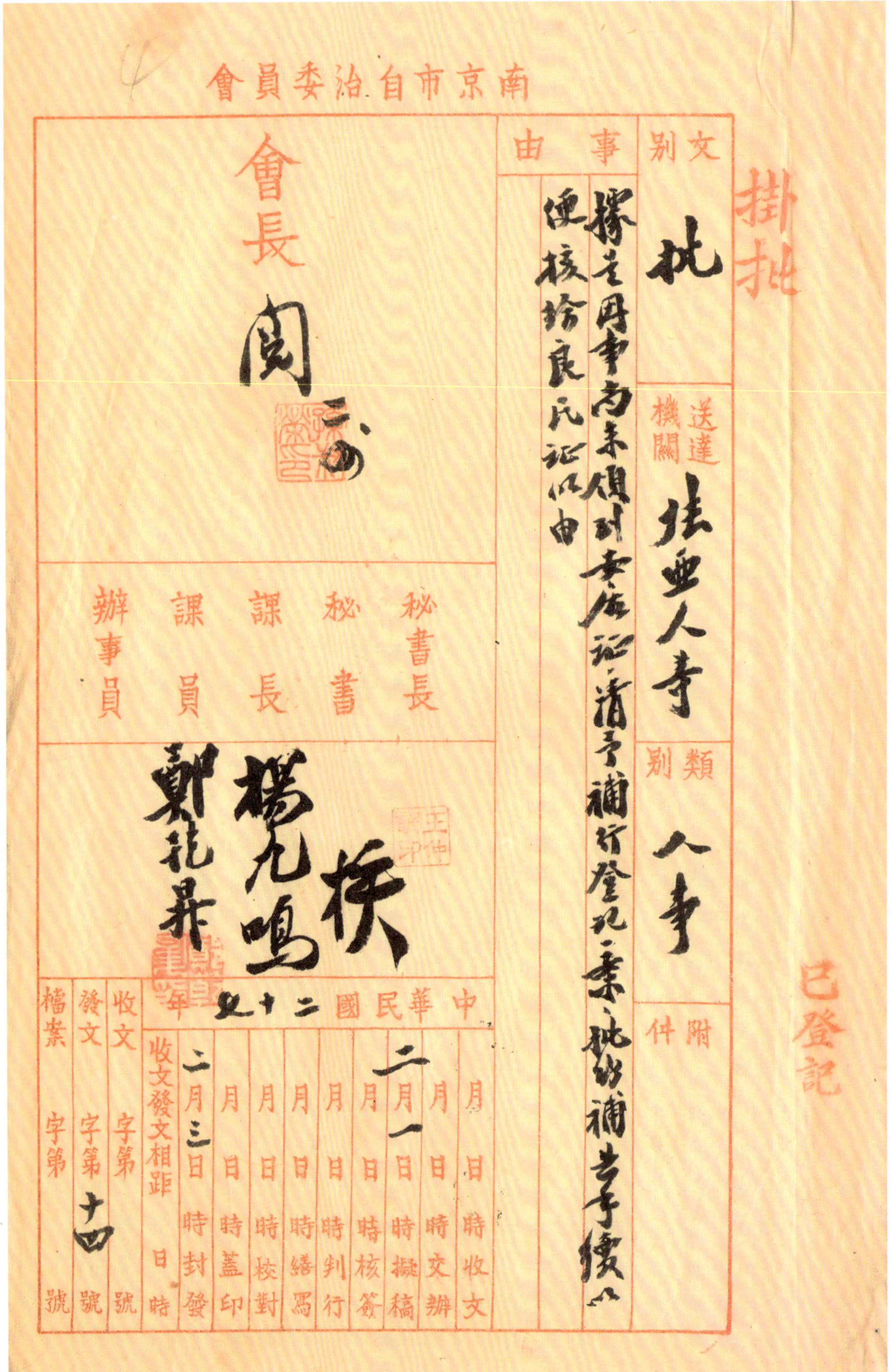
南京市自治委員會

文別：批

送達機關：法西人寺

類別：人事

附件

事由：據呈因事尚未領到委座證，請予補行登記一案，批飭補造手續以便核發良民證由

會長 閱

秘書長　秘書　課長　課員　辦事員

楊九鳴 核

鄭懋昇

中華民國二十七年

收文　月　日　時收文
交辦　月　日　時交辦
擬稿　二月一日　時擬稿
核簽　月　日　時核簽
判行　月　日　時判行
繕寫　月　日　時繕寫
校對　月　日　時校對
蓋印　月　日　時蓋印
封發　二月三日　時封發
收文發文相距　日　時

收文　字第　號
發文　字第十四號
檔案　字第　號

掛批

已登記

衙 批第十四號

具呈人張亞人等

二十七年十一月三十日呈一件，為前因事故，均未參加登記，故未領到安居証，賜予補行登記由。

呈悉。察閱來呈，該民等十一人，均未叙明詳細住址，又未附具保人簽名蓋章，且朱壽宗、楊河寶、楊十八等三人，曾充日軍隊部伕役，現經給有証明書，亦未附呈。兹從核辦，應即補開住址清單，並檢同服役証書，邀具保人，另行呈明，以便核給良民証明，仰即知照！此批。

中華民國二十九年二月一日

繕校日期廿六日　　繕發

檔案第　號　　檔案己第一卷第7號　　第　號　擬

致特務機關函稿

敬啟者查本市居民爲數近三十萬日食浩繁

前承

貴方先後接濟食米三千二百袋麵粉壹千包無如粥少僧多仍難普遍且爲日已久原儲食糧坐食殆盡觀乎近日各處集米處擁擠之情況糧食漸呈恐慌現象加以無購買力之貧苦民衆及一般老弱婦孺待賑孔殷亟應力籌充裕以維民食本會負有調劑民食之責用將實際情形

續陳於後：

一、本市居民除已登記而殁者約十六七萬人外連同老弱合計為數當近三十萬人

一、每人每日平均以食米六合計約需米一千八百石又每人食麵以二兩計並需麵粉一千五百包

一、每人每日平均食鹽以一錢計約需鹽二千斤

一、每人每日平均食油（豆麻油）以二錢五分計算約需油五千斤

一、本市現有居民三十萬，平均以五人為一戶，約共六萬戶，每戶每月燃煤最少以一百斤計，全月約需煤三千六百噸，平均每日約需煤一百二十噸，其他柴草燃料所需亦鉅。

以上估計數量僅就城內市民按日需要而言，現值秩序漸次恢復，居民將多返家，尤應設法謀充裕，以資便利（再四鄉居民向之來城購買油鹽食料者所需數量尚未

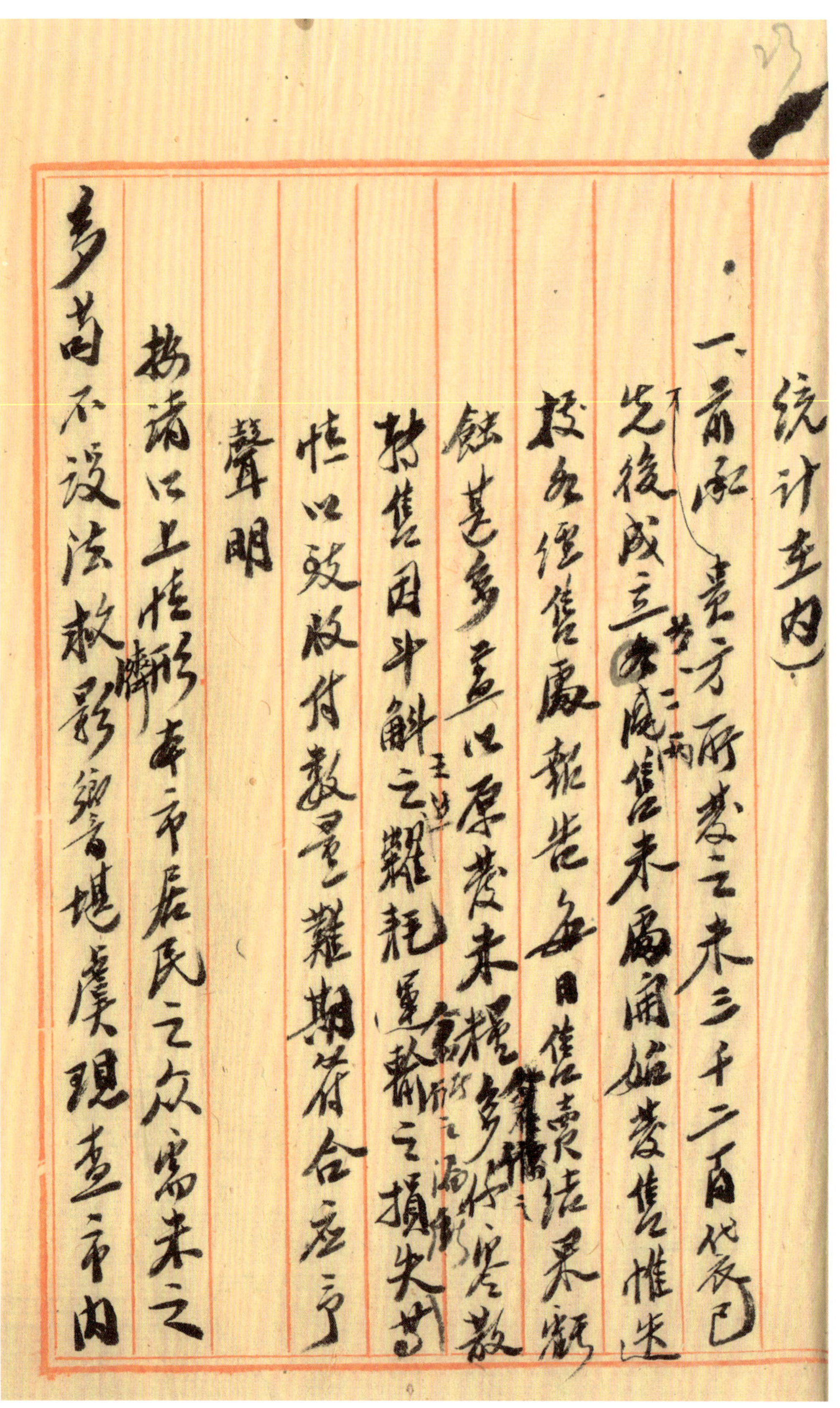

统计在内）

一、前承贵方所发之米三千二百袋，已先后成立第二、二两处售米局，开始发售，惟迭据各经售处报告，每日售卖结果，颇缺甚多，盖以原发米粮多系整数，对售因斗斛之难，耗量磅秤之损失甚巨，以致收付数量难期符合，应予声明。

据请以上情形，本市居民之众，需米之多，苟不设法救济，影响殊堪虞，现查市内

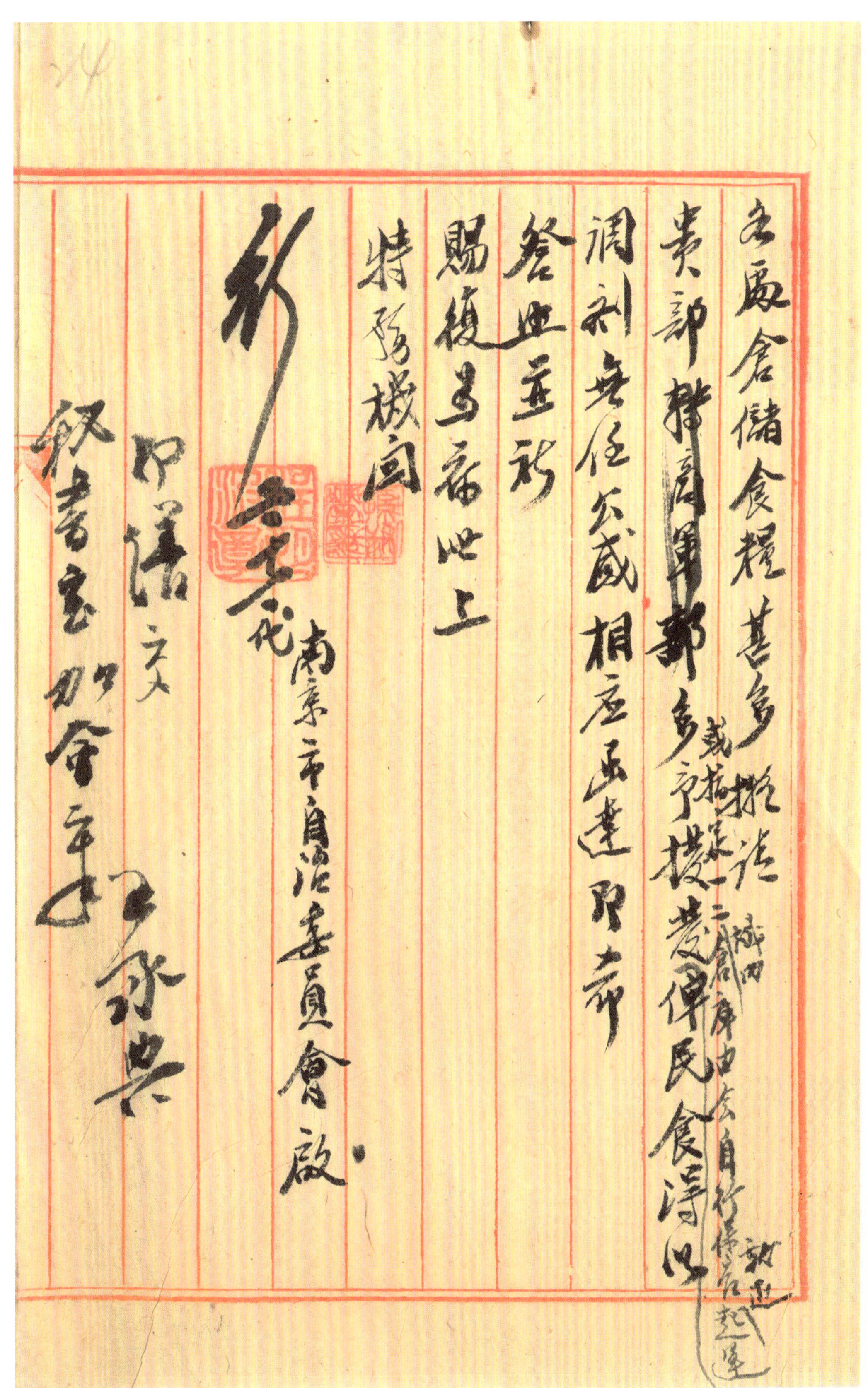

本處倉儲食糧甚多，擬請
貴部多予撥發，俾民食得以
調劑，無任公感。相應函達，即希
查照並祈
賜復爲荷。此上
特務機關
南京市自治委員會啟

秘書室加會

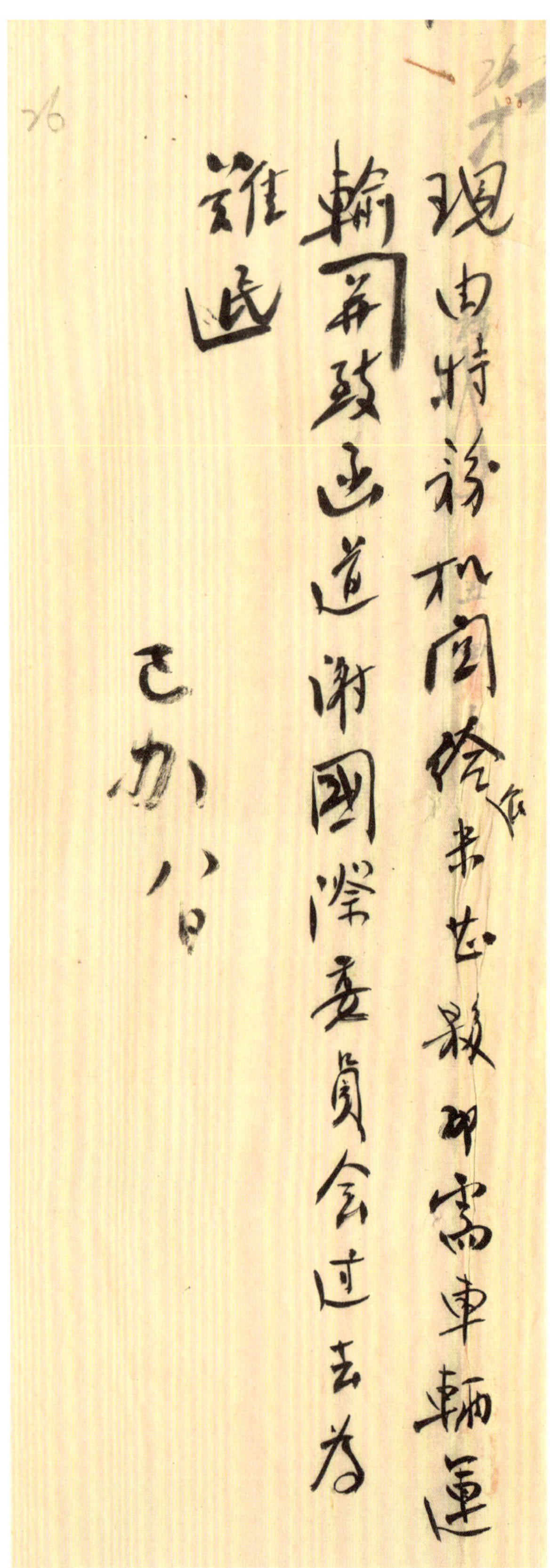

26

現由特務機關給你來出發即需車輛運輸，并致函道謝國際委員會過去為難民

已辦 八日

稿已送

擬字第號

特書五字第四卷第八號

敬啓者：現因本市難民爲數甚衆，嗷嗷待哺，情極可憐。敬請

軍部發給食米十萬擔，以資救濟。並請再發二十萬擔，由會平價糶賣（合計三十萬擔），是爲至幸。此致

特務機關

南京市自治委員會會長陶錫三

一月　日

自治委员会关于市民补领安居证事宜致特务机关公函（一九三八年二月七日）

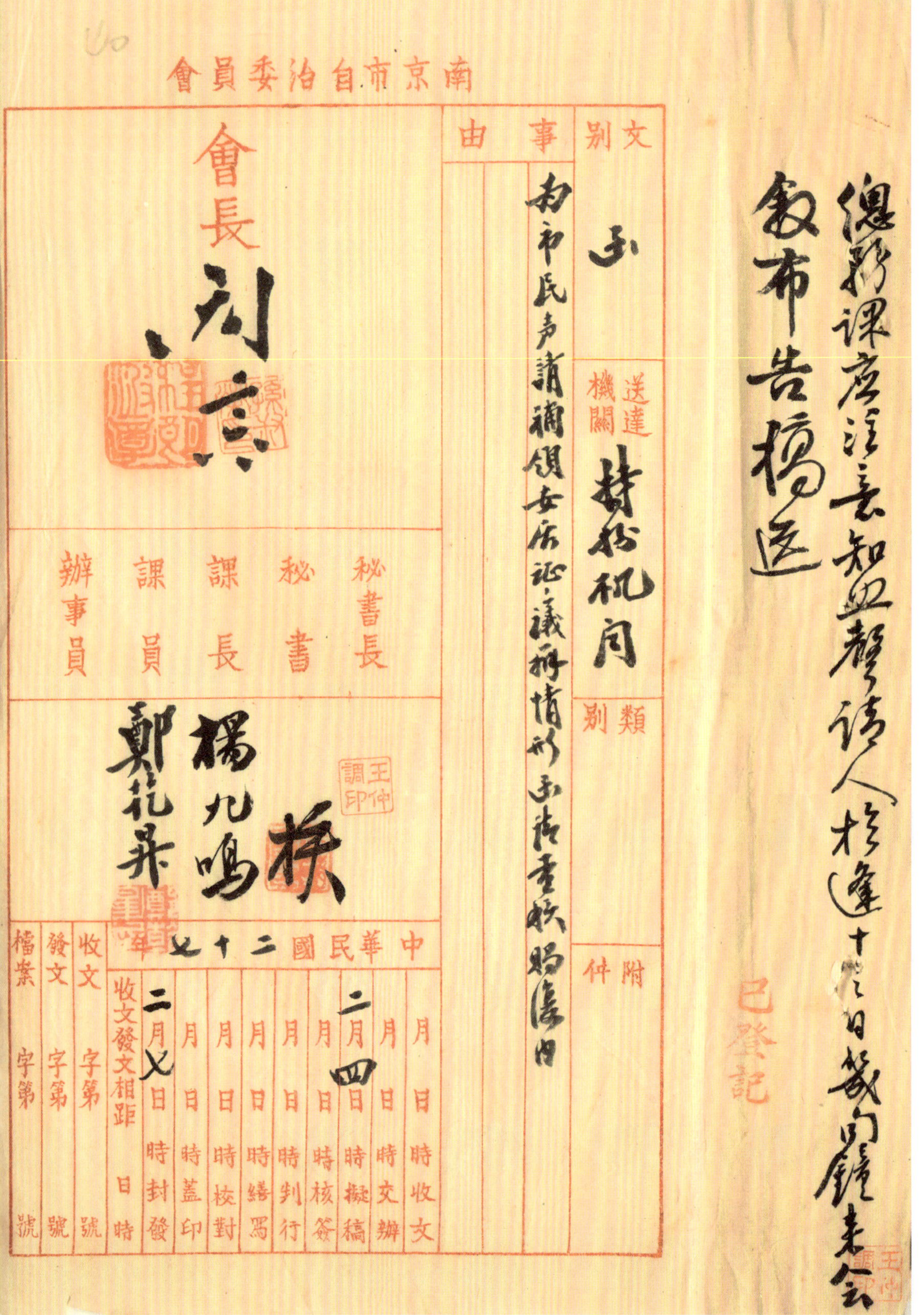

南京市自治委員會

文別	函
事由	為市民声請補領安居証議將情形函請查核賜復由
送達機關	特務機関
類別	
附件	

會長 劉[illegible]

秘書長　秘書　課長　課員　辦事員

楊九鳴　鄭[illegible]昇

中華民國二十七年

收文 月 日 時	文辦 月 日 時	擬稿 二月四日 時	核簽 月 日 時	判行 月 日 時	繕寫 月 日 時	校對 月 日 時	蓋印 月 日 時	封發 二月七日 時	收文發文相距 日 時

收文 字第 號　發文 字第 號　檔案 字第 號

總務課應注意知照聲請人於逢十六日攜同[illegible]來会

發布告稿送

已登記

銜　公函第613號　公字

貴機關 敬啓者：查本年二月一日本會第十次常會

財政局本席報告：「現有許多人，計持機關去領安居證，

最好由會發給字條，或一星期或逢五逢十，派員帶同

前往領證，由安民請語。」茲經本會規定：未據市民以避難或

因服役在外，不及參加登記，並已領安居證遺失其據，

分別聲請，本會為使市民安全起見，訂定辦法兩種：

（一）未經領到安居證者，由會查明確係良民，飭邀保人，給

予良民證明。（二）已領安居證遺失其據，由會飭邀保人，

給予遺失證明，依此原則辦理在案。茲尊重

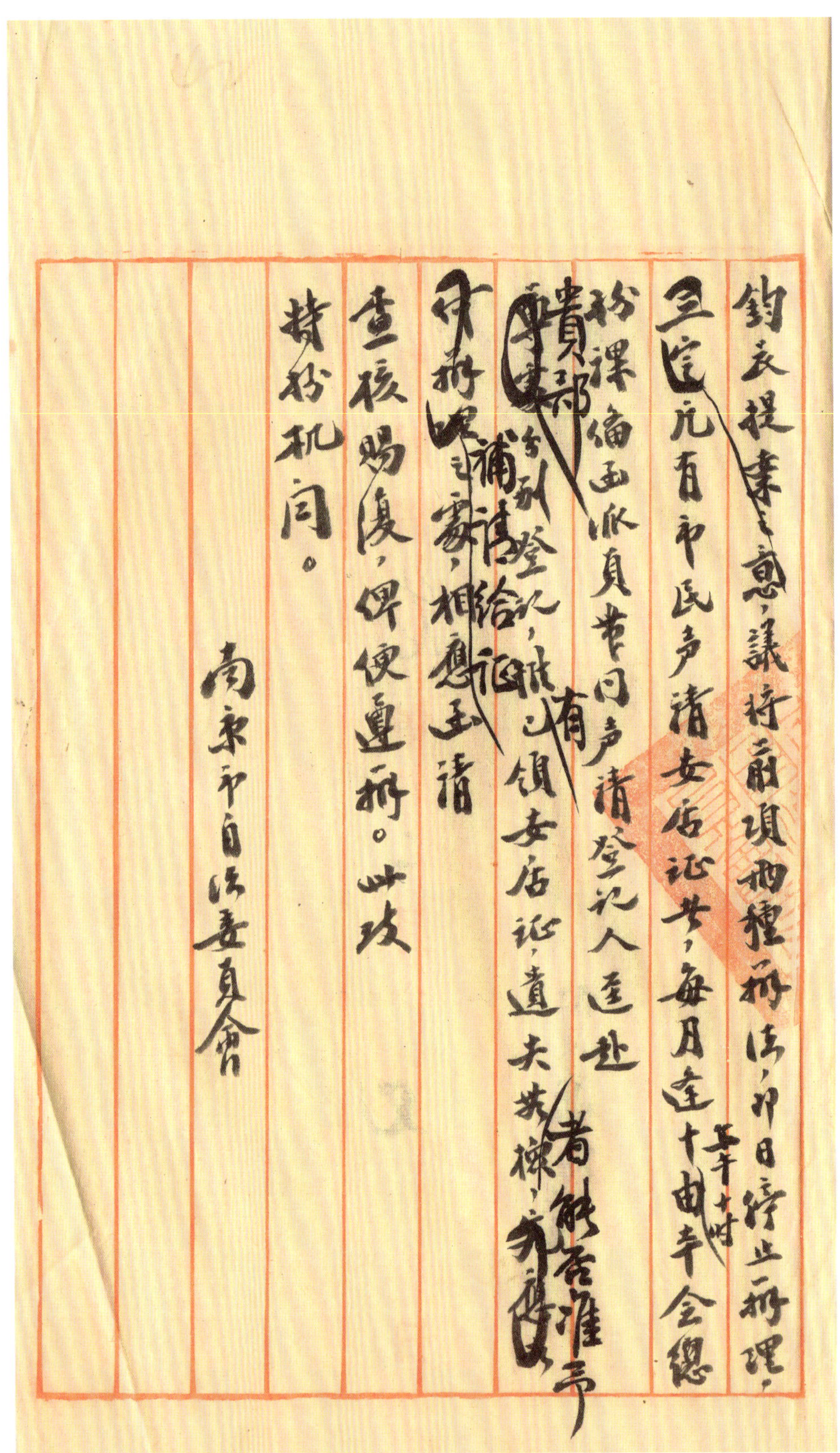

鈞長提案之意，議將前項兩種辦法，即日停止辦理，

至元旦市民声请安居证者，每月逢十上午十时由本会總

務課編函派員帶同声请登记人逕赴

貴部分別登記，以有領安居证，遺失毀損者，能否准予補

辦之處，相應函請

查核賜復，俾便遵辦。此致

特務機關

南京市自治委員會

中華民國廿五年二月七日

伍籛蘭謹二五、

二月一日大會席上特務機關長已提及未登記者由本會分別總送請補行登記等語本會此次應否再發良民證明書似宜斟酌也此致

總務課長

秘書處（印）

二、二

王仲謌印

自治委员会为遣送外地难民回乡致各区公所训令及布告（一九三八年二月八日）

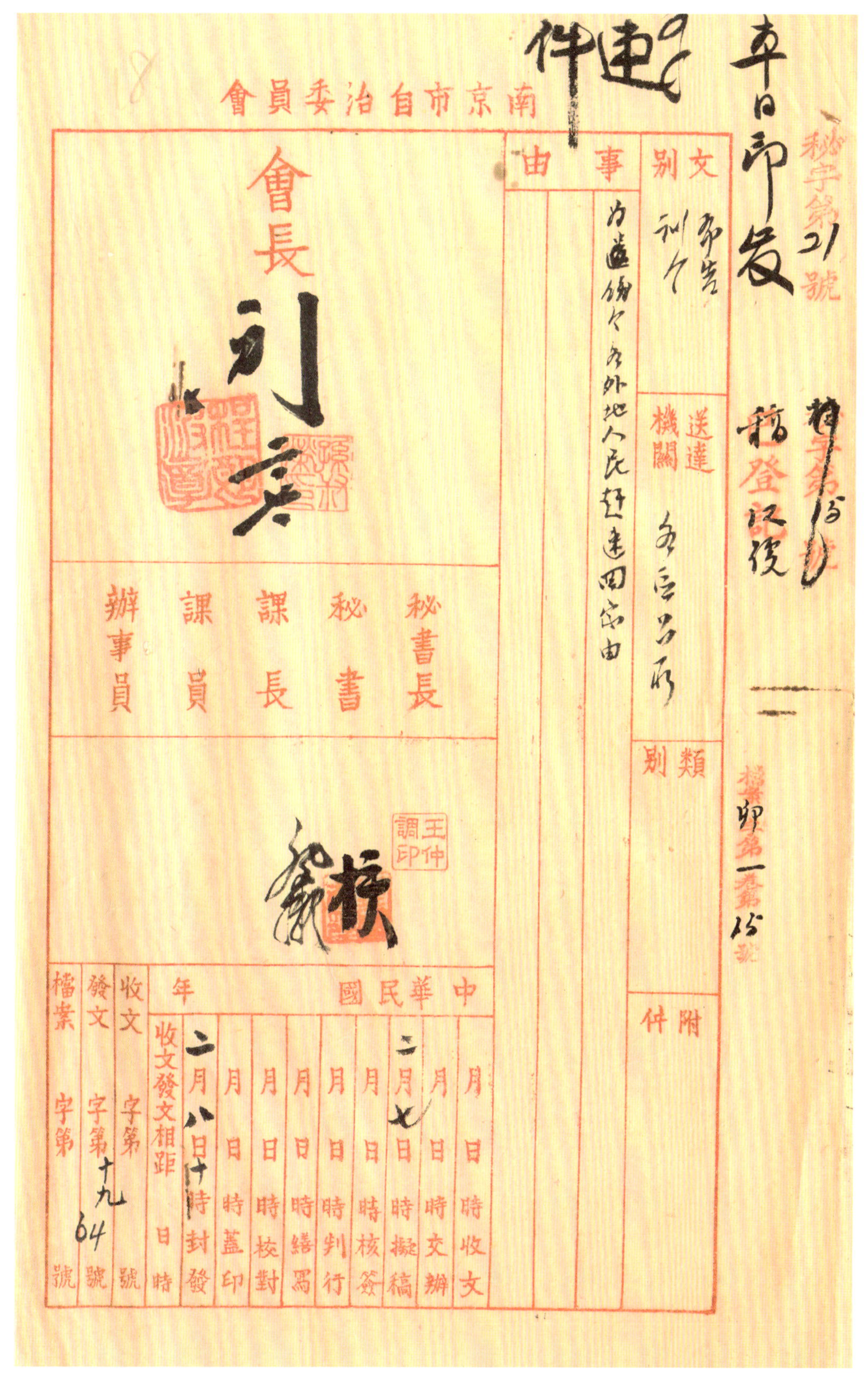

速件

本日即发

秘字第21號

登记

南京市自治委員會

文別	布告 訓令
事由	为遣饬各外地人民赶速回家由
送達機關	各区公所
類別	
附件	

會長

秘書長　秘書　課長　課員　辦事員

檔案卯第一類第15號

中華民國　年

收文	擬稿	核簽	判行	繕寫	校對	蓋印	封發	收文發文相距
月日時	二月七日時	月日時	月日時	月日時	月日時	月日時	二月八日廿時	日時

收文字第　號

發文字第十九64號

檔案字第　號

19

布告第九號

為佈告事，照得各地秩序漸次回復，所有前來避難居南京各外地人民亟應一律飭令各歸原處，以安生業。茲訂於本月十日起至十九日止，為各外地人民回家之期，并定每日上午七時至下午五時為送出時間，其出去城門以中山門、和平門、中華門、光華門、水西門、漢西門為限，自此布告之後，凡未避居本市之各地人民務各遵照上述期限，逕赴向本會或就近各區公所接洽，至於回去各地人民，并為提撫起見，派員在各該城門口酌給米糧，并發

回御通行證，以利行程，除通令各廳縣外，合亟布告

周知，仰即遵照毋違，此布。

訓令第 六十號

令各廳縣

為訓令事。照得本地秩序漸次回復，照前稿敘上至下節止 並於回去

人民前為避難起見，流亡在外者，該城門口，即傳來投

并發回御通行證，以利行程，除布告外，合亟令仰

該廳縣即便遵照上開事理，迅速派員竭力宣傳，毋

令違誤，事該積極查照毋違，此令。

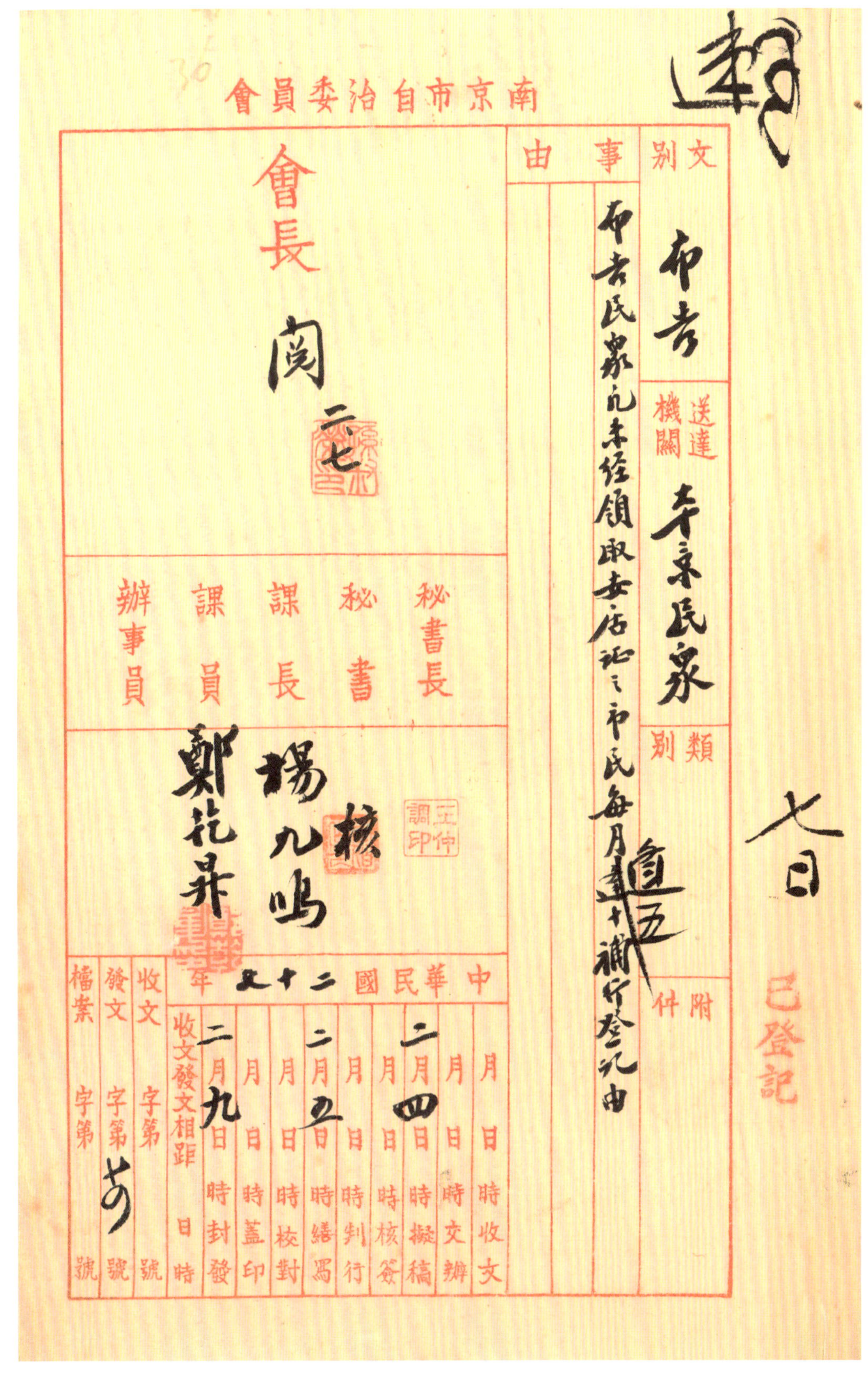
南京市自治委員會

文別：布告
事由：布告民衆凡未經領取安居証之市民每月逢十補行登記由
送達機關：本京民衆
類別：
附件：

會長 閱 二七

秘書長 秘書 課長 課員 辦事員
楊九鳴 核
鄭花昇

中華民國二十七年
二月四日 時擬稿
二月五日 時繕寫
二月九日 時封發

字第 號 發文字第 號 檔案字第 號

七日

已登記

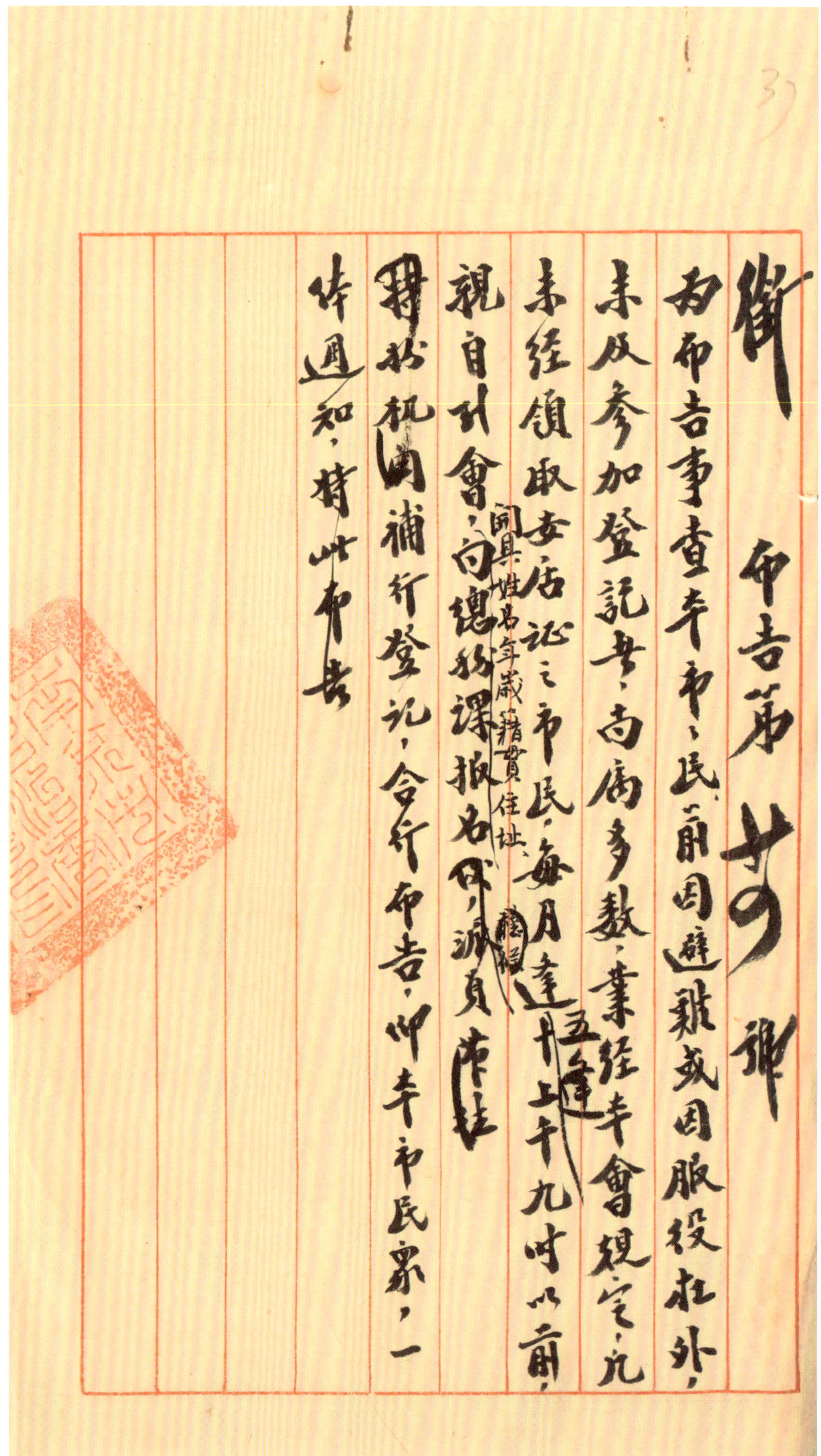

衔

布告第廿四號

為布告事，查本市市民，前因避難或因服役在外，未及參加登記者，尚屬多數。業經本會規定，凡未經領取安居證之市民，每月逢五逢十上午九時以前，親自到會，向總務課報名，開具姓名、年歲、籍貫、住址，以派員前往歸於機關補行登記，合行布告，仰本市民眾，一體週知，特此布告

中華民國二十七年二月　日
郭瑞繕 六ノ五、

自治委员会关于民众从二月二十五日起进出城门均得自由通过的布告（一九三八年二月二十四日）

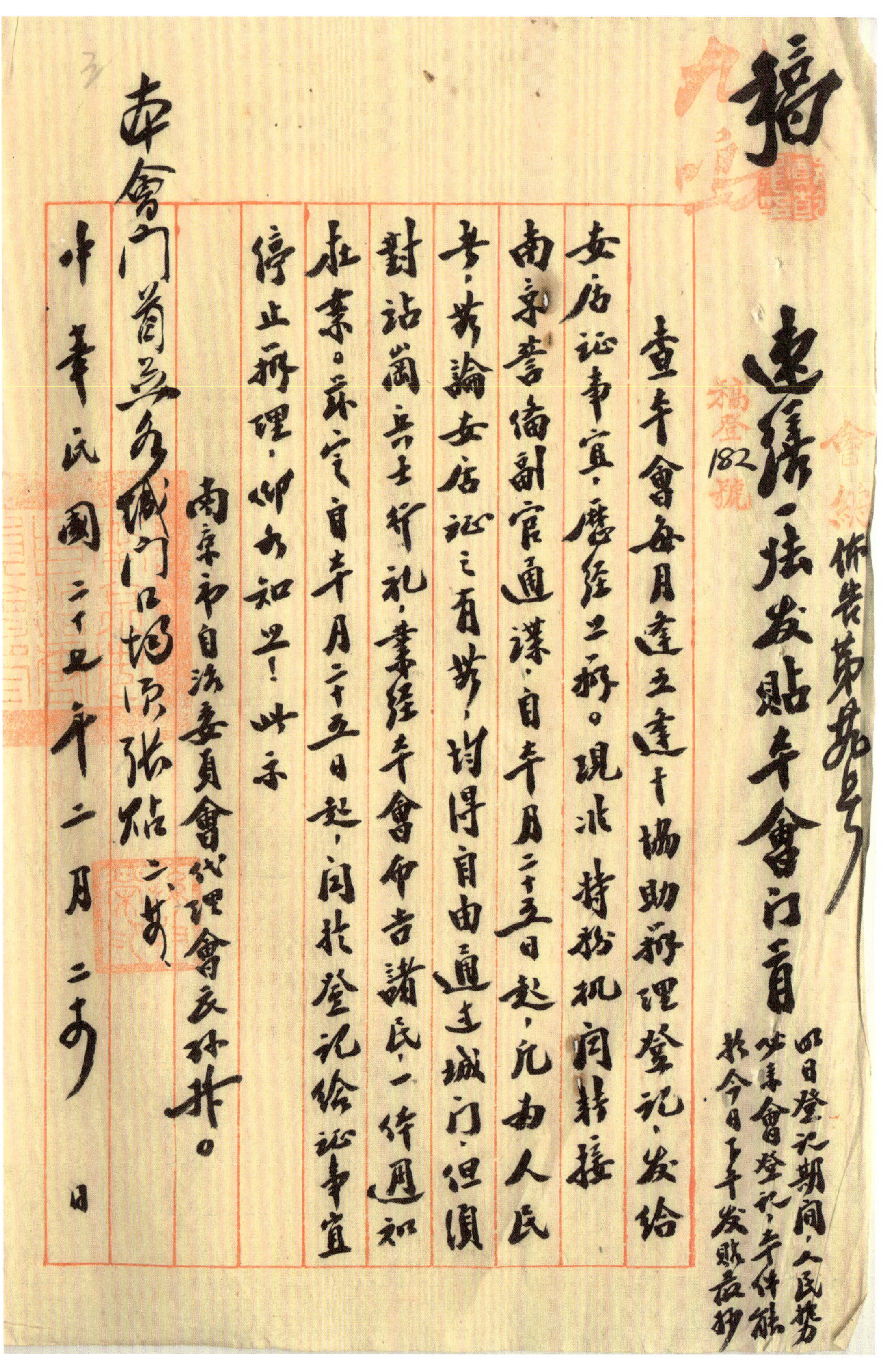

稿

速繕一張發貼本會門首

佈告第　號

四日登記期間，人民勢少，本會登記，本件擬於今日下午發貼，應抄

查本會每月逢五逢十協助辦理登記、發給安居證事宜，歷經照辦。現准特務機關轉接南京警備副官通諜，自本月二十五日起，凡為人民者，無論安居證之有無，均得自由通過城門，但須對站崗兵士行禮，業經本會佈告諸民一體周知在案。茲定自本月二十五日起，關於登記給證事宜停止辦理，仰各知照！此示

南京市自治委員會代理會長孫叔榮

中華民國二十七年二月二十四日

本會門首並各城門口均須張貼六張

秘字第169號 年三月二日

報告 二月二十八日 於救濟課

案奉特務機關，通知沿京滬鉄路，於二十七日上午五时半遣送難民一千六百名，二月二十八日上午五時半遣送難民八百名，仰即迅速傳知各請求回籍難民，屆時務須自備食料，前往下関京滬車站齊集，以便登車，等因奉此，職課遵即分別通知，並派救災組職員徐惠施耀璜等二員，屆時親赴車站協同照料一切，復向交通科接洽卡車四輛，以便運送老弱婦孺，茲據該員等報稱，遵於二月二十七日及二十八日上午三時，趕往第四區公所協助遣送，並隨赴下関車站帮同照料一切，計二十七日上午共遣送難民約八百餘人，二十八日共遣送難民約三百人，因時在深夜，站台灯火稀微，加以時間忽促，難民擁擠，確數不詳，合併陳明，等情前來，據此。

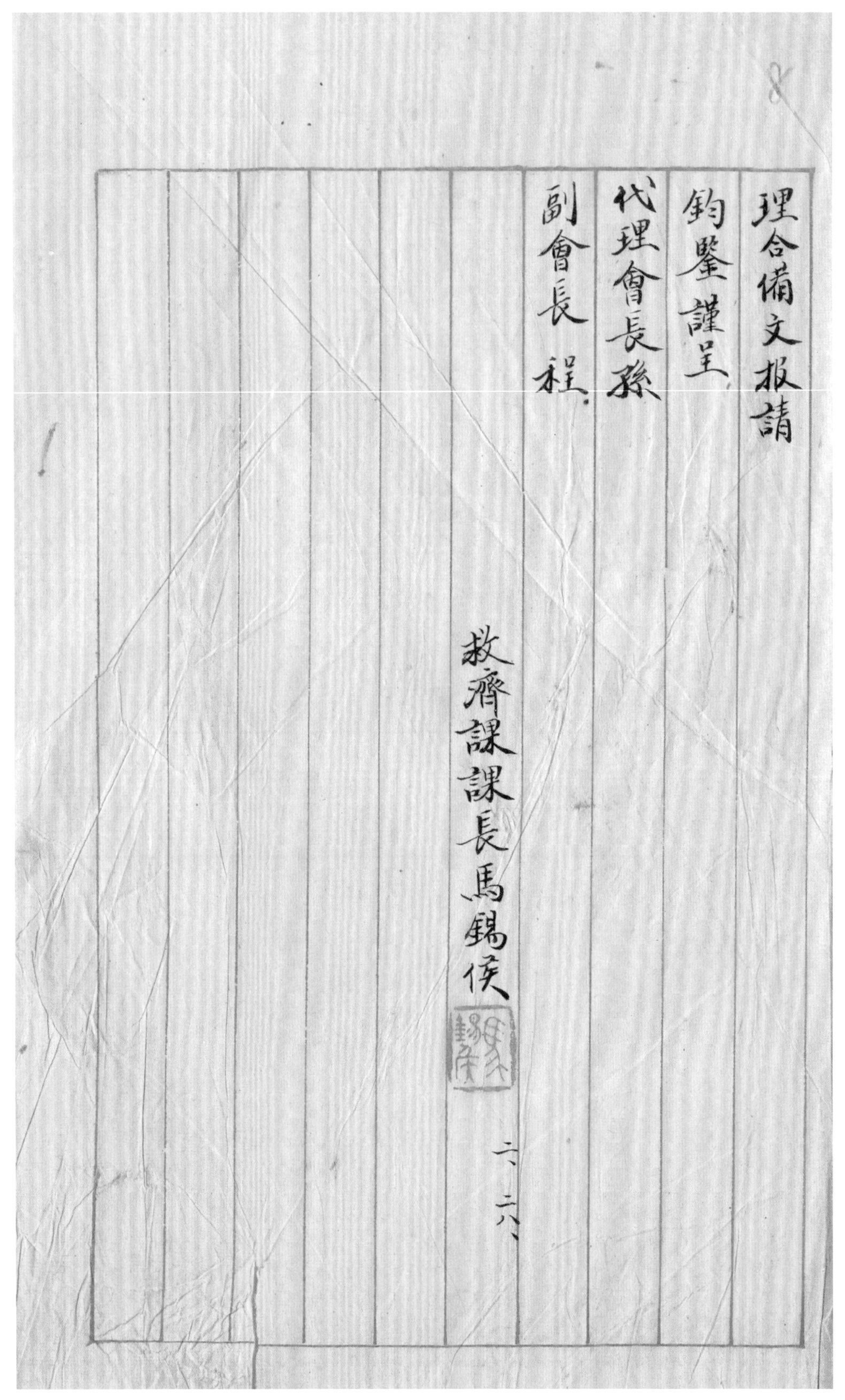

理合備文報請
鈞鑒謹呈
代理會長孫
副會長程

救濟課課長馬錫侯

二、二八

第四区区公所、自治委员会关于发给外来留京难民回籍通行证等事的往来文件

第四区区公所致自治委员会呈文（一九三八年三月五日）

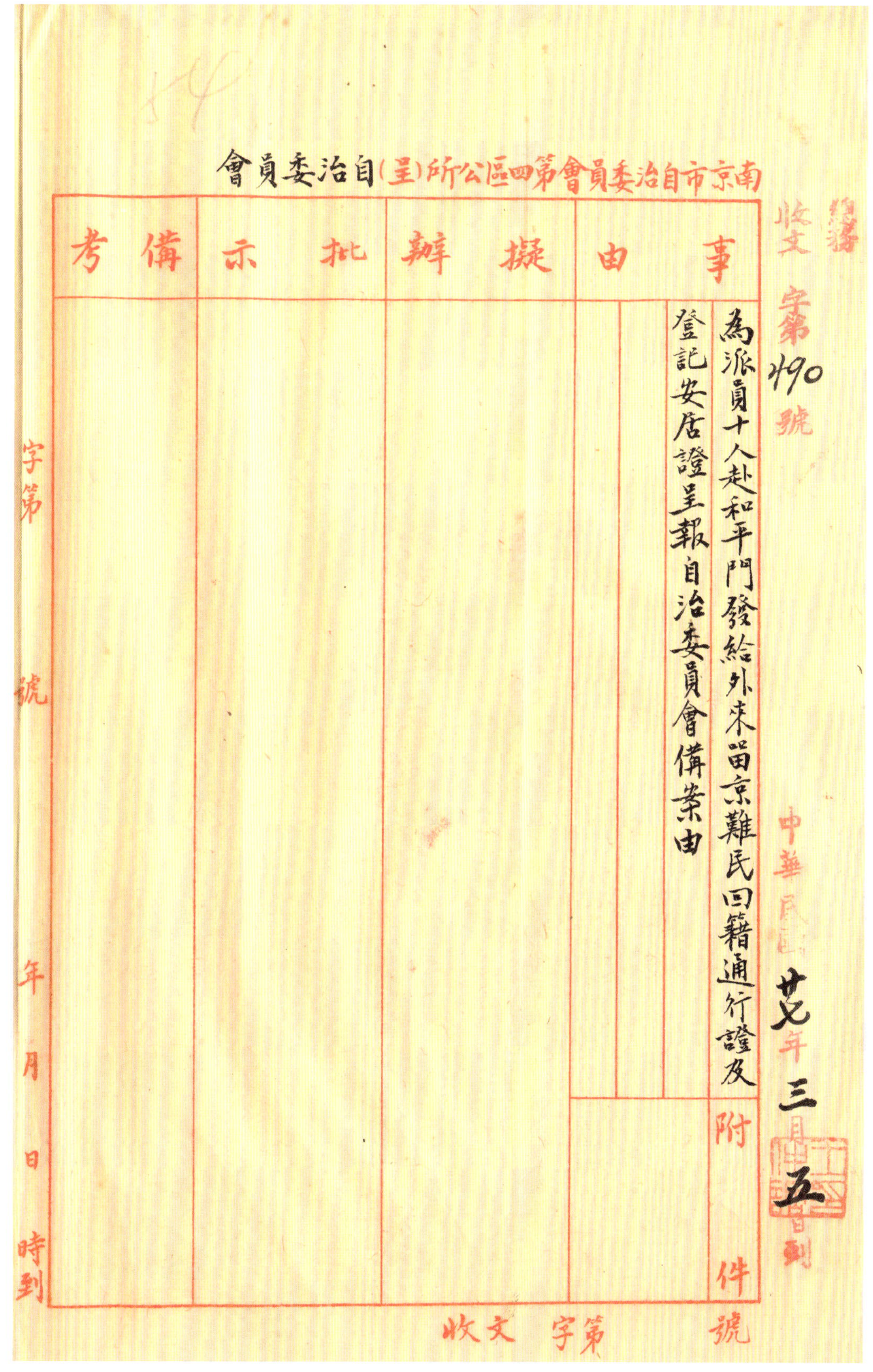
南京市自治委员会第四區公所（呈）自治委員會

事由	擬辦	批示	備考
為派員十人赴和平門發給外來留京難民回籍通行證及登記安居證呈報自治委員會備案由			

附件

總務 收文 字第490號

中華民國廿七年三月五日到

收文 字第 號

呈爲呈報備案事竊職二月十二日派員十人赴和平門發給外來留
京難民回籍通行證計壹伯玖拾玖張又登記安居證計伍仟捌
伯伍拾肆張共計工作十二日至二月二十四日完畢所有工作人
員專壹致志於人多擁擠之中均能維持秩序懔有條不紊
之誠律理合呈請
鈞會備案伏乞
鑒核指令祇遵謹呈
南京市自治委員會會長陶
代理會長孫
副會長程

南京市自治委員會第四區區　長方　灝
副區長王松亭

57
中華民國二十七年三月五日
校對 監印 朱漢鼎

自治委员会给第四区区公所的指令（一九三八年三月八日）

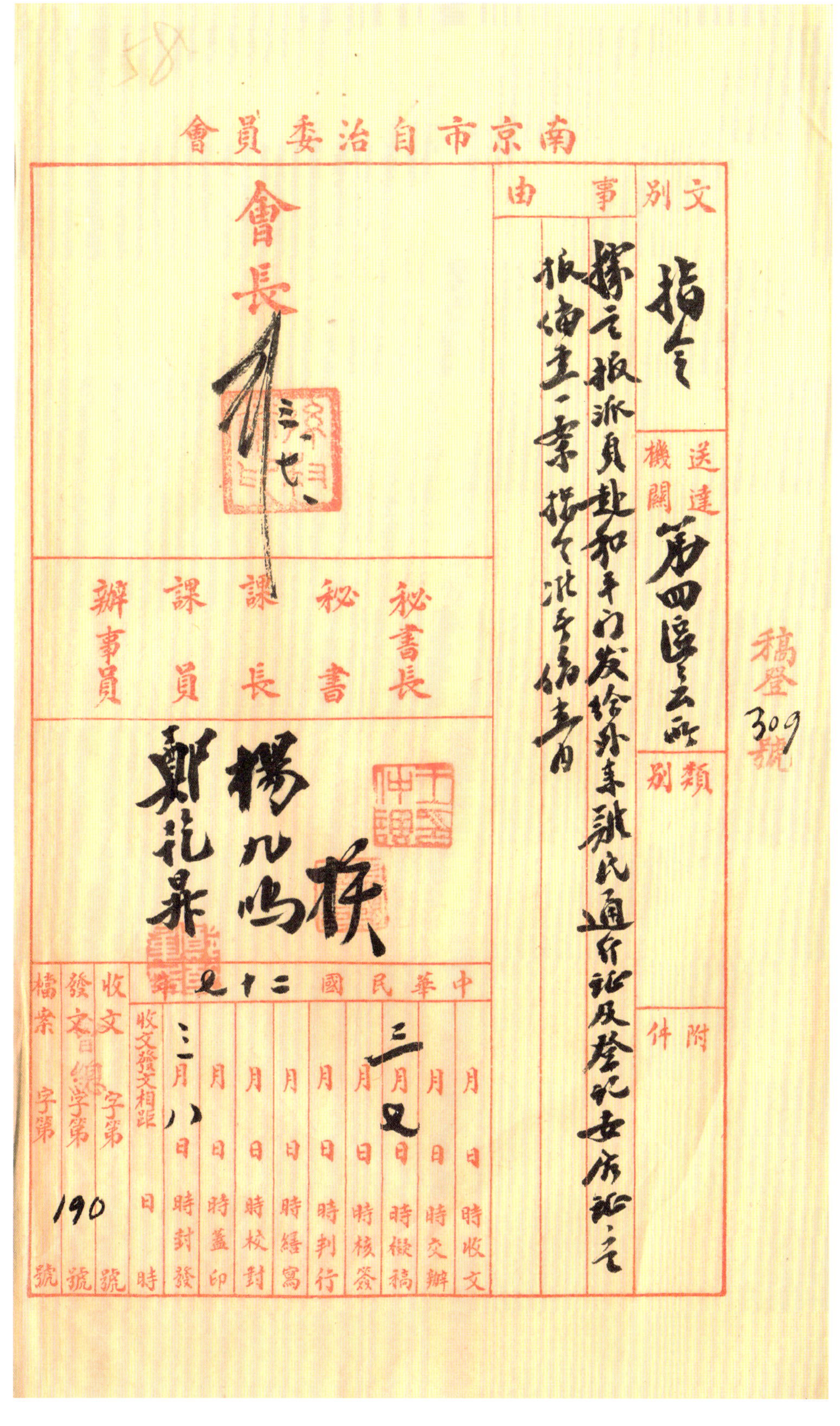

南京市自治委員會

文別：指令

送達機關：第四區區公所

事由：據呈報派員赴和平門發給外來難民通行證及登記安居證之報備查一案指令准予備查由

類別

附件

會長

秘書長　秘書　課長　課員　辦事員

中華民國二十七年

收文月日時　交辦月日時　擬稿三月又日時　核簽月日時　判行月日時　繕寫月日時　校封月日時　蓋印月日時　封發三月八日時

收文發文相距日時

收文字第號　發文字第190號　檔案字第號

稿登309號

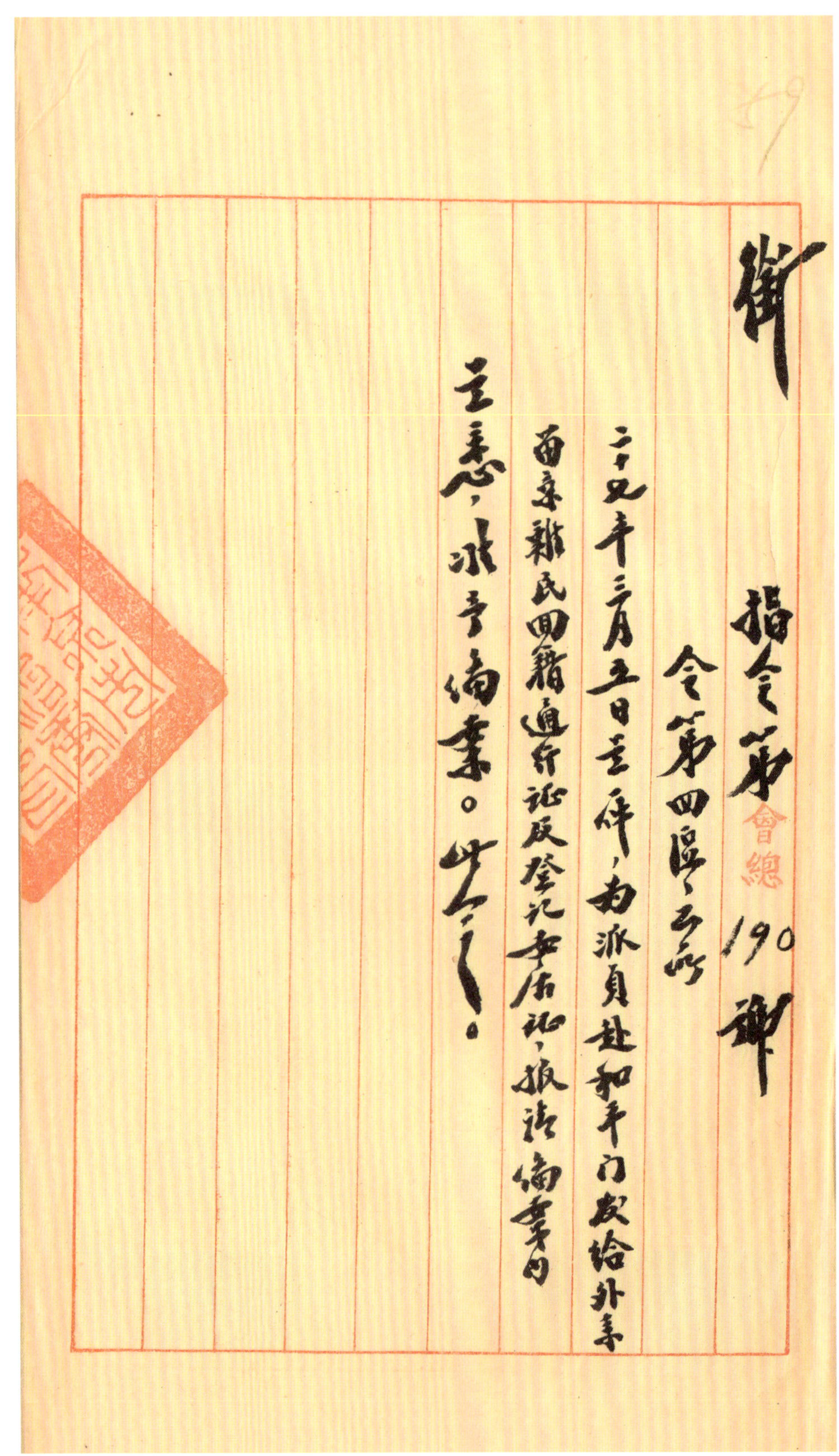

衔

指令第（總會）190号

令第四区公所

二十七年二月五日呈件，为派员赴和平门发给外来留京难民回籍通行证及登记安居证，报请备案由

呈悉，准予备案。此令。

61
中華民國廿五年三月　日
陳希豪[illegible]

第一区区公所、自治委员会关于办理乡民登记安居证事的往来文件

第一区区公所致自治委员会的呈文（一九三八年三月七日）

南京市自治委員會第一區區公所呈

總務 字第 523 號

事由	擬辦	批示	備考
為辦理鄉民登領安居證工作情形呈請備案由			
附件			

中華民國廿七年三月八日到

收文第 字 號

為呈報事竊查本市自軍事安定以後即蒙

特務機關發給本市良民安居之證使其回歸各安生業但本市民衆雖經登

領完畢而近城四郊民衆尚未登領咸苦無證難以安居當經

特務機關體恤下情續發安居證一萬八千一百三十七張並飭職區派員分赴

中華門中山門光華門辦理鄉民登領安居證以期普惠而使安居遵經派

員每日分赴各門辦理業經先後辦畢計發出安居證一萬七千四百四十三

張廢安居證四百二十五張日軍在中山門取去一百四十六張尚存安居證一

百二十三張除飭屬造冊專呈外理合將辦理情形具文呈請

鑒核備案實為公便謹呈

自治委員會會長陶

32

代理會長孫

副會長程

南京市自治委員會第一區區長何緝之

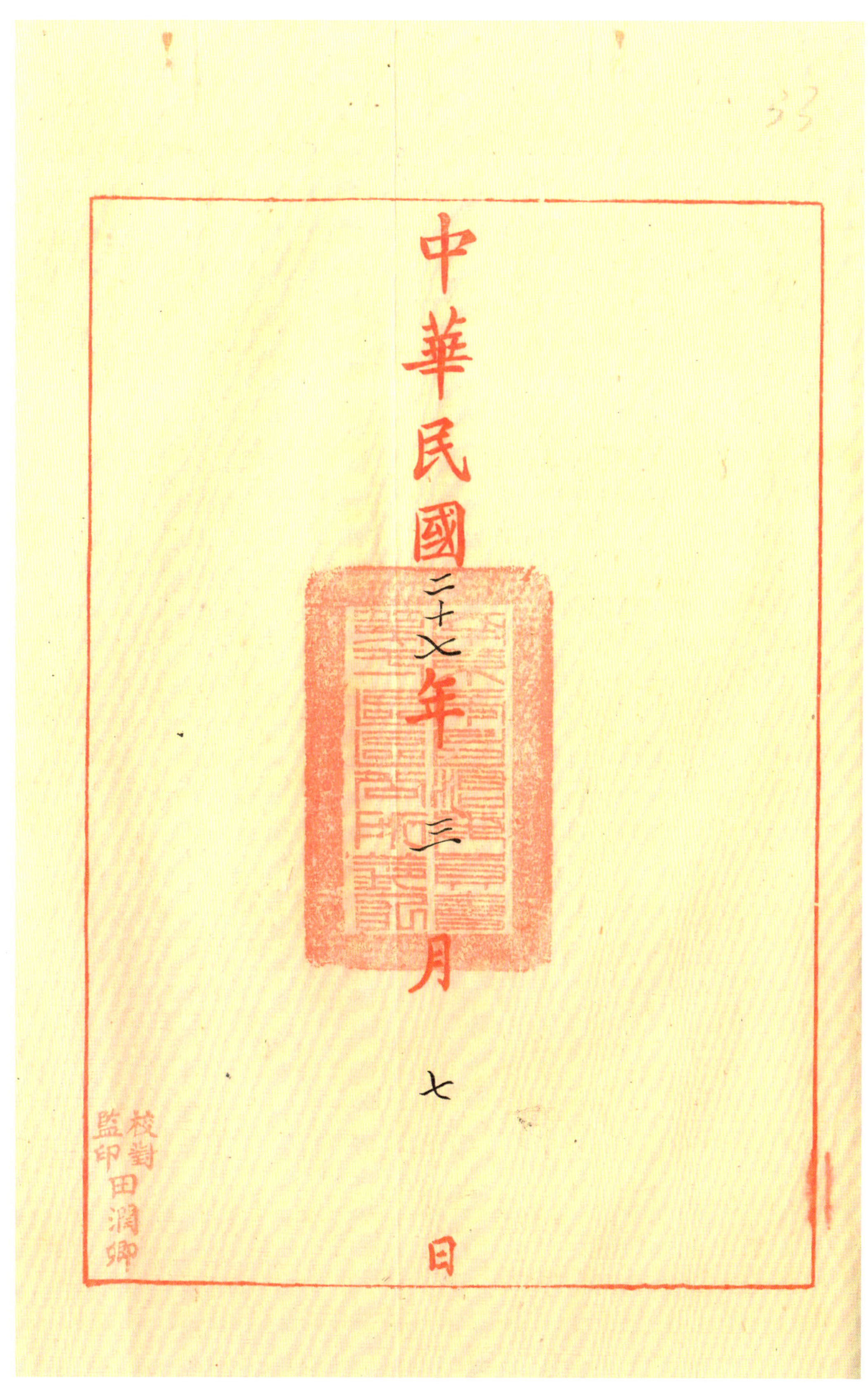

中華民國二十七年三月七日

校對
監印 田潤卿

自治委员会给第一区区公所指令（一九三八年三月十二日）

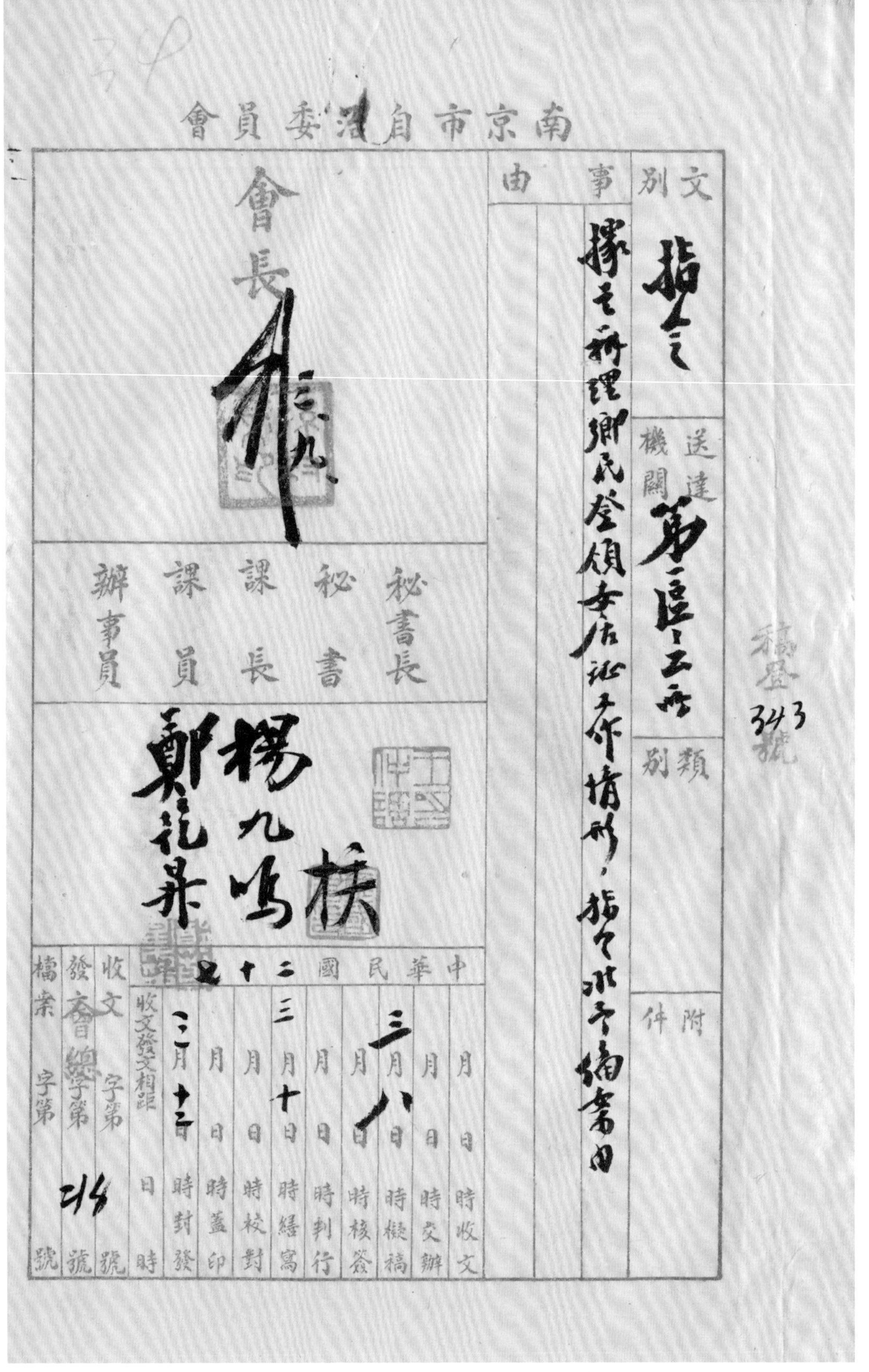
南京市自治委員會
文別：指令
送達機關：第一區區公所
事由：據呈辦理鄉民登領安居證工作情形，指令准予備案由
會長 孫
秘書長 秘書 課長 課員 辦事員
楊九鳴
鄭龍昇
中華民國二十七年
三月八日擬稿
三月十日繕寫
三月十二日封發
發文總字第214號

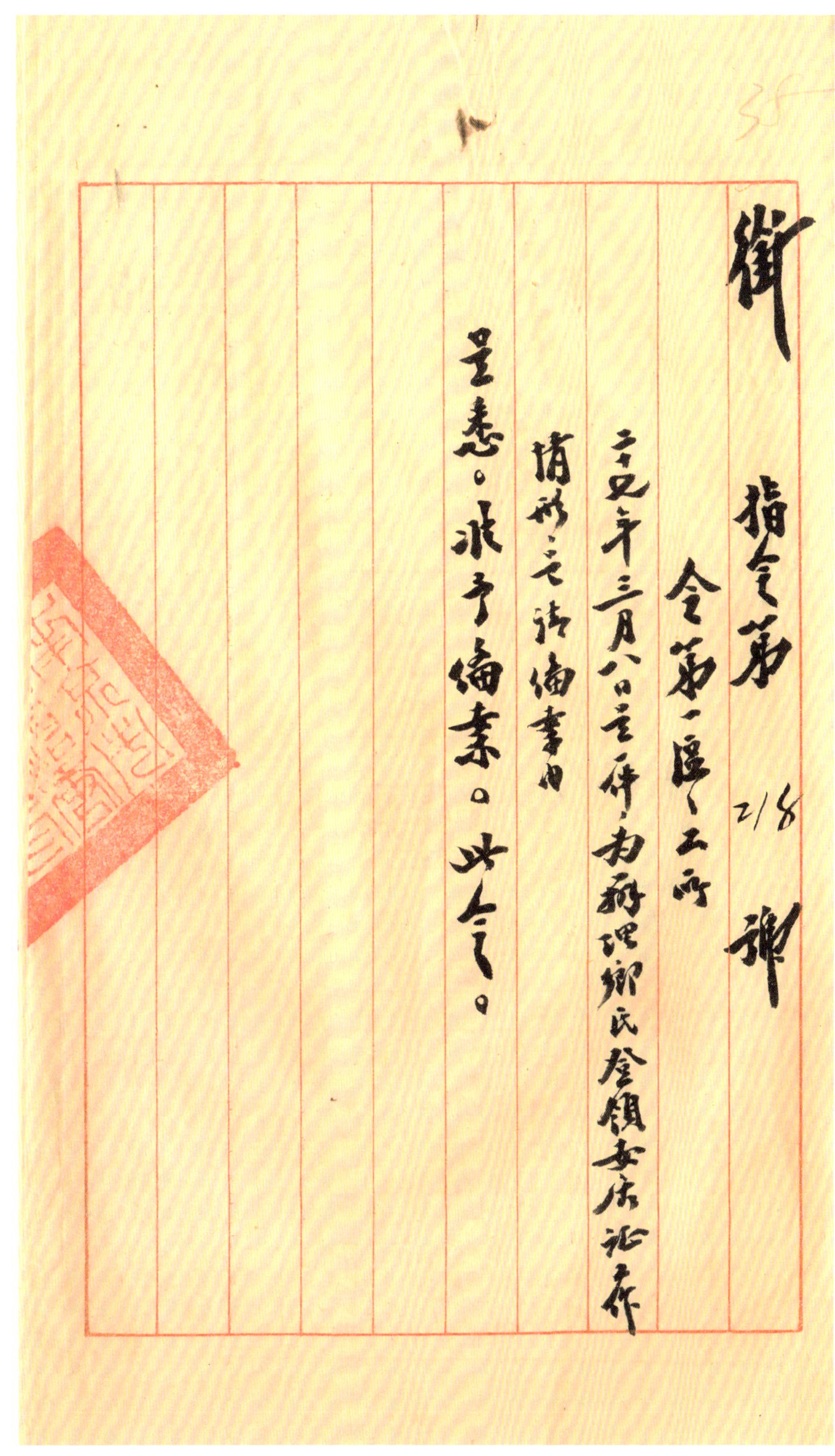
銜　指令第　　號

令第一區區公所　2/8

三十九年三月八日呈乙件，為辦理鄉民登領安居証工作

情形乞請備查由

呈悉。准予備案。此令。

中華民國廿七年二月　日

自治委员会关于发给运柩通行证事致财务课训令（一九三八年三月十七日）

附：南京市警察厅发给运柩通行证规则

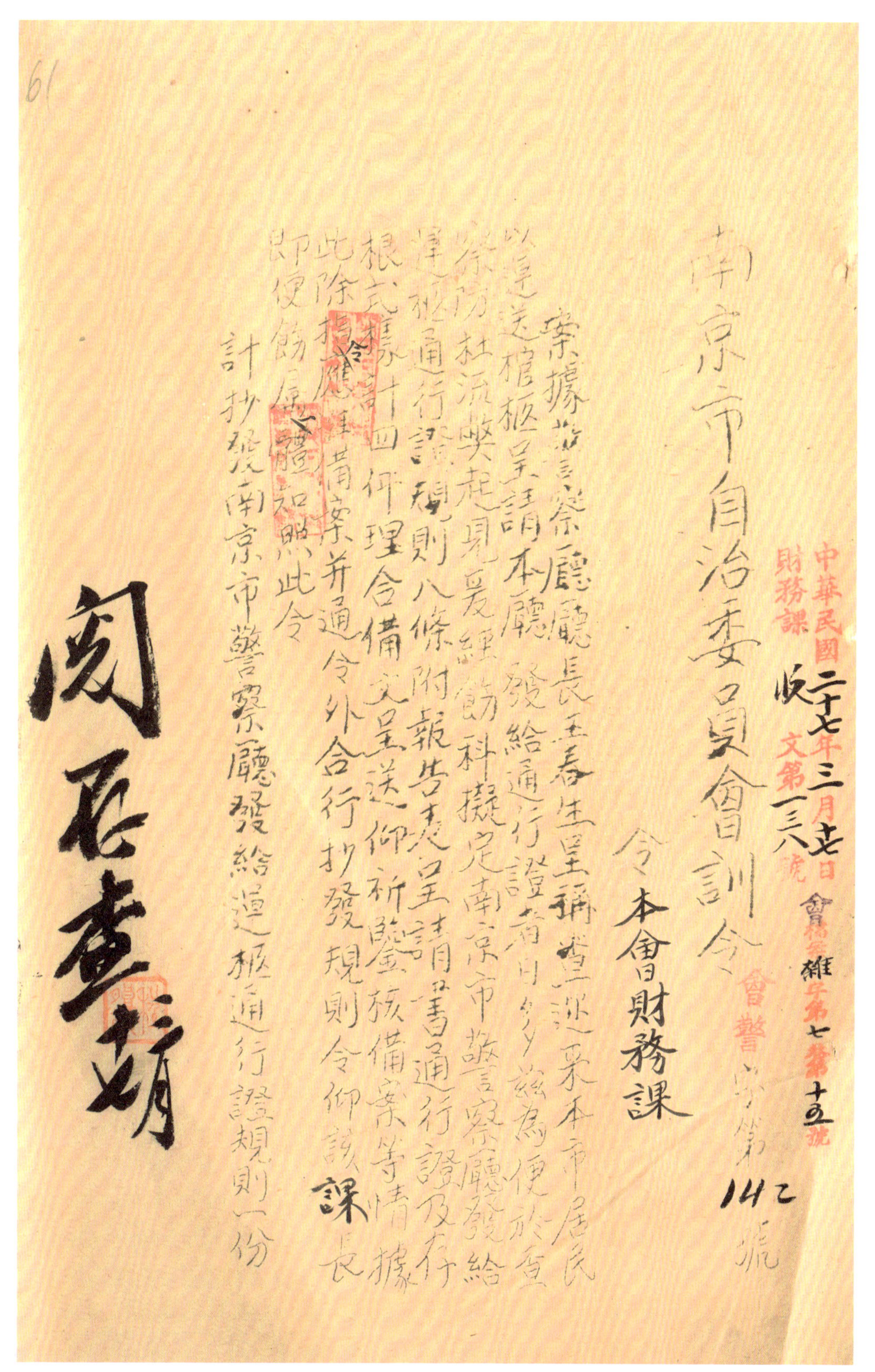

南京市自治委員會訓令 會警字第142號

中華民國二十七年三月十七日

財務課收文第一三八號

令本會財務課

案據警察廳廳長王春生呈稱：查近來本市居民以運送棺柩呈請本廳發給通行證者日多，茲為便於查察，防杜流弊起見，爰經飭科擬定南京市警察廳發給運柩通行證規則八條，附報告表及存根式樣計四種，理合備文呈送，仰祈鑒核備案等情。據此，除指令准予備案并通令外，合行抄發規則，令仰該課長即便飭屬一體知照。此令。

計抄發南京市警察廳發給運柩通行證規則一份

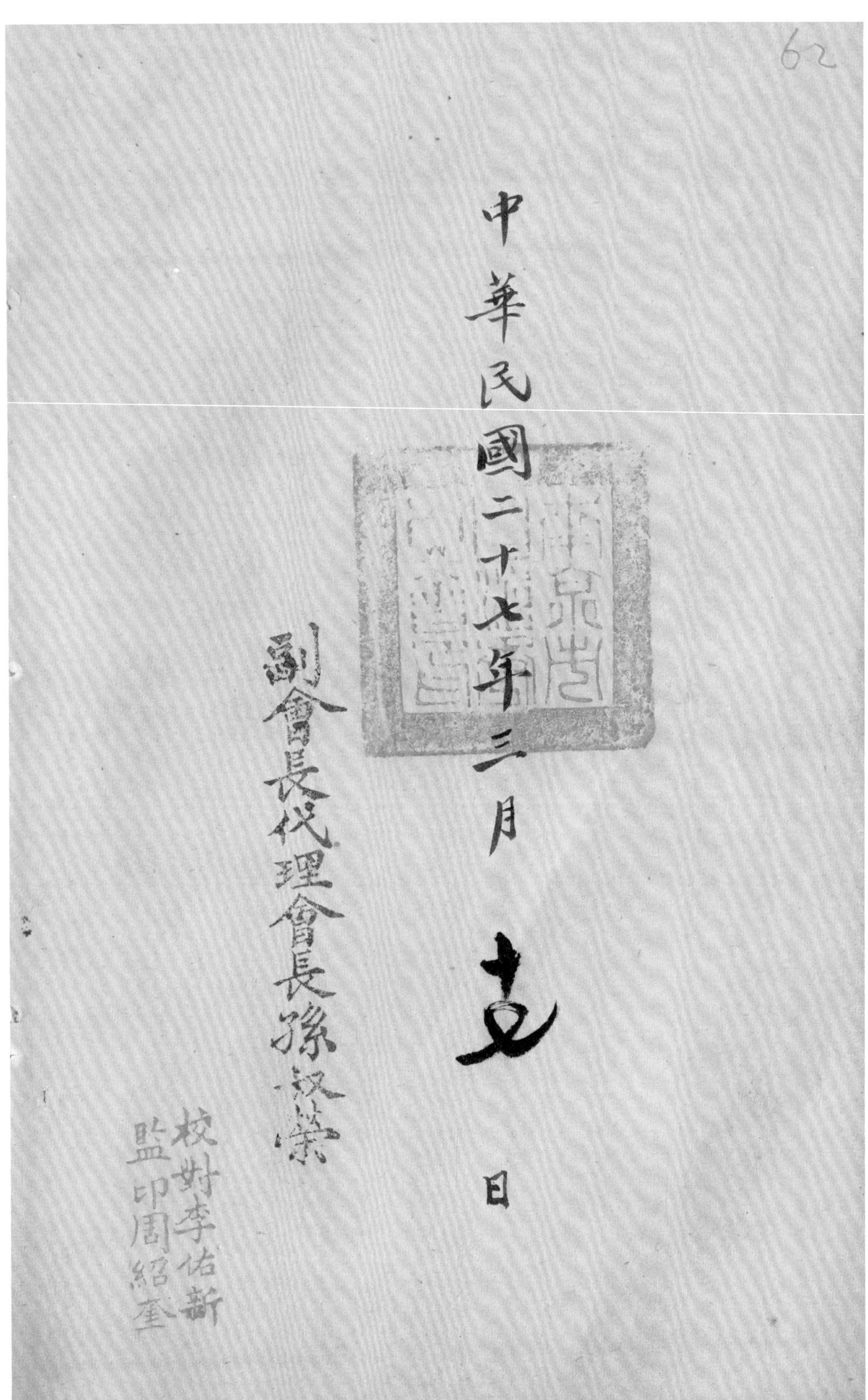

62

中華民國二十七年三月　十五日

副會長代理會長孫叔榮

校對李佑新
監印周紹奎

南京市警察廳發給運柩通行證規則

第一條 凡由本市境內起運靈柩出境者均須依照本規則之規定向本廳請領運柩通行證

第二條 凡請領通行證者應依照左列各項之規定填具報告表呈請停柩地點該管警察局查明轉呈本廳核發

一 請證人姓名年歲籍貫職業住址與死者之關係

二 運柩人姓名職業住址

三 死者姓名年齡籍貫死亡原因死亡年月日

四 停柩處所

五 起運日期

六 運柩經過地點

七 運達地點

第三條 凡請領通行証者須於呈請時取具殷實保結一併送請查核但在各機關現任職務者得由各該機關用公文証明

第四條 各警察局接受呈請後應將第二條所列各項及其保户切實查明轉報本廳核發

第五條 運柩時應將所領通行証隨身携帶以備沿途查驗放行

第六條 發給通行証時酌量路程遠近於通行証內標明繳消期限

第七條 承領通行証人逾期未將通行証繳回者由轉發通行証之警察局限期追繳若仍不繳回保人應負完

全責任

第八條　本規則自呈奉　南京市自治委員會核准之日施行如有未盡事宜得隨時呈請修正之

第一区区公所关于安居证被扣人民出入城补救办法致自治委员会呈（一九三八年三月十八日）

总务课收文字第655号

中华民国廿七年三月十八日到

南京市自治委员会第一区区公所呈

事由	拟办	批示	备考
为奉总务课电知人民出入城门须携有安居証现㓐被扣留者甚多拟请筹补救办法由			
附件			

收文　字第　号

字第　号　年　月　日　时到

為呈請事項奉

鈞會總務課電知人民出入城門需隨帶安居証方可通行等因惟一般人民因前次

警備司令部已有佈告曉諭人民嗣後出入城門可以無須檢查安居証但須對日軍施行敬禮故人民習聞已久魚貫通行且當此春暖之時鄉民返里耕種以及買賣物品紛至沓來因之市面繁榮日漸起色今驟奉此命人民因無安居証欲進不能欲出不得冥被扣留各城內外者實繁有徒若不速籌補救辦法則鄉民無知定必裹足不前而城內居民必需之日用品暨鄉民農作物等均難輸運其影響於人民之生計甚大惟究應如何補救之處職未便擅擬理合備文呈請

鑒核示遵謹呈

南京市自治委員會會長陶

代會長孫

副會長程

第一區區長何緝之

中華民國二十七年三月十八日

校對監印田潤卿

自治委员会为补办安居证以免市民被扣留事给第一区区公所指令（一九三八年三月二十三日）

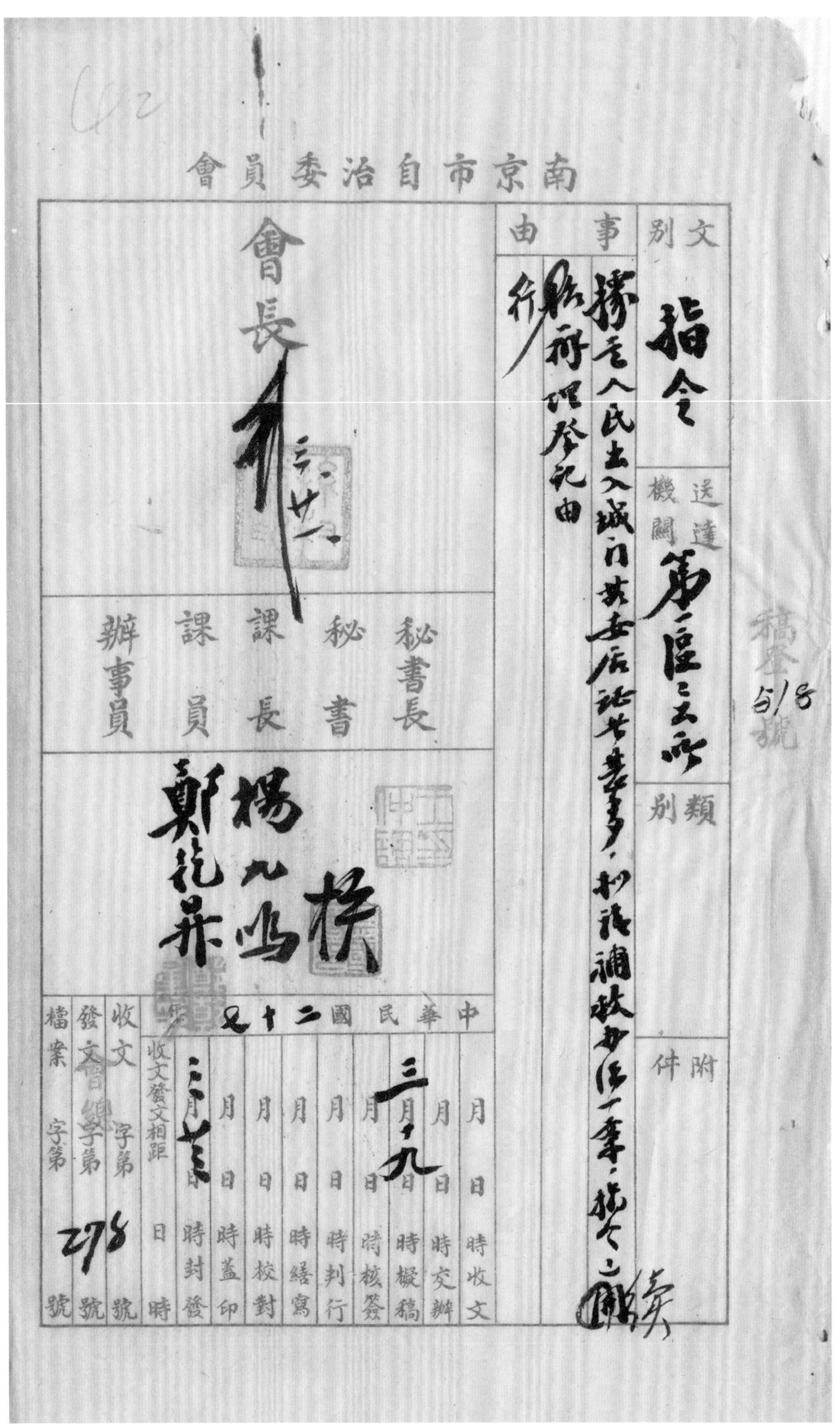
南京市自治委員會

文別：指令

送達機關：第一區公所

事由：據呈人民出入城門無安居證者多被扣留，請補發安居證一案，指令照辦由

稿登618號

會長 孫（三、廿八）

秘書長 秘書 課長 課員 辦事員

楊九鳴 鄭龍昇

中華民國二十七年

收文 月 日 時；交辦 月 日 時；擬稿 三月十九日 時；核簽 月 日 時；判行 月 日 時；繕寫 月 日 時；校對 月 日 時；蓋印 月 日 時；封發 三月廿三日 時

收文發文相距 日 時

收文 字第 號

發文 會總字第 278 號

檔案 字第 號

銜

指令第 278 號

令第一區區公所

二十九年十二月六日為奉總務課電知人民出入城門須持有安居證，現察被扣留者甚多，擬請籌補救辦法由

呈悉。查本市良民未經領取安居證者，本會已於本月九日起，續行辦理登記矣，仰即知照！此令。

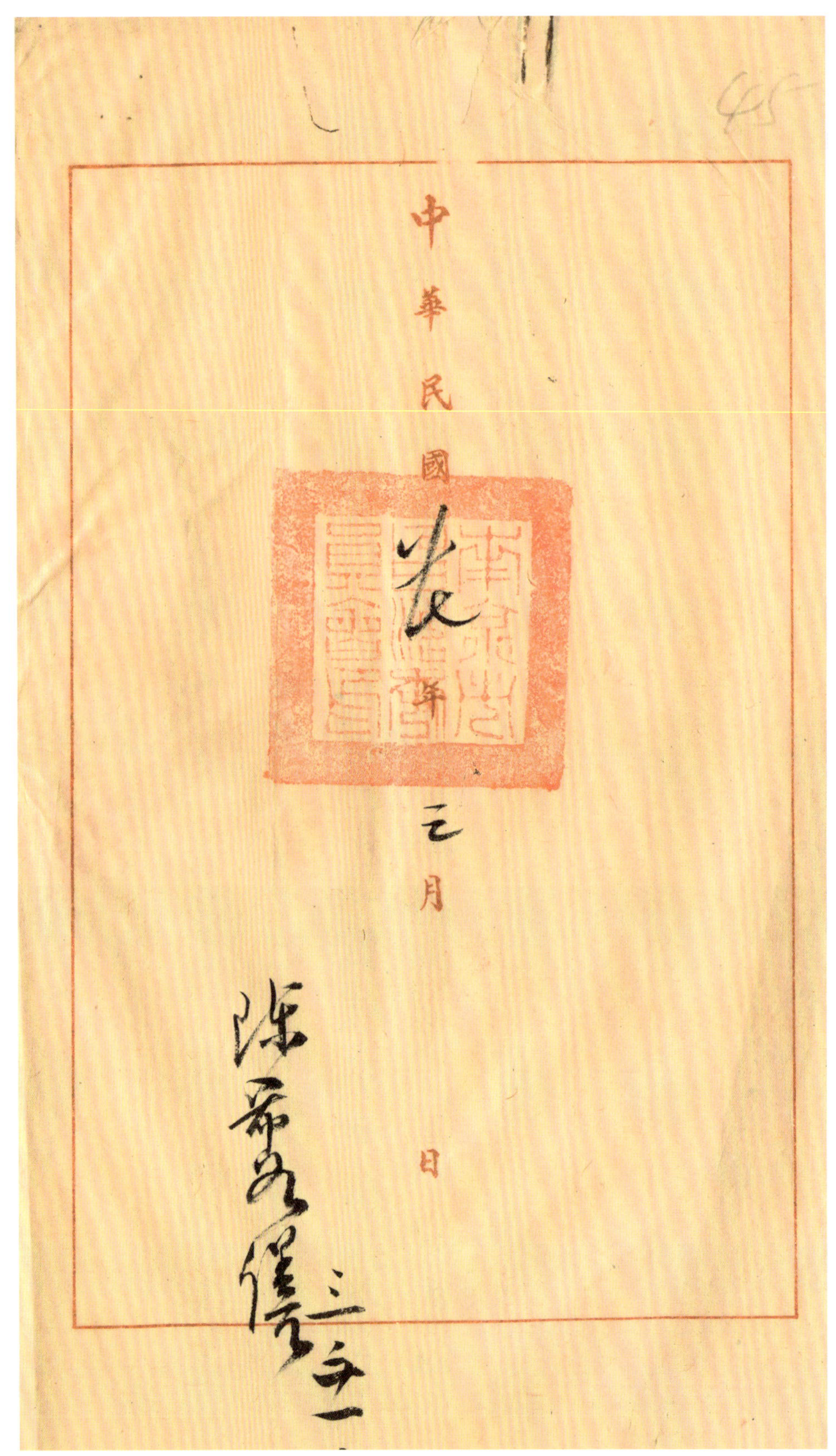
45
中華民國廿七年三月　日
陳局長鑒
三、一

第一区区公所、自治委员会关于呈缴安居证登记存根报备事的往来文件

第一区区公所致自治委员会呈文（一九三八年三月二十四日）

南京市自治委員會第一區區公所呈

總務 收文 字第762號

中華民國廿七年三月廿四日到

事由	擬辦	批示	備考
為呈繳安居証登記存根呈報備案由			
附件：安居証登記存根一千四百七十三張			

收文 字第 號

字第 號 年 月 日 時到

（40）

為呈報事竊查本市良民前經

特務機關發給安居之証使其安居其已領者固居多數然以陸續回歸未能領到

者亦復不少因之出入被阻不能通行幸蒙

鈞長洞察民艱商請

特務機關續發前由職

區領得安居証一千五百張當飭屬補發以資通行計登出

一千四百七十三張理合將辦理情形連同登記存根具文呈報

鑒核備案仍祈陸續補發實為公便謹呈

南京市自治委員會會長陶

代會長孫

副會長程

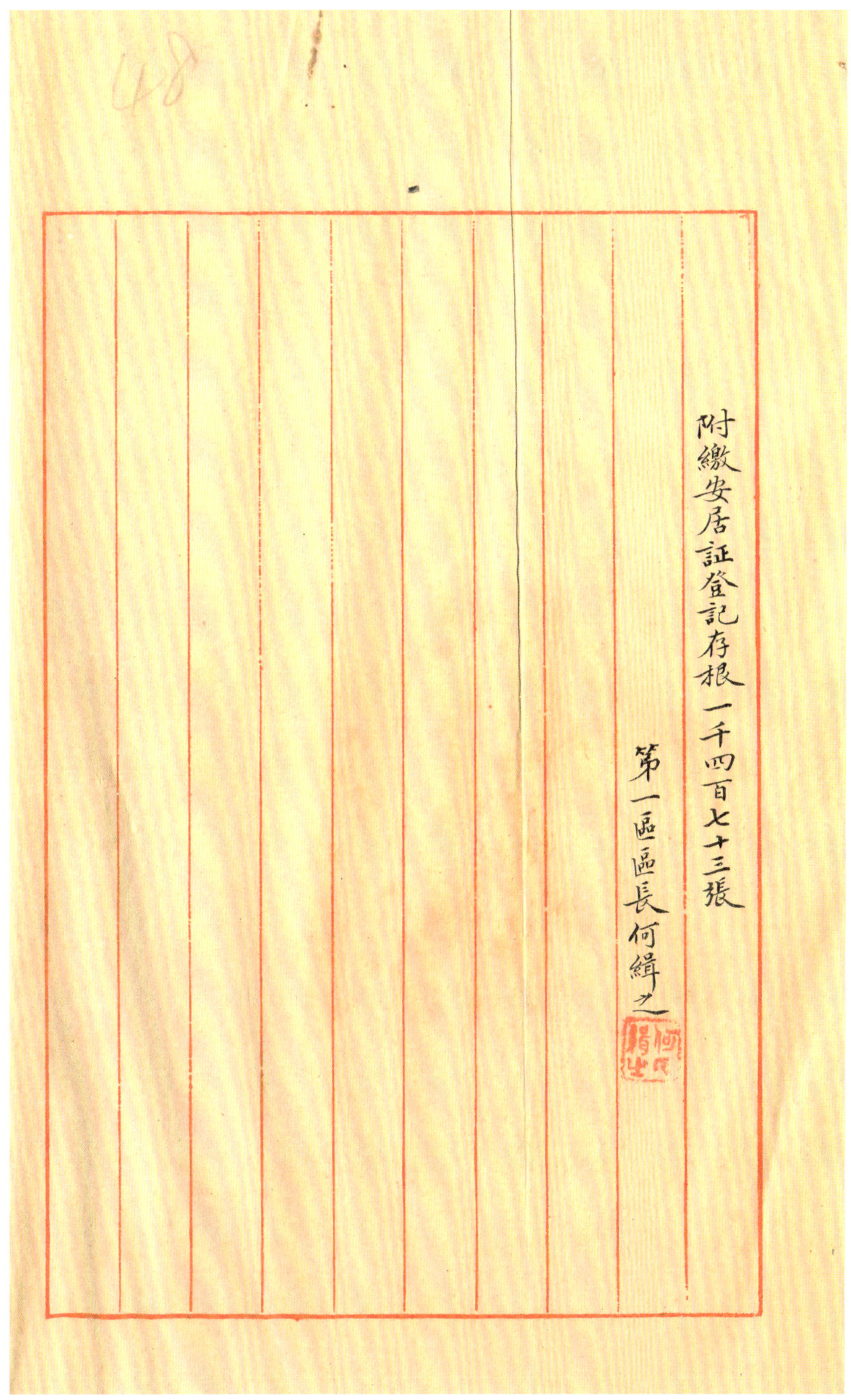

附繳安居証登記存根一千四百七十三張

第一區區長何緝之

中華民國二十七年三月二十四日

校對
監印
田潤卿

自治委员会给第一区区公所指令（一九三八年三月二十九日）

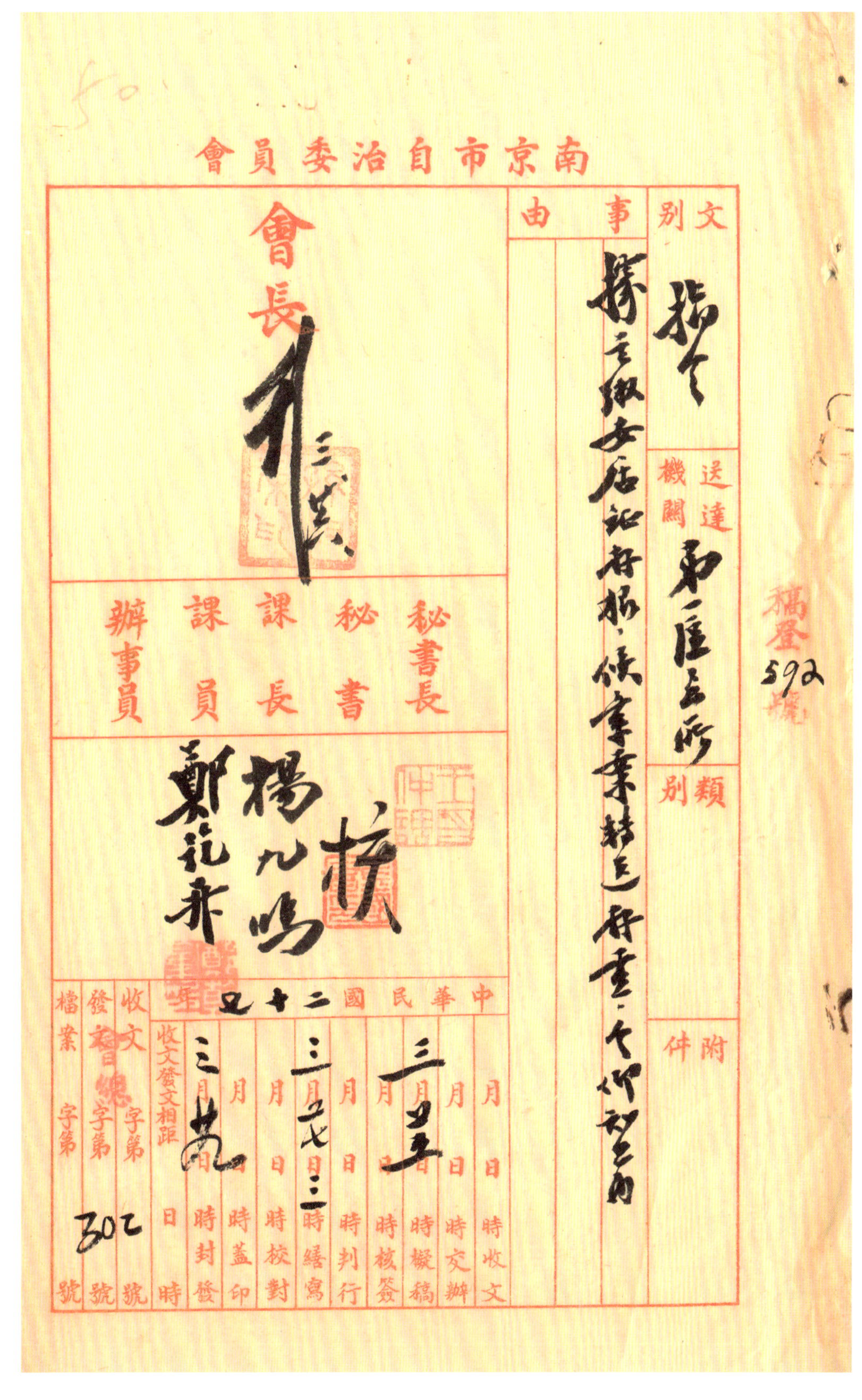
南京市自治委員會

文別：指令

事由：據呈級安居証存根、領事業轉呈存查，令仰知照由

送達機關：第一區公所

類別

附件

會長

秘書長　秘書課長　課員　辦事員

中華民國二十七年

三月二十九日

稿登592

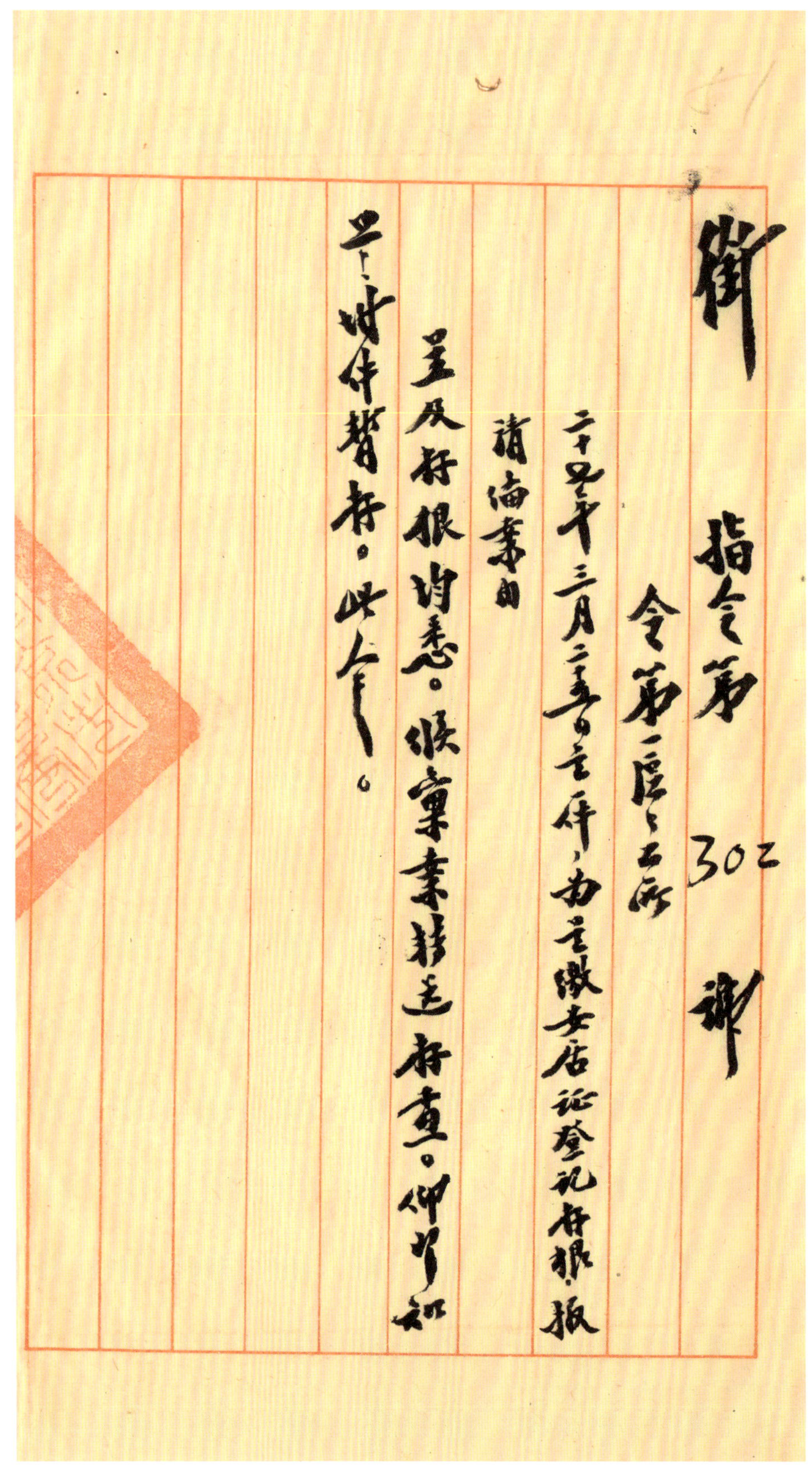

銜 指令第302號

令第一區區公所

二十七年三月二十五日呈一件，爲呈繳安居證登記存根，報

請備案由

呈及存根均悉。准予備案，存根存查。仰即知

照。附件暫存。此令。

中華民國七年三月 日

鄧[illegible]之謹

三、六、七、

自治委员会、上海国际救济委员会关于准予发给通行臂章的往来文件

自治委员会致上海国际救济委员会函（一九三八年三月二十九日）

敬啟者上海江寧六縣公所為調查南京難民狀況起見公推仲青來寧會同貴會王秘書伯山辦理現已着手進行惟市區範圍遼闊非另請二人協助不可茲已約定胡錫和頓訓忠專任調查值此兵災之後行路恐感不便擬請貴會發給臂章三枚以資進行此致

南京市自治委員會

上海國際救濟委員會委員王仲青啟

三月廿四日

如發臂章並復 三、廿五

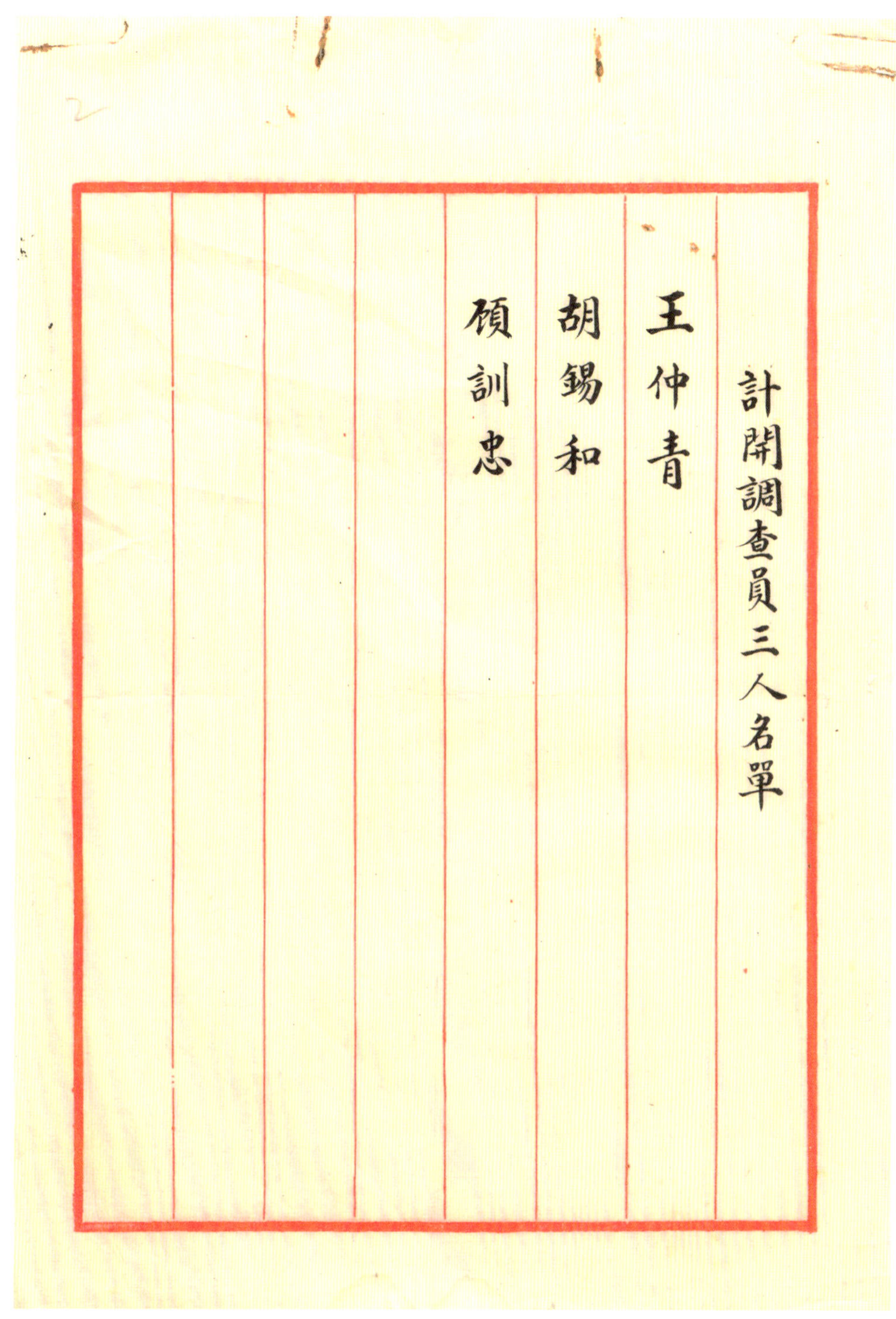
計開調查員三人名單

王仲青

胡錫和

頎訓忠

上海自治委员会致王仲青等的函（一九三八年三月二十九日）

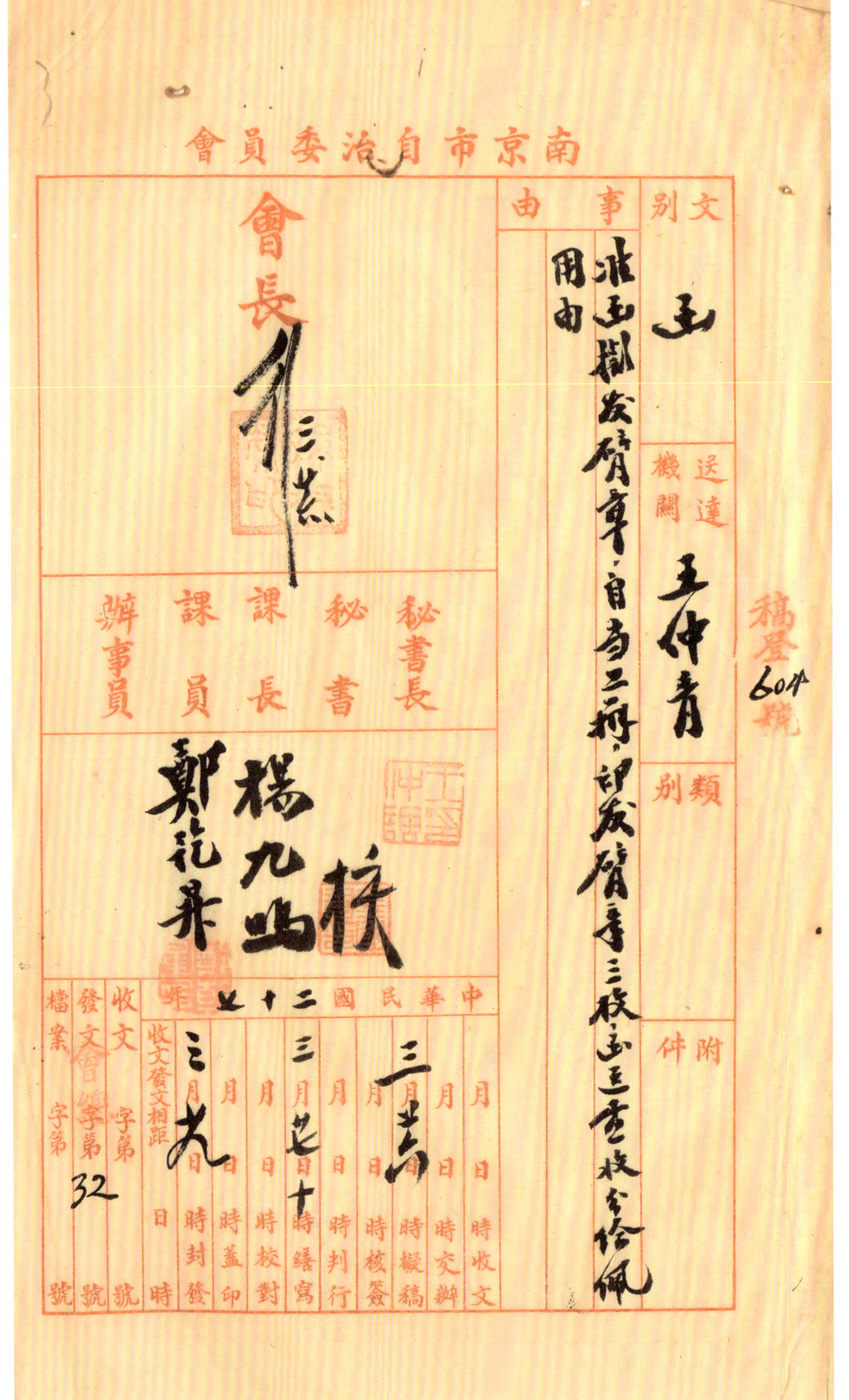

南京市自治委員會

稿字604號

文別	王
送達機關	王仲青
類別	
附件	

事由：准函擬發證章，自當照辦，印發證章三枚，函送查收分給佩用由

會長

秘書長　秘書　課長　課員　辦事員

楊九如　校　鄭范昇

中華民國二十七年

收文	交辦	擬稿	核簽	判行	繕寫	校對	蓋印	封發	收文發文相距
月日時	月日時	三月廿六日時	月日時	月日時	三月廿七日十時	月日時	月日時	三月廿九日時	日時

收文　字第　號
發文　會字第32號
檔案　字第　號

收函第32號

逕復者：接准

來函，以上海江寧等六縣公所為調查南京難民起見，函請

執事來寧，會同本會王秘書辦理，茲經約定胡錫和、顧討忠專任調查，行路恐感不便，擬請發給臂章三枚，以資進行等由，准此，自當照辦。茲即就臂章三枚，隨函附送，即希

查收分給佩用，並於工畢，並送註銷為荷！此致

上海國際救濟委員會王委員仲青

計附臂章三枚

（委員會戳）啓

中華民國廿三年三月日

救济课遣送句容难民二十九人签呈（一九三八年四月五日）

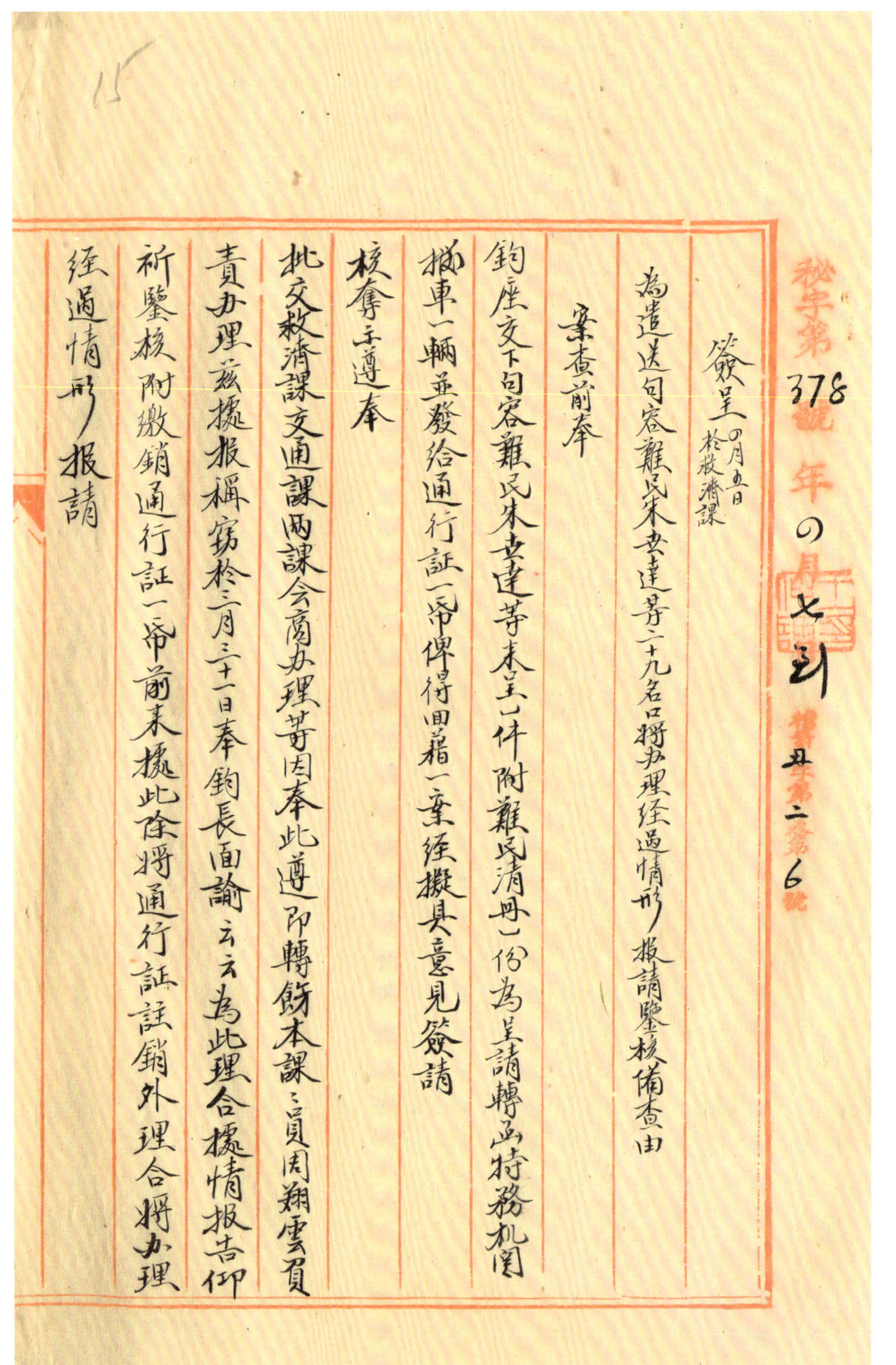

為遣送句容難民朱安達等二十九名將办理经過情形报請鑒核備查由

簽呈 四月五日 於救濟課

案查前奉

鈞座交下句容難民朱安達等來呈一件附難民清册一份為呈請轉函特務机関撥車一輛並發給通行証一帋俾得回籍一案經擬具意見簽請

核奪并遵奉

批交救濟課交通課兩課会商办理等因奉此遵即轉飭本課課員周翔雲負責办理茲據报稱窃於三月三十一日奉鈞長面諭云云為此理合據情报告仰祈鑒核附繳銷通行証一帋前來據此除將通行証註銷外理合將办理经過情形报請

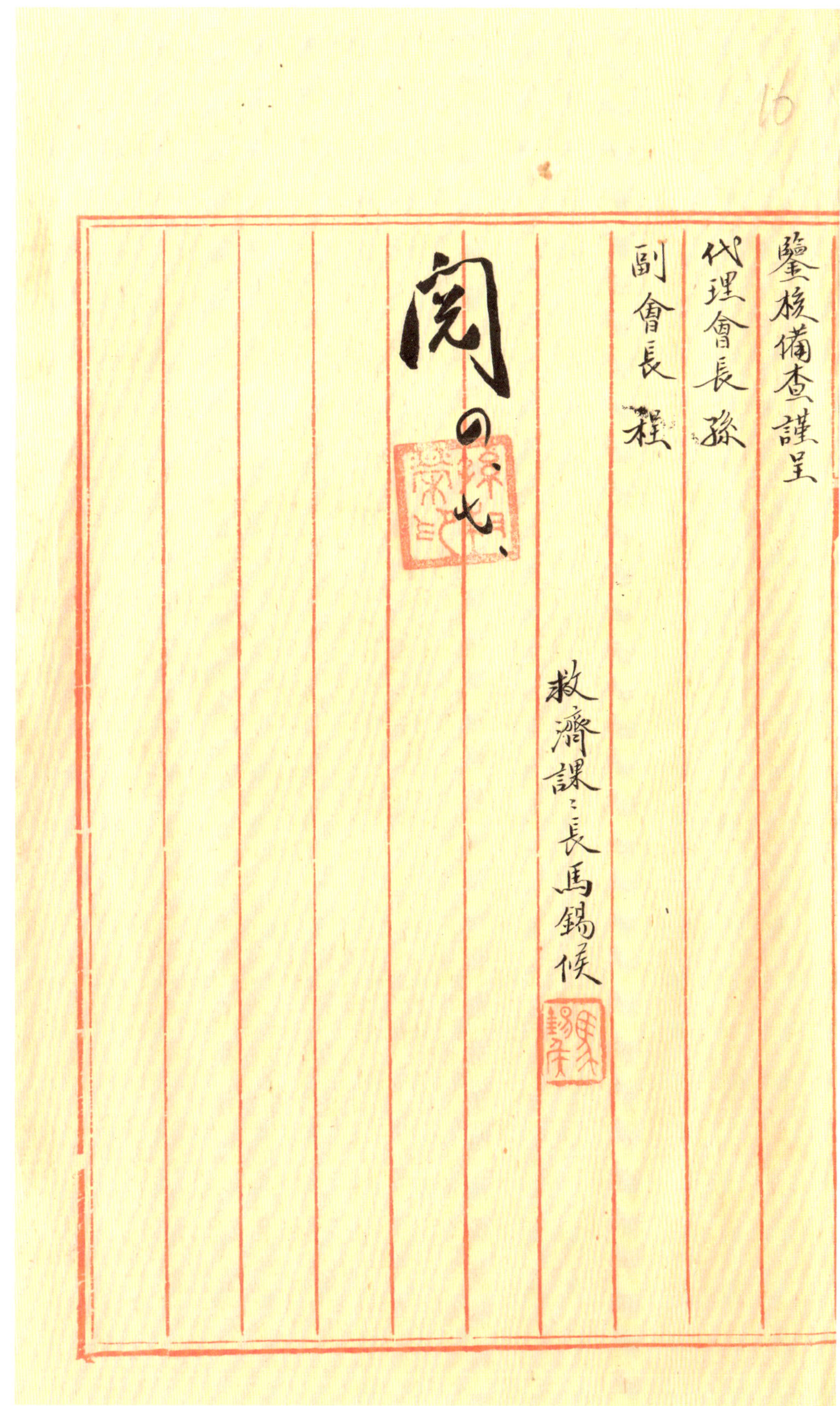

鑒核備查謹呈

代理會長孫

副會長程

閱 四、七、

救濟課課長馬錫侯

第一区区公所为补发六千三百九十三张安居证事致自治委员会呈文（一九三八年四月十三日）

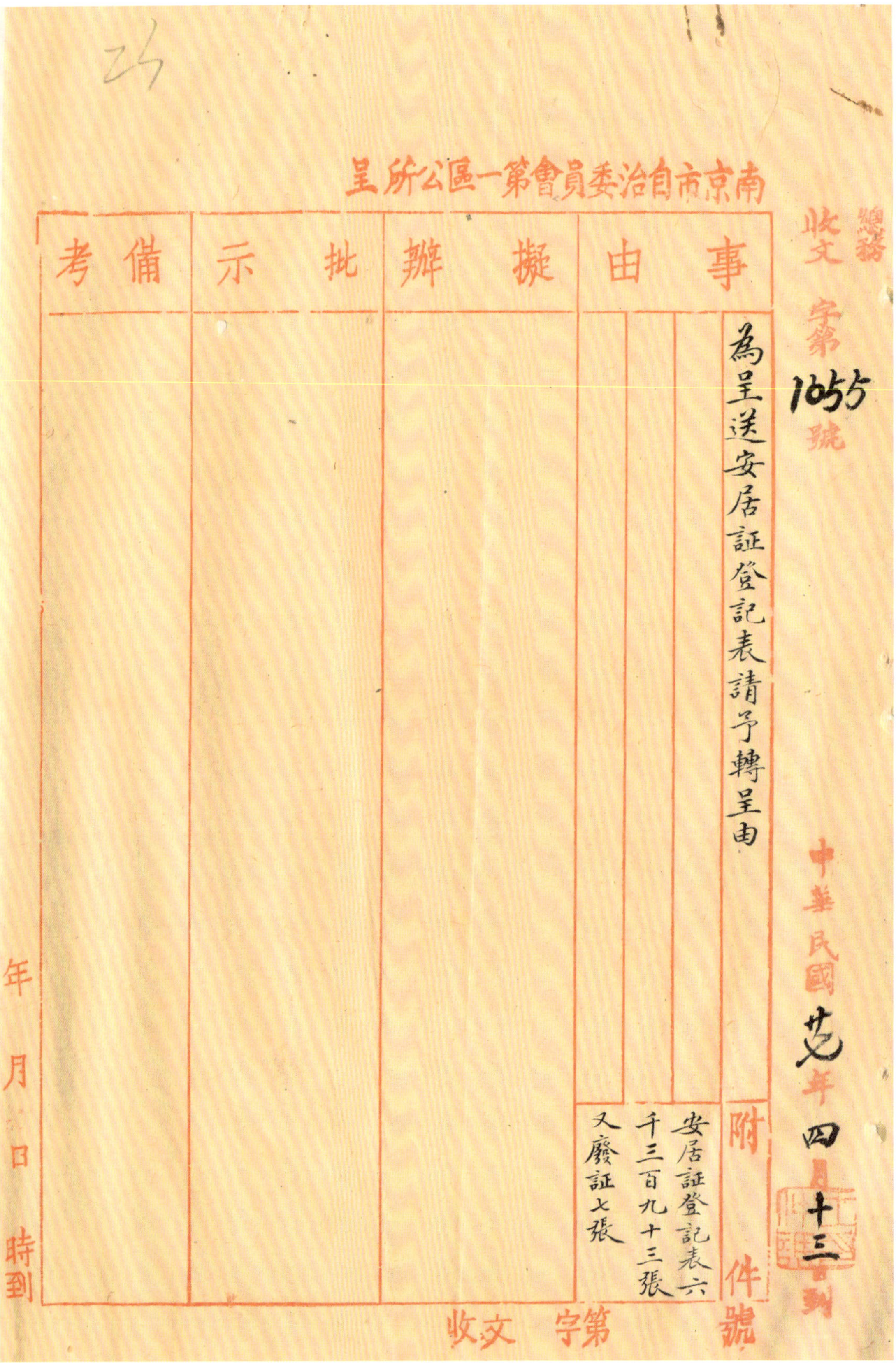

南京市自治委員會第一區公所呈

總務 收文 字第1055號

中華民國廿七年四月十三日到

事由	擬辦	批示	備考
為呈送安居証登記表請予轉呈由			

附件：安居証登記表六千三百九十三張，又廢証七張

收文　字第　號

年　月　日　時到

為呈送事竊查本市自軍事安定避居外方市民紛紛回歸然均未曾領安居

証咸以通行不便幸蒙

特務機關洞察民隱繼續補發計由職區先後填發安居証六千三百九十三張理

合將安居証登記表六千三百九十三張又廢証七張備文呈送

鑒核轉呈實為公便謹呈

南京市自治委員會會長陶

代會長孫

副會長程

計呈送安居証登記表六千三百九十三張又廢証七張

第一區區長何縃之代

中華民國二十七年四月十三日

自治委员会关于安居证及登记表收悉备查给第一区区公所指令（一九三八年四月十九日）

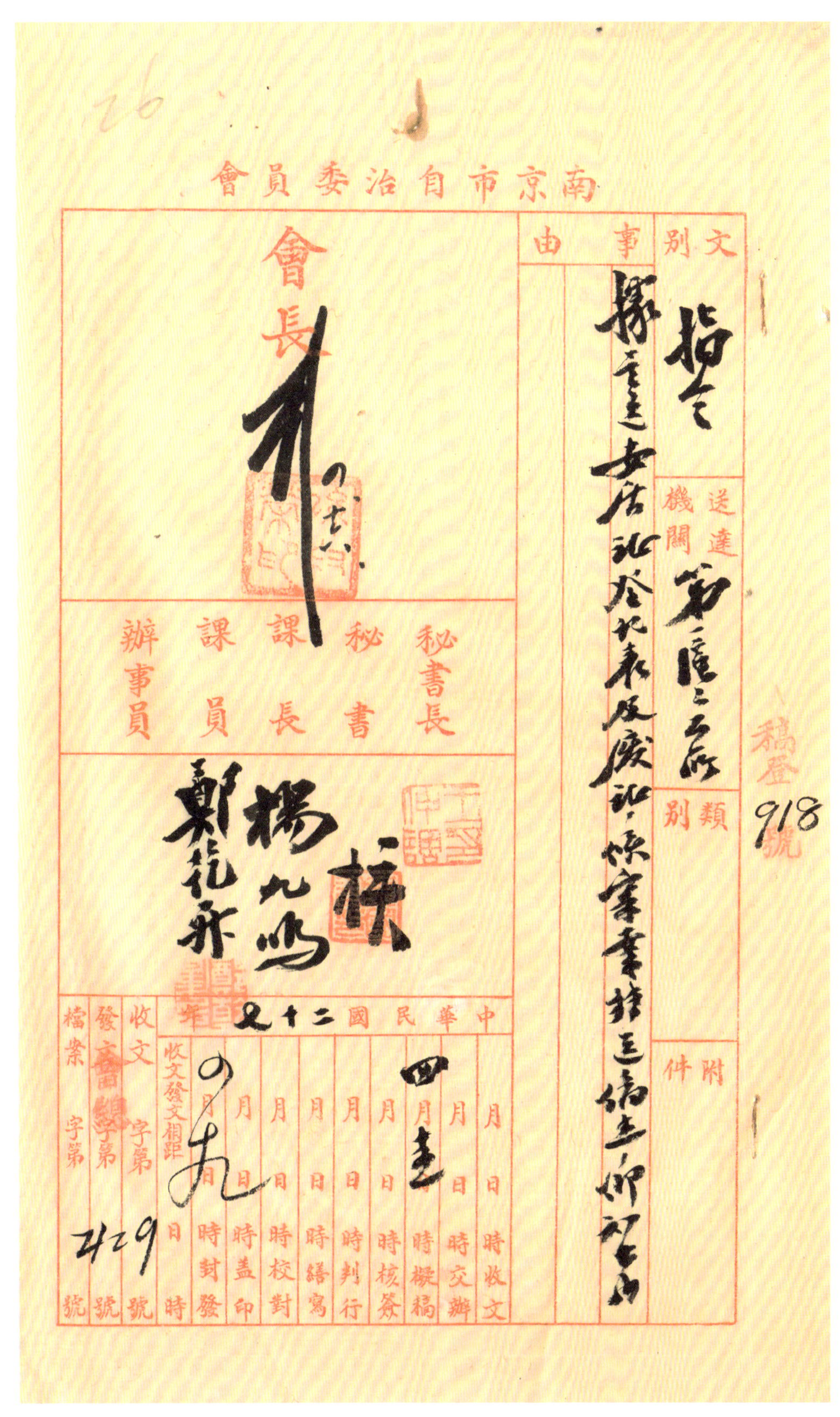

南京市自治委員會

文别：指令

事由：據呈送安居證存根表及廢證，除案准備查外，仰即知照由

送達機關：第一區公所

類别：

附件：

會長 林

秘書長

秘書

課長

課員

辦事員

楊九鳴

鄭苑森

中華民國二十七年 四月十九日

稿登918號

收文　字第　號

發文　字第　號 429

檔案　字第　號

收文	交辦	擬稿	核簽	判行	繕寫	校對	蓋印	封發	收文發文相距
月 日 時	月 日 時	四月十九日 時	月 日 時	月 日 時	月 日 時	月 日 時	月 日 時	月 日 時	日 時

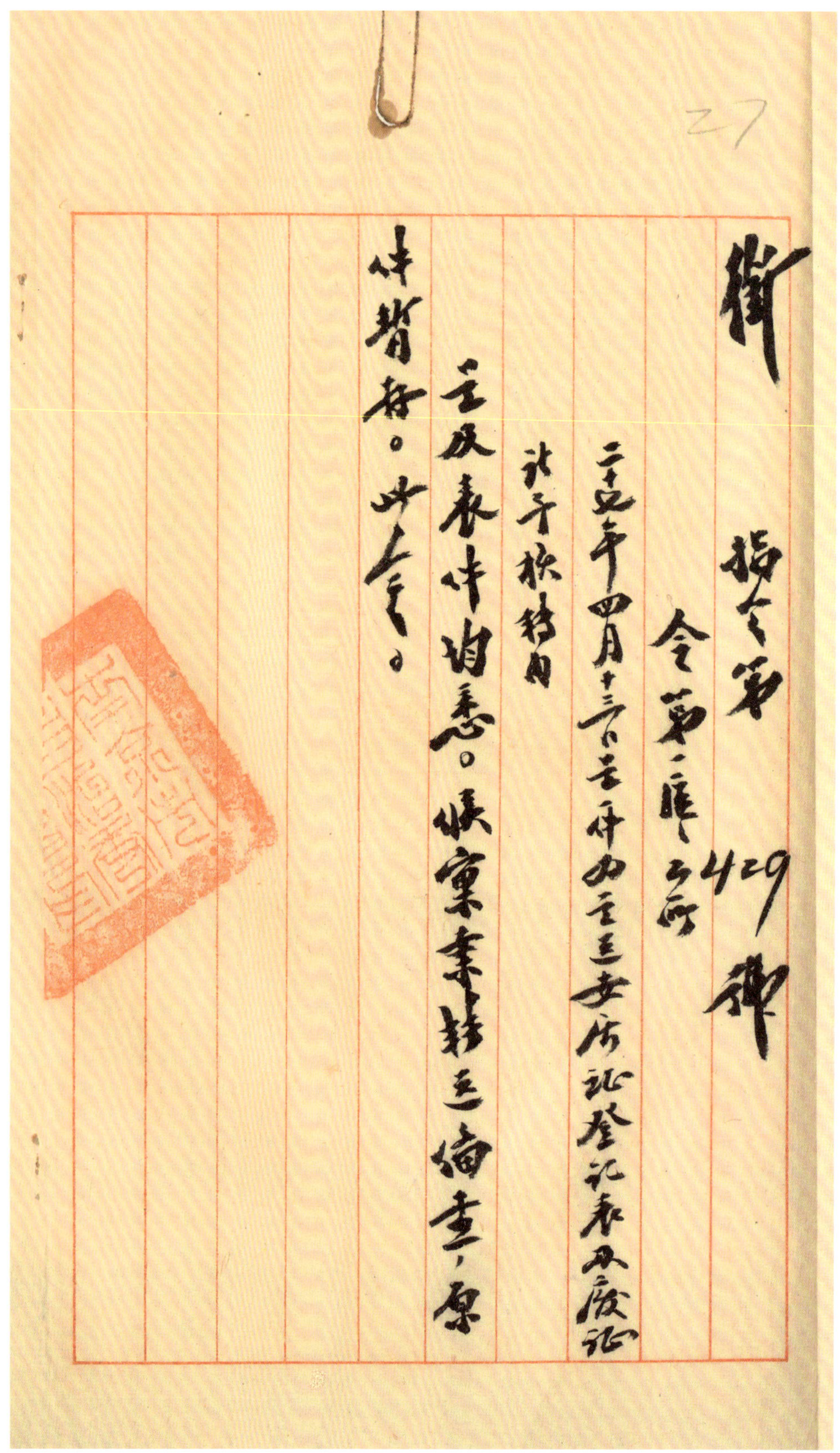

27

衔

指令第429号

令第一区公所

二十七年四月廿三日呈一件为呈送安居证登记表及发证请予核转由

呈及表件均悉。仰候汇案转送备查，原件背存。此令。

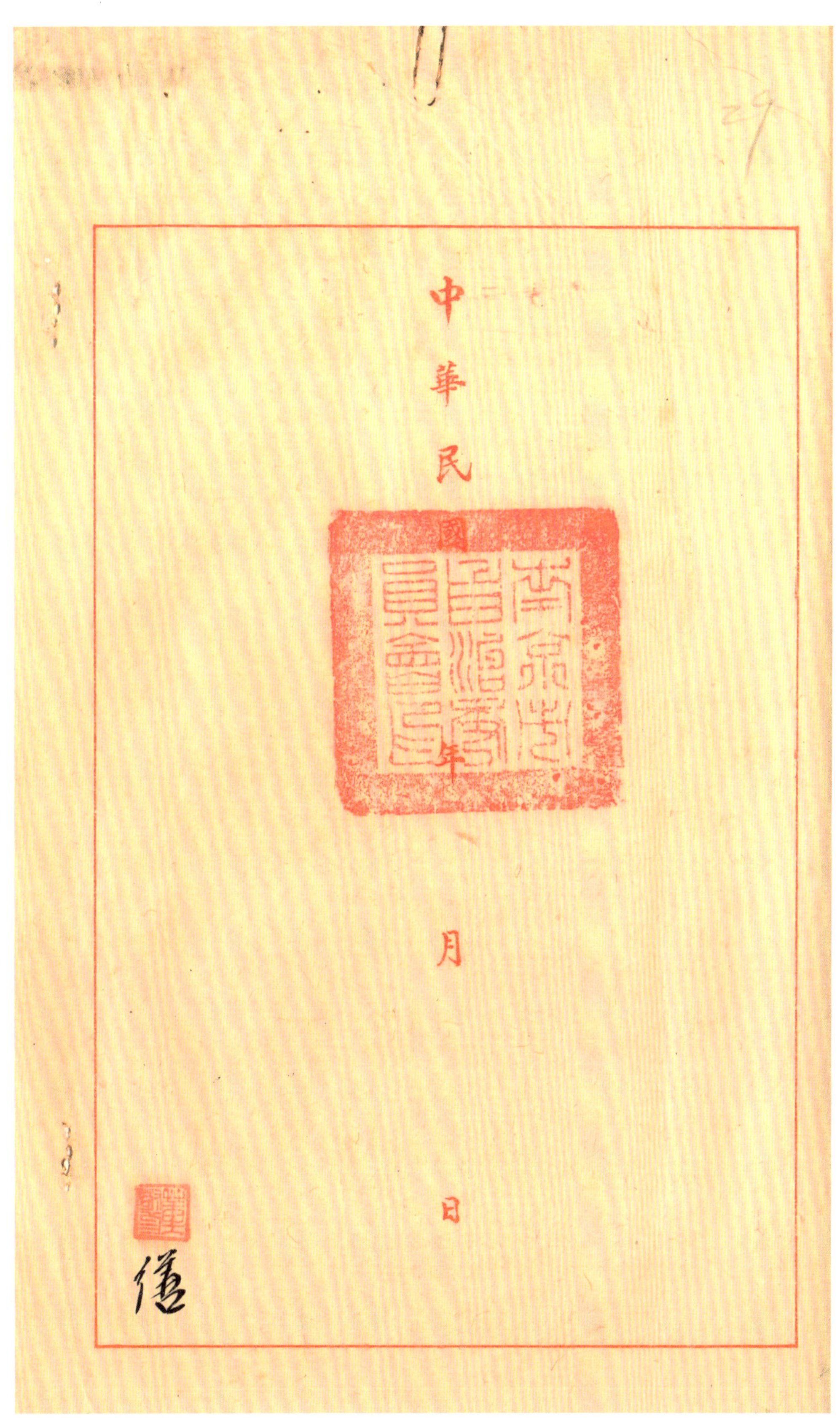

中華民國　　年　　月　　日

繕

十、公盐统治

自治委员会转请日本军部允许搬运存盐发售致特务机关公函（一九三八年二月二十一日）

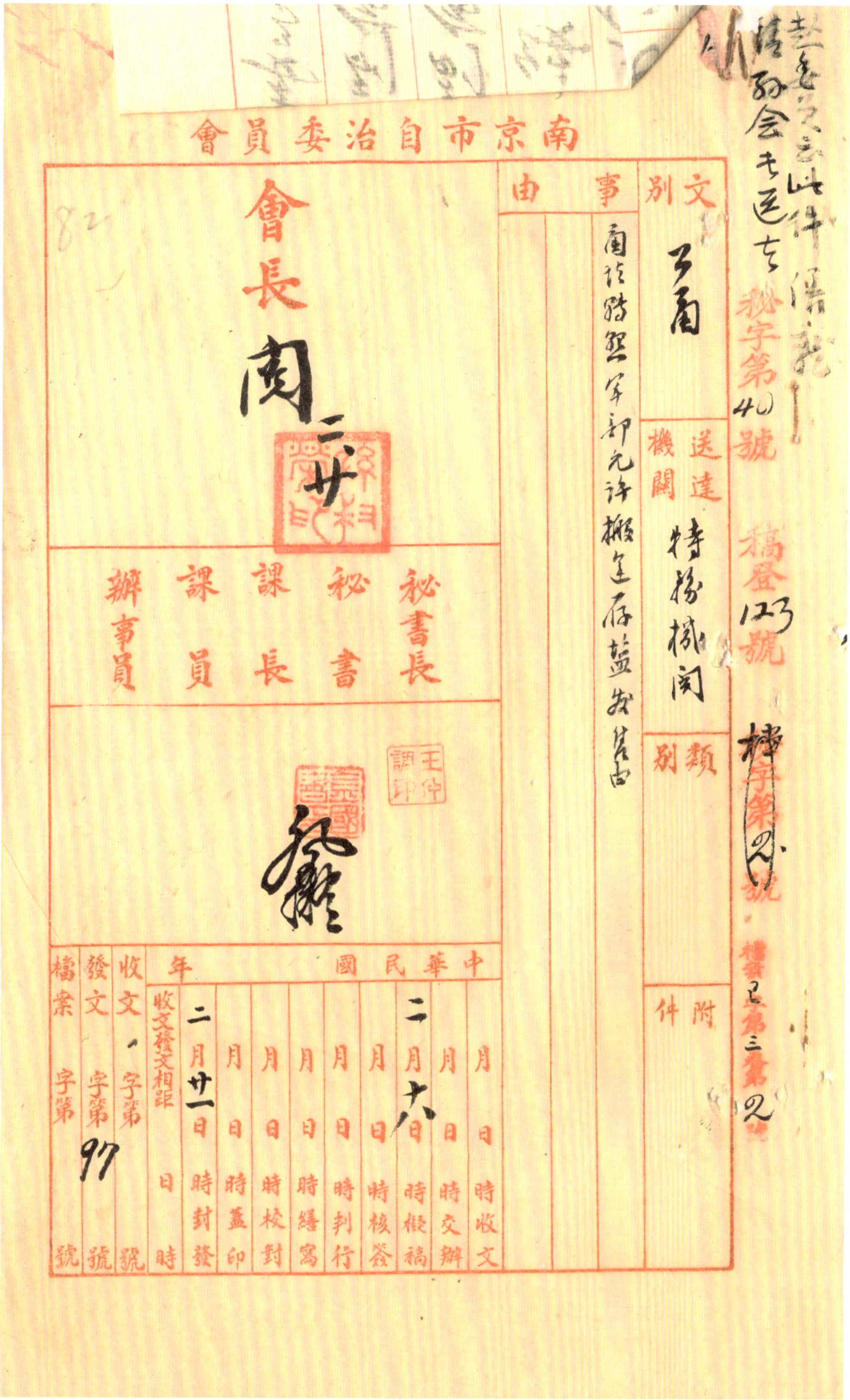

南京市自治委員會

文別：公函

事由：關於請軍部允許搬運存鹽發售由

送達機關：特務機關

類別

附件

會長 陶

秘書長 秘書 課長 課員 辦事員

中華民國 年 二月廿一日封發 二月十六日擬稿

發文字第97號

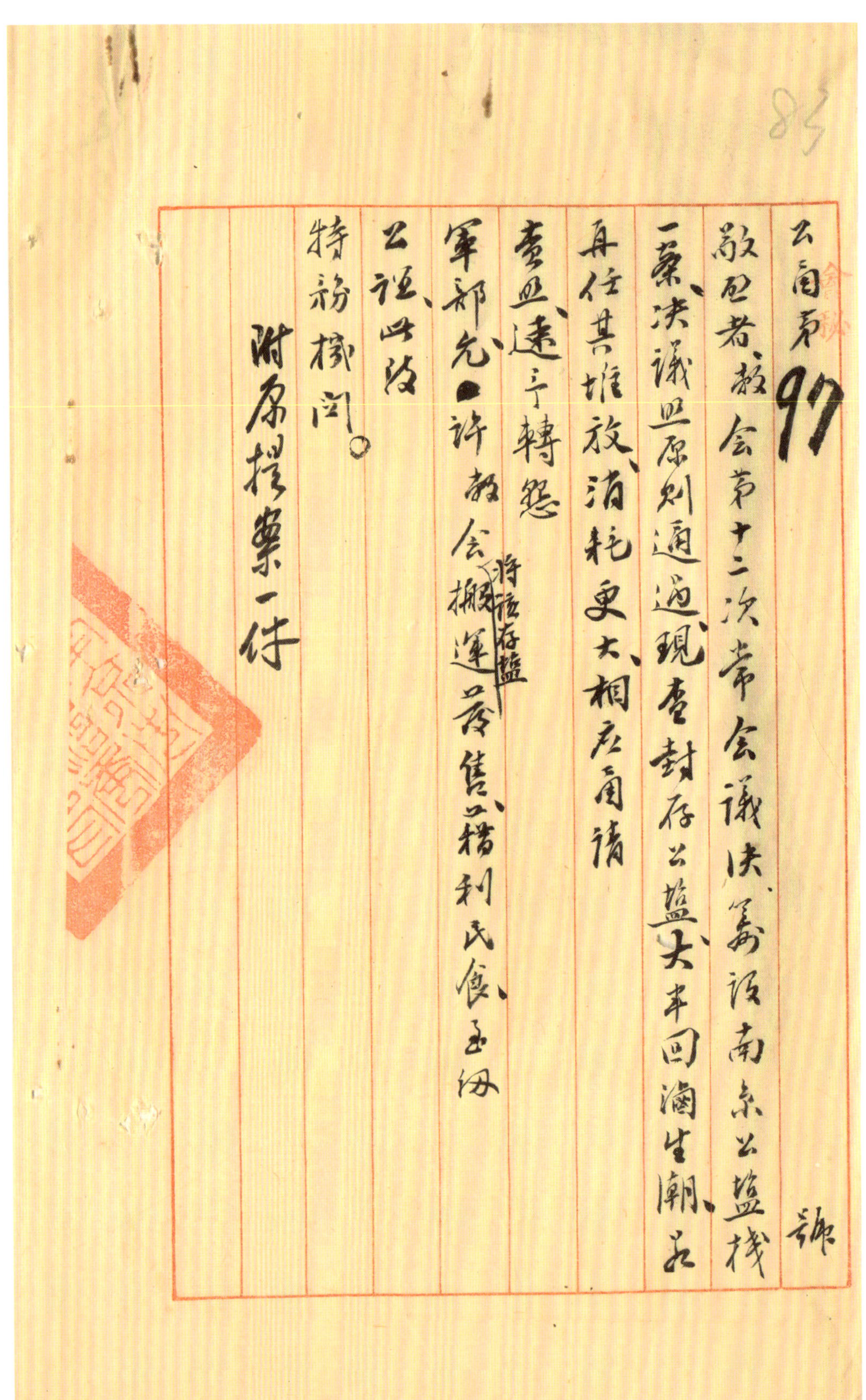

公函第97號

敬啟者，敝会第十二次常会議决，籌設南京公鹽棧一案，决議照原則通過，現查封存公鹽大半回滷生潮，若再任其堆放，消耗更大，相應函請

貴處迅予轉懇

軍部允許敝会將該存鹽搬運出售，藉利民食，至紉

公誼。此致

特務機關

附原提案一件

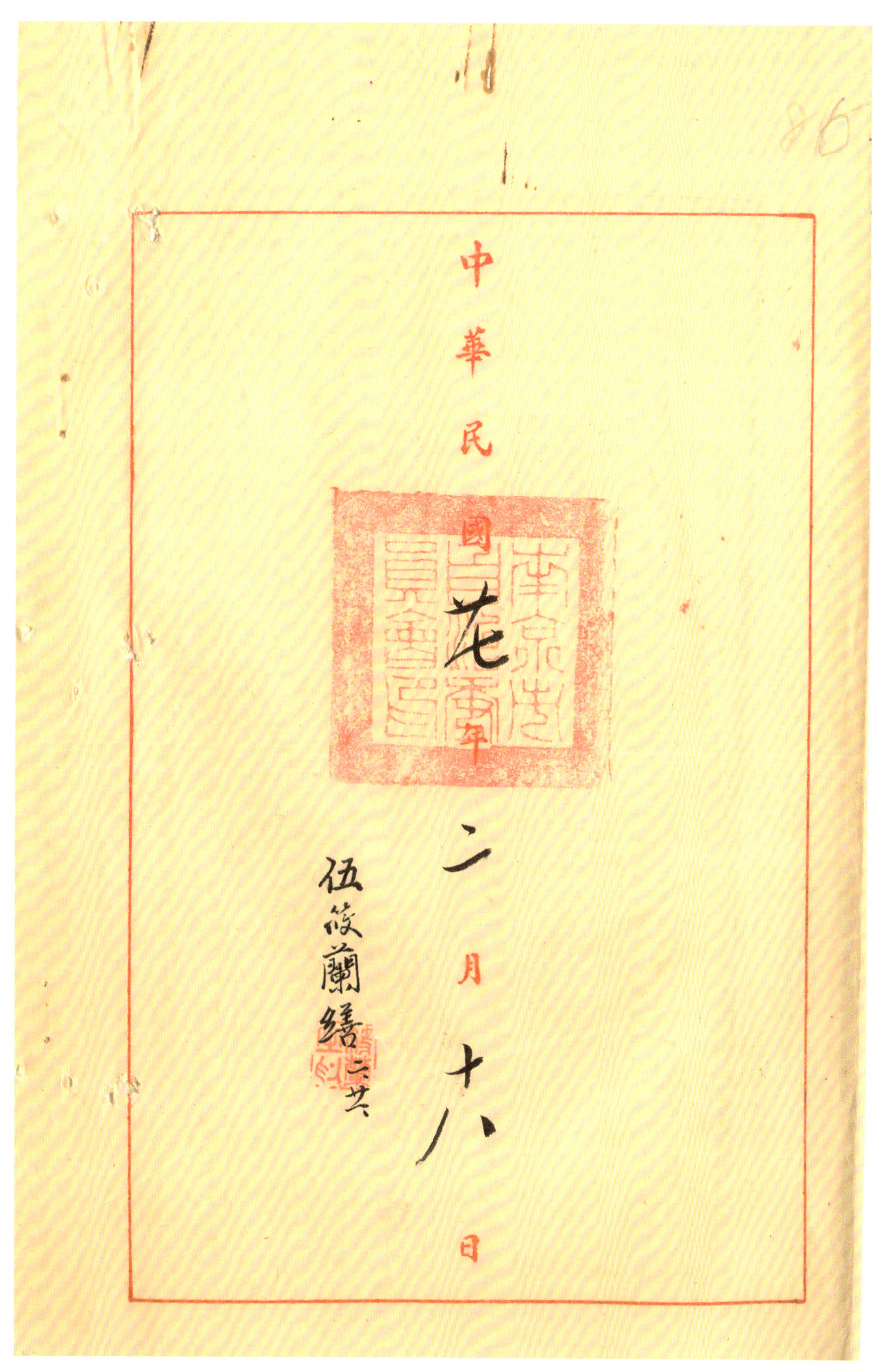

86

中華民國花年二月十八日

伍筱蘭繕 二廿六

自治委员会关于委派赵威叔委员综理南京公盐栈并从事筹备公函（一九三八年二月二十八日）

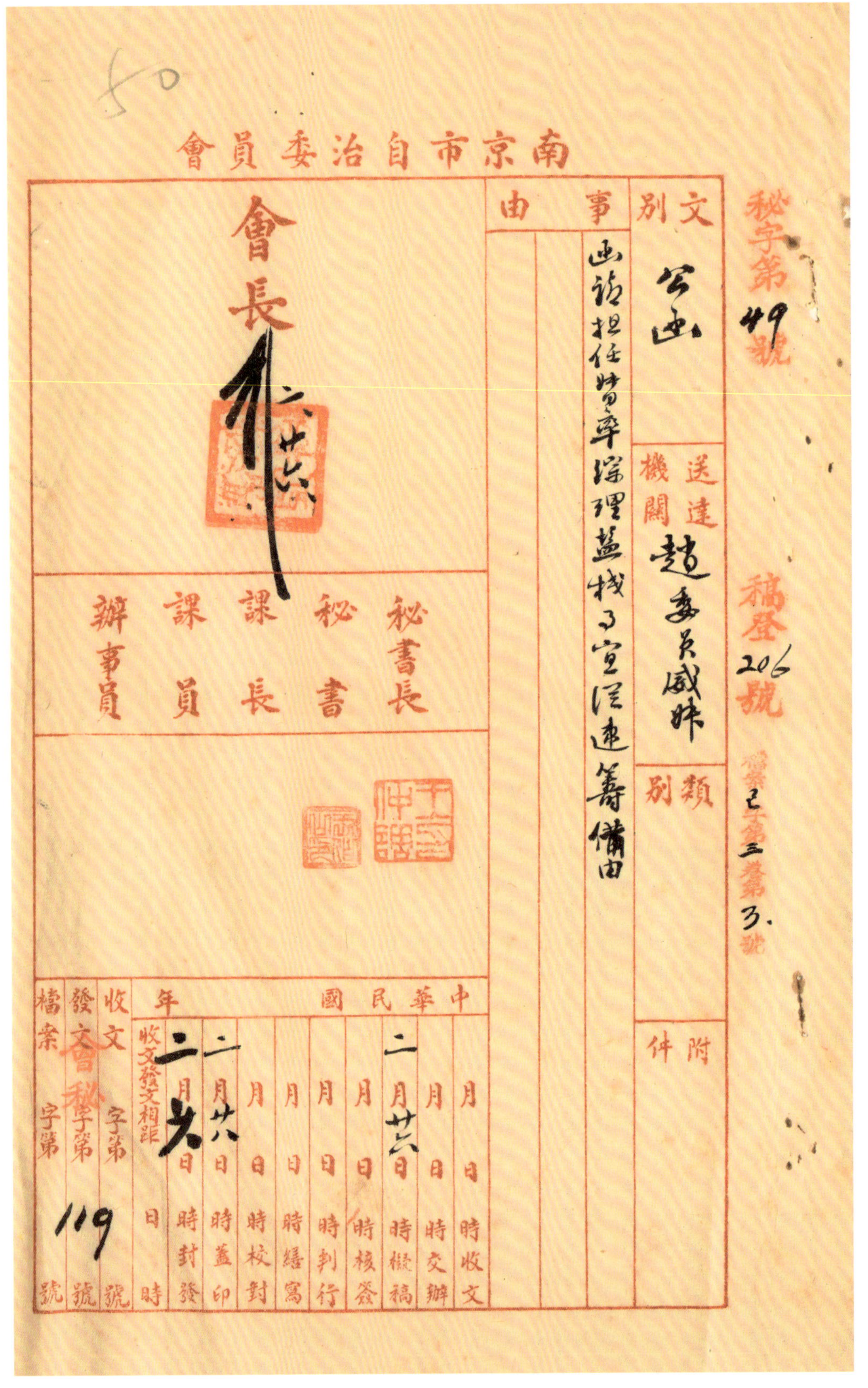
南京市自治委員會

文別：公函

事由：函請担任督率綜理鹽棧事宜從速籌備由

送達機關：趙委員威叔

類別

附件

秘字第49號

稿登206號

檔案乙第三卷第3號

會長

秘書長

秘書

課長

課員

辦事員

中華民國 年

收文 月 日 時

交辦 月 日 時

擬稿 二月廿六日 時

核簽 月 日 時

判行 月 日 時

繕寫 月 日 時

校對 月 日 時

蓋印 二月廿八日 時

封發 二月廿八日 時

收文發文相距 日 時

收文 字第 號

發文 會秘字第 號

檔案 字第119號

銜 公函 秘書 第119號

逕啟者，查籌設南京公鹽棧一案，業經本會第十二次常會議決，並原則通過，嗣於第十六次常會由特務機關松岡先生報告，第一項以趙委員前次所提鹽棧一案，本應由中央辦理，並現在情形，暫由自治委員會依前次方案辦理，俟將來新政府成立，另定辦法，並將所已採之鹽三千餘包，先行銷售等語，雖云着手進行，以維鹽政而免紊亂，惟事關外交，涉及債款，必須洞悉內容，始克統籌兼顧，茲將原案第一項甲棧務之規定，即請

貴委員擔任督率綜理之責，從速籌備，幸勿延誤，爲荷。此致

趙委員威琳

二

中華民國廿七年二月　日

自治委员会设立公盐栈禁售私盐的布告（一九三八年三月十一日）

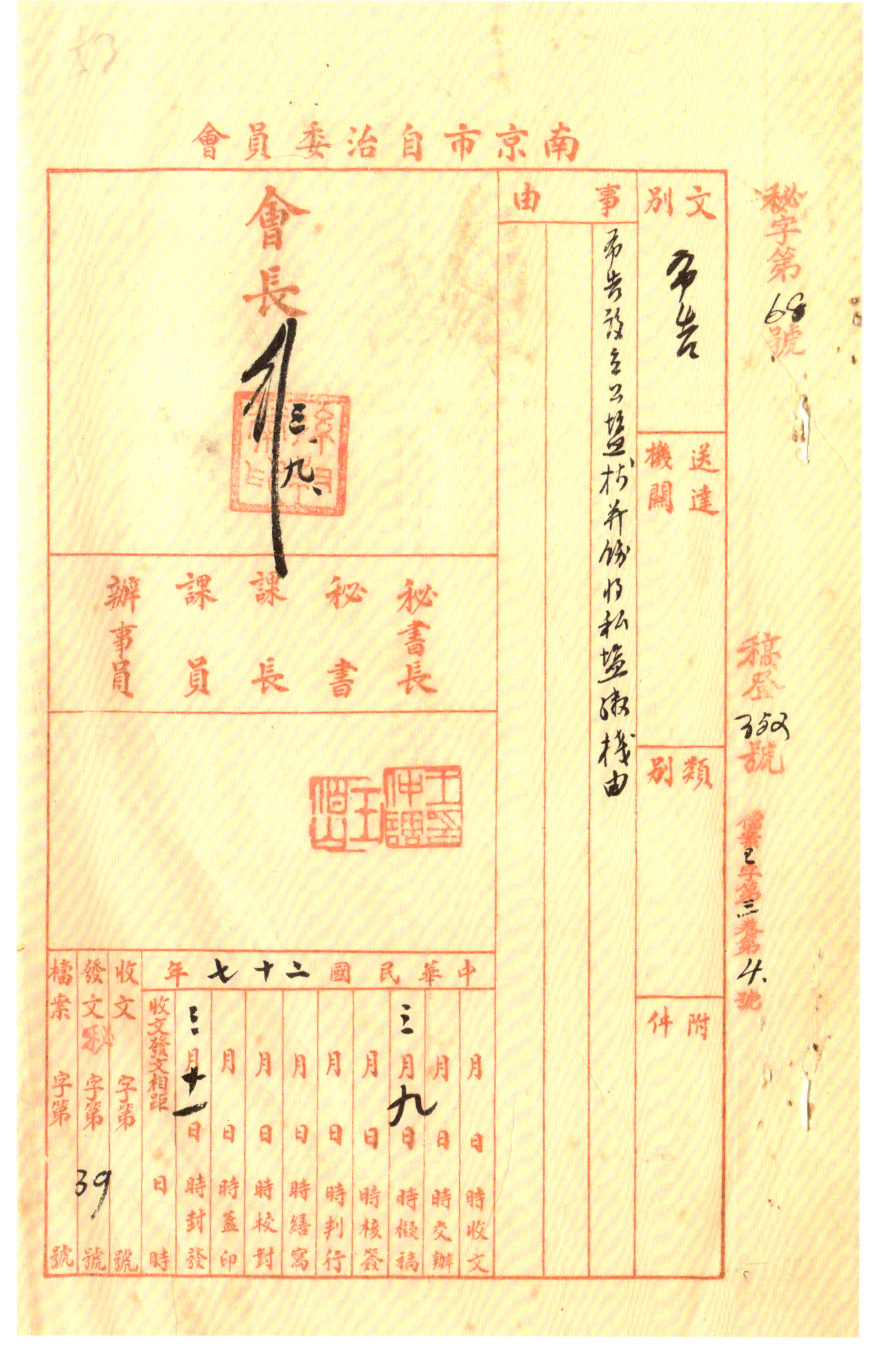

南京市自治委員會

文別	布告
事由	布告設立公鹽棧并飭取私鹽設棧由
送達機關	
類別	
附件	

秘字第68號

稿登390號

檔案已字第三卷第4號

會長 （簽）三、九、

秘書長　秘書　課長　課員　辦事員

中華民國二十七年

收文	交辦	擬稿	核簽	判行	繕寫	校對	蓋印	封發	收文發文相距
月　日　時	月　日　時	三月九日　時	月　日　時	月　日　時	月　日　時	月　日　時	月　日　時	三月十一日　時	日　時

收文　字第　號

發文 秘 字第 39 號

檔案　字第　號

佈告　字第39號

為佈告事。查私販鹽斤，久干例禁，壟斷食鹽，法有專條。本京前於戰事期間，所有公私存鹽，多被竊掠，藏匿私售，價格紊亂，實屬有害鹽政。茲經本會議決，對於食鹽一項，亟應統一規劃，以資整理。業經公推專員，籌立公鹽棧，規定劃一價格，公買公賣，並招商承辦，於各區分銷處代售食鹽，以便人民購用。特此佈告周知，仰各區鹽商號，務於本月　日以前，速向該區鹽公棧領証購定。至囤藏匿多量私鹽各戶，本會為體恤民間艱計，准於佈告後五日內向該棧報驗繳給鹽價原本。倘逾限不報，一經查覺或被告發，除私鹽充公外，並按隱匿之物倒處罰，決不寬假。切切。

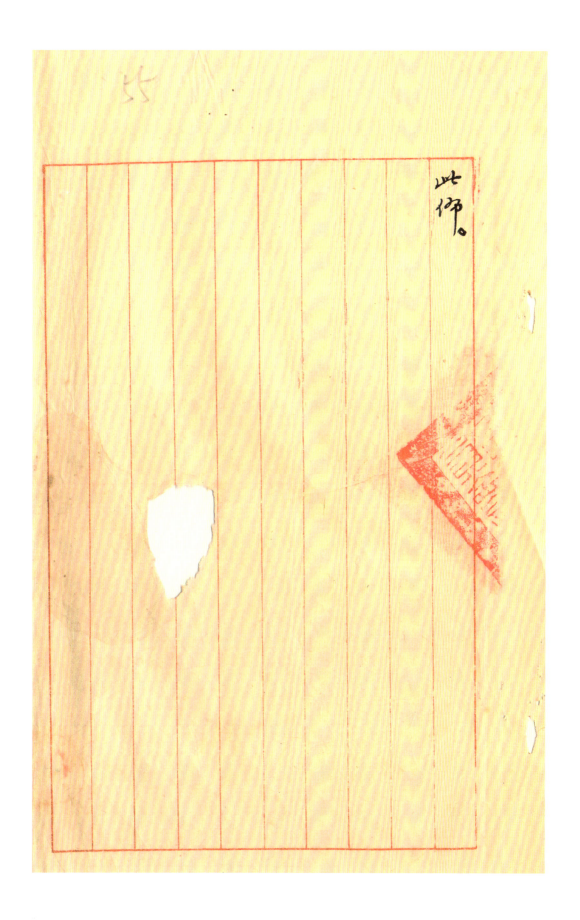

此佈。

56

中華民國廿七年三月九日

繕

委员赵威叔、自治委员会关于成立公盐栈办事处等事的往来文件

委员赵威叔致自治委员会的呈文（一九三八年三月十七日）

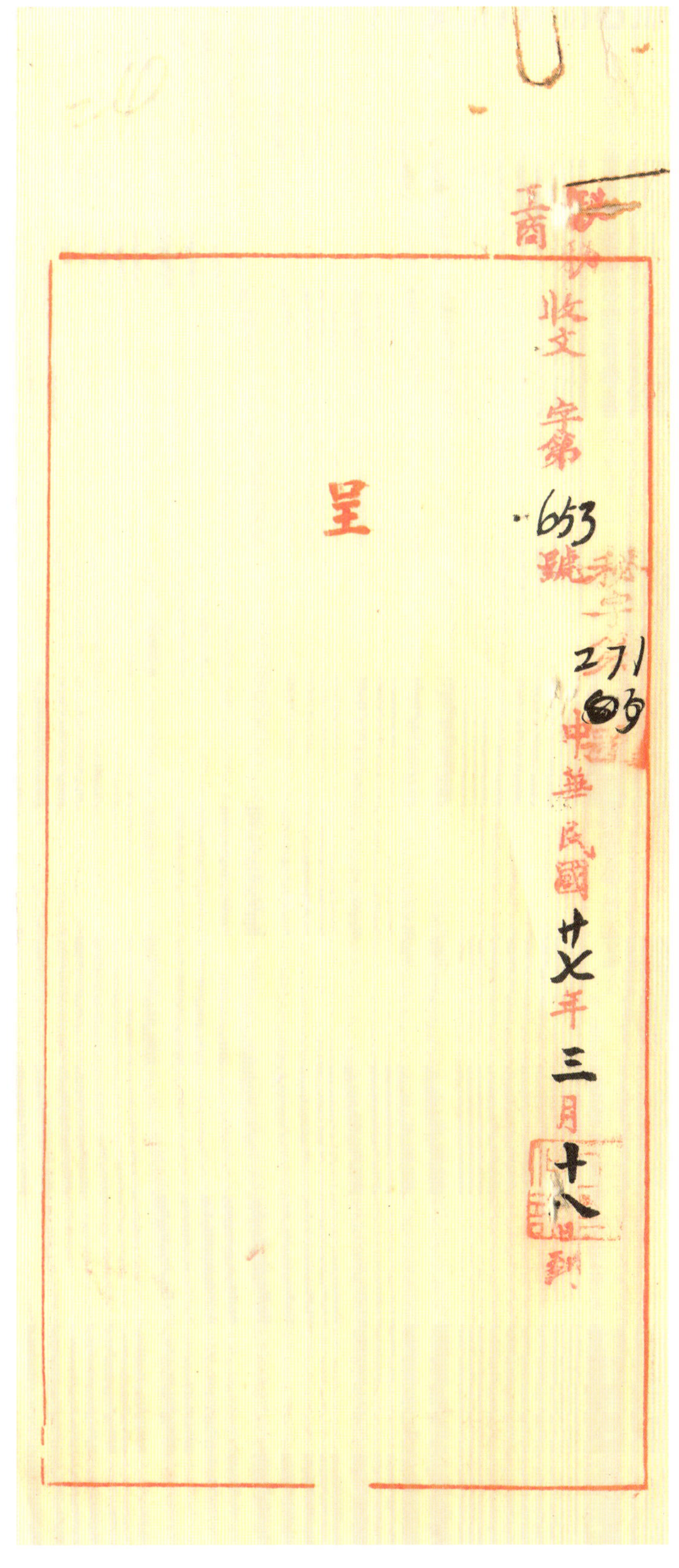
呈

為呈報事案奉

鈞會會秘字第一一九號公函略開函請担任督率綵理鹽棧

事宜從速籌備由等因奉此遵即於三月一日起在寧海路三十

號設立公鹽辦事處以資籌備擬訂分銷簡章招商認銷并

在建康路江蘇銀行舊址成立公鹽棧現城内及下關各分銷

處皆一律認定俱在着手進行至各鄉區分銷處亦在進行

籌設中不日皆可成立至關於工商課日用品前統制處應撥

交之公鹽三千餘包尚未撥給現祇可暫就通濟門外焚燬爐

餘之公鹽先行收集分配各認銷商一俟工商課前統制處將

公鹽確數撥給後再行呈報謹先將辦理情形呈報

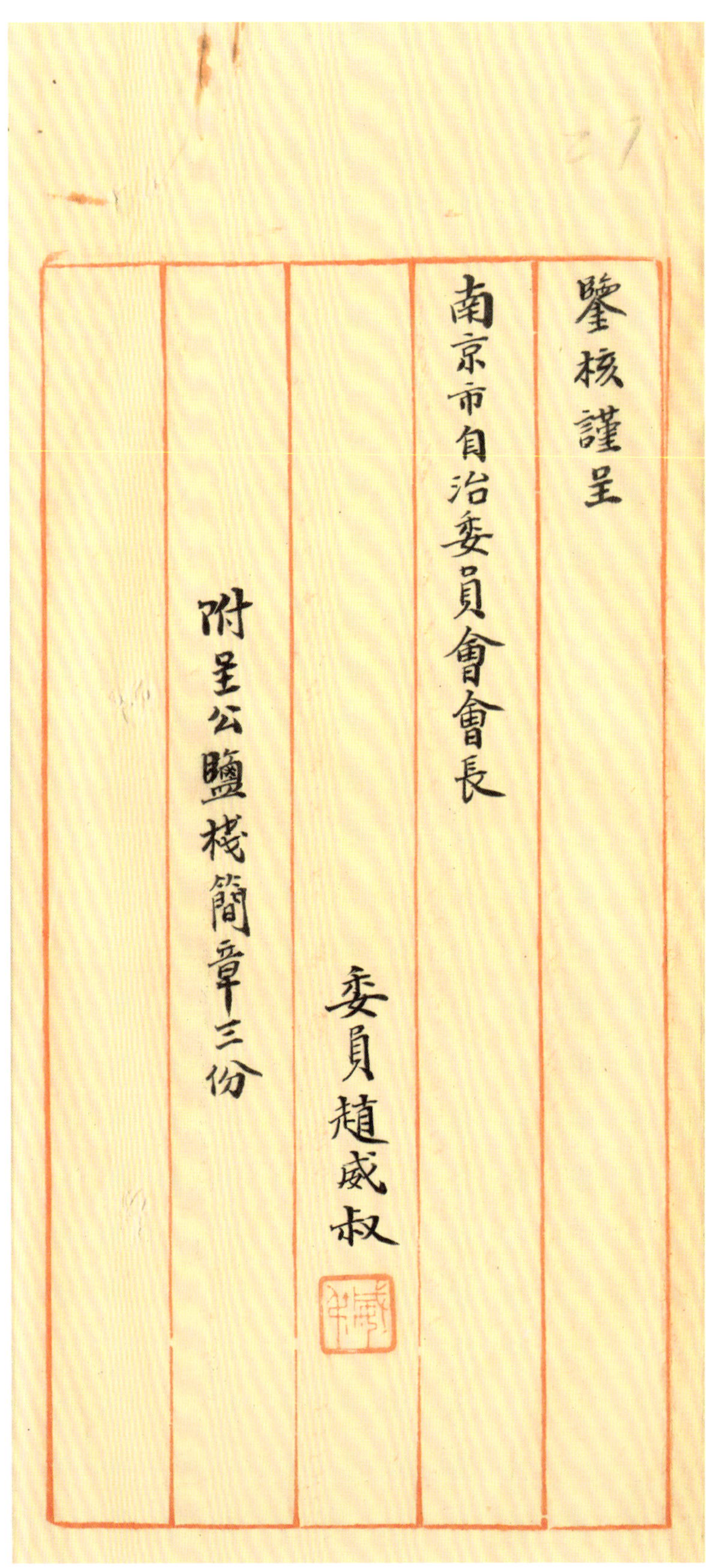

鑒核謹呈

南京市自治委員會會長

委員趙威叔

附呈公鹽棧簡章三份

中華民國二十七年三月十七日

南京市自治委員會公鹽棧簡章

南京市自治委員會公鹽棧辦事處簡章

第一章 組織

第一條 本鹽棧遵照 南京市自治委員會决議案設立公鹽棧儲備食鹽招商認銷本市及寧屬七縣公鹽以濟民食

第二章 公鹽

第二條 公鹽棧之鹽為公鹽其他概為私鹽

第三章 區域

第三條　本鹽棧依職權範圍得酌量需要指定區域招商認銷

第四章　認銷

第四條　凡區域内殷實商人皆可領取簡章認銷認銷時須按照區域認定月銷公鹽之一定數量在二百石以上者依據本章程之第六章第十條得設分銷處以下概爲代售處

第五條　認銷商認銷時應填具志愿書同時并須將月銷鹽價之半數一同交與本棧會計處

第六條　認銷商領取鹽斤時應將未交半價交付與本棧會計處如不能交付致本棧不能付貨時應承認本棧之棧租以一個月起算

第七條　依前條情勢認銷商如再滯銷本棧即另行招商承銷

第五章　鹽價

第八條　公鹽每斤暫定一角認銷商得加一分批售爲手續費

第九條　不准高抬鹽價違則取銷認銷資格另行招商認銷

第六章　分銷

第十條　認銷商得設公鹽棧分銷處零售商名公鹽代售處得由分銷處招商辦理但應多數設置以利市民

第七章　罰則

第十一條　禁止私鹽混售一經查出將私鹽没收外處十倍罰金

第八章　附則

第十二條　本簡章呈報　南京市自治委員會備案後即發生效力如

茲愿認銷　第　區公鹽每月認銷計

擔一切遵章辦理並覓保證人負擔完

全責任此上

南京公鹽棧　存照

中華民國二十　年　月　日簽訂

認銷商

姓名	年齡	籍貫	職業	住址	商號	承銷數量	印鑑	備註

保證人

姓名	年齡	籍貫	職業	住址	商號	所保數量	保人印鑑	對保
								中華民國二十　年　月　日

22

籌設南京公鹽棧方案

（說明）鹽關民食，又為國家最良稅，就封存公鹽集中設棧批銷，并陸續購進，以維民食，而增收益，誠一舉而得也。

㈠組織 （甲）棧務 因關外債，祇能以商業設置，而由會指定委員一人督理之，其配置如下。

設總棧於城中心區，分棧分銷處於城四區，以及下關各鄉區，其代售處，則酌量酌置，以請負法，招商經理之，（免稽核之煩，開支之濫，而又含有奬勵性，且鹽有固定包量，法定價格，尤易統計，最合請負法也。）

（乙）員司 總理一人綜理棧務，由督理委員選任或兼任之，經理二人，由總理選任，一管內勤（收發貨物及內部管理）一管外勤，（進貨及運輸等）其他文書賬務，以及各員司均由總理量事負責選用。

（丙）基金　保管現存貨售價，及第三期餘利之半數，為繼續購貨之基金，應設基金監二人，由會長及特務機關一人任之。

（二）預算

（甲）分配　除基金外，以二成補助會費，以一成為棧員薪工，一成為房棧租生財運力及伙食等一切雜支，一成為設備費，（擴充銷路後如卡車小輪之購置）

（乙）銷數　此係大量上觀察，可分三時期，

(1)本城月以千包計，月可得價萬元。

(以市價一角一斤計)

(2)四鄉月以弍千包計，月可得價弍萬元。

(3)江寧府屬舊引岸(七縣)月以六七千包計，月可得價六七萬元。

(說明)照上列，初期除留半數基金，所得雖微，然二期即可補助四之一，能推廣至三期，則本會經常費有著矣。

委员赵威叔致自治委员会的呈文（一九三八年三月十七日）

呈

秘

收文字第602號

秘字第272號

中華民國廿七年三月十八日

為呈報事案奉
鈞會會秘字第一一九號公函略開函請担任督率綜理鹽
棧事宜從速籌備由等因奉此除遵照辦理外茲刻鈐記一顆
呈請備案啟用謹附呈印鑑一紙呈請
鑒核謹呈

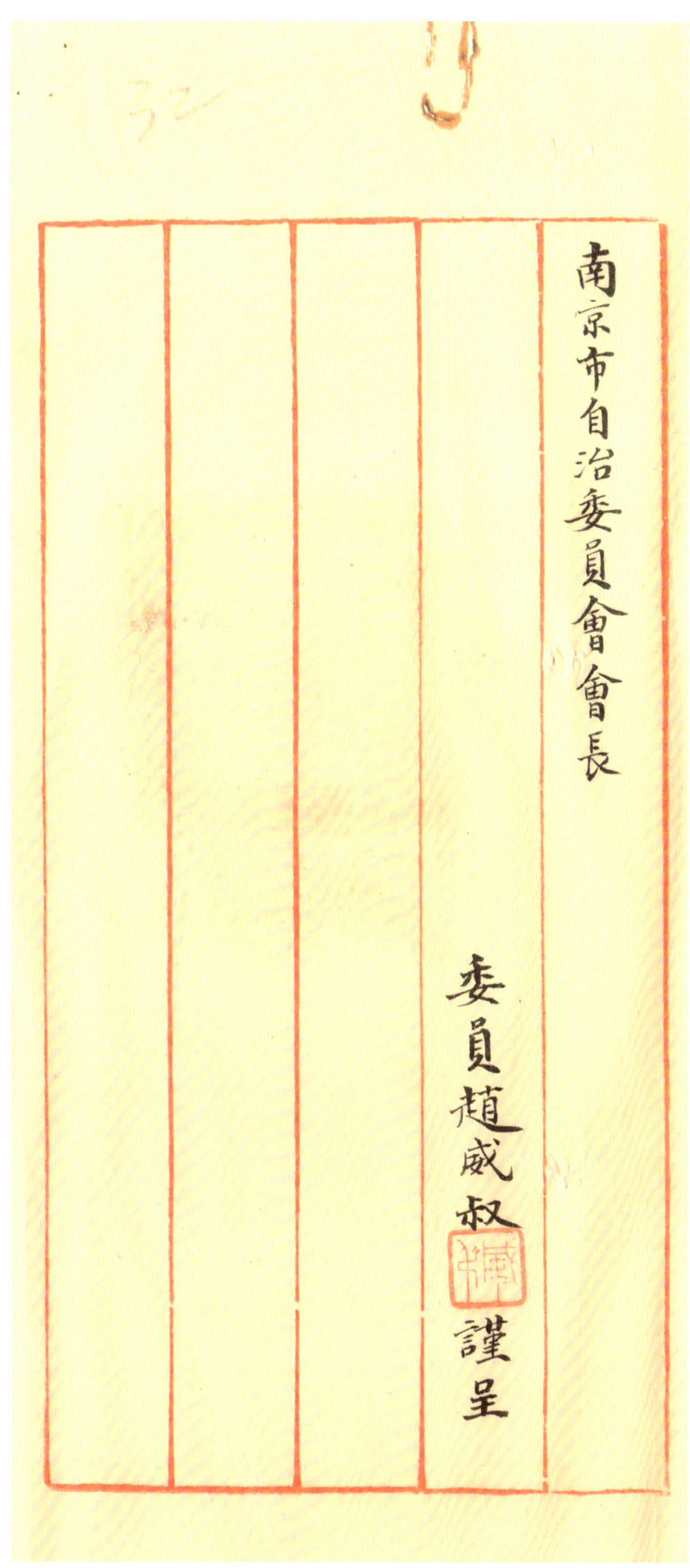
南京市自治委員會會長

委員趙威叔謹呈

中華民國二十七年三月十七日

中華民國二十七年三月十七日

印鑑

自治委员会给赵威叔的批答（一九三八年三月二十一日）

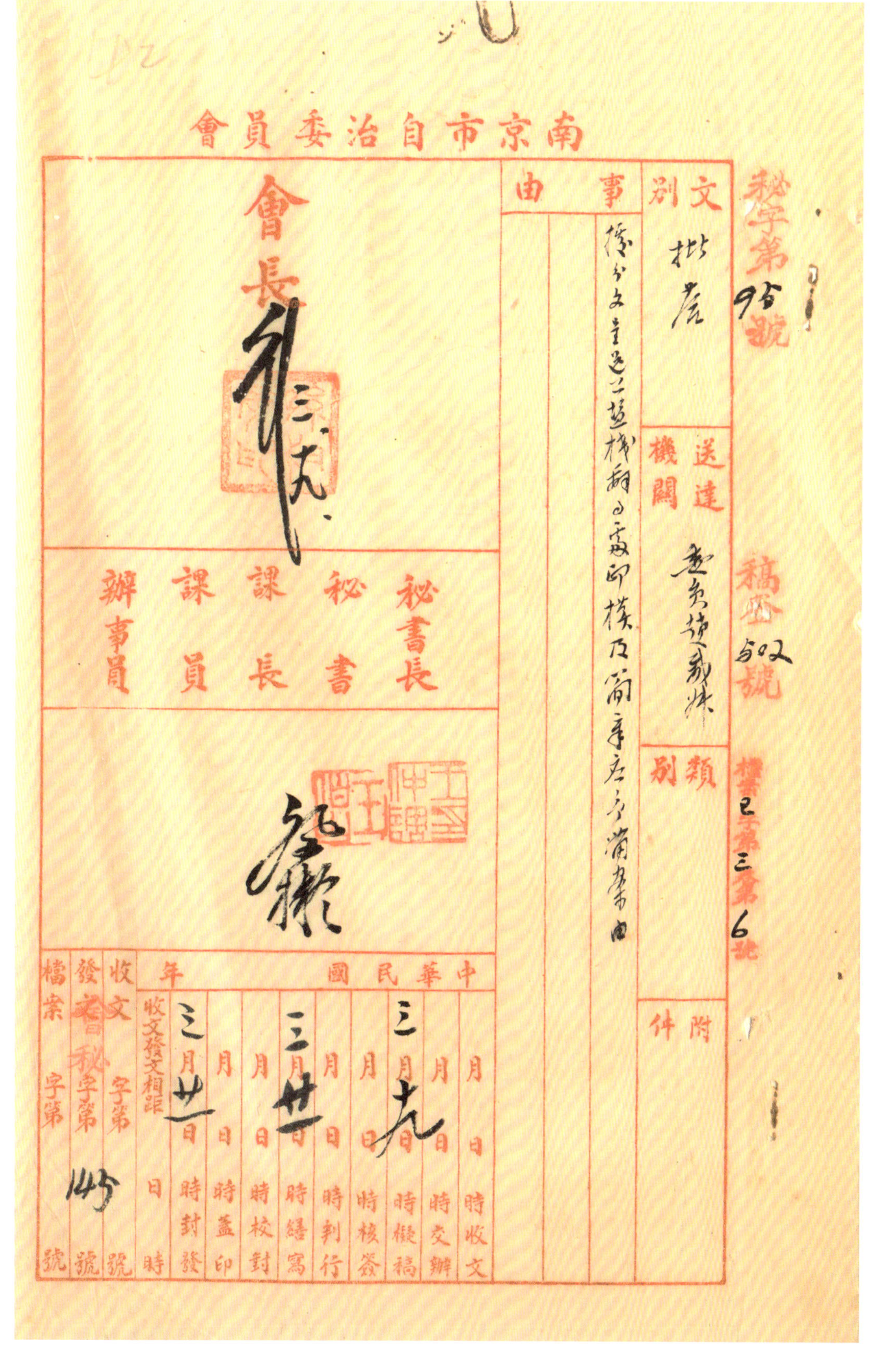
南京市自治委員會

文別：批答
送達機關：赵威叔
事由：據呈送公益機關自衛印樣及簡章應予備案由

會長
秘書長
秘書
課長
課員
辦事員

中華民國　年
三月十九日交辦
三月廿日繕寫
三月廿一日封發

發文 秘字第145號

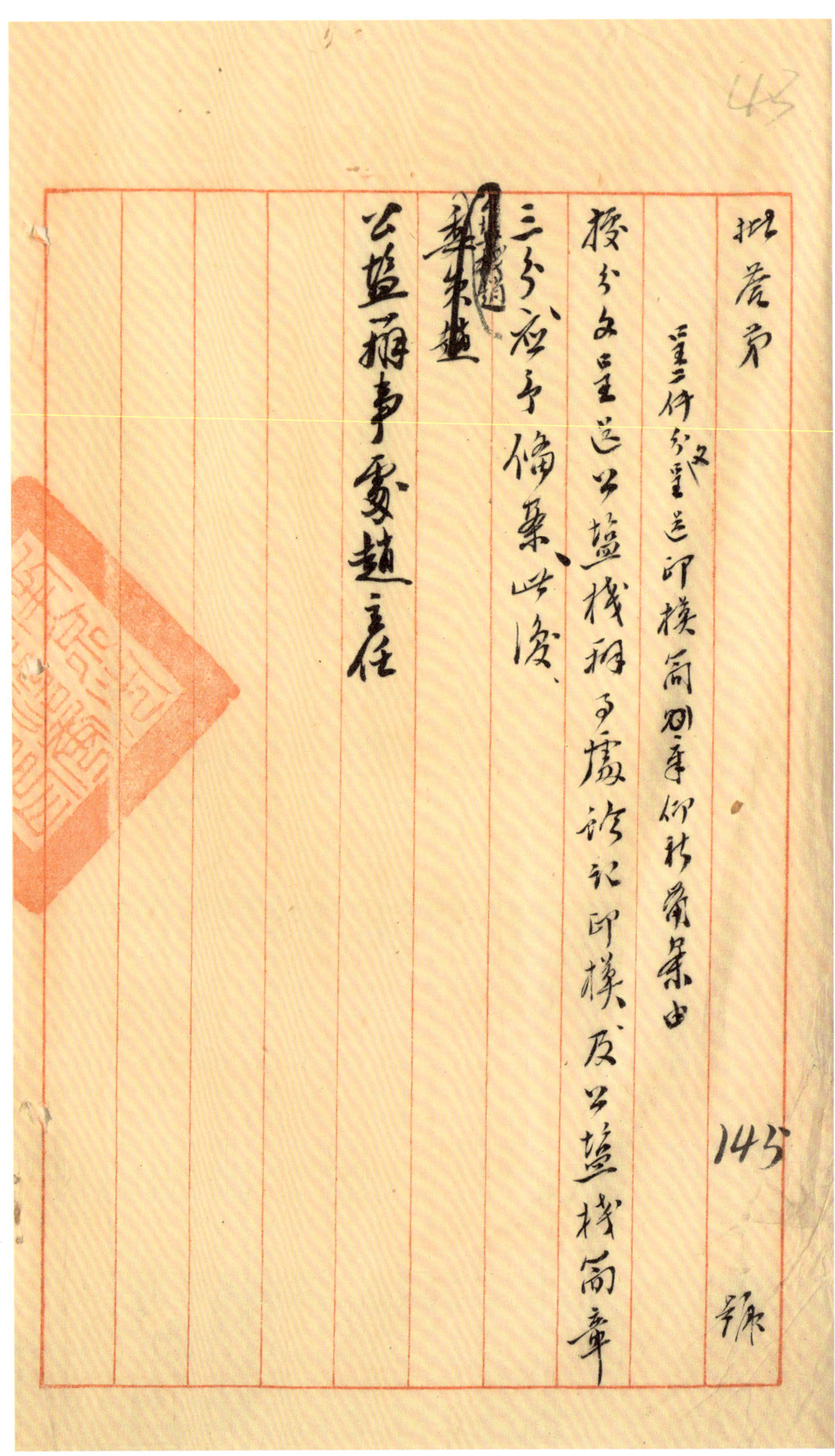

43

批答第145号

呈一件，为呈送印模开用日期仰祈鉴核由

据呈及呈送公盐栈办事处钤记印模、及公盐栈开章三分，应予备案。此复。

华东盐

公盐办事处赵主任

中華民國[illegible]年三月十九日

自治委员会关于赵威叔任公盐栈办事处主任公函（一九三八年三月二十一日）

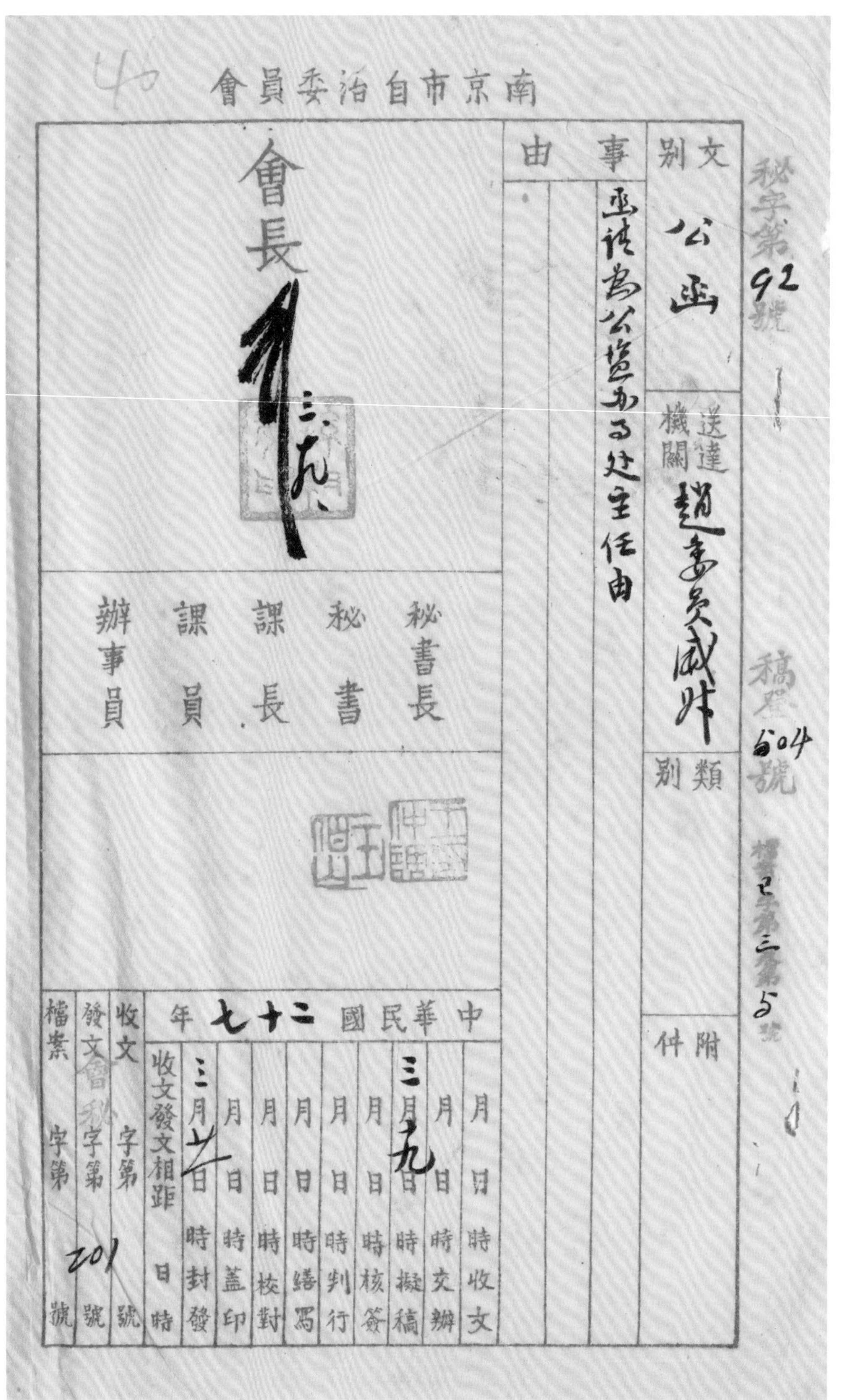
40
南京市自治委員會
文別：公函
送達機關：趙委員威叔
事由：函請為公鹽棧辦事處主任由
秘字第92號
稿程604號
檔案已字第三類第5號
會長 三，九
秘書長
秘書
課長
課員
辦事員
類別
附件
中華民國二十七年
收文	月日時
交辦	月日時
擬稿	三月九日時
核簽	月日時
判行	月日時
繕寫	月日時
校對	月日時
蓋印	月日時
封發	三月廿一日時
收文發文相距	日時

收文 字第 號
發文 會秘字第201號
檔案 字第 號

公函第201号

逕啓者查公墓辦事處既經籌備就緒應請

執事担任公墓辦事處主任請煩

查照爲荷　此致

趙委員威林

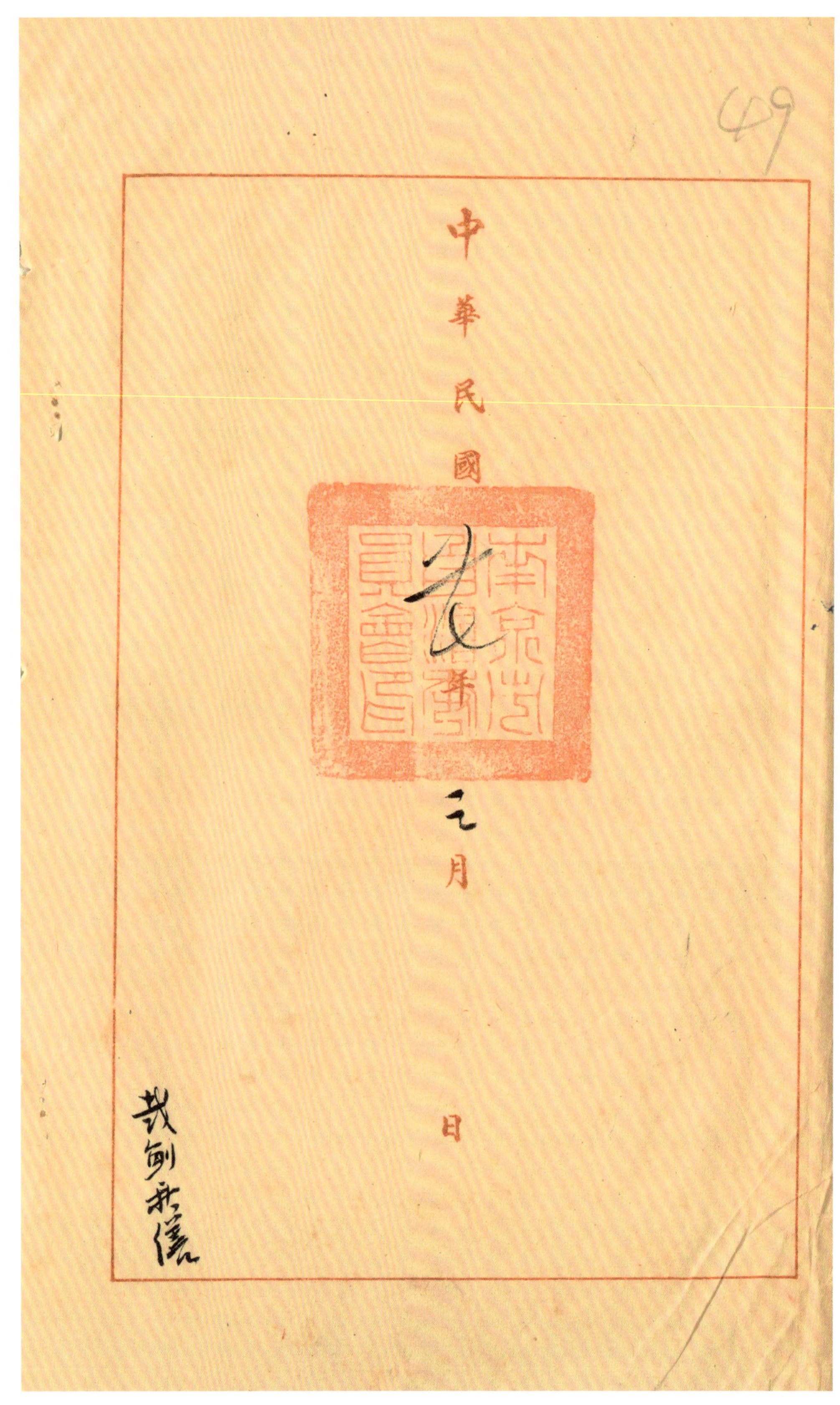

49

中華民國　廿七　年　二　月　日

南京市自治委員會

盛釗承繕

伪南京市公盐栈办事处主任赵威叔、自治委员会等关于聘松冈为公盐栈基金监的一组文件

伪南京市公盐栈办事处主任赵威叔致自治委员会的呈文（一九三八年四月四日）

南京市自治委員會用箋

秘字第366號 年四月五到

為函呈事竊查本棧組織方案第一條丙項載「基金」保管現存
貨款應設基金監二人由會長及特務機關一人任之等語茲查
本棧現已組織成立開始公賣每日銷售公鹽日見發達基金已積
有成數所有原案應設置之基金監自應聘定以資保管除
鈞會會長爲當然基金監請即擔任外其特務機關一人亦應請
由
鈞會函聘以昭鄭重竊以 松岡先生對於本會最爲熱心前次指
撥爲本棧開辦費之三千餘元亦係其經手交接殊具熱誠輔導之

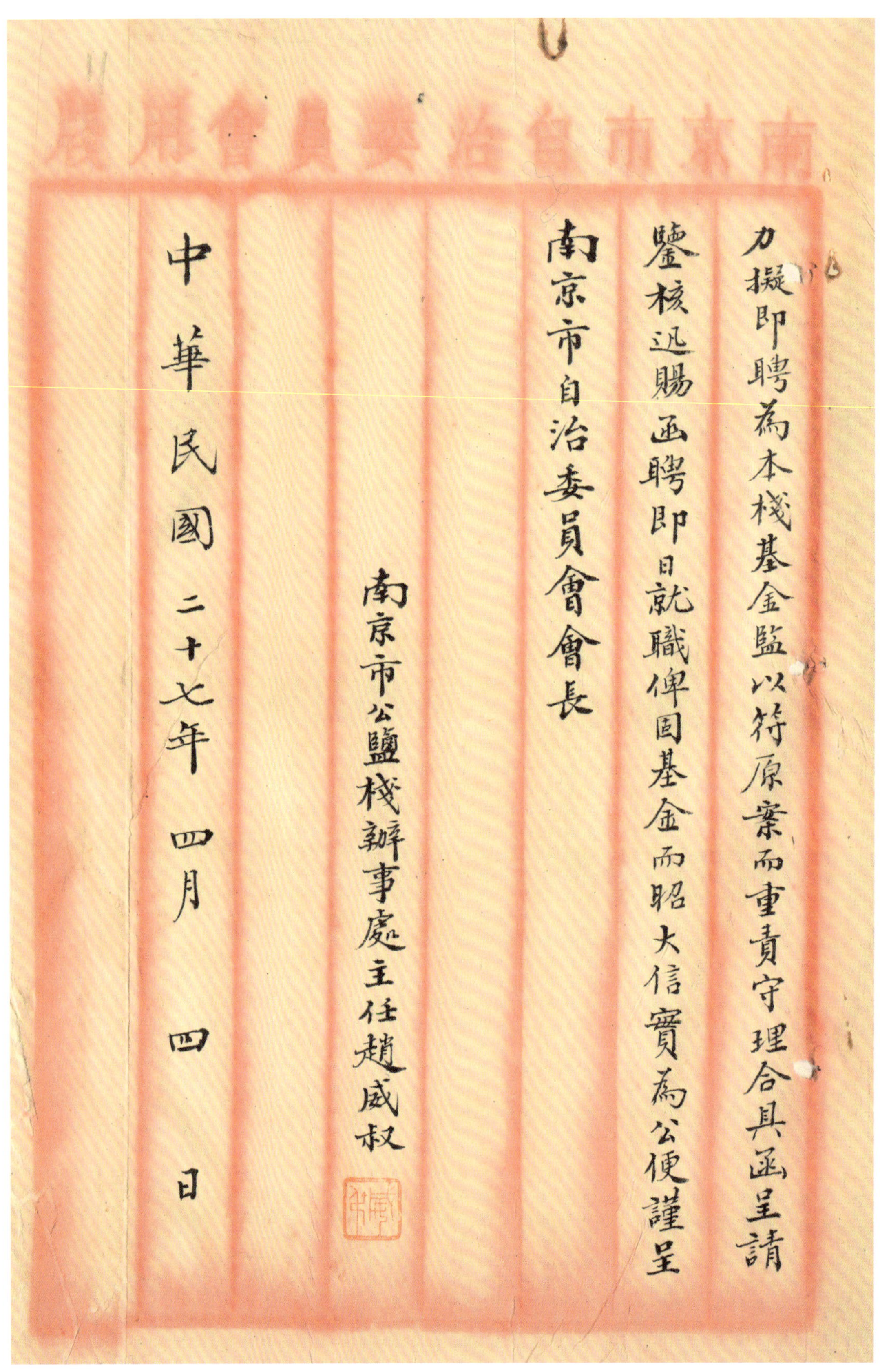

南京市自治委員會用箋

力擬即聘爲本棧基金監以符原案而重責守理合具函呈請

鑒核迅賜函聘即日就職俾固基金而昭大信實爲公便謹呈

南京市自治委員會會長

南京市公鹽棧辦事處主任趙威叔

中華民國二十七年四月四日

自治委员会致松冈公函（一九三八年四月七日）

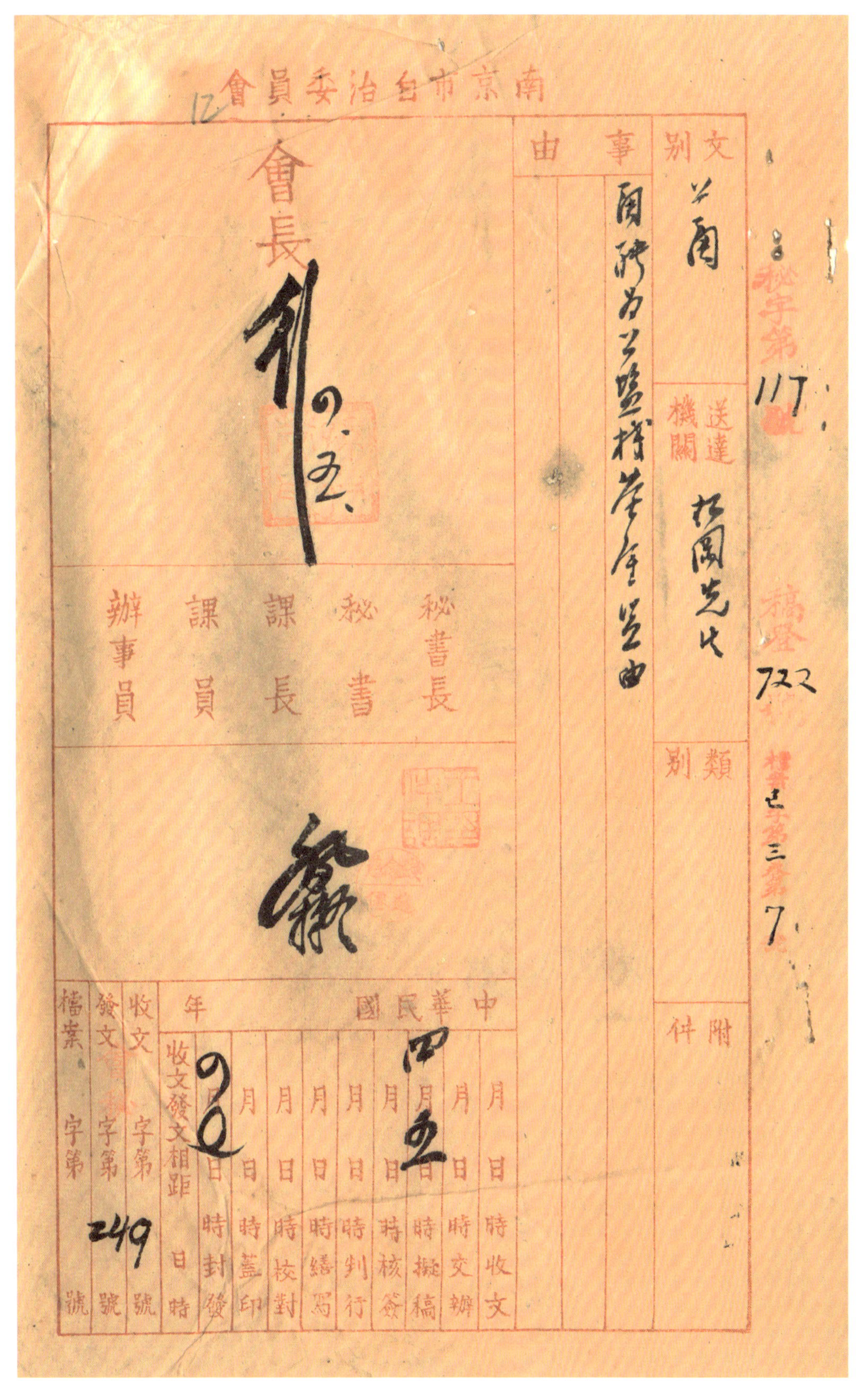

南京市自治委員會

文別：公函

事由

送達機關：松岡先生

類別

附件

會長

秘書長　秘書　課長　課員　辦事員

秘字第117號

稿登722

中華民國　年　四月　五日

月日時收文　月日時交辦　月日時擬稿　月日時核簽　月日時判行　月日時繕寫　月日時校對　月日時蓋印　月日時封發

收文發文相距　日時

收文　字第　號

發文　字第249號

檔案　字第　號

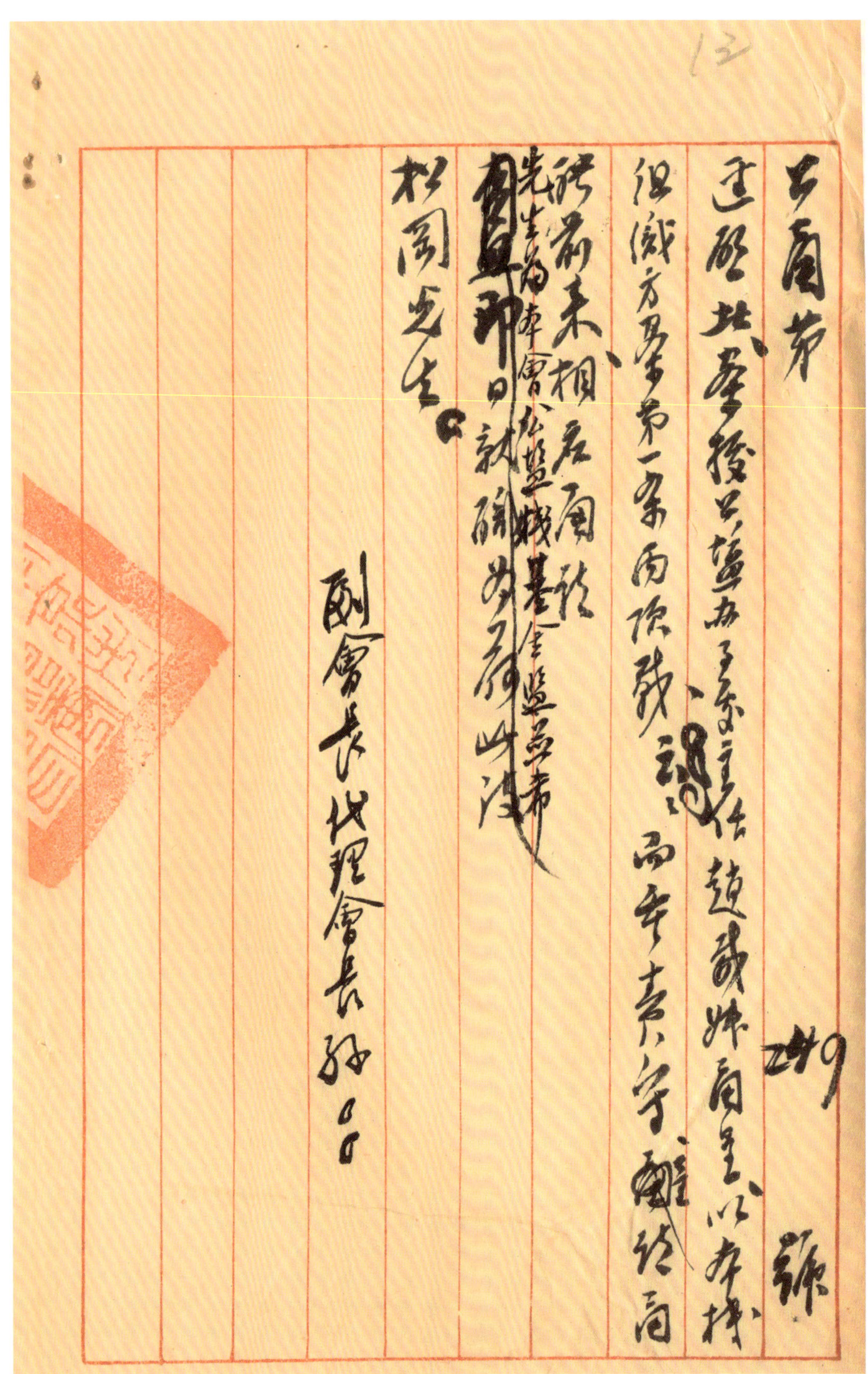

公函 第 249 號

逕啟者，茲奉發下[illegible]趙藏娣函呈，以本村

[illegible]方面第一案兩項款項[illegible]而本會[illegible]

[illegible]前未[illegible]

先生為本會公益[illegible]

[illegible]即日[illegible]

杉岡先生

副會長代理會長孫○○

中華民國
四
月
日

自治委员会聘任特务机关佐藤为公盐栈基金监聘函（一九三八年四月十一日）

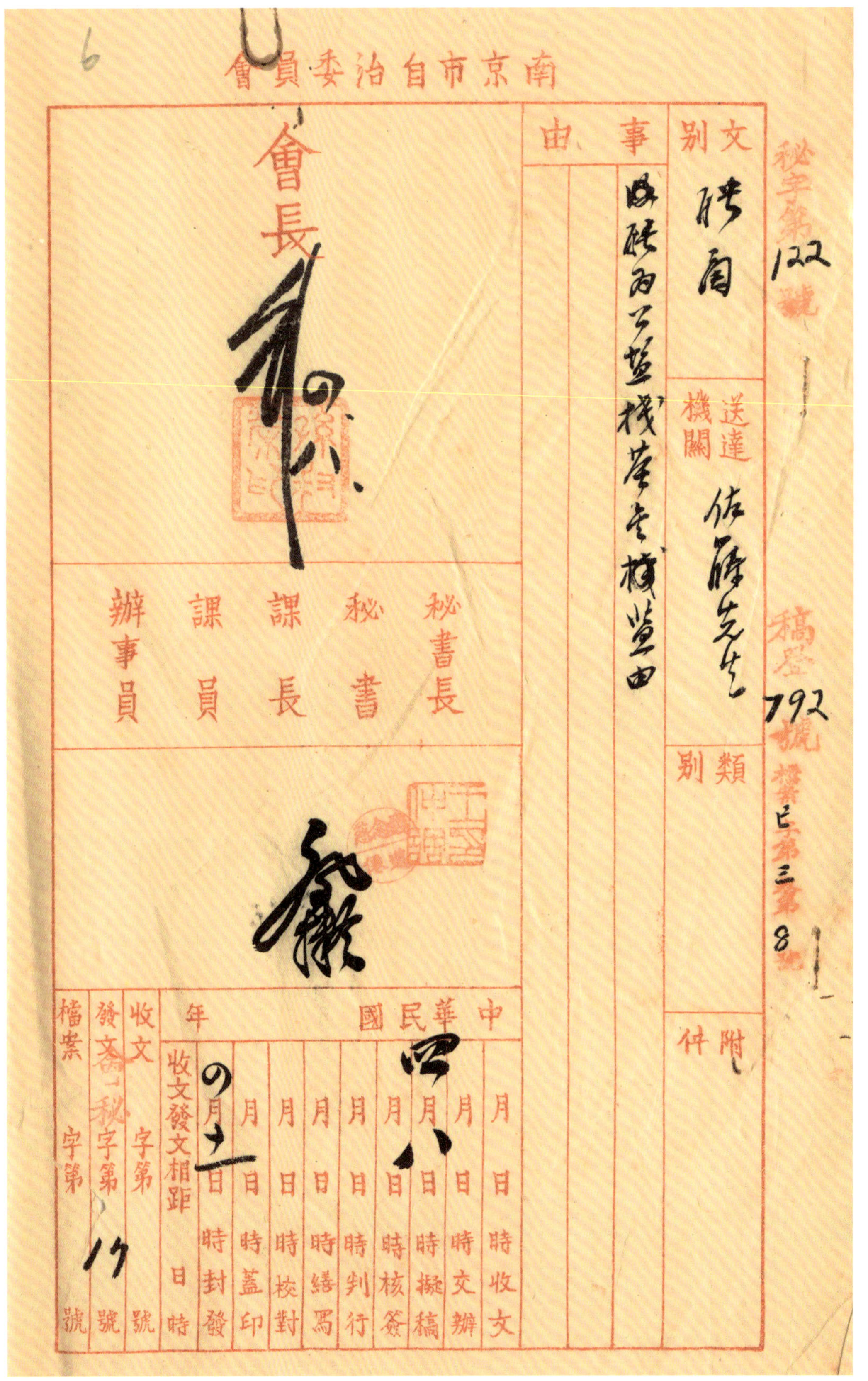

南京市自治委員會

秘字第122號

稿登792號

檔案巳第三第8號

文別	聘函
事由	為聘為公塩棧基金監由
送達機關	佐藤先生
類別	
附件	

會長

秘書長　秘書　課長　課員　辦事員

中華民國　年 四月 十一日

收文	交辦	擬稿	核簽	判行	繕寫	校對	蓋印	封發	收文發文相距
月　日　時	月　日　時	四月八日　時	月　日　時	月　日　時	月　日　時	月　日　時	月　日　時	四月十一日　時	日　時

收文　字第　號

發文　秘字第 17 號

檔案　字第　號

聘函第　17　號

茲聘任

佐藤先生為本會工塩棧基金監收

佐藤先生

副會長代理會長 [illegible]

中華民國廿七年四月八日

公盐办事处主任赵威叔、自治委员会等关于撤销公盐处的一组文件

公盐办事处主任赵威叔致自治委员会的呈文（一九三八年四月二十三日）

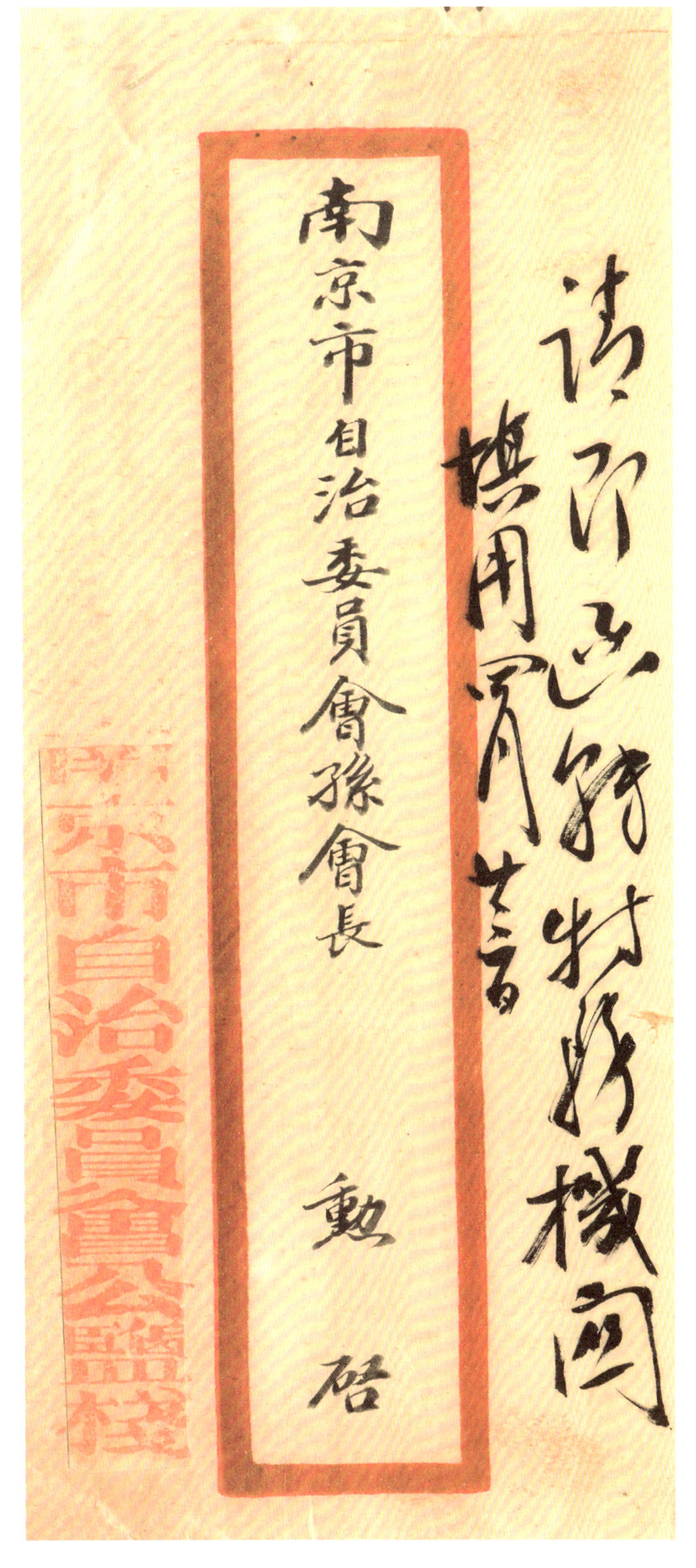
南京市自治委員會孫會長 勳啓

南京市自治委員會用箋

敬呈者竊奉
鈞聘籌辦公鹽棧事務開辦之初因調查接洽招商認銷
覓定總分棧棧址事諸務殷繁爰先成立公鹽辦事處以為籌
備機關俾資督促現公鹽棧業經組織就緒而辦事處辦公經費
完全在公鹽棧提成開支項下支付并未請領分文本月因撥給鹽
斤無多所有棧中開支已覺支絀更無餘力顧及辦事處經費矣
且此後進鹽須備價購買餘利若干尚難預計為此未雨綢繆
庶免臨渴掘井嗟夫無米之炊巧婦難為急來之佛脚空抱戚叔

南京市自治委員會用箋

素性謹愿，未敢因循，擬請將辦事處即日撤銷，以資減縮而

免虛糜，務祈

俯允施行，實為公便。謹呈

自治委員會會長孫

公鹽辦事處主任趙威叔謹呈

四月二十三日

自辦公處成立以來，深資倚畀，茲為撙節起見，似可照准，並由秘書處轉特務机関查照。四、廿四

自治委员会致宣抚班公函（一九三八年四月二十三日）

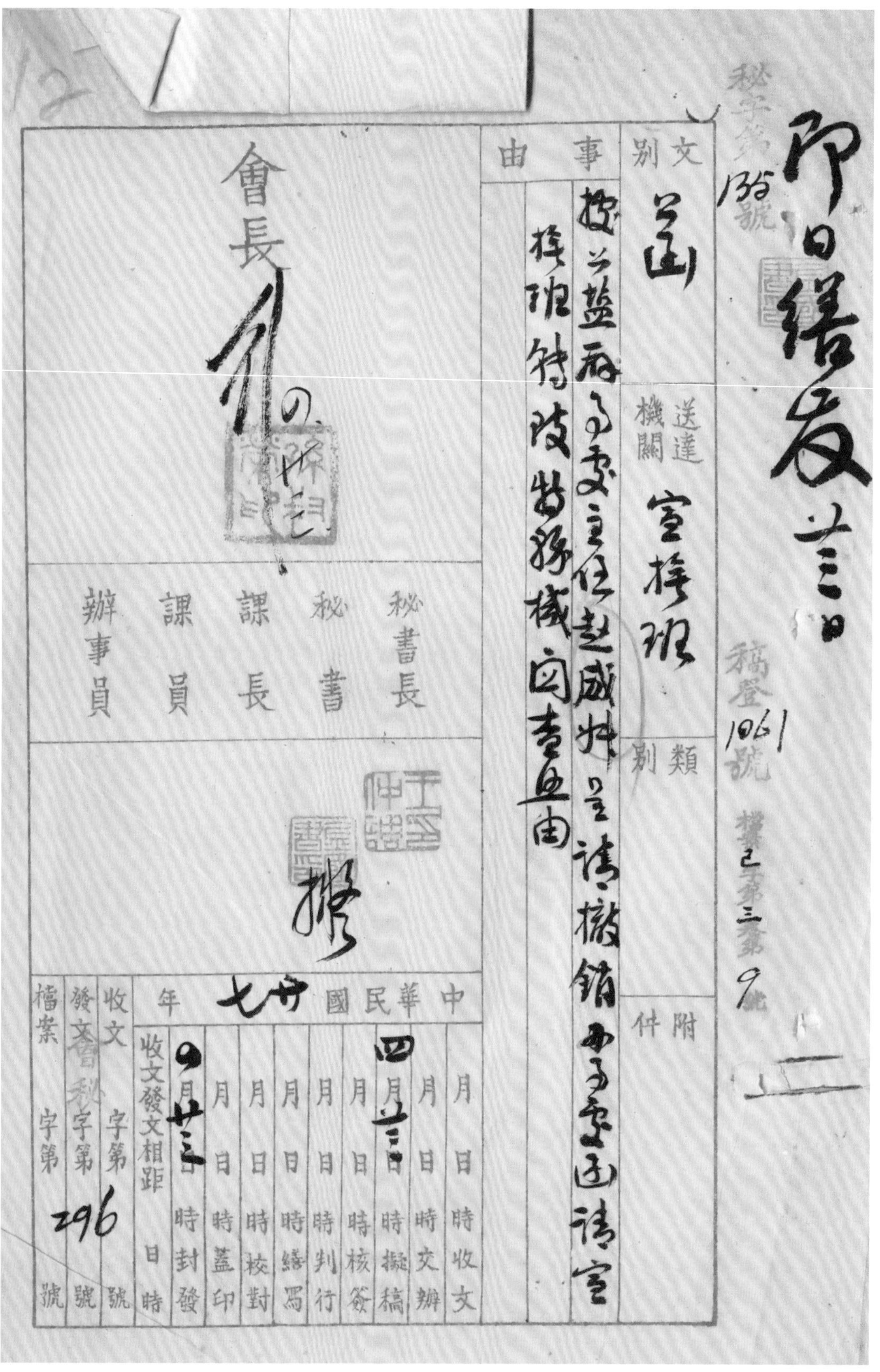

逕函

逕啟者：據公鹽雞公會主任趙威林呈稱：竊本

函聘籌組公鹽棧公務，公、偽允施行等情。

查該公會業成立以來，係資係昇，茲為撙節經

費起見，似可准予撤銷，相應備函奉達，請煩

轉致

特務機關查照為荷。此致

南京宣撫班

南京市自治委員會 啟

后记

本书编纂工作在《抗日战争档案汇编》编纂出版工作领导小组和编纂委员会的具体领导下进行。

本书编者主要来自南京市档案馆、中国第二历史档案馆，他们为本书的编辑出版提供了大力支持和帮助。江苏省档案馆薛春刚、卢珊、夏星宇、周雪曼、苏鑫等同志审阅了书稿，提出了重要修改意见。

本书在编纂、修改过程中，诚邀中国第二历史档案馆研究馆员郭必强负责书稿编纂的咨询审议工作。万云青、李兆梅、刘新民、封庆征、徐建华、王青等同志对本书编纂出版工作给予了大力支持和帮助，中华书局对本书的编纂出版工作给予了鼎力支持，谨向上述同志和单位致以诚挚的感谢！

编者